Die Frau in der Literatur

Sylvia Plath

Briefe nach Hause
1950—1963

Aus dem Englischen
von Iris Wagner
Mit einem Nachwort
von Gabriele Wohmann

Ullstein Taschenbuch

Die Frau in der Literatur
herausgegeben von Ursula Schröder

Ullstein Buch Nr. 30125
im Verlag Ullstein GmbH,
Frankfurt/M. – Berlin – Wien

Die Briefe wurden
ausgewählt und herausgegeben
von Aurelia Schober Plath.

Die Gedichte von Sylvia Plath wurden von einer
studentischen Arbeitsgruppe des Instituts für englische Philologie
an der Universität München unter Leitung von
Christian Enzensberger übersetzt.

Umschlagentwurf von Hannes Jähn
unter Verwendung eines Fotos
von Sylvia Plath
Alle Rechte vorbehalten
Lizenzausgabe mit
freundlicher Genehmigung
des Carl Hanser Verlags, München Wien
Die Originalausgabe erschien 1975 unter dem Titel
›Letters home‹ bei Harper & Row, New York
© der deutschen Ausgabe by Carl Hanser
Verlag, München Wien 1979
© für das Nachwort von Gabriele Wohmann:
1980 Hermann Luchterhand Verlag,
Darmstadt und Neuwied
Printed in Germany 1981
Gesamtherstellung: Ebner Ulm
ISBN 3 548 30125 8

Oktober 1981

CIP-Kurztitelaufnahme der
Deutschen Bibliothek
Plath, Sylvia:
Briefe nach Hause: 1950–1963 / Sylvia Plath.
Aus d. Engl. von Iris Wagner.
Mit e. Nachw. von Gabriele Wohmann.
[Ausgew. u. hrsg. von Aurelia Schober Plath]. –
Frankfurt/M.; Berlin; Wien: Ullstein, 1981.
(Ullstein-Buch; Nr. 30125: Die Frau in d. Literatur)
Einheitssacht.: Letters home ‹dt.›
ISBN 3-548-30125-8
NE: GT; Plath, Sylvia: [Sammlung ‹dt.›]

Inhalt

Vorwort
7

Erster Teil
27. September 1950 – Juni 1953
45

Zweiter Teil
22. Oktober 1953 – 28. Juli 1955
125

Dritter Teil
25. September 1955 – 29. April 1956
183

Vierter Teil
3. Mai 1956 – 17. Juni 1957
253

Fünfter Teil
21. Juli 1957 – 28. Oktober 1959
331

Sechster Teil
26. Dezember 1959 – 25. August 1961
367

Siebter Teil
4. September 1961 – 4. Februar 1963
447

Nachwort
539

Vorwort

Als Antwort auf die Lawine von Fragen, die über mich hereingebrochen ist, seit Sylvias Gedichtband *Ariel* und ihr Roman *The Bell Jar* [Dt. *Die Glasglocke*] erschienen sind, gebe ich einen Teil ihrer nur für die Familie bestimmten Korrespondenz, beginnend mit ihrem Eintritt ins Smith College, zur Veröffentlichung frei.

Es mag vielleicht ungewöhnlich erscheinen, daß eine Frau, die schon mit dreißig Jahren gestorben ist, 696 Briefe an ihre Familie hinterlassen hat, und das in der Zeit zwischen ihrem Collegebeginn 1950 und ihrem Tod Anfang Februar 1963. Doch wir konnten uns keine Ferngespräche leisten, und Sylvia liebte das Schreiben – so sehr, daß sie in eben diesem Zeitraum drei Schreibmaschinen ruinierte.

In diesen Jahren träumte ich immer von dem Tag, an dem ich Sylvia das riesige Bündel Briefe aushändigen würde. Ich dachte, sie könnte sie als Material für Erzählungen oder einen Roman verwenden, sich mit ihrer Hilfe in den verschiedenen Entwicklungsphasen wiedererkennen und noch einmal die Augenblicke der Freude und des Triumphes kosten, die des Schmerzes und der Furcht in einem anderen Licht sehen.

Ich habe, neben den Briefen an ihren Bruder Warren und mich, auch Briefe aus der Korrespondenz mit der verstorbenen Olive Higgins Prouty (der Romanschriftstellerin) mit aufgenommen, da Mrs. Prouty und Sylvia auf ganz besondere Weise miteinander verbunden waren. Mrs. Prouty war nicht nur die Gönnerin, deren Geldmittel Sylvias Ausbildung bei Smith ermöglichten, sie war auch Sylvias Freundin, die ihr zu Hilfe kam, als sie 1953 einen Zusammenbruch erlitt. Im Lauf ihrer Beziehung wurde ihre wechselseitige Faszination immer größer. Als sie geheiratet hatte und anfing, als Schriftstellerin Karriere zu machen, nannte Sylvia Mrs. Prouty ihre »literarische Mutter«, zu der sie vollkommen offen und vertrauensvoll sein konnte.

Da Sylvia in ihrer Prosa und Lyrik immer wieder Augenblicke meines Lebens mit denen ihres eigenen verschmolzen hat, meine ich, daß es wichtig ist, zuerst davon zu sprechen, welche wesentlichen Entscheidungen und Einflüsse mein Leben bestimmt haben, bevor ich dazu übergehe, über ihre frühen Jahre zu berichten. Wie das in Familien mit europäischen Vorfahren (die unseren waren aus Österreich) häufig der Fall ist, traf mein Vater alle wichtigen Entscheidungen in meiner Kinder- und Jungmädchenzeit. Als aber in den frühen zwanziger Jahren infolge unkluger Börsenspekulationen eine finanzielle Katastrophe über unsere Familie hereinbrach, übergab mein Vater, mutlos und zu Unrecht voller Selbstvorwürfe über diesen nur allzu menschlichen Fehler, die gesamte Geschäftsleitung meiner Mutter. Die Folge davon war, daß meine fünf Jahre jüngere Schwester und mein dreizehn Jahre jüngerer Bruder in einem Matriarchat aufwuchsen. Trotzdem hatten wir ein friedliches und liebevolles Zuhause, und ich nahm an, daß alle Ehen so wären wie die meiner Eltern.

Immer wieder baten mich meine beiden Kinder: »Erzähl' uns was aus alten Zeiten, als du noch ein kleines Mädchen warst«, und ich erzählte ihnen die Geschichte meines unvergeßlichen ersten Schultages. Meine Eltern sprachen zu Hause nur deutsch, obwohl mein Vater vier Sprachen beherrschte und zwei Jahre lang in England gelebt hatte, bevor er in die Vereinigten Staaten ausgewandert war. Da es in unserer Nachbarschaft keine Kinder gab, mit denen ich spielen konnte, sprach ich ebenfalls nur deutsch. Ich erzählte meinen Kindern, wie einsam ich mich damals fühlte, als ich in der Pause allein in einer Ecke des Schulhofs stand und eifrig darauf achtete, was die anderen Kinder sich zuriefen. Die beiden Worte, die ich am häufigsten heraushörte, waren: »*Shut up!*« Als ich nach der Schule nach Hause kam und meinem Vater begegnete, erwiderte ich seinen Gruß deshalb stolz mit einem lauten: »*Shut up!*« Ich weiß noch, wie sein Gesicht rot anlief. Er legte mich übers Knie und versohlte mir den Hintern. Ich heulte laut über soviel Ungerechtigkeit und fragte schluchzend: »*Aber was bedeutet das, Papa? Was bedeutet das?*« [Dt. i. O.] Da erst merkte er, daß ich die Bedeutung der Worte nicht verstanden hatte. Es tat ihm leid, und er umarmte mich und bat mich um Verzeihung. Das war das erste und letzte Mal, daß ich Prügel bekam.

Von da an sprachen wir zu Hause immer englisch; meine Eltern kauften mir alle Bücher, die wir in der Schule benutzten; Vater war unser Lehrer, und Mutter und ich lernten gemeinsam. Am Ende des Schuljahres, im Juni, wurde ich »doppelt versetzt«, d. h., ich durfte von der ersten in die dritte Klasse springen – eine große Wohltat für mich, da ich jetzt diejenigen hinter mir ließ, die sich an meiner früheren falschen Aussprache so geweidet hatten.

Es ist möglich, daß ich durch die Erzählung über meine frühe Kindheit, die ich, zur Zeit des ersten Weltkrieges in Winthrop, Massachusetts, in einer vorwiegend italienisch-irischen Nachbarschaft verbrachte, Sylvias Interesse für Minderheiten geweckt habe. Obwohl mein Vater amerikanischer Staatsbürger geworden war, sobald Ausländer dieses Privileg eingeräumt bekamen, wurde ich wegen unseres deutschklingenden Namens Schober von der »gang« der Nachbarskinder geächtet. Sie nannten mich »spy-face« und schubsten mich eines Tages vom Trittbrett des Schulbusses herunter; ich schlug auf den Boden auf und der Busfahrer fuhr los, Augen immer geradeaus.

Ich spürte, daß das ein völlig ungerechtes Vorurteil sowohl gegen meine Eltern wie gegen mich war, zumal meine Eltern sich leidenschaftlich zur amerikanischen Demokratie bekannten. Sie glaubten an jedes Wort, das ihr Idol, Theodore Roosevelt, je geschrieben oder geäußert hatte und wählten ihr ganzes Leben lang alle Kandidaten der Republikanischen Partei. Die Unterstützung durch zu Hause und der Erfolg im Klassenzimmer entschädigten mich für alles Unangenehme, was mir draußen widerfuhr. Familienspiele, Spaziergänge, Sonntagsbesuche im Museum of Fine Arts oder bei der Familie meines Onkels väterlicherseits in Jamaica Plain waren es, die mir meine Kindheit versüßten.

Ferner gab mir damals die zuckersüße Unterhaltungsliteratur, in der zu guter Letzt stets die Armen und Tugendhaften triumphierten, die Möglichkeit, mich ganz aus der Wirklichkeit zu flüchten. Ich besitze noch heute eines der von Louisa May Alcott eigenhändig kommentierten Exemplare von *Little Women* (das ein Nachkomme der Familie Alcott meinem Vater als Geschenk für mich gegeben hatte). Es ist völlig zerfleddert, vieles daraus wußte ich auswendig. Ich las sämtliche Erzählungen von Horatio Alger, die Romane von Harold Bell Wright und Gene Stratton Porter, darüber hinaus alles, was ich an romantischen historischen Romanen in der Stadtbibliothek aufstöbern konnte.

Zu meinem Glück hatte ich in meinem *junior*-Jahr an der High-School einen Englischlehrer, der mich anregte und meinen Geschmack verbesserte. Von dieser Zeit an wurden die Gedichte von Emily Dickinson meine neue Bibel; die Romane von Scott, Dickens, Thackeray, Eliot, den Brontës, Jane Austen, Thomas Hardy, Galsworthy, Cooper, Hawthorne, Melville und Henry James — kurz, die Welt der amerikanischen und englischen Dichtung und Prosa brach über mich herein, und ich hatte nur den einen brennenden Wunsch: lesen, lesen. Ich lebte in einer Traumwelt. In den Betten, die ich täglich machen mußte, steckte unter jeder Matratze ein Buch; selbst im Wäschekorb im Bad lag eins, und wenn jemand fragte: »Was macht denn RiRi (mein Kosename)?«, dann kam von der Familie die stereotype Antwort: »Ach, die liest schon *wieder*.«

Glücklicherweise hatte meine Mutter volles Verständnis für mich. Als ich auf dem College war, las sie meine schöne Literatur auch und sagte heiter: »Für nur einmal Studiengebühr kann mehr als einer eine Collegeausbildung bekommen.« (Ich erinnerte mich lebhaft an diesen Ausspruch, als meine eigene Tochter zu Smith kam und ich, angeregt durch sie, meine Kenntnisse in moderner Literatur und Kunst erweiterte.) Ich identifizierte mich vollständig mit den Figuren in einem Gedicht oder einer Erzählung und mein Wunsch, anderen jungen Menschen dieses Wunder des vielfachen Lebens auf dem Wege nachempfundener Erfahrung zugänglich zu machen, wurde immer stärker — mit anderen Worten, ich wollte unterrichten.

Es kam mir nie in den Sinn, die Art der Ausbildung, die mein Vater für mich vorgesehen hatte, in Frage zu stellen. Ich sollte eine »Geschäftsfrau« werden. Gehorsam belegte ich einen Zweijahreskurs an dem Boston University College of Practical Arts and Letters, widmete mich verbissen den praktischen Fächern und begeisterte mich für Geschichte, englischen Aufsatz und Literatur, desgleichen für die Kurse in deutscher Sprache, Literatur und Drama. Ich nahm jeden Halbtagsjob an, den ich bekommen konnte, da selbst das geringe Studiengeld von damals schwer aufzubringen war. Ich hatte in der Stadtbibliothek gearbeitet, seit ich vierzehn war, und in dem Sommer, in dem ich die High-School beendet hatte, meinen ersten Ganztagsjob bei einer Versicherungsgesellschaft angenommen, wo ich fünfeinhalb Tage in der Woche acht Stunden lang stumpfsinnige Formbriefe nach dem Phonographen abtippen mußte – eine grausame Erfahrung, die, wie ich mir damals schwor, keines meiner Kinder je machen sollte.

Sobald ich meine zweijährige akademische sowie berufsbezogene Ausbildung abgeschlossen hatte, überredete ich meinen Vater, mir zu erlauben, mich für zwei weitere Jahre einzuschreiben, um mich für den Unterricht in Englisch, Deutsch und den praktischen Fächern auf Highschoolebene vorzubereiten.

Ich suchte mir jetzt interessantere Jobs für den Sommer und fand gegen Ende meines *junior*-Jahres (1927) Arbeit bei einem Professor am Massachusetts Institute of Technology. Er hatte ein handgeschriebenes Manuskript auf Deutsch über neue Prinzipien der Bodenmechanik. Da er einen Ablieferungstermin für die Publikation einhalten mußte, arbeitete ich meist bis in die frühen Abendstunden, weshalb wir häufig gemeinsam aßen, bevor ich nach Boston zurückfuhr. Bei diesen Mahlzeiten hörte ich fasziniert zu, wenn er lebhafte Schilderungen seiner Reisen und Abenteuer gab, und war mir der Tatsache voll bewußt, daß ich es hier mit einem wirklich genialen Mann auf dem Gebiet der Kunst und der Wissenschaft zu tun hatte. Als ich ihn verließ, hatte ich mein Notizbuch vollgeschrieben mit Lektürehinweisen, die mich zu griechischen Dramen, russischer Literatur, den Werken von Hermann Hesse, den Gedichten von Rainer Maria Rilke sowie den Schriften der großen Philosophen der Welt führten. Diese Erfahrung war bestimmend für mein übriges Leben, da ich erkannte, wie begrenzt meine Welt gewesen war und welch ein erregendes, lebenslanges Abenteuer Selbstbildung sein konnte und sollte. Damals fing ich an, von der idealen Erziehung der Kinder zu träumen, die ich eines Tages zu bekommen hoffte.

1929, nachdem ich nach meinem Abschluß an der Boston University ein Jahr lang in Melrose (Massachusetts) an der High-School Englischunterricht gegeben hatte, entschloß ich mich, wieder auf die Universität zurückzukehren, um in Englisch und Deutsch meinen Master of Arts zu machen. Bei der Ausarbeitung meines Studienplanes erfuhr ich, daß Dr. Otto Emil Plath den Kurs in Mittelhochdeutsch leitete, den ich belegen wollte. Bei einem der Treffen des Deutschen Clubs hatte ich früher einmal kurz die Bekanntschaft von Professor Plath gemacht und erfahren, daß er ein begabter Linguist war und der einzige Lehrer am College of

Liberal Arts, der diesen speziellen Kurs abhalten konnte, obwohl sein eigentliches Interesse der Biologie und verwandten Wissenschaften galt. Dr. Plath begrüßte mich herzlich – ein äußerst gutaussehender Herr, dachte ich, mit außergewöhnlich lebhaften, blauen Augen und hellem, frischem Teint. Als ich die Sprache auf den Mittelhochdeutschkurs brachte, sagte er, daß er den Kurs sehr gern halten würde, vorausgesetzt, er bekäme zugesichert, daß mindestens zehn Studenten sich dafür anmelden würden. Ich sagte ihm, ich würde auf eigene Verantwortung mit all den Studenten reden, von denen ich wußte, daß sie sich für Deutsch interessierten, und zu Beginn des Herbstsemesters hatten sich fünfzehn Studenten für den Kurs eingetragen.

An den letzten Vorlesungstag an der Universität erinnere ich mich besonders deutlich. Als ich mich von meinen Professoren verabschieden ging, saß Professor Plath gerade allein im Büro der germanistischen Abteilung, spielte eine Weile mit einem Federhalter und sagte dann, ohne mich anzublicken, daß Professor Joseph Haskell und seine Frau Josephine (beides ehemalige Lehrer von mir in *undergraduate*-Kursen) ihn fürs nächste Wochenende auf ihre Farm eingeladen und ihn aufgefordert hätten, eine Freundin mitzubringen. Wenn ich nichts dagegen hätte, mich ihm anzuschließen, würde er das zu schätzen wissen. Es war ein Blitz aus heiterem Himmel, aber Mrs. Haskell war damals eine gute Freundin von mir; ich konnte etwas Abwechslung gut gebrauchen und das Ganze versprach zumindest interessant zu werden.

An diesem Wochenende habe ich viel über Otto Plath erfahren. Er konnte spontan sein, heiter, und war zweifellos voller Vertrauen. Zu meiner Verblüffung erzählte er mir, daß er vor über vierzehn Jahren geheiratet hatte. Er und seine Frau hatten sich bald darauf getrennt, und er hatte sie dreizehn Jahre lang nicht gesehen. Sollte er jetzt eine ernsthafte Beziehung mit einer jungen Frau eingehen, würde er sich selbstverständlich scheiden lassen. Er fand, meine Magisterarbeit habe bewiesen, daß wir vieles gemeinsam hätten und sagte, er würde mich gern besser kennenlernen. Als Antwort darauf erzählte ich ihm, daß ich einen Job als Geschäftsführerin eines Doppel-Camps für unterprivilegierte Kinder in Pine Bush, New York, für den Sommer angenommen hätte, fügte aber hinzu, daß ich sehr gern mit ihm korrespondieren und ihn im Herbst treffen würde. Unter der umfangreichen Korrespondenz, die folgte, war ein Brief mit einer kurzen Lebensbeschreibung, die ich im folgenden aus dem Gedächtnis wiedergebe:

Otto Plath war in der Provinzstadt Grabow in Deutschland (Polnischer Korridor) aufgewachsen, sprach deutsch und polnisch und lernte in der Schule Französisch. Seine Papiere deuteten darauf hin, daß er unbestimmter Nationalität war. Er erzählte mir, daß er deutsche Eltern hätte, daß eine Großmutter aber Polin war.

Sein Vater war gelernter Mechaniker und übte das Schmiedehandwerk aus. (Ich erfuhr das, als sein Vater – Jahre nachdem der Sohn hier eingetroffen war – in die Vereinigten Staaten kam und in Oregon ein Siedlungsgrundstück übernahm. Er arbeitete an technischen Verbesserungen der McCormick-Mähmaschinen, die später in Gebrauch genommen wurden.) In Deutschland, als kleiner Junge, war Otto ein »Schleckermäulchen«, und seine Unfähigkeit, sich Geld für Süßigkeiten zu beschaffen, ließ ihn auf die Idee kommen, Hummelnester aufzuspüren und zu beobachten. Er entdeckte, daß diese gewöhnlich in verlassene Nagetiernester gebaut waren. Anfangs – wobei er Gefahr lief, gestochen zu werden – beobachtete er, wie die Hummeln an einem sonnigen Morgen von einem bestimmten Fleck im Feld ausschwärmten – was leichter herauszufinden war, wenn dort schon gemäht war. Waren sie ausgeflogen, steckte er einen langen, hohlen Strohhalm in das Nest unter dem Boden und saugte den »wilden« Honig heraus. Später wagte er es, solche Hummelkolonien in Zigarrenschachteln zu versetzen, die er dann zu Hause im Garten aufstellte; auf diese Weise hatte er eine ständige Quelle für seinen Honigbedarf. Seine Geschicklichkeit trug ihm den Namen *Bienenkönig* [Dt. i. O.] bei seinen Kameraden ein. Dies war der Ursprung eines lebenslangen Interesses für Entomologie.

Nach ihrer Emigration in die Vereinigten Staaten hatten sich Ottos Großeltern auf einer kleinen Farm in Watertown, Wisconsin, niedergelassen. Als sie erfuhren, daß dieser Enkel in allen Fächern ausgezeichnete Noten hatte, machten sie ihm das Angebot, aufs Northwestern College in Wisconsin zu gehen, vorausgesetzt, er würde versprechen, danach lutheranischer Geistlicher zu werden. Die Chance schien einmalig. Er würde nicht nur eine höhere Ausbildung erhalten, was für einen Jungen aus seinen Verhältnissen in Deutschland unerreichbar gewesen wäre, sondern auch dem Militärdienst entkommen, eine Sache, an die er mit Schrecken dachte, da er damals schon ein überzeugter Pazifist war. Mit sechzehn traf er in New York ein, wo ein Onkel von ihm einen Laden für Lebensmittel und alkoholische Getränke hatte. In dessen Familie lebte Otto ein Jahr; er erhielt die Erlaubnis, als Gast am Unterricht in einer Grundschule teilzunehmen, um sich in allen Fächern Englischkenntnisse anzueignen. Es saß ganz hinten in jedem Klassenzimmer, machte sich umfangreiche Notizen und redete nach der Schule mit den anderen Kindern und den Lehrern. Wenn er das Gefühl hatte, das Vokabular der jeweiligen Klasse zu beherrschen, versetzte er sich selber in die nächste und durchlief auf diese Weise innerhalb eines Jahres alle acht Klassen, wobei er die ganze Zeit nach der Schule für seinen Onkel arbeitete. Das ,Ergebnis war, daß er völlig akzentfrei englisch sprechen konnte.

Weil Otto sich weigerte, einen bestimmten Wein zu verkaufen, der in einer besonderen Flasche mehr kostete als in einer einfachen, schrieb sein Onkel, als der Neffe im Begriff war, nach Wisconsin abzureisen, an die Großeltern des Jungen: »Otto ist ein braver Junge, aber als Geschäftsmann ist er miserabel.«

Ottos Großeltern freuten sich über seine Zeugnisse (als Hauptfach hatte er klassische Sprachen gewählt) am Northwestern, begriffen aber nicht, auf welche Weise die Bücher, die nicht zu seiner Schullektüre gehörten, seine Weltanschauung formten. Darwin war sein Abgott geworden, und als er ins lutheranische Seminar eintrat (Missouri Synode), war es ein Schock für ihn, festzustellen, daß alle Schriften Darwins unter den verbotenen Büchern waren. Schlimmer noch, dieser relativ naive Neuling im Land der Freiheit mußte entdecken, daß die meisten der Anwärter fürs Pastorenamt niemals wirklich von Gott mit Worten »berufen« worden waren oder ein sichtbares »Zeichen« dafür erhalten hatten, daß sie »erwählt« waren, Sein Evangelium zu verkünden. Statt dessen versammelten die Studenten sich in einem der Schlafsäle und erörterten die verschiedenen und interessanten Arten der göttlichen Mitteilung, die erhalten zu haben ein jeder verkünden wollte. Sechs Monate lang, »elende Monate mit den Qualen des Zweifels und der Selbsteinschätzung«, versuchte Otto, wie er mir sagte, sich bestmöglichst anzupassen, was ihm aber nur nach außen hin gelang, und das war nicht genug. Er kam zu der Überzeugung, daß er nicht fürs Pastorenamt geschaffen war, und entschied sich, plötzlich erfüllt von Freude und der Hoffnung, seine Großeltern davon überzeugen zu können, für den Beruf des Lehrers. In diesem Beruf konnte er anderen dienen, meinte er, und seine Integrität bewahren, sein eigener Herr sein.

Es stand ihm jedoch ein weiterer Schock bevor. Seine Großeltern teilten seinen Standpunkt nicht; in ihren Augen hatte er sein Versprechen gebrochen. Sollte er an dieser infamen Entscheidung festhalten, würde er nicht länger zur Familie gehören; sein Name würde aus der Familienbibel getilgt werden. Und so geschah es. Für den Rest seines Lebens war er auf sich selbst gestellt. Als seine Eltern, seine drei Brüder und die beiden Schwestern nach Amerika kamen, stattete er ihnen nur einen kurzen Besuch ab, und als wir heirateten, waren seine Eltern schon tot und alle Verbindungen mit den Geschwistern abgebrochen. (Frieda Heinrichs jedoch, seine jüngste Schwester, nach der Sylvias Tochter genannt wurde, schrieb mir kurz nach unserer Hochzeit; bis zu ihrem Tod im Jahre 1966 korrespondierten wir regelmäßig miteinander.)

Ab Herbst 1930 entwickelte sich unsere Freundschaft und vertiefte sich. An den Wochenenden machten wir Wanderungen durch die Blue Hills, den Arnold Arboretum, oder in der Fells Reservation. Die Welten der Ornithologie und Entomologie taten sich mir auf, und wir träumten von gemeinsamen Projekten, wozu Naturstudien, Reisen und Schreiben gehörte. Unserem ehrgeizigsten Vorhaben, einer Abhandlung über die »Entwicklung der elterlichen Fürsorge im Tierreich«, wollten wir uns widmen, nachdem wir einige weniger hochgesteckte Ziele erreicht und unsere Familie mit mindestens zwei Kindern gegründet hatten. Es gelang mir, Otto für die hervorragenden Aufführungen – Ibsen, Shaw und moderne Stücke aus jener Zeit – zu interessieren, die es damals am Bostoner Repertoirtheater gab; auch meine Literaturbegeisterung teilte er. Bis Januar 1932, als Otto und ich in Carson City, Nevada, heirateten, gab ich mit großem Vergnügen Deutsch- und Englischunterricht an der Brookline High-School. Dann fügte ich mich dem Wunsch meines Mannes, nur noch Hausfrau zu sein.

Otto und ich wollten so bald wie möglich unsere Familie gründen, er hoffte, daß unser erstes Kind ein Mädchen sein würde. »Kleine Mädchen sind meist anhänglicher«, sagte er. Sobald ich mir sicher war, schwanger zu sein, fing ich an, Bücher über das Aufziehen von Kindern zu lesen. Ich war ganz durchdrungen von dem Wunsch, eine gute Ehefrau und Mutter zu sein. Beim Essen erörterten wir die unterschiedlichen, oft auch widersprüchlichen Theorien über das Großziehen von Kindern. Es wäre zu einer heftigen Auseinandersetzung mit meinem Mann gekommen, wenn ich die Ansicht durchgesetzt hätte, daß man Kinder von klein an streng behandeln soll, denn er glaubte an eine natürliche Entfaltung in der Entwicklung eines Kindes. Immer wieder brachte er seine Erinnerungen an die Methode seiner Mutter, Kinder aufzuziehen, zur Sprache (er war das älteste von sechs Kindern). Ich hielt mich einfach an das Prinzip »Stillen nach Verlangen«, das heute als modern gilt, in den dreißiger Jahren aber als altmodisch verschrien war, auch wenn ich mich vor meinen Altersgenossinnen nie dazu bekannte, die gewissenhaft das taten, was auf den getippten Instruktionsblättern ihrer Kinderärzte stand. Ich habe meine beiden Babies gewiegt und gehätschelt, ich habe ihnen vorgesungen und vorgesprochen und sie auf den Arm genommen, wenn sie weinten.

Sylvia, ein achteinhalb Pfund schweres, gesundes Baby, wurde am 27. Oktober 1932 geboren. An diesem Tag sagte ihr Vater bei einem Essen zu seinen Kollegen: »Jetzt habe ich nur noch einen Wunsch in meinem Leben – einen Sohn, heute in zweieinhalb Jahren.« Am 27. April 1935 kam Warren auf die Welt, nur zwei Stunden später als geplant, und Otto wurde von seinen Kollegen beglückwünscht als »der Mann, der das, was er haben will, dann bekommt, wenn er es will«.

Otto beobachtete als Vater und als Wissenschaftler begeistert die Entwicklung seiner Tochter. Als er sie im Alter von sechs Monaten vor ein Seil hielt, das senkrecht an einem Bambusrouleau auf der Veranda befestigt war, war er hingerissen von der Tatsache, daß ihre Füße in derselben Weise nach dem Seil griffen, wie ihre Hände – ein Beweis für ihn für die Evolution des Menschen, aber auch für den graduellen Verlust an Beweglichkeit von dem Zeitpunkt an, wo der Mensch anfing, Schuhe zu tragen und seine Füße nur noch zum Laufen benutzte.

In den ersten anderthalb Jahren unserer Ehe erweiterte mein Mann seine Doktorarbeit, bis sie den Umfang eines Buches erreicht hatte. Es wurde 1934 unter dem Titel *Bumblebees and Their Ways* bei Macmillan veröffentlicht. 1933 wurde Otto aufgefordert, eine wissenschaftliche Abhandlung über »Insektengesellschaften« zu schreiben, die dann als Kapitel IV in *A Handbook of Social*

Psychology erschien.* Wir arbeiteten gemeinsam daran; mein Mann skizzierte die einzelnen Abschnitte und stellte ein Verzeichnis der Autoren und ihrer Texte auf, auf die verwiesen werden sollte (es waren neunundsechzig Autoren), und ich las alles, machte in der von ihm angegebenen Weise Exzerpte und schrieb den ersten Entwurf. Diesen Entwurf übernahm er, schrieb ihn um und fügte seine eigenen Anmerkungen hinzu. Dann gab er mir das Manuskript, und ich brachte es in die endgültige Form für den Druck. Als alles fertig war, hatte ich das Gefühl, einen intensiven und faszinierenden Kurs in Entomologie gemacht zu haben.

Otto fand das Zimmer, das er sich in unserer Wohnung als Arbeitszimmer hergerichtet hatte, bald zu düster, da es nach Norden ging; er transportierte deshalb das ganze Material, das er zum Schreiben der »Insektengesellschaften« brauchte, ins Eßzimmer, wo es fast ein Jahr lang liegenblieb. Die mehr als siebzig Bände Sekundärliteratur krönten das lange Büfett, der Eßtisch mußte als Schreibtisch herhalten. Kein Blatt, kein Buch durfte von der Stelle gerückt werden! Ich zeichnete mir einen Plan von der Anordnung und konnte es mir erlauben, gelegentlich an dem einzigen Abend der Woche, an dem mein Mann einen Kurs an der Harvard Abendschule gab, Freunde zum Essen einzuladen, indem ich jedesmal jeden Gegenstand sorgfältig wieder an seine alte Stelle legte, bevor er zurückkam.

Als verheiratetes Paar hatten wir so gut wie gar kein gesellschaftliches Leben. Aus meinem Traum, ein »offenes Haus« für Studenten zu führen und häufig gute Freunde vom Kollegium als Gäste bei mir zu haben, wurde nichts. Im ersten Jahr unserer Ehe mußte alles DEM BUCH geopfert werden. Nach Sylvias Geburt war es dann DAS KAPITEL. Zum Glück waren meine Eltern willkommen, sie wohnten im Sommer bis einen Monat nach Sylvias Geburt bei uns und vermieteten währenddessen ihr Haus in Winthrop.

Sylvia schloß sich gleich an »Grampy« an, sie war seine ganze Wonne. Er fuhr sie im Arnold Arboretum spazieren, während Otto und ich an den »Insektengesellschaften« arbeiteten, und sowohl Papa wie Mutter lockerten mit ihrem Humor, ihrer Liebe und ihrem Lachen die sonst allzu akademische Atmosphäre unseres Heims auf. Sylvia war ein gesundes, glückliches Kind – fast immer, wenn sie wach war, war sie Mittelpunkt.

* Clark University Press, Worcester, Massachusetts, 1935.

Otto bestand darauf, alle Geldangelegenheiten selber in die Hand zu nehmen, was so weit ging, daß er einmal wöchentlich auf dem Faneuil Hall-Markt Fleisch, Fisch und Gemüse kaufte, weil er wußte, daß er dort die besten Sachen zum niedrigsten Preis bekam. Obwohl er erst sechzehn war, als er in die Vereinigten Staaten kam, konnte Otto sich nicht von dem deutschen Grundsatz, daß der Mann *der Herr des Hauses* [Dt. i. O.] sein muß, freimachen, ganz im Gegensatz zu seiner früheren Behauptung, daß ihm das damals moderne Ziel des »fifty-fifty« gefiele. Zweifellos war ihm diese Einstellung in Fleisch und Blut übergegangen. Sie spiegelte sein eigenes häusliches Leben wider, wo auf seiner Mutter, die er als ziemlich melancholische Frau beschrieb, die Bürde der Pflege von sechs Kindern lastete; dazu kam ein Geschwür am Bein, das niemals ganz verheilte (was dieses Problem bedeutete, verstand ich erst im Sommer 1940). Der Vater dagegen soll ein energischer, heiterer und erfinderischer Mann gewesen sein.

Der Altersunterschied zwischen uns (einundzwanzig Jahre), Ottos höhere Bildung, die langen Jahre, die er in College-Schlafsälen oder allein in einem Zimmer verbracht hatte, unser ehemaliges Lehrer-Schüler-Verhältnis – all dies erschwerte ihm den plötzlichen Wechsel zu Heim und Familie, führte zu seiner Haltung eines »rechtmäßigen« Herrschers. Nie hatte er erlebt, frei miteinander umzugehen, wie es meine Beziehung zu meiner Familie kennzeichnete; er brachte es einfach nicht fertig, sich auszusprechen und gemeinsam mit mir vernünftig irgendwelche Probleme zu erörtern. Als das erste Jahr unserer Ehe um war, wurde mir klar, daß ich mich eben noch mehr unterwerfen mußte, wenn ich ein friedliches Zuhause wollte – und ich wollte es –, obwohl das gegen meine Natur war.

Als ich im Winter 1934/35 schwanger war, erzählte ich Sylvia, daß sie einen Bruder oder eine Schwester (einen Warren oder eine Evelyn) bekommen würde, und daß sie mir helfen sollte, mich auf das Baby vorzubereiten. Das Vorhaben faszinierte sie, und als sie eines Tages gerade ihr Ohr an meinen Bauch gelegt hatte, als das Baby sich bewegte, muß sie wohl etwas von dem Stoßen gehört haben, denn ihr Gesicht erhellte sich und sie schrie: »Ich kann ihn *hören*! Er sagt, ›Hó da! Hó da!‹, das bedeutet: ›Ich *liebe* dich, ich *liebe* dich!‹«

Vor der Geburt des Babys verbrachte ich mit Sylvia eine Woche im Haus meiner Mutter, damit sie sich bei den Großeltern, die sie so gut kannte und so liebte, richtig einleben konnte. Am 27. April, dem Tag von Warrens Geburt, ließ ich sie dort zurück. Als Sylvia erfuhr, daß sie einen Bruder bekommen hatte, zog sie ein Gesicht und schmollte. »Ich habe mir eine Evelyn gewünscht, nicht einen Warren.«

Als unsere Familie wieder vereint war, wurde es immer nur dann problematisch, wenn ich das Baby stillte, denn ausgerechnet dann wollte Sylvia auf meinen Schoß. Glücklicherweise entdeckte sie etwa zu dieser Zeit an Hand der großen Buchstaben auf den Verpackungen der Lebensmittel, die auf den Speisezimmerregalen standen, das Alphabet. Sehr rasch lernte sie die Bezeichnungen der Buchstaben, und ich brachte ihr bei, wie sie jeden einzelnen aussprechen mußte. Von da an holte sie sich jedesmal, wenn ich Warren stillte, eine Zeitung, setzte sich vor mir auf den Boden und suchte sich alle großen Buchstaben zum »lesen« heraus. In ihrem Säuglingstagebuch fand ich in einer Eintragung vom Juli (sie war damals zwei Jahre und neun Monate), folgende Begebenheit: Wir warteten gerade mit Warren im Kinderwagen an einer Straßenkreuzung, um in den Arboretum zu gehen, als Sylvia fasziniert auf das große STOP-Zeichen starrte, »schau, Mami« schrie und auf das Zeichen deutete. »Schau! P-O-T-S. Das heißt *pots* [Töpfe, A. d. Ü.], Mami; das heißt *pots*!«

Sylvia hortete kleine quadratische Mosaikkacheln, die sie geschenkt bekommen hatte, und beschäftigte sich stundenlang damit, sie zu Bildern anzuordnen. Eines Sonntags, während ich in der Küche beim Backen war, war sie ungewöhnlich still, als sie mit diesen Kacheln im Wohnzimmer spielte. Mein Mann ging hinein, um nachzusehen, was sie im Schilde führte, und rief dann ganz aufgeregt nach mir. Zu meiner größten Überraschung sah ich, daß sie unverkennbar die vereinfachten Konturen des Taj Mahal nachgebildet hatte, dessen Bild in einen unserer Badevorleger eingewebt war. Da waren die vier Minarette, die an ihrem Ende die gleiche Kuppel trugen wie das Zentralgebäude – natürlich war das Kunst ohne Perspektive, für uns aber ein eindeutiges Zeichen für die frühe Entwicklung des visuellen Gedächtnisses beim Kinde.

Obwohl Otto sich nicht aktiv um die Kinder kümmerte oder mit ihnen spielte, liebte er sie von Herzen und war sehr stolz darauf, wie schön sie waren und wie schnell sie sich entwickelten. Einst, als wir nach unseren Zweien sahen, die schon schliefen, sagte er zärtlich: »Alle Eltern *glauben*, daß ihre Kinder einzigartig sind. Wir *wissen* es!«

Im Jahr nach Warrens Geburt fing Otto an, sich mehr und mehr in sich zurückzuziehen und stand große Ängste um seine Gesundheit aus. Dafür hatte er allen Grund. Er nahm ab, hatte chronischen Husten und Sinusitis, war dauernd abgespannt und regte sich über jede Kleinigkeit auf. Er unterrichtete weiter – sogar im Sommer –, aber das strengte ihn sehr an, und er legte sich zum Vorbereiten des Unterrichts und zum Korrigieren auf die Couch in seiner Bude. Er weigerte sich beharrlich, einen Arzt zu konsultieren und schob alle Vorschläge und dringenden Bitten, die von mir, meiner Familie und seinen Kollegen kamen, beiseite. Er hätte seinen Fall selbst diagnostiziert, erzählte er mir, und würde sich niemals einer Operation unterziehen. Mir war klar, was er damit meinte, denn er hatte kürzlich einen Freund verloren, der nach mehreren Operationen an Lungenkrebs gestorben war.

Ich rief trotzdem unseren netten Hausarzt in Winthrop an (die Stadt, in die wir 1936 umzogen) und bat ihn vorbeizukommen, aber er fand das im Hinblick auf Ottos Einstellung unklug und unethisch. Auch wenn Otto seine Diagnose nicht ausgesprochen hatte, ahnte ich, daß sie Lungenkrebs lautete.

Unsere Kinder waren sehr glücklich über unseren Umzug im Herbst 1936 von Jamaica Plain in die Johnson Avenue im Zentrum von Winthrop, Massachusetts. Sie freuten sich, daß sie in der Nähe eines Strandes und des Hauses ihrer Großeltern in Point Shirley wohnten, das nur ein paar Kilometer entfernt lag. Begeistert liefen sie bei Ebbe über die »Sandbänke«, sammelten Muscheln oder buddelten im groben Sand. Warren, der gerade erst anfing zu laufen, blieb in meiner Nähe, aber Sylvia wanderte davon, erforschte seichte Stellen, in denen es von winzigen Meeresbewohnern wimmelte, und kletterte auf beträchtlich hohe Felsen.

Herzzerbrechend jedoch war es, von der Zeit an miterleben zu müssen, wie ein ehemals gutaussehender, kräftig gebauter Mann seine Vitalität verlor und physisch und psychisch immer weniger wurde. Inständige Bitten, er möge sich von einem Arzt die Diagnose holen und sich helfen lassen, hatten nur heftige Wutausbrüche zur Folge. Ich führte einen »Oben-unten«-Haushalt, wenn Otto und die Kinder gemeinsam im Haus waren, zum Teil, damit ihr lautes Spielen und Zanken ihn nicht aufregten, hauptsächlich aber, damit er sie nicht ängstigte, da er jetzt gelegentlich an heftigen Muskelkrämpfen in den Beinen litt, die ihn vor Schmerz stöhnen ließen. Ein paar Mal in der Woche kam vormittags ein Mädchen aus der Nachbarschaft zu mir. Sie bügelte und kümmerte sich um die Haupthausarbeit, während ich kochte, flickte und die anfallende Arbeit für meinen Mann erledigte – Material zusammentrug, um seine Vorlesungen auf den neuesten Stand zu bringen, deutsche Frage- und Antwortspiele korrigierte und Briefe für ihn schrieb.

Otto war fest entschlossen, weiter zu unterrichten und schaffte es offensichtlich, während dieser Arbeitssitzungen funktionsfähig und kontrolliert zu sein. Er war jedoch am Ende seiner Nerven, wenn er nach Haus kam, denn oft brach er bei seiner Rückkehr auf der Couch in seinem Arbeitszimmer zusammen, und viele Male mußte ich ihm dort das Abendessen servieren.

An den Tagen, an denen Otto zu Hause war, lebte er in diesem großen Arbeitszimmer; ich nahm dann die Kinder mit an den Strand, damit sie rennen und schreien und sich mit ihren Spielkameraden David und Ruth Freeman treffen konnten, deren Mutter Marion meine engste Freundin geworden war und großes Verständnis zeigte. Im Frühjahr 1937 waren Mr. und Mrs. Freeman mit ihren beiden Kindern in unsere Nachbarschaft gezogen, und unsere beiden Familien hatten sich schnell angefreundet. David war sechs Monate älter als Sylvia und Ruth ein Jahr jünger. Die vier Kinder lebten praktisch gemeinsam, mal in dem einen, mal in dem anderen Haus – das Heim der Freemans mit seiner entspannten, heiteren Atmosphäre wurde zur Zuflucht, wenn Otto zu Hause war und ein rauher Wind wehte. Warren kämpfte hart, um mit den drei anderen Kindern Schritt zu halten, die oft ungeduldig mit ihm waren, aber im Lauf der Zeit verminderte sich der Abstand dank der Entschlossenheit des Jüngsten.

Aus dem größten Schlafzimmer im oberen Stockwerk machten wir ein Spielzimmer. Hier dachte ich mir die Gute-Nacht-Geschichten aus, in denen Warrens Lieblingsteddybär die Hauptrolle spielte. Sie hießen »Mixie Blackshorts Abenteuer« und wurden über mehrere Jahre hinweg allabendlich fortgesetzt. In diesem Zimmer aßen die Kinder zu Abend, an einem kleinen Ahorntisch vor einem großen Fenster sitzend, durch das wir einst den aufregenden Verlauf einer Mondfinsternis beobachtet hatten. Hier war es auch, wo ich ihnen die Gedichte von Eugene Field, Robert Louis Stevenson und A. A. Milne vorlas, und immer und immer wieder die aus *Sung Under the Silver Umbrella*, der Lieblingsanthologie der Kinder. Später wurde die Lektüre anspruchsvoller, nach Dr. Seuss' heiterem *Horton Hatches an Egg* folgten Bücher wie Tolkiens *The Hobbit*. Beide Kinder dachten sich nach dem Vorbild der Verse, die ich ihnen vorlas, eigene Reime und Limericks aus.

Wenn sie zu Abend gegessen hatten und gebadet waren, vertrieben sie sich die Zeit im Spielzimmer, während ihr Vater und ich zu Abend aßen. Dann kamen sie noch eine halbe Stunde herunter ins Wohnzimmer, um mit uns beiden zusammen zu sein, bevor sie ins Bett gingen. Dies war die Zeit, in der Sylvia ihrem Vater etwas auf dem Klavier vorspielte oder improvisierte Tänze tanzte; beide Kinder zeigten ihm ihre Zeichnungen und sagten die selbsterfundenen Reime oder die Gedichte auf, die sie im Gedächtnis behalten hatten.

Daß Sylvia übersprudelnd nach jedem Schultag das Gespräch beim Mittagessen an sich riß, regte Warren (damals zweieinhalb Jahre alt) an, seine Abenteuergeschichten »Other Side of the Moon« zu erfinden (Jahre später in einer von Sylvias unveröffentlichten Erzählungen erwähnt). Die erste Geschichte, die mit den Worten begann, »Auf der anderen Seite des Mondes, wo ich *neun* Jahre alt war und lebte, bevor ich dir begegnete, Mutter«, nahm selbst Sylvias Aufmerksamkeit gänzlich gefangen.

Damals fing Warren an, auf vieles – Nahrungsmittel, Pollen, Staub etc. – allergisch zu reagieren. Im Winter 1938/39 litt er unter zweimaligen schweren Anfällen von Bronchialpneumonie und bekam Asthma. Otto verlor ständig an Gewicht; sein Gesundheitszustand verschlimmerte sich laufend und ich konnte kaum eine Nacht durchschlafen, weil ich ihn und Warren gleichzeitig betreuen mußte. Das war die Zeit, in der meine Eltern sich, wann immer Warren krank war, um Sylvia kümmerten. Ihre Bindung an Grampy wurde noch enger, da er nicht nur mit ihr spielte, sondern auch mit ihr zum Schwimmen ging, eine Begebenheit, die sie später als denkwürdiges Erlebnis mit »Daddy« beschrieb. Das war der Beginn einer in ihren Schriften regelmäßig wiederkehrenden Verschmelzung von Personen. Zum ersten Mal taucht dieses Phänomen in einer unveröffentlichten Geschichte mit dem Titel »Among

the Bumblebees« auf, wo die Verschmelzung von Vater und Großvater mehrmals stattfindet. Die Geschichte schließt mit ihrer Erinnerung an ihren Vater im Endstadium seiner Krankheit. Die
Schwimmepisoden mit ihrem Großvater sind hier auf ihren Vater
übertragen:

»Zunächst ging Vater alleine schwimmen und ließ sie am Strand
zurück ... Nach einer Weile rief sie nach ihm, und er kehrte um
und schwamm dem Ufer zu, einritzend eine Linie aus Schaum ...
das Wasser vor sich teilte er mit den mächtigen Propellern seiner
Arme. Er kam zu ihr und hob sie auf seinen Rücken, wo sie sich
anklammerte, die Arme fest um seinen Hals geschlossen, dann
schwamm er wieder hinaus. Außer sich vor Entsetzen hielt sie sich
an ihm fest, die zarte Wange da prickelnd, wo ihr Gesicht auf
seinem Nacken lag, die Beine und der schmächtige Körper hinter
ihr herschleifend, mühelos dahintreibend in ihres Vaters energi-
schem Kielwasser.«

Eines Morgens, es war Mitte August 1940, stieß Otto mit der
kleinen Zehe unten an seine Kommode, als er sich fertigmachte,
um zu seinem Ferienkurs zu gehen. Als er an diesem Nachmittag
wieder nach Hause kam, hinkte er, und ich bat ihn, mir seinen Fuß
zu zeigen. Zu unserer Bestürzung mußten wir sehen, daß die Zehen
schwarz waren und rote Streifen von seinem Knöchel nach oben
liefen. Diesmal gab es keinen Protest, als ich ans Telefon stürzte
und meinen Arzt anrief, der dann auch binnen einer Stunde bei uns
war. Er war sehr besorgt und ordnete an, daß mein Mann seinen
Fuß hoch lagern und auf keinen Fall das Bett verlassen sollte. Der
Arzt nahm Blut- und Urinproben mit in sein Labor und rief mich
später an, um mir zu berichten, daß es sich um eine Diabetes
mellitus im fortgeschrittenen Stadium handelte. Diese Ankündigung traf mich wie ein Donnerschlag – das also war seine Krankheit, von Krebs keine Rede, sondern eine Krankheit, die man unter
Kontrolle halten, mit der man leben konnte, wenn man sie rechtzeitig mit Insulin und Diät behandelte. Ich begann, mir wilde Hoffnungen zu machen – es fragte sich nur, war es nicht schon *zu spät*?

Von diesem Tag an schwankten wir zwischen Furcht und Hoffnung; nach einer Krise trat unverhofft eine Besserung ein, bloß um
erneut einer Krise zu weichen. Otto bekam Lungenentzündung,
wurde eilends ins Krankenhaus in Winthrop transportiert und
kehrte nach zwei Wochen mit einer ausgebildeten Krankenschwe-

ster nach Hause zurück. Ich schickte Warren zu seinen Großeltern, wo ihn sein jugendlicher Onkel Frank mit zum Segeln und Fischen nahm. Sylvia wollte bei uns bleiben, deshalb machte die nette Schwester eine alte Uniform für sie kleiner und ernannte Sylvia zu ihrer »Assistentin«. Sie durfte Daddy ab und zu Obst und kalte Getränke bringen und zeigte ihm dann die Zeichnungen, die sie für ihn gemacht hatte, was ihn ein wenig aufheiterte.

Als die Schwester zum ersten Mal frei hatte, machte Otto den Vorschlag, daß ich mit Sylvia eine Stunde hinaus an die Sonne gehen sollte; er hätte ja alles, was er brauchte, auf dem Tisch neben seinem Bett. Sie und ich liefen gemeinsam nur etwa eine halbe Stunde den Strand entlang, da mir gar nicht wohl war bei dem Gedanken, meinen Mann allein gelassen zu haben. Ich brachte Sylvia anschließend zu den Freemans, die sie einluden, zum Abendessen dazubleiben. Zu Hause angekommen, fand ich Otto zusammengebrochen auf der Treppe. Er war aufgestanden und wollte hinunter in den Garten, um seine Blumen anzuschauen. Halb schleppte, halb trug ich ihn zu seinem Bett. Da es an einem Mittwoch passierte, konnte ich den Arzt nicht erreichen. Ich gab Otto seine Insulinspritze; an diesem Abend konnte er vor lauter Erschöpfung kaum etwas essen. Mitten in der Nacht rief er nach mir, und ich fand ihn fiebernd in schweißgetränktem Bettzeug, am ganzen Leib zitternd vor Schüttelfrost. Die ganze Nacht hindurch wechselte ich die Laken, wusch ihm das Gesicht und hielt seine zitternden Hände. Einmal ergriff er meine Hände, hielt sie fest und sagte mit heiserer Stimme: »Gott weiß, warum ich so verflucht bin!« Während mir die Tränen übers Gesicht liefen, konnte ich nur eines denken: »Das Ganze hätte nicht sein müssen, es hätte nicht sein müssen.«

Am nächsten Tag brachte der Arzt den bekannten Diabeteschirurgen Dr. Harvey Loder vom New England Diakonissen-Krankenhaus mit. Aufmerksam hörte sich Dr. Loder meine Schilderung von der zunehmenden Verschlimmerung des Gesundheitszustandes in den letzten Jahren und den Ereignissen vom Vortag an. Er machte eine gründliche Untersuchung; als er wieder aus dem Zimmer kam, teilte er mir mit, daß eine Oberschenkelamputation des brandigen Beins unumgänglich wäre, um das Leben von Otto zu retten.

Als ich Dr. Loder beim Hinausgehen seinen Hut reichte, murmelte er: »Wie konnte ein so kluger Mann nur so dumm sein.«

Am 12. Oktober wurde die Amputation im New England Diakonissen-Krankenhaus durchgeführt. Ich hatte dafür gesorgt, daß er ein Einzelzimmer und eine Schwester bekam. Laut Krankenbericht stand es sehr günstig um ihn. Ich besuchte ein paar Vorträge, um mir die nötigen Kenntnisse über Diabetikerpflege anzueignen. Wir begannen, Pläne für die Zukunft zu machen, die dadurch eingeleitet werden sollte, daß Otto sich an eine Prothese gewöhnte und lernte, wie man damit läuft. Dr. Daniel Marsh, der damalige Rektor der Boston University, schrieb an meinen Mann: »Uns ist es lieber, Sie kommen mit einem Bein zurück an Ihren Schreibtisch, als ein anderer Mann mit zweien.« Studenten meldeten sich freiwillig in großer Zahl zum Blutspenden; alle waren voller Zuspruch und Hilfsbereitschaft. Der verstorbene Dr. Irving Johnson und Ottos Freund Carl Ludwig, der bei ihm promoviert hatte, übernahmen seine Lehrverpflichtungen und weigerten sich, ein Entgelt dafür anzunehmen.

Die Kinder gingen regelmäßig zur Schule, und meine Mutter oder Marion Freeman kümmerten sich während der Zeit um sie, die ich bei Otto im Krankenhaus verbrachte. Marion gab mir den Rat, mit Sylvia und Warren über die Operation zu sprechen, da sie gehört hatte, wie Nachbarskinder über die Amputation redeten; aus diesem Grund schien es mir das Beste, sie darauf vorzubereiten. Mein Hauptargument war, daß wir hofften, daß es Daddy danach wieder gutgehen würde. Warren, der sich vermutlich nichts genaues darunter vorstellen konnte, nahm die Nachricht sehr ruhig auf; Sylvia fragte mit weit aufgerissenen Augen: »Sag mal, Mami, wenn er sich Schuhe kauft, muß er sich dann ein *Paar* kaufen?«

Ich hatte mit den Ärzten darüber gesprochen, auf welche Weise die Frau eines Mannes, der durch einen chirurgischen Eingriff verstümmelt worden ist, dazu beitragen kann, ihm sein Selbstvertrauen wiederzugeben, und ich begriff, wie dringend nötig es war, ihm das Gefühl zu geben, ein »ganzer Mann« zu sein und von mir vollständig akzeptiert zu werden. Während der nächsten Tage vermied Otto jedoch jedes Gespräch über das Nachhausekommen und das Tragen einer Prothese. Die Realität seiner Operation deprimierte ihn, und ich begann einzusehen, daß wir einen weiten Weg vor uns hatten und viel Geduld brauchen würden.

Nach meinem Besuch am 5. November, bei dem ich Otto sehr

geschwächt vorgefunden hatte, teilte man mir mit, daß sein Zustand ernst sei. Als ich nach Hause kam, klingelte das Telefon. Es war Dr. Loder, der mich darüber informierte, daß es in einem Lungenflügel plötzlich zu einer Embolie gekommen war, an der mein Mann im Schlaf gestorben war.

Ich wartete bis zum nächsten Morgen, bevor ich es meinen Kindern erzählte. Es war ein Schultag, und ich ging zuerst in Warrens Zimmer. Als mein Blick auf den schlafenden kleinen Jungen fiel, fünfeinhalb Jahre war er erst, da wurde mir bewußt, daß meine beiden Kinder nun für den Rest ihres Lebens mit nur einem Elternteil leben mußten. Mir fiel ein, daß ich mir jetzt meinen Lebensunterhalt verdienen mußte, und stürzte mich im Geiste auf das Angebot, das meine großzügigen Eltern mir gemacht hatten. »Sollte Otto nicht gesund werden«, hatten sie gesagt, »dann ziehen wir zu dir, damit du wieder unterrichten kannst und die Kinder versorgt sind, wenn du weg bist.« Meine Eltern waren noch sehr junge Großeltern, meine Mutter war nur achtzehn Jahre älter als ich. Sie waren gesund, optimistisch, stark im Glauben, und sie liebten die Kinder innig. Mein jüngerer Bruder – nur dreizehn Jahre älter als Sylvia – und meine Schwester würden in der Nähe leben; die Kinder würden spüren, daß da eine Familie war und umgeben sein von Liebe und Fürsorge. Zumindest in dem Punkt konnte ich ohne Sorge sein. All dies ging mir durch den Kopf, bevor Warren von selbst aufwachte. So behutsam wie möglich erzählte ich ihm, daß Daddys Leiden nun ein Ende hatte, daß er im Schlaf gestorben war und seine Ruhe gefunden hatte. Warren setzte sich auf, umarmte mich heftig und rief laut: »Oh, Mami, ich bin ja so froh, daß *du* jung und gesund bist!«

Weit schwieriger war es, Sylvia, die schon wach war und im Bett las, zu erzählen, was los war. Einen Moment lang blickte sie mich streng an und sagte dann ausdruckslos: »Ich werde nie wieder mit dem lieben Gott sprechen!« Ich versicherte ihr, daß sie an diesem Tag nicht zur Schule müßte, wenn sie lieber zu Hause bleiben wollte. Unter der Decke, die sie sich über den Kopf gezogen hatte, kam es gedämpft hervor: »Ich *will* aber in die Schule.«

Nach der Schule kam sie mit rotgeweinten Augen zu mir und gab mir einen Zettel, dem ich entnahm, daß es seitens ihrer Klassenkameradinnen Sticheleien über einen zukünftigen Stiefvater gegeben hatte. In Krakelschrift stand folgender Satz auf dem Blatt: ICH

VERSPRECHE, DASS ICH NIE MEHR HEIRATEN WERDE. Unterzeichnet: . Ich unterschrieb auf der Stelle, umarmte sie und gab ihr ein Glas Milch und Plätzchen. Sie schob sich einen Küchenstuhl dicht neben meinen, seufzte erleichtert, lehnte sich an meinen Arm und aß und trank mit Genuß. Als sie damit fertig war, stand sie rasch auf und sagte sachlich: »Ich gehe David und Ruth suchen.«

Mein Blick fiel auf das zerknitterte »Dokument«, das ich soeben unterschrieben hatte; Sylvia hatte es offensichtlich ohne weitere Gedanken und Zweifel auf dem Küchentisch liegen gelassen. Ich war mir der Tatsache bewußt, daß ich nie mehr heiraten würde, es sei denn, ich würde nach Jahren die Chance haben, einen Mann zu heiraten, den ich respektierte und liebte, dem ich zutraute, daß er meinen Kindern ein guter Vater sein würde, und den vor allem *meine Kinder als Vater haben wollten*. Diese Erklärung gab ich Sylvia, als sie als Collegestudentin eine Klassenkameradin kennengelernt hatte, deren ehemals verwitwete Mutter noch einmal geheiratet und sich und ihre Kinder damit sehr glücklich gemacht hatte. »Dieses Dokument hat dich doch nie wirklich davon *abgehalten*, noch einmal zu heiraten, oder?« fragte sie ängstlich. Ich versicherte ihr, daß dies nicht der Fall gewesen war.

Ich gab Dr. Loder auf seine Bitte hin die Erlaubnis, eine Autopsie vorzunehmen, nachdem er mir bestätigt hatte, daß Otto immer noch das »normale« Begräbnis bekommen konnte, das einst sein Wille gewesen war. Als ich Otto in der Leichenhalle zu sehen bekam, hatte er keinerlei Ähnlichkeit mehr mit dem Ehemann, den ich kannte, sondern sah aus wie eine modische Schaufensterpuppe. Ich war der Meinung, die Kinder würden ihren Vater niemals wiedererkennen, deshalb nahm ich sie nicht zum Begräbnis mit, sondern überließ sie an diesem Nachmittag der freundlichen, verständnisvollen Obhut von Marion Freeman. Was von mir als Tapferkeitsübung um meiner Kinder willen gedacht war, wurde Jahre später von meiner Tochter als Gleichgültigkeit ausgelegt. »Meine Mutter hatte nie Zeit, um den Tod meines Vaters zu trauern.« Ich hatte mich lebhaft daran erinnert, daß ich eines Tages, als ich als kleines Kind erlebte, wie meine Mutter in meiner Gegenwart in Tränen ausbrach, das Gefühl gehabt hatte, daß eine ganze Welt für mich zusammenbrach. *Mutter*, dieser Turm an Stärke, diese meine einzige Zuflucht, *weinend*! Diese Erinnerung zwang mich, meine Tränen zurückzuhalten, bis ich abends allein im Bett lag.

In der Woche nach Ottos Tod bekamen beide Kinder Masern, Warren als zusätzliche Komplikation eine Lungenentzündung und Sylvia eine Sinusitis. Mein Vater, der als Kalkulator bei der Dorothy Muriel Company gearbeitet hatte, verlor damals, als die Gesellschaft ihren Besitzer wechselte, mitsamt der übrigen Belegschaft seine Stellung. Er bekam ernsthafte Schwierigkeiten mit seinen Augen; wie mir der Augenarzt mitteilte litt er an einer fortschreitenden Maculadegeneration – laut Prognose hatte er in naher Zukunft Schlimmes zu erwarten.

An Weihnachten war die ganze Familie samt Bruder und Schwester beisammen und machte diesen Tag zu einem Freudentag für die Kinder.

Im Januar bekam ich dank der freundlichen Bemühungen einer Schulkameradin an der Braintree High-School eine Stelle als Aushilfslehrerin für 25 Dollar die Woche, bei der ich täglich drei Klassen in Deutsch und zwei in Spanisch unterrichten mußte. Ich verließ jeden Morgen um fünf Uhr dreißig das Haus, pendelte nach Jamaica Plain und ging zu meiner Freundin, die mich dann in die Braintree High-School fuhr, wo sie ganztägig als Lehrerin arbeitete. Dreimal wöchentlich nahm ich Privatunterricht in Spanisch bei einer jungen Lehrerin vom Emmanuel College in Boston. Es standen nur wenige Lehrstellen zur Verfügung, deshalb war ich sehr dankbar, als mir gegen Ende des Frühjahrssemesters eine freie Stelle für den kommenden September an der Junior High-School in Winthrop angeboten wurde.

Im darauffolgenden Schuljahr machte mir ein Zwölffingerdarmgeschwür zu schaffen, das sich bei mir während der letzten beiden Jahre der Krankheit meines Mannes gebildet hatte. Zusätzlich zu meinem vollen Lehrprogramm an der Winthrop Junior High-School hatte ich die Verwaltung aller Gelder der gesamten Schule übernommen: Ich mußte mich um die wöchentlichen Geldangelegenheiten der Schüler kümmern (dazu kam im zweiten Semester noch der Kauf von Kriegsbriefmarken und -anleihen durch die Schüler und Lehrer), außerdem um die Unterrichts- und Sportgebühren.

Die Verantwortung, die es bedeutete, das Geld anderer Leute zu verwalten und die Buchführung zu machen, lastete schwer auf mir.

Zusammen mit den nach dem 7. Dezember 1941 häufig stattfindenden Luftschutzübungen und unserem Eintritt in den zweiten Weltkrieg war dies eine harte Zeit.

Im Sommer 1942 forderte mich der Dekan des Boston University College of Practical Arts and Letters auf, einen Kurs für Arzthelferinnen aufzubauen. Diese Ernennung betrachtete ich als Wink des Schicksals, da sie es uns erlauben würde, Winthrop zu verlassen und so weit westlich von Boston zu ziehen, wie das einer Person, die täglich in die Stadt pendeln mußte, nur möglich war. Wir fürchteten nämlich, daß sich Warrens häufige Bronchitisanfälle und Sylvias Sinusitis durch die Nähe zum Meer möglicherweise verschlimmert hätten.

Es war ein schwerwiegender Schritt, denn es hieß für mich, auf die Sicherheit einer ansehnlichen staatlichen Rente zu verzichten und mit einem kleinen Gehalt von 1800 Dollar pro Jahr zu beginnen (das drei Jahre lang nicht erhöht wurde und zu jener Zeit keine anderen Vergünstigungen einschloß), aber ich war der Überzeugung, daß die Gesundheit meiner Kinder wichtiger war als meine finanzielle Zukunft. Ich gelobte mir, den Kurs dadurch interessant, ja spannend zu machen, indem ich die stenographischen Kenntnisse nur als die unterste Stufe auf der Leiter zum Erfolg hinstellte. Ich schrieb an Dr. Walter Heinrichs, den Mann meiner Schwägerin, der mir einen Plan für einen Grundkurs entwarf, auf dem ich aufbauen sollte: Nomenklatur der Krankheiten, Grundlagen der Anatomie und Physiologie, Karteiführung und Buchführung in einer Arztpraxis, angewandte Psychologie, Lösen einschlägiger Probleme. Ich vervollständigte dies durch einen entwicklungsgeschichtlichen Abriß der Medizin, wie sie aus der Hexerei, dem Aberglauben und den religiösen Bräuchen hervorgegangen ist. (Durch meine Magisterarbeit über Persönlichkeit und Werk des Paracelsus nach deutschen und englischen Quellen hatte ich mir auf diesem Gebiet schon einige Kenntnisse erworben.) Ich belegte an der Harvard-Abendschule einen Kurs in Biologie, desgleichen einen allgemeinen Kurs für Arzthelferinnen, lieh mir medizinische Zeitschriften aus, schrieb mir Krankengeschichten heraus und sammelte Korrespondenzen und Berichte von Ärzten.

Bis zum 26. Oktober 1942 (dem Tag vor Sylvias zehntem Geburtstag) hatte ich das Haus in Winthrop verkauft und statt dessen ein kleines, weißes Holzhaus mit sechs Zimmern in Wellesley erworben. Es gab mehrere Gründe, weshalb ich Wellesley gewählt hatte. Unser neues Heim lag in einer anspruchslosen Wohngegend der Stadt, zudem waren die Grundstückspreise und Steuern dort niedrig. Das Schulsystem galt als besonders gut, und Sylvia hatte möglicherweise später die Chance, auf das Wellesley College zu gehen, wo hervorragende Studenten mittels eines städtischen Stipendiums studieren durften. Da mir mein Mann keine Rente hinterließ und die 5000 Dollar seiner Lebensversicherung dazu verwendet werden mußten, um seine Arzt- und Begräbniskosten zu bezahlen und einen Teil der Anzahlung auf unser neues Haus zu leisten – das Haus in Winthrop war mit Verlust verkauft worden –, waren wir finanziell sehr eingeschränkt und mußten sehr sorgfältig planen.

Die Nähe zum Haus meiner Schwester begeisterte uns alle, außerdem konnte mein Vater, der inzwischen im Brookline Country Club als maître d'hôtel angestellt war – eine Arbeit, die er trotz seiner schwachen Augen leicht verrichten konnte –, am Wochenende zu uns kommen. Da man in dieser Vorstadt nicht ohne Auto auskam, waren wir dankbar, daß Grammy einen Wagen aus zweiter Hand besaß und, wenn nötig, gerne den Chauffeur spielte.

Sylvia war in Winthrop in die sechste Klasse versetzt worden. Als ich aber feststellte, daß alle Kinder dieser Klasse in Wellesley fast zwei Jahre älter waren als sie, bat ich die Rektorin, Sylvia in der fünften Klasse unterzubringen. Sie war sehr verständnisvoll, schloß sich meinen vielfachen Argumenten für diese Bitte an, und sagte: »Zum ersten Mal in meiner Schulzeit erlebe ich es, daß eine Mutter darum bittet, daß eine Schülerin, die nur A-Noten hat, eine Klasse *zurück*versetzt wird.« Es funktionierte jedoch gut, da die Lehrbücher und Unterrichtsmethoden sich völlig von denen in Winthrop unterschieden. Zu ihrem eigenen Vergnügen machte Sylvia in diesem Jahr vierzig Buchbeschreibungen; sie wurde eine begeisterte Pfadfinderin wie die anderen Mädchen in ihrer Klasse und fuhr fort, Klavierunterricht zu nehmen, womit sie schon als Siebenjährige begonnen hatte.

Sylvias Tagebücher aus den Jahren 1944 und 1945 – ich steckte zu Weihnachten immer ein Tagebuch in ihren Strumpf – sind voller Berichte über Schulereignisse und gemeinsame Unternehmungen mit Freundinnen, besonders mit Betsy Powley, bei deren Familie Sylvia allzeit eine offene Tür fand. Es ist die Rede von Wochenendbesuchen in Winthrop bei den Freemans und vom Zelten, Schwimmen und Segeln im Sommer. Sylvia schrieb fortwährend gereimte Gedichte und machte Zeichnungen dazu; sie versteckte sie unter meine Serviette, um mich damit zu überraschen, wenn ich vom Unterricht nach Hause kam. Sie überlegte sich damals, ob sie eventuell Illustratorin werden sollte oder Modezeichnerin oder Schriftstellerin. Die von ihr anläßlich einer Familienfeier selbstgemalten Postkarten mit eigenen Gedichten waren jedesmal eine Freude für den Empfänger und wurden, genau wie ihre selbstgemachten Ausschneidepuppen, für die sie herrliche Kostüme anfertigte, sorgfältig aufbewahrt.

Grampy war so stolz auf die für ihn gemachten Spezialpostkarten und die Gedichte, die sie in der Schülerzeitung veröffentlicht hatte, daß er sie so lange in seiner Brieftasche herumtrug, bis sie ganz abgegriffen waren; er zeigte sie stolz seinem Freund, dem Schriftsteller William Dana Orcutt, der sich für Sylvias Fortschritte interessierte.

Die *junior*-Jahre an der High-School (1944–47) waren physisch die »linkischen Jahre« für Sylvia. Mit fünfzehn hatte sie ihre volle Größe von 1,77 m erreicht, aber erst mit sechzehn begann sie, Kurven an ihrem langen Gestell anzusetzen. Jahre später behauptete sie, sie sei froh, daß sie damals nicht »hübsch« gewesen sei oder allzubald einen festen Freund gehabt habe, da sie gerade in diesen *junior*-High-School-Jahren eine Arbeitsmethode und ein gewisses Können in ihren Lieblingsgebieten, dem Malen und Schreiben, entwickelt habe, was ihr Preise bei den jährlichen Wettbewerben um den »Schulpreis« eingetragen habe.

Durch meine Neigung zum Wühlen entdeckte ich ein altes Theaterprogramm von dem ersten Stück wieder, in das ich die Kinder mitgenommen hatte. Sylvia war zwölf, Warren neuneinhalb. Es war »Der Sturm« in einer Inszenierung von Margaret Webster. Ich versprach den Kindern, für uns alle, einschließlich Grammy natürlich, gute Karten zu kaufen, wenn sie dafür das Stück lesen würden und mir eine Inhaltsangabe machen konnten. Ich gab Sylvia meine Ausgabe von Shakespeares gesammelten Werken und Warren, der meiner Meinung nach noch ein bißchen jung für Shakespeare war, die Fassung von Charles und Mary Lamb. Er war empört und las das Stück im Original.

Das Tagebuch für 1945 – das Ende des Krieges – war das letzte mit Datumsangabe. Sylvia bat mich, ihr von jetzt an jedes Weihnachten ein undatiertes Tagebuch zu schenken, denn: » Wenn die großen Augenblicke kommen, ist eine Seite nicht genug.«

Wir hatten damals noch genug Zeit füreinander und genossen es, lange Gespräche über Bücher, Musik, Bilder – und das, was sie in uns auslösten – zu führen. Wir kritisierten uns in dem, was wir sagten und schrieben, da wir beide eine Liebe zu Wörtern hatten und sie als Werkzeug betrachteten, das der Genauigkeit des Ausdrucks dient, was wiederum nötig war, damit wir unsere Gefühle akkurat beschreiben und uns gegenseitig verstehen konnten.

Sobald meine Kinder alt genug waren, das zu begreifen, erzählte ich ihnen, wie wichtig es meiner und meines Mannes Überzeugung nach war, sich zum Zwecke der Entfaltung eines starken inneren Lebens ein idealistisches Ziel zu setzen und sein Leben danach auszurichten.

Ich erklärte ihnen, daß ihr Vater, dem es leid tat, wenn er zufällig auf eine Ameise trat, mir gesagt hatte, er könnte niemals Waffen tragen. Er wäre bereit, jede niedrige Arbeit zu verrichten, um den allgemeinen Wehrdienst abzuleisten, doch er könnte niemals einem anderen das Leben nehmen.

Früher, in den Tagen von Winthrop, hatte ich den Kindern »The Forsaken Merman« von Matthew Arnold vorgelesen; Sylvia veröffentlichte Jahre später einen Text mit Erinnerungen, in dem sie den Eindruck, den die Verse auf sie gemacht hatten, folgendermaßen beschreibt: »Ein Funke sprang über von Arnold und ließ mich erzittern wie ein Kälteschauer. Ich sehnte mich danach zu weinen; ich fühlte mich sehr seltsam. Eine neue Art, glücklich zu sein, hatte mich überkommen.« Wir lasen gemeinsam das Gedicht »Renascence« von Edna St. Vincent Millay, und Sylvia war besonders berührt von den Zeilen:

> In Capri hungerte ein Mann;
> Er hob den Kopf und sah mich an;
> Ich las den Blick, verstand sein Ach:
> Derselbe Hunger ist in uns wach.

Zwischen Sylvia und mir gab es – wie zwischen meiner eigenen Mutter und mir – so etwas wie eine psychische Osmose, was zu gewissen Zeiten außerordentlich schön und trostreich, zu anderen jedoch ein unerwünschter Eingriff in die Privatsphäre war. Dieses begreifend, lernte ich, als sie älter wurde, mich nicht auf vertrauliche Mitteilungen zu beziehen, die sie früher freiwillig gemacht hatte.

Sylvia und mir fiel es leichter, Worte der Wertschätzung, der Bewunderung und der Liebe zu *schreiben*, als diese Gefühle verbal auszudrücken, und geschrieben haben wir sie uns einander, Gott sei Dank! (Ich hielt mich zurück, weil sie in ihren fortgeschrittenen Teenagerjahren auf eine Lobesäußerung von mir jedesmal mit dem Satz antwortete: »*Du* denkst ja nur, daß ich wunderbar bin [oder schön aussehe], weil du meine *Mutter* bist!«

Sylvia las fast alle Bücher, die ich im Lauf meiner Collegezeit zusammengetragen hatte; sie benützte sie, als wären es ihre eigenen, und unterstrich einzelne Passagen, die eine besondere Bedeutung für sie hatten. Ich zitiere hier zwei Abschnitte aus dem Buch *A Short History of Women* von Langdon Davies, die sie neben anderen angestrichen hatte; der erste stammt aus dem kommentierten Inhaltsverzeichnis*, der zweite aus dem Nachwort »Die Zukunft«**.

»Leben begann ohne Sex; die Lebewesen teilten sich einfach entzwei und gingen ihrer Wege. Welchen Vorteil zog die Lebenskraft aus der Entwicklung des Sex? . . .

Sex ist die Folge der Spezialisierung bei der Bewältigung der Mühsal des Lebens . . .«

»Auf diese Weise gibt der Besitz von zwei Geschlechtern einem Tier oder einer Pflanze eine Starthilfe beim Wettrennen um die Evolution. Demnach wird Sex als dreierlei betrachtet: als Verjüngung, als Arbeitsteilung und *als vermehrte Wandlungsfähigkeit.*

. . . sobald beide Geschlechter ihren Verstand gleichermaßen gebrauchen und beim Ausleben ihrer Gefühle keine unterschiedliche Bestrafung zu erwarten haben, können die Frauen gar nicht umhin, zu dominieren. Wenn Natur und Kunst ihre grausame Allianz gegen sie aufgeben, sind sie das stärkere Geschlecht, denn es besitzt größere Zielstrebigkeit und einen größeren Reichtum an Phantasie, da alle Männer diese beiden Besitztümer verlieren müssen durch die Institutionen und die Notwendigkeiten unserer Industriegesellschaften . . .

---

* John Langdon Davies, *A Short History of Women* (New York: Viking Press, 1927), S. IX.

** Ibid., S. 381–382.

. . . vielleicht wird die Welt glücklicher unter dem neuen Regime. Aber all dies ist als Zukunftsspekulation nur von eingeschränktem Wert; denn Männer und Frauen sind bloß relative Begriffe, und lange bevor die Strömungen unserer Zeit in ihre logischen Schlußfolgerungen einmünden, werden die Männer und Frauen, wie wir sie kennen, zu existieren aufgehört haben; und die menschliche Natur wird das ›er und sie‹ vergessen haben. Unseren persönlichen Empfindungen nach mögen wir es entweder bedauern, daß wir diese Zeit nicht erleben werden, oder uns dazu beglückwünschen, daß wir in einer Zeit leben, die jener vorangeht.«

Ich war sehr beglückt über den Kommunikationsfluß zwischen Sylvia und mir, der in ihren Jungmädchenjahren besonders stark war; dennoch war ich voll darauf vorbereitet, daß sich das mit zunehmender Reife ändern würde und nahm an, daß sie dann ihre Geheimnisse einigen ausgewählten Altersgenossinnen anvertrauen würde.

Zu dem folgenden Gedicht, das Sylvia mit vierzehn geschrieben hatte, wurde sie inspiriert durch das zufällige Verwischen eines Pastellfarben-Stillebens, das sie soeben beendet und auf dem Verandatisch aufgebaut hatte, um es uns zu zeigen. Als Warren, Grammy und ich es bewunderten, klingelte es an der Haustür. Grammy nahm ihre Schürze ab, warf sie auf den Tisch und ging aufmachen, wobei ihre Schürze das Pastellbild streifte und einen Teil davon verwischte. Grammy war untröstlich. Sylvia jedoch sagte in leichtem Ton: »Mach dir nichts draus; ich kriege es wieder hin.« An jenem Abend schrieb sie zum ersten Mal ein Gedicht mit tragischem Unterton.

Ich dachte, daß ich unverletzbar sei

Ich dachte, daß ich unverletzbar sei;
dacht, ich sei ein für allemal
unerreichbar für das Leid –
gefeit vor innerm Schmerz,
und Qual.

Die Welt war warm von Märzensonne,
mein Denken grün- und golddurchwirkt,
mein Herz voll Freude, doch vertraut

dem scharfen, süßen Schmerz, den nur die
Freude birgt.

Mein Geist flog weiter als die Möwe,
die atemlose Höhn durchschweift
und jetzt mit ihren Segelschwingen
scheinbar das blaue Dach des
Himmels streift.

(Wie schwach das Menschenherz sein muß –
ein pochender Puls, ein bebend Ding –
ein schimmernd zartes Instrument
aus Glas, das einmal weint und einmal singt.)

Und meine Welt war plötzlich grau,
das Dunkel schob die Freude fort.
Und Leere dumpf und schmerzhaft blieb,
wo achtlos Hände hingefaßt.
Zerstört

war da mein Silbernetz aus Glück.
Erstaunt hielten die Hände an,
da sie mich liebten, weinten sie,
als sie mein Firmament zerstückt in
Fetzen sahn.

(Wie schwach das Menschenherz sein muß –
ein Spiegelteich des Denkens, Instrument
so tief gestimmt und schwingend aus
Kristall, das einmal singt und einmal weint.)

Mr. Crockett, ihr Englischlehrer, zeigte es einem Kollegen, der
sagte: »Kaum zu fassen, daß jemand, der so jung ist, etwas so
Vernichtendes erlebt haben kann.« Als ich wiederholte, was Mr.
Crockett mir über dieses Gespräch gesagt hatte, lächelte Sylvia
schelmisch und sagte: »Läßt man erst mal ein Gedicht an die
Öffentlichkeit, hat jeder, der es liest, das Recht, es nach seiner
Weise zu interpretieren.«

Dagegen schrieb sie in ihrem Tagebuch:

»Heute brachte ich Mr. Crockett eine Reihe eigener Gedichte . . . Vier davon las er im Unterricht vor und kommentierte sie im wesentlichen positiv. ›Ich dachte, daß ich unverletzbar sei‹ mochte er besonders gern, er bestärkte mich sehr durch seine Bemerkung, daß ich eine außergewöhnliche lyrische Begabung hätte.

Obwohl ich nicht weiß, ob das Dichten nicht einen ungünstigen Effekt auf die kleine ›Popularitätsstrategie‹ hat, die ich mir gerade mühsam aufbaue, habe ich mich maßlos gefreut und vertraue der Bewunderung von Mr. C!«

Unter den Gedichten, die sie zwischen fünfzehn und siebzehn schrieb, gibt es ein langes, das einiges über sie sagt und das so endet:

> Du fragst, warum mein Leben Schreiben ist?
> Ob es mich unterhält?
> Die Mühe lohnt?
> Vor allem aber, macht es sich bezahlt?
> Was wäre sonst der Grund? . . .
> Ich schreib allein
> Weil eine Stimme in mir ist,
> Die will nicht schweigen.

Sylvia fing damals an, Beiträge für die Rubrik »Eure Ecke« in der Zeitschrift *Seventeen* zu verfassen. Margot Macdonald, damals Redakteurin dieser Kolumne, schrieb persönlich etwas auf einige der fünfundvierzig vorgedruckten Absagebriefe, die Sylvia bekam. Die Redakteurin erklärte, daß Sylvia trotz vielversprechender Begabung und sichtbaren Könnens noch lernen müsse, sich thematisch und stilistisch den jeweiligen Bedürfnissen des Blattes, bei dem sie unterkommen wollte, »anzupassen«. Sie gab Sylvia den Rat, in die Bibliothek zu gehen und alle dort vorhandenen *Seventeen*-Exemplare durchzulesen, um den »Trend« herauszufinden. Sylvia befolgte diese Ratschläge, mit dem Ergebnis, daß im August 1950 ihre erste Geschichte mit dem Titel »And Summer Will Not Come Again« für 15 Dollar Honorar veröffentlicht wurde. Im November desselben Jahres druckte *Seventeen* das Gedicht »Ode on a Bitten Plum« ab.

Als Sylvia ihre lange Absagen- und die kurze, jedoch länger

werdende Zusagenliste einer kritischen Prüfung unterzog, stellte sie
fest, daß Erzählungen oder Gedichte mit einer pathetischen Note
besser ankamen als ihre überschwenglichen Freudenausbrüche in
Lyrik und Prosa, die ihr nur Ablehnungen einbrachten. Es fiel den
Leuten leichter, sich mit einer gewöhnlichen Heldin zu identifizieren, die von Zweifeln und Nöten heimgesucht wird. Die alte Regel:
»Schaff' deinen Helden auf einen Baum, schmeiße Steine nach ihm
und lasse ihn sich dann selbst befreien«, hatte damals immer noch
ihre Gültigkeit. Rat und Erfahrung bezüglich des Schreibens führten Sylvia jetzt dazu, die dunkleren Bereiche ihres Selbst zu erforschen und zu analysieren.

In einem Gedicht vom Frühling 1949 ruft sie zum ersten Mal die
tragische Muse an:

An Ariadne
(verlassen von Theseus)

O Rasende, du gleichst allein dem schreienden Wind,
Dem Meeresstrand, wenn er gepeitscht von den Wogen,
Du tobst umsonst, im Wasser stehend bis zur Hüfte,
Auf immerdar getäuscht, verlassen, betrogen.

Dein Schreien ist verloren, er hört nicht deinen Fluch,
Der wolkenhoch auf Flügelwegen eilt,
Das Honigwort wird Salz auf deinen Lippen,
Wo schrill und laut der Seewind Lieder heult.

O schrei vergeblich Rache jetzt und schlag die Hände
Vergeblich gegen dumpfen, trägen Stein.
Kalt brechen Wellen splitternd dir zu Füßen;
Karg ist der Himmel – und du verwaist, allein.

Der glühende Zorn verebbt, und dann – die Nichtigkeit.
Du lehnst erschöpft am Fels. Das Meer
Beruhigt sich langsam, und der Sturm verweht
Leis murrend, es flieht das schwarze Wolkenheer.

Jetzt brechen Wellen zu schaumgerippten grünem Glas,
Die Sonn wirft treulos Pfeile Lichts ans Land.

Warum stehst du jetzt da und lauschst nur noch
Dem Wind, der schluchzend geht über den Sand?

Auf ähnliche Weise entdeckte Sylvia, daß sich »Problem«-
Geschichten gut verkaufen ließen. In der Erzählung »The Perfect
Setup« (*Seventeen*, Oktober 1952) befaßte sie sich mit dem Problem der religiösen Diskriminierung (WASP*-Rückzug von einem
jüdischen Nachbarn). Lisa, ihre Heldin, arbeitet als Babysitter bei
einer WASP-Mutter und fügt sich widerstrebend deren Anweisung,
ihre Kinder von den Kindern einer jüdischen Familie fernzuhalten,
bei der eine neue Freundin von Lisa, ebenfalls Jüdin, arbeitet. Lisa
unterzieht sich der unangenehmen Aufgabe, ihrer Freundin die
Haltung der WASP-Mutter zu erklären, mit dem Ergebnis, daß
sie sich dafür haßt, nicht verhindert zu haben, daß sie selbst mit
dieser bornierten scheinheiligen Haltung in Verbindung gebracht
wird:
»Weißt du, wie es ist, wenn man sich manchmal selber schlagen
könnte wegen einer dummen Bemerkung, die man gemacht hat,
oder einer Chance, die man verpaßt hat, sein Bestes zu tun? Ja, so
war es damals, ich wäre gern wie ein Wurm hineingekrochen in
diesen Sand, bis ich ganz bedeckt gewesen und nicht mehr die
Linien aus Schaum hätte sehen können, die Ruth draußen im
Wasser zog. Ich saß einfach da, und der Sommer wurde bitter in
meinem Mund.«
Wie Sylvia selbst es in einer persönlichen Anmerkung am Schluß
ihrer preisgekrönten Geschichte in *Mademoiselle* (August 1952)
erklärte, lieferten ihr ihre Sommerjobs eine erstaunliche Vielfalt
von Typen, »die es schaffen, zerstückelt oder sonstwie in Geschichten aufzutauchen«. Dies ist ein Grundgedanke, den man in Verbindung mit vielen ihrer Schriften im Gedächtnis behalten sollte.
Da ich meine Kinder für *gute* Kinder hielt, akzeptierte ich ihr
geschwisterliches Necken und Rivalisieren als natürlichen Ent-
wicklungsprozeß. Fremden gegenüber verhielten sie sich gewöhnlich loyal zueinander, häufig aber machten sie sich gegenseitig
unglücklich, wobei Sylvia als die Ältere und Dominierende die
Hauptschuld traf. In den Aufzeichnungen, die ich über meine
Kinder gemacht habe, steht folgender Ausspruch von Warren, der
damals erst vier war und ». . . bitterböse zu seiner Schwester sagte,

* White Anglo-Saxon Protestant (A. d. Ü.)

›Du bist die, die am *meisten* keine Ahnung hat!‹« Und eine Tagebucheintragung von Sylvia, die sie mit vierzehn machte, enthält diese Bemerkung: »Wie gut, wenn man lange Wörter kennt! Ich versuche, sie in meinen Wortschatz aufzunehmen – sie sind ja sooo nützlich. *Exempli gratia*: Heute morgen habe ich zu Warren gesagt, daß er ›ostentativ abscheulich überflüssig‹ sei, und er hatte nicht die leiseste Ahnung, was ich meinte.«

Während ihrer ganzen High-School-Jahre war Sylvia mir gegenüber sehr unkritisch. Mit fünfzehn sagte sie den Satz, den ich zu schätzen wußte wie keinen anderen und in mein Tagebuch schrieb: »Wenn ich einmal Mutter bin, will ich meine Kinder genauso erziehen, wie du uns erzogen hast.« (Diese wohlwollende Haltung sollte jedoch nicht von Dauer sein, und ich mußte lebhaft daran denken, wie überkritisch ich selbst meine Eltern während meiner ganzen *undergraduate*-Jahre im College beurteilt hatte!)

Aus bloßer Lust am Diskutieren waren Sylvia und Warren häufig entgegengesetzter Meinung. Obwohl sie immer noch eine unverbesserliche Hänslerin war, gab es dennoch immer wieder Zeiten, in denen sie sich sehr nahe kamen. 1947 schrieb Sylvia in ihrem Tagebuch: »Warren und ich hatten einen angenehmen Abend – während er Gedichte für sein ›Spring Booklet‹ schrieb und ich Zeichnungen für jede Seite machte, hörten wir ›The Fat Man‹, ›The Thin Man‹ und ›People Are Funny‹ [Radiosendungen].«

Als Warren 1949 ein Vierjahresstipendium bekam und auf die Phillips Exeter Academy in New Hampshire ging, änderte sich die Beziehung der Kinder vollkommen. Zu Sylvias größter Freude wuchs Warren in diesem Jahr fünfzehn Zentimeter und überragte sie damit ein ganzes Stück. Sie fing an, ihn zu respektieren und zu bewundern, als er Auszeichnungen in Fächern erhielt, die sie selbst nicht studierte. Seine Anerkennung für alles, was sie schrieb und malte, und sein wachsendes Verständnis für sie als Person führten zu einer sich stets vertiefenden Anteilnahme am Wohlergehen des anderen und zu einer Freundschaft, die von Dauer war.

Sylvia fühlte sich natürlich zu Leuten hingezogen, die sich für Literatur und *creative writing* interessierten. Solche Beziehungen waren aber immer wieder einer Belastung ausgesetzt, wenn Sylvia einen Preis gewann oder etwas veröffentlichte. Für Außenstehende sah es so aus, als würde sie mit Leichtigkeit gewinnen; sie wußten nicht, wieviel Übung und Anstrengung es sie kostete. (Ich erinnere

mich, daß ich drei verschiedene Gedicht-»Bände« und Dutzende
von Geschichten für sie weggeschickt habe, die alle abgelehnt
wurden.) Wir kamen zu der Erkenntnis, daß ein Freund, der sich
aufrichtig am Erfolg des anderen freut, eine Seltenheit ist.

Sie lernte bald, sich nicht mit Jungen einzulassen, die »den
Wunsch hatten, zu schreiben«. Wurde etwas von ihr veröffentlicht,
so brachte das stets eine bittere Note in die Beziehung, mochten die
Jungen auf anderen Gebieten auch noch so fähig sein. Sylvia
kannte das Vorurteil, das die Jungen untereinander hinsichtlich der
Mädchen »mit Köpfchen« nährten. Schon als *senior* auf der High-
School hatte sie es gelernt, sich hinter der Fassade unbeschwerten
Witzes zu verbergen, wenn sie in einer gemischten Gruppe war,
und nach einem Date mit drei Paaren berichtete sie mir eines Tages
triumphierend: »Rod hat mich gefragt, was für Noten ich habe. Ich
sagte leichthin: ›Nur A's, das ist doch klar.‹ ›Ja‹, sagte er, ›so siehst
du aus – genau wie eine aalglatte Streberin!‹ Oh, Mami, sie haben's
mir nicht geglaubt, sie haben's mir nicht geglaubt!«

Die High-School-Jahre brachten viel Freude. Das Teilnehmen-
können bedeutete mir so viel, da Warren nach Exeter gegangen
war und ich ihn schrecklich vermißte. Wenn Sylvia vom Tanzen
nach Hause kam, konnte ich an der Art, wie sie Treppen hochkam,
ablesen, wie der Abend verlaufen war. Kam sie langsam herauf und
traf Anstalten, ins Bett zu gehen, dann war er nicht »besonders«
gewesen, war ihr Schritt aber eilig und kam sie zu mir ins Schlafzimmer gestürmt, wobei sie aufgeregt flüsterte, »Mami, bist du
wach?« – ah, dann schilderte sie den Abend für mich, und ich
kostete ihre Freude, als wäre es meine eigene gewesen.

In Sylvias Tagebuchalbum, in dem sie ihre Eintragungen mit
Schnappschüssen, Zeitungsausschnitten und anderen Denkwürdig-
keiten illustrierte, gibt es einen Bericht über den Sommer des Jahres
1950, als sie und ihr Bruder einen Job auf einer Farm hatten.

»Und so gibt es alle Jahre einen Sommer, aber der eine, der mir
meinen ersten Job gebracht hat, ist ohnegleichen. Direkt nach
meinem Abschluß fuhren Warren und ich hinauf zur Lookout
Farm [in Dover, Massachusetts] ... Jeden Tag radelten wir
gemeinsam frühmorgens hin, ließen unsere Räder meist beim Wellesley College stehen und fuhren mit einem der anderen Arbeiter
per Anhalter weiter. Niemals kann ich zurückkehren zu diesen
Tagen, die ich in Sonne und Regen auf den Feldern verbrachte, im

40

Gespräch mit den Negern und Tagelöhnern. Ich kann mich nur erinnern, wie es war, und weiterleben, wo ich bin.

Aber die Gemeinschaft mit meinem Lieblingsbruder ist etwas, was mehr wert war, als alle früheren Sommer zusammen ... dieser Farmsommer wird immer der Sommer des ersten Jobs und der süßeste sein.«

In dem Sommer, da Sylvia auf der Farm arbeitete, fing sie an, sich für Botanik zu interessieren; damals gab ihr der Umgang mit den wachsenden Pflanzen und der frischen Erde eine tiefe Befriedigung. In einem ihrer unveröffentlichten Manuskripte schreibt sie über die Erfahrungen dieses Sommers:

»Ich bin jetzt fest davon überzeugt, daß Landarbeit sich besonders gut dazu eignet, Leute kennenzulernen, wie sie wirklich sind. Wenn man Seite an Seite in den Reihen arbeitet, bewegen sich die Hände wie von selbst zwischen den Blättern, und die Gedanken laufen ungehindert dahin. Was wäre da natürlicher, als mit dem Nebenmann ins Gespräch zu kommen? Es ist wirklich erstaunlich, wieviel man mit einem offenen Ohr erreichen kann, will man Vertrauliches erfahren ...«

Das Gedicht »Bitter Strawberries« und der Artikel »The Rewards of a New England Summer« waren die literarischen Früchte der Episode auf der Farm. Beides wurde im *Christian Science Monitor* veröffentlicht.

In dem Gedicht, einem Gespräch der Erdbeerpflücker über die bevorstehende Kriegsdrohung, wird in den letzten Zeilen der Akt der menschlichen Zerstörung in einer Metapher angedeutet:

> Wir griffen unter Blätter
> Mit schnellen, geübten Händen,
> Umfaßten schützend jede Beere, erst dann
> Knipsten wir die Stiele ab
> Zwischen Zeigefinger und Daumen

Es war eine schöne Belohnung für Sylvia, endlich einmal nicht nur eine Zusage für ihr Gedicht und den Artikel zu bekommen, sondern darüber hinaus folgenden Kommentar von Herbert L. Thorson, dem Redakteur der Familienseite: »Wir hoffen, daß Sie sich bald mit neuen Artikeln und Essays für diese Kolumne an uns wenden werden.«

Ihr Artikel endete mit folgenden Worten:

»Siehst du mich innehalten und ein bißchen wehmütig vor mich hinstarren, dann weißt du, daß ich tief unten an den Wurzeln der Erinnerung bin, zurück auf der Farm, wo ich noch einmal das träge, schläfrige Brummen der Bienen in den orangefarbenen Kürbisblüten höre, die heißen, goldenen Finger der Sonne auf meiner Haut spüre und den unvergeßlichen würzigen Geruch der Äpfel rieche, der für mich für immer Neu-England ist.«

Ein paar eng beschriebene, geheftete Blätter mit der Überschrift »Ergänzung zum Tagebuch«, die »Reflexionen einer Siebzehnjährigen« hätten heißen können, stammen vom 13. November 1949.

»Ich habe mich entschlossen, ab heute wieder Tagebuch zu führen – da kann ich meine Gedanken und Meinungen hineinschreiben, wenn ich gerade Zeit habe. Auf irgendeine Weise muß ich den Überschwang meiner siebzehn Jahre bewahren und festhalten. Jeder Tag ist so kostbar, daß ich unendlich traurig werde bei dem Gedanken, daß mir diese Zeit mehr und mehr entschwindet, je älter ich werde. Jetzt, jetzt ist die ideale Zeit meines Lebens.

Blicke ich zurück auf die vergangenen sechzehn Jahre, dann sehe ich Tragödien und Glück, alles relativ – alles belanglos jetzt – ein kleines vages Lächeln wert, mehr nicht.

Ich kenne mich selber immer noch nicht. Vielleicht werde ich mich nie kennen. Aber ich fühle mich frei – keine Verantwortung bindet mich, ich kann immer noch hinauf in mein Zimmer gehen, es gehört mir allein – meine Zeichnungen hängen an den Wänden . . . Bilder sind über meine Kommode gepinnt. Das Zimmer paßt zu mir – maßgemacht, nicht vollgestopft und ruhig . . . Ich liebe die ruhigen Linien der Möbel, die Bücherschränke mit den Gedichtbänden und Märchenbüchern, aus der Kindheit geborgen.

Ich bin sehr glücklich im Moment, sitze am Schreibtisch und schaue hinüber zu den kahlen Bäumen rings um das Haus jenseits der Straße . . . Immer möchte ich Beobachter sein. Ich möchte, daß das Leben mich stark berührt, aber nie so blind macht, daß ich meinen Anteil am Dasein nicht mehr ironisch und humorvoll betrachten und mich über mich selber lustig machen kann, wie ich es über andere tue.

Ich habe Angst vor dem Älterwerden. Ich habe Angst vor dem Heiraten. Der Himmel bewahre mich davor, dreimal am Tag zu kochen – bewahre mich vor dem erbarmungslosen Käfig der

Eintönigkeit und Routine. Ich möchte frei sein – frei, um Menschen kennenzulernen und ihre Geschichte – frei, um an verschiedenen Enden der Welt zu leben, und auf diese Weise die Erfahrung zu machen, daß es andere Sitten und Normen gibt als die meinen. Ich glaube, ich möchte allwissend sein ... Ich glaube, ich würde mich gern ›das Mädchen, das Gott sein wollte‹ nennen. Doch wäre ich nicht in diesem Körper, wo *wäre* ich dann – vielleicht bin ich dazu *bestimmt*, eingeordnet und abgestempelt zu werden? Nein, dagegen wehre ich mich. Ich bin ich – ich bin mächtig – aber in welchem Maße? Ich bin ich.

Manchmal versuche ich, mich an die Stelle eines anderen zu versetzen und bin erschrocken, wenn ich merke, daß mir das fast gelingt. Wie fürchterlich, jemand anderes als ich zu sein. Mein Egoismus ist schrecklich. Ich liebe mein Fleisch, mein Gesicht, meine Glieder mit überwältigender Hingabe. Ich weiß, daß ich ›zu groß‹ bin und eine zu dicke Nase habe, trotzdem putze ich mich auf, posiere vor dem Spiegel und finde mich von Tag zu Tag hübscher ... Ich habe mir ein Bild von mir selbst geschaffen – idealistisch und schön. Ist nicht dieses Bild, frei von Makeln, das wahre Selbst – die wahre Vollendung? Ist es denn mein Fehler, wenn dieses Bild sich heimlich zwischen mich und den gnadenlosen Spiegel stellt? (Oh, eben überfliege ich, was ich gerade geschrieben habe – wie albern, wie übertrieben das klingt.)

Nie, nie, nie werde ich die Perfektion erreichen, nach der ich mich mit meiner ganzen Seele sehne – meine Bilder, meine Gedichte, meine Geschichten – alles jämmerliche, dürftige Reflexionen ... denn meine Abhängigkeit von den Konventionen dieser Gesellschaft ist viel zu groß ... meine Eitelkeit begehrt einen Luxus, der mir unerreichbar ist ...

Mehr und mehr wird mir bewußt, welch eine gewaltige Rolle der Zufall in meinem Leben spielt ... Es wird der Tag kommen, wo ich mich schließlich stellen muß. In diesem Augenblick graut es mir vor den wichtigen Entscheidungen, die auf mich zukommen – welches College? Was für ein Beruf? Ich habe Angst. Ich bin unsicher. Was ist das Beste für mich? Was will ich? Ich weiß es nicht. Ich liebe die Freiheit. Einengung und Beschränkung sind mir zuwider ... Ich bin nicht so klug, wie ich gedacht habe. Wie in einem Tal kann ich jetzt die Wege sehen, die sich mir öffnen, aber ich sehe das Ende nicht – die Konsequenzen ...

Oh, ich liebe das *Jetzt*, trotz all meiner Ängste und Vorahnungen, denn *jetzt* bin ich noch nicht endgültig geformt. Mein Leben fängt erst noch an. Ich bin stark. Ich sehne mich nach einer Sache, der ich meine Kräfte widmen kann ...«

Erster Teil

27. September 1950 – Juni 1953

Die Smith-Briefe von Sylvia lassen die Mühe erkennen, mit der sie als gewissenhafte Studentin um gute Zensuren kämpfte, teils, um ihren eigenen Ansprüchen zu genügen und um sich ein Selbstbild aufzubauen, teils, um sich der großzügigen finanziellen Hilfe würdig zu erweisen, die sie aus verschiedenen Quellen erhielt: dem Olive Higgins Prouty Fonds, dem Nielson Stipendium und dem Smith Club in Wellesley. Über diese Mühe hinaus war es ihr ein Bedürfnis, als »Allround-Person« zu gelten, d. h. als Studentin, die nicht nur auf akademischem Gebiet erfolgreich war, sondern auch bei den Studenten beiderlei Geschlechts gesellschaftliche Anerkennung fand, und als Person, die einen Beitrag im Dienst ihrer Altersgenossinnen und der Gemeinschaft leistete. Zu all dem kam der brennende Wunsch Sylvias, ihre kreativen Fähigkeiten auf dem von ihr erwählten Gebiet – dem Schreiben – zu entwickeln und dort Anerkennung zu finden. Der Druck, der infolge ihres Engagements auf so vielen Gebieten entstand, war zeitweilig so groß, daß sie zusammenbrach, körperlich und seelisch.

[*Erster Brief von Smith*]

SMITH COLLEGE
NORTHAMPTON, MASS.
27. SEPTEMBER 1950

Liebste Mami,

nur noch fünf Minuten bis Mitternacht, die nutze ich, um meinen ersten Brief an meine Lieblingsperson zu schreiben. Wenn meine Schrift krumm und schief ist, dann nur, weil ich heute abend zuviel Apfelzider getrunken habe.

Obwohl ich noch wenig hübsche Sachen habe, um mein Zimmer auszuschmücken, macht es schon einen recht wohnlichen Eindruck. Manchmal tun einem Dinge, die man anfassen kann, schrecklich wohl. Ich bin erst seit drei Uhr hier, aber ich habe das Gefühl, daß wahnsinnig viel passiert ist. So ganz in Ruhe erst mal mit meinem Zimmer und den Mädchen Bekanntschaft zu schließen, gefällt mir irgendwie.

Mir ist, als wäre ich aus Versehen in eine New Yorker Wohnung reinspaziert ... die Ahornplatte auf meinem Schreibtisch fühlt sich an wie Samt. Ich liebe mein Zimmer, und das Dekorieren wird mir enorm viel Spaß machen.

Ich habe mich eine halbe Stunde hingelegt und der Uhr zugehört. Ich glaube, ich werde sie mögen – das Ticken ist so regelmäßig und selbstsicher, daß es mir vorkommt wie der Schlag eines Herzens – also bleibt sie auf der Kommode.

... Nach einem kurzen Treffen, bei dem ein herrlich extravertierter *freshman* aus Kansas uns pausenlos zum Lachen brachte, setzten wir drei *freshmen* uns zusammen und unterhielten uns. Dann ließ ich sie in ihren Zimmern im ersten Stock zurück, kam zufällig mit Ann [*Davidow*] im zweiten ins Plaudern, und landete schließlich um 11 Uhr 30 hier bei mir. Mädchen sind eine neue Welt für mich. Es wird sicher faszinierend sein, etwas über diese Geschöpfe zu erfahren. Lieber Gott, mit 48 Gören meines Alters in einem Haus – was für ein Leben! Und (fall nicht in Ohnmacht) in meinem Semester sind es 600. Mrs. Shakespeare [*die Hausmutter*] ist sehr süß. Wirklich, mir gefällt alles ...

Deine Sivvy*

* »Sivvy« war der Kosenamen für Sylvia in der Familie.

29. SEPTEMBER 1950

Liebe Mami,

etwas ganz, ganz Himmlisches ist mir passiert. Ich stand gerade unschuldig mit einer Tasse Kaffee nach dem Abendessen im Salon, als ein *senior* mir sotto voce ins Ohr sagte: »Ich habe bereits einen Mann für dich ausgesucht.« Ich stand da, mit diesem berühmten »Wer-ich?«-Ausdruck im Gesicht, und sie fing an, zu erklären. Offenbar hatte sie diesen jungen Kerl kennengelernt, er lebt in Massachusetts, war aber auf der Culver Military Academy. Er ist *freshman* in Amherst dieses Jahr – groß, hübsch – und stell' Dir vor: ER SCHREIBT GEDICHTE. Ich saß bloß da und brummelte unartikuliert in meinen Kaffee. Sie sagte, daß er wahrscheinlich in ein paar Wochen vorbeikommt. Gott, bin ich aufgeregt. Allein die Hoffnung, einen Jungen kennenzulernen, der sensibel ist, und nicht einer der üblichen Grobiane, läßt die ganze Welt in rosigem Dunst schwimmen.

Das Essen hier ist fabelhaft. Seit ich hier bin, habe ich mir von allem zwei Portionen genommen und werde wahrscheinlich sehr zunehmen. Ich bin begeistert von allen. Wenn es mir gelingt, auf unaufdringliche Weise in all meinen Kursen gut abzuschneiden und genug Schlaf zu bekommen, werde ich sicher große Klasse. Ich bin so glücklich. Und dieses Vorgefühl macht alles super. Dauernd murmle ich vor mich hin: »ICH BIN JETZT EIN SMITH-MÄDCHEN.«

ICH

30. SEPTEMBER 1950
(MITTERNACHT)

Liebe Mami,

. . . bei meiner medizinischen Untersuchung . . . wurde ich in ein Bettlaken gewickelt und dann nackt, wie ich war, von Zimmer zu Zimmer geschleust. Ich bin so an das »Runter mit dem Laken« gewöhnt, daß ich jetzt aufpassen muß, daß ich das Anziehen nicht vergesse! Größe: genau 1,77 m; Gewicht: 62,5 Kilo; Haltung: gut, obwohl ich mich für das Haltungs-Photo so angestrengt habe, Ohren und Fersen in eine Gerade zu bringen, daß ich darüber vergaß, mich senkrecht zu stellen. Mit dem Ergebnis, daß man mir sagte: »Sie halten sich schön gerade, aber Sie sind ständig in Gefahr, dabei aufs Gesicht zu fallen.«

. . . Dann schnell zurück ins Haus, um die heißersehnte Post zu holen. Dein reizender Brief lag da und gleich *zwei* von Eddi [*Cohen*]* . . . Ich freue mich so über Deine Nachrichten; alles klingt so glücklich – besonders das über Exeter. [*Grammy und ich hatten ihren Bruder Warren dort besucht.*]

. . . Nach dem Abendessen versammelten wir uns ums Klavier und sangen eine gute Stunde lang. Nie war ich so glücklich wie da, als ich in einer Gruppe von Mädchen stand und – mit Klavier, Lisas Akkordeon und zwei Ukuleles – meine Lieblingsschlager sang. War das ein wundervolles Gefühl. Kein Familienleben könnte einem dieses kameradschaftliche Miteinander einer Mädchengruppe ersetzen. Ich habe sie alle gern.

Nach dem Singen kamen zwei Mädchen aus unserem Nebenhaus rauf in mein Zimmer, weil sie mit mir arbeiten wollten. Statt dessen fingen wir an, Charleston zu lernen . . . Ann Davidow blieb noch da, um ihre Hausarbeit in Religion zu machen. Wir kamen ins Reden. Sie ist das Mädchen, das meiner Idealvorstellung von einer Freundin bisher am nächsten kommt. Sie denkt sehr frei. Wir diskutierten über Gott, die Religion und die Männer. Sie hat jüdische Eltern. Ich finde sie sehr attraktiv – fast so groß wie ich, Sommersprossen, kurze braune Haare, leuchtend blaue Augen.

. . . Der sensible Junge, von dem ich Dir auf der Postkarte erzählt habe, hat bisher noch nicht Gestalt angenommen. Ich gebe ihm einen Monat. Ich bin jetzt schon verliebt in ihn, und das nur, weil er dichtet.

Deine Sivvy

1. OKTOBER 1950

Liebe Mutter,

. . . Ann Davidow, das nette jüdische Mädchen, von dem ich Dir erzählt habe, hat mir ein Date aus Amherst verschafft . . . Es war ein Date mit drei Paaren, und als die Jungen kamen, war ich erlöst, als ich sah, daß meiner 1,85 m groß, schmal und adrett war . . . Ich habe keine Ahnung, welche Schicksalsfügung uns zusammengebracht hat, aber mein erstes »blindes Date« war jedenfalls ein

---

* Eddi Cohen, ein Junge aus Chicago, der Sylvia einen Verehrerbrief schrieb, als ihre erste Erzählung »And Summer Shall Not Come Again« in *Seventeen* veröffentlicht wurde.

48

Glückstreffer. . . . Bill und ich separierten uns von den andern und gingen den Flur entlang zu seinem Zimmer. Hübsch war es da – ein Kamin, Schallplatten, große Ledersessel. Aus irgendeinem Grund sprachen wir bald ganz frei miteinander. Ich war überrascht, als er einige Charaktereigenschaften von mir, die ich gewöhnlich verborgen halte, ziemlich gut traf. Er hatte etwas Sensibles, was mir gefiel, im Vergleich zu den anderen robusten, saufenden Grobianen, deshalb war ich ganz offen zu ihm. In seiner Art erinnerte er mich irgendwie an Warren . . . Er war nicht die Spur zudringlich, was auch für ihn spricht. Nachdem wir ein paar wichtige Themen erörtert hatten – ich kann mich nicht mehr genau erinnern, aber ich glaube, es ging um das Ego und den religiösen Glauben –, stand er abrupt auf, und wir gingen in ein anderes Haus zum Tanzen. Nach ein paar Tänzen führte er mich, ebenso abrupt, dort wieder weg und wir machten, in gegenseitigem Einvernehmen, einen Spaziergang auf dem Campus. Nichts ist so schön wie ein Campus bei Nacht. Musik wehte von den Häusern herüber, Lichter verschwammen im Nebel und mit einem Schritt, so schien es, wären wir vom Hügelrand im Nichts . . .

Niemals, solange ich hier bin, war ich auf solch einer Insel innerer Ruhe. Ich mag Menschen im allgemeinen, aber etwas über *einen Einzelnen* in Erfahrung zu bringen, reizt mich am meisten. Wir setzten uns hin und sprachen uns aus im kühlen Dunkel der Stufen, und ich erzählte ihm, wie entspannt ich mich fühlte. Ihm ging es offenbar genauso. Es war 12 Uhr 30, als wir mit den anderen nach Hause gingen, und ich war sehr glücklich. Wie angenehm, daß mir die Qual erspart geblieben ist, mit aufgesetztem Party-Lächeln in einem verräucherten Zimmer zu sitzen und zu beobachten, wie mein Date sich vollaufen läßt! Dieser Junge war sanft und lieb. Ich habe ihm viel über Warren erzählt, weil er auch in einer Achtermannschaft ist . . .

. . . Wieder beim Haven [*Haus*] angelangt, blieben wir noch eine Weile draußen stehen, die anderen Paare kamen alle den Weg herauf und küßten sich ungeniert. Da lächelte er, warf mir einen Blick zu und sagte: »Manche Leute haben eben überhaupt keine Hemmungen«, und küßte mich flüchtig auf die Nasenspitze.

Das war's also . . . Er sagte, daß er froh sei zu wissen, daß ich im Haven wohne, da müßte er nicht den ganzen Campus nach mir absuchen.

Hier einige seiner Beobachtungen: Ich lebe »intensiv«, bin dramatisch, rede manchmal daher wie ein Schulmädchen, das sich über ein Aufsatzthema verbreitet und habe einen Südstaatenakzent!

Verzeih, daß ich so weitschweifig geworden bin. Das erste College Date ist immer ein Ereignis und ich habe das Gefühl, daß ich jetzt wirklich ein Teil des Lebens bin.

Deine Sivvy

[*Postkarte*]

5. OKTOBER 1950

Liebe Mutter,

. . . wenn ich meinen Professoren bloß nicht so dumm vorkomme, wie ich mir selber! Deine Sivvy

10. OKTOBER 1950

. . . Es ist scheußlich, daß ich gerade jetzt eine Nebenhöhlenentzündung habe, doch ich nehme die Sache von der philosophischen Seite und betrachte sie als Herausforderung.

. . . Draußen ein Altweibersommer – blau der Himmel, Blätter golden, fallend. Ein paar Mädchen lernen – ein paar nur. So sitze ich hier, geborgen, im Innern von der Sonne gewärmt. Und das Leben ist gut. Aus Leid kommt Freude, klare und süße Freude. Ich glaube, ich lerne hinzu . . . Eigentlich ist mir dies stille Alleinsein willkommen, denn ich fühle mich noch zu schwach, um viel und energisch zu arbeiten.

. . . Ich habe an Warren geschrieben, aber noch nichts von ihm gehört. Wie ich diesen Jungen liebe! Deine Karten sind so süß und heiter . . .

Dieser Austin [*der Dichter?*] war ein netter Bengel, schwärmt aber offensichtlich für kleine Blonde, so daß ich eigentlich nur die Wahl habe, mich mitten durchzuschneiden oder besonders lieb zu Bill Gallup zu sein, der anscheinend ein Auge auf mich geworfen hat. Am Samstag hat er drüben in Amherst bei ein paar Mädchen über mich geredet. Eine von ihnen sagte später zu mir: »Meine Liiiebe, du hast ihn tief beeindruckt.« Selbstverständlich errötete ich bescheiden.

Gott, ist das schön hier! Mir läuft immer noch die Nase, aber mit viel Schlaf und Nasentropfen bin ich die Erkältung sicher bald los. Sag mal, lutschst du diese gepufferten Penizillintabletten oder nimmst du sie mit Wasser? . . . Ich habe keine Lust, mich dadurch umzubringen, daß ich sie falsch einnehme! Cheerio! Sivvy

19. OKTOBER 1950

. . . An diesem Wochenende bin ich am Samstag mit Bill ausgegangen. Wir waren zwei Paare – Ann Davidow, das nette Mädchen, von dem ich Dir erzählt habe, war auch dabei. Wie gewöhnlich gingen wir rüber nach Amherst. Wirklich, so etwas Sinnloses wie ihr Datesystem habe ich noch nie erlebt. Die Jungen nehmen ihre Dates mit aufs Zimmer, meist um Alkohol zu trinken. Nach einer Stunde lösen sich die Gruppen auf und einzelne Paare ziehen von Haus zu Haus, immer auf der Suche nach einem Kreis von Leuten, in dem sie untertauchen, oder einer »Party«, bei der sie mitmachen können. Das ist, als schlendere man von einem luxuriösen Zimmer ins andere und fände die verstreuten Überreste einer Abendgesellschaft. Ich muß zugeben, das interessiert mich einen Dreck. Zumindest Bill ist sehr lieb und zuvorkommend – gar nicht so oberflächlich wie die meisten Jungen, die ich dort getroffen habe. Da wir beide sehr müde waren und keine Lust auf irgendwelchen Partyglimmer hatten, gingen wir zu ihm; ich rollte mich auf dem roten Ledersofa zusammen und döste vor mich hin, er machte es sich in einem Sessel bequem. Er hatte den Kamin angezündet und ein paar gute Platten aufgelegt, also ruhte ich mich zwei Stunden mit geschlossenen Augen aus. Nicht einmal geredet wurde. Wenigstens waren wir beide zur gleichen Zeit müde. Fast muß ich lachen, wenn ich jetzt daran zurückdenke. Was die Mädchen in meinem Haus wohl sagen würden, wenn sie wüßten, was für einen amüsanten Abend ich verbracht habe? Ich glaube nicht, daß sie kapieren würden, daß ich mich unter den gegebenen Umständen besser unterhalten habe, als wenn ich mich bemüht hätte, in einer Clique die ganze Nacht lang ein strahlendes, leeres Lächeln aufzusetzen.

Für Sonntagabend hatte ich leichtsinnigerweise ein blindes Date bei Alpha Delta angenommen (mein Gott, sind diese griechischen Namen albern!).

... Mein Date hatte das ganze Zimmer voll mit Photos und Alben von seiner Freundin – einem Smith-Mädchen, das ihr *junior*-Jahr im Ausland verbringt. Ich war also mehr oder weniger bloß ein Date. Es klingt komisch, aber bei diesem ganzen Wochenendsystem scheint es vor allem darauf anzukommen, daß man sagen kann: »Ich war in Yale« oder »in Dartmouth«. Das genügt – Hauptsache, man war irgendwo. Warum hinzufügen »es war gräßlich. Ich konnte mein Date nicht ausstehen«. Weißt Du, ich glaube nicht, daß Leute, die noch Ideale haben wie unsere gemeinsamen Freunde, die Nortons, in den Bars verkehren, in denen ich bisher aufgekreuzt bin (und Cocas getrunken habe). Was ich anhatte? Das Blaugrüne am Samstag und den roten Rock mit dem schwarzen Pulli gestern abend. Ich habe mir geschworen, am nächsten Wochenende zu Hause zu bleiben und zu schlafen und zu arbeiten. Ich frage mich, ob ich je einen Jungen treffen werde, der mir geistig verwandt ist. Ach, ja –

27. OKTOBER 1950

Liebe Mama,

nicht eine Minute länger konnte ich's erwarten, Dir zu schreiben, wie gerührt ich über mein Geburtstagspaket war, das eben gekommen ist. Nach meiner letzten Unterrichtsstunde schlenderte ich ins Haus, und da lag es, also stürmte ich nach oben und machte es auf.

Die kastanienbraune Viyella-Bluse ist ein Traum (kein Wunder, daß Du pleite bist), und die Socken sind warm und passen genau. Ich denke, den Kuchen werde ich morgen mit den anderen *freshmen* hier im Haus essen ... das Deckchen für die Kommode macht das Zimmer erst richtig schön. Dies ist mein erster Geburtstag fern von zu Hause, ich war daher ziemlich überwältigt angesichts der vielen Päckchen. Heute morgen bekam ich drei Karten und – das Lieblingsgeschenk des Tages –, einen Brief und ein Photo von meinem Bruder! Der Schnappschuß hat jetzt einen Ehrenplatz auf meinem Schwarzen Brett. Er ist der hübscheste, herrlichste Junge von der Welt. Ich bin so stolz auf ihn ...

Grüße, Sivvy

31. OKTOBER 1950

Liebe Mutter,

gerade komme ich von einer Halbstundensitzung bei Miss Mensel [*Mary Elisabeth Mensel, Leiterin der Stipendienvergabe und der Studentenhilfe*]. Es war wirklich albern von mir, Dich zu fragen, was ich ihr sagen soll, denn im Lauf unseres Gesprächs ist es mir nur so herausgeflossen. Sie ist wirklich eine ganz reizende Person – nicht schön – Sommersprossen, graue Haare – aber mit durchdringenden, lebhaft funkelnden, blauen Augen. Sie möchte die ganzen Stipendiatinnen aus dem *freshman*-Jahrgang kennenlernen, um sie mit all ihren Nöten dem Ausschuß schildern zu können. Anders ausgedrückt, sie fungiert als Mittelsmann, durch den der Ausschuß erfährt, wer wir sind und worauf wir Anspruch haben. Ich war plötzlich mitten im Erzählen: wie anregend meine Kurse sind, wie Französisch mit Geschichte und Kunstunterricht mit Botanik zusammenhängt. Wie gerne ich Kurse in *creative writing* und Kunst belegen möchte. Ich sagte sogar, wie sehr ich mein Haus liebe und die Mädchen – auch die älteren, von deren Erfahrungen im Collegeleben wir profitieren können. Und wie schön ich es finde, mich am Wochenende schick anzuziehen und auszugehen, oder ganz einfach mit dem Fahrrad aufs Land zu fahren. Fast wären mir die Tränen gekommen, als ich ihr gestand, wie glücklich ich bin. Ich kann nur hoffen, daß ich meine Kurse schaffe und gute Noten kriege . . . Am Anfang hatte ich Angst, daß ich verkrampft und nervös wirken würde, aber dann war alles wie weggefegt, ich floß über vor lauter Begeisterung und sagte ihr, wie aufregend es hier ist. Sie ist auch der Meinung, daß mein Haus zu den besten gehört [*Haven Haus: dort sorgte Mrs. Shakespeare, die Hausmutter, für eine warme, entspannte, herzliche Atmosphäre; es war ein wirkliches Zuhause für die Studentinnen, nicht nur ein Wohnheim*] und betonte, wie wichtig es sei, am Wochenende auszugehen, damit man nicht altbacken wird.

Nun das Aufregendste von allem – von wem ich mein Stipendium habe. Miss Mensel möchte nämlich, daß die Mädchen mit ihren Förderern Kontakt aufnehmen, damit die Leute, die das Geld geben, dafür mit einem Stipendiaten aus Fleisch und Blut belohnt werden. Und von wem sollten meine $ 850 kommen, wenn nicht von *Olive Higgins Prouty!!!* Miss Mensel sagt, daß es sehr selten an *freshmen* vergeben wird, daß sich Olive Higgins Prouty aber angesichts meiner Schreibbegeisterung und meines Preises von der *Atlantic Monthly* (ich fürchte, meine lobende Erwähnung in der *Atlantic Monthly* wird weit überschätzt) sehr freuen würde, von mir zu hören und etwas über meine Leistungen, meine Zukunftspläne und den Eindruck, den Smith auf mich gemacht hat, zu erfahren. Jetzt werde ich mich mit neuer Kraft auf diese verdammten kritischen Aufsätze über englische Literatur werfen und meine Malübungen mit dem gewissen »Mittel zum Zweck«-Schimmer im Auge absolvieren. Ich hoffe nur, daß ich alle Chancen wahrnehmen kann! Im Moment bin ich ziemlich überwältigt angesichts der vielen Dinge, die Smith zu bieten hat. Olive Higgins Prouty. Ist das nicht die Frau, die *Stella Dallas* für die Bühne bearbeitet hat? Das Tolle ist, daß sie in Brookline, Mass., lebt.

Ich kann einfach den Gedanken nicht ertragen, mittelmäßig zu sein . . . Ich fürchte, ich werde an Thanksgiving nur arbeiten und schlafen. Was das Ausgehen betrifft – ich habe vor, Samstagabend wegzugehen und an den anderen Abenden zu Hause zu bleiben. Ausgehen kann ich hier immer, aber meine Familie sehe ich schließlich nicht alle Tage . . .

Nun zu Bob [*ein High-School-Freund*] . . . offen gesagt komme ich gar nicht dazu, ihm noch einen Gedanken zu widmen . . . Ich bin so beschäftigt damit, mich bei Smith zurechtzufinden, daß ich weder für Heimweh noch für Liebeskummer Zeit habe. Jungen sind in meinem gegenwärtigen Leben absolut nebensächlich . . . ich merke, daß ich taub bin, was Gefühle angeht. Alles, was ich versuche, ist den Kopf über Wasser zu halten, und Gefühle sind mehr oder weniger keine da oder sie schlummern. Eine Ablenkung weniger, das ist angenehm.

Ich hoffe nur, daß ich gut genug bin, dies alles zu verdienen!

Grüße, Sivvy

11. NOVEMBER 1950

Liebe Mutter,

eben unterhielt ich mich mit einem netten Mädchen oben in meinem Zimmer . . . (sie gehört zu den Leuten, bei denen ich mir kein Blatt vor den Mund zu nehmen brauche) . . . ließ mich darüber aus, wie jämmerlich und minderwertig ich mich fühlte, weil ich an diesem Wochenende ohne Date war (Bill hatte mich zwar

aufgefordert, aber ich hatte nein gesagt – er ist nicht mein Typ –
kein Funke . . .), da klingelte das Telefon. Es war Louise – drei
Jungen seien hereingeschneit, ob ich heute abend ausgehen wollte.
Ich stürzte mich in die Kleider, spuckte große Töne . . . daß man
nie Selbstmord begehen dürfe, weil immer etwas Unerwartetes
geschieht. Stellte sich heraus, daß mein Date ein Herzchen war . . .
Jetzt fühle ich mich phantastisch – was ein Mann doch alles kann.
Na schön, meine Hausaufgaben mache ich eben morgen vor dem
Unterricht.

Grüße, Sivvy

15. NOVEMBER 1950

Liebe Mutter,

es gibt Anlässe, bei denen man die Arbeit unbedingt beiseite
legen muß, koste es, was es wolle. Und so ein Anlaß war heute
abend. Ich hatte in der letzten Zeit schön regelmäßig gearbeitet und
fand, daß ich es mir schuldig sei, Dr. Peter Bertocci von der B.U.
über das Thema »Sex vor der Ehe« sprechen zu hören. Wie zu
erwarten, lockte der Titel des Vortrages Scharen an, und der
Lesesaal war brechend voll. Ich muß es dem Mann lassen: er weiß,
was so ein Collegehaufen hören will, und – er redet nicht um den
heißen Brei. Ich war mir der Tatsache, daß er eine unangenehm
krächzende Stimme hatte, alsbald nicht mehr bewußt und verlor
mich im sinnreichen Labyrinth seiner Thesen . . .

Worum es bei seiner Rede im wesentlichen ging, war, daß er uns
nichts vorschreiben, sondern unsere Köpfe zu eigener Nachfor-
schung anregen wollte. Sein Vortrag war so formuliert, daß man
die Möglichkeit hatte, die eigene Biographie und die eigenen
Vorstellungen in Bezug zu setzen zu den Fallgeschichten und
Fragestellungen, die er zur Sprache brachte.

Von Natur aus war ich empfänglich für klare, kalte Logik – kein
»Emile« da, der meine Gefühle meinen Verstand bekämpfen ließ.
[Diesen Namen – die französische Version von Emil, dem zweiten
Vornamen ihres Vaters – hatte sie dem Freund gegeben, der sie zu
ihrer ersten preisgekrönten Erzählung »Den of Lions« inspirierte.]
Es ist wirklich so, seit ich keinen Jungen mehr habe, mit dem ich
mich so gut unterhalte wie mit »Emile«, sind meine emotionalen
Probleme kaum mehr vorhanden oder latent. Vielleicht ist das gut
so. Ich habe meine ganze physische wie psychische Energie auf

Smith konzentriert. Kann sein, daß das so etwas wie eine vorübergehende Sublimierung ist. Am schwierigsten ist eigentlich die Zeit zwischen zwei Jungen. Es ist mir ein so schrecklich großes Bedürfnis, mich körperlich zu jeder Zeit und geistig immer dann begehrenswert zu fühlen, wenn ich einen Jungen auch seiner Gedanken wegen bewundere; im Moment jedoch habe ich überhaupt kein Liebesobjekt – niemanden, in den ich mich verströmen kann, bis auf eine enge Freundin . . . Und mit der rede ich nur allzu selten.

Mit anderen Worten, ich befinde mich emotional in einer sterilen Phase. Geistig hingegen ist dies die Zeit der Befruchtung der Erde meines Denkens . . . wer weiß, was da später, in fruchtbarer Jahreszeit, blühen mag? Genug der Symbole. Ich bin glücklich, was seltsam ist, da ich mir bewußt bin, daß ich gesellschaftlich und emotional unausgefüllt bin. Aber als alte, unverwüstliche Optimistin habe ich die innere Gewißheit, daß ich eines Tages, wenn ich einen *wirklichen* Gefährten gefunden habe, nur allzu dankbar sein werde für diese Periode des statischen Abwartens, in der sich meine Fähigkeit, Freude zu empfinden, gesteigert hat.

Was meine Fächer betrifft, da sehe ich allmählich Licht. Ich liebe sie alle. Ich werde gezogen, gerissen in Höhen und Tiefen des Denkens, wie ich sie mir nie habe träumen lassen – und was das Wunderbarste ist – dies ist erst der Beginn. Die Zukunft birgt unendlich viel Hoffnung und Herausforderung. Irgendwie kann ich's nicht lassen, vor mich hin zu singen, egal wie müde ich bin. Das sonnige Wesen, das ich hatte, als ich klein war, scheint mir wiedergegeben durch Smith; ich weiß, daß es aus dem Kreislauf von Freude und Kummer stets ein Entrinnen gibt. Niemals kann ich alles verlieren – alles auf einmal. Habe ich mein Stipendium erst einmal fest, werde ich mich sicher gründlicher als bisher dem Malen und *creative writing* widmen können. Gerade jetzt ist es mir eine große Hilfe, festzustellen, daß die schwarze, unbezwingbare Mauer des Wettbewerbs nicht so fürchterlich ist, wenn man sie in kleine menschliche Einheiten zerlegt. Was die Noten betrifft, so liege ich immer noch vorn. Gewiß, ich arbeite hart, und das tun auch hundert andere. Aber dank meiner vernünftigen Wochenendaktivitäten bin ich gesund und schaffe mein tägliches Pensum. Ich gewöhne mich an geregelte Arbeitszeiten, halte Schritt. Wenn ich das zur Methode mache, kann ich am Wochenende relativ ungestraft blaumachen.

Vor allem aber bin ich glücklich — wissend, daß aus Schmerz Erkenntnis kommt, freue ich mich an allem, was geschieht. Seltsam, ich glaube, ich habe mich ziemlich gut angepaßt und genieße mein Leben mehr denn je.

Hoffentlich gelingt es mir, aus der *Gegenwart* — in der ich so hart lebe, daß mir keine Kraft mehr zum Produzieren bleibt — eine Zukunft mit Malen und Schreiben zu machen! So machen es die Tiere, die Fett speichern und es dann verbrauchen, wenn sie Winterschlaf halten oder sich ausruhen. Ich habe das Gefühl, daß mir mein Interesse am Lernen, an Leuten, und an der Vervollkommnung von Ausdruckstechniken möglicherweise bei der Erreichung der mir gesetzten Ziele hilft. Kannst Du Dir einen Reim darauf machen? Vielleicht kannst Du die wirren Reden Deines Kindes besser analysieren, als das Kind es selber kann.

Deine Sivvy

27. NOVEMBER 1950

Liebe Mama,

ich wußte nicht genau, wann mich die Welle von Heimweh treffen würde [*als sie nach den Thanksgiving-Ferien zu Smith zurückkehrte*], aber ich glaube, es war, als ich ins Zimmer trat — das nackt und kahl war. Nur drei oder vier Mädchen waren im Haus . . . Gott, hab ich mich einsam gefühlt! Soviel Arbeit, die ich schon längst hätte machen müssen, und ein Wochenplan, der so niederschmetternd und unüberwindlich aussah; aber jetzt habe ich mich wieder aufgerappelt aus meiner tiefen Depression — der ersten wirklich traurigen Stimmung, seit ich hier bin. Während ich dies schreibe, sitze ich im gemütlichen Wohnraum neben einem Mädchen, und aus dem Radio kommt Musik. Wieviel doch die Gegenwart eines einzigen Menschen bedeuten kann!

Ich merke, daß mir trotz all meines heldenhaften Geredes von meiner Selbständigkeit jetzt deutlich bewußt wird, wie sehr ich an Dir hänge — an Dir und Warren und meinem lieben Grampy und Grammy! . . . Ich bin froh, daß ein starker Regen niedergeht. So ist mir innerlich zumute. Ich liebe Dich *so*.

Sivvy

30. NOVEMBER 1950

Liebe Mama,

übrigens, ich bin fast berühmt! In der College Hall (da, wo der Rektor und alle Dekane arbeiten) ist ein Schwarzes Brett, an dem jede Woche Zeitungsausschnitte mit Meldungen über Smith-Mädchen ausgehängt werden. Ein paar Nachrichtenjäger hatten mein Gedicht [»*Ode to a Bitten Plum*«, Seventeen, *November 1950*] aufgestöbert und nun leuchtet es dort mit meinem Gesicht hervor.

Heute habe ich in Geschichte etwas Merkwürdiges erlebt. Da ich immer auf dem mittleren Sitz in der ersten Reihe sitze, wirkt es so, als spräche Mrs. Kafka direkt zu mir. Es ging mir durch und durch. Geschichte wird ganz lebendig und fesselnd.

1. DEZEMBER 1950

. . . Habe gestern abend einen langen Brief an Mrs. Prouty geschrieben, über dem ich ein paar Stunden gebrütet habe, aber lieber Himmel, schließlich macht *sie* dies ja alles möglich!

Folgende Auszüge aus dem Brief an Olive Higgins Prouty wurden in der Smith Alumnae Quarterly *vom Februar 1951 veröffentlicht.*

Anfänglich habe ich es mir versagt, mir Hoffnung auf Smith zu machen, da eine Enttäuschung hart gewesen wäre. Aber mehr und mehr wurde mir bewußt, wie viel erfüllter mein Leben sein würde, wenn ich die Möglichkeit hätte, fern von zu Hause zu leben. Ich würde anfangen, selbständig zu werden und mich zugleich durch das Leben in einer Gruppe gleichaltriger Mädchen angeregt fühlen. Nach Wochen des Wartens und Unentschiedenseins kam die Nachricht von Smith, daß ich ein Stipendium bekommen hätte . . . ich wanderte tagelang wie in Trance im Haus herum und glaubte mir selbst nicht ganz, wenn ich meine Stimme sagen hörte: »Ja, ich gehe zu Smith.«

Und da bin ich! Es gibt Tage, da merke ich, daß ich die Bilder und Impressionen einfach in mich hineinströmen lasse, bis es vor Freude fast schmerzt. Ich glaube, so wird es immer sein. Es gibt hier so viele Möglichkeiten, und es liegt ganz bei mir, mich selbst zu finden und aus mir den Menschen zu machen, der ich sein werde. Der Abend unseres ersten *freshman*-Treffens ist mir noch gut im Gedächtnis. Ich wurde getrennt von den Mädchen aus meinem Haus und als ich verwirrt auf den Stufen von Scott Gym stand und 600 fremde Gesichter wie eine Woge an mir hochbranden und vorüberziehen sah, da hatte ich das Gefühl, in einem Meer

58

von Individuen zu ertrinken, von denen jedes so begierig war wie ich, zur Persönlichkeit zu werden. Ich fragte mich damals, ob es mir je gelingen werde, zu erfahren, was hinter diesen Gesichtern vorgeht, was diese Mädchen tief in ihrem Innern dachten, träumten und planten. Ich fragte mich, ob ich je das Gefühl haben würde, mehr zu sein als ein maschinengeschriebener Name auf einer Karteikarte.

Aber heute lächle ich über mich. Denn durch das Studium, durch die Fähigkeit, die einzelnen Personen voneinander zu unterscheiden, und durch das wachsende Zugehörigkeitsgefühl habe ich erkannt, daß ich hier gefordert werde wie nie zuvor in meinem Leben.

Noch nie wurde ich durch einen Unterricht so stark angeregt und zu geistigem Wettbewerb angespornt. Mit meinen Lehrern habe ich besonderes Glück – alle sind sie lebhaft und voller Enthusiasmus für ihre jeweiligen Fächer. Im Kunstunterricht zeichnen wir dieselben Bäume, die wir in Botanik analysieren. In Französisch folgen wir den Gedankengängen von Männern, die von den Ereignissen und Epochen geprägt wurden, über die wir in Geschichte lesen. Und in Englisch – meinem Lieblingsfach seit eh und je – lesen und schreiben wir literaturkritische Essays . . . Sie sehen, meine Kurse passen zueinander, wie die einzelnen Teile eines Bilder-Puzzles, und das Leben hat plötzlich an Vielfalt und Bedeutung gewonnen.

Wenn ich über den Campus radle, sehe ich nicht bloß Bäume. Außen sehe ich Form und Farbe, darüber hinaus aber die Zellen und stets tätigen, mikroskopisch kleinen Mechanismen in ihrem Inneren. Sicher klingt das alles ein wenig unzusammenhängend, aber das kommt von der Aufregung, in die man gerät, wenn man sich mehr und mehr bewußt wird, wie unendlich verlockend und reich an Möglichkeiten unsere Welt ist.

Noch eine Quelle des Erstaunens und Entdeckens gibt es hier, das sind die Menschen. Ich glaube nicht, daß mir früher so bewußt war, welche Würde, welches Können Frauen haben. Allein schon in meinem Hause gibt es eine erstaunliche Ansammlung intelligenter, sensitiver Mädchen – eine jede faszinierend auf ihre Art. Es macht mir Freude, andere Menschen gut kennenzulernen und etwas über ihre Gedankenwelt und ihre Geschichte zu erfahren. Auch wenn ich nie die Möglichkeit hatte, über die Neu-England-Staaten hinauszukommen, lebe ich in dem Gefühl, daß mir die Nation – und ein Großteil der Welt – völlig vertraut sind. Da meine Bekannten aus ganz unterschiedlichen Elternhäusern und Gegenden stammen, gewinne ich, indem ich sie näher kennenlerne, Einblick in die Vielfalt individueller Vergangenheit . . .

Ich frage mich . . . ob auch nur ein kleiner Teil meiner Liebe zu Smith in diesen Zeilen zum Vorschein kommt. Es gibt so viele Details, die so herrlich sind – die Lichter der Häuser gegen den Nachthimmel, die Kapellenglocken am Sonntag nachmittag, der Blick ins Paradies von meinem Fenster aus. All das und noch viel, viel mehr . . . Ich möchte ja nur, daß Sie verstehen, daß

Sie in gewisser Weise Verantwortung tragen für die Formung eines Menschen – und dieser Mensch bin glücklicherweise ich.

4. DEZEMBER 1950

... Ich lerne eine Menge. Es gibt drei Arten von Menschen: diejenigen, die Probleme haben und sie nie einem erzählen, so daß man sie nie wirklich kennt; dann die, die Probleme haben und sie einem Einzelnen erzählen, der sie versteht, und schließlich die, die allen, sogar sich selber, vormachen, es gäbe keine Probleme außer den paar belanglosen, materiellen, mit denen man fertig werden kann.

All dies läuft, wie Du sicher schon bemerkt hast, auf mein Date von gestern abend hinaus. Wie schon gesagt, ich hatte eine doppelte Verabredung mit Patsy. Die Fahrt mit den Paaren war wie üblich – mein Date sah ziemlich alt aus (in der Tat erinnerten seine Haare mich irgendwie an Mr. Crockett) und hatte ein recht gutgeschnittenes Gesicht. Es stellte sich heraus, daß wir beide Englisch mögen und daß er Politische Wissenschaften im Hauptfach studiert. Als wir alle ums Feuer saßen, nahm ich mir vor, mal auf den Busch zu klopfen und zu sehen, ob ich ihn nicht besser kennenlernen könne. Ich erzählte ihm, wie gerne ich schreibe und zeichne und Menschen nicht nur oberflächlich kennenlerne, und sagte, er solle mir doch erzählen, was ihn je verletzt oder gequält habe, damit ich ihn besser verstehen könne. Es war ja nur ein Versuch, aber er war ganz offensichtlich überwältigt von der Tatsache, daß ich so intelligent sein konnte, ohne häßlich oder sonstwas zu sein, und machte mir nach dem Abendessen, das wir uns über dem offenen Feuer in ihrem Raum im Fraternity House gekocht hatten, beim Tanzen das Geständnis, daß er fünfundzwanzig sei, kriegsversehrt im letzten Krieg. Das hat mich natürlich umgehauen, deshalb fragte ich ihn, ob er überhaupt mit mir darüber reden könne.

Da Pat gesagt hatte, daß seine Zimmerkameraden ihn nicht *wirklich* kennen, weil er alles für sich behält, war ich ziemlich erstaunt, daß er sich mir anvertrauen wollte.

Auf seinen Vorschlag hin machten wir einen Spaziergang, weil man sich dabei besser unterhalten kann, und er erzählte mir etwas vom Kämpfen auf den Marianen und wie es ist, jemanden töten zu müssen oder getötet zu werden. Dann fragte er mich, wann mein Vater gestorben sei, und nachdem ich's ihm gesagt hatte, erzählte er, daß seiner vor zwei Wochen gestorben sei und daß er die letzten Tage bei ihm war. Sein Vater war offenbar der beste Patentanwalt in Missouri – selbst aus England kamen Klienten zu ihm –, und dieser Bursche betete ihn an . . . Er sprach von seiner Beziehung zu ihm und sagte, daß die anderen Mädchen, mit denen er seitdem aus war, sich nicht die Bohne dafür interessierten, etc.

Natürlich hatte ich noch nie so was erlebt, und ich vermute, daß er so überwältigt war von der Idee, daß sich endlich mal jemand für ihn als Person und nicht bloß als Date interessierte, daß ihn das wohl auf den Gedanken brachte, wir sollten Geschlechtsverkehr haben. Selbstverständlich war ich in einer ziemlich schlechten Lage, da ich ja munter mit spazierengegangen war, doch ich machte ihm sehr deutlich, daß ich mich zu nichts zwingen ließe. Es kam zu einer Szene, ich fragte ihn, wieviele Mädchen er vor mir gekannt hatte, und er sagte, die Wahrheit wäre die, daß das Marine Corps nicht der rechte Ort für einen Gentleman sei und daß Ideale nichts wert wären, wenn man im Dreck lebte und schlief. So erfuhr ich von einem Mädchen auf Hawaii und einer englischen Krankenschwester aus dem Hospital, in dem er zwei Jahre gelegen hatte.

. . . Als ich zu Hause ankam, war ich völlig durcheinander. Keine Ahnung, was jetzt wird und ob ich ihn noch mal treffen soll. Ich beginne zu begreifen, daß man jemanden nicht gleich verbannen darf, nur weil er eine Menge anderer Beziehungen hat. So etwas muß nicht automatisch bedeuten, daß er keine menschlichen Werte hat . . . Ich möchte gern wissen, wie Du darüber denkst, ich habe keine Ahnung, wie ich mich verhalten soll, da ich noch nie jemanden getroffen habe, der so wild entschlossen war.

Es macht mich krank, wenn ich die ganzen Uniformen auf dem Campus sehe und höre, daß es nächstes Jahr kein Amherst mehr gibt. Ich bin total erledigt und freue mich so darauf, Weihnachten bei der Familie zu sein.

Kopf hoch! (*Warum* rege ich Männer immer dazu an, an meiner Schulter ihre Lebensgeschichte von sich zu geben? Ich glaube, ich fordere das heraus.)

7. DEZEMBER 1950

Liebe Mama,

Dein Brief kam mit der gleichen Post wie der von Olive Higgins Prouty . . . Ich war begeistert über Mrs. Prouty's fast unleserliche Krakelschrift. Es ist einer von den Briefen, die ich immer aufheben werde. Sie findet, daß ich »schriftstellerisches Talent« habe und möchte, daß ich ihr ein paar Gedichte schicke und zum Tee bei ihr vorbeikomme, wenn ich in den Ferien nach Hause fahre. [*Dieses Treffen inspirierte sie zu dem (unveröffentlichten) Manuskript »Tea with Olive Higgins Prouty« geschrieben für und abgelehnt von* Reader's Digest.] Sie behauptet sogar, daß sie meinen Brief mit ein paar Durchschlägen noch mal abtippen und an ehemalige Kommilitoninnen schicken lassen will. Ich finde es herrlich, daß es mir wenigstens annähernd gelungen ist, ihr zum Ausdruck zu bringen, was Smith für mich bedeutet, und wie schön es ist, wie Miss Mensel sagte, wenn ein Stipendium mehr ist als die reine Bewilligung von Geld.

Deine Sivvy

10. DEZEMBER 1950

Liebe Mutter,

. . . ich mache mir große Sorgen um eine Freundin von mir . . . Sie war immer schon heiter, aber in der letzten Zeit ist diese Heiterkeit immer strahlender und künstlicher geworden, deshalb habe ich sie gestern nach dem Mittagessen mit auf mein Zimmer genommen. Anfangs war sie sehr aufgekratzt und tat so, als wäre nichts, aber schließlich gab ihr Gesicht nach und wurde weich. Nach dem, was sie sagt, ist sie seit Thanksgiving außerstande zu arbeiten und kann jetzt, da sie alles laufenläßt, nur immer wieder sagen: »Ich schaff es nie mehr, nie.« Sie hat nicht richtig schlafen können, sondern ist frühmorgens aufgewacht, besessen von dem Gedanken, daß sie arbeiten muß, selbst wenn sie sich in einem Zustand befindet, in dem sie nur noch so tun kann, als ob . . . Am Ende hat sie mir erzählt, daß sie gemerkt hat, daß sie nicht intelligent genug ist für Smith — wenn sie arbeiten könnte, würde das nichts machen, das Dumme sei nur, daß ihre Eltern ihr entweder nur einreden würden, daß sie schöpferisch sei, oder wirklich keine Ahnung hätten, wie unfähig sie sei. Ich glaube, außer dieser Panik hat das Mädchen überhaupt nichts mehr gefühlt, so betäubt war sie. Ich bin erschrocken, als sie mir erzählte, daß sie Schlaftabletten und Rasierklingen gesammelt hätte und sich nichts besseres vorstellen könnte, als Selbstmord zu begehen.* Ach Mutter, Du ahnst nicht, wie hilflos ich mir vorkam. Den ganzen Nachmittag habe ich auf sie eingeredet . . . Könnte ich sie doch zum Schlafen bringen und ein paar Tage selber auf sie aufpassen! Aber ich darf weder Mrs. Shakespeare noch sonst jemandem etwas sagen, sonst würde [sie] sich nur ganz abkapseln, in dem Glauben, daß man sie nicht versteht. Ich habe mir jedoch überlegt, ob ich ihren Eltern kurz schreiben soll (sie hat mir gestanden, daß es praktischer wäre, wenn sie nach Hause fahren und sich dort umbringen würde . . .) und sie wissen lassen soll, wie erschöpft sie ist und wie sehr sie Ruhe braucht, bevor sie wieder arbeiten kann. Ihre Mutter hat ihr nämlich dauernd gesagt, daß das albern von ihr sei, und daß sie alles schaffen könnte. Aber ihre Mutter konnte einfach nicht begreifen, daß das arme Mädchen in diesem Zustand total unfähig ist, auch nur einen Gedanken zu fassen.

Nun ja, vielleicht geht es mich ja gar nichts an, aber ich habe das Mädchen sehr gerne und fühle mich sehr unzulänglich und verantwortlich. Wenn Du ihre Mutter wärst, dann wäre sie ganz in Ordnung.

Deine Sivvy

[*Undatiert; Poststempel vom 13. Januar 1951*]

Liebe Mutter,

. . . Du hast Dich sicher gefragt, was in dem Eilbrief von unserem Lieblingsmagazin stand. Ich kann mir richtig vorstellen, wie Du geprüft hast, wie dick er ist und wie Du ihn gegens Licht gehalten hast. Reg Dich nicht *allzu* sehr auf, weil's nur ein dritter Preis ist. Immerhin bedeutet das $ 100 (einhundert) in kalter, barer Münze. Im Ernst, ich bin irgendwie benommen. »Den of Lions« mochte ich sehr gerne und der Name Emile hat sicher wie ein Glücksbringer

---

* In Wirklichkeit war das betreffende Mädchen nicht selbstmordgefährdet; vielleicht ist das, was Sylvia hier schreibt, von ihrer vorhergehenden Depression an Thanksgiving beeinflußt. Doch zwei Jahre später, als Sylvia sich in einem ähnlichen Zustand befand, dachte sie zuallererst an Rasierklingen und Schlaftabletten.

gewirkt. Mir scheint, meine Liebesgeschichten werden immer gedruckt, nur bezweifle ich, daß bei der hier jemand merkt, um wen es geht. *Diesmal muß* aber eine gute Photographie her – zumindest ein guter Schnappschuß. Ich bringe die Unterlagen zum Unterschreiben mit, wenn ich in anderthalb Wochen nach Hause komme. Könntest Du diesen alten Film zum Entwickeln bringen? Es käme viel billiger, wenn ein guter Schnappschuß von mir drauf wäre.

Ehrlich, Mutter, siehst Du sie jetzt nicht schon vor Dir? Illustriert und mit allem Drum und Dran? Wenn ich bei Dir bin, zeig ich Dir den Brief von dem Redakteur (sehr konventionell, *seventeenisch* und »Hoffe, Sie werden eine lange, erfolgreiche Karriere machen«, etc.). Ich sterbe vor Neugierde, wer wohl den 1. und 2. Preis gekriegt hat. Na ja – man kann eben nicht immer Erster sein! Aber Clems Mutter sollte besser aufpassen. Ich werde sie im Handumdrehen aus dem Feld rodgern. [*Sarah-Elisabeth Rodger, Romanschriftstellerin und sehr erfolgreiche Autorin von Erzähltexten für Zeitschriften. Ihr Sohn Clement war ein Klassenkamerad von Warren in Exeter und Harvard.*]

[*Undatiert; geschrieben Anfang Februar 1951*]

Liebe Mutter,

. . . ich habe mir gedacht, von dem Wochenende erzähle ich Dir besser, wenn es hinter mir liegt . . . Samstag morgen bin ich mit Dick Norton [*einem Freund der Familie, Yalestudent, der später ein wichtiger Freund von Sylvia wurde*] nach Yale gefahren; er hatte mir, Gott weiß warum, geschrieben, und mich für ein, zwei Tage dorthin eingeladen. Ich nehme an, er hat sich vorgestellt, daß das richtig nett wäre – die kleine »Kusine« auf dem Campus herumzuführen. Jedenfalls es war sehr schön und ich habe viel gelernt.

Den ganzen Samstag hat es geregnet, deshalb blieben wir auf seinem Zimmer und unterhielten uns. Er weiß einfach alles. Ich bin jetzt so fest davon überzeugt, daß alles Wissen sich auf die Naturwissenschaften gründet, daß ich mir ein paar Elementarbücher für Physik, Chemie und Mathe besorgen will, um sie in diesen Frühjahrsferien und im Sommer durchzuarbeiten. Vielleicht kann Warren mir dabei helfen. Ich gehöre zu den merkwürdigen Menschen,

die an die objektiven Gesetze der Naturwissenschaften glauben wie
an ein göttliches Wesen und dennoch keine Ahnung von diesen
Gesetzen haben . . . Alles, was ich schreibe oder male, hat für mich
keinen Wert, solange es nicht auf der konkreten Basis des logischen
Denkens entsteht, wie unkompliziert es auch bleiben mag . . . Ich
bin sicher, daß Dichtung und Malerei die mir adäquaten Aus-
drucksmittel sind, dennoch, es gibt keinen Grund, weshalb ich
nicht ein paar physikalische Gesetze beherrschen lernen sollte, um
mich an etwas festhalten zu können, was der Wahrheit näher ist.

Als ich gestern abend wegging, war ich ganz wild darauf, noch
viel mehr zu lernen. Man ist so leicht mit sich zufrieden, wenn man
nicht mit Leuten konfrontiert wird, die schon viel weiter sind . . .
Ich habe Dick immer wieder gebeten, mir von den Ergebnissen
seiner soziologischen Umfragen zu erzählen, von dem, was er in der
Nervenheilanstalt erlebt hatte, und von allem übrigen. So kam es
zu einem Assimilieren und Nehmen *meinerseits*, zwangsläufig aber
zu keinem Austausch. Er hat wirklich einen erstaunlichen Verstand
und ist überdies noch ein blendender Tänzer, Schlittschuhläufer,
Schwimmer, etc. Ich hatte ein bißchen ein schlechtes Gewissen,
weil ich ihn zwei Tage beansprucht hatte. Du mußt zugeben, daß
das ziemlich selbstlos von ihm war . . .

Deine Sivvy

[*Postkarte*]

1. MÄRZ 1951

Liebe Mutter,
    ich glaube, ich werde ein neues Album über mich anlegen, jetzt
da meine bescheidenen Schreibversuche so unverhältnismäßig aufgeblasen werden. Stell Dir vor, gestern sprach mich ein tief beein-
drucktes Mädchen mit folgenden Worten an: »Ich habe gehört, du
schreibst einen *Roman*. Das ist einfach großartig!« Worauf ich ihr
am liebsten erzählt hätte, daß ich meine eigene Zwillingsschwester
bin und in meinem Leben noch kein Wort geschrieben habe. Ich
muß mich ranhalten, wenn ich meinem »Ruf« nachkommen will.
Immerhin hat Olive Higgins Prouty das Gefühl, daß ich *schreibe*.
Scheint eine gute Wahl gewesen zu sein, dieses Stipendium. Hoffe,
die Gute ist zufrieden.

Deine Sivvy

18. APRIL 1951

Liebe Mutter,

ich kriege Angst, wenn ich daran denke, daß mein *freshman*-Jahr auf dem College in 45 Tagen zu Ende ist. Im selben Atemzug, wie ich wünsche, die Anspannung und die Prüfungen wären vorbei, erkenne ich doch auch, daß ich Zeit verliere, indem ich dies wünsche. Und wenn ich in die Zukunft blicke, sehe ich nichts als Arbeit, immer schnellere Arbeit, bis ich in die Grube falle. Eine Sache wenigstens macht mir wieder Mut – heute morgen haben wir in der Kapelle über die Möglichkeit geredet, sich zu spezialisieren, und ich muß sagen, die Zwölfstundenwoche gefällt mir maßlos. Ich werde mich *ganz bestimmt* spezialisieren! Dieser Vierundzwanzig-stunden-Plan schafft mich völlig, und ich habe es satt, nie im Zusammenhang studieren zu können, nie die Zeit zu haben, die mannigfachen, interessanten Teilaspekte des Ganzen zu verfolgen.

Ich weiß überhaupt nicht, welche Kurse ich nächstes Jahr neh-men soll. Ich *muß* einen in Zeichnen und einen in *creative writing* belegen, weiß aber noch nicht, welchen im Hauptfach. Desgleichen sollte ich einen in englischer Literatur und einen in Kunstgeschichte belegen, falls ich mich für das eine oder andere entscheide. Ferner sollte ich einen naturwissenschaftlichen und einen in Staatskunde oder Soziologie nehmen, kann mich aber auch da nicht entschei-den. Manchmal überlege ich mir, ob ich nicht Sozialarbeit machen soll. Ich könnte dann meinen Lebensunterhalt verdienen – oder Du könntest mir im nächsten Sommer einen Job als Sekretärin besor-gen, damit ich im Sommer Erfahrungen sammeln kann für diesen »U.N.-Job«. Die Frage ist – soll ich überhaupt eine Karriere planen (pfui – wie ich dieses Wort hasse) oder Englisch und Kunst im Hauptfach studieren und eine freiberufliche Karriere machen? Sollte ich je einen Mann kriegen, der sich mit der Idee abfinden kann, daß seine Frau gerne allein ist und ab und zu künstlerisch arbeitet? Ich glaube es wird Zeit, daß ich mir überlege, wo die Schwerpunkte für den Rest meines kurzen Lebens liegen sollen.

Es ist mir egal, wenn im nächsten Jahr in meinem *creative writing*-Kurs alles schiefgeht und ich den Mut verliere. Olive Higgins Prouty hat gesagt, »in mir stecke etwas«. Und Mr. Manzi, mein Kunstlehrer, erzählte mir eine Stunde lang, wie sehr er das schätzt, was ich im Kunstunterricht hervorbringe (wohlgemerkt vor dem Abendessen, das will was heißen bei so einem Gourmet).

Nun zu den Jobs ... Marcia und ich suchen einen für zwei Freundinnen, die in Swampscott babysitten wollen. Halt uns die Daumen!

Deine Sivvy

9. MAI 1951 (1 UHR MITTAGS)

Liebe Mutter,

manchmal habe ich das Gefühl, die Götter sind gegen mich. Bisher ist alles einfach allzu glatt- und gutgegangen. Kurz, meine Erkältung ist vorbei, ich habe überall gut aufgeholt, bis auf Kunst, und – peng!

Ich hatte meinen Lehrplan mit meinem Studienberater (der auch mein Botaniklehrer ist) fürs nächste Jahr gerade schön hingekriegt, stelze gutgelaunt aus seinem Büro und mache ein paar Hopser, da rutsche ich auf dem glatten Steinboden aus und falle auf meinen Knöchel, der einen scheußlich knirschenden Protestlaut von sich gibt. Im Zug der Ereignisse werfe ich meine Arme um den Hals des guten Mr. Wrigth und bewege ihn, mich halb hinunterzutragen zu seinem Wagen. Der Arzt bandagierte den Knöchel, und heute morgen ließ ich ihn wegen eines eventuellen Bruchs röntgen.

Ich brauche wohl nicht zu sagen, daß ich kurz vorm Heulen bin, wenn ich an die morgen fällige riesige Englischarbeit und an das himmlische Wochenende denke, das jetzt ins Wanken gekommen ist. Aber Selbstmitleid kommt nicht an bei Leuten, die auf ihren beiden Beinen stehen, also schlucke ich meine salzigen Tränen hinunter und grinse tapfer.

Wenn es wirklich ein Bruch ist, muß ich einen Gipsverband tragen. Dann kann ich die Idee, irgendwo hinzugehen, völlig aufstecken. Ist es aber nur eine schlimme Verstauchung, dann rufe ich Dick an und frage ihn, ob ich hinunter humpeln kann. Wenn er nicht will, daß ich hinunterkomme, bitte ich ihn zu mir hoch, und wenn er mich weder hier noch dort haben will, ist er ein schlechter Arzt und ein Spielverderber obendrein.

Ganz im Ernst, ich will mir montags freinehmen [*vom Babysitter-Job im Sommer*] – weil mir ungeheuer viel dran liegt, Dick zu sehen. Ich finde, daß er der reizvollste Junge ist, den ich je kennengelernt habe, jedenfalls sind mir alle anderen ziemlich egal. Ich glaube, ich könnte in meiner Zurückhaltung sogar so weit gehen, ihm zu sagen, daß ich ihn anbete und seinen Intellekt und seine genauen Kenntnisse auf nahezu allen Gebieten verehre. Aber ich glaube immer noch, daß seine Begeisterung für mich sehr schnell abkühlen würde, wenn er mich jemals mit Nasenschützern sehen würde, hilflos im Wasser rudernd, oder auf Schlittschuhen mit abgeknickten Knöcheln . . .

Wie auch immer, ich habe das eigenartige Gefühl, je mehr ich Dick sehe, desto lieber habe ich ihn, und je lieber ich ihn habe, desto mehr möchte ich ihm Sachen von mir zeigen und sehen, wie er darauf reagiert. Natürlich könnte ich auch immer auf Nummer Sicher gehen und mich in mein schützendes kleines Schneckenhaus zurückziehen, damit ich nicht allzu traurig bin, wenn er meiner überdrüssig wird und auf grüneren Weiden grast. Ach je . . .

. . . Bete, daß es kein Bruch ist, liebe Mami! [*Es war keiner.*] Wenn ja, dann werde ich mich nicht unterkriegen lassen. Wenn Du mich je anrufen willst, dann versuch's zwischen sechs und sieben, da ich dann meistens zum Abendessen hier bin. Hab Dich sehr lieb.

Sivvy

16. MAI 1951

Liebe Mutter,

. . . Wenn Du heute nur hier sein könntest! Nie habe ich so ein herrliches Wetter erlebt! . . . Während ich an meinem Schreibtisch am offenen Fenster sitze, kann ich die gedämpften Laute der Dämmerungsvögel hören, sehe ich die bleiernen Silhouetten der Baumwipfel und den Abendstern . . .

Wie Du vermutlich schon weißt, bin ich zur Abschlußfeier nach Yale eingeladen, und Dick wird mich voraussichtlich am zweiten Juni nach meiner letzten Französischprüfung nach Hause fahren . . . Dick hat übrigens die komische Idee, daß Töchter so werden wie ihre Mütter. In dem Fall wäre es besser, Du wärst nicht so tüchtig und wundervoll, denn der arme Junge weiß nicht, daß ich ein ziemlich linkischer Bastard bin. Als Beweis dafür, daß Gleiches nicht *immer* Gleiches hervorbringt, habe ich betont, wie unterschiedlich unsere Nasen sind. Er findet auch, daß ich negroide Züge habe . . . Du mußt doch sagen, solche Komplimente haben wir noch nie gekriegt.

Ich nehme jetzt *endgültig* Englisch als Hauptfach. Mein Stundenplan sieht soweit ganz gut aus, provisorisch wie er ist.

SWAMPSCOTT, MASS.
20. JUNI 1951

Cést la vie!

Liebe Mutter,

ich fühle mich, als wäre ich von der ganzen übrigen Menschheit abgeschnitten. Ich weiß nicht, wie ich es eine einzige Woche aushalten soll. Am liebsten möchte ich meinen Kopf auf Deine Schulter legen und vor lauter Heimweh weinen. Man sagt, man soll sich von Kindern nicht tyrannisieren lassen. Schön, aber ich möchte mal wissen, wie man irgend etwas für sich tun kann, wenn man beim Spielen dauernd »ein Auge auf sie haben« soll, wenn sie wollen, daß man sie auf die Schaukel setzt oder mit ihnen Ball spielt; oder soll ich mich etwa die ganze Zeit um sie kümmern, nur damit sie denken, ich habe genug zu tun?

Gestern nacht konnte ich beim besten Willen nicht einschlafen, weil ich so schreckliche Sehnsucht hatte, jemandem mein Herz auszuschütten. Mein Tag fängt um 6 Uhr oder 6.30 Uhr an, je nachdem, wann das erste Kind weint oder strahlend heiter zur Tür hereinplatzt. Mr. und Mrs. M. schlafen unten bei dem Baby, das gerade erst zu laufen anfängt und »überall mitmachen will«. Das vierjährige Mädchen ist so ein richtiges »Ich auch mal«-Kind, das seinem großen Bruder immer todesmutig die Sprünge am Trapez nachmacht. Wenn ich die beiden Älteren gewaschen und angezogen habe, gehe ich runter und helfe beim Frühstück, danach spüle ich ab, mache die Betten, räume auf und wische die Kinderzimmer, wasche die Wäsche in der Bendix, hänge sie auf und passe auf die Kinder auf. Da es hier keine Köchin gibt, kommt dreimal die Woche eine Zugehfrau. Ich kann nur hoffen, daß sie an diesen Tagen für die Kinder und mich Mittagessen macht. Sie ist sehr tüchtig und ich bin mir nicht sicher, ob ich ihr im Weg bin oder nicht, wenn ich ungeschickt in der Küche herumhantiere. Ich wäre Dir dankbar, wenn Du mir sagen könntest, wie man ein paar Fleisch- und Gemüsegerichte kocht . . . da ich für uns Mittagessen mache, wenn Helen (die Dame des Hauses) nicht da ist. (Ha!) Nach dem Mittagessen sollen die beiden Jüngsten ein Schläfchen machen, während der Junge für sich allein spielt. Das ist die Stunde, in der ich mich *hoffentlich* in meinem Zimmer ausruhen kann, obwohl ich bügeln werde, wann immer ich die Zeit dazu habe – bloß für die Gören, die täglich die Kleider wechseln, so daß

69

es täglich etwas zu waschen und zu bügeln gibt. Das Abendessen mache ich für mich und die Kinder und hoffe, daß ich in der nächsten Zeit mehr Appetit entwickle. Nach dem Abendessen wasche ich das Baby und bringe es ins Bett. Die beiden Ältesten spielen bis nach sieben draußen, dann rufe ich sie herein, bade sie und bringe sie ins Bett. Wenn ich mich durchsetze, dann habe ich sie mir alle bis acht vom Hals geschafft, bin dann aber wahrscheinlich so erledigt, daß ich nicht mal mehr ein Buch aufschlagen kann . . .

Soll ich ihre Kämpfe ignorieren? Soll ich versuchen, sie auseinanderzureißen? Wie flößt man Kindern Ehrfurcht und Respekt ein? Indem man resolut ist? Oder indem man drohend schweigt?

Draußen ist es schön. Ich kann den Strand von meinem Fenster aus sehen. So sitze ich hier, erschöpft, nirgends ein Ausweg, nur Schinderei von sechs Uhr morgens bis acht Uhr abends . . .

Eins ist jedenfalls sicher, ich habe keine Lust nach Brewster zu fahren [*um Dick am Cape Cod zu treffen*]. Mein Gesicht sieht häßlich aus, ganz voller Ausschlag; meine Bräune ist hin, meine Augen sind eingefallen. Könnte ich hübsch aussehen, wäre ich nicht so sehr dagegen. Aber ich werde mein Bestes tun und möglichst heitere Briefe in diese Richtung schicken . . .

Schreib mir von Zeit zu Zeit, aber rechne nicht allzuoft mit einer Antwort . . .

Deine verstörte . . . Sivvy

7. JULI 1951

Liebe Mami,

. . . ich bin ganz betrübt, Mamilein, daß ich nicht öfter schreibe, denn Deine Briefe sind mir eine große Stütze. Ich vermisse Dich und Zuhause und Warren, was mir nicht so viel ausmachen würde, wenn ich das Gefühl hätte, daß ich irgend etwas *lerne* oder schreibe oder zeichne, weshalb sich das Ganze lohnt . . . Man redet sich so leicht ein, daß man wertlos ist, wenn niemand da ist, der einen braucht und schätzt. Seit ich hier bin, habe ich mir noch keinen einzigen wirklichen *Gedanken* zu einer Sache gemacht. Meine Reaktionen waren vornehmlich blind und emotional – voller Furcht, Unsicherheit, Ungewißheit und Ärger über *mich selbst*, weil ich mich so erbärmlich und töricht anstelle.

...*Seventeen* hat mir zwei kurze Kopien von hymnischen Zuschriften über meine Erzählung geschickt. Jedesmal, wenn ich das Gefühl habe, daß ich ein wertloser, unbegabter Stümper bin, hole ich sie zum Lesen hervor und lache ein bißchen sadistisch – ein Mädel namens Sylvia Plath, in der zweifellos etwas steckt – aber wer ist das schließlich?

»My head is bloody, but unbowed«,
May children's bones bedeck my shroud.

x x Sivvy

P.S. Anscheinend werde ich doch ruckweise erwachsen, deshalb empfinde Du meine Wachstumsschmerzen nicht allzusehr mit, Liebe. Hab Dich unmäßig lieb.

4. AUGUST 1951

Obwohl ich erst um 2 Uhr morgens nach Hause gekommen bin, bin ich kurz vor acht aufgestanden und habe mir wie üblich in Windeseile mein Frühstück gemacht ... Gestern abend gab's eine »Strand-Party«, bei der Marcia und ich ein gemeinsames Date hatten ... Ich landete bei einem Junior aus Dartmouth, der Rettungsschwimmer beim Corinthian Yacht Club ist. Wir gingen alle hinunter an den Strand, wo sich bereits viele andere Paare versammelt hatten; wie sich herausstellte, hatte mein Date eine Gitarre und konnte phantastisch gut Lieder klimpern. Ich trank sogar ein paar Gläser kaltes Bier, was mir ziemlich gut schmeckte ...

Mein Knabe liebte Skifahren mehr als alles auf der Welt, und war überhaupt so begabt auf dem physischen Sektor – im Schwimmen, Fußballspielen, Charleston tanzen, Singen, Poolspielen, und so weiter –, daß ich glaube, daß ich ihn vielleicht gelangweilt habe. Jedenfalls wurde mir bewußt, wieviel an aktivem Dasein ich versäumt habe. Skispringen muß eine große Religion sein ... Ich war plötzlich sehr neidisch auf das Leben, das er führt. Jungen leben so viel härter als Mädchen, und sie wissen so viel mehr vom Leben. Seine Grenzen als Frau kennenzulernen, ist wirklich kein Vergnügen.

Deine Sivvy

11. AUGUST 1951

Liebe Mami,

ich kann Dir gar nicht sagen, wieviel mir unser Beisammensein in Elmwood Nr. 26 [*unserem Haus*] am letzten Dienstag bedeutet hat. Makellos, wie Du das Haus saubergemacht und aufgeräumt hattest. Ich liebe jeden Winkel dieses schönen Ortes von ganzem Herzen. Ich hatte befürchtet, der Aufenthalt in diesem herrschaftlichen Hause würde mich verstimmen oder erbittern, wenn ich es mit meiner relativ kleinen Unterkunft vergleiche. Im Gegenteil, mit Zuhause verbindet sich für mich die ganze Gelassenheit und Liebe, die zum Kern meines Wesens gehört, und wenn ich von meinen Reisen ins Reich des Erwachsen- und Unabhängigseins zurückkehre und mein Haupt in dem seligen Frieden und Schutz meines eigenen gastlichen Daches zur Ruhe betten kann, ist das jedesmal eine überwältigende Freude. Nach den langen Monaten der Trennung von allen Gefährten, bis auf Marcia, ist es wirklich wunderbar, Dich und Grammy und Grampy und Warren um sich zu haben. Ich danke Dir nochmals, daß Du so eine liebe und verständnisvolle Mami bist. Marcia hat Dich auch sehr gern . . .

17. AUGUST 1951

[*Kochen geht jetzt von selbst; Kinder gehorchen*]

. . . im Moment geht es mir richtig gut, besonders seit ich diese herrlichen Pastellfarben habe. Ich habe bereits ein tolles, lebensgroßes Selbstporträt gemalt, wo ich ziemlich gelblich und mißmutig drauf aussehe, aber das Gesicht ist gar nicht übel. Sehr traditionell. Habe mir überlegt, daß ich es vielleicht kleiner machen werde, wenn ich nach Hause komme. Ich bin ganz vernarrt in die harten Pastellfarben – viel präziser als die weichen, und die Konturen werden schärfer. Eine Sache, die ich mir unbedingt abgewöhnen muß, ist das »Wischen«. Es ist so, wie wenn man bei einem unsauber gespielten Klavierstück zu viel aufs Pedal tritt – dient nur dazu, Fehler zu vertuschen. Nächstes Sujet: Freddie. Er ist der einzige hier, der stillsitzen kann. [*Federzeichnungen von allen drei Kindern wurden als Illustrationen zu* »As a Baby-Sitter Sees It« *im* Christian Science Monitor *abgedruckt.*]

22. AUGUST 1951

Liebe Mama,

Dick war da und ist schon wieder weg, und diesmal war unser Treffen vernünftig und verregnet.

Kaum war Dick da – es war kurz vor zwölf – tat es einen Donnerschlag... und fing an zu regnen. Wir landeten schließlich im Lane House und machten uns was zu essen. Am Nachmittag radelten wir nach Castle Rock und Marblehead, wurden patschnaß, als es wieder einen Schauer gab und beendeten unsere Mahlzeit im Auto am Straßenrand. Nicht gerade das, was wir uns vorgestellt hatten. Trotzdem...

Dick fuhr um sieben weg und ich hatte plötzlich das Bedürfnis nach einer wilden Aktivität – wohl um etwas von dem loszuwerden, was sich in den paar Monaten physischer Enthaltsamkeit angestaut hatte. Schon ein regelmäßiges Treffen am Wochenende liefert, in kleinen Dosen genommen und auf Distanz, ein genügendes Maß an männlicher Spannung und Anziehungskraft. Mit dieser Methode wird man auch der emotionalen Sache Herr...

... Da stand ich nun allein in meinem Zimmer und wußte nicht, was auf Erden ich tun sollte. Endlich hatte ich's! Ich schaute hinaus auf den zornigen grauen Ozean, der mit wachsender Dämmerung dunkler wurde, zog meinen Badeanzug an und rannte barfuß hinunter an den Strand. Es ist ein seltsames Gefühl, abends zu schwimmen, es war aber sehr warm nach dem Regen, daher strampelte und planschte ich, und der Schaum sah seltsam weiß aus in der Dunkelheit. Danach taumelte ich heraus, zog mir meinen Trainingspullover an, rannte den ganzen Strand entlang und ging langsam zurück.

Als ich ins Haus trat – was ich wollte, hatte ich erreicht –, sagte ich den M.s gute Nacht, die fassungslos fragten: »Sie sind *allein* schwimmen gewesen?«

Die müssen denken, ich bin verrückt geworden, wo ich doch nie ein Date habe, jede freie Minute zum Buch greife und früh ins Bett gehe. Was zum Teufel schert mich das. In drei Tagen gehen sie auf Kreuzfahrt und ich bin die übrige Zeit alleine hier.

Jetzt sind es nur noch zwölf Tage... Es gibt so vieles, was ich tun möchte, und so wenig Zeit, um es auszuführen!

x x Sivvy

[*Mitteilung auf der Rückseite des Briefumschlages*]
Vorsicht: In Ruhe lesen, hinsetzen – in günstiger Beleuchtung –
langsam – [*Alle Mädchen vom Haven House waren auf der Party
eingeladen, auf der Maureen Buckley in die Gesellschaft eingeführt
wurde.*]

SHARON, CONNECTICUT
8. OKTOBER 1951

Liebe Mutter,

wie kann ich Dir je, je sagen, wie einzigartig, traumhaft und
umwerfend dieses Wochenende war! Niemals habe, und vielleicht
nie wieder werde ich so phantastische vierundzwanzig Stunden
erleben. Mir kamen sie vor wie Jahre – so viel von meinem Leben
war drin enthalten.

Ich will versuchen, der Reihe nach zu erzählen. Am Samstag
nachmittag um zwei starteten fünfzehn Smith-Mädchen nach Sharon [*Connecticut*]. Marcia und ich hatten ein cremefarbenes
Kabriolett durch Los gezogen (zusammen mit drei anderen Mädchen und einem Dartmouth-Jungen). Male Dir aus, wie ich dann in
marineblauem Bolerokostüm und braunem Wendemantel, in den
Rücksitz eines offenen Wagens geschmiegt, zwei sonnenbunte
Stunden lang durch das hügelige Tal von Connecticut sause! Das
Laub war da in all seiner Gewalt, Hügel mit karminrotem Sumach,
gelbem Ahorn und scharlachroter Eiche rollten vorbei, auf ihnen
die Spätnachmittagssonne: das war fast mehr, als ich ertragen
konnte.

Etwa gegen fünf fuhren wir die lange Auffahrt nach »The Elms«
hinauf. Mein Gott! . . . Große Rasenflächen und riesige Bäume auf
einem Hügel mit Blick ins Tal, weiter hinten grüne Viehweiden,
und orangefarbenes und gelbes Laub, das in die purpurblaue Ferne
entschwand.

Auf der Rückseite wurde aus dem Lastwagen eines Lebensmittel-
lieferanten Champagner ausgeladen. Wir gingen durch die Halle,
begrüßt von zahllosen Wohnräumen, antiken Möbeln und kostbaren Kunstgegenständen überall. Die meisten Mädchen schliefen im
zweiten Stock (die Zimmer lagen alle unterschiedlich hoch). Marcia, ich und Joan Strong (ein reizendes Mädchen, Tochter eines
ehemaligen Direktors von Pomfret) hatten es am besten getroffen.
Wir wohnten gegenüber im »Stone House«, einem ähnlich schönen

Herrenhaus. Marcia und ich hatten ein großes Doppelbett und ein
Bad ganz für uns, in einem Zimmer, das wie aus einem historischen
Roman war – mit Balkons, goldenen Draperien und einer neuen,
überraschenden Aussicht. In der purpurgrauen Dämmerung legten
wir uns eine Stunde unter eine große Steppdecke und stellten
Vermutungen an über den aufregenden, unbekannten Abend, der
vor uns lag.

Joan, Marcia und ich wurden von einem der Buckley Chauffeure
in einem großen, schwarzen Cadillac zum Sharon Inn gefahren, wo
ein köstliches Abendessen mit Büfett für die 20-30 Mädchen
bereitstand. Nach dem Essen hüpften und rannten Marcia, Joan
und ich den schönen, dunklen, mondbeschienenen Weg zu unserem
Herrenhaus zurück. Noch eine Stunde Ausruhen (erinnerte mich
an Scarlett O'Hara vor dem Ball), dann Anziehen. Ich fing ein
bezauberndes Gespräch mit dem philippinischen Hausburschen an
(während ich mein schwarzes Abendkleid bügelte).

Wieder der Chauffeur. Hinauf die steinernen Stufen, unter den
weißen Kolonialstilsäulen des Buckley-Hauses. Trauben von Mädchen in schönen Kleidern auf der Treppe. Überall Rascheln von
Taft, Satin, Seide. Ich schaute zu Marcia, lieblich anzusehen in
einem lila Moirékleid; als wir in den Patio hinausgingen, zwinker-
ten wir uns zu. Da wir früh dran waren, hatten wir die Chance, uns
umzusehen. Der Patio lag im Zentrum des Hauses, zwei Stockwerke hoch, so daß man die Wipfel der Ulmen durchs Glasdach
sehen konnte. Erinnerst Du Dich noch an Mrs. Jack's Patio?
[*Isabella Stuart Gardner Museum in Boston, Mass.*] Dieser hier
war genauso: Weinreben vom Balkon, Springbrunnen, blaugla-
sierte Mosaikkacheln auf dem Boden, rosa Wände und überall
grüne Pflanzen. Durch Glastüren betrat man ein großes Zelt auf
dem Rasen . . . Zwei Bars und die allgegenwärtigen Kellner ver-
sorgten einen mit Champagner. Luftballons, Lampions, weißge-
deckte Tische – laubgeschmückte Decken und Wände. Ein Podest
mit der Band zum Tanzen. Ich stand da mit offenem Mund,
schwindlig, übersprudelnd, von dem Wunsch beseelt, Dir alles zu
zeigen. Ich bin sicher, Du wärest über die Maßen glücklich gewesen, wenn Du mich hättest sehen können. Ich weiß, daß ich schön
war. Selbst Millionärstöchter machten mir Komplimente für mein
Kleid.

Um 9 Uhr 30 wurden wir »angekündigt« und in Empfang

genommen. Dann kamen ein paar spannende Minuten, in denen man inmitten flattriger Mädchengruppen stand, trällernden, sprudelnden, schäumenden Champagner trank, und darauf wartete, daß das Tanzen losging. Auf einmal wünschte ich, ich hätte ein Date mitgebracht, denn ich beneidete die Mädchen, die das getan hatten, um ihre anfängliche Sicherheit und fragte mich, wie ich mit all diesen großen, hübschen Mädchen konkurrieren sollte.

Laß mich Dir sagen, daß ich am Schluß des Abends unglaublich froh darüber war, daß ich kein Date am Bein hatte und so angebunden war wie die Mädchen, bei denen das der Fall war.

Plötzlich wurde mir bewußt, daß ein Yale Senior mit Brille neben mir stand. (Die Senior-Klasse aus Yale war *vollzählig* da – Yale und Smith hielten sich also fast die Waage!)

Maureen's Bruder ist Senior. (Katholische Familie mit *zehn* Kindern, alle hochbegabt, viele davon Schriftsteller!)

Statt zu warten, bis ein gutaussehender Mann kommt, könntest du eigentlich ebensogut tanzen, dachte ich mir. Der Knabe war . . . Stipendiat, studierte Philosophie im Hauptfach, und gestand mir, daß er einen großen Minderwertigkeitskomplex habe. Über den Champagner kamen wir ins Gespräch, und beim zweiten Tanz hatte ich ihn soweit, daß er nicht abgeneigt war, Lehrer zu werden. »Verdammt noch mal«, dachte ich, »ich sehe mich schon die ganze Nacht hindurch Minderwertigkeitskomplexe heilen.«

In dem Moment wurde ich von einem schmucken, großgewachsenen, hakennasigen *freshman* namens Eric abgeklatscht. Wir kühlten uns etwas ab auf einer Terrasse, setzten uns auf eine Couch und starrten hinauf in das dramatisch angestrahlte Laub. Stellte sich heraus, daß wir beide Englisch lieben. Ganze Menge gemeinsam.

Wieder auf die Tanzfläche mit Carl [*dem Philosophie-Studenten*], der mich fürs Wochenende nach Cornell einlud. Ich lehnte ab: freundlich. Eric klatschte ab.

Danach ein kleines Tänzchen mit dem Herausgeber der *Yale News*. Keine Möglichkeiten dort. Es folgte die Gesangsdarbietung der Yale Whiffenpoofs, unter ihnen ein alter Zimmergenosse von Dick, der mich angrinste und später mit mir plauderte.

Da, plötzlich, klatschte ein freundlich grinsender schwarzhaariger Junge ab. »Name?« fragte ich. Aus seinem Mund kam irgendein ausländisches Kauderwelsch. Auf meine Bitte hin holte er eine

Visitenkarte mit dem Aufdruck »Constantine Sidamon-Eristoff«
hervor. [*Ein zukünftiges Mitglied der Lindsay-Regierung in New
York.*]
. . .

Er konnte herrlich tanzen und wirbelte mich so wild herum, daß
am Ende sein hübsches Gesicht der einzige Fixpunkt inmitten
kreisender bunter Lichter war. Ich erfuhr, daß sein Vater General
der georgischen Armee im russischen Kaukasusgebirge war. Er ist
ein Senior in Princeton.

Wir waren gerade mitten in einem wilden Charleston (Champagner hat eine phantastische Wirkung auf meine Tanzkünste; ich
konnte Schritte, die ich mir nicht hatte träumen lassen und meine
Füße flogen wie aus eigenem Antrieb über den Boden), da holte
mich ein großer . . . Junge, der behauptete, daß er Plato hieße.
Mittlerweile war ich fest davon überzeugt, daß in punkto Namen
eine allgemeine Verschwörung gegen mich im Gange war. Es stellte
sich aber heraus, daß er *wirklich* so hieß – Plato Skouras, sein
Vater ist Grieche, Produktionsleiter bei der 20th Century Fox.
Dieser Plato tat etwas so Reizendes wie noch keiner zuvor. Die
Band spielte gerade etwas Lautes und Lustiges, da sagte er mitten
im Tanz auf dem Podium zu mir: »Ich möchte dir gern ein Bild
zeigen.« Wir gingen also durch den kühlen, laubbedeckten Patio,
wo nur das Tröpfeln des Springbrunnens zu hören war, und
betraten einen der zahlreichen Salons. Über dem Kamin hing eine
Madonna von Botticelli.

»Du siehst ihr ähnlich«, sagte er.

Ich war wirklich sehr gerührt . . . Später erfuhr ich, daß er durch
die ganze Welt gereist war. Spricht mehrere Sprachen, Griechisch
eingeschlossen . . . Als frommer Katholik, sagte er mir, glaube er
an die Göttliche Offenbarung in der Bibel, an das Jüngste Gericht,
etc. Du kannst Dir vorstellen, wie gerne ich mich wirklich intensiv
mit ihm unterhalten hätte. Aber auch so war es ein reizendes
Gespräch. Solche faszinierenden, intelligenten und vielseitigen
Leute zu treffen! Und das auf einer Party.

Nach einigen mehr oder minder zufälligen Begegnungen kam –
das Beste wie immer zuletzt – mein Constantine. Er klatschte mich
wieder ab und wir tanzten und tanzten. Schließlich waren wir so
erhitzt und außer Atem, daß wir hinaus auf den Rasen gingen. Eine
schöne Nacht, Sterne am Himmel, hohe, dunkle Bäume, was also

taten wir – Strauß-Walzer tanzen! Du hättest sehen sollen, wie wir nach den fernen, leisen Klängen der Musik wirbelnd übers Gras fegten.

Constantine und ich sprachen offen miteinander. Wie ich merkte, konnte ich sagen, was ich dachte. Schwierige Wörter benutzen und intelligente Sachen von mir geben.

Denk Dir doch – in einer Nacht wie dieser einen hübschen feinfühligen Mann an der Seite zu haben, der Dir die Hand küßt und Dir sagt, wie schön Du bist und die Haut auf Deinen Schultern, wie zart!

Ich hätte das alles nicht so wortwörtlich genommen, wenn es nicht zu mehr gekommen wäre. Ich rückte mit meiner alten Theorie heraus, daß alle Mädchen schönes Haar, bezaubernde Augen und ein attraktives Gesicht hätten, und daß ich ihm, wenn Schönheit sein einziges Kriterium sei, ebenso gern sagen würde, er solle verschwinden, und sich eine andere suchen und mich gehen lassen.

Er sagte, er wollte mich nach Hause bringen, und so fuhren wir endlos durch die schöne Nacht. Ich erfuhr viel über ihn und er sagte ungeheuer kluge Dinge. Ich hörte von Jason und dem Goldenen Vlies, der Sage über das georgische Volk, das ebenso wie China schon eine Kultur hatte, als die Russen »noch Affen« waren. Ich erfuhr, was er über Liebe, Kinderkriegen, Atomkraft dachte . . . und vieles mehr.

Ich stellte ihm die Frage, was denn passierte, wenn eine Frau alt wird und ihre körperliche Schönheit dahinschwindet, da sagte er mit seiner angenehm melodischen Stimme: »Wir wollen doch hoffen, daß sie für den Mann, den sie geheiratet hat, nie aufhört, schön zu sein.«

. . . und als ich wissen wollte, wie ich ihn nennen soll, zählte er mir drei Namen auf.

»Constantine ist mir am liebsten«, erwiderte ich, »ich sage das gern, weil es so schön klingt.«

»Ich habe eine liebe Großmutter«, sagte er, »die ist zweiundneunzig und nennt mich immer Constantine. Ich glaube, weil sie das Gefühl liebt, das sie hat, wenn der Name ihr von der Zunge rollt.«

Er sang eine Weile, und dann schlug es vier von einer Kirchturmuhr. Ob ich ihm mein Lieblingsgedicht aufsagen dürfte, fragte ich. Ich durfte, und er fand es sehr schön.

Ach, wenn Du nur hättest hören können, wie wunderbar er über das Leben und die Welt sprach! Wäre das nicht gewesen, hätte ich mich nicht wirklich über die liebevollen Bemerkungen freuen können, die er über mich machte.

Denk Dir nur, als ich ihn neckend warnte, nicht in meinen langen Haaren zu ersticken, da sagte er: »Was für eine göttliche Art zu sterben!« Kann sein, daß das alles sehr albern und absurd klingt. Aber nie habe ich mich so klar und luzide ausdrücken können, nie eine so warme, sympathetische Antwort bekommen. Plötzlich schwelgt man in Weiblichkeit, wenn einen jemand auf die Schulter küßt und sagt: »Du bist schön und bezaubernd, und vor allem intelligent.«-

Als wir schließlich in die Auffahrt fuhren, hieß er mich warten, bis er die Wagentür an meiner Seite geöffnet hatte und half mir mit einem zeremoniellen »Milady« heraus . . .

»Milord«, antwortete ich und stellte mir vor, ich wäre eine Frau aus einem historischen Roman, die eben ihr Schloß betritt.

Es schlug fünf, als ich neben der bereits schlafenden Marcia ins Bett fiel. Ich träumte die ganze Nacht herrliche Träume, und wenn ich hin und wieder aufwachte, hörte ich den Wind draußen um die Steinmauern toben und den Regen auf den kupfergedeckten Dachfirst spritzen und tropfen.

Spätes Frühstück bei Buckley's um ein Uhr an einem grauen, regnerischen Tag. Für etwa 30-40 Mädchen und ein paar Männer wurde in großen Kupferterrinen von schwarzen Kellnern ein außerordentliches Mahl hereingebracht: Rühreier, Schinken, Würste, Brötchen, Konfitüre, eine Art Porridge, Kaffee, Orangensaft. Himmel, was für ein Luxus! Marcia und ich machten uns davon, kehrten zurück in unser Herrenhaus, wo wir uns, unter einer warmen Steppdecke aneinandergekuschelt, an diesem grauen Nachmittag ins große Doppelbett legten und unsere Erfahrungen austauschten, glühend vor Glück und Liebe füreinander und für die ganze Welt!

Um drei Uhr nachmittags holte uns der Chauffeur ab. Fünf Mädchen fuhren in dem großen Cadillac wieder nach Hause. Ich saß vorne neben dem Fahrer und hüllte mich in Schweigen während der zweistündigen Fahrt durch Regen und gelbes Laub.

Wieder zurück. Kann mich nicht mit der öden Realität abfinden. Immer noch trällere und wirbele ich mit Eric, Plato und meinem allerliebsten Constantine unter Lampions und hundert Monden, sich windend im dunklen Laub, während Musik sich nach draußen ergießt und widerhallt in meinem Kopf.

Wärst Du im Geiste bei mir gewesen! Hättest Du mich sehen können! Sicher hättest Du vor Freude geweint. Nur deshalb dieser Erguß – ich möchte Dich teilhaben lassen, so sehr ich nur kann.

Ich frage mich, ob ich jemals wieder von Constantine hören werde. Ich fürchte fast, er war nur ein Traum, heraufbeschworen in einem Augenblick voller Illusionen. Ich habe ihn an diesem Abend wirklich geliebt, weil er mich teilhaben ließ an seinem scharfen Verstand, seiner reizenden Familie, und weil er mir zugehört hat beim Gedichtaufsagen und weil er gesungen hat –

Ach, Jugend! Hier ein paar freie Verse, ein Fragment. Was hältst Du davon?

> Goldmünder schreien mit dem grünen
> Selbstvertraun des Bronzeknaben
> sie wissen noch die tausend Herbste
> und wie die hunderttausend Blätter
> an seinen Schultern abwärtsglitten
> bewegt von seinen bronznen Heldengründen.
> Wir leugnen unser schlimmes goldnes Ende
> genießen den metallnen Glanz der Jahreszeit.
> Unter Goldrauten lachen auch die Toten.
> Der Bronzeknabe steht in den Jahrhunderten
> knietief und trauert nicht,
> er weiß die tausend Herbste noch,
> die Sonn von tausend Jahren auf den Lippen
> die Augen von den Blättern blindgeworden.

Noch sehr roh. Aber ich habe eine Idee, die ich entwickeln werde. Constantine ist der Bronzeknabe, obwohl ich ihn noch nicht kannte, als ich das Gedicht schrieb.

Ich muß arbeiten, immer nur arbeiten! Meine Kurse sind fürchterlich. Ich komme nicht mit. Seh Dich am 19.

Deine
Deine
Deine

Sivvy

20. OKTOBER 1951

Liebe Mama,

. . . Die beiden Briefe, die Du mir nachgeschickt hast, waren, wie Du sicher schon vermutest hast, vom lieben alten Eddie [*Cohen*] und von der Redaktion der *Saturday Review of Literature*, die mir auf recht unhöfliche Weise meine Gedichte zurückgeschickt hat. Lieber Himmel, ich glaube, an Edith komme ich eben doch noch nicht ran! Dieser Schlag wurde dadurch gemildert, daß ich zufällig am gleichen Tag den schönsten Zweiseitenbrief meines Lebens bekommen habe. Ja, Constantine ist nicht zugleich mit den Bläschen im Champagner verschwunden wie ein Kobold! »Zwei Wochen« hatte ich ihm gegeben. Ich ertappte mich dabei, wie ich Folgendes schulmädchenhaft in mein Notizbuch schrieb: »Lieber Constantine, seit ich mit Dir unter Sternen und Ulmenlaub auf dem Rasen getanzt und so intensiv mit Dir über georgische Volksstämme, den Sinn des Lebens und die Möglichkeit des Weltendes gesprochen habe, habe ich gehofft, Dich wiederzusehen, um unsere bezaubernde vierstündige Bekanntschaft zu erneuern.« Ich mußte über mich selber lachen, so albern kam ich mir vor, und ich war mir gewiß, daß ich nie wieder von ihm hören würde, daß all die herrlichen, einfühlsamen, lyrischen Dinge, die wir gesagt hatten, nichts waren als ein Traum, ein flüchtiges Aneinandervorbeigleiten von zwei flotten Schaluppen in der Nacht.

Ich bringe seinen Brief mit, wenn ich nach Hause komme. Er hat mich für den dritten November nach Princeton eingeladen. Zuerst einmal habe ich laut geschrien und mich spontan auf den Boden gesetzt, aber dann habe ich mich zusammengenommen und mir die Pros und Contras überlegt.

Schwierigkeiten:

(1) Ich fahre zweimal hintereinander am Wochenende weg. Schlecht für die Arbeit. (Ausgleichender Faktor: Kommendes Wochenende zu Hause will ich teils ruhen, teils arbeiten. Dieses Wochenende arbeite ich jede freie Minute. *Wenn* ich fahre, dann heißt das, daß ich bis nach Thanksgiving nicht mehr wegreise.)

(2) Die Reise ist anstrengend und teuer. Ich müßte am Samstag um 7 Uhr früh hier weg, und dann dauert es 5 Stunden oder länger. (Rationalisierung: Ich habe für Gesellschaftsleben bisher kein Geld ausgegeben. So ein Bewerber wie Constantine ist ein Potential. So eine Reise bedeutet Erfahrung, Emanzipation, neue Welt.)

Jetzt frage ich Dich: hättest Du was dagegen, wenn ich fahre? Ich habe vor, mich in den nächsten beiden Wochen zu dem reizenden Geschöpf aufzubauen, das ich in Wirklichkeit bin. Was die Zugkosten angeht, so wäre das meine einzige Eskapade in diesem Semester. Constantine ist der *einzige Junge* . . . (nach Dick), für den ich mich wirklich stark interessieren könnte. Da es um meine Zukunft geht – meinst Du nicht, daß ein Versuch sich lohnt?

Ich riskiere dabei, ebenso wie Constantine, desillusioniert zu werden, riskiere, daß auf »Champagner Ambrosia« ein fader »Biergeschmack« folgt. Es wird sich zeigen, ob das aufregende *rapprochement* von Lampions und Kirchenglocken durch Bäume um fünf Uhr früh dem Tageslicht und den Fußballspielen standhalten wird.

Schreib mir schnell und sag mir, ob Du dafür bist oder nicht. Warte, bis Du seinen Brief gelesen hast!! Hoffentlich gefällt er Dir auch wirklich.

21. OKTOBER 1951

Wenn es ein Zeichen von Reife ist, daß man vernünftige und wichtige Entscheidungen treffen kann, dann bin ich reifer als Methusalem. Nachdem ich Dir all das aufgeregte Zeug über Constantine geschrieben hatte, entschloß ich mich, nicht zu fahren. Der entscheidende Faktor war, daß die schriftliche Prüfung in Englisch auf Dienstag, den 6. November verschoben wurde. Die schriftliche Prüfung in Verfassungskunde, auf die ich mich Montag und Dienstag vorbereiten wollte, war schon diesen Mittwoch (den 7.). Daß die Prüfung verschoben worden ist, erleichtert mich sehr, weil dadurch meine Reise nach Princeton zu einer akademischen Unmöglichkeit geworden ist. Constantines Brief haben inzwischen alle gelesen, und ich werde gedrängt zu fahren. Könnte doch sein, daß ich in die russische Gesellschaft einheirate, etc. Aber die Vernunft hat den Sieg davongetragen. Ich werde ihm einen diplomatischen Brief schreiben und ihm vorschlagen, daß wir ein baldiges Treffen arrangieren. Sollte ich die Chance haben, ihn nochmal zu sehen, wird mich das sehr glücklich machen. Wenn nicht, dann werde ich meinem Schicksal fluchen, das mir so einen verlockenden Bewerber vor die Nase gehalten und mich dann gezwungen hat, »nein« zu sagen. Es ist schwer zu entscheiden, was im gegenwärtigen Stadium wichtiger ist – Zukunftschancen, oder momentane

Aufgaben. Die Balance zu halten, ist manchmal schwierig. Es gibt so viele faszinierende, intelligente Männer auf der Welt. Jedenfalls möchte ich Eric und Constantine wiedersehen. Ein Glück, daß ich auf Maureen's Party war. Ihr Bruder – Will [*Bill*] Buckley – hat übrigens gerade ein Buch veröffentlicht: *God and Man at Yale*. Ihre gesamte Familie ist wunderbar, schrecklich vielseitig und intellektuell.

Die Idee mit *Mademoiselle* habe ich aufgegeben für dieses Jahr. Im nächsten werde ich so schlau sein und etwas vor Collegebeginn schreiben. Im Moment befinde ich mich in einer Tretmühle von Nacharbeit. Fühle mich trotzdem wirklich großartig. Schleim nur am Morgen. Ich liebe Dich und Constantine und Smith und schwanke zwischen extremer Verzweiflung über das eine, kurze Leben, das mir gegeben ist (und die zahllosen möglichen Veränderungen. Welche soll ich wählen?), und schwindelerregender Freude darüber, daß es mir gutgeht, und daß ich so einen klugen, wenn auch unromantischen Entschluß wegen Princeton gefaßt habe.

Eines muß man der Sinusitis lassen – man fühlt sich wie ein depressiver Irrer, wenn man sie hat, aber wie neugeboren, wenn man wieder atmen kann.

Ich kann es kaum *erwarten*, Dich Freitag wiederzusehen.

Alles Liebe,
Deine unverbesserliche Sivvy

3. NOVEMBER 1951

Liebe Mutter,

. . . ich schicke Dir ein Sonett mit, das ich verfaßt habe, als ich eigentlich die Messe hätte lesen sollen. Es soll darin der Vergleich gezogen werden zwischen dem Verstand und einer Ansammlung winzig kleiner Mechanismen, banal und reibungslos funktionierend, solange in Betrieb, aber absurd und wirr, wenn auseinandergenommen. Oder anders ausgedrückt: der Verstand als Abfallkorb für fragmentarisches Wissen, für Dinge, die man tun, für Daten, an die man sich erinnern muß, für Details und läppische Gedanken. Und – um die Analogie zum Uhrwerk noch weiterzutreiben – der »irre Vogel« ist der Kuckuck* in besagtem Mechanismus. Du mußt sehen, was Du aus diesem Chaos machen kannst . . .

Deine Sivvy

* *cuckoo* = sl. Narr, Irrer [A. d. Ü.]

Sonett

Angenommen du brichst einen Schädel auf
So wie ein Uhrgehäus; drückst Schläfen ein
Im Stahlgriff zugeneigter Hände, blickst auf
Die Trümmer aus Metall und seltnem Stein —

Das war eine Frau: ihr Lieben, ihre Tricks
Verrät das stumme Muster: abgebrochen
Zahn und Rädchen, mechanisch leere Ticks,
Nutzloses Wortgespul noch ungesprochen.

Nicht mehr zusammenfügen Mensch noch Götter
Den Schrott aus rostger Träumerei, das Arsenal
Gestanzten Blechgeredes übers Wetter,
Von Politik, Parfüm, und starrem Ideal.

Irr schnellt der Vogel hoch, er lehnt betrunken,
Krächzt aberwitzig dreizehnmal die Stunden.

[Postkarte]

7. FEBRUAR 1952

Wie Du Dir vorstellen kannst, war ich heute ziemlich niedergeschlagen, als ich meinen [Absage]Brief von *Seventeen* bekam. Die
Überlegung, was ich mit meinen $ 500 alles anstellen würde,
scheint mir, wenn auch unbewußt, eine große Hilfe gewesen zu
sein. Bleibt mir wohl nichts anderes übrig, als solche Groschenro-
mane zu schreiben. Ich hatte übrigens plötzlich eine Idee für die
Rubrik »Gemeinnützige Tätigkeiten« auf meinem Bewerbungsschreiben. Ab nächsten Montag gebe ich Kunstunterricht in einer
Klasse für Kinder am People's Institute, unentgeltlich (damit es
besser klingt). Nächstes Jahr gibt es hoffentlich Arbeit in einer
Nervenklinik oder einem Veteranenhospital ... Betrachte ich mir
mein Arbeitstief beim Malen und Schreiben, dann habe ich plötzlich das Gefühl, völlig untalentiert zu sein. Bin ich dazu bestimmt,
für den Rest meines Lebens immer schlechter zu werden? ... *Bitte*
schreibe etwas für Dr. Christian. [*In dieser Radio-Sendung gab es*

einen Schreib-Wettbewerb.] Du mußt das jedes Jahr machen, solange, bis Du gewinnst. Du hast doch die nötige Erfahrung und beherrschst die Terminologie. An die Arbeit!

28. FEBRUAR 1952

Endlich habe ich eine Idee für einen Beruf. Heute hielt der Leiter der Hampshire-Buchläden in unserer *creative writing*-Klasse einen Vortrag über Verlagsarbeit. Klingt ganz nach dem, was ich möchte. Du bringst mir Steno und Schreibmaschine bei, und ich erwerbe mir die Kenntnisse, die man in den einzelnen Sparten braucht (Werbung, Sekretariat, Herausgebertätigkeit, Manuskriptelesen, Jugendabteilung, etc.). Ich war hingerissen; möchte trotzdem noch im Veteranenkrankenhaus arbeiten. Aber Englisch im Hauptfach und die Arbeit im Press Board kann ich in jedem Fall für meine berufliche Praxis brauchen. Sieh zu, daß Du irgendwelche Kontakte bekommst!

17. MÄRZ 1952

Liebste Mutter-die-ich-mehr-liebe-als-sonst-irgendwen,

ich weiß gar nicht, wo ich anfangen soll, soviel habe ich Dir zu erzählen . . . Ich war unter den 16 Mädchen im College, die für die Collegewahlen aufgestellt worden sind . . . Den Posten einer Sekretärin am Honor Board, für den eine gute Freundin und ich nominiert waren, haben wir unglücklicherweise beide an das dritte Mädchen verloren . . .

Am Freitagmorgen bin ich hier rausgesaust wie ein geölter Blitz, direkt vor der Medizinischen Fakultät ausgestiegen und zu Dick gerannt. Ich habe gleich versucht, Dich anzurufen, aber Du warst nicht da . . . Dann habe ich mit Dick geredet und geredet und ihm *geschlagene sieben Stunden* Hemingway vorgelesen, ohne einen Bissen zu mir zu nehmen . . .

[Postkarte]

10. APRIL 1952

Habe eine glatte A auf diese uralte Englischarbeit gekriegt, und die erhabene Elizabeth Drew selbst hat sie mir mit den Worten: »Eine hervorragende Arbeit« überreicht! Bin glücklich, daß ich nicht nach Princeton gefahren bin. Gestern nacht bin ich aufgeblieben und habe die 16 Seiten lange Erzählung »Sunday at the Mintons« abgetippt, die ich an *Mlle* schicken werde, nur so, zu meinem Vergnügen. Es wird Dich sicher interessieren, daß ich sie verändert habe, mehr nach der psychologischen Seite hin, Wuncsherfüllung etc., damit alles nicht mehr so weit hergeholt klingt. Heute abend höre ich Robert Frost, morgen abend ist Senator McCarthy dran. Habe dieses Wochenende auch zwei Gedichte geschrieben, die ich eines Tages einschicken werde. Eins heißt: »Go Get the Goodly Squab in Goldlobed Corn« . . . Ich komme kaum rum vor lauter Press Board, Studium und Vorträgen, aber Spaß macht es trotzdem.

[*Damals lasen Sylvia und ich gemeinsam Auden, Yeats und Spender*]

30. APRIL 1952

Heute hörst Du etwas von dem glücklichsten und meist beschäftigten Mädchen von der Welt. Dies ist einer jener Tage, wo alles nach Wunsch geht.

. . . Gerade eben bin ich für Alpha Phi Kappa Psi gewählt worden, das ist das Phi Beta Kappa in Kunst. Ich bin also eine von den beiden *sophs**, die auf Grund ihrer *creative writing*-Begabung ausgesucht worden sind! Jede von uns bekam eine Rose und dann marschierten wir in die Kapelle ein. Ich glaube auch, daß in diesem Herbst mindestens ein Sonett von mir in der gelehrten *Smith Review* veröffentlicht wird!

. . . beim ersten Alpha-Treffen heute nach dem Mittagessen kamen zwei Mädchen zu mir hochgestürmt, fragten, ob ich im nächsten Jahr gern im Redaktionsausschuß der *Smith Review* sitzen würde, und sagten, daß sie gerade mein Sonett »Eva« über alles schätzten. (Was für ein Leben!)

* sophomore = Collegestudent im 2. Jahr [A. d. Ü.]

86

. . . Kein Geringerer als der berühmte moderne Dichter W. H. Auden kommt nächstes Jahr (zusammen mit Vera Michelis Dean) zu Smith und wird wahrscheinlich englische Literatur oder *creative writing* lehren! Ich hoffe, daß es mir gelingt, mit einem schriftlichen Antrag in eine von seinen Klassen zu kommen. (Stell Dir bloß vor, man kann von sich behaupten: »Oh ja, Schreiben habe ich bei Auden gelernt!«)

. . . Ehrlich, Mama, ich könnte weinen vor Glück. Ich bin so gerne hier und man kann auf so vielen Gebieten kreativ sein, ohne gleich eine »Club-Frau« sein zu müssen. Ich pfeif auf Ämter! Die Welt platzt auf zu meinen Füßen wie eine saftige, reife Wassermelone. Ich will nur eins: arbeiten, arbeiten und nochmals arbeiten, um allen Chancen gerecht zu werden.

Dein glückliches Sivvy-
Mädchen

12. MAI 1952

Heute habe ich einen Brief von Belmont [*Sommerhotel am Cape Cod*] erhalten, in dem mir der Job bestätigt wird. Soweit ist also alles geregelt. Dick ist auch ganz begeistert. Ich hoffe wirklich, daß ich eine Menge Geld verdiene.

Ein Mädchen hier, das Englisch im Hauptfach hat, hat dieses Jahr ein Fulbright bekommen, mit dem sie in England studieren kann, wenn sie ihren Abschluß gemacht hat! Die Rotary-Stipendien sind auch nicht schlecht. Bitte ziehe soviele Erkundigungen ein wie möglich. Etwa in einem Jahr werden wir uns bewerben.

Hauptsache, ich werde mit meinen ganzen Sachen noch vor den Prüfungen fertig! Ich muß gute Noten kriegen, vierzig biographische Skizzen von *seniors* anläßlich des Abschlusses für alle Zeitungen schreiben, die tägliche Press Board-Arbeit machen, die Honor Board-Arbeit auf den neuesten Stand bringen, und dann noch auf Geschenkparties, Dinnereinladungen und dgl. mehr gehen. Trotzdem führe ich wirklich ein glorioses Countryclubleben. Endlich bin ich dünner geworden – und so braun, daß Du staunen würdest!

Deine Sivvy

BELMONT HOTEL, CAPE COD

11. JUNI 1952

Ich war gerade im schattigen Speisesaal vom Belmont und scheuerte die Tische, da kam Dein Überraschungstelegramm [*ein von mir nachgeschicktes Telegramm von* Mademoiselle, *in dem ihr der* $ *500-Preis für* »Sunday at the Mintons« *angekündigt wurde*]. Ich war dermaßen aus dem Häuschen, daß ich einen lauten Schrei ausstieß und sogar die Oberkellnerin heftig umarmte, die mich jetzt sicher für ziemlich verrückt hält! Psychologisch gesehen war es jedenfalls der beste Moment für so ein Telegramm. Ich war müde – in der ersten Nacht an einem neuen Ort schläft man immer unruhig – und hatte nicht viel gekriegt! Obendrein hatte ich, weil ich die einzige Kellnerin hier bin, seit 8 Uhr morgens Möbel geschrubbt, gespült, Silber geputzt, Tische gerückt, etc. Nicht genug damit, hatte man mir soeben beigebracht, daß ich als total unerfahrenes Ding nicht im Hauptspeisesaal arbeiten werde, sondern im »Nebensaal«, wo die Manager und die anderen hohen Tiere vom Hotel ihre Mahlzeiten einnehmen. Das bedeutet mit Sicherheit, daß ich nicht so viel Trinkgeld im Sommer kriege und mich in weniger interessanter Gesellschaft befinde. Ich fing also schon an, mir Sorgen wegen des Geldes zu machen, als Dein Telegramm kam. Mein Gott! Wenn ich bedenke, daß »Sunday at the Mintons« *eine* von den *zwei* preisgekrönten Erzählungen ist, die in einer großen nationalen Illustrierten kommen!!! Ehrlich, ich kann es kaum fassen!

Mein erster Gedanke war: jetzt kann Mutter ihr Urlaubsgeld behalten und sich ein paar hübsche Kleider oder eine Extrareise oder sonstwas leisten! Und für mich springt durch die Mintons auf jeden Fall ein Wintermantel und ein ganz tolles Kostüm heraus. Ich *glaube*, der Preis bringt $ 500 !!!!!!!!!

Ausgerechnet ICH!

Jetzt, wo ich keine Geldpanik mehr haben muß, sieht's hier schon besser aus . . . Und wenn ich nach dieser ersten Woche nicht mehr auf den Beinen stehen kann, und 20 Tabletts fallen lasse, so habe ich doch den Strand, Jungens, die mir Bier bringen, Sonne, und die Gesellschaft von jungen, fröhlichen Leuten. Was für ein Leben.

Alles Liebe, Deine verrückte alte Tochter. (Oder wie Eddie sagte: »Teufel, ist die Dame sexy!«) x x x Sivvy

12. JUNI 1952

Habe ich erst einmal den verlorenen Schlaf nachgeholt und gelernt, mit hocherhobener Linker Tabletts zu balancieren, dann bin ich gewiß viel glücklicher. Vorläufig aber stecke ich mittendrin in einem Haufen von lauten, frechen irischen Katholiken und kann mich nur damit trösten, daß ich mir sage: »Es ist ja nur für einen Sommer und vielleicht kann ich etwas über die Leute hier schreiben.« Immerhin habe ich schon einen Namen für meine nächste Protagonistin – Marley, ein schwatzhaftes Mädchen, das weiß, worauf es im Leben ankommt. Inzwischen gibt es hier soviel weniger Jungen als Mädchen, daß ich schon froh sein kann, wenn der grünste Bengel hier auf meinen Fersen ist. Die meisten Mädchen sind kesse, trinkende Flirts. Da stehen meine Chancen als zurückhaltender, ruhiger und warmherziger Typ nicht allzu gut, ein Date mit einem der Nettesten zu bekommen . . . Wenn ich bei diesen Mädchen aber als Kumpel »landen« kann und mir nicht eine Sekunde anmerken lasse, daß ich der sanfte, intellektuelle Typ bin, dann ist alles O. K.

Die Nachricht von *Mlle* habe ich immer noch nicht ganz intus, glaub ich. Ich nahm fest an, daß sie sich geirrt, oder daß Du die Sache erfunden hättest, um mich aufzumuntern. Der Hauptvorteil wird sein, daß es mich nicht zu beunruhigen braucht, daß ich diesen Sommer nur $ 300 verdiene. Das hätte mich sonst ganz krank gemacht. Ich kann es kaum mehr erwarten, bis ich im August bei Gelegenheit in den Drugstore komme, mir ein glänzendes Exemplar von *Mlle* greife, hastig den Index aufblättere und MICH sehe, eins von nur zwei Collegegirls in den ganzen Vereinigten Staaten!

Wirklich, wenn ich daran denke, wie ich in den Frühjahrsferien damit angefangen, im Unterricht daran gefeilt und sie noch um Mitternacht in der Küche von Haven House bei Lärm und Geschwätz abgetippt habe, dann kann ich's kaum fassen, daß die Geschichte so weit oben gelandet ist. Was die Erzählungen von Collegegirls bei *Mlle* betrifft – diese großartige von dem Radcliffe-Mädchen im letzten Jahr war zwar enorm realistisch, aber mir ist eingefallen, daß in der ersten Ausgabe, die ich gelesen habe, zwei kuriose, halbphantastische standen, eine über ein Hotel für Sonderlinge, das von einer Frau geführt wird, und eine über ein ältliches Ehepaar. Ich nehme also an, daß das Pendel diesmal wieder in

Richtung von so was wie den guten Alten, Henry und Elizabeth Minton, ausgeschlagen hatte. Elizabeth schwebt in ihrem Lavendelkleid in meinem Kopf herum, glücklich kichernd über ihren Vorstoß in die Welt des Gedruckten. Schon immer wollte sie Henry beweisen, daß sie berühmt werden kann, wenn sie nur will!

Wie Dick wohl reagieren wird, wenn er die Geschichte gedruckt liest? Teils fürchte ich mich davor, teils bin ich neugierig darauf. Ich bin froh, daß Dick sie noch nicht gelesen hat, denn am Anfang ist Henry er und Elizabeth ich (und mit dem Älterwerden werden sie sich immer ähnlicher). Trotzdem bin ich gespannt, ob Dick sein zerstückeltes Selbst wiedererkennt! Es ist doch komisch, daß in einer Geschichte immer irgendwo ein Keim von Realität bleibt, ganz gleich wie phantastisch sie ist . . .

Es macht mir großes Vergnügen, dies [*ihre Empfindungen bezüglich der Geschichte*] *Dir* mitteilen zu können, die Du wirklich verstehst, wie furchtbar wichtig das ist als greifbarer Beweis dafür, daß ich zumindest ansatzweise schriftstellerische Begabung *habe*, auch wenn *Seventeen* das entfallen ist. Da ich aber wahrscheinlich nicht noch einmal den *Mlle*-Preis gewinnen kann, werde ich mich für nächstes oder mein *senior*-Jahr als Gast-Redakteurin bewerben, und jetzt die *Atlantic* anpeilen. Gott, bin ich froh, daß ich mit Dir darüber reden kann – Du bist und bleibst wohl mein einziges Ventil, die Einzige, die es nicht satt hat, sich mein dauerndes Gerede übers Schreiben anzuhören . . .

Zurück zu Henry und Liz: das war ein Versuch von mir, eine Geschichte zu schreiben, wo nicht immer ICH die Protagonistin bin, und wo sich erweist, daß ich meine Imagination jetzt dazu benütze, den aktuellen Anlaß umzugestalten. Ich hatte Angst, daß das nie eintreten würde, doch ich glaube, hier zeigt sich, daß mein Blick weiter wird.

Verdammt – denk ich mir manchmal, warum bin ich nicht den ganzen Sommer zu Hause geblieben, habe geschrieben, Physik gelernt und nebenbei einen kleinen Halbtagsjob gemacht. Jetzt könnte ich mir das »leisten«, aber dem nachzutrauern, tut nicht besonders gut, glaube ich. Trotzdem – es wäre schön gewesen. Na ja, ich werde schon wieder froh. Ich hab Dich lieb.

Ganz Deine Sivvy

15. JUNI 1952

Liebe Mutter,

. . . schreib mir bitte, Mami, denn ich befinde mich in dem
äußerst gefährlichen Zustand, wo ich mir selbst leid tue . . .
Momentan ist alles gräßlich. Die Sache mit *Mademoiselle* kommt
mir völlig unreal vor und ich bin erschöpft, verschreckt, inkompe-
tent, energielos und fast dauernd niedergeschlagen . . .

Durch die Arbeit im Nebensaal bin ich weg vom Fenster, fühle
mich total entwurzelt und ungeschickt. Je mehr ich sehe, wie die
Mädchen aus dem Hauptsaal gekonnt irgendwelche besonderen
Gerichte servieren, dünngeschnittenes Eis mit Früchten zubereiten
etc., desto mehr kriege ich einen Minderwertigkeitskomplex und
glaube, daß jeder Tag im Nebensaal mich weiter zurückwirft . . .
So gern ich auch ein Feigling wäre und zurück nach Hause kröche,
habe ich doch beschlossen, mir einen guten Monat – bis zum 10.
Juli – Probezeit zu geben. Mach Dir keine Sorgen um mich, aber
schick mir ab und an eine kleine Ladung Rat.

17. JUNI 1952

Liebe Mama,

. . . heute ist mein einwöchiges Jubiläum hier und zur Feier des
schönen blauen Tages verbringe ich die Morgenstunde . . . unten
am Strand. Klar, daß meine Stimmung ein bißchen optimistischer
ist als neulich in meinem letzten Brief . . . Unglaublich, was es hier
für Typen gibt, mir schwirren die Einfälle im Kopf herum. Man
lernt soviel, wenn man still ist und zuhört. Ich hoffe, daß ich da
wirklich eine Menge Material für Geschichten herausholen kann.
Zumindest werde ich in der Lage sein, waschechten Speisesaal-
Jargon von mir geben und auf diese Weise ein Minimum an
Realität und Hintergrund zu erzeugen. Kopf hoch. Nimm's leicht.

21. JUNI 1952

. . . Ich habe eine Idee für eine dritte Geschichte für *Seventeen,*
mit dem sehr originellen Titel »Side Hall Girl«. Auch eine Heldin
namens Marley habe ich schon – das bin selbstverständlich ich.
Das Ende soll sehr positiv und konstruktiv sein. Hoffentlich habe
ich genug Zeit und Energie zum Schreiben. Wenn ich eine Woche

oder so darüber nachgrüble und versuche, die chaotischen Ereignisse, die Tag für Tag auf mich einstürmen, in eine gewisse Ordnung zu bringen, müßte ich eigentlich in der Lage sein, mich hinzusetzen und das Ganze in ein paar Tagen auf der Maschine irgendeines Mädchens runterzutippen und Dir zu schicken, damit Du es nochmal abtippen und notariell beglaubigen lassen kannst. Ehrgeizig? Und ob ...

Ach würd ich gern einen Sommer in Breadloaf gewinnen! Leider ist das nur ein Traum, weil in der Regel nur *Jungen* so was gewinnen, außerdem ist mein Stil längst nicht reif genug. Aber ich bin froh, daß ich mich aus der *Seventeen*-Arena herauskatapultiert habe.

21. JUNI 1952

... Zum Thema Nebensaal: soweit es den Arbeitsplatz betrifft, hat man das Bestmögliche für mich getan, und ich finde, daß ich etwas »Pech« verdient habe bei soviel Glück mit den Preisen und mit Smith. Dadurch, daß ich andere Zeiten habe, habe ich einen guten Vorwand, mich nicht mit irgendeiner feinen Clique herumzutreiben, außerdem ist es mir ganz egal, was die Leute von mir denken, solange ich nur offen, nett und freundlich bin.

Grüße an Euch alle,
Deine Sivvy, Nebensaalphilosophin

24. JUNI 1952

... Gestern abend war ich auf einer »Gang«-Geburtstagsparty in der »Sand Bar«, wo wir ein paar Stunden miteinander gesungen und geredet haben. Es waren etwa vierzig von uns jungen Leutchen aus dem Hotel da. Wie durch ein Wunder gelang es mir, mich neben einen Burschen zu setzen, der im ersten Jahr Jura in Harvard studiert – wirklich ein Schatz ... Richtig gut wurde es erst, als wir zurückkamen. Die Nacht war sternklar und schön, und weil es kalt war, ging Clark hinein, um zwei seiner Pullover für mich zum Anziehen zu holen. Er brachte einen Band Gedichte von T. S. Eliot mit. Wir setzten uns auf eine Bank, wo es gerade hell genug zum Lesen war, er legte seinen Kopf in meinen Schoß und ich las ihm eine Zeitlang vor. Äußerst angenehm. Das Schlimme ist nur, daß ich – stets geneigt, allzu metaphysisch und seriös im Gespräch zu sein – so bereit bin, mich in jemanden zu verlieben, der solche Sachen mit mir macht – das ist mein Hauptproblem . . . Bin so glücklich, daß der Scheck von *Mlle* real ist. Ich konnte es kaum glauben. Im Moment bin ich geistig so durcheinander, daß ich nicht in der Lage bin, Fakten zu behalten, geschweige denn nachzudenken. Die Arbeit strengt mich immer noch an, weil ich nicht genug Routine habe, dazu kommt das dreimal tägliche Uniformwechseln; ich bin durch Leute und mechanische Tätigkeiten dermaßen beansprucht, daß ich bis heute außerstande bin, das ganze Erfahrungschaos, das über mich hereinbricht, zu ordnen und zu assimilieren. Trotz alledem – meinen alten Sinn für Humor habe ich nicht verloren und bringe es fertig, die meiste Zeit zu lachen . . . Komme was da wolle, ich werde das Beste daraus machen.

25. JUNI 1952

Nur ein paar Zeilen, damit Du weißt, daß ich noch lebe, auch wenn ich scheintot bin. Ich glaube, nie zuvor hat eine Arbeit mich so fertig gemacht . . . Ich kann nicht *denken*, ich kann nur noch mechanische Tätigkeiten verrichten. Ausgehen ist nicht mehr. Aufgefordert werde ich sowieso nicht, weil ich nicht der geeignete Saufkumpan bin, auch wenn ich mich auf diesen sinnlosen Soireen hin und wieder amüsiere. Ich bin noch Herr meiner Seele, werde Dir wöchentlich oder alle vierzehn Tage zur Sicherheit eine Bargeldüberweisung aus meinem »Groß-Einkommen« schicken. Wir ackern so für jeden einzelnen Dollar, daß ich auf keinen Fall irgendwas riskieren will.

Ich komme jetzt definitiv am 10. August nach Hause. Das ist wohl die vernünftigste Art, die Sache zu beenden. Ich bin dann zwei Monate hier gewesen, habe für $ 200 (– $ 10) geschuftet und werde einen guten Monat brauchen, um mich körperlich und seelisch zu erholen. Ich kann es mir bei all meinen wichtigen, anspruchsvollen Ämtern im College einfach nicht leisten, zusammenzuklappen . . . Ich denke, wenn ich zu diesem Termin hier weggehe, dann schaffe ich mein Physikpensum zu Hause in 30 Tagen – bei einem (morgendlichen) Pensum von 25 Seiten – und kriege wirklich den Zusammenhang mit. Jetzt bin ich dauernd so erschöpft, daß ich mir nichts *merken* kann – außer, was für Eier die

Leute zum Frühstück wollen ... Sag mir, was Du von meinen
Plänen hältst.

Deine heranreifende Sivvy

*[Sylvia zog sich im Belmont erneut eine tiefsitzende Sinusitis zu;
deshalb kam sie schon Mitte Juli nach Hause. Nach ihrer Genesung
las sie eine interessante Zeitungsannonce im* Christian Science
Monitor, *wo eine Stelle als Haustochter und Gefährtin der Teen-
ager-Tochter angeboten wurde. Sylvia rief an und sprach mit einer
Mrs. Michael Cantor. Jede fand die Stimme der andern sympathisch, mit dem Ergebnis, daß Sylvia am 21. Juli in dem großen,
schönen Haus der Cantors in Chatham eintraf. Sie erledigte mit
Eifer jeden Morgen die Hausarbeit, half beim Essenkochen und
wurde bald ein »Familienmitglied«. Während der sechs Wochen,
die sie dort verbrachte, machte sie nur gute Erfahrungen.]*

CHATHAM, MASS.

2. AUGUST 1952

... Ich kann's kaum glauben, daß schon August ist, und daß
meine Zeitschrift, oft und oft gelesen, in meinem Wandschrank
ruht ... Am Mittwoch, meinem freien Tag, holten Grammy und
Grampy mich ab, voller Stolz das Erste Exemplar, was ich gesehen
hatte, mit sich herumtragend [*die* Mademoiselle-*Geschichte »Sunday at the Mintons«*]. Ich fuhr sie dann nach Brewster, wo wir uns
mit Dick in der Hütte trafen ... unterhielt mich eine halbe Stunde
mit ihm, bevor er zur Arbeit ging ... Ich ließ Grammy und
Grampy, die genug vom Strand hatten und es sich mit einem Buch
gemütlich machten, in der Hütte, und fuhr ganz allein, ausgerüstet
mit einem Beutel Kirschen, Pfirsichen und Der Zeitschrift, für zwei
glückselige Stunden an den Brewster-Strand. Ich war so glücklich
wie nie zuvor in meinem Leben. Ich las beide Geschichten und habe
bereits das Gefühl, daß ich über meine hinausgewachsen bin, weil
ich eine Menge künstlerischer Fehler darin entdeckt habe. Ich bin
schon dabei, mir Gedanken darüber zu machen, was für eine
großartige nächste ich schreiben werde. Ich las die Geschichte ...
lachte vergnügt vor mich hin, lief hinaus zu den Sandbänken,
trabte einen Kilometer weit allein in der Sonne durchs warme
Gezeitenwasser und sprach zu mir selbst, während die Flut kam

und mit hellbraunen Schaumfingern langsam die nassen Sandmulden entlangrollte: darüber, wie herrlich es ist, zu leben, braun und voller Vitalität und Möglichkeiten zu sein, und viele wunderbare Menschen zu kennen. Ich war so glückselig und frei wie nie zuvor.

Gestern ... blieb ich bei dem Buchmobil stehen, das einmal wöchentlich in Chatham hält, damit man Bücher kaufen kann. Ich kam mit der ungeheuer faszinierenden kleinen, bläßlichen, zynischen, brillanten Frau, die das Ding leitet, ins Gespräch. Nachdem sie mich gefragt hatte, auf welches College ich gehe, sagte sie: »Oh, Smith. Das öffnet einem Tür und Tor. Snob appeal. Davon können Sie Ihr ganzes Leben Gebrauch machen. Davon haben Sie etwas.«
... Ich lag ihr förmlich zu Füßen mit meinen Fragen. Sie hat Western-Schundromane, Western-Liebesgeschichten geschrieben und veröffentlicht in diesem Herbst im *Ladies' Home Journal* eine »Witwe von Stand-Geschichte«. Sie schreibt auch Jugendbücher und hatte einen Waschzettel an die Wand geheftet, auf dem ihr neuestes Werk für Jungen von 14-16 angekündigt wurde. Sie heißt Val(erie) Gendron und lebt in einem kleinen, vergammelten Haus in South Dennis. Ich habe vor, sie jeden Freitag heimzusuchen, sobald ich eine Minute Zeit habe. Junge, würde ich gern an einem freien Tag hinüberradeln zu ihrem Haus und stundenlang mit ihr reden. Ich glaube, sie hat wirklich viel durchgemacht.

Deine Sivvy

21. AUGUST 1952

Liebe Mami,

... Mrs. Cantor hat mich freundlicherweise nach dem Essen nach South Dennis zu Val Gendron hinübergefahren, die mich für den Abend eingeladen hatte. So herrliche Stunden habe ich wohl in meinem ganzen Leben noch nicht verbracht. Ein Traum von einer Künstler-Boheme.

Val lebt in einem wackeligen alten »halben Haus« (eine Tür, zwei Fenster), scheunenrot gestrichen, mit weißer Einfassung ... und hat den Fichtenwäldern drum herum einen Garten mit Blumen und Gemüse abgetrotzt ... Bei meiner Ankunft begrüßte sie mich am Eingang, vornübergebeugt, schmächtig und zerbrechlich, in ihrem alten karierten Lumberjack und fleckigen Arbeitshosen.

... Val mahlte duftenden Kaffee, kochte eine Kanne davon,

holte einen Haufen Trauben und einen ... Kuchen hervor, stellte den ganzen Schmaus auf ein Tablett und führte mich die steile, schmale Treppe zu ihrem »Studio« hinauf.

... Da stand ich nun auf der Schwelle und gluckste albern vor Entzücken. Alles hatte sie allein gemacht: die Wände hochgezogen, Tür und Bücherregale gezimmert, gestrichen.

... Wir kamen ins Gespräch ... Val erzählte mir von ihrem Job in New York, ergötzte mich mit zahllosen Anekdoten über ihre rasante Stelle, sagte, warum sie sie aufgegeben hatte – wirklich köstlich.

... Sie holte den Entwurf für ihren neuesten, noch nicht angenommenen Western hervor, und ließ mich eine Kurzgeschichte und einen Großteil ihrer Korrespondenz mit ihren beiden Agenten lesen – sowohl ihre Briefe an sie, wie umgekehrt – alle säuberlich datiert und abgeheftet. Sie erzählte mir so viel im Lauf des Abends, bis Mitternacht hörten wir nicht auf zu reden ... Sie fuhr mich in ihrer alten Klapperkiste nach Hause – und wir brüllten den ganzen Weg lang, um den Motorlärm zu übertönen.

Sie kennt eine Menge wichtiger Leute: seit diesem Sommer ist sie mit Rachel Carson befreundet, und mit der Schwester von Hemingway ging sie zur Schule – allerhand Geschichten. Ich erfuhr so viel, so unendlich viel von ihr, und finde alles richtig, was sie übers Schreiben sagt. [*Val regte Sylvia zu der selbstauferlegten »Disziplin« von täglich 1 500 Wörtern an – »so wie man Tonleitern spielt und Fingerübungen macht«.*] Ich muß Dir alles genau schildern, wenn ich Dich wiedersehe.

Um 12 Uhr 30 verließ ich sie, nach den fünf herrlichsten Stunden meines Lebens, hingerissen von dieser lieben, dürren, dunkelhaarigen Frau. Sie war so phantastisch zu mir – »kritisierte« meine Geschichte und war so großzügig mit sich und ihrer Arbeit.

x x x Sivvy

[*Sylvia lehnte die Einladung der Nortons in ihr Wochenendhaus in Brewster und die der Großeltern nach Falmouth ab und kam nach Hause, in der Hoffnung, sich ganz dem Studium eines Pflicht-Kurses in Physik widmen zu können. Sie wollte sich auf eine Prüfung in diesem Fach vorbereiten, um davon unbelastet im kommenden Herbstsemester Kurse in Englisch und Kunst wählen zu können, die ihr mehr am Herzen lagen. Sie merkte, daß die*

Aufgabe, die sie sich gestellt hatte, in der verbleibenden kurzen Zeit nicht zu bewältigen war und entschloß sich, den Versuch aufzugeben, was bedeutete, daß sie den Kurs im Herbstsemester nehmen mußte. Diese Aussicht bereitete ihr großen Kummer.

Sylvia kehrte zu Smith zurück, allerdings nicht ins Haven House, wo sie zwei Jahre lang so glücklich gewesen war. Sie kam in ein kooperatives Haus, das Lawrence House, und teilte ihr Zimmer mit einem Mädchen namens Mary, einer sehr eifrigen und klugen Studentin. Es kam zu keiner engeren Beziehung zwischen den beiden. Sylvia servierte mittags bei Tisch und mußte wöchentlich eine Stunde »Aufsicht« führen, dazu kamen gelegentliche Wochenenddienste.]

SMITH COLLEGE

NORTHAMPTON, MASS.

25. SEPTEMBER 1952

Ich glaube, daß Physik nicht allzu schrecklich wird – als Mr. Sherk mich zu Gesicht bekam, grinste er mich so freundlich an, daß sich meine anfängliche Befangenheit gleich legte. Und Mr. Davis, meinen *creative writing*-Lehrer, bete ich an. Das ist so einer, bei dem man richtig Lust kriegt zu denken, zu arbeiten und *kreativ* zu sein, bis man tot umfällt vor Erschöpfung. Für ihn möchte ich sehr viel leisten. Und Mr. Patch, mein Professor für mittelalterliche Literatur, ist der imposanteste Literatur-Löwe, den ich je gesehen habe: ein grauhaariger, 1,95 m großer Mann, der selber etwas an sich hat von der robusten Vitalität des Mittelalters. Er ist furchterregend und herrlich zugleich. Wir zehn Leutchen von diesem Kurs treffen uns in seiner Bibliothek und hocken gemütlich auf Sesseln herum ... Ich fühle mich auf einmal erbärmlich dumm, unzulänglich und ängstlich – und bin *wild entschlossen*, das enorme Maß an intellektueller Redlichkeit, Ehrgeiz und Disziplin aufzubringen, das man braucht, wenn man sich spezialisieren will.

[*Postkarte*]

29. SEPTEMBER 1952

Es ist erstaunlich, wie anders ich das Leben sehe, wenn ich nur eine Nacht gut geschlafen habe. In den ersten paar Tagen noch eine einsame, verängstigte, verwirrte Kreatur, bin ich nun fest davon überzeugt, daß alles sich zum Besten wendet. Obwohl es mir ganz gegen den Strich geht, lasse ich Kunst II weg, weil ich meine Arbeit so gut wie möglich machen möchte, während ich die Mädchen in dem Haus näher kennenlerne und mich auf meine Tätigkeit beim Press Board und der *Smith Review* konzentriere. Der *creative writing*- und der Patch-Kurs versprechen herrlich und schwierig zu werden.

6. OKTOBER 1952

Liebe Mami,

Toll! Psychologisch gesehen war das genau der richtige Moment für eine unerwartet gute Nachricht. Kurz vor dem Mittagessen bin ich heute träge nach unten gewandert und habe mal eben in meinen Briefkasten geschaut. Zwei Briefe von Dir. Ich mache den Kleinen zuerst auf, gucke rein und bin ein paar Minuten lang total verwirrt, bevor ich kapiere, um was es geht. Ich hatte nicht mal eine winzige Hoffnung, dieses Jahr einen der dritten Preise [*von* Seventeen *für* »Initiation«] zu kriegen – wie Du weißt, habe ich mir anhand meiner anderen Geschichte den letztmöglichen Termin für ihren Bescheid ausgerechnet, und nachdem der vorbei war, habe ich es völlig aufgegeben, daran zu denken.

Diese Nachricht gibt mir das Gefühl, daß ich vielleicht doch nicht dazu bestimmt bin, immer schlechter zu werden.

Ich habe mich allzu eifrig bemüht, mich an die Routine im Haus zu gewöhnen und den Stapel anfallender Arbeit beim Press Board zu erledigen, um mich wirklich auf meine Studien stürzen zu können, mit dem Ergebnis, daß ich mich in meinen Kursen sehr weit zurück fühle und Angst habe, nicht mehr mitzukommen. Eine Art beginnender Lähmung . . . Ich hatte mir nie richtig klargemacht, wie wichtig es für mich ist, beim Lernen vorwärtszukommen. Das weiß ich erst, seitdem ich hintennach bin durch diese letzte arbeitsreiche Woche . . .

Deinen letzten dicken aufbauenden Brief hat man sehr wohl zu schätzen gewußt. Kein Mädchen auf dieser Welt hat je so eine herrliche Mami gehabt, und ich kann nur hoffen, daß ich auch weiterhin Lorbeer zu Deinen Füßen legen kann. Warren und ich lieben und verehren Dich mehr als sonst wen auf der Welt für alles, was Du unser Leben lang für uns getan hast. Denn Dir haben wir unsere Anlage und den Antrieb zu geistigem Streben zu verdanken. Dank Dir millionenmal!

Ganz Deine Sivvy

[*Auf der Rückseite des Briefes vom 6. Oktober notiert:*] Da hat also endlich Deine alte Lieblingsidee »Heather-birds' Eyebrows« hingehauen! Ich bin überrascht, doch unerforschlich sind die Wege der Welt – speziell die der Veröffentlichung.

[*Zu* »Heathers-birds' Eyebrows«: *eine der rituellen Aufgaben, die Sylvia zwecks Aufnahme in eine High-School-Schülerinnenverbindung ausführen mußte, bestand darin, Leute im Bus zu befragen, was sie zum Frühstück äßen.* »Da! Da hast du eine Story«, *rief ich, als sie mir die herrlich phantasievolle Antwort eines älteren Herrn erzählte. Dieser Vorfall war der Kern der Handlung für* »Initiation«, *die Geschichte, für die sie im Kurzgeschichten-Wettbewerb von* Seventeen *den zweiten Preis (mit* $200*) gewann, und die in der Januar-Ausgabe von* 1953 *veröffentlicht wurde.*]

11. OKTOBER 1952

Liebe Mutter,

. . . ich habe ein Dankeschön und einen Schnappschuß an *Seventeen* geschickt. Diese Zeitschrift war wirklich schrecklich gut zu mir, und ich bin ganz entsetzt über diesen letzten Patzer von mir. Ich kann immer noch nicht glauben, daß es wahr ist und habe Handlung und Details meiner Geschichte total vergessen. Das, was Du zitiert hast, fand ich äußerst spannend. So, als hätte jemand anderes das geschrieben.

. . . Das Haus ist wirklich sehr angenehm – es liegt günstiger als das andere und hat ein sehr schön tapeziertes unteres Stockwerk. Die Mädchen sind alle großartig – sie arbeiten viel, haben im allgemeinen gute Noten und bekleiden außerakademische Ämter. Sparsamkeit wird erfreulicherweise großgeschrieben, und jede weiß, was es heißt, wenn man sagt: »Ich kann nicht, ich bin pleite.«

5. NOVEMBER 1952

... Hoffentlich geht's Dir besser, kannst Du schlafen und machst Du Dir keine Sorgen um die Finanzen und Grampys Ruhestand. Ich wünschte wirklich, Du würdest den Unterricht an der Sonntagsschule aufgeben [*einen kurzen, vereinfachten Kurs in Vergleichender Religionswissenschaft*]. Wenn Du schon die ganze Woche wie ein Teufel arbeitest, solltest Du Dich wenigstens sonntags ausruhen. Verwöhn Dich, frühstücke spät und ausführlich, lies, höre Musik und faulenze ein bißchen. Ich hoffe auch, daß Du vernünftig bist mit Deinem Babysitten – mach es nicht zu häufig und nicht zu so später Stunde. Verheimliche mir nichts, erzähl mir alles, was Dich quält. Es lenkt mich von meinen Problemen ab, wenn ich an andere denke.

6. NOVEMBER 1952

Lieber Warren,

... mein [*Princeton-*]Date war ein Musterexemplar von einem totalen Einfaltspinsel, dabei hatte ich gedacht, ich könnte mich mit ihm amüsieren, und es war auch alles in Ordnung, solange er den Mund nicht aufmachte. Jedenfalls war er der trostloseste Vertreter der Gattung Mann, der mir je unter die Augen gekommen ist ... Ich gab mir große Mühe, mit meinem Intellekt hinterm Berge zu halten, dennoch ahnte er, daß ich nicht ganz so neutral bin, wie es den Anschein hatte. Das Eingeständnis seiner eigenen Unzulänglichkeit, das er in dem Versuch machte, ernsthaft zu sein, enthüllte nicht nur auf erbärmliche Weise seinen Mangel an Denkvermögen und Werten, sondern strapazierte ganz offensichtlich seinen Geist – und ich nehm's mit dem Wort hier nicht allzu genau ...

Zweifellos sind einige Jungen aus Princeton intelligent und nett, aber die, die ich kennengelernt habe, sind durch die Bank verwöhnte, hirnlose High-Society-Knaben, die sich dauernd vollaufen lassen und nicht eine Spur von Originalität oder Kreativität haben – ich glaube, innen sind sie alle blutleer wie die Pilze ...

Das Stevenson die Wahl verloren hat, hat mich schrecklich enttäuscht. Außer daß Du für Pogo oder Krajewski warst, weiß ich nicht mehr, für wen Du warst. Nur daß unsere arme Mutter für Eisenhower war.

... Mein Studium wächst mir über den Kopf. Weiß nicht, wie ich die Zeit mit Briefe schreiben verplempern kann, wo ich doch von jetzt an bis Thanksgiving jede Woche zwei schriftliche Prüfungen habe. Ich werde auch einen Großteil der Ferien dazu hernehmen müssen, alten Stoff aufzuarbeiten. Ach, ist das Leben grausam. Ein Wunder, wenn ich bis Weihnachten noch lebe ...

Es grüßt Dich innig
Deine Galeerensklavenschwester Sivvy

[*Kurz bevor der folgende Brief geschrieben wurde, wurde in den Zeitungen über den Selbstmord eines Klassenkameraden von Warren aus Exeter berichtet. Geschockt rief Sylvia mich deshalb an. Hier in diesem Brief zeigte sich zum erstenmal ihre Neigung, gewisse Situationen maßlos zu übertreiben.*]

[*Oben auf dem Brief*]

Sei gefaßt und hol tief Luft – was jetzt kommt, ist nicht allzu angenehm:

19. NOVEMBER 1952

... Mein Gott, bin ich froh, daß ich mich bald zu Hause ein paar Tage ausruhen kann. Leider muß ich Dir sagen, daß ich mich geistig und emotional in einem ziemlich angespannten Zustand befinde, und jetzt schon seit einer Woche überreizt und buchstäblich krank bin ... ein körperliches Symptom für meinen äußerst frustrierten Geist. Die Crux des Ganzen ist meine Einstellung zum Leben – der Angelpunkt mein Physikkurs. Ich habe praktisch erwogen, Selbstmord zu machen, um da rauszukommen. Es ist, als hätte man mich mit der Nase in den eigenen Schleim gestoßen. Statt mit riesigem Vergnügen mein Hauptfach zu studieren, befinde ich mich in einer sinnlosen Tretmühle, bin hintennach, paralysiert in Physik, und fürchte mich vor jedem einzelnen Tag des kommenden gräßlichen Jahres. Ich bin wirklich außer mir: schon die geringsten Entscheidungen und Ereignisse kommen mir wie unüberwindliche Hindernisse vor. Der Kern des Lebens ist zerfallen. Ich will nur noch eins: raus aus diesem Kurs. Ich könnte mich verfluchen dafür, daß ich's nicht schon diesen Sommer getan habe. Ich versuche, die trockenen, toten Formeln zu lernen. Krank, und ich frage mich: warum, warum, warum? Wenn ich das Buch aufschlage und mir vorstelle, daß ich für den Rest des Jahres jede Woche zehn Stunden einfach *vergeude*, dann fühl ich mich richtig *krank*. Außerdem leidet mein ganzes übriges Leben darunter; ich hänge im Chaucer-Kurs, in *creative writing* fühle ich mich steril. Ich werde total beherrscht von der fürchterlichen Angst vor diesem Kurs, vor den blutleeren Absurditäten, den künstlichen Formeln und Verbindungen. Warum habe ich denn bloß nicht Geologie genommen? Oder sonst irgendwas, das *greifbar* ist? Das wäre eine wahre Wohltat dagegen gewesen. Die anderen sind alle im Ausland, oder vernarrt in ihre Kurse. Ich muß da raus, oder ich werde wahnsinnig. Wie soll ich erklären, wie das ist, dieses Gefühl von unwiderruflicher Sinnlosigkeit! Und das Allerschlimmste ist, daß ich nicht einmal verstehen *will*, was ich da lerne. Ich sehe überhaupt keinen Zusammenhang zwischen diesem Kurs und meinem Leben. Und er dauert ein ganzes Jahr. Ich habe mir in meiner Verzweiflung schon überlegt, ob ich nicht zur College-Psychiaterin gehen und ihr sagen soll, wie ich über ihn denke, wie er mich Tag und Nacht quält und so paralysiert, daß ich in keinem anderen Fach mehr was tun kann. Das Leben scheint zur Farce geworden. Aber ich glaube, ich könnte wieder Licht am Horizont sehen, wenn es mir gelänge, aus diesem Kurs herauszukommen – auch wenn es nur für das zweite Semester ist. Aber so *kann* ich nicht weitermachen. Außerdem habe ich nach Thanksgiving eine schriftliche und zwei mündliche Prüfungen. Und zu Hause werde ich die ganze Zeit lernen und mich ausruhen müssen. Zum Glück hab ich bis jetzt noch keine Sinusitis gekriegt, das wäre auch nur eine Form von Eskapismus. Es ist schon ziemlich kritisch, wenn man mal soweit ist, daß man aus dem College weg will und sich wegen eines bestimmten Kurses, von dem mir wahrhaft übel wird, töten will. Und von Tag zu Tag sammelt sich mehr an. Ich hasse Formeln, ich mach mir einen Dreck aus Wertigkeiten, fiktiven Atomen und Molekülen. Das ist Pseudowissenschaft – alles nur Theorie, nichts

Greifbares. Und ich lasse mir davon mein ganzes Leben ruinieren. Ich habe wirklich Angst davor, mit einem Psychiater (Symbol für Vater oder Mutter, oder Beichtvater) darüber zu reden, weil sie mich dann sicher dazu bringen wollen, daß ich meine außerakademischen Tätigkeiten (speziell am Press Board) aufgebe und die Hälfte meiner Zeit damit zubringe, Formeln und sinnlose mathematische Gleichungen (die ich schon längst vergessen habe) in meinen Kopf zu hämmern, obwohl ich sie im Grunde gar nicht lernen *will*. Daß ich ein ganzes Jahr meines Lebens *vergeuden* soll, gepeinigt und paralysiert von diesem Kurs, ist mir einfach ein unerträglicher Gedanke. Denn ich weiß, daß ich von neuem anfangen kann zu lieben, wenn ich davon freigesprochen bin und wieder Hoffnung schöpfe.

Oh Mutter, es ist mir schrecklich, Dich damit zu belästigen, aber ich könnte weinen. Das Leben ist so finster, jetzt, wo meine liebsten Freunde, Dick und Marcia, so weit weg sind, daß ich sie kaum noch sehe. Und dann dieser Kurs: ich mache mir wirklich Sorgen um meinen geistigen Zustand! Was um Himmels willen soll denn der mir später *nützen*? Er ist mir verhaßt, widerwärtig und abscheulich. Ich habe ihn in der Phantasie zu einem alles verschlingenden, bösartigen Monstrum gemacht. Nur Formeln, nichts als Formeln. Und dabei ist das erst ein Kurs der Unterstufe. Mein Gott, was ist mein Leben doch für ein Schlamassel. Und ich weiß, ich treibe mich selbst in den Wahnsinn. Alles ist leer, ohne Bedeutung. Das ist nicht Ausbildung, das ist die Hölle. Wie soll ich die College-Leitung je dazu bringen, daß ich einen Ganzjahreskurs schon nach einem halben Jahr abbrechen darf? Und wie überzeuge ich die Psychiaterin davon, daß ich *wahnsinnig* werde, wenn ich nicht loskomme von diesen schrecklichen Formeln und dem für mich toten, sinnlosen Klumpen von auswendig gelerntem Zeug? Mein Verstand verläßt mich und ich möchte da raus. Alle sind glücklich, nur ich nicht, ich bin vom ersten Tag an, seit ich wieder hier bin, gepeinigt durch diesen Kurs.

Wirklich, ich habe nur noch Panik, fürchterliche Panik. Einerseits weiß ich, daß ich da raus *muß*, weil sich mein Ideal einer kreativen Bildung nicht mit diesem mechanischen Auswendiglernen vereinbaren läßt, andererseits bin ich der College-Leitung gegenüber in einer sehr heiklen Lage: obwohl ich es bisher geschafft habe, einen ziemlich guten Eindruck zu machen, würden die mich bloß relegieren oder so was, wenn ich jetzt wegen eines Kurses verrückt würde, weil ich ihn schrecklich und sinnlos finde. Jede Woche habe ich wieder Angst davor, mein Physik-Lehrbuch aufzuschlagen; der *Stoff* des Kurses ist es, der meinen Willen und meine Liebe zum Lernen zerstört, nicht der Umstand, daß ich bloß mehr zu lernen bräuchte, um ihn zu bewältigen. Stimmt ja, ich bin ein paar Kapitel zurück (ich hab sie ausgelassen, um meinen jetzigen Aufgaben gewachsen zu sein), trotzdem weiß ich, daß nur unter einer Bedingung das Licht des Lebens mir wieder leuchtet: wenn ich den Kurs im zweiten Semester aufgeben kann (wie ich mein naturwissenschaftliches Pflichtpensum dann erfüllen soll, weiß ich auch nicht!). Im Moment ist wieder eine schriftliche Arbeit fällig – wieder eine Woche Physik lernen bis zum Erbrechen. Bin ich kindisch? Kann sein, aber die andauernde scheußliche Anpassung, die mir in diesem Jahr auferlegt wurde, macht alles nur noch schlimmer. Für mich ist Physik eine sinnlose Schinderei, die zu *nichts nütze* ist. Die vage, oberflächliche Kenntnis von Molekülen und Atomen bringt mich in meiner Erkenntnis des Lebens um keinen Schritt weiter. In diesem Punkt kann ich mir nichts vormachen.

Ach, in mir rebelliert jede einzelne Faser gegen diese sinnlose Tortur. Wenn ich wenigstens den *Wunsch* hätte, die Sache zu kapieren, aber ich *hab ihn nicht*. Ich bin angewidert davon, gepeinigt. Wie soll ich das je irgendwem plausibel machen, und sei's auch die Psychiaterin? Innerlich treibt es mich, und ich fühle mich hohl. Diese Krankheit in mir kann keine Liegekur auf der Krankenstation kurieren.

Ich warte noch bis Thanksgiving, bevor ich endgültig verzweifle. Ach, ich fühl mich so schrecklich einsam, nutzlos und gefangen!

Alles Liebe
Dein hohles Sivvy-Mädchen

[*Während der Thanksgiving-Ferien holte Sylvia auf und schien ihr Selbstvertrauen und ihren Lebensmut wiederzufinden.*]

[*Undatiert; etwa vom 1. Dezember 1952*]

Lieber Warren,

habe zum Glück ein paar freie Minuten, um an meinen Lieblingsmann zu schreiben. Muß Dir so viel erzählen. Es sieht zweifellos günstiger aus im Leben Deiner alten Schwester, auch wenn sie im Moment gefährlich nahe dran ist, in einem Anfängerkurs in Physik durchzufallen, weil sie offensichtlich nicht in der Lage ist, so schöne, wohlklingende Worte wie Erg, Joule, Wertigkeit, Watt, Coulomb und Ampere zu verstehen . . .

Dick kommt Weihnachten für ein paar Tage [*aus dem Sanatorium*] nach Hause, dummerweise ist das gerade die Cotillion-Zeit, ich werde also wohl oder übel drauf verzichten müssen, wegzugehen und brav zu Hause bleiben, so wie er es vor einem Jahr mir zuliebe tat, als ich krank war. Aber im Ernst, Tänze sind nicht so wichtig wie Menschen und ich freue mich, ihn wiederzusehen. Direkt nach Weihnachten fahre ich mit ihm mit dem Zug ins Sanatorium, oder wir fliegen. Ich wohne dann bei der Familie eines Arztes, der in seiner Freizeit Romane und Kurzgeschichten schreibt, und lerne alle möglichen tuberkulösen New Yorker Lastwagenfahrer kennen, mit anderen Worten, ich werde mich sicher sehr amüsieren . . . Welch ein aufregendes Leben!!

Einen Tag, nachdem Du an Thanksgiving weggefahren warst, ist noch was Tolles passiert. Hat Mutter Dir's erzählt? Ich war bei Perry [*Dick Nortons Bruder*] zum Abendessen eingeladen und außer mir waren noch zwei seiner Kameraden aus Yale da. Der eine ist verlobt und heiratet Weihnachten, und der andere, Myron Lotz, ist, wie Perry am Telefon sagte, Klassenbester bei ihm in Yale (Perry ist Zweiter). Ich stellte mir einen kleinen dunklen, unscheinbaren Jungen mit Brille vor. Als ich ins Nortonsche Wohnzimmer hineinspazierte, sah ich zu meiner größten Überraschung, wie ein großer, hübscher Bursche aufstand und mich angrinste. Ehrlich, ich hab mich bis jetzt noch nie so unmittelbar zu jemanden hingezogen gefühlt. Nach allem möglichen sieht er aus, bloß nicht nach einem superklugen Studenten. Rat mal, was er im Sommer macht! Er spielt bei den Detroit Tigers als Werfer und hat im letzten Sommer $ 10000 verdient. Ist das nicht phantastisch? Aber das ist noch nicht alles. Er stammt von österreichisch-ungarischen Eltern ab, die nach Amerika eingewandert sind, in den Stahl-Minen arbeiten und kaum ein Wort Englisch sprechen. Er macht Yale in drei Jahren fertig und fängt im nächsten Herbst an der Medizinischen Fakultät dort an. Hast Du je von so einem phänomenalen Typ gehört? Das allerbeste ist, daß er an dem Wochenende vom 13. Dezember mit mir zu dem Lawrence House-Tanzabend geht, da haben wir wirklich Gelegenheit, uns kennenzulernen. Halt mir die Daumen, daß dieser brillante Kerl auch ja hingerissen ist von meinem wunderbaren, intellektuellen Charme. Vielleicht könntest Du mir mit ein paar Tips über die Detroit Tigers helfen. Ich weiß doch nicht mal, in welcher Liga sie spielen! Herrje . . .

Ich muß jetzt dringend ins Bett. Denk dran, daß ich Dich liebe, Baby – wie Mickey Spillane sagen würde. Ich hoffe, Du erzählst mir, was Du tust und was Du denkst. Schließlich gibt es außer uns niemanden auf dieser Welt, der teilgehabt hat an dieser unserer gemeinsamen Vergangenheit und Kindheit – an allem: dem Fest, dem Biest, dem Geleebonbon und dem Skalshalala-Fleisch, weißt Du noch? Und nicht jede Schwester hat so einen großen, hübschen, klugen Bruder, auf den sie stolz sein kann. Ich wüßte zu gern, was Du von Myron hältst. Natürlich hat er bei den Baseballspielen schon Frauen erlebt, die ganz verknallt in ihn waren und anfingen, von ihrer Aussteuer zu reden, aber ich brauche keine Angst zu haben, daß ich ihn vergraule, weil ich die Letzte bin, der die Gier nach der Ehe aus den Augen leuchtet. Pah, die nächsten Jahre jedenfalls noch nicht. Immerhin gibt es eine Menge zu tun im Leben. Immerhin.

Schreib mir, wenn Du Arbeit hast.

Viele, viele x x x x x x
Sivvy

15. DEZEMBER 1952

Liebe Mutter,

. . . wir [*Sylvia und Myron Lotz*] zogen uns dann um für die Cocktailparty und gingen hinüber zum Haus des Professors. Unterwegs hatten wir plötzlich den Wunsch, noch etwas länger zu laufen und gingen deshalb hoch zur Irrenanstalt [*Northampton*], zwischen die einzelnen Häuser, und hörten wie die Menschen schrien. Es war ein ungeheuer erschreckender, heiliger Moment: die Sonne ging rot und kalt über den schwarzen Hügeln unter, und aus den vergitterten Fenstern kam das unmenschliche, widerhallende

Geheul. (Ich muß unbedingt *herausfinden, wie* und *warum* Menschen die Grenzlinie zwischen geistiger Gesundheit und Wahnsinn überschreiten!)

. . . Sonntag . . . als wir einen Spaziergang auf den Feldern machten, sahen wir Flugzeuge in der Nähe landen; wir gingen in diese Richtung und beobachteten, wie sie wie Spielzeug-Segelflugzeuge auf einem kleinen Flughafen niedergingen. Als wir uns dem Feld näherten, kam uns ein großer, hagerer, blauäugiger Mann mit Schnurrbart entgegen . . . Wir quatschten ein bißchen, dann zeigte er uns sein Privatflugzeug . . . und erzählte [uns] von seinen Erfahrungen als Pilot. Plötzlich guckte er uns an: »Ich fliege heute nachmittag, wollt ihr mitkommen?« Als ich Myron fassungslos ansah, grinste er mich verständnisinnig und wohlwollend an und sagte zu dem Piloten: »Bestimmt möchte sie das, Sir.« Also gingen wir zurück, und sie schnallten mich in dem kleinen Zweisitzer an . . . Als wir so über das Feld rollten und holperten, war mir, als säße ich in einem Auto. Ich wollte einfach nicht glauben, daß wir aufsteigen würden, aber dann plötzlich wich der Boden unter uns zurück, Bäume und Hügel schwanden dahin, und ich befand mich mit einem gutaussehenden, geheimnisvollen Piloten in einer kleinen glasverkleideten Box, flog über Northampton, Holyoke und Amherst hinweg und sah unten die winzigen, quadratischen, rechteckigen, farbigen Felder, die Spielzeughäuser und die phantastisch schimmernden Windungen des Connecticut River. »Ich mache jetzt einen halben Looping«, verkündete er, und mit einemmal war der Fluß über meinem Kopf, wuchsen die Berge schwankend in den Himmel und trieben die Wolken unter mir dahin. Dann kippten wir wieder mit der richtigen Seite nach oben. Welch nie gekannte Ekstase! Über das Brüllen des Motors hinweg schrie ich, daß das besser sei als Gott, die Religion, als alles. Er lachte und sagte, er wüßte das. »Flieg du«, forderte er dann, und da nahm ich den Steuerknüppel, ließ die Maschine steigen und kippen. Eine halbe Stunde waren wir oben . . .

Wahrscheinlich gehe ich heute auf die Krankenstation wegen meiner Schlaflosigkeit, ängstige Dich also nicht, wenn Du eine Benachrichtigung kriegst. Ich habe heute nachmittag eine Verabredung mit der Psychiaterin wegen meines Physikkurses und werde fragen, ob ich mich ein paar Tage zum Ausruhen auf die Station legen kann, um eine leichte Halsentzündung auszukurieren. Außerdem hat mich Mary Ellen Chase heute morgen angerufen und ich hoffe, daß ich sie irgendwann in dieser Woche treffen kann. [*In ihrem Büchlein: »Recipe for a Magic Childhood«, das sie Sylvia am 18. Dezember 1952 schenkte, schrieb Mary Ellen Chase: »Für Sylvia Plath, voller Verehrung und Vertrauen.« Sie empfahl Sylvia 1955 für ein Fulbright-Stipendium und 1957 für eine Dozenten-stelle für Englisch am Smith-College.*]

x x x Sivvy

[*Telegramm*]

5. JANUAR [?] 1953

BRUCH BRUCH BRUCH AUF DEN KALTEN WEISSEN HÄNGEN OH KNIE AN-KOMME DIENSTAG ABEND 7:41 FRAMINGHAM. BRINGE PHANTASTISCH GEBROCHENES WADENBEIN MIT. KEIN SCHMERZ NUR KOMPLIKATIONEN BEIM CHARLESTON. WÜRDE ALLES TUN UM FERIEN ZU VERLÄNGERN. BITTE BEI NORTONS NACHFRAGEN OB TREFFEN NOCH ERWÜNSCHT. ALLES LIEBE.

EURE ZÄNKISCHE ZERFALLENDE ZERBRECHLICHE SIVVY

[*Nach den Weihnachtsferien waren Sylvia und Dick nach Ray Brook im Staate New York gefahren, wo Dick auf Tuberkulose behandelt wurde. Sylvia lieh sich Skier aus und fuhr ohne vorherge-hende sachliche Instruktion den Hang für Fortgeschrittene hinun-ter. Ergebnis: ein Zusammenstoß und ein gebrochenes Wadenbein. Als erste las ihre Großmutter das Telegramm und sah mich voller Verwirrung an. »Was soll das heißen?« fragte sie. »Sie hat sich das Bein gebrochen!« rief ich. »Aber nein«, zweifelte Grammy, »wo steht denn das?«*]

9. JANUAR 1953

. . . Alles in allem habe ich es meinem Bein zu verdanken, daß ich jetzt weiß, wie albern es von mir war, mir einzubilden, daß ich vor unüberwindlichen Schwierigkeiten stehe. Es ist so etwas wie ein konkretes Symbol für Hemmnisse, die vorwiegend geistiger Natur sind, vielmehr waren. Jetzt, wo ich erkenne, wie dumm es war, mich von diesen vermeintlichen geistigen Hindernissen unterkrie-gen zu lassen, bin ich entschlossen, meinen geistigen Problemen gegenüber dieselbe heitere, konstruktive Haltung einzunehmen wie diesem meinem physischen. Natürlich werde ich hin und wieder ein bißchen deprimiert und traurig sein, und mich erschöpft und unwohl fühlen, aber es gibt ja jenes menschliche Prinzip, demzufolge immer etwas bleibt, auf dem man wieder aufbauen kann, ganz gleich, wieviel einem genommen wurde.

19. JANUAR 1953

Liebe Mutter,

wirklich, es geht sonderbar und herrlich zu auf dieser Welt. Kaum ist man, wie ich in diesem Herbst, völlig am Boden und denkt, gleich ist es aus . . . da bricht man das Bein, nimmt sich vor, fröhlich und glücklich zu sein, und schon fällt einem die Welt wie ein köstlicher Apfel in den Schoß . . .

Zuerst dies: mein Antrag, in Physik als Gasthörerin teilnehmen zu können, ist angenommen worden . . . Wie Du Dir denken kannst, hatte ich im Herbst, als ich solche Qualen litt, das Gefühl, daß für den Rest des Jahres nichts mehr zu hoffen sei. Jetzt werde ich anstelle des verhaßten Physikkurses einen Milton-Kurs nehmen und mich mit Leib und Seele auf moderne Dichtung und *creative writing* werfen. Ist das nicht herrlich?

Heute ist mein dreiwöchiges Jubiläum, und ich habe bewiesen, daß ein gebrochenes Bein kein Handicap sein muß für eine erfinderische Frau. Tausend Dank für Deinen ermutigenden Brief. War genau das, was ich brauchte. Ach, Mami, ich bin so glücklich. Wenn schon ein scheußlicher, verschneiter Winter mit Halbjahresprüfungen und gebrochenem Bein der Himmel ist, wie wird das erst im jungen, grünen Frühling sein? Ich weiß nicht, wie ich soviel Freude auf einmal ertragen soll!

Mit überströmender Liebe,
ganz Deine Sivvy

21. FEBRUAR 1953

Liebe Mutter,

dieser Monat wird in die Geschichte eingehen als der Plath'sche Schwarze Monat. Myron sagte mir gestern abend am Telefon, daß das Auto noch nicht geliefert wurde, also kein Date am Wochenende . . . Als mir der Doktor Donnerstag abend den Gips entfernte, hatte ich das Gefühl, daß er einen Sargdeckel hochhebt, denn das, was da drunter lag, war der behaarte, gelbliche, geschrumpfte Leichnam meines Beines. Mir einzugestehen, daß das mein Bein ist, war ein schlimmer emotionaler Schock. (Uff!) Er machte eine Röntgenaufnahme und sagte, das Bein sei immer noch nicht völlig verheilt (der nächste hübsche Schock) . . .

Donnerstag abend war es höllisch; ich griff zum Rasierapparat und scherte mir die schlimmsten schwarzen Stoppeln ab. Die Haut geht natürlich überall ab und ist wund, mein Knöchel ist geschwollen und schwärzlich-grün, und meine Muskeln auf ein Nichts zusammengeschrumpft. Selbstredend gehe ich nie mehr Skifahren. Ich werde den Rest meines Lebens in einem südlichen Klima verbringen, Tennis spielen (ein angenehm sicherer Sport), radfahren, Schwimmen und Mangos essen . . . So wie die Dinge jetzt liegen, werde ich mich glücklich schätzen, wenn ich im langen, schwarzen Abendkleid und mit bandagiertem Knöchel auf dem *junior*-Ball erscheinen kann . . . Um mich in bessere Stimmung zu bringen, habe ich zwei Villanellen geschrieben, heute eine und gestern eine: das ist eine streng gebaute französische Versform, die ich bis jetzt noch nicht ausprobiert hatte, bei der die erste und dritte Zeile als Refrain wiederholt werden müssen. Sie haben mich abgelenkt von meinem hilflosen Elend, und ich habe mich gleich erheblich besser gefühlt. Ich glaube, sie sind das Beste, was ich bisher geschrieben habe, deshalb habe ich sie auch blindlings abgeschickt, eine an die *Atlantic* und eine an den *New Yorker*. Verdammter Mist. Ich könnte heulen, so schwierig und eintönig ist das Leben. Aber ich tus nicht; ich werde einfach weiter Villanellen schreiben.

Deine Sivvy

23. FEBRUAR 1953

Manuskript kam gestern, ich kann Dir gar nicht genug dafür danken. Wenn ich einmal reich und berühmt bin, stell ich Dich als meine Privatsekretärin und Kinderhüterin an, zahle Dir einen skandalös hohen Lohn und nehme Dich mit auf meine allmonatlichen Ausfahrten in meiner knallrosa Jacht. Muß ich noch sagen, daß ich Dich von Herzen liebe?

x x x Sivvy

25. FEBRUAR 1953

Liebe Mutter,

. . . Heute kam ein trauriger, sehnsüchtiger . . . Brief von Dick. Im letzten Herbst hatte er mich gebeten, ihm alles über meine Dates zu erzählen, damit er nicht seinen Phantasien ausgeliefert ist. Ich hab's so schmerzlos wie möglich gemacht, trotzdem hätte ich merken sollen, daß er im Grunde gar nichts hören wollte . . . Er war nie mein fester Freund und ich fühle mich allein durch die Tatsache, daß ich mit ihm lieber als mit irgend sonst einem zusammen war, keineswegs gebunden, zumal ich ja immer mit den anderen ausgegangen bin. Den ganzen letzten Sommer war ich auch aus . . . und er war nicht beunruhigt. Jetzt, im Sanatorium, habe ich für ihn diese außergewöhnliche Bedeutung angenommen, weil ich das einzige Mädchen bin, das er kennt und weil er Hemmungen hat, neue Kontakte zu knüpfen. Wenn er noch in der realen Welt lebte, würde er sich nicht selber so bemitleiden. Ich habe wirklich überhaupt keine Lust, in den Frühjahrsferien da hinzufahren, aber wenn sie nur für einen Tag und zwei Nächte fahren, dann laß ich mich vielleicht überreden . . . Was ich befürchte ist, daß er probieren wird, mir das Versprechen abzuringen, daß wir's noch mal miteinander versuchen, wenn er rauskommt . . . In meinem Innern weiß ich heute, und weiß es schon lange, daß ich nie eine glückliche Ehe mit ihm führen könnte: physisch will ich einen Koloß haben . . . und psychisch einen Mann, der nicht eifersüchtig ist, wenn ich mich auf anderen Gebieten als dem des Kinderkriegens schöpferisch betätige . . . Ich habe immer schon sehr rational und praktisch über die Ehe gedacht . . . Jedenfalls habe ich nicht vor, in der nächsten Zeit irgend etwas zu überstürzen . . . Ich werde mir nicht durch irgendwelche schreienden, Muttermilch trinkenden Bälger Collegeabschluß und Auslandsreisen vereiteln lassen. Ich habe meinen Sex vernünftig unter Kontrolle und Du brauchst Dir um mich überhaupt keine Sorgen zu machen. Die Folgen von Liebesaffären würden mich davon abhalten, frei und unabhängig meine Kreativität zu entfalten, und ich habe keineswegs die Absicht, mich abhalten zu lassen.

Deine Sivvy

[*Pläne für ein Wochenende mit Myron Lotz in Yale*]

3. MÄRZ 1953

Du Liebste,

... das Kleid der Kleider hängt in all seiner silbernen Glorie in meinem Fenster, und der Rock hat eindeutig einen rosa Schimmer (nein, das macht nicht *bloß* die gute Laune!). Heute hab ich meine allzu langen Haare genau richtig für eine glatte Innenrolle schneiden lassen, und für $ 12.95 ein Paar höchst klassischer Pumps erstanden ... Wenn ich noch meine Straßohrringe und meine Straßhalskette anlege, sehe ich bestimmt aus wie eine Silberprinzeß – oder fühle mich so. Ich hoffe nur, daß ich dieses Jahr ein Junior Phi Beta werde, damit ich es auch als Phi Beta-Kleid benutzen kann. (Ist Dir überhaupt klar, daß ich die EINZIGE A-Note im Kurs von Mr. Patch bekommen habe?)

... Lieber Gott, könnte ich bloß den *Mlle*-Wettbewerb gewinnen. Dieses Jahr wäre es wirklich ideal, weil ich dann noch im College bin ... Bis bald

Deine emsige, liebende, silberbeschuhte
Sivvy

6. MÄRZ 1953

Liebe Mutter,

wenn Du mich fragst, so sieht es äußerst günstig aus für eine wertvolle Kameradschaft zwischen Mike [*Myron Lotz*] und mir, da wir uns einig sind, daß es keine Bedingungen geben darf und für uns beide vollkommene Freiheit herrschen muß ... Mike und ich haben das Gefühl, daß wir uns mit einer endgültigen Entscheidung noch ein paar Jahre Zeit lassen müssen ... Das ist mir sehr willkommen, da ich auf diese Weise die Möglichkeit habe, zu beobachten, wie es mit Mikes Medizinstudium klappt und was er sonst noch will im Leben. Er ist eben doch noch sehr jung und braucht in der Phase, in der er sich zum Mann entwickelt, Ermutigung und Zuneigung, die ich ihm gewiß gerne gebe.

... Liebe ist für uns beide etwas schwer zu Definierendes, auf jeden Fall ist sie eine sehr langsame, sich entwickelnde, rationale Sache. Sollte ich mich je für die nächsten fünfzig Jahre meines Lebens binden können, muß ich schon eine ganze Menge über jemanden wissen und imstande sein, mir eine ziemlich genaue Vorstellung von meinem zukünftigen Leben zu machen.

9. MÄRZ 1953

Heute nachmittag habe ich etwas Trauriges erlebt, was zugleich schrecklich verlockend war. Es drückt mich so, daß ich mich sofort hinsetzen muß, um Dir mein Leid zu klagen. Ich habe heute meine beiden Villanellen vom *New Yorker* mit einer Absage zurückbekommen, mitnichten kopiert, sondern mit Bleistift geschrieben und von einem der Redakteure abgezeichnet. Ich zitiere: »Obwohl wir vieles in ihrem Gedicht ›Doomsday‹ beeindruckend fanden, muß ich Ihnen leider mitteilen, daß in der Schlußabstimmung, wie übrigens auch bei dem anderen Gedicht, dagegen gestimmt wurde. Wir kamen nicht ganz zurecht mit den beiden Reimen, die das Schema durchbrechen – ganz besonders mit dem ›up‹, das an dieser Stelle nicht einmal einen assonanten Reim ergibt. Wenden Sie sich wieder an uns, und Dank dafür, daß Sie uns diese Gedichte gezeigt haben.«

Nein wirklich, so verdammt nahe dran war ich noch nie, das ist ja schlimmer, als wenn sie mich ganz übergangen hätten. »Schlußabstimmung«! Diese herzlosen Männer! Nun, um den Mut nicht sinken zu lassen, hab ich ihnen postwendend die dritte Villanelle geschickt. Schlimmstenfalls wird die eben auch noch abgelehnt.

17. MÄRZ 1953

Geliebter Vorfahre,

obwohl ich sehr erschöpft und schlafsüchtig und hintennach in meinen schriftlichen Arbeiten bin, war ich heute den ganzen Tag in einem so heftigen Aufruhr von Liebe und Glück und Liebesfreude, daß ich das dringende Bedürfnis habe, Dir etwas davon abzugeben. Da ist so viel, was überströmend glücklich macht. Veilchen sprießen zwischen meinen Fingern, Forsythien winden sich ins Haar und Glocken und Geigen tönen, wo ich auch gehe.

Rat mal, warum ich trotz meiner Müdigkeit so verzückt bin? Weil Doktor und Röntgenbild gestern gesagt haben, daß ich zwei normale, gesunde Beine habe; weil ich meine Villanellen so überarbeitet habe, wie mir's der Mann vom *New Yorker* vorgeschlagen hat, und sie tatsächlich viel besser sind, so daß ich sie demnächst wieder hinschicken werde, um zu hören, was er meint; weil ich vermutlich für nächstes Jahr die begehrte Stelle als Korrespondentin in der Nachrichtenabteilung der *Hampshire Gazette* bekomme, was bedeutet, daß ich etwa $ 150 bis $ 200 verdiene – der lukrativste Job in dieser Abteilung; weil ich so viele, gute, aufrichtige Freunde habe – Marcia, Enid und noch mehr so talentierte Leute; weil ein gewisser Myron Lotz mich für klug, kreativ und schön zugleich hält; weil ein gewisser vielversprechender Raymond Wunderlich [*von der Medizinischen Fakultät der Columbia-Universität*] mir eben geschrieben und mich gebeten hat, ob ich nicht irgendwann in diesem Frühjahr nach New York komme, um mit ihm ins Ballett zu gehen und sonstige Kulturereignisse zu genießen; weil ich gerade einen Scheck von der *Springfield Daily News* erhalten und mir in der Hampshire Buchhandlung drei heißersehnte Bücher gekauft habe, nämlich das riesige *New Directions* (14), das einen schwarz-weißen Umschlag mit moderner Kunst drauf hat, *Dubliners* von James Joyce [*sie hatte damals vor, ihre Abschlußarbeit über Joyce zu machen*], und die *Hauptwerke von Freud*; dazu noch sechs Postkarten mit moderner Kunst; und weil das Leben im allgemeinen ereignisreich, heterogen und vielversprechend ist, wenn ich hart arbeite.

14. MÄRZ 1953

Habe heute das *Mlle*-Manuskript zurückgekriegt. In puncto Absagen ist das eine schlimme Zeit für mich. Außerdem sehe ich nicht die geringste Chance, diesen Juni die Redakteursstelle zu bekommen. Es bewerben sich zwanzig Spitzenmädchen von Smith darum . . .

Die persönliche Absage vom *New Yorker* hat mir nur wieder klargemacht, wie hart ich diesen Sommer am Schreiben arbeiten muß. Wenn ich bloß eine oder zwei Geschichten schreibe und sie nie überarbeite oder einem *speziellen Markt anpasse*, dann bringe ich es zu gar nichts. Ich will mit meinen Gedichten beim *New Yorker* und mit meinen Geschichten beim *Ladies' Home Journal* ankommen, deshalb muß ich diese Hefte genauso gut studieren, wie ich es mit *Seventeen* gemacht habe. Apropos *Seventeen*, ich habe mich auf Deinen Vorschlag hin an die Redaktion gewandt . . . und gefragt, ob ich nicht Geschichten und Gedichte auf professioneller Basis einreichen kann. Es wäre ein großer Triumph für mich, wenn ich dort eine Geschichte unter den üblichen Bedingungen unterbringen könnte. Wenn es mir gelingt, mich ganz bewußt dem

Stil dieses Blattes anzupassen, so wie ich's mit dieser »Initiation«-
Geschichte gemacht habe, dann sehe ich keinen Grund mehr,
weshalb ich nicht äußerst produktiv sein sollte ...

Deine abgelehnte Tochter Sivvy

[*Undatiert; Poststempel vom 21. März 1953*]

Lieber Warren,

... diese Woche habe ich zum erstenmal den großen W. H.
Auden gesehen, er hat in der Kapelle einen Vortrag gehalten.
Genauso habe ich mir den vollkommenen Poeten immer vorgestellt: groß, breites Löwenhaupt mit rötlich-blonder Mähne und
lyrisch gigantisches Schreiten. Selbstverständlich spricht er mit
einem herrlichen britischen Akzent und ich bete ihn mit wahrer
Heldenverehrung an. Eines Tages möchte ich den Saum seines
Gewandes berühren und mit leiser, verehrungsvoller Stimme
sagen: Mr. Auden, ich habe ein Gedicht für sie: »I found my God
in Auden.«

> Er ist wunderbar und
> sehr brillant und
> sehr lyrisch und wirklich
> überaus witzig.

... Es gibt Millionen Dinge zu erzählen, da ich Dir so lang nicht
mehr geschrieben habe. Sieht so aus, als ob wir beide in diesem
Sommer zu Hause sein werden, und ich hoffe, wir können Mutter
beim Kochen und der anderen Arbeit helfen, denn Grammy ist
dazu offensichtlich nicht mehr in der Lage. Ich freue mich schon so
darauf, den ganzen Sommer mit Dir zusammenzusein, ich seh Dich
ja das Jahr kaum und Du bist doch immer noch meine Liebste
Lieblingsperson! Wir werden uns einen vergnügten Sommer
machen. Das wird mich dafür entschädigen, daß mein gesellschaftliches Leben zweifellos gleich Null sein wird. Wenigstens können
wir ab und zu gemeinsam Boston Machen, auch die Gassen, denn
Du bist ein Starker Mann und kannst mich beschützen ...

Alles Liebe, Deine Sivvy

[*Aus einem Smith College-Aufsatz mit dem Thema: »The Ideal
Summer«, Frühling 1953:*]

... Ich bin die Namensliste von meinen Freunden, Verwandten und Lieblingsprofessoren durchgegangen, und meine Wahl für einen Weggefährten ist, so seltsam das klingen mag, auf meinen 18jährigen Bruder Warren gefallen ...

... Warren und ich haben eine ziemlich wunderbare Freundschaft, haben Freude aneinander, als hätten wir uns zum Gefährten erwählt und wären nicht nur verwandt. Außerdem fängt Warren mit einem Stipendium nächsten Herbst in Harvard an und ist auch als kulturell und intellektuell anregender Kamerad ideal.

25. APRIL 1953

Liebste Mama,

morgen ist Dein Geburtstag, da hat es mit *Harper's* ja gerade noch im richtigen Augenblick geklappt und ich kann Dir die gewünschte Nachricht bringen: ich habe meine erste Zusage auf professioneller Basis bekommen! Ich kanns noch gar nicht glauben! Auch wenn da heute ein lieblicher Scheck über $ 100 gekommen ist. Zwei von den Gedichten, die sie haben wollen, sind Villanellen, nämlich »Doomsday« und »To Eva Descending the Stair«, was Du ja so besonders gern magst. Das dritte ist eins, das ich im letzten Frühjahr geschrieben habe, es heißt »Go Get the Goodly Squab«. Daß sie dieses genommen haben, hat mich am meisten gewundert, weil die *Atlantic* es schon einmal abgelehnt hat und weil die Jury für den alljährlichen Poesie-Wettbewerb im Smith College es im letzten Jahr überhaupt nicht beachtet hat ... Ich schätze es vor allem als Klangübung, deshalb freue ich mich schrecklich, daß ich es demnächst gedruckt sehen kann ...

... Ich glaube, jetzt kann ich wirklich für einen Cambridge-Aufenthalt planen [*den Sommer über*]. Mit derselben Post habe ich noch einen Scheck über $ 10 geschickt bekommen, weil ich bei der letzten *Mlle*-Aufgabe unter den zehn Zweitbesten war; meine ganze Extraarbeit und Dein freundliches Abtippen haben sich also wirklich bezahlt gemacht.

... Im Geiste widme ich diesen *Harper's*-Triumph Dir, die ich am liebsten habe auf der Welt.

... Trotzdem bleiben die *Atlantic* und der *New Yorker* meine unbezwungenen Annapurnas. Natürlich befinde ich mich bei *Harper's* in bester literarischer Gesellschaft. Gestern konnte ich die ganze Nacht nicht schlafen, so aufgeregt war ich. Hörst Du nicht schon die Kritiker sagen: »Aber ja, sie hat bei *Harper's* publiziert«? (Keine Angst, ich werde nicht eingebildet. Ich bin nur so glücklich, weil ich für meine harte Arbeit so eine fette Belohnung gekriegt habe.)

x x x für meine Geburtstagsmami – Sivvy

28. APRIL 1953

. . . Gestern hat man mich zur Redakteurin bei der *Smith Review* für nächstes Jahr gewählt – das ist der einzige Job auf dem Campus, auf den ich wirklich versessen war. Zusammen mit dem bezahlten, tollen Job bei der *Gazette* habe ich jetzt meine volle Punktzahl erreicht und kann die beiden Tätigkeiten ausüben . . . an denen mir am meisten gelegen war.

Den gestrigen Abend werde ich nie vergessen. W. A. Auden kam in unseren Kurs über moderne Dichtung, blieb zwei Stunden und las und analysierte eins seiner längsten Gedichte . . . brillanten Gedankenaustausch, Epigramme, Witz, Intelligenz und unendliches Wissen – das zu erleben war eine Chance, wie man sie nur einmal hat im Leben. Ich geriet in einen Zustand der Exaltation, wie ich ihn bis dahin nicht gekannt habe, und das Wohnzimmer von Miss Drew verwandelte sich in ein von Bücherwänden umschlossenes Heiligtum. Das Englisch-Department hier ist wirklich unübertroffen, und dieses Jahr mit dem Symposion und W. A. Auden war geradezu gespickt mit Genies aus Kunst und Wissenschaft . . .

[*Undatierter Brief an Warren; geschrieben etwa am 12. Mai 1953*]

Geliebter Harvard-Mann,

»Oh, I on-ly date a man if his shoes are white« – ich bin so stolz auf Dich, daß ich am liebsten lauter Luftsprünge machen und kleine Hipp Hipp Hurrahs über den ganzen Smith-Campus rufen würde. Also, Harvard ist mit einem *National* rausgerückt! Und das Beste von allem: du Darfst das Jahr über Nicht Arbeiten. Das nenn ich wahrhaft nobel . . .

Aber wieviel brauchst Du denn außerdem noch zum Leben?

Muß Mutter was beisteuern? Hoffentlich nicht, da sie total pleite ist, wie ich aus ihren Briefen schließe, und wieder Beschwerden mit ihrem Ulcus hat, obwohl sie ganz brav ist und wieder munter ihre Babynahrung ißt. Ich hoffe, daß ich im nächsten Jahr, trotz Ferienkursen (ich wünschte, Harvard würde für mich auch am 1. Juni blechen!) und New York, ebenfalls ganz für mich aufkommen kann.

Ich finde, wir beide sollten uns jetzt einen Plan machen, wie wir Mutter im Sommer zu einer glücklichen Erholung verhelfen können, trotz der Tatsache, daß sie unterrichtet. Du wirst ja wissen, daß das Haus gerade neu tapeziert wird (wofür ich unendlich dankbar bin, weil ich dann Jungens mit nach Hause bringen kann, ohne daß ich Schummerbeleuchtung machen und dauernd Angst haben muß, daß sie die Flecke und Risse auf der Tapete sehen – und Du kannst stolz sein, wenn Du während der Collegezeit Mädchen mitbringst). Das reißt zweifellos ein riesiges Loch in Mutters ohnehin fast leeres Bankkonto. Deshalb ist es in jedem Fall gut, wenn wir versuchen, uns die nächsten Jahre ganz auf eigene Füße zu stellen (wenn BLOSS meine *True Story* was abwerfen würde [*sie hatte verschiedene Sachen für* True Story *geschrieben*], dann würde ich schon dafür sorgen, daß unser Kaviartopf nimmer leer wird, indem ich noch mehr von diesen schmutzigen Geldbringern schreibe). Ironischerweise sind all meine Versuche, Geld durch das Prostituieren meines Talents zu verdienen – wie z. B. durch das Verfassen von Hunderten von Lucky Strike-Werbeverschen – erfolglos gewesen, wogegen das Dicke Geld dann kam, wenn ich zu meiner eigenen künstlerischen Befriedigung geschrieben habe, ohne mich um das Honorar zu scheren, siehe *Mlle* und *Harper's*.

Bitte sei doch so lieb und mache Dir morgens das Frühstück selber, damit Mutter keinen Finger rühren muß. Ich glaube, das beunruhigt sie am meisten. Du weißt ja genau wie ich, daß Mutter sich – und das ist wahrhaft erschreckend – unseretwegen buchstäblich Umbringen würde, wenn wir all das ruhig hinnehmen würden, was sie für uns tun will. Sie ist ein abnorm altruistischer Mensch, und ich habe spät genug erkannt, daß wir gegen ihre Selbstlosigkeit genauso kämpfen müssen wie gegen eine tödliche Krankheit. Mein Ehrgeiz ist es, soviel zu verdienen, daß sie in Zukunft im Sommer nicht mehr arbeiten muß, sondern in Ruhe Ferien machen, sich in die Sonne legen und entspannen kann, damit sie wohl vorbereitet im Herbst zurück an die Schule kommt. Bis jetzt war sie jedesmal gehetzt und erschöpft, und ihre Gebrechlichkeit macht mir Sorgen . . .

Nachdem wir ihr jetzt 20 Jahre lang das Lebensblut ausgesaugt und ihre Fürsorge in Anspruch genommen haben, finde ich, daß es an der Zeit wäre, ihr endlich große Freudendividenden zu bringen, und hoffe, daß wir vielleicht gemeinsam gegen Ende dieses Sommers unten am Cape eine Woche Ferien machen können. Was hältst Du davon?

Günstig wäre die letzte Augustwoche, wenn ich mit den Ferienkursen fertig bin, oder die Zeit unmittelbar nach dem Labor Day, wenn es billiger ist – wir können dann herrlich lesen, ausspannen und einfach so zusammensein. Ich habe keine Ahnung, wo das Auto dann ist, und ob Du überhaupt einverstanden bist, aber ich schlage vor, daß wir zusammenlegen und ihr eine Woche in einem Ferienhaus in der Gegend von Brewster oder Falmouth oder sonstwo spendieren. Laß mich wissen, wie Du diese kleine Glühbirne von einem Plan findest . . .

. . . Uns beiden geht's wirklich gut. Essen, Kleidung, die besten Colleges im ganzen Land – die unserer ersten Wahl –, und alle möglichen Preise etc. Führen wir etwa nicht ein gefeites, plath'-sches Dasein? Hoffe nur, daß die Welt nicht in die Luft fliegt und alles vermasselt ist, bevor wir unser schönes, intensives Leben bis zur Neige ausgekostet haben.

Es gibt so viel, worüber wir noch reden müssen: Lebensphilosophie, Ziele, Ansichten. Auf jeden Fall können wir die besten Gefährten sein, ganz und gar aufrichtig, und uns gegenseitig helfen. Ich bin stolz auf Dich und wünsche mir für Dich das Allerbeste auf dieser Welt. Hoffe, Du kannst von all meinen Fehlern, und ein paar meiner Glücksfälle und Erfolge profitieren!

Sei brav und bleibe gelassen und ausgeglichen (manchmal hilft's, wenn man den Kopf in Bier einweicht).

Noch eins laß Dir sagen: wenn man so viel Erfolg hat, wie wir, muß man verdammt aufpassen, weil viele Leute sich insgeheim wünschen, daß man vom hohen Roß in den Dreck fällt. Sie sind immer ein bißchen neidisch, wie gut Freund sie auch sein mögen. Ich finde es zum Beispiel zweckmäßig, erst gar nicht über die meisten meiner Publikationen zu reden, weil sich Freunde ohnehin nicht lange mit einem freuen können, ohne mit einem tauschen zu

wollen und einen gegen ihren Willen zu beneiden. Das ist traurig,
aber so ist es nun mal . . .

Viele, viele Grüße und noch mehr Glückwünsche,
Deine sehr stolze
Sivvy

[*Telegramm von* Mademoiselle *an Sylvia*]

[*Ohne Datum*]

FREUEN UNS MITTEILEN ZU KÖNNEN, DASS SIE EINE MADEMOISELLE GASTRE-
DAKTEURSSTELLE FÜR 1953 GEWONNEN HABEN. HALTEN SIE SICH ZUR VER-
FÜGUNG VOM 1. BIS EINSCHLIESSLICH 26. JUNI. BITTE TELEGRAPHIEREN SIE
SOFORT OB SIE ANNEHMEN ODER NICHT UND OB SIE HOTELRESERVIERUNG
BENÖTIGEN. EMPFÄNGER ZAHLT. WENN ERFORDERLICH GEBEN SIE IN SON-
DERTELEGRAMM TRANSPORTMITTEL UND KOSTEN FÜR HIN- UND RÜCK-
FAHRT AN. BRIEF FOLGT AUF IHRE TELEGRAPHISCHE ZUSAGE. MARYBETH
LITTLE, COLLEGE BOARD REDAKTEURIN.

NEW YORK, N. Y.
4. JUNI 1953

Liebe Mutter,

in diesen letzten drei Tagen ist so unglaublich viel passiert – so
plötzlich und so kurz nacheinander.

. . . Von meinem Fenster aus kann ich hinunter in die Gärten und
Gassen, bis zur dröhnenden Third Avenue-Hochbahn und hinüber
bis zum UN-Gebäude schauen, und mitten zwischen den Häusern
sehe ich gerade noch ein Stückchen vom East River. Nachts, wenn
ich an meinem Schreibtisch arbeite, blicke ich hinunter in ein Netz
von Lichtern und der Klang von Autohupen weht hoch zu mir wie
lieblichste Musik. Das ist wunderschön.

. . . Hochgezischt in den sechsten Stock von Madison 575; mit
anderen Redakteurinnen den ganzen Morgen endlose Formulare
und Jobunterlagen in unserem Hauptquartier, einem Konferenz-
raum in Dunkelgrün und Rosa mit vielen Spiegeln, ausgefüllt . . .
Ich unterhielt mich mit Rita Smith, Redakteurin für Prosaliteratur
(und Schwester von Carson McCullers!), Polly Weaver, Redakteurin für *Jobs and Futures* (in *ihrer* Smith-Zeit hatte sie denselben Job

120

wie ich am Press Board), und Betsy Talbot Blackwell, der fabelhaften Chefredakteurin.

... Nachmittags – kurze Artikel über Lyrik noch mal umgeschrieben [*Artikel: »Poets on Campus«; Kurzfassungen von Interviews mit Alastair Reid, Anthony Hecht, Richard Wilbur, George Steiner und William Burford*].

... Aufgaben schon verteilt. Eine sehr gute Freundin von mir aus dem Staate Washington ist Chefredakteurin. Ich bin *Managing-*Redakteurin und habe heute meine Schreibmaschine in das Büro von Cyrilly Abels verfrachtet. Zuerst war ich enttäuscht, daß ich nicht Redakteurin für Prosaliteratur geworden bin, aber inzwischen liebe ich meine Arbeit, weil sie alle Bereiche umfaßt.

Ich arbeite in ihrem Büro, belausche heimlich ihre ganzen Telefonate und persönlichen Gespräche, lese alle Manuskripte und »manage« viel herum – Termine, Drecksarbeit etc., aber es macht Spaß. Ihre Sekretärin ist ein Mädchen, das ich letztes Jahr bei Smith kennengelernt habe, im Moment ist also alles relativ entspannt, man kann schon fast sagen, heimelig.

Ich muß das ganze Zeug, das ich lese, lektorieren. Gerade habe ich meine Kritik fertig über einen Vortrag, den Elizabeth Bowen an demselben Tag gehalten hat, an dem ich ein Gespräch mit ihr hatte – ein intellektuelles Vergnügen. Habe auch die Möglichkeit, Gedichte etc. zu rezensieren, d. h. meine belletristischen Interessen lassen sich auch hier verwirklichen.

... Zu den geplanten Unternehmungen gehören Ausflüge in die Welt der Mode (z. B. John Frederic-Hüte), UN und *Harald Trib-*Besuche, Filmvorauführung, City Center Ballett ... TV-Sendung, Abendessen mit Tanz auf dem Dachgarten von St. Regis – wenn das nicht exotisch klingt! ... Alles Liebe,

Deine Managing-Redakteurin, Syrilly

8. JUNI 1953

... Die Arbeit nimmt kein Ende. Ich lese den ganzen Tag Manuskripte im Büro von Miss Abels und lerne wahnsinnig viel vom Belauschen ihrer Telefonate etc. Lese Manuskripte von Elizabeth Bowen, Rumer Godden, Noel Coward, Dylan Thomas u. a. Lektoriere alle. Kriege enorme Bildung. Verfasse und tippe auch Absagen, unterzeichnet mit meinem Namen! Habe heute mit hartnäckigem Sinn für poetische Gerechtigkeit eine an einen Mitarbeiter vom *New Yorker* geschickt.

. . . Habe das schreckliche Gefühl, daß ich eventuell nicht in den O'Connor-Kurs reinkomme [*Frank O'Connor's creative writing-Kurs bei den Harvard-Ferienkursen, der als besonders gut und wichtig galt*]. Schicke »Mintons« ein . . . UND den ersten Abschnitt von »The Birthday«, einer *creative writing*-Arbeit von diesem Jahr . . . Radiere wenn möglich Anmerkungen weg, oder, besser noch, tippe es neu und schick es ab . . . Ich habe meine Zweifel, ob ich aufgenommen werde, da sich mit Sicherheit ganz Amerika bewirbt.

. . . Das Leben stürmt im Moment mit solcher Heftigkeit auf mich ein, daß ich mich manchmal frage, wer ich bin . . . Bitte, bitte laß von Dir hören. Briefe bedeuten mir so viel. So viel zu tun und ein Monat ist in Null Komma nichts vorbei.

In der August-Ausgabe ist jede Menge drin von uns – einige Photos, ebenfalls der *letzte Schrei* – das Vorwort für das ganze Heft, das ich gerade beendet habe, habe ich in meiner Eigenschaft als Managing-Redakteurin geschrieben, Dichter-Porträt ganz fertig. Macht einen großartigen Eindruck.

Erschöpft und immer noch verwundert, daß es so viele Menschen und Tiere gibt auf dieser großen, weiten Welt.

Deine stadtvernarrte Sivvy

Besonders liebe Grüße an Warren, den Mrs. Prouty gleichfalls herrlich findet und kennenlernen möchte. Wie geht's ihm? Ich vermisse ihn und lerne so vieles über die Welt, von dem ich ihm berichten muß.

Hab ein Jak und eine weichnasige, unendlich duldsame Elenantilope im Zoo gesehen . . . Gehe wieder hin, wenn noch mehr Arten und andere Namen wach sind . . . diesmal war Dämmerung. Dafür habe ich ein Heffalump schnarchen gehört. Ganz bestimmt, ich hab's gehört.

Alles, alles Liebe,

S.

[*Undatiert – Ende Juni 1953*]

Lieber Warren,

. . . ich habe hier erstaunlich viel erlebt: die Welt ist aufgeplatzt vor meinen gaffenden Augen und hat ihre Eingeweide verspritzt wie eine geborstene Wassermelone. Ich glaube, ich muß erst einmal in Ruhe darüber meditieren, was ich da alles gesehen und erlebt habe, bevor ich überhaupt begreife, was los war in diesem letzten Monat. Im Moment bin ich völlig erledigt von den anstrengenden Tagen im Büro, von der Hitze und vom Ausgehen. Ich möchte nach Hause und nur noch schlafen, schlafen, Tennis spielen und wieder braun werden (jetzt habe ich einen ungesunden, gelben Ton) und endlich das lernen, womit ich mich das ganze letzte Jahr befaßt habe.

Von Dir weiß ich nichts, ich weiß nur, daß die letzten College-wochen ein einziges hektisches Gerenne nach Bussen, Zügen, Prüfungen und Verabredungen waren, und daß der Wechsel nach NYC so rapide war, daß ich immer noch nicht imstande bin, vernünftig darüber nachzudenken, wer ich bin oder wohin ich gehe. Ich war sehr ekstatisch, schrecklich deprimiert, geschockt, verzückt, abgeklärt und enerviert – und alles zusammen macht das Leben neu und sehr intensiv für mich. Zur Abwechslung möchte ich am kommenden Wochenende zu Hause friedlich dahinvegetieren, umgeben von den Menschen, die ich liebe.

Ich kann Dir nicht in aller Ausführlichkeit berichten, was in dieser Woche alles passiert ist, ich bin einfach zu erschöpft, zu benommen dafür. Innerhalb von sechs Tagen habe ich die Runde durch die zweitgrößte Werbeagentur der Welt gemacht, habe ferngesehen, Küchen besichtigt, dortselbst Reden gehört, mir eine Ptomainvergiftung durch Krabben geholt, die uns die Agentur in ihrer »hauseigenen Spezial-Testküche« servieren ließ, und mir einen Tag lang unter Ohnmachten, Spritzen und qualvollen Schmerzen inbrünstig gewünscht zu sterben. Habe einen Abend in Greenwich Village verbracht, mit dem Simultandolmetscher Gary Karmiloff, dem geistreichsten, herrlichsten Mann von der Welt, der tragischerweise ein paar Zentimeter kleiner ist als ich – aber der prächtigste, liebenswerteste Mensch, den ich je getroffen habe. Nach seinem alter ego werde ich wohl für den Rest meines Lebens auf der ganzen Welt Ausschau halten. Habe einen Abend – gleichfalls in der Village – zugehört, als mir ein 18jähriger Freund von

Bob Crochan nach dem Steak-Essen seine Gedichte vorlas. Habe mich einen Abend, bei einer Tanzerei im Tennis-Club von Forest Hills, mit einem reichen, skrupellosen peruanischen UN-Delegierten gestritten – und war Samstag schließlich im Yankee Stadium und habe mir mit allen Stinkern dieser Welt angeschaut, wie die Yankees die Tigers fertiggemacht haben, wobei wir mit dem Kommentator Mel Allen photographiert wurden; habe mich in der U-Bahn verirrt und gesehen, wie mißgestaltete Männer mit kurzen Armen, die sich wie rosafarbene, knochenlose Schlangen um eine Bettelschale ringelten, durch den Wagen taumelten, und dabei dauernd denken müssen, daß es genauso ist wie im Central Park Zoo, nur daß dort die Scheiben vergittert sind – oh Gott, ist es unglaublich, an alles auf einmal zu denken – mir platzt der Kopf.

... meinst Du, Du könntest Deine rußgeschwärzte, dreckige, erschöpfte, weise Ex-Managing-Redakteurin vom Bahnhof abholen und sie mit ihrem Gepäck nach Hause fahren? Ich liebe Dich millionenmal mehr als einen von diesen geölten Werbemännern, diesen Reklamefritzen, diesen reichen Schweinen, die pausenlos mit ausländischem Akzent angeben und sich betrinken. Du kriegst noch Nachricht von mir, mit welchem Zug mein Sarg ankommt.

Aber Spaß beiseite, ich bin mehr als überglücklich, daß ich einen Monat hier war; ich merke eben jetzt, wie jung und weltunerfahren ich bin. Smith kommt mir vor wie eine bezaubernd schlichte, bukolische Idylle, verglichen mit dem trockenen, feuchten, atemlosen Ödland der Hochhausbewohner, wo die Leute »schillernde, tote Galläpfel am Baum des Lebens« sind, wie D. H. Lawrence seine Gesellschaft charakterisiert. Im Vergleich mit ihnen erscheinen mir die wenigen guten Freunde, die ich habe, wie klares Eiswasser nach einem sehr starken, brennenden Martini.

... Liebe Grüße an Euch alle – ihr wunderbaren, charaktervollen, aufrichtigen, echten, ungeschminkten Leute.

Deine erschöpfte, ekstatische, elegische
New Yorker Sivvy

Zweiter Teil

22. Oktober 1953–28. Juli 1955

Als meine Mutter und ich Sylvia nach ihrer Rückkehr aus New York City abholten, wo sie einen Monat als Gastredakteurin bei Mademoiselle gearbeitet hatte, war sie abgespannt und ernst. Ich hatte Angst, Sylvia die Nachricht mitzuteilen, die ich an diesem Morgen bekommen hatte – daß sie für den Kurzgeschichten-Schreibkurs von Frank O'Connor nicht angenommen worden war.

Ich wußte, daß Sylvia dies als Aberkennung ihres vielversprechenden schriftstellerischen Könnens betrachten würde, trotz all der Auszeichnungen und Veröffentlichungen, die zu ihren Gunsten sprachen. Mit Erfolg Kurzgeschichten zu schreiben, war damals Sylvias oberstes Ziel, und sie forderte allzu viel von sich.

Als wir den Bahnhof verließen, sagte ich zu ihr so beiläufig wie möglich: »Der Kurs von Frank O'Connor ist übrigens schon voll besetzt, du kannst dich erst im nächsten Sommer wieder anmelden.« Im Rückspiegel konnte ich sehen, wie Sylvias Gesicht bei diesen Worten weiß wurde; Schock und äußerste Verzweiflung zeichneten sich darauf ab und alarmierten mich.

Von diesem Moment an wurde mir bewußt, daß sie sich sehr verändert hatte; keine Spur mehr von ihrer früheren joie de vivre.

Meine Mutter versuchte mich mit der Erklärung zu beruhigen, daß das sicher nur eine vorübergehende und natürliche Reaktion auf die starke Belastung im letzten Jahr sei, wo sie sich keine Ruhepause gegönnt hatte. Wir redeten ihr zu, die Dinge »einfach laufen zu lassen und sich zu entspannen«. Wir packten den Picknickkoffer und fuhren an verschiedene Strände in New Hampshire und Massachusetts. Zu Hause legte sie sich häufig in die Sonne, immer ein Buch in der Hand – ohne je darin zu lesen. Tage vergingen so, bis sie endlich anfing, mit mir zu reden und ein endloser Strom von Selbstverachtung und Selbstanklagen aus ihr *hervorbrach. Sie sei ohne Ziel, sagte sie, und wüßte nicht, was sie mit ihrem Leben anfangen sollte, da sie nicht mehr imstande sei, zu begreifen, was sie lese, geschweige denn kreativ zu schreiben. Die Freunde hätte sie verletzt, die Geldgeber »enttäuscht« – und so ging es immer weiter.*

Sylvia ging in ihrer Selbstbezichtigung sogar soweit, daß sie sich Vorwürfe machte, »Sunday at the Mintons«, eine der beiden preisgekrönten Erzählungen der Mademoiselle-Augustausgabe von 1952, veröffentlicht zu haben. Sie war der Meinung, daß das eine Lieblosigkeit dem jungen Freund gegenüber gewesen sei, der ihr ursprünglich das Material für die Charakterisierung von Henry, einer der beiden Figuren in der Geschichte, geliefert hatte. Man könnte sagen, daß sich in dieser Reaktion bereits das emotionale Zurückschrecken ankündigte, von dem sie beim Erscheinen ihres autobiographischen Romans The Bell Jar 1963 *in London, kurz vor ihrem Tod, ergriffen wurde.*

In ihrem Bemühen, sich zusammenzureißen, kam Sylvia zu der Überzeugung, daß eine planvolle Tätigkeit ihr das Gefühl nehmen würde, daß der ganze Sommer vergeudet sei, zumal sie sich inzwischen entschlossen hatte, keinen Versuch bezüglich irgendwelcher Harvard-Ferienkurse zu machen. Sie hatte vor, bei mir jeden Morgen eine Stunde Stenographieunterricht zu nehmen, um damit in der Lage zu sein, »einen Job zu kriegen, der mir das Schreiben finanziert – sollte ich jemals wieder schreiben können«. Wir arbeiteten vier Stunden miteinander. Aber ihre unzusammenhängende Schrift eignete sich nicht gut für die verbundenen Striche des Gregg-Systems, und ich war erleichtert, als sie mit mir einig war, daß sie sich im Leben auch ohne diese Kenntnisse zurechtfinden würde. Später bedauerte ich, daß wir überhaupt den Versuch gemacht hatten, da dieser Fehlschlag bei ihr das wachsende Gefühl des Versagens und Minderwertig-Seins nur noch verstärkte.

Ich vergesse nie, wie ich eines Morgens kaum verheilte, tiefe Schnittwunden an ihren Beinen entdeckte. Auf mein entsetztes Fragen hin antwortete sie: »Ich wollte nur mal sehen, ob ich den Mumm dazu habe!« Dann ergriff sie meine Hand – die ihre war brennend heiß – und rief in leidenschaftlicher Erregung: »Oh, Mutter, die Welt ist so verdorben! Ich will sterben! Laß uns gemeinsam sterben!«

Ich nahm sie in die Arme und sagte ihr, daß sie krank und

erschöpft sei, daß sie alles habe, um dessentwillen es sich lohne zu leben, und daß ich dafür sorgen würde, daß sie sich das wünschte. Binnen einer Stunde waren wir bei unserer Ärztin; sie empfahl eine psychiatrische Beratung, und es begann der lange Sommer, in dem wir Hilfe suchten.

Unglücklicherweise erinnerte der erste Psychiater Sylvia an einen hübschen, aber verbohrten Jungen, mit dem sie ein Date gehabt hatte, und über den sie sich »hinausgewachsen« fühlte, d. h. er konnte ihr kein Vertrauen einflößen. Er bestand auf einer Reihe von Elektroschock-Behandlungen, von denen er sich eine Besserung erwartete. Ich fühlte mich so hilflos, so allein. Eine gutmütige Nachbarin brachte Sylvia und mich zu den Behandlungen ins Krankenhaus; sie war es dann auch, die bei mir saß und mir die Hand hielt, während wir auf Sylvia warteten, denn trotz meiner inständigen Bitten hatte man mir nicht erlaubt, sie zu begleiten.

Die Konsultationen bei dem nächsten Psychiater, zu dem man sie überwiesen hatte, einem älteren, gütigen, väterlichen Mann, ließen mich wieder hoffen. Er verschrieb ihr Schlaftabletten, die ich ihr jeden Abend geben sollte, und ich hielt sie in einer Metallkassette mit Sicherheitsschloß aufbewahrt. Sylvia hörte nicht auf, stets im gleichen Ton der Selbstverachtung zu sprechen, und wurde jedesmal sehr erregt, wenn sie an den näherrückenden Termin des Herbstsemesters im College dachte.

Am 24. August, einem glühend heißen Tag, lud uns eine Freundin zu einer Filmvorführung über die Krönung Königin Elizabeths II. ein. Sylvia sagte, daß sie zu Hause bei ihren Großeltern bleiben wollte, die vor kurzem erst vom Cape zurückgekommen waren, und bestand darauf, daß ich ging. Sie sah besonders gut aus an jenem Tag, ihre Augen funkelten, ihre Wangen waren gerötet. Trotzdem hatte ich ein Gefühl des Unbehagens, als ich sie verließ und ahnte, daß ihre Heiterkeit gekünstelt war.

Es fiel mir sehr schwer, mich auf die schleppende, altertümliche Zeremonie auf der Leinwand zu konzentrieren, und mittendrin wurde ich plötzlich von einem Entsetzen ergriffen, wie ich es noch nie erlebt hatte. Der kalte Schweiß rann mir den Körper hinunter; mein Herz schlug wie wild. Ich hatte nur noch den Wunsch, meinen Sitz zu verlassen und aus dem Theater zu stürmen. Trotzdem zwang ich mich, bis zum Schluß auszuharren und bat dann meine Freundin, mich auf der Stelle nach Hause zu fahren. Auf dem Eßtisch fand ich, angelehnt an eine Blumenschale, einen Zettel, auf dem in Sylvias Handschrift folgendes stand: »Mache einen langen Spaziergang. Bin morgen wieder zu Hause.«

Grammy kam völlig verstört aus ihrem Zimmer und sagte zu mir: »Wir hatten ja keine Ahnung, daß sie so krank ist, man hätte sie nicht allein lassen dürfen.« Grampy weinte. So nahm der Alptraum aller Alpträume seinen Verlauf.

Die Nachricht von Sylvias Verschwinden, die ich der Polizei telefonisch übermittelt hatte, wurde über das Radio verbreitet. Da erst entdeckte ich, daß das Schloß meiner Stahlkassette erbrochen war und die Flasche mit den Schlaftabletten fehlte.

Am Mittag des dritten Tages, während wir aßen, hörte Warren als erster so etwas wie ein Stöhnen aus der Kellergegend. Bevor sich irgendeiner von uns rühren konnte, sprang er vom Tisch auf, und dann hörten wir ihn schreien: »Ruft einen Krankenwagen!« In dem niedrigen Hohlraum unterhalb des Schlafzimmers im Erdgeschoß, dessen Eingang für gewöhnlich durch einen Stapel Kaminholz versperrt gewesen war, hatte er seine Schwester gefunden, die wieder zu Bewußtsein kam. Eine fast leere Flasche Schlaftabletten lag neben ihr.

Binnen Minuten wurde sie in den Krankenwagen getragen, und wir folgten ihm ins Newton-Wellesley-Krankenhaus. Als ich zu ihr durfte, sah ich, daß sie eine gefährlich aussehende Schürfwunde und eine beträchtliche Schwellung unterhalb des rechten Auges hatte. Das erste, was ich von ihr zu hören bekam, war ein Stöhnen und die Worte: »Oh, nein!« Als ich sie bei der Hand nahm und ihr sagte, wie sehr wir uns freuten, daß sie am Leben sei, und wie sehr wir sie lieb hätten, kam es matt von ihren Lippen: »Das war meine letzte Liebestat.« Das was sie sagte, war vollkommen klar und vernünftig, auch wenn ihr die Stimme kaum gehorchte. Als ich ihr auseinandersetzte, daß sie jetzt vollkommene Ruhe halten müsse und sich dank medizinischer Pflege bald erholen würde, antwortete sie: »Ach, könnte ich bloß noch mal freshman sein. Ich wollte so gern eine Smith-Frau werden.«

Die nächsten Wochen war ich voller Besorgnis. Noch hatte ihr Wunsch, zu leben, nicht gesiegt. Sie wurde auf die psychiatrische Abteilung des Allgemeinen Krankenhauses von Massachusetts verlegt, wo das Zusammensein mit anderen, weitaus gestörteren Patienten Anlaß ihrer Regression wurde.

Sobald die Nachricht von Sylvias Auffinden an die Öffentlich-keit gedrungen war, bekam ich ein teilnehmendes Telegramm von Mrs. Prouty, die gerade in Maine Ferien machte. Ein ganz großer Kummer von Sylvia während ihrer Krankheit war es gewesen, daß sie sich des Stipendiums, das sie bekommen hatte, nicht würdig erwiesen hatte. Und wieder war es Mrs. Prouty, die uns allen Hoffnung machte, denn ihr Telegramm lautete: HABE SOEBEN ERFAH-REN DASS SYLVIA GEFUNDEN WURDE UND ZUR GENESUNG IM KRANKENHAUS IST. ICH MÖCHTE HELFEN. BRIEF FOLGT. OLIVE H. PROUTY*

Es folgten einige Briefe und Besuche; Mrs. Prouty hatte selber einen Nervenzusammenbruch erlitten, und Sylvia und sie schlossen sich damals besonders eng aneinander an.

[*Sylvia befand sich zu dieser Zeit in der McLean-Klinik in Belmont, Massachusetts.*]

22. OKTOBER 1953

Liebe Mrs. Plath,
 gestern habe ich Sylvia besucht und mit ihr auswärts zu Mittag gegessen. Sie begrüßte mich lächelnd und sah bezaubernd aus mit ihrem blauen Kostüm und den hübsch frisierten Haaren. Nach dem Essen auf der Hartwell Farm fuhren wir zurück in die Klinik, wo ich eine Verabredung mit Frau Dr. B. hatte, und unterwegs hielten wir ein paarmal an, um uns Obst an den Ständen zu kaufen. Wie ich von Frau Dr. B. erfuhr, macht Sylvia die schönste Weberei in der ganzen Werkstätte, obwohl sie mir gegenüber behauptet hatte, daß sie »gräßlich« sei. Später zeigte sie sie mir, und ich muß sagen, sie ist wirklich ausgezeichnet gemacht. Genauso makellos wie die Weberei waren die abgetippten Seiten, um die ich sie gebeten hatte. Frau Dr. B. ist der Ansicht, daß Sylvia eine Perfektionistin ist, was eine Erklärung dafür wäre, daß sie jedesmal anfängt, sich selbst zu verachten, wenn sie irgendwo die gewünschte Perfektion nicht erreicht. Ich verließ sie erst bei einbrechender Dunkelheit. Sie bat mich darum, ihr noch mehr von den Manuskriptseiten zum Abtippen zu schicken – ferner sagte sie, daß sie gerne ein Lehrbuch für Anfänger für das Culbertson Kontrakt [*Bridge*] hätte. Ist das nicht vielversprechend? Ich schicke ihr gleich heute eins . . .

Hochachtungsvoll,
Ihre Olive H. Prouty

[*Brief von Mrs. Prouty an Dr. William H. Terhune*]

WALNUT STREET
BROOKLINE, MASS.
2. NOVEMBER 1953

Lieber Will,
 . . . Dr. H. behauptet, daß Sylvia sich mit der Zeit völlig erholen wird. Es gibt keine Anzeichen für eine Schizophrenie oder irgendeine Psychose, und es ist nicht zu befürchten, daß sich die gegenwärtige Neurose zu einem Zustand entwickeln wird, der ihre geistige Verfassung ernsthaft bedroht . . .
 Mir wäre es lieb, wenn Sylvia endlich zu Ihnen kommen könnte,

doch einer der Doktoren von McLean sagte zu mir: »Warum soll sie denn woanders hin, wenn es ihr *hier* immer besser geht?« Weil ich die Behandlungsmethoden bei McLean so wenig konstruktiv finde (was ich ihm natürlich nicht erzählt habe). Keiner der Patienten bekommt einen Tagesplan. Beschäftigungstherapie oder sportliche Betätigung im Freien werden nicht für nötig gehalten. Es gibt nichts, was die Patienten zu geistiger Leistung anspornt (wie zum Beispiel die kleinen grünen Bücher in Siver Hill). Man vermittelt ihnen keine Lebensanschauung und sagt ihnen nicht, wie sie vernünftig leben sollen, wenn sie wieder gesund sind . . .

[*Sylvia wurde mit Insulin behandelt, und nach ein paar Wochen zeigten sich deutliche Anzeichen einer Besserung. Gegen Ende ihres Aufenthalts bei McLean mußte sie sich einer Reihe von Elektroschockbehandlungen unterziehen, aber die verständnisvolle Psychiaterin, zu der Sylvia uneingeschränktes Vertrauen hatte, versprach ihr, während der ganzen Behandlung bei ihr zu bleiben.*

Bis zum fünften Dezember hatte sie sich soweit erholt, daß sie wieder ganz sie selbst zu sein schien. Als ich sah, daß ihre Augen wieder leuchteten und ein natürliches Lächeln auf ihren Lippen lag, während sie mich das erstemal umarmte, schickte ich ein Dankgebet zum Himmel! Sie verkündete mir, daß sie fest entschlossen sei, im zweiten Semester wieder zu Smith zu gehen: »Ich weiß, daß ich's schaffe, Mutter! Ich weiß, daß ich's schaffe!«

Im Frühjahr 1954 übergab mir Sylvia folgenden Brief und sagte dazu: »Ich habe ihn nie abgeschickt. Trotzdem habe ich ihn aufgehoben, weil er dokumentiert, wie ich damals über die Ereignisse im letzten Sommer gedacht habe.«]

BELKNAP HOUSE
MCLEAN-KLINIK
BELMONT, MASS.
28. DEZEMBER 1953

Liebe E.,

ich bin Dir eine Erklärung schuldig für den ziemlich gewaltigen Zeitsprung zwischen dem Datum des heutigen Briefes und dem Deines kurzen, jedoch eindringlichen Vorschlages, daß ich Dir schreiben soll. Ich weiß nicht, wie weit genau die Zeitungsnachricht von meinem kleinen Skandal in diesem Sommer gedrungen ist, denn ich habe Briefe aus den ganzen Vereinigten Staaten bekommen, von Freunden, Verwandten, völlig Fremden und religiösen Spinnern; und ich habe keine Ahnung, ob Du etwas über meine Eskapade gelesen hast, oder ob Du über meine gegenwärtige Situation informiert bist. Auf jeden Fall bin ich bereit, Dir ein kurzes Resümee der einzelnen Vorgänge zu liefern . . .

Den ganzen, hektischen Monat Juni hindurch habe ich in den luxuriösen, klimatisierten Büros von *Mlle* gearbeitet und mitgeholfen, die August-Ausgabe auf die Beine zu stellen. Ich war völlig erledigt, als ich wieder zu Hause war, und hatte den festen Vorsatz, in die beiden Harvard-Ferienkurse zu gehen, für die man mir ein Teil-Stipendium angeboten hatte. Dann kam alles anders. Mir war nach und nach klargeworden, daß mein *junior*-Jahr bei Smith total vergeudet war, weil ich nur ein Minimum an Kursen (und noch dazu die falschen) besucht hatte. Eloquent hatte ich mich bei ein paar schriftlichen Arbeiten durchgemogelt, hatte mit nur drei oder vier Prüfungen im Jahr gerade noch die Kurve gekriegt, nichts Gehaltvolleres gelesen als die Witze am Ende der Spalten im *New Yorker* und in meinem heißen Bemühen, mich W. H. Auden anzunähern, nichts Besseres hervorgebracht als routinierte Verschen. Frohgemut hatte ich behauptet, daß ich eine Abschlußarbeit über James Joyce schreiben würde (als ich den *Ulysses* noch nicht einmal ganz durchgelesen hatte) und daß ich die Zwischenprüfungen in meinem *senior*-Jahr machen würde (als ich mich, Gott sei's geklagt, noch nicht einmal mit den bekanntesten Werken von Shakespeare befaßt hatte!). Jedenfalls stand ich plötzlich vor der gräßlichen Notwendigkeit, mich in dem goldig kurzen Zeitraum eines einzigen Sommers mit der englischen Sprache vertraut zu machen, die mir mindestens so verständlich vorkam wie Jiddisch. Obwohl ich inzwischen fand, daß Psychologie, Soziologie und Philosophie . . . unendlich viel wertvoller, nützlicher und unerreichbarer waren.

Aber nicht genug damit: All meine Freundinnen schrieben gerade in Europa Romane, hatten vor, im nächsten Juni zu heiraten, oder studierten Medizin . . . Die paar Männer meiner Bekanntschaft erwiesen sich entweder als Helfer in der Not . . . oder hatten für die legale Art der Liebe noch gut zehn Jahre keinen Bedarf, sondern wollten sich die Welt mitsamt ihren femmes fatales ansehen, bevor sie Opfer des ehelichen Haussegens wurden.

Mit einem Wort, meine Reaktion auf das unmittelbar greifbare Problem bestand Anfang Juli in dem Entschluß, ein paar hundert Dollar zu sparen, zu Hause zu bleiben, zu schreiben, Stenographie zu lernen und die Sache mit den Ferienkursen mit List hinzukriegen. Du weißt schon – so was wie billig leben und schöpferisch sein. Die Wahrheit ist, daß ich damit gerechnet hatte, in den Schreibkurs von Frank O'Connor in Harvard aufgenommen zu werden, aber das hatten ein paar tausend andere recht brillante Schriftsteller offenbar auch und ich kam deshalb nicht rein; ich war verletzt und glaubte, daß ich auf dieser Welt zu gar nichts mehr taugen würde, wenn ich nicht selbständig schreiben könnte. Wie sich herausstellte, war ich nicht nur total unfähig, einen einzigen Schnörkel Stenographie zu erlernen, sondern hatte auch in der literarischen Welt nichts, aber auch gar nichts zu sagen; denn ich war steril, leer, dumm, UNBELESEN, und hatte nicht gelebt. Und je mehr ich mich bemühte, die Situation zu verbessern, desto unfähiger wurde ich, auch nur EIN EINZIGES WORT unserer schönen, alten Sprache zu verstehen.

Ich fing an, Praxis und Couch der ortsansässigen Psychiater zu frequentieren, die eben alle aus dem Urlaub kamen oder in Urlaub gingen. Ich konnte nicht mehr schlafen; ich wurde immun gegen Schlaftabletten, obwohl ich die Dosis ständig erhöhte. Ich machte als ambulante Patientin die relativ kurze, traumatische Erfahrung von miserabel durchgeführten Elektroschockbehandlungen.

Bald schon hatte ich nur noch eine Frage im Kopf: wann genau und wie ich Selbstmord machen sollte. Die einzige Alternative, die ich sehen konnte, war die Irrenanstalt – unendliche Hölle für den Rest meines Lebens –, und so wollte ich von dem letzten Stückchen meines freien Willens Gebrauch machen und ein schnelles, sauberes Ende wählen. Auf die Dauer gesehen, fand ich, war das für meine Familie gnädiger und billiger; statt ihnen die unabsehbar lange, teure Einkerkerung der Lieblingstochter in die Zelle eines staatlichen Irrenhauses zuzumuten, mitsamt dem Elend und der Ernüchterung, die so ein geistiges Vakuum, so eine physische Verwahrlosung von etwa sechzig Jahren mit sich bringt, wollte ich ihnen all das ersparen und Schluß machen auf der Höhe meiner sogenannten Karriere, als es noch Illusionen bei meinen Professoren gab, noch Gedichte, die in *Harper's* publiziert werden sollten, zumindest noch eine Erinnerung, die sich lohnte.

Also versuchte ich es mit dem Ertränken, aber das hat nicht geklappt; der Drang nach Leben, rein physischem Leben, ist verdammt stark und ich begriff, daß ich ewig so weiterschwimmen konnte, hinaus ins Meer und in die Sonne, und nie mehr als ein paar Schluck Wasser schlucken und dann weiterschwimmen würde. Der Körper ist erstaunlich zäh, wenn es darum geht, sich dem Vernichtungswillen des Verstandes zu opfern.

Da kam ich auf etwas, was ich für den einfachsten Ausweg hielt. Ich wartete, bis meine Mutter in die Stadt gegangen war, mein Bruder bei der Arbeit und meine Großeltern draußen im Garten waren. Dann erbrach ich das Schloß der Kassette meiner Mutter, nahm die Flasche mit den 50 Schlaftabletten heraus und stieg hinunter zu dem dunklen, versteckten Hohlraum in unserem Keller, nachdem ich Mutter eine Nachricht hinterlassen hatte, daß ich mich auf einen langen Spaziergang begeben und vielleicht einen Tag lang weg sein würde. Ich schluckte Unmengen von dem Zeug und versank selig in der wirbelnden Schwärze, von der ich aufrichtig glaubte, daß sie das ewige Vergessen sei. Meine Mutter hielt meine Nachricht für wahr, schickte Suchtrupps aus, benachrichtigte die Polizei und gab schließlich, etwa am zweiten Tag, die Hoffnung auf, als sie feststellte, daß die Schlaftabletten fehlten. Unterdessen hatte ich dummerweise zu viele Pillen genommen, hatte sie herausgebrochen und war in einer Hölle der Finsternis zu Bewußtsein gekommen; in dem vergeblichen Versuch, mich aufzusetzen, schlug ich immer wieder mit dem Kopf gegen die scharfkantigen Steine des Kellers und rief instinktiv um Hilfe.

Mein Bruder hörte schließlich meine schwachen Rufe, rief einen Krankenwagen, und die nächsten Tage waren ein Alptraum mit blendenden Lichtern, fremden Stimmen, großen Nadeln und der überwältigenden Gewißheit, daß ich auf einem Auge blind war. Ich haßte die Leute, die mich nicht sterben lassen wollten, sondern darauf bestanden, mich zurückzuholen in die Hölle eines elenden, bedeutungslosen Daseins.

Auf nähere Einzelheiten der zwei schweißgebadeten Wochen im Newton-Wellesley-Krankenhaus, wo ich den neugierigen Augen aller Schwesternschülerinnen, Wärter und Vorbeigehenden ausgesetzt war, möchte ich verzichten – ganz zu schweigen von den vierzehn Tagen in der psychiatrischen Abteilung des Allgemeinen Krankenhauses von Massachusetts, wo die riesige, offene Wunde auf meiner Wange nach und nach verheilte und ich ein wunderbar intaktes Auge mit einer großen, häßlich braunen Narbe darunter zurückbehielt.

Ich will's kurz machen: Meine Smith-Gönnerin hat mich mittels irgendwelcher Gute-Fee-Zaubereien in die beste Nervenklinik der U. S. hineinmanövriert, wo ich ein eigenes schönes Privatzimmer und einen eigenen schönen Privatpsychiater bekam. Ich hatte nicht geglaubt, daß Besserung möglich sei. Scheint doch so zu sein.

Ich bin aus der Insulin- und der Elektroschock(hu!)therapie wieder aufgetaucht und habe entdeckt, daß ich, unter anderem, wieder lachen kann, wenn mich ein gewisser Anlaß dazu reizt (was erstaunlicherweise manchmal der Fall ist), und daß ich mich über Sonnenuntergänge, Spaziergänge auf dem Golfplatz und Fahrten aufs Land freuen kann. Was mir immer noch fehlt, ist die alte Liebe und Fähigkeit zum Alleinsein und Lesen. Gerade jetzt brauche ich etwas, was besonders unmöglich ist, nämlich jemanden, der mich liebt und der nachts bei mir ist, wenn ich aufwache, voller Entsetzensschaudern und Furcht vor den Zementtunnels, die hinunterführen in den Elektroschockraum – jemanden, der mich tröstet und mir ein Selbstvertrauen gibt, wie kein Psychiater das schafft.

Das Schlimmste ist hoffentlich vorüber . . . Irgendwie erinnert mich das Ganze an den tiefen Eindruck, den der Film »Schlangengrube« vor ungefähr sechs Jahren auf mich gemacht hat. Ich hoffe nur, daß ich keinen ernsthaften Rückfall bekomme und hier in ein paar Monaten rauskann.

. . . Ich darf jetzt schon Besucher empfangen, Ausfahrten machen und unter Aufsicht spazierengehen, und hoffe, daß ich Ende dieser Woche »Gelände-Privilegien« bekomme, das heißt, ich darf dann auf dem Gelände alleine herumlaufen und die Kaffeestube, die Bibliothek und die Räume für Beschäftigungstherapie besuchen.

. . . Ich sehne mich so danach, wieder draußen zu sein in den offenen Weiten der ach so wüsten, gefährlichen, wirklichen Welt, die ich trotz allem immer noch liebe . . .

Wie immer,
syl

[*Die folgenden Zeilen schrieb Sylvia, als ihr eigener Zusammen-bruch schon über drei Jahre zurücklag. Sie studierte damals mit einem Fulbright-Stipendium in Cambridge in England und war mit Ted Hughes verheiratet. S. war der Sohn einer lieben Freundin. Seine Mutter hatte mir über seine tiefe Depression geschrieben und mich gefragt, wie sie ihn von der Notwendigkeit einer psychiatrischen Behandlung überzeugen sollte.*]

29. NOVEMBER 1956

Liebste Mutter,

Deine Erzählung über S. hat mich ungeheuer berührt ... Ich habe mich ganz plötzlich »hineinversetzt gefühlt« in seinen Zustand, in dem er genau wie ich vor kaum mehr als drei Jahren das Gefühl haben muß, daß er mit seinem Studium nicht zurecht kommt. Ich wünschte, Du könntest Dich in irgendeiner Weise seiner annehmen – ihn ein Wochenende allein zu Dir holen, ihn zum Reden bringen, seine krankhafte Reserve und seine Furcht durchbrechen und ihn womöglich dazu bringen, daß er sich gehenläßt und weint.

Nimm mich als Beispiel, wenn Du kannst. Ich bin sicher, daß er glaubt, daß ich niemals Probleme mit *Noten* hatte, auch wenn ich in einer Nervenheilanstalt war. Erzähl ihm, daß ich eine Zeit von sechs Monaten durchgemacht habe, wo ich buchstäblich nicht mehr lesen konnte und das Gefühl hatte, daß ich keine Kurse mehr bei Smith besuchen könnte, nicht mal mehr die Pflichtkurse ... Erzähl ihm, daß ich zurückgegangen bin, obwohl ich kein Stipendium für mein zweites Halbjahr hatte. Ich weiß nur zu gut, wie es ist, wenn nichts, was einem gesagt wird, hilft. Für mich wäre es fast besser gewesen, die Leute hätten nicht versucht, optimistisch zu sein, als ich ehrlich glaubte, daß es keine Hoffnung gäbe, daß ich je wieder studieren und denken kann. Sicher ist er nicht so schlecht dran.

Finde heraus, was für Noten er *wirklich* hat. Läuft er Gefahr, durchzufallen? Wenn nicht, sag ihm, daß man im Leben (sogar in unserer amerikanischen Wettbewerbsgesellschaft) nach ganz anderen Maßstäben gemessen wird, mag man mit guten Noten auch Stipendien bekommen. Wenn es ihm gelingt, sich für seine Studien zu *begeistern* (ich nehme an, daß er jetzt ein paar Kurse besucht, die er mag), dann wird er bereichert sein für sein ganzes späteres

Leben. Mach den Versuch, ihm eine Lebensperspektive zu geben ... geh am besten mit ihm hinaus in die Natur und zeige ihm, daß die Bäume immer noch die gleichen sind, obwohl so viele betrübte Menschen unter ihnen gegangen sind, daß die Sterne noch am Himmel stehen und daß er sich vor lauter Notenangst nicht blindmachen lassen soll – wie Du mir einmal geschrieben hast – für das, worauf es einzig ankommt im Leben: offen zu sein für alles Schöne auf dieser sonst gar nicht schönen Welt. Bring ihn dazu, daß er nicht so hart mit sich selbst ist; erkläre ihm, daß die Leute ihn lieben und respektieren werden, ohne jemals nach seinen *Noten* zu fragen.

Ich kann mich noch erinnern, welche Angst ich hatte, daß keiner mich interessant oder schätzenswert findet, wenn ich nicht erfolgreich beim Schreiben bin.

Bring ihn zu der Einsicht, daß er seine Arbeit vor allem um ihrer selbst willen lieben muß ... sag ihm, daß er sich bei jeder schriftlichen Arbeit und bei jeder Prüfung zu dem Gedanken zwingen soll: »Egal, was für eine Note ich kriege, ich habe es gern gemacht ... ich habe dies und jenes entdeckt. Ich bin so viel reicher – mögen die Prüfer doch denken, was sie wollen.« Zweifellos sind Noten zum schwarzen Moloch seines Lebens geworden. Versuche nicht, allzu optimistisch zu sein, das hat nur zur Folge, daß er das Vertrauen zu Dir verliert ... Erkenne sein Problem an, auch wenn es nicht ganz verständlich ist. Fang von *unten* an. Fällt er nicht durch, dann sag ihm, wie gut das ist. Mag er überhaupt *irgendein* Thema, dann sag ihm, wie wichtig das ist. Ist er verzweifelt oder außer sich und glaubt, daß er weder arbeiten noch denken kann, dann gib ihm einen rituellen Satz, den er sich unerbittlich immer wieder vorsagen soll. Rate ihm, seine Ansprüche an sich selbst zurückzuschrauben; sag ihm, daß er mit demselben Recht in Harvard ist und dort studiert wie alle anderen ...

Laß ihn wissen ... daß ich ihm nur etwas von meiner eigenen Erfahrung vermitteln möchte ... und daß ich gedacht habe ... daß mein Fall total hoffnungslos ist.

Lade ihn allein ein und geh mit ihm weg, sprich ganz offen mit ihm. Es ist besser, er bricht zusammen und weint, wenn er das braucht.

Psychiater sind meiner Meinung nach oft zu beschäftigt, um sich so einem Problem mit der angemessenen Sorgfalt widmen zu können; sie haben so selten Zeit, in die Tiefe zu gehen und faseln über Vater- und Mutterbeziehungen, wo gesunder Menschenverstand, ernstgemeinter Rat in praktischen Dingen und schlichte menschliche Intuition schon eine Menge erreichen können.

. . . Seine Noten wird man ihm nicht auf den Grabstein schreiben, wenn er stirbt. Ob er ein Buch geliebt hat, freundlich war zu einem Menschen, ihn eine gewisse Farbe des Meeres berauscht hat – daran wird man erkennen, ob er wirklich *gelebt* hat.

Vermutlich fühlt er sich irgendwie als Heuchler, so wie ich damals – und meint, daß er das Geld und das Vertrauen seiner Eltern nicht *wert* sei . . . Mach ihm klar, wieviel Chancen er immer noch hat . . . Hilf ihm . . . bei seinen Sommerplänen . . . Es wäre schön, wenn Du ihm während dieser Zeit soviel an Zeit und Energie widmen könntest wie möglich. Meinetwegen adoptiere ihn (wie die Cantors mich) . . . Zeig ihm, daß Du ihn liebst und verlange *nichts* von ihm bis auf das Allerwenigste, das er zu geben vermag.

[*Sylvia kehrte im zweiten Semester zu Smith zurück und belegte nur drei Kurse. Zu der Zeit war sie ohne Stipendium. Ich ließ mir eine Versicherung auszahlen, um mit dem Geld ihre Kosten zu decken, weil ich wollte, daß sie sich frei von jeder Verpflichtung fühlte. 1954 telefonierten wir während der ersten Monate häufig – mehr für meinen Seelenfrieden als für ihren.*

Bei ihrer Rückkehr wurde Sylvia von ihren Klassenkameradinnen und dem Lehrerkollegium freudig begrüßt. Man brachte ihr Verständnis entgegen und erwies ihr alle erdenkliche Aufmerksamkeit. Sie fing ein reges »Date-Leben« an, das ihr half, ihr Selbstvertrauen wiederzugewinnen, und behauptete, sich auf »zwanglose, hedonistische Weise« zu amüsieren.

Als Sylvia wieder auf dem College war, erinnerte sie mich an gewisse Tiefseepflanzen, deren Wurzeln sich fest an einen Felsen klammern, während die Pflanze selbst, je nachdem, welchen Strömungen sie unterworfen ist, mal in diese, mal in jene Richtung schwingt. Es machte den Eindruck, als absorbiere sie für eine bestimmte Zeit die Persönlichkeit eines Menschen, dem sie neu begegnete; sie probierte sie an und warf sie später weg. Immer wieder sagte ich mir: »Das ist nur ein vorübergehendes Stadium.«

Ihr Gedächtnis klammerte sich an Mißstimmigkeiten, hielt fest daran, und schien die Erinnerung an gemeinsame Freuden der Kindheit und Jungmädchenjahre verloren zu haben. Freundliche und liebevolle Handlungen wurden nun mit zynischem Blick betrachtet und auf zugrundeliegende Motive hin analysiert. Während dieser äußerst schwierigen Periode der erneuten Ichfindung bemühten wir uns alle, geduldig, hilfreich und verständnisvoll zu sein. Zu unserer Erleichterung brach ihr sonniger Optimismus von Zeit zu Zeit wieder durch, und wir wurden dann von neuem mit Liebesbezeigungen überschüttet.]

SMITH COLLEGE
NORTHAMPTON, MASS.

[Undatiert; geschrieben im Februar 1954]

Abends habe ich ziemlich lang mit einigen Mädchen auf ihren Zimmern herumgeschwätzt und Bridge gespielt, mit dem Hintergedanken, daß es zunächst nichts Wichtigeres gibt, als ein paar junge Semester gut kennenzulernen. Im Moment lese ich Kurzgeschichten von Hawthorne, *Crime and Punishment,* und *Sister Carrie* von Theodore Dreiser.

Mit einem Wort, es ist einfach herrlich, wieder hier zu sein; erstaunlicherweise habe ich gar keine Lust, zusammen mit den anderen Mädchen aus meinem Semester den Abschluß zu machen.

[Undatiert; geschrieben im März 1954]

Liebe Mutter,

mein Flug nach New York war ekstatisch. Ich hielt die Nase ans Fenster gepreßt und starrte auf die Lichtersternbilder da unten, als könnte ich in den strahlenden Braille-Mustern das Rätsel des Universums entziffern . . .

. . . Nachmittags war ich im Museum für moderne Kunst, das ich von Mal zu Mal besser kennenlerne . . . Ich habe nach ein paar Bildern von modernen amerikanischen Malern gesucht, die ich in meinem langen Sonderbericht für *Vogue* beschreiben kann, der mich eine verdammt umfangreiche Recherche kosten wird. Ich blieb auf, um mir eine Spätvorstellung im Kino anzusehen . . . und war ergriffen wie noch nie . . . Es war eine französische Stummfilmversion der »Versuchung der heiligen Johanna« mit Untertiteln und Klavierbegleitung, die mal passend war, mal nicht, und einen Teil der starken Emotionen absorbierte, die durch den schwarz-weißen Kontrapunkt der Gesichter hervorgerufen wurden – es waren fast nur Gesichter – von Johanna und ihren Peinigern ... Von einem Kinobild, wo Johanna mit einer Papierkrone und einem Stock-Zepter in der Hand auf einem Holzschemel sitzt, ging eine so ungeheure Wirkung aus, als wäre Christus selbst mitsamt allen Märtyrern erschienen. Der Tod auf dem Scheiterhaufen war unerhört großartig und künstlerisch gemacht. Ohne jede Effekthascherei, mit rein realistischen Mitteln – Feuer, das an Holzstäben hochzüngelt, Soldaten, die Holz bringen, Bauerngesichter, die alles beobachten –, die enorm sparsam eingesetzt waren, wurde die ganze Qual der Heiligen zum Ausdruck gebracht.

Als alles vorüber war, konnte ich keinen mehr anschauen. Ich mußte weinen, weil das wie eine Katharsis war: erst der Aufbau einer unglaublichen Spannung, dann die Erlösung, wie die der Seele Johannas auf dem Scheiterhaufen. Eine Stunde lang lief ich im Dunkeln im Central Park herum, gedankenverloren, dann lud mich mein Date freundlicherweise zu einer Spazierfahrt in einer der Pferdedroschken ein, die es dort überall im Park gibt; diese Fahrt war das gemächliche, schwarzweiße Gegengewicht zum Film, das ich so nötig hatte. Ich gab dem Pferd ein Stück Zucker, das ich mir vom Mittagessen aufgehoben hatte, und fühlte mich viel besser.

[*Während ihrer Krankheit und im Winter 1954 schrieb ihr Gordon Lameyer – einer ihrer Lieblingsfreunde – treu und ergeben und konnte ihr auf diese Weise sehr helfen. Sylvia fand jetzt eine gute Balance zwischen Arbeit, Spiel und Ausgehen. Selbstdisziplin und Selbstvertrauen wuchsen ständig. Sie folgte den Anweisungen von Frau Dr. B. und stellte einen Tagesplan auf, bei dem sie jeden Punkt, den sie erledigt hatte, abhakte – diese Praktik behielt sie ihr ganzes Leben bei.*]

		16. APRIL 1954
An:	Die liebe Mami	von: mir
Thema:	Krimskrams	Datum: 16. April 1954

. . . Heute schwänze ich, weil ich mein erstes Gedicht seit letztem Mai geschrieben habe – ein Sonett! Allerdings hatte ich in diesem Monat ein paar von meinen Gedichten streng überarbeitet. (Bei dem zweiten, das ich Dir mitschicke, sind sechs Zeilen neu und sechs sind alte, die ich überarbeitet und neu arrangiert habe. Ich glaube, daß das bisher mein Bestes ist, was gedanklichen Inhalt und Klang betrifft – es ist eine Einheit aus beidem, nicht bloß eine Überentwicklung von einem. Sag mir, was Du davon hältst.) Aber »Doom of Exiles« ist wirklich Ganz Neu . . .

Schicksal der Verbannten

Jetzt heimgekehrt aus den Gewölben
Unseres ungeheuren Schlafes, finden wir
Hochragend eine Stadt von Katakomben
Errichtet an den Schneisen unsres Denkens.

Die grünen Gassen unsrer Feste sind
Nun Höllenwinkel, wo Dämonen lauern;
Die Geige und das Engelslied sind stumm;
Jedes Ticktack der Uhr weiht eines Fremden Tod.

Rückwärts reisten wir, den Tag neu zu gewinnen,
Vor unserm Sturz, der uns wie Ikarus verdarb;
Und finden nur Altäre im Verfall,
Die Sonne schwarz verschmiert von Schmähungen.

Und doch klopfen wir störrisch auf die Nuß,
Die unsrer Rasse Rätsel bergen muß.

Ich habe zwar für nächstes Jahr keinen bezahlten Press Board-Job bekommen . . . dafür bin ich die Korrespondentin für die New York *Tribune*, was für mich sicher eine lehrreiche Erfahrung wird, auch wenn ich dafür nichts kriege.

Ich freue mich so auf meine Abschlußarbeit über Dostojewski

und auch auf das Zusammenwohnen mit Nancy Hunter. Nancy ist jetzt meine beste Freundin ... sie schreibt eine Abschlußarbeit über die »Kulturgeschichte der Moral«, und ich bin wirklich entzückt, daß ich jetzt, wo Marty und Clai [*Klassenkameradinnen bei Smith*] weg sind, ein so schönes, kluges Mädchen gefunden habe, als Vertraute und belle amie!

19. APRIL 1954

Liebste Mutter,
    ... habe Richard Sassoon kennengelernt (sein Vater ist ein Cousin von Siegfried Sassoon) – einen schmächtigen Burschen aus Paris, der britischer Staatsbürger ist und ein phantastischer Gesprächspartner ...
    ... Habe immer noch mein wöchentliches Plauderstündchen mit Frau Dr. Booth [*der College-Psychiaterin*] – zumeist eine freundliche Konversation, da ich erkannt habe, daß ich prinzipiell eine im Innersten extrem glückliche und gutangepaßte, lebensfrohe Person bin – auf gleichbleibende Weise stets glücklich, nicht schwankend zwischen Höhen und Tiefen, obwohl ich dann und wann meine Höhepunkte habe.   Deine sivvy

[*Telegramm*]

30. APRIL 1954

HABE EBEN STIPENDIUM VON $ 1250 VON SMITH BEWILLIGT BEKOMMEN. NOCH MEHR GRÜSSE ZUM GEBURTSTAG. SYLVIA.

4. MAI 1954

Schnell ein Briefchen, das Dir sagen soll, daß es mir gutgeht inmitten von Prüfungen und einem rigorosen Arbeitsplan von jetzt an bis zur Leseperiode. Hatte hier einen erfreulichen Samstag mit Sassoon – ganz toll – noch eine Flasche herrlichen Bordeaux und ein Picknick mit Huhnsandwiches auf einer lieblichen grünen Wiese. Seltsamen, zauberhaften Abend in einem Bauernhaus verbracht, als ich auf Sassoon und den Abschleppwagen wartete, der sein Auto aus dem Morast eines ausgefahrenen Feldweges holen sollte. Vier faszinierende Leute, die offensichtlich hingerissen waren von meiner sonderbaren Ankunft im Dunkel der Nacht, Haare feucht vom Regen. Sie nannten mich »Cinderella« und behandelten mich wie eine Königin, bis Sassoon wieder da war mit seinem zurückeroberten Volkswagen. Wie so eine kritische Situation verbindet!

Wundervoller Brief von Gordon, der nach und nach eine positive Haltung zum Unterrichten (!) gewinnt – meine Briefe, raffiniert wie sie sind, scheinen doch einen gewissen Einfluß auf ihn zu haben. Ich habe auch die Hoffnung, mit ihm auf eine tiefere, reifere Weise zu kommunizieren, als mir das letzten Sommer möglich war. Treffe Dich sbd. den 15.

x x sivvy

[*Dieser Sommer war ebenfalls sehr turbulent. Sylvia kam mit gebleichten Haaren von Smith nach Hause. Obwohl ich zuerst schockiert war, mußte ich zugeben, daß es ihr gut stand. Das war mehr als eine oberflächliche Verwandlung; sie »probierte« eine wagemutigere, abenteuerlichere Persönlichkeit aus, und man mußte danebenstehen und hoffen, daß weder sie noch sonst irgendwer tief verletzt werden würde. Sie bemühte sich (und es gelang ihr auch), bei ihren verschiedenen häuslichen und akademischen Verpflichtungen ihre Fähigkeiten unter Beweis zu stellen. Sie war häufig auf eine entwaffnende Weise vertrauensselig, zog sich dann aber zurück, und ich begriff rasch, daß es unklug gewesen wäre, mich auch nur mit einem Wort auf die vorausgegangenen Unterhaltungen zu beziehen.*

Das Zwölffingerdarmgeschwür, das ich im Verlauf der strapaziösen Jahre der Krankheit meines Mannes (1936-1940) bekommen und das einige Male innere Blutungen verursacht hatte, war in den 50er Jahren die meiste Zeit ruhig – das heißt, bis zu Sylvias Zusammenbruch im Sommer 1953. 1954 machte ich den Versuch, mich wieder zu erholen, nahm mir den Sommer über frei und verbrachte ihn zusammen mit meinen Eltern in einem gemieteten Wochenendhaus am Cape Cod.

Als das Universitätsjahr bei Smith im Mai zu Ende war, besuchte Sylvia Freunde in New York, nahm an ein paar Hochzeiten teil und kehrte dann zurück in unser Haus in Wellesley, wo sie so lange »den Haushalt führte«, bis sie zu ihren Freundinnen in eine Wohnung in Cambridge zog und die Harvard-Ferienkurse besuchte.]

143

WELLESLEY, MASS.
30. AUGUST 1954

Liebste Mutter,

dachte mir, es könnte nicht schaden, wenn ich mich hinsetze und Dir an diesem kalten, bedeckten Tag einen Brief schreibe, um Dir zu erzählen, was hier alles passiert ist, seit wir uns das letzte Mal gesprochen haben. Was die praktische Seite angeht, ist soweit alles gut gelaufen. Ich habe das ganze Wochenende für Gordon gekocht und dabei eine Menge gelernt.

Wir waren sehr faul am Wochenende; außer essen, reden, lesen, sonnen und Platten hören hat absolut nichts stattgefunden, und mir ist dabei wieder aufgegangen, daß man zwischen den Phasen, wo man enorm viel arbeitet, ein paar Wochen braucht, in denen man sich total entspannt, damit man wieder in Form kommt.

... Am Freitag sind wir schließlich selber zu Frau Dr. B. hingefahren – glücklicherweise, denn mein Gespräch mit ihr hat länger als üblich gedauert. Ich habe sie sehr gern; sie ist so eine reizende Frau, und ich glaube, daß ich eine Unmenge von ihr lerne.

... An diesem Wochenende hatte ich Lust, mich mal richtig zu verwöhnen: ich ging früh zu Bett und las J. D. Salinger und einen Band Kurzgeschichten von Carson McCullers in der Sonne. Nach Selbstdisziplin und komplizierterer intellektueller Lektüre war mir jedenfalls nicht zumute. Ich hoffe aber, daß ich am kommenden Wochenende in Cambridge mit Dostojewski und auch mit Deutsch wieder anfangen kann, das ich die Woche nach dem B-Examen fallengelassen habe, als hätte ich mich verbrannt ...

... Ich muß Dir sagen, wie dankbar ich bin, daß ich mich hier eine Zeitlang zurückziehen kann. Das Haus ist ohne Dich natürlich einsam, aber seit letztem Winter habe ich ununterbrochen eine so stark gesellschaftlich orientierte Existenz geführt (wobei der Monat Juni noch eine Intensivierung und keineswegs eine Unterbrechung meiner gesellschaftlichen Verpflichtungen und Kontakte gebracht hat), daß ich jetzt wirklich das Bedürfnis habe, ein paar Tage lang ganz für mich in einem sozialen Vakuum zu leben, wo ich mich nur nach meinem eigenen trägen Rhythmus bewegen [kann], ohne Leute um mich. Nur allzu leicht hat man natürlich den Wunsch nach Gesellschaft, um sich der Notwendigkeit der Selbstprüfung und des Planens zu entziehen, aber ich bin jetzt an einem Punkt angelangt, wo ich um mein Alleinsein kämpfen muß, und es wird auf diese Weise zu einer kostbaren, wenn auch fordernden Verpflichtung.

Mein Hauptinteresse in den nächsten ein, zwei Jahren ist es, mich soweit wie möglich zu entwickeln, im wesentlichen herauszufinden, wo meine wirklichen Fähigkeiten liegen, vor allem beim Schreiben und beim Studium, um dann in Übereinstimmung mit meinem Talent und meinem Können mein Leben zu leben, als wäre es ein Spiel. Dies ist eine sehr wichtige Zeit für mich, und ich brauche soviel Raum und konzentriertes Alleinsein zum Arbeiten wie möglich. Ich glaube, daß Du das verstehen wirst . . .

Wenn ich es fertig bringe, Gestalten, Geschichten, Spannung aus mir selbst heraus zu schaffen, aber nicht indem ich dabei auf äußere Reize wie auf Belebungsspritzen angewiesen bin, sondern als wären es provozierende, doch entbehrliche Zugaben zu einem Leben, das bereits in sich geschlossen und reich ist, dann weiß ich mit größerer Bestimmtheit, daß ich ein Stück weiter bin auf dem Weg, den ich gehen will.

Vorerst aber möchte ich, daß Du weißt, daß ich Dich wirklich sehr liebe und daß ich mir von Zeit zu Zeit gewünscht habe, ich könnte mal eben auf einem fliegenden Teppich zu Dir ans Cape sausen und Dich fest an mich drücken, weil Du meinem Herzen am nächsten bist und es immer sein wirst.

Viele liebe Grüße an alle.

Sivvy

13. OKTOBER 1954

Liebste Mutter,

. . . jetzt ist, glaube ich, die Zeit gekommen, wo ich mich auf das schwere Jahr konzentrieren muß, das vor mir liegt, und ich tue es auch, obwohl das bedeutet, daß ich die heiteren, frivolen Stunden bei Kaffee und Bridge opfern muß. Aber ich habe das Gefühl, daß die Arbeit, die ich jetzt leiste, äußerst wichtig ist für den letzten Vorstoß auf mein *senior*-Jahr, und ich weiß, daß ich glücklich und vergnügt sein kann, wenn ich es wirklich möchte.

. . . Ich bin mir bewußt, daß sich hinter den glamourösen Spritztouren in gelben Kabrioletts zu exquisiten Restaurants eine wirklich jämmerlich unoriginelle, konventionelle und im Grunde puritanische Person verbirgt. Aber ich habe eine Zeitlang ein gewisses Maß an heilsamem Bohemeleben gebraucht, um von dem graugewandeten, schlicht gekleideten, braunhaarigen, nach der Uhr lebenden, verantwortungsbewußten, salatessenden, wassertrinkenden, früh zu Bett gehenden, sparsamen, praktischen Mädchen wegzukommen, zu dem ich mich entwickelt hatte – und aus diesem Grund mußte ich mich mit Leuten zusammentun, die so ganz anders waren als ich selbst. Am glücklichsten war ich bei den Einladungen in der Wohnung [*im Sommer letzten Jahres in Cambridge, Massachusetts, während der Harvard-Ferienkurse*], da habe ich mit Begeisterung Aufläufe und Gesprächsthemen für kleine, intime Gruppen von Leuten kreiert, die mir sehr liegen, und das hat mir den Ausgleich zwischen den beiden Extremen gegeben.

... Ich bin fest davon überzeugt, daß man nur auf eine brutale Weise – nämlich mit wenig Geld oder gar keinem – lernt, erfinderisch und unabhängig zu sein. Ich hoffe, daß ich auch weiterhin imstande bin, mich dem Leben auszusetzen, und versuche, mich so zu verhalten, auch wenn ich mich innerlich nach tröstlicher Sicherheit und nach einem Menschen sehne, der mir die Nase putzt – ganz so, wie's die meisten Leute tun. Ich war stolz darauf, daß ich in diesem Sommer Kochen gelernt und auf die Rechnungen geachtet habe, aber das ist erst ein Anfang. Wenn es nur mit England dank irgendeines Wunders klappen würde, dann wäre ich gezwungen, mich angstbebend in eine neue, fremdartige Welt hineinzubegeben, in der ich mir von neuem Freunde und ein eigenes Zuhause schaffen müßte. Vom Kopf her weiß ich, daß einen so etwas am weitesten bringt, auch wenn solche Erfahrungen anfangs schmerzlich und unangenehm sind – man beißt immer ein Stück ab, das ein kleines bißchen größer ist als das, was man zuletzt gekaut hat, um dann, wenn's drauf ankommt, verblüfft festzustellen, daß man's auch diesmal kauen kann!

... Im Moment kann ich mir einfach nicht vorstellen, daß ich jemals eine gutgeschriebene Abschlußarbeit fertig haben [*werde*], weil sich alles, was ich zur Zeit lese, dem Anschein nach nicht aufeinander beziehen läßt (außer daß es sich dabei um Doppelgänger handelt und die Sache an sich sehr aufregend ist), und meine Gedanken befinden sich noch im Embryonalzustand. Der Rohentwurf des ersten Kapitels ist Freitag in einer Woche fällig, und ich bezweifle, daß mir dafür irgendwas Originelles oder Entwicklungsfähiges einfällt, weil ich immerzu das Gefühl habe, daß ich nicht scharf genug denken kann – das Beste ist, daß mich das Thema selbst fesselt und daß ich es nie leid kriegen werde, ganz gleich wie ich es bearbeite. Es ist genau definiert, detailliert, und es gibt eine Fülle von Material dazu; aber natürlich weiß ich bisher noch nicht genau, unter welchem Aspekt ich es behandeln werde. Als entsprechende Fälle nehme ich den Doppelgänger in Dostojewskis zweiter Novellette *Der Doppelgänger* und Iwan Karamasoff (mit seinem Smerdjakoff und Teufel) in den »Brüdern«, und ich denke, ich werde den *Typus* des »Doppelgängers« präzise festlegen, indem ich die einzelnen literarischen Bearbeitungen einander gegenüberstelle und vergleiche, inwieweit sie der intendierten psychologischen Darstellung entsprechen. In Verbindung damit habe ich alle möglichen Geschichten über Doppelgänger, Zwillinge, Spiegelbilder und Schattenbilder gelesen. Das Buch *The Golden Bough*, das Du mir geschenkt hast, kann ich gut gebrauchen, da es ein hervorragendes Kapitel über »die Seele als Schatten und Spiegelung« enthält.

. . . Schreib mir oft und schöne Grüße an alle.

Ganz Deine sivvy

15. OKTOBER 1954

. . . Bin gestern raufgegangen und habe mit Miss Mensel geredet. Sie war ganz reizend. Ich fing an, mir wegen der *senior*-Kosten und der ganzen College- und Hausbeiträge, die auf mich zukommen, Sorgen zu machen, deshalb entschloß ich mich, ein paar kleine Jobs anzunehmen, um ein bißchen Taschengeld zu haben. Ich werde jetzt jeden Montagnachmittag einem blinden Mann 1 1/2 Stunden vorlesen und beginne nächste Woche damit. Außerdem werde ich in der nächsten Woche zweimal Babysitten und habe heute schon zwei Stunden damit verbracht, bei dem Material für den College-führer Korrektur zu lesen. Miss Mensel verriet mir, daß ich für eine Spende von $ 10 aus dem Fonds für »ausschweifendes Leben« vorgemerkt bin, was mich außerordentlich interessiert hat. Insgeheim faßte ich den Entschluß, Miss Mensel, wenn ich einmal Geld verdiene, mindestens $ 10 pro Jahr als Spende für irgendeine Stipendiatin zu schicken, damit sie es fürs Theater ausgibt oder für einen Wochenendausflug aufhebt oder sich so was Unpraktisches wie silberne Tanzslipper kauft – schließlich war sie ja so phantastisch zu mir! Außerdem hat sie mir den Rat gegeben, meine $ 50 nicht für andere Stipendiatinnen zu hinterlegen, worum man mich bitten wird, sondern das Geld dazu zu benützen, meine *senior*-Kosten zu bestreiten, was mir sehr gelegen kommt.

Mary Ellen Chase hat sich bezüglich meiner Fulbright-Bewerbung großartig benommen. Sie und Miss Drew werden für mich nach Oxford und nach Cambridge schreiben, und nach dem, was sie sagt, scheint sie keine Zweifel zu haben, daß ich angenommen werde! Sie behauptet, daß ich auf den englischen Universitäten genug Zeit zum Schreiben und Herumreisen habe und daß die Zeiteinteilung dort mitnichten so rigide ist wie an den riesigen amerikanischen Graduate Schools; seit ihren Berichten über Cambridge in England habe ich nur noch mit sehnsüchtigen Wünschen daran denken können.

. . . Im Zusammenhang mit diesem [*Abschlußarbeit-*] Thema lese ich Geschichten von E. T. A. Hoffmann; *Dorian Gray* von Oscar Wilde; *Dr. Jekyll and Mr. Hyde; William Wilson* von Poe; darüber hinaus Freud, Frazer, Jung und andere – alles faszinierende Sachen über das Ego, das in Spiegelungen (Spiegel und Wasser), Schatten und Zwillingen symbolisiert wird. Es spaltet sich ab und wird zum Feind, zum Todesboten, zum warnenden Gewissen oder zum Mittel, mit dem man die Gewalt des Todes verleugnet (z. B. dadurch, daß man sich die Seele als den unsterblichen Doppelgänger des sterblichen Körpers vorstellt). Soweit ich es jetzt überblicken kann, werde ich in meiner Abschlußarbeit auf die philosophischen und psychologischen Theorien (es gibt ihrer Tausende) nicht weiter eingehen, sondern mich speziell mit dem *Typus* des Doppelgängers in den beiden Romanen von D. beschäftigen und analysieren, mit welchen literarischen Mitteln er ihn jeweils dargestellt hat.

Versteht sich, daß dieses Jahr bloß hart gearbeitet wird. Aber ich studiere mit Begeisterung! Nur in Deutsch, da betreibe ich eine Art Wassertreten, das nicht ungefährlich ist. Ich bin so glücklich über meine braunen Haare und mein eifrig studierendes Ich! Ich kann mich tatsächlich stundenlang konzentrieren und hoffe, daß ich meinem Thema dadurch gerecht werde, daß ich es gut bearbeite.

Sei gut zu Dir, liebe Mutter, und laß Dir sagen, wie sehr ich mich darauf freue, Dich gesund und glücklich wiederzusehen, wenn ich Thanksgiving nach Hause komme – hoffentlich wird es *dieses* Jahr ein wolkenloses Thanksgiving für uns alle!

Herzliche Grüße an alle

sivvy

25. OKTOBER 1954

... Wirklich, Mutter, ich habe so ein Glück mit meinem Thema und bin so zufrieden damit: es eignet sich zum Schreiben und ist so faszinierend, daß mein Interesse daran nie nachlassen wird, wie [viel] ich auch hintereinanderweg dran arbeite. Abgesehen von einem langen, klugen Essay über »den Doppelgänger« von Otto Rank gibt es nichts darüber, und Mr. Gibian meint, es wäre ein gutes Thema für eine Magister- oder Doktorarbeit oder sogar für ein Buch! Ich bin ganz verliebt in es und habe das ziemlich sichere Gefühl, daß ich eine gute Arbeit darüber schreiben kann, wenn ich mich nochmal dransetze und es neu durchdenke.

Diese Woche ist etwas sehr Erfreuliches passiert. Ich weiß nicht, ob ich's Dir schon erzählt habe: der geistreiche, junge jüdische Schriftsteller und Kritiker Alfred Kazin (er hat *On Native Grounds* und *A Walker in the City* geschrieben) hat hier eine Dozentur für ein Jahr, und ich hatte bedauerlicherweise nicht das Glück, mit ihm in Kontakt zu kommen, seit er am English Department ist. Da kam es mir sehr gelegen, daß die *Alumnae Quarterly* mir den Auftrag gab, ein Interview mit ihm zu machen. Bekanntermaßen läßt er sich kaum sprechen und noch weniger interviewen, aber nach etwa 20 Telefonaten ist es mir schließlich gelungen, ihn zu überreden, mir 5 Minuten zu gewähren. Zuerst war er sehr abweisend, dann fragte er mich ein paar direkte Fragen über mich selbst. Sobald er herausgefunden hatte, daß ich das Geld für das Studium selbst verdiene und daß ich einiges veröffentlicht habe und schreiben und unterrichten möchte, taute er auf und sagte, er hätte geglaubt, ich wäre auch so ein verhätscheltes Smith-Baby wie die anderen. Er bot mir an, meine Sachen zu kritisieren, lud mich ein, ein Seminar als Gasthörerin zu besuchen, und forderte mich auf, wiederzukommen und mit ihm zu sprechen, weil er mich interessant findet!

Ich ging also in seinen Schreibkurs, an dem zehn Mädchen teilnehmen, und war begeistert von ihm, aber entsetzt über die jämmerliche, kleinlaute Apathie der Mädchen, die entweder nur zu ängstlich oder ganz einfach zu dämlich waren, um eigene Ansichten zu äußern. Es ist mir schwergefallen, als Gasthörerin meinen Mund zu halten. Zu guter Letzt, als die Stunde fast rum war, wandte sich Mr. Kazin an mich und fragte: »Und was ist *Ihre* Meinung?« Ich trug sie vor, und daraufhin sagte er: »Kommen Sie doch in die Klasse. Ich glaube, wir brauchen Sie!« Ich war ganz aus

149

dem Häuschen. Welch eine einmalige, wunderbare Chance, ein Semester lang unter der Leitung eines solchen Mannes schreiben zu dürfen und von ihm »eingeladen« zu sein, wo doch unzählige andere Mädchen so gerne in seinen Kurs aufgenommen werden wollten. Ich überlegte mir die Sache reiflich und kam dann zu dem Schluß, daß es für die Entfaltung meiner Persönlichkeit letztlich viel wichtiger ist, unter Mr. Kazin mein eingerostetes Schreibgetriebe knirschend in Gang zu bringen und dabei eventuell zwei B's in meinen anderen Kursen in Kauf zu nehmen, statt stur um A's zu kämpfen und eine der seltenen Chancen im Leben zu opfern. Einen Mr. Kazin wird's nicht nochmal geben, und es wird mir guttun, wenn ich bei meinem neuen Anlauf zum Schreiben durch seine Kritik angetrieben werde. Ich kann sie bei den Sachen gebrauchen, die ich im Sommer schreiben will.

Beim Schreiben kommt's nicht darauf an, daß man darüber redet, sondern daß man es tut. Wie schlecht oder mittelmäßig auch immer – der Prozeß des Schreibens und das Produzieren sind wichtig, nicht das Herumsitzen und Theoretisieren, welches die vollkommene Art zu schreiben sei oder wie gut man schreiben könnte, wenn man nur richtig wollte oder die Zeit dazu hätte. Wie Mr. Kazin zu mir sagte: »Sie schreiben nicht, um davon zu leben; Sie arbeiten, um schreiben zu können.«

Mr. Gibian ist der ideale Berater für meine Abschlußarbeit. Bin gestern bei ihm gewesen und habe beglückt einen von seinen Zwillingsbuben, die noch Säuglinge sind, auf dem Schoß gehabt; den zweiten hatte er, und wir unterhielten uns über Dostojewski, während das Baby vergnügt vor sich hin gluckste und an meinen Haaren zerrte. Ist das nicht komisch, daß ich über den Doppelgänger schreibe und mein Berater Zwillinge hat?

7. DEZEMBER 1954

Liebe Mutter,

der Kurs von Kazin begeistert mich jedesmal wieder. Unser letztes Treffen hat diesen Freitag bei ihm zu Hause stattgefunden mit Kaffee und köstlichem Gebäck. Ich habe meine neueste Geschichte vorgelesen, und dann haben alle sie analysiert. Es ging um den Vorfall mit Paula Browns Schneeanzug, erinnerst Du Dich? Dieser Kurs ist das allerbeste Mittel, mich wieder ans Schreiben zu gewöhnen. Jedesmal, wenn man vor dem leeren Blatt sitzt, ist von neuem dieses Entsetzen da, das man nur durch Üben und nochmal Üben überwinden kann. Nach dem Kurs bin ich noch geblieben, habe beim Abwaschen geholfen und mich mit der schönen, blonden Mrs. Kazin unterhalten, deren zweiter Roman in diesem Winter herauskommt.

... Ich habe übrigens immer noch nichts von der *Atlantic Monthly* gehört, was sehr quälend ist – es ist jetzt schon über zwei Monate her, eine Art, behandelt zu werden, die mich stark an *Harper's* erinnert. Ich baue mir gerne Hoffnungen auf, auch wenn nichts dabei rauskommt. Es macht großen Spaß, in Spannung zu leben. Außerdem mache ich einen Versuch bei dem Prix-de-Paris-Wettbewerb von *Vogue* für College-*seniors*. Der erste Preis ist mit $ 1000 (!) dotiert – die Zeit lohnt sich also. Eine Aufgabe habe ich schon fertig. Die zweite besteht darin, daß man vier Artikel schreiben muß, was ich über Weihnachten machen möchte. Wenn ich diese beiden Aufgaben habe, komme ich für die abschließende lange Arbeit in Betracht, auf die der Preis vergeben wird. Im letzten Jahr waren zwei Smith-Mädchen unter den Gewinnern, das heißt also, ich habe eine gewisse Chance!

Wenn ich doch bloß in Cambridge angenommen würde! Mein ganzes Leben würde in einen Regenbogen explodieren. Stell Dir doch vor, welch ein reiches Material mir die Europaerfahrung für Geschichten und Gedichte liefern würde – Lokalkolorit, Menschen, neue Umgebung! Ich bin wirklich überzeugt, daß ich eines Tages eine recht gute Schriftstellerin werde, wenn ich so weiterarbeite, und das würde mir enorme Möglichkeiten eröffnen! Hauptsache, ich werde in England angenommen, dann können keine kläglichen $ 2000 mich davon abhalten zu fahren! Die *Genehmigung* dort ist es, die mir Sorgen macht. Oxford hat bestimmt nichts übrig für Leute, die früher irgendwelche körperlichen oder geistigen Gebrechen hatten. Vielleicht machen Mary Ellen Chase und Miss Duckett es möglich, daß ich nach Cambridge komme. Ich schätze, daß ich nächsten Sommer mindestens $ 500 verdiene, dann kriege ich hoffentlich etwas von Smith, und den Rest stottere ich irgendwie zusammen.

Ich freue mich so auf das kommende Jahr. Es gibt immer viel Arbeit, aber Arbeit, die glücklich macht, und ich werde geliebt und ich liebe und alles ist süß und vernünftig. Euch alles Liebe. Bin bald wieder da.

Sivvy

[Undatiert; Januar 1955]

Liebe Mutter,

... HABE HEUTE MEINE ABSCHLUSSARBEIT EINGEREICHT!
... Ich war so aufgeregt, daß ich den Unterricht geschwänzt habe,
um Korrektur zu lesen. Es sind 60 Seiten reiner Text geworden,
dazu kommen noch 10 Seiten für die Anmerkungen und die
Bibliographie ... Die Arbeit ist hervorragend, das habe ich in den
Knochen, außerdem haben mir zwei Mädchen bereits erzählt, daß
Mr. Gibian sie für eine Art Meisterwerk hält! Ich bin wirklich
zufrieden damit.

Noch eine Nachricht: eigentlich wollte ich erst damit rausrük-
ken, wenn es sich auf die eine oder andere Weise geklärt hat, aber
sie ist viel zu aufregend, um sie für sich zu behalten, deshalb weih
ich Dich ein. Das *Journal* hat meine Geschichte »The Smoky Blue
Piano« zwar abgelehnt, mir aber folgenden wunderbaren, persönlichen Brief dazu geschrieben: »... Wir sind der Meinung, daß die
Tagebuchform, speziell für diese Geschichte, ungeschickt gewählt
ist und die Erzählung allzu stockend macht. Sollten Sie sich je dazu
entschließen, sie zu einer fortlaufenden Geschichte umzuschreiben,
und gelingt es ihnen, die hübsche Lebendigkeit zu erhalten, die sie
jetzt hat, dann würden wir sie uns gern nochmal ansehen. Jedenfalls gratulieren wir zu einem *erfreulichen* ersten Versuch.«

Üblicherweise bekommt man gesagt, daß sie gerne die *nächste*
Geschichte oder das nächste Gedicht sehen würden, doch in diesem
Fall hat mich der Vorschlag, eine Überarbeitung zu erwägen, so
animiert, daß ich mich heute an die Schreibmaschine gesetzt und
verblüfft festgestellt habe, wie stichhaltig ihre Kritik ist. Ich habe
die Geschichte nochmal geschrieben, diesmal in fortlaufender
Form (im Grunde wußte ich immer, daß die Tagebuchform nicht
richtig war), und siehe da, das Ganze ist viel dichter geworden und
weißglühend! Selbstverständlich habe ich sie beim Wort genommen und ihnen die Geschichte gleich heute abend zurückgeschickt,
nachdem ich den ganzen Tag dazu gebraucht hatte, die 20 Seiten zu
tippen. In diesem Genre ist es die beste Geschichte, die ich bisher
verfaßt habe (ich meine das »Initiation«-Genre, d. h., ich richte
mich beim Schreiben nach speziellen Erfordernissen, ohne deshalb
meine persönliche Eigenart und meine Ideen aufzugeben). Daß der
Brief so und nicht anders ausfallen würde, dafür hatte ich wieder
einen Riecher, hatte es irgendwie im Gefühl, aber nie hätte ich

erwartet, daß sie sagen, sie würden sie sich wieder anschauen, wenn ich sie umgeschrieben habe! Ich hatte damit gerechnet, daß ich wie beim *New Yorker* bloß eine Kritik kriege, von der ich profitieren kann, um die Geschichte dann an *Harper's* oder sonst eine Zeitschrift zu verkaufen! Aber ich weiß jetzt intuitiv, daß ich sie irgendwo LOSWERDE, auch wenn sie die Bearbeitung nicht akzeptieren! . . .

Ich hatte bereits einen nichtoffiziellen Unterricht bei Mr. Fisher für meinen Poetik-Kurs! Jetzt, wo wir uns besser kennen, kommen wir herrlich vorwärts, und ich muß sagen, er ist der brillanteste, bezauberndste Mann, den ich kenne; in seiner Art erinnert er mich sehr an Gordon, so wie er vielleicht einmal in 30 Jahren sein wird, wer weiß. Jedenfalls ist Mr. Fisher genau der richtige Kritiker für meine Gedichte, und meine ersten beiden »Schübe« von etwa zehn Gedichten hat er so gründlich durchgearbeitet, daß ich nur so nach Hause geflogen bin, um sie zu verbessern – wirklich ein seltener Antrieb für einen Schriftsteller, finde ich! An den beiden langen, die ich in den Ferien geschrieben habe, habe ich gefeilt, und er ist sehr zufrieden damit.

Ich bin jetzt in der Endausscheidung für den *Vogue*-Prix de Paris und muß eine »Abschlußarbeit« von (mindestens) zehn Seiten mit dem Thema »Amerikana« schreiben; »über meine Entdeckungen in der Kunst in diesem Jahr, was ich im amerikanischen Theater, bei den Büchern, in der Musik etc. am interessantesten gefunden habe«. Für jeden Hinweis, wie ich mir einen Lektüreüberblick verschaffen kann, bin ich Dir wirklich dankbar. Ich glaube, daß Du mit Deinem *Monitor* und Deiner *Saturday Review of Literature* von den gegenwärtigen Strömungen viel mehr Ahnung haben müßtest als ich! Ich habe die Hoffnung, daß ich nach dem nächsten Wochenende in NYC mehr Theater zu sehen kriege und mir als Vorbereitung für diesen Essay, den ich zum größten Teil noch vor Beginn des zweiten Semesters fertig haben will, die Neuerwerbungen in den NYC-Galerien anschauen kann – habe vor, in NYC Recherchen zu machen . . .

Liebe Grüße an alle.

P.S. Habe mir vorgenommen, eine wirklich gute (wenn auch schonungslos offene und deprimierende) Geschichte für den *Mlle*-Wettbewerb in den Semesterferien zu überarbeiten! So wie sie jetzt ist, hat sie gute Ansätze und ist etwa der »Fru Holm« von Ilona Karmel vergleichbar, nur subjektiver – spannender!

27. JANUAR 1955

[*Auf der Rückseite des Briefumschlags:*] P.S. ... Tut mir leid wegen der entmutigenden Fakten in diesem Brief, aber es sind nun mal bedauerlicherweise Fakten.   x x x S.

Liebe Mutter,

es ist mir jedesmal gräßlich, wenn ich der Herold schlechter Nachrichten bin, aber heute morgen fühl ich mich wirklich ganz schön elend. Offensichtlich hat meine persönliche Vorstellung das Komitee zu einer negativen Entscheidung veranlaßt. Dies ist das erste Mal, daß ich tatsächlich abgelehnt worden bin, nachdem ich alle Chancen hatte, und deshalb bin ich den ganzen Morgen fürchterlich traurig gewesen. Ich hoffe, daß diese vier kleinen Männchen endlich damit aufhören, sich in meinem Kopf zu streiten und mir sarkastische Fragen zu stellen. Es nützt einfach nichts, wenn ich mir sage: »Mach dir nichts draus, ist ja nur ein Stipendium von vielen.« Unglücklicherweise ist mir dieses eine alles. Empfehlungsschreiben von Kazin, Phi Beta Kappa – all das hat absolut nichts genützt: meine persönliche Vorstellung hat alles zunichte gemacht.

Am allerschlimmsten ist, daß sie mir erzählt haben, daß es praktisch unmöglich sei, ein Fulbright für Oxford oder Cambridge zu bekommen (und die *müssen's ja wissen*, weil sie dort waren), und daß Dean Rogers jetzt schadenfroh meinen Radcliffe-Zulassungs- und Stipendiumsantrag in Empfang nimmt und zweifellos die Formulierung für eine Absage schon fertig im Kopf hat. Bei den zahllosen PhD's, die dabei sind, habe ich offensichtlich im nationalen Wettbewerb um ein Fulbright keine Chance, wenn mich dieses amerikanische Regionalkomitee abgelehnt hat. Und genauso offensichtlich ist es, daß Rogers, wenn er in seinem Brief davon spricht, daß ich mich bei einer Graduate School bewerben soll, bei der dieses Department nicht so überlaufen ist, nicht Radcliffe meint, wo jedes Jahr nur ein paar Studenten angenommen werden. Falls ich überhaupt zugelassen werde, wäre das ja schon etwas, aber ich muß sagen, daß ich aufrichtige Zweifel an dieser letzten Hoffnung

154

habe, und die stand, nach dem Fulbright, der England-Zulassung, Woodrow Wilson und dem Radcliffe-Stipendium, wirklich ganz unten auf der Liste meiner Hoffnungen. Von dieser einen schlichten Tatsache – ob ich zugelassen werde oder nicht – hängt meine gesamte Zukunft ab. Mit einem kurzen: »Wir bedauern, Ihnen mitteilen zu müssen«, können sie mir ganz leicht jede Chance nehmen, meinen intellektuellen Horizont zu erweitern.

Ach, ich werde wirklich mit mir kämpfen müssen, um diese ständigen Schläge zu überwinden. Mit heiterer Gelassenheit habe ich Dutzende von Absagen für meine Arbeiten in diesem Jahr hingenommen, aber dies hier ist schließlich mein Leben. Wie recht Du doch hattest, als Du sagtest, ich soll mir überlegen, ob ich wirklich dazu geeignet bin, Englischlehrerin auf einem College zu werden. Ich glaube, daß ich weder systematisch noch positiv, noch gebildet genug bin, um irgend jemandem auch nur das Geringste beizubringen. Ich kann schon von Glück sagen, wenn ich mir das Wenige beibringen kann, was man als Registratorin oder Kellnerin braucht.

. . . Wenigstens meine Abschlußarbeit ist in Ordnung, und auch das Studium hier in diesen letzten Monaten – meine erste und letzte akademische Erfahrung vielleicht – sieht recht vielversprechend aus . . . Smith zumindest liebt mich, und ich liebe Smith. Was so entmutigend an der Sache ist, ist, daß man eben nicht nur als »überflüssiger Bewerber« zurückgewiesen wird, sondern auch als Persönlichkeit mit all ihren Möglichkeiten.

Außer der deprimierenden Absage von Dean Rogers schicke ich Dir einen Brief an ihn mit und möchte wissen, was Du davon hältst. Ich glaube, er ist gut und klingt nicht bitter, was mir sehr schwer gefallen ist, aber ich *muß* wenigstens andeutungsweise wissen, was ich falsch gemacht habe, weil meine Fehler in einem unauflösbaren Zusammenhang mit meinen Radcliffe-Chancen stehen. Wenn das Radcliffe-Komitee noch unschlüssig ist, dann braucht Dean Rogers bloß zu sagen: »Es ist zu riskant mit ihr. Ich habe sie bei einer persönlichen Vorstellung erlebt. Sie hat die Fragen nicht richtig erfaßt, sie war zu frech, oder zu nervös, oder Gott weiß was –« und ich bin erledigt. Ob ich überhaupt *zugelassen* werde, das beunruhigt mich jetzt am meisten. Ich hätte nie gedacht, daß ich so weit sinken könnte!

Ein Glück, daß ich mich hier auf meine Arbeit stürzen kann,

wenn ich aufgehört habe, deshalb zu heulen und meine Schreibmaschine zu überschwemmen – ein bißchen trotzig allerdings, aber mit neuen Kräften.

. . . Wenn ich doch bloß *wüßte*, was ihnen an mir mißfallen hat! Ich finde, es wäre nur fair von ihm, mir eine Andeutung zu machen, wo doch meine Radcliffe-Bewerbung so eng mit seinen Entscheidungen verknüpft ist, auch, damit ich mir nicht mein Leben lang immer wieder diese Halbstunden-Vorstellung vorhalten und mich fragen muß, was ich wohl Falsches gesagt oder getan habe. Es ist ein schrecklicher Gedanke für mich, daß meine Bewerbung und die Empfehlungsschreiben für mein Erscheinen dort gut genug waren, daß aber irgend etwas an meiner Persönlichkeit so mißfallen hat, daß damit alles übrige hinfällig war.

Gestern habe ich mich dann hingesetzt und zehn Briefe beantwortet, unter anderem den von Mr. Prouty, und bin jetzt einmal rum. Heute morgen schrieb ich eine Kurzgeschichte für die Christophers, und heute nachmittag will ich die zweite schreiben. [*Die Leute der* Christopher Movement, *die 1945 gegründet wurde, wiesen mit Nachdruck auf die Bedeutung hin, die persönliche Verantwortung und private Initiative bei der Hebung des Niveaus von Regierung, Erziehungswesen, Literatur und Arbeitsverhältnissen haben.*] Wenn es bloß mit einem einzigen von meinen drei großen Wettbewerbspreisen klappen würde, dann könnte ich mir in diesem Sommer als Kellnerin sicher so viel dazuverdienen, daß ich ohne finanzielle Unterstützung an eine Graduate School gehen kann. Aber im Moment habe ich wirklich Angst, ob man mich überhaupt zulassen wird. Wenn ja, gehe ich selbstverständlich hin; zur Zeit jedenfalls hasse ich Dean Rogers, was nicht gerade von Großmut zeugt, momentan aber ziemlich leichtfällt.

Heute ist alles zusammengekommen: diese Absage, eine *SatEve-Post*-Absage, meine Rechnung fürs zweite Semester und der von Dir nachgeschickte Kontostand – genug, um einen Vanderbilt zusammenzucken zu lassen.

Hier bin ich wieder. Das Mittagessen ist gerade vorbei, und ich fange an, mir ein bißchen was zu überlegen. Ich werde umgehend an die Columbia-Universität schreiben und fragen, ob es schon zu spät ist, sich dort um ein Stipendium zu bewerben (der letzte Termin ist Freitag, der 20., man soll sich aber die Antragsformulare vor dem 15. Januar zuschicken lassen). Ich glaube nicht, daß sie an der Columbia so wie an der Yale-Universität das Graduate Record-Examen verlangen (weshalb ich für Yale nicht in Betracht komme, abgesehen davon, daß mich New Haven eiskalt läßt und das dortige Department es noch genauer mit den Sprachen nimmt als Harvard). Soviel ich weiß, hat Columbia zumindest ein riesiges Graduate Department und ist in puncto Zulassung deshalb vielleicht generöser als Radcliffe. Pat O'Neil wollte sich nächstes Jahr dorthin bewerben. Unbestreitbar ist, daß die Universität einen guten Namen hat, auch wenn sie ein Riesenapparat ist. Aber ich bin alt genug, um mich auf einen Riesenapparat einzustellen, wo das Graduate Department in Englisch so groß ist wie unsere *senior*-Klasse bei Smith. Inzwischen glaube ich tatsächlich, daß da, wo Platz ist für einen Dean Rogers, Harvard nämlich, nicht Platz sein kann für mich. Sollte es schon zu spät sein, um die Stipendiumformulare bei der Columbia zu beantragen, kann ich mich immer noch um die Zulassung bewerben, und ich vertraue darauf, daß man Dean Rogers dort nicht kennt. Jetzt, wo ich darüber nachdenke, würde ich lieber dorthin gehen, als Kellnerin in Florida zu sein. Ich würde es doch nie lernen, Bestellungen richtig auszuführen.

. . . Es war verrückt von mir, anzunehmen, daß Harvard ganz wild auf mich wäre, und alles auf eine Karte zu setzen. Manchmal ist es einfach etwas entmutigend, wenn alle Küken zugleich blutig und gebrochen nach Hause kommen, um zu schlafen.

Verzeih, wenn ich mir das alles von der Seele geredet habe, aber ich wäre Dir dankbar, wenn Du mir in dieser Sache irgendeinen Rat geben könntest. Wenn es um meine Zukunftsaussichten geht, bist Du, glaube ich, realistischer als ich. Es wäre mir lieb, wenn Du den Brief an Rogers gleich abschicken würdest, nachdem Du ihn auf versteckte Bosheiten hin geprüft hast. Hebe die Absage für meine Enkel auf: »Schaut, Kinder, was für eine großartige Karriere Mutter gemacht hat – trotz Woodrow Wilson, Dean Rogers und noch anderen hartherzigen Professoren!« Und mit Bewunderung werden sie auf ein Photo von mir schauen, frisch gewählt zur beliebtesten Kellnerin im Howard Johnson.

Irgendwas wird schon klappen. Ich kämpfe weiter.

Alles, alles Liebe
Dein abgewiesener Sprößling, Sivvy

29. JANUAR 1955

Liebe Mutter,

der Tag ist so schön hell und sonnig, da schreib ich Dir gleich ein paar Worte. Ich hoffe, daß es Dir inzwischen viel besser geht. Ich bin sicher, daß an Deinem Krankheitsanfall (den Du mir aus lauter Rücksicht nicht näher beschrieben hast) zum großen Teil der Kummer und das viele Brüten schuld war ... Ich weiß nicht, ob es eine spezielle Erbeigenschaft von uns ist, jedenfalls neigen alle Mitglieder unserer kleinen Familie *in hohem Maß* dazu, nachts wach zu liegen und sich wegen gewisser fachlicher, verbaler oder sonst irgendwelcher Dummheiten zu hassen; und sie lassen achtlose, grausame Bemerkungen sich festfressen, bis sie zu so etwas wie Ulcusattacken aufblühen. Ich weiß, daß ich in diesen letzten Tagen einen enormen Kampf mit mir selber ausgefochten habe.

Wenn das Kämpfen über einen gewissen Punkt hinausgeht, dann macht es einen nur noch fertig, und man muß die Stelle im Kopf, wo es an einem nagt, einfach *ausschalten* und mit Tapferkeit und stoischer Haltung weitermachen.

... Auf Dein *jetziges* Leben kommt es an, jetzt sollst Du glücklich und entspannt sein – und nicht erst nach zahllosen Aufschüben ... Ich habe mich entschlossen, in den Frühjahrsferien »In the Mountains« umzuschreiben ... damit die Geschichte für *Seventeen* besser paßt. So wie sie jetzt ist, ist sie nicht geeignet – der Kampf im Innern des Mädchens muß stärker werden. Ich hatte den Versuch gemacht, so unterkühlt und kryptisch wie Hemingway zu schreiben, was für einen lit. Kurs sehr gut ist, aber nicht für *17*.

Übrigens werde ich die Mary Ventura-Geschichte nicht an die Christophers [*zum Wettbewerb*] schicken. Ich glaube, für das, was die wollen, ist sie viel zu phantastisch und symbolisch. Die brauchen herzensgute, simple Geschichten, die die Leute dazu animieren, es draußen genauso zu machen, jedenfalls kann ich mir nicht vorstellen, daß sie sich wünschen, daß in den USA alle von fahrenden U-Bahn-Zügen springen!

In den letzten drei Wochen habe ich ein paar sehr gute Geschichten zusammengebastelt, wenn ich so sagen darf. Ich habe zwei für die Christophers geschrieben, die genau auf deren Bedürfnisse zugeschnitten sind; sie gehen beide auf ein Bibelzitat zurück und sind sehr handlungsreich und edel, aber nicht salbungsvoll. Eine handelt von einer Hausfrau (»Home Is Where the Heart Is«), die, konfrontiert mit der Tatsache, daß ihre Familie aus dem Haus strebt, in eine psychische Krise gerät. Erfindungsreich, wie sie ist, schafft sie es, alle zusammen zurückzuholen. Die andere ist sogar noch dramatischer – sie spielt im Warteraum einer Klinik, arbeitet mit Rückblenden und heißt »Tomorrow Begins Today« (ich habe mich gründlich darüber informiert, was fürs Fernsehen geeignet ist und was alles nicht geht, und war realistisch, was Schauplätze, Hauptfiguren und unmittelbar interessierende Aspekte betrifft). Es geht darum, wieviel ein einziger Teenager dazu beitragen kann, destruktive Kräfte in High-School-Schülern in schöpferische Kanäle zu leiten. Beide Geschichten sind nicht einmal zehn Seiten lang, sind sehr entschieden und offen geschrieben, und ich glaube, ich habe damit eine viel größere Chance als mit einer vagen, symbolischen Erzählung wie »The Ninth Kingdom«.

Habe außerdem meine beiden besten Kazin-Geschichten neu bearbeitet und werde sie beim Kurzgeschichtenwettbewerb von *Mlle* einreichen, weil Cyrilly Abels mir in ihrem letzten Brief geschrieben hat, sie sei ganz »gierig« darauf, neue Geschichten von mir zu lesen. Auf beide bin ich außerordentlich stolz – habe sie gründlich durchdacht und kritisch überarbeitet (es ist so, wie Du vermutet hast – nach der ersten Niederschrift hat es erst mal eine Weile gedauert, bis sich das Ganze gesetzt hatte).

Offenbar kommt es ihnen auf eine gewisse Ausgewogenheit bei den beiden preisgekrönten Geschichten an, deshalb schicke ich eine, die frech, amüsant und in der Ich-Form erzählt ist (mit einem wirklich ernsthaften menschlichen Anliegen darunter), und eine, die sehr düster ist – meiner Meinung nach das beste »Kunst«werk, das ich je produziert habe. Sie heißt »Tongues of Stone« (bisher mein Lieblingstitel) und ist durchweg sehr kalt und schön geschrieben, Höhepunkt und Wende zum Bessern liegen unmittelbar vor dem Ende. Das ist die, zu der Mr. Kazin mir damals in einem reizenden Brief geschrieben hat, daß ich zwar, Gott sei Dank, eine Schriftstellerin sei, daß das Schreiben aber dazu erfunden worden sei, mehr Freude zu schenken als diese Geschichte. Ich bin seinem Rat gefolgt und habe Leben in Kunst verwandelt – anstatt in ewiger Nacht habe ich sie in der Morgendämmerung enden lassen, und jetzt stimmt sie.

Ich habe das Gefühl, daß es mir vielleicht beschieden sein wird, mit dem Schreiben mehr Erfolg zu haben, als ich zunächst dachte.

Wenn ich es mit einer von diesen Geschichten schaffe, dann kann ich vielleicht trotz Dean Rogers nach Europa gehen, dort schreiben, Französisch und Deutsch lernen und als besserer Mensch zurückkommen. Der Grund, weshalb Miss Chase mir zu England geraten hat ist, daß man dort genug Zeit hat zum Schreiben – genau das, wonach ich mich sehne. Wenn ich in Oxford oder in Cambridge zugelassen werde, gehe ich ohne ein Fulbright. Das weiß ich bestimmt. Irgendwie krieg ich die $ 2000 schon zusammen, wenn ich die Chance habe, rüberzugehen!

Die Columbia-Formulare sind heute angekommen, d. h., die notwendigen Unterlagen müßten eigentlich, Gott sei Dank, rechtzeitig unterwegs sein, wenn ich am Wochenanfang, bevor der Unterricht Mittwoch abend für mich wieder anfängt, schnell mit der Arbeit mache. Da man eine Abschlußarbeit oder irgendeine andere akademische Arbeit einreichen soll, war ich froh, daß ich dank Miss Page einen Extra-Durchschlag hatte! . . . Bei der Columbia muß man, anders als bei der Harvard, eine MA-Arbeit schreiben, d. h., ich würde fast gar nicht zum Schreiben kommen. Und Schreiben geht mir über alles. Um schreiben zu können, muß ich gut und intensiv und weit leben, daher ist das alles günstig. Ich könnte nie ein abgekapselter, introvertierter Schriftsteller sein, wie so viele es sind, da es bei mir einen engen Zusammenhang zwischen Schreiben und Leben gibt.

Kopf hoch, Mutter, und werde gesund für mich! Bitte tu alles, was Du kannst, um mich in dem Punkt zu beruhigen! Liebe Grüße an alle.

Ganz und gar Deine Sivvy

2. FEBRUAR 1955

Liebste Mutter,

. . . Schnee ist gefallen, und der kalte, schwarze Winter setzt ein, das gibt für Gedichte so manche Metapher her. Was jetzt passiert, kann mir nichts mehr anhaben, davon bin ich überzeugt. Das *Journal* hat mir meine Geschichte mit der Bemerkung zurückgeschickt, daß die Erzählform das Ganze zwar verbessert habe, daß aber das »gewisse Etwas« fehle, an dem man ein *Journal*-Werk erkennt. Momentan habe ich das Gefühl, daß *mir* das »gewisse Etwas« fehlt, das man braucht, um Gewinner zu sein.

Zum Glück bin ich inmitten dieser Absagen zufriedener als vor zwei Jahren auf dem Gipfel meines Erfolges. Was nur beweist, wieviel von einer positiven Einstellung abhängt. Immer weiter zu gewinnen hätte mir nur Angst gemacht. Ich habe eine Absagesträhne wirklich verdient . . .

. . . Beim Dichten bin ich ein ganzes Stück weitergekommen. Mir gelingt es vor allem immer besser, Wortnuancen zu treffen und auf allzu üppige Adjektive zu verzichten. Auf die Gefahr hin, daß Du »Temper of Time« deprimierend findest, schicke ich Dir hier drei Kostproben meiner neuesten Lyrik. Damit der Wortklang voll zur Geltung kommt, lies sie bitte laut. Du mußt »Temper of Time« richtig verstehen: es wirkt zwar bedrohlich infolge der Anhäufung von lebhaften Metaphern für Omen aus dem Thesaurus, der von mir rapide abgenutzt wird, ist aber zugleich ironisch. Es ist eine Art Wortspiel über die erste Seite der NY Times, auf der allmorgendlich solche Nachrichten zu finden sind.

Phyllis McGinley wird noch von mir hören. Mich bringt man nicht zum Schweigen.

Die Christophers haben einen netten Brief geschrieben, in dem steht, daß sie die Geschichten erhalten haben, und »Gott segne Sie« und »In Christi Namen«, was mich jetzt, wo es literarische und akademische Mißerfolge nur so hagelt, reichlich ironisch dünkte.

Trotzdem, meine Schreibmaschine wird nicht stillstehen. Ich will diesen Sommer einen Haufen Geschichten schreiben, will gewissenhaft Zeitschriften studieren (wie es in jedem Handbuch für Schriftsteller steht) und meine wachsende Fähigkeit, mich präzise auszudrücken, ausnützen, und ich werde »The Smoky Blue Piano« VERKAUFEN, *irgendwo.*

Ich begreife jetzt, wozu es Agentinnen gibt – sie bewahren einen vor den kleinen Toden, die jeder Schriftsteller stirbt, wenn ein Manuskript wieder nach Hause kommt. Das ist so, als würde ein Kind von einem nicht auf die Public School aufgenommen. Man liebt es und weiß oft nicht warum. Habe eine Geschichte gelesen, die mich zuversichtlich macht: die Agentin einer erfolgreichen Schriftstellerin, die zehn Geschichten in einem Zeitraum von 10 Monaten geschrieben hatte, heimste 81 (!) Absagen und nicht eine einzige Zusage ein. Die Autorin jedoch machte sich vergnügt an die elfte. Wenn so was nicht Mut macht!

Alles Liebe meiner Lieblingsmama, und bleib mir gesund. Das ist das einzige, was Du für mich und für Warren tun kannst! Wir lieben Dich so sehr.

Einen Kuß auf die Spitze Deiner griechischen Nase!

Deine Sivvy

Aprilgewänder

Berg trägt Tweed,
April erscheint,
Welt stolziert im
Festtagskleid.

Gewölk in Spitze,
weißem Linnen,
Himmel ganz aus
hellblau Drillich.

Luft ist klar und
honigsüß,
in rosa Kron Maß-
liebchen blüht.

Narzisse steht in
gelben Rüschen,
Schleier grünt an
Weidenbüschen.

Krokus prunkt wie
Amethyste,
Dompfaff knöpft die
Scharlachweste.

Eichkatz kämmt den
Silberpelz,
Flußhaar in
Brillanten glänzt.

Sonnengold ziert
Knab und Mädchen,

gewandet sie zum
   Schäferstündchen.

Kleegeschmückt ist
   alles Land,
mit Laub und Liebe
   rings umrankt.

Daß nackt der Frühling
   mich nicht laß,
kleid mich, o Lieb,
   mit einem Kuß.

Gereizte Zeit

Ein übler Wind schleicht, und
   Bös schwirren Sterne,
Alle Goldäpfel faulen
   Bis in die Kerne.

Auf dem Zweig lungern Krähen, dem
   Unheil zum Zeichen,
Im Wald verstreut Rechnungen,
   Die wir nie begleichen.

Gereckte Skelette gehn
   Durch Kammern im Ried,
Nachtschatten und Nessel legt
   Schlingen am Pfad.

Auf der wackligen Wiese,
   Wo Kilroy gern war,
Lauert sichlig der Schatten der
   Schlange im Gras.

Er erreicht seine Hütte
   Auf krummer Tour,

Da hört er barsch klopfen
Den Wolf an der Tür.

Weib und Kinder, die hängen
Durchlöchert von Schrot,
Sitzt die Hex auf der Wiege und
Im Topf steckt der Tod.

Winterworte

Als fahles Vorspiel
Morgen graut
Intrigenstimmen
klingen aus.

Mondlicht splittert
Vogel schweigt;
starr stehn Geweihe
im Gezweig.

Mit Fell und Feder
Hahn und Bock
verfassen sacht
aus Eis ein Buch.

Kein Chinese
braun écru
bizarrer schreibt
Kalligraphie.

Stelzbeinig die
Häher gehn
Trippelmeilen
über Schnee,

suchen skeptisch nach
der Krume

treten dunkle
   Anagramme.

Haselmaus setzt
   schwarzen Strich
in den Winter-
   almanach.

Eichhörnchen, ein
   Kritzelfleck
aus grauem Pelz,
   die Nuß versteckt.

In reiner Form von
   Baum und Stein
schreibt kahl sich Schick-
   salslinie ein.

Als Stenogramm auf
   weißem Grund
tut Birkenrinde
   Märchen kund.

Eis hüllt den Teich
   in Pergament,
die Schrift verdruckt
   vom Winterwind.

Fensterglas trägt
   Glanz aus Reif
bis Morgenfrühe
   alles streicht.

Vor dem Palaver
   mit der Sonn
lern aus dem ernstren
   Lexikon:

Gedicht von Gott lies
aus dem Schnee,
Rehspur weis dir
den Königsweg.

11. FEBRUAR 1955

Liebe Mutter,

alles Gute zum Valentinstag . . . hier ist es scheußlich und unbe-
ständig wie immer zwischen Winter und Frühling, und ich habe ein
paar sehr gute Gedichte geschrieben, die Du, glaube ich, mögen
wirst . . .

Ich bin sehr stolz auf meinen Bruder und fürchte, daß ich mit
meinen Noten nicht so prahlen kann. Meine Shakespeare-Note
schwankt, wird eher ein B+, und meine Deutsch-Note wird auch
nur eine B−. Ich schätze aber beide Kurse außerordentlich und
habe das Gefühl, daß sich die Zeit lohnt, die ich fürs Schreiben
opfere.

Jetzt aber zum Geld. Ich kann Dein freundliches Angebot eines
monatlichen Darlehens nur akzeptieren, wenn es unmißverständ-
lich klar ist, daß es ein *Darlehen* ist und daß ich es bis zum
Abschluß zurückzahle . . . ehrlich gesagt, habe ich meine Reserven
fürs zweite Semester bereits aufgebraucht und bin gezwungen
gewesen, ein paar von meinen alten Klamotten und Habseligkeiten
zu verkaufen, um mir Briefmarken leisten zu können. [*In Wirklichkeit war diese ergreifende Story vom Kleiderverkauf, wie ich erst
kürzlich von Warren erfuhr, ein Alibi für eine heimliche Reise mit
Sassoon nach New York, wo man ihr anscheinend ihren Koffer in
der Stadt aus dem Auto geklaut hatte.*] Auch wenn ich mich strikt
an mein Budget halte und mir absolut keine Amüsements leiste (ich
bin darauf angewiesen, daß mir meine Dates Essen, Theater und
Wein bezahlen), würde ich, meiner Rechnung nach, etwa $ 10-15
pro Monat brauchen, nach Deinem ersten Scheck von $ 25. Das
wäre mir lieb, da ich es ablehne, mir Geld von der Collegeleitung
zu borgen, und bereits voll damit gerechnet habe, daß ich wegen
der Bücherrechnung für mein zweites Semester vor Gericht geschleppt werde!

Nun zu meinem Job in Marokko. Ich hatte mir überlegt, daß es
am besten wäre, wenn ich noch warte, bis mein Interview mit Mr.

Robert Shea, dem Leiter der Amerikanischen Schule in Tanger, stattgefunden hat, bevor ich mich gegen Deine Argumente verteidige, wozu ich mich jetzt sehr berechtigt fühle.

Ich war traurig, daß Du so schnell Schlüsse über meinen Job und meine Zukunftspläne gezogen hast, ohne die Fakten abzuwarten.

... Man erwartet von mir nicht mehr, als daß ich von erfahrenen Lehrern, mit denen ich mir den Unterricht teile, lerne, wie man eine ganze Klasse in allen Fächern unterrichtet, was ein ungewöhnlich vielseitiges Training für mich wäre. Ich glaube, daß man in Amerika viel zuviel Wert auf Kurse legt, in der Annahme, daß man alles, vom Kochen bis zum Schreiben, beherrscht, wenn man nur ein Zertifikat hat.

... Ich möchte keine staatliche Anerkennung und keine weiteren Jahre am Schreibtisch, um zu lernen, wie man unterrichtet, wenn ich die Chance habe, in einer internationalen Spitzengruppe zu lernen und zu leben. Will ich in meinem Beruf Übung bekommen, fange ich am besten hier an. Die »Veteranen«-Lehrer in Tanger sind womöglich erfahrener und vielseitiger als die hierzulande ... Tätige Liebe, Allgemeinbildung und eine schöpferische Betrachtungsweise, das ist es, was sie wollen. Sie bilden selber aus.

... Sue [Weller] und ich würden in einer Wohnung wohnen (die luxuriöseste, mit Innenhof und fünf oder sechs Zimmern, kostet $ 50 pro Monat!) und selber kochen (Lebensmittel gibt's in Hülle und Fülle, besonders Obst und Gemüse). Wir würden uns ein Mädchen nehmen, die für uns einkauft, weil ihr Gehalt nicht mehr kostet als die Summe, um die man uns als Fremde auf den Märkten betrügen würde.

... Die internationale Sicht ist die Weltanschauung der Zukunft, und ich hoffe, daß ich Teil dieser Gemeinschaft werde mit all dem, was ich in mir trage. Ich bin jung genug, um Sprachen im lebendigen Umgang zu erlernen und nicht mittels künstlicher Beschleunigung oder Schufterei von »Buch«-Kursen. Ich möchte Menschen vor mir haben, an Tischen, an Schulbänken, und nicht nur Bücher.

... Mr. Shea ist wie der intelligente, liebevolle, liberale Vater, nach dem ich mich schon immer gesehnt habe, und außer Mr. Crockett wüßte ich niemanden, der mich so in dem Gedanken bestärkt hat, daß es Heilige auf Erden gibt; er hat etwas so Strahlendes und eine fast übermenschliche Bereitschaft, anderen zu dienen und ihnen zu helfen, sich zu entfalten. Die gelassene,

sonnige Natur dieses Mannes hat mich von Anfang an angezogen
. . . Er ist ein internationaler Mr. Crockett und hat einen interna-
tionalen Diplomatenposten in Persien aufgegeben, weil er dieses
Schulprojekt so begeisternd fand.

Ich habe heute mit Mr. Fisher in meiner göttlichen Lyrik-Stunde
alles im Detail durchgesprochen, und nachdem er herzlich zugestimmt hatte (er hatte übrigens auch seine Zweifel, letzte Woche,
als noch nicht alle Fakten bekannt waren), fragte er mich: »Wollen
Sie diesen Job wirklich haben?« Ich sagte ernsthaft ja, woraufhin er
den Raum für einen Moment verließ. Als er zurückkam, erzählte er
mir, daß er den Mann gerade mitten in irgendwelchen Interviews
angerufen und mir die beste Empfehlung gegeben hatte, die er sich
denken konnte. Wie man so lieb sein kann – ich kann es kaum
glauben!

Mr. Fisher ist der ideale Leser und Lehrer für mich, für meine
spezifische Lyrik. Woche für Woche spüre ich, wie ich mich
entwickle, wie eine erhöhte Sensibilität in mir hervorkeimt . . . und
glaube, was ich jetzt erlebe, ist der ungeheuer stimulierende, schöpferische Prozeß, der in Gang kommt, wenn zwei Menschen sich
geistig berühren und entfalten. Ich lerne eine Menge von ihm, und
im Austausch dafür gebe ich ihm alles, was in mir ist, und er ist
glücklich damit.

. . . Ich hatte schon immer den Wunsch, meinen Schaffensdrang
mit einer Art Dienst an der Welt zu verbinden. Ich bin keine
Missionarin im engen Sinne, aber ich glaube, ich kann etwas gegen
McCarthy und die vorherrschende schlechte Meinung über die U.S.
tun, indem ich für kurze Zeit mitten unter diesen Menschen ein
Leben voll Aufrichtigkeit und Liebe lebe. Auf gewisse Weise diene
ich damit meiner Religion, und die heißt Humanismus, Glauben an
die Fähigkeit eines jeden Menschen, zu lernen und zu lieben und
sich zu entwickeln. Diese Kinder, ihre unterentwickelten Länder,
ihre Unterernährung – all das ist weit entfernt von den sauberen,
rigiden amerikanischen Idealen, aber ich glaube, daß jetzt die
neuen Völker an der Reihe sind und die Welt beeinflussen werden,
genauso stark wie Amerika zu seiner Zeit, und ich möchte dazu
beitragen, ihnen zu geben, so wenig das auch sein mag.

Ich weiß doch, wieviel meine Lehrer für mich getan haben . . . Selbst wenn ich nicht mehr erreiche, als einen Mexikaner
für Geschichte zu begeistern oder ein Problem in der Staatskunde

dramatisch darzustellen, um eine abstrakte Idee mit Leben anzu-
füllen, genügt mir das. Das gilt für jetzt. Vielleicht nur für ein Jahr.
Danach bin ich hoffentlich eine Frau, die sehr viel linguistischer
und erfahrener ist. Kann sein, daß ich Reporterin werde. Oder als
Dichterin in Italien lebe. Oder als Studentin in Radcliffe. Wichtig
ist nur, daß die Entscheidung auf natürliche Weise aus meinem
Leben erwächst und mir nicht von wohlmeinenden Freunden auf-
gedrängt wird. Denke über das nach, was ich voller Ernst sage. Ich
hoffe, Du verstehst mich. x x sivvy

[*Postkarte*]

15. FEBRUAR 1955

Liebe Mutter,

. . . es wird Dich freuen zu hören, daß ich im Hause meiner
liebsten Freundin Mary Ellen Chase ein hinreißendes Kaffeestündchen verbracht und mit ihr meine Pläne fürs nächste Jahr erörtert
habe, die plötzlich eine glänzende Wendung genommen haben. Die
Universität Cambridge hat mich als Austauschstudentin für ein
2-Jahres-Programm mit einem Honors B.A. am Ende aufgenommen – der M.A. kommt automatisch, und alle amerikanischen
Colleges werden sich drum reißen, mich als Lehrerin zu bekommen. Das English-Department hier steht geschlossen hinter mir
und ist auch gegen die normierten amerikanischen akademischen
Grade. Werde schon irgendwo Geld auftreiben, wenn Fulbright
nicht kommt. *Sag niemandem was,* außer den Großeltern und
Warren, aber es sieht ganz danach aus, als würden sich meine
geheimsten Wünsche erfüllen.

sivvy

P.S. Engländer sind Klasse!

13. MÄRZ 1955

Liebste Mutter,

. . . ich habe drei oder vier, zum Teil humoristische, kleine
Gedichte über die Skulpturen und Gemälde geschrieben, die ich im
Whitney Museum in NYC gesehen habe, als ich dort war, um mir
die Amerika-Ausstellung von 1955 anzuschauen.

. . . Obwohl das meine schlimmste Woche in puncto Prüfungen und schriftlichen Arbeiten ist, bin ich sehr glücklich, vielleicht weil Sue Weller und ich heute zum erstenmal in dieser Saison den ganzen Morgen Tennis gespielt haben . . . Seit Monaten habe ich mich nicht mehr so lebendig wie heute gefühlt, und ich habe mir vorgenommen, weiterzutrainieren und außerdem in diesem Frühjahr wieder in die Achtermannschaft zu gehen, wie letzten Herbst. Ich bin nicht schlecht, wenn ich trainiere, und finde, daß es ein herrliches Gefühl ist, wenn ich frühmorgens auf bin und meine Muskeln anstrenge. Im Grunde bin ich wohl beides: ein »Freiluft«-Mädchen und eine kontemplative, seßhafte Schriftstellerin.

Mlle hat mir gerade einen niedlichen rosa Scheck geschickt, mit dem ich zumindest meine Bücherrechnung bezahlen kann. Jetzt, wo es Frühling wird, kann mich gar nichts mehr aus der Fassung bringen, ich bin sehr glücklich und optimistisch. Ich mache jede Woche fünf Gedichte, und sie werden von Mal zu Mal besser. Ich möchte diesen Sommer eine Menge Gedichte schreiben und versuchen, in etwa einem Jahr einen kleinen Band zu veröffentlichen: ich denke, ich werde mich an die Yale-Series of Younger Poets wenden. Bloß zu meinem eigenen Vergnügen.

. . . Ich möchte Deine Erwartungen nicht in die Höhe schrauben, aber ich muß Dir sagen, daß mein Schicksal offensichtlich etwas besonders Gutes ausbrütet. Der Fulbright-Berater hier hat soeben einen Brief von dem zuständigen Mann in Oxford bekommen, in dem steht, daß man mich für ein Jahr – mehr nicht – vorgeschlagen hat, und wo noch erwähnt wird, daß Lady Margaret Hall in Oxford mich zulassen würde, wenn ich garantieren könnte, daß ich für die Kosten des zweiten Jahres selber aufkommen kann! Selbstverständlich ist das alles sehr geheim, und ich soll noch gar nichts davon wissen, da es offenbar so ungewiß ist, ob ich das Stipendium bekomme; aber daß Oxford mich angenommen hat, sogar ohne die Hilfe einer Mary Ellen Chase, nur auf Grund meiner Unterlagen, einer langen Arbeit über Chaucer für Mr. Patch und einem Interview mit der Frau des Rektors vom Kenyon College, das ist ein Gedanke, der mir richtig wohltut. Besonders, nachdem mir dieser eingebildete, sichtlich aus Oxford stammende Professor bei meiner Harvard-Befragung gesagt hat, daß es ganz unmöglich sei, ein Fulbright für Oxford oder Cambridge zu kriegen! Ich weiß auch so, daß ich gehe, mit oder ohne Stipendium! Stell Dir bloß vor, ich habe die *Wahl*! Natürlich wird man mich, wenn ich ein Fulbright kriege, einer bestimmten Universität zuweisen, aber darüber laß ich mir jetzt keine grauen Haare wachsen!

Halt mir die Daumen für diesen entscheidenden kommenden Monat.

Deine pfützen-springende Tochter
Sylvia

16. APRIL 1955

Liebste Mutter,

Warten lohnt sich, und mein Warten scheint sich noch zwei Wochen hinzuziehen, solange nämlich, bis die Juroren in der Stille ihrer Boudoirs unsere Gedichte studiert haben und entscheiden, wer von uns sechsen den heißersehnten Preis verdient (in den letzten 32 Jahren haben ihn erstaunlich viele Dichter bekommen, die heute bekannt sind). [*Sie hatte sich an dem Glascock-Lyrik-Wettbewerb beteiligt, einem Wettbewerb der Colleges untereinander, der alljährlich im Mt. Holyoke College ausgetragen wurde.*]

Es sei nur gesagt, daß ich nicht weiß, wann ich in meinem Leben je so eine schöne Zeit verbracht habe. Marianne Moore habe ich auf der Stelle liebgewonnen, und war sehr froh, daß ich ihr Buch gekauft und eine Menge über sie gelesen hatte, da ich auf diese Weise fundiert mit ihr über meine Lieblingsgedichte reden konnte. Sie muß Ende Siebzig sein und ist vital und humorvoll wie eine gute Fee, die inkognito auftritt. Interessanterweise hat sie mich nach Dir gefragt und gesagt, sie würde sich freuen, Dich eines Tages kennenzulernen, außerdem hat sie noch gesagt, Du sollst stolz auf mich sein, was ich Dir gleich weitersagen wollte, falls Du's noch nicht weißt!

Habe den Freitagnachmittagszug nach Holyoke genommen, wurde am Bahnhof abgeholt und in ein palastartiges Gästezimmer in einem der Studentenwohnheime gebracht, wo ich die attraktive Lynne Lawner, Teilnehmerin aus Wellesley, antraf, und ein reizendes Mädchen, das mir sehr gefallen hat. Wir wurden vom *Monitor* interviewt, immer und immer wieder, um Miss Moore geschart, photographiert, dann von der *Mademoiselle*-Reporterin — einer Smithabsolventin, die ich auch sehr gern mag — interviewt und gingen anschließend zum Lammkotelett-Abendessen; sehr angenehm, wenn auch zunächst etwas steif, da sich alle noch fremd und unvertraut waren.

Dann kam die Lesung: ein prächtiges Publikum (etwa 200 Leute), das zusammengepfercht war in einem bezaubernden kleinen Raum mit dunklen Wänden, Plüschsesseln, bleigefaßten Fenstern und einer besonders literarischen Atmosphäre. Wir sechs saßen vorne vor dem Publikum an einer Art Seminartisch, und die Reaktion war äußerst erfreulich.

Die Teilnehmer waren durchwegs erstaunlich anziehende, charmante Leute (von Holyoke, Smith, Columbia, Wellesley, Wesleyan und Dartmouth), die sehr gut lasen. Meiner Meinung nach waren die Mädchen den Jungen überlegen – der einzige, der als ernsthafte Konkurrenz in Frage kam, war der Junge aus Dartmouth, auf den ich als Sieger setzen würde. Die beiden anderen Mädchen waren oft ausgezeichnet, aber sehr ungleichmäßig. Wir alle bekamen wilden Applaus, und es war wirklich ein Vergnügen, so eine enthusiastische Gruppe vor sich zu haben – wo doch nebenher alles mögliche los war und niemand sich bemüht hatte, ein Publikum zusammenzutrommeln.

Die Lesung lief glänzend, und meine Gedichte vortragen zu können, war herrlich für mich, weil sie alle ganz schön geschliffen klangen und das Publikum enorm drauf reagierte und bei einigen witzigen Stellen sogar lachte, was mich wahnsinnig glücklich gemacht hat. Ein humorvoller, öffentlicher Redner zu sein, würde mir, glaube ich, Spaß machen. Es ist so schön, wenn man die Leute zum Lachen bringen kann.

Nach der Lesung fand eine »Party« statt, zu der ausgewählte Holyoke-Mädchen geladen waren. Ich hatte das Glück, mit John Ciardi und Wallace Fowlie, den anderen beiden Kritikern, Dichtern und Preisrichtern, ins Gespräch zu kommen. Zwei reizende Männer, auch Lehrer und Übersetzer, d. h. Ciardi hat Dante und Fowlie Rimbaud und andere französische Dichter übersetzt. Ich mochte sie alle beide, und dieser erste Eindruck hat sich im Lauf der Zeit noch verstärkt.

Heute morgen bekamen Lynne und ich ein fulminantes Frühstück ans Bett gebracht, danach wurde eine Rundfunk-Aufzeichnung von uns gemacht. Ich hoffe, wir bekommen Schallplatten davon zugeschickt, wie man es uns in Aussicht gestellt hat. Anschließend veranstalteten die drei Juroren ein wunderbares

172

Forum über das Übersetzen, was für mich eine wahre Freude war. Die Krönung des Ganzen war ein köstlicher Imbiß, bei dem alle besonders vertraulich und gemütlich waren und Marianne Moore mir etwas Reizendes in ihren Gedichtband geschrieben hat. Ich war wirklich sehr angetan von allen ...

Liebe Grüße an alle,
Sylvia

21. APRIL 1955

Liebe Mutter,

immer wieder mal kommt eine schwierige Periode, wo kleine Diskrepanzen sich auftürmen und riesenhaft, nein, eher düster aussehen, und diese Woche war so eine. Ich habe das Bedürfnis, Dir darüber zu schreiben, obwohl ich sonst eigentlich ziemlich guter Stimmung bin und hoffe, daß die Tatsache, daß ich seit Samstag nichts von Dir gehört habe, nicht bedeutet, daß zu Hause etwas nicht in Ordnung ist. [*Ich hatte wieder eine Magenblutung gehabt.*] Hast Du die Doppelseite [*mit den Photos der besten Dichter im Glascock-Wettbewerb*] im *Monitor* gesehen? Ich habe keine Ahnung, an welchem Tag die Ausgabe erschienen ist, aber ich wäre Dir sehr dankbar, wenn Du ein paar Exemplare aufheben und mir wenn möglich eins schicken könntest. Ich finde, sie haben ihre Sache ganz gut gemacht, bis auf das aus dem Zusammenhang gerissene Zitat, das mir die hirnverbrannte Bemerkung: »Ich finde Lesen wichtig«, in den Mund legt.

Wenn ich die Woche überstehe, wird's mir viel besser gehen, im Moment aber hat sich alles so zugespitzt, daß ich jetzt weiß, wie einer Bank zumute ist, wenn alle Kunden auf die Idee kommen, am selben Tag an den Schalter zu gehen und ihr Geld abzuheben, bloß um sich zu vergewissern, daß es die ganze Zeit da war.

... Trotzdem hat es mich sehr glücklich gemacht, daß ich den Alpha-Preis für *creative writing* bekommen habe (der vom English-Department vergeben wird); dafür gibt es kein Geld, nur ein goldenes A und einen eindrucksvollen Brief aus dem Büro des Rektors. Den Zeitungsausschnitt schicke ich mit. Ich bin sicher, Du hättest Deine Freude an der Teestunde gehabt. Die 50 Alpha-Mitglieder trafen sich dazu in dem leuchtend hellen, rot-weißen Holländischen Zimmer im Alumnae House. Ich schenkte die ganze

Stunde über Tee ein, ein Kunststück, welches zu erlernen ich mich in einem Anfall von Tollkühnheit entschlossen hatte; dazu gab es Sandwiches und viel gute Unterhaltung. Unter den neuen Mitgliedern waren Nancy Hunter und Lynne Fisher (Nan dank ihrer Sonette in diesem Semester), was mich für beide außerordentlich gefreut hat. Alles lief prächtig bei meiner ersten Präsidier-Erfahrung, und es hat mir wirklich Spaß gemacht.

Ich habe Formulare unterzeichnet und das Smith-Stipendium von $ 1000 angenommen, aber man läßt mich freundlicherweise davon zurücktreten, wenn ich das Fulbright bekomme. Die nächsten vier Wochen werde ich nur noch büffeln für die 3 letzten Zwischenprüfungen am 21., 23. und 25. Mai, danach bin ich reif für eine lange, lange Pause. Noch mehr kann ich mich in diesem Jahr nicht »verausgaben«, ich glaube, daß mein Seelenfrieden wichtiger ist als die Verbesserung meiner beiden guten B-Noten im Shakespeare-Kurs und in Deutsch, und Gott weiß, was ich auf die Kazin-Arbeit kriege, von der allein meine endgültige Semesternote abhängt. Ja, ich bin wirklich reif für ein dreimonatiges langsames, geruhsames Dasein ohne Arbeitsplan, mit viel Schlaf und weniger Druck, als ihn die meisten Leute haben – und das Unterrichten ist der einzige mir vorstellbare Job (in naher Zukunft), der mir diese Bedingungen erfüllen würde und mir möglicherweise wirklich Freude macht.

Noch nie habe ich vor einer so schwierigen Entscheidung gestanden wie heute. Redakteur Weeks von der *Atlantic* hat mir einen Brief mit einem $-25-Scheck für Dein Lieblingsgedicht »Circus in Three Rings« geschickt, DENNOCH hat die Sache einen wirklich unangenehmen Haken. Sie fanden die zweite Stanze viel besser als die erste und dritte und forderten mich auf, die zweite Stanze zu überarbeiten und ihr den neuen Titel (Vorschlag von ihnen) »Lion Tamer« zu geben. Ein Kaleidoskop gemischter Gefühle, führte ich ein langes Gespräch über das alles mit Mr. Fisher. Meine oberste Vernunft sagte mir aufgeregt: hier ist deine Chance, hier öffnen sich dir die goldenen Pforten (sie ließen durchblicken, daß sie etwas von mir unter der Rubrik Junge Dichter in der August-Ausgabe bringen wollen). Nochmal anschauen, nochmal machen. Schnell. Mein inneres Auge warf einen Blick auf das Gedicht, das einer gewissen Idee für eine Trilogie entsprungen war, zugegebenermaßen in der dritten Stanze schwächer als die anderen beiden, schaumschlägerisch, nicht schlecht, aber anspruchslos. Ich mußte an den gönnerhaften Brief denken, und mir war ein bißchen elend zumute, ich war desillusioniert. Ich kann es einfach nicht nochmal machen, nicht so, daß es aus einem Guß ist. Ein anderes Gedicht, ja, aber nicht dieses, die Gefahr, daß es künstlich wird, daß jede Spontaneität fehlt, ist unermeßlich. Schließlich muß ich für immer damit leben und habe nach wie vor Angst, daß es artifiziell klingen würde, wenn ich es überarbeite. Ich würde es mir übelnehmen, wenn ich versuchen würde, es zu verhunzen, nur damit es ihrer Vorstellung entspricht. Wenn es Prosa wäre, würde mir's ja nichts ausmachen, aber ein Gedicht ist wie eine kostbare, kleine Uhr: verändere die empfindsame Stellung der Zahnräder untereinander, und schon tickt sie vielleicht nicht mehr.

Ich denke, ich werde es am Wochenende überschlafen, und wenn mir eine Neufassung einfällt, schick ich sie hin, aber ich bezweifle das. Wenn nicht, dann schicke ich vier von meinen besten neuesten Gedichten, die »homogen« sind (bei dem Stoß, den ich letzten September geschickt hatte, war das ein Punkt, der bemängelt wurde) und bitte Mr. Weeks, er möge doch bitte diese Stellvertreter ernsthaft in Betracht ziehen. Versteht sich, daß ich den Scheck ebenfalls zurückschicken muß, was hart ist, jedenfalls haben sie mich in eine scheußliche Lage gebracht. Ich schwanke zwischen äußerstem macchiavellischen Opportunismus und kompromißloser künstlerischer Moral. Die Moral scheint die Oberhand gewonnen zu haben, aber welch eine Hölle! Hätten sie es doch als Einheit akzeptiert, wo die zweite Stanze für die anderen spricht, oder gar nicht. Dieses Zwischenstadium ist wirklich schwer zu ertragen! So schöne Träume, und dann dieses Problem!

Schick mir bitte eine Infusion mit Energie. Das wird mir besser tun als das Schilddrüsenpräparat. Mir fehlt wirklich was, wenn ich nichts von Dir höre, und Deine Briefe heitern mich immer auf.

Deine fast-aber-nicht-ganz,
wenden-Sie-sich-wieder-an-uns-Tochter
Sylvia

23. APRIL 1955

Liebe Mutter,

alles Liebe und meine besten Wünsche zu Deinem Geburtstag, und vielleicht interessiert es Dich zu erfahren, daß ich mir den ersten Preis beim Holyoke-Wettbewerb mit William Whitman, dem Jungen aus Wesleyan, teile. Das bedeutet für mich einen $-50-Scheck und ein stolzes Erröten.

Das Beste von allem war ein hymnischer Brief von John Ciardi, meinem favorisierten Preisrichter, der mich als »echte Entdeckung« bezeichnete und geschrieben hat: »Sie ist eine Lyrikerin. Ich bin überzeugt davon, daß sie weiter Gedichte schreiben wird, und ich möchte wetten, daß diese Gedichte immer besser werden. Mit Sicherheit hat sie das Zeug dazu. Gottlob –.« All das hat mich so glücklich gemacht, daß ich weinen könnte. Er möchte auch etwas für meine Publikationen tun und hat mir eine Liste von Vierteljahresschriften geschickt, an deren Redaktionen ich bestimmte Gedichte mit einer Empfehlung von ihm schicken soll – die Welt ist also doch nicht völlig gleichgültig!

Alles Liebe
Sivvy

25. APRIL 1955

Liebe Mutter,

der Brief von Dir heute hat wohlgetan; ich bin so empfänglich für Post und habe wirklich meine Freude dran ... Ich habe den gestrigen und den heutigen Tag damit verbracht, ein paar Briefe abzuschicken und mein Gedichtmanuskript für Mr. Fisher zu Ende abzutippen: es sind etwa 60 Gedichte, die in einem Band unter dem Titel »Circus in Three Rings« zusammengefaßt sind (ich pfeif auf die *Atlantic*), und ich habe das Gefühl, daß das ein ordentliches Stück Arbeit für ein einziges Semester ist. Ich habe alle Gedichte aufgenommen – einige sind schlecht, andere gut, ein paar müssen noch überarbeitet werden – und das Ganze »Meinem verehrten Maestro, Alfred Young Fisher« gewidmet. Ich habe auch einen Durchschlag von dem Manuskript gemacht, damit ich ab diesem Sommer dran arbeiten kann. Ich möchte mindestens zehn gute neue Gedichte als Ersatz für die weniger guten oder belanglosen schreiben, und 30 beim Borestone Mountain Buch-Wettbewerb diesen Juli und dann im nächsten Jahr bei der Yale Series einreichen. Ich glaube natürlich nicht, daß ich wirklich eine Chance habe, denn die meisten Gedichte sind in dem Zwischenbereich zwischen der experimentellen Kunst kleiner Lyrikzeitschriften und dem hochgestochenen Witz des *New Yorker* angesiedelt – sie haben von beidem jeweils zuviel. Aber ich werd's versuchen.

Die nächsten Wochen sind also ziemlich entscheidend, und ich müßte eigentlich eine Menge konkreter Informationen einziehen über: Fulbright, *Atlantic, Vogue, Mlle,* Christophers und diverse Smith-Preise, die in der Versammlung vom 18. Mai bekanntgegeben werden sollen. Jetzt werde ich eben unerbittlich weiter lesen, Aufzeichnungen und Bücher der letzten vier Jahre durchackern und die Frage nach dem Zusammenhang stellen. Im Moment bin ich erleichtert wegen Deutsch [*sie hatte diesen Kurs weggelassen*], weil ich in der Phase bin, wo meine Energie nachläßt, und da muß ich jedesmal meine Ansprüche auf ein Minimum reduzieren. Ich merke, daß das vernünftiger ist, als wenn ich stur versuche, zu viele Bälle gleichzeitig zu jonglieren. Ich freue mich wahnsinnig auf den Sommer, wo ich mich ausruhen, gemächlich etwas Schöpferisches tun und mich im Freien erholen kann.

Mach Dir meinetwegen überhaupt keine Sorgen. Wie Du siehst, kann ich mit meinen Einschränkungen fertig werden, obwohl es viel schöner wäre, wenn ich gar keine hätte. Ich brauche mindestens zehn Stunden Schlaf [*eine Familieneigenschaft*], ein Minimum an äußerem Druck (die meiste Zeit) und eine Lebensweise, die mir energiegeladene Phasen (ich habe meine Abschlußarbeit unter Aufbietung aller meiner Kräfte in nur zwei Monaten geschrieben, schneller als irgendein anderer *senior*) und die entsprechenden Phasen totaler Entspannung ermöglicht. Unterrichten oder Verheiratetsein, kombiniert mit freier schriftstellerischer Tätigkeit, wäre ideal dafür, glaube ich. Sei meinetwegen jedenfalls die nächsten Wochen beruhigt und wünsch mir Glück.

Ich hoffe, daß es Dir an Deinem Geburtstag schon viel bessergeht. Grüße an alle.

Sivvy

[*Als sie mich am nächsten Tag anrief, um mir zum Geburtstag zu gratulieren, schloß sie mit den Worten:* »*Ich danke dir, Mutter, daß du mir das Leben geschenkt hast.*«

Zu dieser Zeit lag ich im Newton-Wellesley-Krankenhaus und bekam intravenöse Aufbauspritzen für eine spätere, fast vollständige Magenresektion. Sylvia rief an und sagte der Schwester, daß mir die Neuigkeiten, die sie mir mitteilen wollte, mehr helfen würden als irgend etwas sonst. Die Schwester rollte mich zu dem Telefon im Korridor, und Sylvia erzählte mir, daß sie ein Fulbright-Stipendium für das Studium an der Universität Cambridge bekommen hatte. Welch eine Freude!]

21. MAI 1955

Liebste aller Mütter,

ich liege hier oben auf dem Sonnendach in Shorts und Oberteil und sonne mich in der klaren, blauen Luft unter einem hohen, schwankenden Weißen Hartriegel; seine Blätter sind grün, die Blätter der Buche hingegen dunkel kupferrot. Du *ahnst nicht,* wie herrlich und beruhigend es war, daß ich gestern mit Dir sprechen konnte! Zusammen mit dem Fulbright hat mich das so gestärkt, daß ich den Prüfungen jetzt mit Gleichmut entgegensehen kann. Und nun WEITERE GUTE NACHRICHTEN! (wenn das überhaupt noch möglich ist!) Heute morgen habe ich einen großartigen Brief von Redakteur Weeks von der *Atlantic Monthly* bekommen, gerade als ich mit der ersten meiner drei (vierstündigen) Prüfungen fertig war.

Er schrieb, daß alle mit mir darin *übereinstimmten,* daß die Originalfassung meines Gedichtes »Circus in Three Rings« besser war als die Überarbeitung, um die sie mich gebeten hatten, d. h., es wird so wie Du es kennst und schätzt *definitiv* in der August-Nummer der *Atlantic* erscheinen. Welch ein Glück für das Titelgedicht meines Embryonalbandes!

Das Beste von allem: er sagte, sie wären »verzaubert« gewesen von meinem langen 3-Seiten-Gedicht »The Princess and the Goblins« (das sie der Länge wegen diesmal nicht brauchen können) und bat mich, es diesen Sommer zusammen mit *neuen Sachen* wieder hinzuschicken! Ich bin selig! Stell Dir vor, dieses Bollwerk konservativer Ehrbarkeit ist »verzaubert« gewesen von Deiner seiltanzenden Tochter! Sei so lieb und erzähle Mr. Crockett und Mrs. Prouty davon, auch von dem Fulbright.

... Ich bin so glücklich, so voll neuen Mutes ... Ich möchte irgendwann im Frühsommer einen Besuch [*bei Sarah Elizabeth Rodgers*] machen und ihren Rat einholen, was das Konstruieren von Handlungen betrifft – ich hätte doch zu gerne diese »undefinierbare *Journal*-Qualität«!

Als Gedächtnisstütze schicke ich Dir hier eine Liste aller Preise und Auszeichnungen für schriftstellerische Leistungen in diesem Jahr:

$ 30 Dylan Thomas Ehrenvolle Erwähnung für »Parallax«, *Mlle*
$ 30 Für Deckblatt eines Romansymposions, *Mlle*
$ 5 *Alumnae Quarterly*-Artikel über Alfred Kazin
$ 100 Preis der Academy of American Poets (10 Gedichte)
$ 50 Glascock-Preis (geteilt)
$ 40 Ethel Olin Corbin-Preis (Sonett)
$ 50 Marjorie Hope Nicholson-Preis (geteilt) für die Abschluß-
          arbeit
$ 25 *Vogue* Prix de Paris (eine von zwölf Preisträgerinnen)
$ 25 *Atlantic* für »Circus in Three Rings«
$ 100 Christophers (eine von 34 Preisträgerinnen)
$ 15 *Mlle* für »Two Lovers and a Beachcomber by Real Sea«
$ 470 GESAMTSUMME und viel Freude!

Kann jetzt alle Schulden bezahlen und auf Mäntel und Gepäck hinarbeiten. Werde *schnell* gesund – kann's nicht erwarten, Dich Mittwoch zu sehen.

Herzlichst
Sivvy

[*Ich durfte das Krankenhaus verlassen, um Sylvias Abschlußfeier zu besuchen, und reiste, flach auf einer Matratze liegend, im Kombiwagen einer Freundin. Adlai Stevenson hielt die Rede bei der Feier, Marianne Moore bekam, neben anderen, den Ehrendoktor verliehen, und Alfred Kazin winkte Sylvia zu, als sie ihren akademischen Grad erhalten hatte und zu ihrem Sitz zurückkehrte. Ich stimmte ihr von Herzen zu, als sie mir später ins Ohr flüsterte: »Mein Kelch fließt über!«*]

28. JULI 1955

Lieber Warren,

... Du kennst mich ja: immer krieg ich Heimweh, bevor ich irgendwohin reise. Offenbar setzen meine Attacken vor dem zwei- jährigen Kampf schon frühzeitig ein, denn ich bin umhergestreift in einer schmerzlichen Anwandlung unglaublichen Heimwehs nach *je ne sais quoi*. Paradoxerweise sehne ich mich danach, ganz eng mit meinen Freunden zusammen zu sein ... aber je größer die Nähe wird, desto trauriger werde ich, daß ich wegfahren und sie verlas- sen muß. Wenn ich erstmal auf dem Schiff bin, geht's mir glänzend, weil ich etwas Konkretes habe, womit ich mich befassen kann, aber noch treibe ich wie entwurzelt dahin und habe nicht Wirkliches, wo ich meine Zähne reingraben kann. Vom Kopf her weiß ich, daß das Fulbright das einzig Richtige für mich ist; gerade jetzt würde es mich völlig ersticken, wenn ich in Neu-England oder sogar New York bleiben müßte. Ich muß meine Flügel erproben. O Ikarus ...

Nun hör mal gut zu: ich möchte, daß Du eine Ahnung von Deinen Möglichkeiten bekommst. Die sind groß. Wenn du gut bist (als ein Mensch, der vielseitig begabt ist), dann bist Du, genau wie ich, sehr, sehr gut, und wenn Du schlecht bist, dann brauchst Du Rehabilitierung; ergo: wir beide müssen uns noch ein ganzes Stück entwickeln (reifer werden), und nur durch unsere Beziehungen mit anderen Menschen (was ist das Leben schließlich, wenn nicht Menschen) werden wir uns zu voller Reife entfalten. Mit anderen Worten, die Selbsterforschung, zu der uns Probleme und Enttäu- schungen in bezug auf andere bringen, ist sonderbarerweise der beste Antrieb für die eigene Entwicklung und Veränderung. Und es braucht wirklich Mut, sich zu entwickeln und zu verändern, beson- ders dann, wenn einem der Horizont im Glanz der scheinbar allerbesten Verhältnisse erstrahlt ...

... Es ist selten, daß Menschen sich parallel entwickeln und über einen längeren Zeitraum gleichartige Bedürfnisse haben, wenn sie dermaßen flexibel sind wie wir.

Sinn meiner langen Tirade ist eigentlich nur, Dir zu sagen, WIE VIEL Du meiner Meinung hast, mit dem Du arbeiten kannst, und wie sehr ich Dir wünsche, daß Du das sichere, positive, schöpferi- sche Lebensgefühl bekommst, das ich glücklicherweise an ein oder zwei *Männern* kennengelernt habe: daß nämlich Deine Sicherheit und Deine Liebe zum Leben nicht von der Gegenwart eines anderen Menschen abhängen, sondern allein von Dir selbst, Deiner gewählten Arbeit und Deiner wachsenden Identität. *Erst dann* bist Du in der Lage, eine sichere Wahl zu treffen, um Dein Leben durch die Heirat mit einem anderen Menschen zu bereichern, und nicht eher, wie e e cummings sagt.

Ich hoffe natürlich, daß Du verstehst, wie das alles gemeint ist, und daß Du mir vielleicht irgendwann eine Zeile schreibst, damit ich weiß, daß Du nicht denkst, die redet nur sonnengebleichten Unsinn daher. Ich wünsche mir, daß Du Deiner Identität so sicher wirst (etwas Wichtigeres gibt es glaube ich nicht im Leben), daß Du bei keinem anderen Gericht Berufung einlegen mußt als Deinem eigenen Gewissen. Das bedeutet, daß man oft der Verlockung widerstehen muß, sich Alles (Traurigkeiten, Niederlagen, Unsicherheiten) von der Seele zu reden, in der Hoffnung, Rat, Sympathie, ja sogar manchmal Schelte als Strafe zu bekommen. Es bedeutet, daß man genau wissen muß, wann man sich für ein sokratisches Selbstgespräch separieren muß; manchmal ist es eine Hilfe, wenn man jemanden bei sich hat, der einen kennt und der einen immer liebt, was auch geschieht; wie mich zum Beispiel . . .

. . . hatte einen heißersehnten Abend drüben bei Peter Davidson, mit Vorlesen und Diskutieren. Er kommt aus Harvard, ist ein guter Freund von Howard Mumford Jones, hatte mal ein Fulbright für Cambridge und ist herrlich für mich, weil er so viel mit Verlagen, Autoren, Dichtern und Herausgebern zu tun hat. Sein Vater ist auch schottischer Dichter. Ein liebenswerter Mensch. Denk dran, Warren, es wird auf dieser Welt noch viele andere liebenswerte Frauen geben – intelligent, schön, manchmal beides, manchmal auch nicht. Dies ist alles Leben, Vorbereitung auf die endgültige intelligente, schöne Frau, die Du eines Tages heiraten wirst. Ich schreib Dir bald wieder. Bis dahin meinem Lieblingsbruder schöne Grüße.

Ganz Deine Sivvy

Dritter Teil

25. September 1955–29. April 1956

Die beiden Fulbright-Jahre waren die aufregendsten und interessantesten Jahre in Sylvias Leben. Es gelang ihr, sich in relativ kurzer Zeit den wechselnden Bedingungen und Anforderungen des Universitätslebens in Cambridge in England anzupassen, wo es eine Vielzahl von gesellschaftlichen Aktivitäten gab, und sie setzte sich von neuem hohe akademische Ziele. Damals jedoch stellte sie fest, daß sie nicht für die Konzentration auf ein kleines Spezialgebiet, wie es gerade für einen Ph. D. unerläßlich ist, geeignet sei, und kam zu dem Schluß, daß sie »viel lesen, mit den unterschiedlichsten Leuten tiefgründige Gespräche führen und aus dem vollen leben« müsse, um die nötigen Erfahrungen zur Bereicherung ihres Schreibens zu bekommen. Zwei Besuche auf dem Kontinent reizten ihren Appetit nach weiteren Reisen. Ihre Überängstlichkeit in bezug auf die Kurse bei Smith verschwand in Cambridge, und sie stürzte sich voller Zuversicht und mit einer reiferen Einstellung in ihre Arbeit.

Sie suchte nun ernsthaft nach einem außerordentlichen Mann als Ergänzung zu sich selbst, dem sie sich mit all den zutage tretenden Facetten ihres Wesens mitteilen konnte; in Gestalt des Dichters Ted Hughes fand sie ihn im Februar 1956. Bevor sie sich kennenlernten, hatten beide die Gedichte des anderen gelesen, und jeder bewunderte des anderen Werk. Die unmittelbare Wirkung dieser Begegnung spiegelte sich in einer Flut ekstatischer Gedichte.

[LONDON, ENGLAND]
SONNTAGNACHMITTAG
25. SEPTEMBER 1955

Liebste Mutter,

... wo beginnen! Ich ersticke förmlich, während ich anfange, dies zu schreiben, diesen meinen ersten Brief! Mir ist, als wandelte ich im Traum. Am besten fange ich wohl in London an und gehe von da an rückwärts. Dies ist der erste Tag, den ich wirklich ganz für mich habe, und da Sonntagvormittage in allen fremden Städten etwas Trostloses haben, bin ich spazierengegangen und habe mich auf einem der kleinen grünen Plätze niedergelassen, um ein bißchen in der Zeitschrift *London* zu lesen ...

London ist einfach phantastisch ...

Nun weiter – wenn ich erst einmal anfange, kann ich kaum wieder aufhören, weil es nur so wimmelt von Erinnerungen in meinem Kopf.

Der traurigste Empfang war der für die Studenten der englischen Literatur, da es mir erst hinterher möglich war, herauszufinden, wer die illustren Herren waren, die dort zu Gast waren (der Empfang war von den Gastgebern gräßlich organisiert, keiner von uns konnte ahnen, wer die Gäste in Wirklichkeit waren – sie sahen alle wie ehrwürdige Professoren aus). Ich habe nur David Daiches kennengelernt, der in Cambridge lesen wird; er ist ein bekannter Kritiker. Stell Dir meine Verzweiflung vor, als ich herausfand, daß Stephen Spender (der Dichter), John Lehmann (der brillante Leiter der BBC und Herausgeber der Literaturzeitschrift *London*) und sogar C. P. Snow höchstselbst (!) dabei gewesen waren! Es war schrecklich frustrierend, daß man mich nicht vorgestellt hatte, aber ich schluckte meine Wut über die Unfähigkeit der Gastgeberin hinunter und entschloß mich, alle diese Leute kennenzulernen, wenn ich in Cambridge mit dem Schreiben angefangen hatte. So herum ist es vielleicht besser. Selbst T. S. Eliot war eingeladen gewesen, nur konnte er im letzten Moment nicht kommen ..

Ach, Mutter, jedes Gäßchen ist voll von Tradition, Altertümlichem, und ich kann die Ruhe spüren, die Zurückhaltung und Behaglichkeit, die das Ergebnis von Jahrhunderten sind ...

... Die Tage sind meist grau, mit nebligem Licht, und die Landschaften grün-belaubt im Silbernebel wie die Bilder von Constable.

184

Das Schiff war wundervoll und wurde noch wundervoller durch
Carl [*eine neue Bekanntschaft*], mit dem ich an Deck Tee trank und
dabei über Gott und die Welt redete. Das Wetter war durchwachsen, aber ich mußte keine Pillen [*gegen Seekrankheit*] nehmen,
sondern tanzte jede Nacht mitten im größten Geschaukle und
Geschlingere und war in ständiger Berührung mit dem Meer, bei
Sonne, Regen und Sternenlicht. Jeden Vormittag heiße Brühe an
Deck; nachmittags Tee (ich bin ganz süchtig danach seit einem
kalten, regnerischen Tag in London), Roastbeef, kalt, zum Frühstück, und ein hysterisch komischer Cockney-Kellner . . .

Das Beste vom Ganzen: mein erstes Land war Frankreich! Wir
legten in Cherbourg an, und Carl und ich gingen an Land, wo ich
den zauberhaftesten Nachmittag meines Lebens verbrachte. Jetzt
verstehe ich, warum Frankreich Maler hervorbringt: alles war rosa
und türkis, pittoresk und lebendig warm. Überall Fahrräder, Arbeiter, die tatsächlich Wein tranken, frühreife Kinder, winzige individuelle Läden, Straßencafés, graue Filigran-Kirchen. Mir war, als
wäre ich heimgekehrt.

Wir wanderten umher in einem Park voller seltener grüner
Bäume, Springbrunnen, Blumen und Hunderten von Kindern, die
Goldfische fütterten und Reifen schlugen. Babies allerorten. Ich
faßte sogar Mut und stammelte im Beisein einiger lebenssprühender, lustiger alter Damen auf einer Bank ein paar Brocken Französisch hervor und verliebte mich in alle Kinder. In meinen ersten
Ferien flieg ich sofort nach Frankreich! Soviel Wärme und Lebensfreude. Soviel Farbe und Individualismus. Alles ist sehr klein und
schön und individuell. Was für ein Glück, fern von achtspurigen
Highways und Supermärkten zu sein, da, wo Straßen für Fahrräder
und junge Liebende gemacht sind, wo Blumen die Lenkstangen und
Ampeln schmücken.

Der Brief von Dir hat mir wohlgetan. Ich fühle mich so abgeschnitten von zu Hause, besonders weil ich noch nicht bei meiner
endgültigen Adresse angelangt bin. Aber wenn ich jetzt, im desorientiertesten Stadium meiner Reise schon glücklich bin, dann
wird es in Cambridge, habe ich dort erst mal Wurzeln gefaßt,
gewiß eine Freude ohne Ende werden. Schreib mir bitte, und ich
werde, Stück für Stück, alle meine Dankesbriefe schreiben. Werde
aus Cambridge wieder schreiben. Alles Liebe Dir, Warrie und den
Großeltern.

Sivvy

WHITESTEAD, BARTON ROAD
CAMBRIDGE, ENGLAND
2. OKTOBER 1955
SONNTAGNACHMITTAG

Liebste Mutter,

ich weiß gar nicht, wo ich mit meiner Schilderung von Cambridge beginnen soll! Ich glaube, es ist der allerschönste Ort der Welt; von meinem Fenster aus in Whistead [*Studentenwohnheim*], im zweiten Stock, kann ich in die Whitstead-Gärten gucken, wo große schwarze Krähen (Raben) über malerische, rote Ziegeldächer mit Kaminaufsatz fliegen.

Mein Zimmer ist eins von den dreien, die im zweiten Stock liegen, und, obwohl es im Moment kahl ist, ohne Bilder, und ein bißchen ausstaffiert werden muß, ist es mir sehr lieb. Die Zimmerdecke ist schräg wie bei einem Dachboden, und ich habe einen Gaskamin, der jedesmal, wenn ich den Raum warm haben will, einen Schilling frißt (sehr angenehm zum Haaretrocknen, ich hab's gestern abend probiert), und einen Gaskocher, auf dem Schutzblech vor dem Kamin, wo ich Wasser für Tee oder Kaffee heiß machen kann. Ich werde Dir einen kleinen Plan zeichnen, damit Du Dir die Anordnung vorstellen kannst. Meine Bücher überfluten den Raum, beleben ihn und machen mir's heimisch ... Es ist klein, kann aber warm und ausdrucksvoll werden, sobald ich ein Teeservice und ein paar Drucke für die kahlen Wände gekauft habe. Ich liebe das Sofa am Fenster – gerade groß genug für zwei, oder für einen (mich), um sich's drin gemütlich zu machen und, mit schönem Blick auf die Baumkronen, ein Buch zu lesen ...

Ich kann Dir gar nicht sagen, wie herrlich es hier ist. Ich ging durch endlose, grüne Collegehöfe mit phantastisch gepflegtem Rasen ... französische Gärten, King's Chapel mit der spitzenartigen Decke und verschlungenen farbigen Glasfenstern, die Seufzerbrücke, die Backs, wo sich Stocherkähne, Kanus und Schuten den schmalen Fluß Cam auf- und abwärts schieben, und die Läden in den unvorstellbar engen Straßen, wo Fahrräder und Motorräder mit den kleinen Autos ein einziges Gewirr bilden. Am lustigsten war der Markt auf dem Platz, wo frisches Obst, Blumen, Gemüse, Bücher, Kleider und Antiquitäten dicht nebeneinander in offenen Ständen verkauft werden ...

Alles Liebe,
Sivvy

OPUS 2

3. OKTOBER 1955

Liebste Mutter,

... ich muß hier wieder von vorne anfangen, und alles wird zunächst wahrscheinlich ein bißchen langsam und knarrend vonstatten gehen, gerade weil ich mir keinerlei Zwang auferlegen und nichts organisieren muß, was mir aber letzten Endes ein reiches privates, gesellschaftliches und intellektuelles Leben ermöglichen wird.

... Ich habe das Gefühl, daß ich hier glücklicher sein werde als je zuvor, wenn ich erst einmal Wurzeln geschlagen habe, denn es liegt wie ein goldenes Versprechen in der Luft über dem Cam und den malerisch krummen Gassen. Ich muß mir mein eigenes Cambridge schaffen und glaube, daß ich, sobald ich wieder angefangen habe zu denken und zu studieren (obwohl ich im Vergleich zu den spezialisierten Studenten hier sicher ein Neuling bin), ein Innenleben entfalten werde, das reich genug ist, mich zu nähren und zu stärken.

Ich war froh, als ich die amerikanische Gruppe in London endlich los war, und lernte in den letzten Tagen mit einem alten Verehrer von Sue Weller die Bohemeseite Englands kennen. Bekam Rum und Fleischsandwiches in einem faszinierenden Dickensschen Pub, genannt »Die Tauben«. Es war Nacht, und man konnte von dem Hof aus auf die düstere, niedrig stehende Themse blicken, wo im Mondlicht blasse Schwäne die trägen Rinnsale der schlammigen Uferbänke entlangglitten. Ein mystischer Abend . . .

Ich weiß Deine vorsichtigen Nachrichten über die Menge der Absagen zu würdigen und bin froh, wenn ich die Gedichte zurückbekomme, weil ich sie dann neu zusammenstellen kann, und ich versuche, Informationen über die britischen Literaturzeitschriften zu kriegen. Kann es kaum erwarten, mich hier zu etablieren und wirklich wieder mit dem Schreiben anzufangen. Ich glaube, daß dieser Frühling äußerst fruchtbar werden wird. Natürlich wäre eine Zusage jetzt enorm gut für meine Stimmung. Ich habe in der letzten Zeit so intensiv gelebt und agiert, daß es eine Erholung sein wird, wieder kontemplativ zu sein, mit etwas schwanger zu gehen und »sich in Ruhe neu zu sammeln« . . .

... Alle Arten von Plätzchen sind mir willkommen . . . sie erinnern mich an zu Hause. Was ich in diesen ersten Wochen von mir gebe, wird sicher nach Heimweh klingen; es macht mir stets Freude, Liebe zu schenken, und es tut ein bißchen weh, diese Gabe in sich verschlossen zu halten, bis sich neue, tiefe Freundschaften auf der Basis eines fruchtbaren, gegenseitigen Vertrauens entwickeln. Hab Geduld mit mir. Dir zu schreiben ist mir eine wirkliche Hilfe, und es wird schön sein, eine regelmäßige Korrespondenz zu führen, bei der wir einander antworten, statt in eine Art Vakuum zu sprechen.

Ich muß anfangen, an *allen* Fronten gleichzeitig zu leben, so wie ich es vor zwei Jahren getan habe, aber jetzt habe ich ja diese ganze Erfahrung hinter mir ... Vergiß nicht, daß ich Dich sehr, sehr lieb habe, und grüße meinen Lieblingsbruder und die Großeltern von Herzen.

Ganz Deine Sivvy

5. OKTOBER 1955

... Dachte, es wäre gut, wenn ich meinem ziemlich tristen Brief vom Sonntag Nachrichten über die heiteren Tage danach folgen lasse. Wirklich, ich bin wahnsinnig gerne hier ...

... Ich kann's kaum erwarten, die britischen Männer kennenzulernen, statt all diese vertrauten Amerikaner. Stell Dir bloß vor, hier kommen 10 Männer auf jede Frau! Nach dem, was mir diese feurige Margaret Robarts (die S.Afrikanerin mit dem Motorrad) gesagt hat, könnte man seine ganze Zeit mit nichts anderem zubringen, als mit Männern gesellschaftlich zu verkehren, hat man erst einmal damit angefangen. Ich habe mir das *Varsity-Handbuch* gekauft, wo nahezu alles drinsteht, was man hier wissen muß, außerdem ist es ganz witzig. Verglichen mit dem hiesigen außerakademischen Leben kommen mir unsere Organisationen zu Hause wie ein Kinderspiel vor. Für alles gibt es einen Club, vom Esperanto, Weinprüfen, Gepettos (Marionettenspiel) bis hin zum Flohhupfspiel! Clubs für jede Fakultät, Gesellschafts-Clubs, Clubs für Talente, und Hunderte von Musik- und Theatervereinen.

Schreiben ist offensichtlich »in einer Flaute«. Ich habe den Eindruck, daß die Universitätszeitschriften ebenso rasch vergehen wie sie entstehen, und nach dem einen Heft zu urteilen, das ich mir flüchtig am Zeitungsstand angeschaut habe, leidet die Dichtkunst an galoppierender Schwindsucht. Ich werde versuchen, herauszufinden, welche britischen Literaturzeitschriften für mich in Frage kommen, und sie dann mit meinen Sachen bombardieren. Sobald das erste Gedicht von mir hier veröffentlicht ist, werde ich mich wirklich als literarischer Bürger fühlen.

Heute treffe ich meine Studienleiterin: ich weiß gar nicht, *wie* ich mich bei diesem wunderbaren Angebot von Dozenten entscheiden soll: sogar *noch viel* verlockender als bei Smith! Nun ade! Grüße an alle.

Deine glückliche Sivvy

9. OKTOBER 1955

. . . Heute habe ich einwöchiges Jubiläum in Cambridge, und bis jetzt ist alles noch in der Schwebe, erwartungsvoll, verlockend, kurz vor Beginn. Die Vorlesungen haben Freitag angefangen, und ich war auch schon in vieren davon, muß aber noch nicht meinen regulären Tagesplan aufstellen. Ich bin wahnsinnig aufgeregt wegen meines Studienplans, den ich mit meiner Studienleiterin, Miss Burton, zusammengestellt habe . . . In diesem Semester überwacht sie meine Studien (ich treffe mich z. B. einmal wöchentlich mit ihr und einer anderen Studentin, und wir schreiben Abhandlungen über die Tragödie), und sie ist [*meine*] Tutorin für praktische Übungen zur Literaturkritik (auch eine Stunde wöchentlich). Das ist offenbar alles, was mir an regulärer Arbeit abgefordert wird, denn vor Juni nächsten Jahres gibt es keine Klausuren! Ich habe mir die Klausuren herausgesucht, für die ich »lesen« werde, und frage mich im Moment, wie zwei Jahre dafür jemals ausreichen sollen! Meine Vorlesungen sind auf die Klausuren, die ich gewählt habe, thematisch abgestimmt.

Alles in allem sind es sechs Klausuren, drei davon Pflicht. Zwei davon gehen über Literaturkritik (im allgemeinen) und eine, die riesig ist, über die Tragödie! Für mich ist das ganz herrlich, weil ich die nächsten zwei Jahre immerzu Tragödien lesen kann, von den Klassikern angefangen bis hinauf zu den modernen französischen Dramatikern, Pirandello, Cocteau etc., und das bedeutet einen Riesenbrocken Literatur, der mir bisher total entgangen ist. (Dieses Semester werde ich Vorlesungen über die Geschichte der Theorie des Tragischen, die Tragödie von Racine bis zur Gegenwart und Elizabethanische und Jakobinische Tragödie besuchen.)

. . . Die andere Klausur geht über die englischen Moralisten im

Verhältnis zur Geschichte des moralischen Denkens – eine fette Klausur mit einem immensen Lesestoff. Ich hab mir dieses Thema nicht nur rausgesucht, weil ich keine Ahnung davon habe, sondern weil ich die Möglichkeit haben werde, sehr viel Philosophie und Ethik zu lesen: von Aristoteles bis D. H. Lawrence! Die dritte schriftliche Arbeit, für die ich mich entschieden habe, ist die Geschichte der Literaturkritik in bezug auf die englische Literatur. Auch diese scheint mir exzellent gewählt, weil ich beides studieren muß, die Literaturkritik *und* die Literatur.

. . . Zum erstenmal habe ich einen Studienplan, der so aufgebaut ist, daß er nach und nach Wege und Brücken über die gähnende Leere meiner Unwissenheit schlagen müßte. Pro Woche habe ich etwa 11 Stunden Vorlesungen (morgens), und zwar bei Männern, deren Bücher allmählich meine Regale füllen: F. R. Leavis über Literaturkritik: ein prachtvoller, scharfzüngiger kleiner Mann mit bösem Humor, der aufs Haar einem krummbeinigen Gnom gleicht; Basil Willey über die Moralisten (er hat gewaltige, lesenswerte Bücher über die Hauptströmungen im 17., 18. und 19. Jahrhundert geschrieben); und falls ich Zeit habe, werde ich mir im nächsten Semester David Daiches über den modernen englischen Roman anhören. (Ich glaube, *wirklich* »modern«, im Gegensatz zu dem, was man hier üblicherweise unter »modern« versteht: z. B. werden Wordsworth, Arnold und Coleridge für »moderne Dichter« gehalten!) Ich muß sagen, das Ausmaß meiner Unwissenheit erschreckt mich (mehr als Chaucer, Shakespeare, Milton und die Schriftsteller des 19. und 20. Jahrhunderts habe ich offenbar nicht gelesen!), aber statt mich frustriert zu fühlen, werde ich die Situation langsam, langsam verbessern, indem ich lese und nochmals lese, was auf der Liste ist (der größte Teil des Studiums hier besteht aus selbstgewählter Lektüre), so lange, bis mein Wissen grün und umfangreich geworden ist wie mein Philodendron zu Hause!

. . . Auch das tägliche Leben hier wird einmal zur Gewohnheit, deshalb erzähle ich Dir, bevor alles selbstverständlich geworden ist, ein paar Einzelheiten, die mir gleich am Anfang besonders aufgefallen sind. Unsere Zimmer sind so kalt, daß man Butter und Milch drinnen (!) aufheben kann, und ich kann verstehen, warum es hier so wenig Eisschränke gibt. Stell Dir vor, morgens, wenn ich aufstehe und mich im Bad wasche, hängt mein Atem weiß in Reifwolken in der Luft! . . .

. . . Frauen sind in den Vorlesungen weit in der Minderzahl, was eine willkommene Abwechslung ist; ich stelle mir vor, daß es in Harvard und Radcliffe ganz ähnlich ist.

. . . Heute werde ich mal die Lage in einer Schauspielergruppe erforschen, und wenn da für Amateure wie mich kein Platz ist, versuch ich's bei der Collegezeitung. Ich habe die Hoffnung, daß ich den kleinen Broschüren hier »als freier Mitarbeiter« Beiträge liefern kann; vielleicht werde ich auch dem Labour Club beitreten, weil ich mich unbedingt politisch informieren will. Das Programm dieses Clubs scheint ausgezeichnet zu sein. Mit Sicherheit bin ich keine Konservative, und die Liberalen sind mir zu verschwommen und zu nahe dran an den Konservativen. Ich werde mich auch bei den Sozialisten umhören und vielleicht später mal, nur so zum Spaß, zu ein paar hiesigen Veranstaltungen der Kommunistischen Partei (!) gehen. Ich möchte mich auf jeden Fall einer Gruppe anschließen, in der ich gesellschaftlichen Umgang mit Leuten habe, die dieselben Interessen haben wie ich, statt sie mir in den Vorlesungen nur von der Ferne anzugucken.

Am 20. Oktober wird die Queen persönlich nebst Herzog Newnham mit einem Besuch beehren (ihr erster Besuch in Cambridge), weshalb hier bereits alles für ihre Ankunft vorbereitet wird. Ich kann's noch gar nicht fassen, daß ich sie wirklich leibhaftig sehen werde. Stell Dir nur vor, sie kommt her, um ein neues Veterinärlabor einzuweihen: wie poetisch!

. . . Wenn ich mich hier akklimatisiert habe, vor allem an die Arbeit, aber auch an die Menschen, dann möchte ich versuchen, ein paar Artikel über die Atmosphäre hier zu schreiben, und falls ich ehrgeizig bin, probiere ich es mit ein oder zwei Skizzen für den *Monitor*. Vorläufig fühle ich mich noch zu sehr als Neuling, um loszulegen. Dasselbe gilt für das Dichten. Den Fulbright-Regeln entsprechend dürfen wir in den kurzen Ferien (etwa im Dezember und April) jedesmal nur drei Wochen ins Ausland gehen, deshalb werde ich wahrscheinlich in den beiden fünfwöchigen Cambridge-Ferien ein oder zwei Wochen in Whitstead bleiben, um zu schreiben und mit der Lektüre nachzukommen, zumal es nicht einmal $ 2 pro Tag mit Zimmer und Verpflegung kostet. Gott weiß, was ich letzten Endes in meinen Ferien machen werde. Gerne würde ich ja in die Tiroler Alpen zum Skifahren gehen, oder nach Südfrankreich und Italien reisen, aber ich muß mir noch überlegen, wann und mit

wem. Noch weiß ich nicht, ob Sassoon an die Sorbonne gehen wird
– ehrlich gesagt hoffe ich, er wird –, denn an die Seite eines solchen
Kenners Paris zu sehen, stelle ich mir ideal vor. Aber das ist
vorläufig nur ein vager Traum.

... Viele liebe Grüße an alle – Sivvy

14. OKTOBER 1955

Liebste Mutter,
hier bin ich wieder! Den schlimmen Teil der Woche habe ich Dir
schon erzählt [*sie war krank gewesen*], jetzt kommt der schöne. Es
fängt so an, daß ich Montag abend mit ein paar Newnham-
Mädchen zu einem Labour Party-Tanzabend gegangen bin. Das
Ganze hat mich ein bißchen an unsere alten Tanzstundenabende
erinnert, aber kaum war ich auf dem Parkett, rissen sich die Herren
um mich. Vor allem einer, ein großer, ziemlich hübscher, dunkelhaariger Kerl namens Mallory Wober, hat mich interessiert. Er ist
aus London, hat neun Jahre in Indien gelebt (wo sein Vater sowas
wie ein leitender Angestellter ist), studiert Naturwissenschaften,
scheint außerordentlich vielseitig zu sein und hat einen Humor, der
mir sehr sympathisch ist ... Ich glaube, er »geht« mit einem
Mädchen von hier, trotzdem hat er mich zusammen mit ihr und
einem anderen Jungen Donnerstag zum Tee auf seine »Bude«
eingeladen (ein hinreichender Grund für mich, gesund zu werden
und mit einem Satz aus dem Newnham Hospital zu springen). Ich
habe den Eindruck, daß es hier üblich ist, Einladungsbilletts zu
verschicken (was er getan hat), und die Mädchen gehen zum Tee
oder zum Kaffee zu den Jungen aufs Zimmer ... Junge Männer
Tee zubereiten zu sehen, ist immer noch eine Quelle stiller Heiter-
heit für mich!

Jedenfalls hat Mallory sein eigenes Klavier in seinen Gemächern
und ist offensichtlich ein hervorragender Pianist (auf dem Klavier
lagen die Sonaten von Scarlatti, das [*ein*] Brandenburgische Kon-
zert und anderes mehr, und ich war traurig, daß ich selber so wenig
musikalisches Wissen und Können habe). Das andere Mädchen,
Elizabeth irgendwas, eine Engländerin, war gerade vom »Beageln«
gekommen (Jagd auf Tiere mit Beageln* machen, glaube ich) –
vom Typ her eins dieser hellhäutigen, ziemlich hysterischen, abge-

* engl. Spürhund [A. d. Ü.]

hetzten englischen Mädchen, wie ich sie bisher angetroffen habe. Ich muß sagen, ich bin froh, daß ich in Whitstead wohne, wo die Mädchen reif und wohlgerundet sind. Margaret Robarts, dieses vitale Mädchen aus Südafrika, und auch die schöne Blonde aus Rhode Island, Jane Baltzell, eine Marshall-Stipendiatin, die Englisch mit mir studiert, finde ich hinreißend.

... Aber jetzt kommt das Allerbeste. Ich hatte mich doch entschlossen, systematisch gewisse Gruppen abzuklappern, für die ich mich interessiere, um auf diese Weise gesellschaftlichen Kontakt zu bekommen. Im Geiste hatte ich mir folgende Liste gemacht: Theatergruppen, Zeitung, politische Clubs, und in dieser Reihenfolge wollte ich auch meine Versuche starten. Zunächst also sprach ich beim ADC (Amateurschauspieler-Club) vor (zusammen mit mindestens 100 anderen); das ist die beste Schauspielgruppe, die es hier gibt, und die einzige, die ein eigenes Theater hat. Dort werden alle Studentenaufführungen gespielt. Ich hatte eine Todesangst, als wir alle zusammen in dem Theater saßen, und es war ziemlich zermürbend, das Vorsprechen der etwa 20 Leute mitzuerleben, die vor mir an der Reihe waren. Außerdem war meine Sinusitis noch nicht ganz vorbei, und mir war etwas schwindelig.

Kaum war ich aber auf der Bühne, da kannte der Schmierenkomödiant in mir kein Halten mehr. Ich spielte ein Stück Rosalinde aus *Wie es euch gefällt* (wir hatten zehn Shakespeare-Stücke zur Auswahl) und dann die Camille aus *Camino Real* von Tennessee Williams. Ich machte auch ein paar Zwischenbemerkungen, d. h. ich beschrieb ein Bühnenbild, was ein endloses, äußerst ergötzliches Gelächter zur Folge hatte. Ich hatte keine Ahnung, wie ich gewesen war, aber ein netter, häßlicher kleiner Junge holte mich später auf der Straße ein und erzählte mir voller Bewunderung, was für eine herrliche, saalfüllende Stimme ich hätte! Ist das nicht toll?

Das erfreuliche Ergebnis all dessen ist, daß ich eins von den neun Mädchen bin, die in diesem Semester in den Amateurschauspieler-Club aufgenommen werden.

Am kommenden Samstag abend bringen wir drei Einakter in einer »Werkstatt«produktion heraus, zu der einflußreiche Leute eingeladen werden, die das »neue Talent« beim ADC begutachten sollen. Jedes neue Mitglied hat [eine] Rolle in einem Stück; zufälligerweise habe ich nicht die weibliche Hauptrolle in dem Schwank von Pope über die Hahnreischaft (!), sondern spiele die ziemlich

dramatische Charakterrolle einer geschwätzigen Nichte, die den
hochfliegenden und urkomischen Ehrgeiz hat, Theaterstücke und
Gedichte zu schreiben. Ich trete etwa viermal auf und habe eine
kurze Rolle (wie die meisten anderen Schauspieler auch), also
gerade so viel, daß es mich animiert ...

Ich konnte doch nicht hinterm Berg halten mit meinem kleinen
Triumph. Halt mir die Daumen. Sicher werd ich mich herrlich
amüsieren in diesem Schauspieler-Club ...

Herzliche Grüße an alle,
Deine Dich liebende Tochter,
Katherine Cornell

PS Deine Briefe sind mir jedesmal wieder eine Freude! Sie atmen
wirklich den Geist von zu Hause. Ich höre leidenschaftlich gerne,
was es Neues gibt von allen, und die »Kleinigkeiten« zählen am
meisten!

Sivvy

18. OKTOBER 1955

Liebste Zugelassene Mutter!!!
[*Ich hatte endlich meinen Führerschein gemacht.*]

... Ich bin märchenhaft guter Laune. Ich fühle mich, als hätte
ich einen Baum in neue Erde gepflanzt und beobachtete nun, wie
sich langsam einige Blüten öffnen, und das ist schön, aber am
schönsten ist ihr Versprechen, die köstlichsten Früchte hervorzu-
bringen in zur Reife bringender Sonne. Was für wilde Metaphern!
Das kann doch nur von meinen absurd überschwenglichen Auftrit-
ten in unserem zukünftigen Einakter kommen.

Statt mich mit Arbeit und Lektüre zu überhäufen, was notwendig wäre, um den vollen Nutzen aus meinem hiesigen akademischen Aufenthalt zu ziehen, mache ich stur jeden Tag nur ein
bißchen und fühle mich äußerst wohl dabei ...

Die Vorlesungen, in denen ich war, haben mir ein immenses
Vergnügen gemacht, und ich trage mit wahrer Begeisterung meinen
schwarzen Talar. Wenn ich ihn anhabe, habe ich das wunderbare
Gefühl, eins zu sein mit diesem herrlichen Ort. Ein bißchen wie
sakramentale Gewänder! Das schönste von allem war, daß mir
mein geliebter, verehrter Regisseur heute das höchste Lob ausge-

sprochen hat, indem er sagte, ich hätte »unerträglich komisch«
gespielt und man müsse sich krümmen vor Lachen. Ich war deshalb
so glücklich, weil die Rolle dieser verrückten Dichterin, der Phoebe
Clinkett, eine recht alberne Posse ist und ihre Wirkung darauf
beruht, daß man Worte und Gesten so bringt, daß sie eine gewisse
Zweideutigkeit bekommen. Das hatte ich heute versucht, nachdem
ich meine Rolle – 15 kapriziöse, ziemlich geschwätzige Texte –
gerade frisch gelernt hatte . . . Ich hoffe, daß ich nach dieser Sache
für eine von den größeren Inszenierungen vorsprechen kann. Mein
größtes Plus ist meine Stimme. Natürlich habe ich mich noch nie
auf einer Bühne *bewegt,* außer in dem uralten *Admirable Crichton*
[*einem High-School-Stück*]. . .

   Gestern kam ein großer, magerer, ziemlich süßer Kerl bei mir
vorbei und machte mit mir einen köstlichen Spaziergang nach
Granchester, wo wir Tee tranken. Es war unbeschreiblich schön.
Wir gingen im rosigen Zwielicht die engen, kopfsteingepflasterten
Sträßchen hinunter, die Nebel stiegen aus den Weiden längs des
Flusses, und weiße Pferde und schwarze Kühe grasten auf den
Wiesen. Erinnerst Du Dich an das Gedicht von Rupert Brooke?
Wir tranken Tee am prasselnden Feuer im Café »Zum Obstgarten«
(wo man im Frühling den Tee unter blühenden Bäumen serviert
bekommt), »the clock was set at ten of three«, und es gab den
delikatesten dunklen Kleeblütenhonig und Teekuchen! . . .

Viele liebe Grüße an alle,
Deine glückliche Sivvy

MONTAGABEND
24. OKTOBER 1955

Liebste Mutter,

   »Why, Emmaline! Where have you been?« »To see the Queen!«
Jawohl, kaum mehr einen Meter entfernt von der gnädigen Queen
stand ich am Samstagmorgen, sprachlos vor Erregung. Es regnete
und regnete, den ganzen Morgen lang, und die königliche Abord-
nung sollte laut Plan Newnham einen Besuch abstatten (für einen
Drink und ein paar Vorstellungen) und danach ein Veterinärlabor
einweihen. Wir hatten uns alle in unseren schwarzen Gewändern
im Eßsaal versammelt und standen rechts und links vom Mittel-
gang, den die Queen mit dem Herzog entlangschreiten sollte. Ich

stand direkt unten an der kleinen Plattform, auf der die Zeremonien stattfinden sollten und war so gespannt, daß es mich selbst überrascht hat.

Nach vielen Fehlalarmen plötzlich Stille; dann, als das königliche Paar unseren niedrigen Eßsaal mit der weißen Hochzeitskuchendecke betrat, brachen wir alle in Hochrufe aus. Die Queen sah ruhig und strahlend aus in einem irisch-grünen Prinzesslinienmantel mit Hut, und der Herzog war äußerst gesprächig und humorvoll, mit einem Lächeln, das alle Vorstellung überstieg; er war einfach bezaubernd! Ab und zu machten sie halt und plauderten reihabwärts mit den Mädchen, wobei der Herzog so manche amüsante Bemerkung machte. Danach wurden der Queen und dem Herzog vier Spitzenstudentinnen von Newnham »präsentiert«. Alles war wunderschön. Hinterher rannte ich in den Regen hinaus, um sie in dem königlichen Wagen abfahren zu sehen (und wieder fühlte ich mich so seltsam erhoben, als das schöne Paar zum Greifen nah war). Blitzlichter der Kameras, noch mehr Hochrufe, und weg waren sie zum Mittagessen im Trinity College.

Am Nachmittag gab es noch ein recht lustiges Nachspiel. Ich fuhr auf meinem Fahrrad im Regen zum ADC-Theater, wo wir vor der Aufführung am Abend noch eine letzte Probe hatten, da sah ich eine Menschenmenge, die in Reihen die lange Straße säumte, auf der ich entlanghasten mußte, um zu meinem Ziel zu gelangen. Ich fragte einen Polizisten, wann denn der königliche Wagen käme, er lachte und sagte: »In ein paar Minuten. Beeilen Sie sich.« Die Polizisten (in ihren schönsten weißen Ölmänteln) gaben mir ein Zeichen, und schon flog ich die Straße hinab auf meinem Fahrrad im roten Mackintosh; ich müßte Rosenblätter oder sonstwas streuen, dachte ich, als eine Welle der Heiterkeit durch die wartende Menge lief. Hätte ich die Courage gehabt, dann hätte ich mich nach rechts und links verbeugt, als ich vorbeifuhr, aber ich wollte keinen Volksaufruhr entfesseln. Ich muß sagen, das königliche Paar ist außerordentlich liebenswürdig und attraktiv, sie haben so etwas Strahlendes, das mir gefällt. Trotzdem beneide ich sie nicht um die täglichen Verpflichtungen, die wohl ihr Schicksal sind. Ihnen scheint das aber ein endloses Vergnügen zu bereiten, und die Leute riefen natürlich alle Hurra und jubelten ihrer Queen im strömenden Regen zu! . . .

. . . Gestern abend habe ich mich großartig mit Mallory Wober unterhalten, dem Jungen, den ich auf dem Labour Club-Tanzabend kennengelernt hatte und bei dem ich letzte Woche zum Tee war. Er wird mir von Mal zu Mal wichtiger. Vor allem sieht er extrem gut aus, er hat etwas Robustes, was ihn total unterscheidet von den blassen, zierlichen englischen Männern. Er ist groß, stark, hat kohlschwarzes Haar, leuchtend rote Wangen und ein kühn geschnittenes Gesicht. Er studiert Naturwissenschaften im Hauptfach. Du kannst Dir vorstellen, wie entzückt ich war, als er mich gestern nachmittag – es war grau und regnerisch – mit einem Glas Sherry in einen großen, bequemen Sessel plazierte und mir über eine Stunde lang Klavier vorspielte: Beethoven, Scarlatti, Haydn. Ab und zu sagte er etwas dazu. Er spielt ausgezeichnet, und seine Interpretationen sind nicht ohne Humor, was es mir leichter gemacht hat, die Musik zu verstehen. Danach gingen wir kurz auf die ADC-Party, dann zu einem ganz herrlichen Sonntagabendkonzert im Speisesaal vom King's College, dessen Architektur einem Spitzengewebe aus Licht und Schatten glich. Wir hörten Hindemith (Oboe und Klavier), Bartok (zwei Violinen) und fünf Schubert-Lieder nach Gedichten von Heine! Anschließend ins Taj Mahal, ein indisches Restaurant, wo Mallory Hindustani sprach und mich mit Mangofrüchten, bindhi quaht (er hat neun Jahre in Darjeeling gelebt), und den Kellnern bekanntmachte. Radelte nach Hause nach einem perfekten Abend. Hoffentlich seh ich ihn noch öfter. Muß diese Woche schwer schuften. Sehr glücklich.

Sivvy

7. NOVEMBER 1955

Liebste Mutter,

es ist ein feuchter, warmer, grauer Novembertag, und die gelb-grünen Bäume lassen ihre Blätter los in dem durchnäßten Wind. Die Woche war vollgestopft mit Büchern und Menschen, und nach und nach lerne ich durch Erfahrung, welche Art Leben für mich hier genau richtig ist. Es wird so viel geboten, akademisch, gesellschaftlich und außerhalb des Lehrplans, daß ich bei der Auswahl streng sein muß.

Ich fasse zusammen, was in den letzten Tagen passiert ist: ich habe diesen extravertierten, phantasievollen schwarzen Jungen, Nathaniel LaMar, ziemlich oft getroffen . . . Montag bin ich mit ihm in das Boheme-Café zum Kaffeetrinken gegangen und habe zum ersten Mal, seitdem ich hier bin, mit jemanden wirklich gut und offen über alles geredet. Vom Temperament her ist Nat mir sehr ähnlich, er ist enthusiastisch, offenherzig und, wie ich glaube, vertrauensselig und leichtgläubig bis an die Grenze der Naivität. Ein starker Kontrast zu den Engländern, die eine spröde, formelle Steifheit haben, viele von ihnen auch eine einstudierte weltmännische Pose . . .

Dann war ich noch im Union essen (der Debattier-Club: der einzige Ort in Cambridge, wo Frauen nur in Begleitung hindürfen) und habe mir eine recht gute Inszenierung meines Lieblingsstückes *I Am a Camera* angesehen . . . was in mir den Wunsch geweckt hat, sofort wieder mit dem Schreiben anzufangen. Spielen nimmt einfach zuviel Zeit. Ich war wirklich froh, daß ich in der nächsten Inszenierung, *Bartholomew Fair*, keine Rolle gekriegt habe (obwohl das natürlich mein Ego leicht verletzt hat), denn ich muß noch so viel lesen und möchte außerdem lieber eine mittelmäßige Schriftstellerin als eine schlechte Schauspielerin sein.

. . . Eine von den »kleinen Literaturzeitschriften« in Cambridge hat zwei Gedichte von mir angenommen, ich treffe heute nachmittag den Herausgeber. Jetzt, wo ich dabei bin, das Feld meiner Lektüre zu erweitern, fühle ich mich ungefähr so wie damals bei meiner Abschlußarbeit: ich *weiß,* daß es schließlich einmal soweit sein wird, aber ich bin manchmal gereizt darüber, wie langsam es geht.

Grüße an alle
Sivvy

14. NOVEMBER 1955

Liebste Mutter,

. . . in meiner Arbeit gibt es einige Frustrationen, mit denen ich immer noch zu kämpfen habe, obwohl ich theoretisch damit gerechnet habe und mein Möglichstes tue, mit ihnen fertig zu werden. Zunächst einmal: die Mädchen in meiner Übung zur Literaturkritik kennen sich in den einzelnen literarischen *Perioden* viel besser aus als ich, das bedeutet, ich bin völlig verloren, wenn sie Prosatexte und Gedichte aus dem 16., 17. und 18. Jahr »datieren« müssen. Natürlich sind die ausgewählten Texte niemals von

Chaucer, Shakespeare, Milton oder den Russen, und nur ganz selten aus dem 19. und 20., ein Grund dafür, daß ich mir sehr unwissend vorkomme. Ich kann mich auf diese Klasse nur dadurch vorbereiten, daß ich mich nach und nach, so wie ich es jetzt tue, durch die Dichtung aus diesen Jahrhunderten hindurchlese. Desgleichen fühle ich mich in meinem »überwachten« Tragödie-Kurs bei derselben Frau, Miss Burton, enorm gehandikapt, weil ich sozusagen in einem Vakuum lese, in dem ich keine Vorkenntnisse habe ... es geht um die Tragödie der Restaurationszeit. Bisher habe ich für sie nur eine einzige schriftliche Arbeit gemacht, über Corneille, die, ungeachtet der Tatsache, daß ich die Stücke nur mit Hilfe meiner immer noch eingerosteten Französischkenntnisse lesen konnte, offenbar in Ordnung war, obwohl wir keine Noten bekommen und die Arbeiten mit unserem Tutor nur durchsprechen. Das sind meine beiden peinvollsten Stunden in der Woche ... Zwar ist die Art, wie ich jetzt Lektüre betreiben muß, um mir langsam einen Ausgleich zu schaffen für meine allzu frühe Überspezialisierung, genau das, was ich hier machen wollte, trotzdem ist es manchmal nicht leicht, mich mit einigen dieser eloquenten Mädchen auf einem Niveau zu messen, wo mir meine mangelnde Lektüre im Wege ist. Von Zeit zu Zeit habe ich richtig Lust, sie bei lückenhaften Kenntnisssen in unserer frühen amerikanischen Literatur zu erwischen!

... Ich könnte den Rest meines Lebens täglich vierundzwanzig Stunden lesen, und wäre immer noch hintennach, also strebe ich nach einem Gleichgewicht zwischen meinen morgendlichen Vorlesungen (die ich liebe), meiner Lektüre und einem gewissen kulturellen und gesellschaftlichen Leben. Menschen sind mir noch immer unendlich viel wichtiger als Bücher, deshalb werde ich niemals ein richtiger Akademiker. Das weiß ich genau, und ich weiß auch, daß meine lebendige, intellektuelle Neugierde nie befriedigt werden könnte durch das Herumwühlen in einem so begrenzten Bereich, wie das bei einer PhD-Arbeit der Fall ist. Ich glaube einfach nicht, daß diese Art von Spezialisierung mein Fall ist. Ich möchte sehr viel lesen – Kunstgeschichte, Psychologie, Philosophie, französische und anderssprachige Literatur –, und ich möchte leben, mir die Welt anschauen, tiefgründige Gespräche mit Menschen führen und viel lieber meine eigenen Gedichte, meine eigene Prosa schreiben, als eine pedantische Expertin über irgendeinen Schriftsteller minderer Güte von vor 200 Jahren zu werden, bloß weil bisher noch nichts über ihn geschrieben wurde. Ideal wäre es, wenn ich mindestens die Hälfte meiner hiesigen Ferienzeit zum Schreiben hätte und genug veröffentlichen würde, um ein Schriftstellerstipendium – sowas wie Saxton oder Guggenheim – zu bekommen, denn dann könnte ich frei von akademischen Verpflichtungen leben (die ich nach diesen zwei Jahren selber nachholen kann) und regelmäßig schreiben, was während des vollgepackten Semesters hier eine Unmöglichkeit ist. Das sind alles ganz geheime Gedanken, und es wäre mir lieb, wenn das in der Familie bliebe und andere Leute nur die extravertierteren Passagen von Dir mitgeteilt bekämen.

Ich glaube, was ich am meisten hier vermisse, das sind die Freunde, die mich früher schon gekannt haben. Wieviel das bedeutet, Menschen um sich zu haben, die Jahre des Lebens mit einem verbracht haben und bei denen man tiefes Verständnis und gemeinsame Erfahrung voraussetzen kann, kann ich gar nicht sagen . . .

Ich bin ja sehr zufrieden hier und bekomme so viele Einladungen, daß ich höchstens die Hälfte davon annehmen kann, aber alle meine Bekannten befinden sich auf derselben »historischen Ebene« des Kennenlernens, und für ähnlich tiefe und lebendige Freundschaften, wie ich sie zu Hause zurückgelassen habe, braucht es viel Zeit.

Hier sind alle so »neu« und wenig erprobt. Ich bin froh, daß ich jetzt aus mir herausgehen kann und offen und intensiv bin, weil ich auf diese Weise schneller und gewinnbringender ins Innere der Menschen hineinschneiden kann, als mir das möglich wäre, wenn ich oberflächlich und formell wäre.

21. NOVEMBER 1955

Hier kommt die Fortsetzung: heute ist ein herrlich blauer und goldener Tag. Wenn es schön hier ist, ist es »sehr sehr schön, und wenn es nicht schön ist, ist es entsetzlich«. Ich habe mich inzwischen an die Wolken vereister Luft gewöhnt, die mich umschweben, wenn ich in der Badewanne ausatme, auch daran, die Wolkenbildungen draußen vor den Speisesaalfenstern zu studieren, wenn ich die pappige, matschige Masse meiner täglichen Kraftnahrung zu mir nehme. An meinem Zimmer habe ich immer mehr Freude; ich habe jetzt meine große Tonschale mit einer Früchtepyramide aus Äpfeln, Orangen, Grapefruits, Bananen und Trauben gefüllt und eine große Vase mit hellgelben Dahlien – die bringen mir die Sonne zur Anbetung herein . . .

Dick Wertz, ein Klassenkamerad von Sassoon aus Yale . . . hat mich kurz besucht . . . und wir hatten das erste gute Gespräch miteinander. Ich habe mich die ganze Zeit schon gewundert, daß ich Sassoon, der jetzt an der Sorbonne ist, so sehr vermisse, und habe mit Dick stundenlang über ihn geredet. Ironischerweise sind die Jungen hier im Alter von Sassoon, aber verglichen mit seiner Reife und Geschlossenheit sind es eben doch nur Babies. Nachdem ich so lebendige, geistsprühende Welten geschaffen habe, Welten aus Gesprächen, Menschen, Theaterstücken, Kunstausstellungen und all diesen winzigen und wichtigen Dingen, die gemeinsame Erfahrung ausmachen, finde ich bei anderen Kerlen hie und da Fragmente dessen, was ich so sehr an ihm bewundert und geschätzt habe, vermisse aber natürlich, daß ich nie alles in einer Person antreffe.

Am Freitag traf ich mich mit David Buck, dem ersten jungen Engländer, den ich getroffen habe, der ein ähnliches Temperament hat wie ich. Wir unterhielten uns großartig. Er hatte die Hauptrolle in einer Werkstattaufführung des ACD gespielt (und zwar den Dr. Triceps in Mirbeau's *Epidemic),* und seither bewundere ich ihn. Er studiert Englisch im ersten Jahr, nach zwei Jahren Militärdienst in Deutschland, und ist eine starke und vielseitige Persönlichkeit. Außerdem ist er ein Meisterschwimmer und hat eine große Rolle in *Bartholomew Fair,* wo ich in der Rolle einer ziemlich schrillen, obszönen Frau, die in einen Streit gerät, fünf Zeilen zu sprechen habe. Ich glaube, ich werde die Rolle spielen, auch wenn sie so klein ist, weil ich dadurch ein Gefühl für die Bühne bekomme und aktives Mitglied im ACD bleibe . . . David und ich tranken also Sherry auf seinem Zimmer im Christ (ich kann mich immer noch nicht damit abfinden, daß die Leute hier beiläufig sagen: »Komm rüber ins Jesus« oder »Ich wohne im Christ«!).

Am Samstag machten wir einen Besuch beim Herausgeber der »großen« Literaturzeitschrift in Cambridge, wo ich auf Davids Empfehlung hin ein paar Geschichten und Gedichte abgegeben hatte. David schreibt auch für diese Zeitschrift. Wir aßen im »Adler«, einem der auf künstlerisch getrimmten Pubs in der Stadt, zu Mittag und unterhielten uns blendend.

Samstag nachmittag nahm mich Mallory mit zum Stocherkahn-
fahren auf dem Cam. Das war ein hübscher Anblick, er sah aus wie
ein dunkelhaariger, rotwangiger jüdisch-griechischer Gott (falls
das möglich ist), als er da am Steuer stand und ganz geradeaus (ein
Kunststück) unter den Brücken entlang stakte, von denen sich
Leute herabbeugten, gafften und Photos machten. Er erzählte mir
etwas über die Bauweise der Cambridge-Häuser, die wir vom Boot
aus sehen konnten. Danach kam er zu mir zum Teetrinken (ich
hatte das Zimmer mit Früchten und Blumen hübsch hergerichtet
und vielerlei Sorten Brot und Kuchen besorgt – ich habe nach dem
vielen Ausgehen zur Abwechslung furchtbar gern Leute zu Besuch).
Ein weiteres Date für den Abend hatte ich abgesagt, weil ich die
Vorstellung hatte, daß das nur eine Enttäuschung geben würde; ich
rührte mich nicht von der Stelle und grübelte schwermütig über
den Widersinn des Lebens.

Gestern ist etwas sehr Merkwürdiges passiert. Ich war, wie
gesagt, eigentlich mit John [einem anderen Freund] verabredet, und
wir wollten nach Ely gehen, aber da Mallory mich zum Mittagessen eingeladen hatte und das Wetter schlecht war, hängte ich einen
Zettel an meine Tür, auf dem stand, daß, wer immer das las, zum
Tee kommen solle. Mallory hinterließ John eine Nachricht, die
besagte, daß [mein] Treffen mit ihm verschoben sei. Mallory führte
mich und ein paar jüdische Freunde aus Israel im King's und in der
Kapelle herum, was in der Dämmerung besonders schön war, mit
all den farbigen Glasfenstern (Mallory erzählte uns die Legenden,
die es darüber gibt, und etwas über die Geschichte und Architektur), den Myriaden von Kerzen und der spitzenartigen Fächer-
gewölbedecke.

Dann spielte Mallory das »Kaiserkonzert« und »Greensleeves«
auf seinem Grammophon und noch ein paar andere Lieblingsballa-
den für mich auf dem Klavier. Als wir mit Sandwiches für ein Tee-
Mittagessen zu mir nach Hause radelten, holte uns plötzlich John
auf seinem Motorrad ein. Er hatte den Zettel an meiner Tür
gelesen, aber meinen Brief nicht bekommen. Was sollte ich
machen, ich mußte sie beide zum Tee einladen, obwohl mir bei
dieser Konstellation nicht ganz wohl war, da sie ganz verschieden
sind – John übermäßig scheu, sensibel und zurückhaltend, Mallory
dagegen nach außen sehr witzig und amüsant. Du wirst es nicht für
möglich halten, aber sie blieben beide von 4 bis 10 Uhr abends und

redeten über Gott und die Welt, angefangen von »Hat das Universum einen Sinn« bis zum Belgisch-Kongo – von Abendessen keine Rede! John ging erst, als ich ihn für heute zum Tee eingeladen hatte, und Mallory führte mich zu einem herrlichen späten Steakessen ins Taj aus. Mein erster »Salon«, enorm anregend.

x x x Sivvy

DIENSTAGMORGEN
22. NOVEMBER 1955

Liebste Mutter,

Dein Brief vom Samstag kam heute, und ich hatte das Bedürfnis, Dir gleich zu antworten, obwohl ich Dir das Wichtigste bereits in meinem gestrigen Brief mitgeteilt habe. Ich muß gestehen, daß auch ich jetzt, wo Weihnachten herannaht, gelegentlich von Wellen von starkem Heimweh überflutet werde, was in mir den Wunsch weckt, herumzugehen und an den kopfsteingepflasterten Straßenecken von Cambridge öffentlich zu verkünden, wie herrlich meine Mutter, mein Bruder, meine Großeltern und meine Freunde sind und was für eine edle, tragische und selbstverleugnende Figur ich bin, die ich es ertrage, so lange fern zu sein von allen, die ich so sehr liebe. Wie alt man auch ist, hat man doch so oft das Bedürfnis, sich »fallenzulassen« und sein Herz bei seinem eigen Fleisch und Blut auszuschütten, da, wo man nur um seiner selbst willen akzeptiert, wo nichts weiter von einem verlangt wird.

Wenn man darüber nachdenkt, dann erkennt man, daß man herzlich wenig Zeit im Leben mit denen verbringt, die man liebt. Ich . . . bin böse, daß ich nicht bei Warren sein kann, während er heranwächst und ein Mann wird, und ich sehne mich danach, eine Zeitlang bei ihm zu sein und ihn kennenzulernen, und möchte, daß er meine Entwicklung kennt . . .

Ich werde Dein Weihnachtsgeschenk glücklich überall mit mir herumschleppen und es wahrscheinlich im kalten und verschneiten Paris an Dem Tag öffnen. Mit am schwersten fällt es mir, immer wieder Briefe an andere Leute zu schreiben, die sich mir gegenüber, was das Schreiben betrifft, großartig verhalten haben. Anders ist es bei Dir und bei meinem geistreichen und sympathetischen Richard [*Sassoon*], der mir von Paris aus das Gefühl gibt, daß ich da drüben, jenseits des Kanals, einen starken Partisanen habe – da ist mir das Schreiben eine große Befriedigung.

. . . Was ich in Cambridge doch für groteske Gestalten zu sehen kriege, speziell unter den weiblichen Dozenten! Wenn man sich unseren Haupttisch in Newnham anschaut, meint man eine Reihe Dickensscher Karikaturen vor sich zu sehen. Jeden Tag machen wir reichlich gnadenlosen und übermütigen Studentinnen aus Amerika, Südafrika und Schottland freche Bemerkungen über die Typen am Dozentinnentisch. Die Skala reicht von einer großen, leichenblassen Frau mit purpurrotem Haar (wirklich!) bis zu einer zwergenhaften, fetten Charles Addams-Kreatur, die sich auf einen Stuhl stellen muß, um in die Suppenterrine reinzulangen. Sie sind alle sehr klug oder gelehrt (was etwas ganz anderes ist) auf ihre spezialisierte Weise, trotzdem habe ich das Gefühl, daß ihre ganze Erfahrung *sekundär* [*aus zweiter Hand?*] ist, was für mich gleichbedeutend ist mit einer Art Totsein zu Lebzeiten. Immer und immer wieder will ich mich dazu zwingen, die Wärme und die Sicherheit statischer Situationen zu verlassen, um mich in eine Welt des Wandels und des Leidens hineinzubegeben, in der die wahren Bücher die Herzen und Seelen der Menschen sind. Ich bin mit dem großen Verlangen gesegnet, Liebe und Zeit zu schenken, und merke, daß die Menschen darauf ansprechen. Oft ist es wirklich eine Versuchung, sich vor dem Blut und den Eingeweiden des Lebens in einem sauberen theoretischen Spezialgebiet zu verbergen, wo man ein unangefochtener Experte werden kann, aber ich möchte, mit Yeats, lieber sagen: »Mein Ruhm war, daß ich solche Freunde hatte«, wenn ich diese Welt einmal verlasse.

. . . Ich habe das Gefühl, daß ich Freund Mallory hauptsächlich deswegen liebe, weil er eine Art Substitut . . . für Warren ist: stark, gutaussehend, mit einer Art Integrität und seltsamer Liebenswürdigkeit, die einen dazu reizt, an ihrer Formung beteiligt zu sein.

Ich glaube wirklich, daß ich mich hervorragend dazu eigne, Kinderseelen zu formen. Mit Vorliebe natürlich die meiner eigenen Kinder, wo starke Liebe und Lehren zusammenkommen!

Ich mach mir soviel aus Deinem Rat und fühle mich Dir so nah in Deinen Briefen. Werde mit Miss Burton nach dem 3. Dezember reden, wenn ich ihr meinen Antrag auf Verlängerung zum Ausfüllen bringe; wenn das hektische Semester vorbei ist, kann ich mich besser auf eine ernsthafte Diskussion vorbereiten. Ich habe euch alle wahnsinnig lieb.

Viele Grüße

Sivvy

26. NOVEMBER 1955

. . . Habe Dein herrlich vollgestopftes Kuvert mit den Artikeln gestern erhalten und mich maßlos drüber gefreut. Du kannst Dir gar nicht vorstellen, wie ich so eine gepfefferte Ladung schätze: ich verstehe jetzt, wie wichtig das war, daß man den Soldaten in Übersee Briefe, Nachrichten aus der Kunstwelt und Berichte über diverse Ereignisse von daheim geschickt hat: dadurch bleibt das Bild der Heimat stark und lebendig, denn nur bestimmte Details können in uns die Atmosphäre von Familie und Liebe wiedererstehen lassen.

. . . *Bartholomew Fair* hat Donnerstag abend angefangen und läuft bis Samstag, den 3. Dezember, d. h. meine Abende sind alle futsch. Die Reaktion an unserem Premierenabend war kühl (es waren eine Menge Kritiker aus London da, und wir haben eine lange, wenngleich ziemlich kritische Besprechung in der Londoner *Times* bekommen), und ich muß zugeben, daß die Aufführung dieses Stückes eine Herkulesarbeit ist, sogar für Profi-Schauspieltruppen . . . Die Kostüme kommen aus dem Fundus des Theaters in Stratford-on-Avon; ich habe ein langärmliges Gewand aus leuchtend gelbem Satin, das mir sehr gut gefällt. Sollte ich nicht mindestens so eine Rolle wie die der Cassandra in *Troilus und Cressida* bekommen, werde ich diese Bühne und diesen geschminkten Abschnitt meines Lebens für immer verlassen und eine mehr private Person werden. Trotzdem muß ich sagen, daß mir die *Arbeit* mit diesen Jungen und Mädchen lieber war, als das Zeitvertrödeln mit kleinen Teeveranstaltungen und Avantgarde-Filmen. Wir haben etwas geschaffen, statt ewig herumzuhängen, zu diskutieren, zu klatschen und passiv zu sein. Der ADC ist mein außerakademisches Leben, ich gehöre allzu sehr zu dieser Welt, um ein passiver Zuschauer zu werden. Ich möchte auch auf der Bühne stehen und irgend etwas Schöpferisches tun, mag das auch noch so gering sein.

. . . Ich bin gerade dabei, die Überbleibsel einer fieberhaften Sinusitis zu bekämpfen, die mich sehr geschwächt und die letzten drei Tage ans Zimmer gefesselt hat . . . Ich muß Dir sagen, daß Mallory ein Felsen von Gibraltar für mich gewesen ist! Es war so: ich mußte eine Arbeit über Ibsen schreiben, Französisch machen, den Unterricht besuchen, und die allabendlichen Auftritte schienen endlos. Mallory holte mich jede Nacht am Bühnenausgang des Theaters ab und radelte mit mir nach Hause . . . jedesmal brachte er mir einen rituellen Apfel mit, den wir gemeinsam am Gartentor von Whitstead aßen . . .

Letzten Sonntag, vor der Sintflut dieser Woche, habe ich ein ganz herrliches Erlebnis mit ihm gehabt: Adventsgottesdienst in der King's-Kapelle. Da Mallory zum King's College gehört, hatte er zwei Karten zur Verfügung. Wirklich, Mutter, in meinem ganzen Leben war ich noch nicht so gerührt. Es war Abend, und die hohe Kapelle mit ihrem Fächergewölbe wie spinnwebfeine Spitze war erhellt von Myriaden flackernder Kerzen, die phantastische Schattenspiele auf die Wände mit holzgeschnitzten Kronen und Rosen zauberten. Die King's-Chorknaben schritten in einer Prozession durch die Kapelle und sangen mit klarer, glockengleicher Stimme, wie sie nur Kinder haben: vollkommen reine, kristallne Töne.

Ich mußte an die vielen herrlichen Weihnachtsfeste denken, die wir mit unserer Familie erlebt haben; wir sangen Weihnachtslieder mit unseren Freunden, und die Tränen strömten mir das Gesicht herunter in einer Art stechender Freude. Die Orgel dröhnte, und der Choral war der herrliche »Wachet Auf«-Choral (»Now Let Every Tongue Adore Thee«), der mir ach so vertraut war . . .

13. DEZEMBER 1955

Liebe, liebe Mrs. Prouty!

. . . bevor ich angefangen habe, Ihnen zu schreiben, wußte ich nicht, welch ein Bedürfnis mir das war! Ich bin erneut zu dem Entschluß gekommen, daß ich das Schreiben (wozu ich in meinen großen Ferien & speziell in diesem Sommer hoffentlich komme) von einfachen Kurzgeschichten über Leute, die ich kenne, und Probleme, auf die ich gestoßen bin in meinem Leben mit einem Heim & Kindern verbinden möchte. Ich liebe Kochen und »Haushalt machen« sehr und bin weder dazu bestimmt, Akademikerin zu werden (nur lebhaft an Büchern – nicht an der Forschung – interessiert, weil sie mich zu Gedanken über Leute und Leben anregen) noch ein Karrieremädchen, und ich fange wirklich an zu glauben, daß ich eine recht gute Mutter werden könnte und ungeheuer viel lernen würde, wenn ich meine Lebenserfahrung auf diese Weise erweitere!

Nichts fällt mir wohl schwerer im Leben, als zu akzeptieren, daß ich nicht auf irgendeine Weise »vollkommen bin«, sondern auf verschiedenen Gebieten nur um Ausdruck ringe: im Leben (mit

Menschen, und auf der Welt überhaupt), und im Schreiben. Beide Aktivitäten beschränken und bereichern sich seltsamerweise gegenseitig. Vorbei ist der simple College-Turnus des Preisgewinnens, hier ist die Arena des Lebens, verworrener, nicht so eindeutig, hier gibt es nicht ein einziges, klar definiertes Ziel, sondern eine ganze Skala von Zielen, ohne Preise, die einem sagen, du warst gut. Nur die plötzlich aufflammende Freude, wenn man sich innig mit einem anderen Menschen verständigt, oder bei Sonnenaufgang einen besonders goldenen Dunst erblickt, oder auf dem Papier den kristallnen Ausdruck eines Gedankens wiedererkennt, den niederzuschreiben man nie erwartet hat.

Worum ich wohl in meinem Erwachsenenleben beständig werde kämpfen müssen, ist, die Unausweichlichkeit des Tragischen und des Konflikts anzuerkennen, und nicht zu versuchen, mich in irgendeine vermeintlich einfache Lösung zu flüchten, die diese eher düsteren, komplizierten Seiten ausschließt. Manchmal frage ich mich, ob ich stark genug bin, um diese Herausforderung anzunehmen, und hoffe aufrichtig, daß ich später einmal nicht nur für mich allein, sondern auch für die, die ich am meisten liebe, Verantwortung tragen kann. Dies sind einige der noch schemenhaften Gedanken, die ich hier, inmitten meines tätigen, anregenden äußeren Lebens, entwickelt habe. Man bekömmt keine Preise für diese wachsende Bewußtheit, die einen manchmal mit einer Intensität überkommt, die ununterscheidbar ist von Schmerz.

Ich hatte den Wunsch, Sie an meinen innersten Gedanken ebenso teilhaben zu lassen wie an dem glänzenden Gewebe meiner Tagesaktivitäten. Wissen Sie überhaupt, wieviel ich an Sie denke, wie sehr ich mich an die herrlichen, langen Diskussionen bei Tee und Sherry in Ihrem Wohnzimmer (das für mich ein zweites Zuhause geworden ist) und an diesen wunderbaren Abend letzten Sommer im Brookline Country Club erinnere?

Weihnachten war für mich stets die Zeit der Wiedervereinigung mit den liebsten Menschen, die man das Jahr über, wenn man von ihnen getrennt ist und arbeiten muß, im Herzen trägt. Ich möchte, daß Sie wissen, daß ich Ihnen in dieser Zeit im Geiste sehr nahe bin und Sie von Herzen liebe, mehr als Worte es ausdrücken können ...

... meine allerherzlichsten Grüße ...   In Liebe Ihre Sylvia

[*Postkarte*]

NIZZA, FRANKREICH
7. JANUAR 1956

Liebe Mutter,

ich glaube, der gestrige Tag war der schönste in meinem Leben. Bin auf dem Motorroller losgefahren, die berühmte breite »promenade des anglais« von Nizza mit ihren Straßencafés, prachtvollen Barockfassaden, Palmenreihen und umherschlendernden Musikanten entlang – dann landeinwärts nach Vence, wo ich die schöne, neue Matisse-Kapelle aus meiner Kunstzeitschrift sehen wollte, in die ich via Photos schon seit Jahren verliebt bin.

Wie soll ich die Schönheit dieses Landes beschreiben? Alles ist so klein, eng, exquisit und fruchtbar, Terrassengärten an steilen Hängen mit fetter, roter Erde, Orangen- und Zitronenbäume, Olivenhaine, winzige rosa und pfirsichfarbene Häuser. Nach Vence – klein, auf einem sonnenwarmen Hügel, unkommerziell, gemächlich, ruhig. Bin zur Matisse-Kapelle gegangen – klein, keusch, scharf umrissen. Weiß, mit blauem Ziegeldach, das in der Sonne funkelte. Aber geschlossen! Nur zweimal die Woche geöffnet. Ein angenehm redseliger Bauer erzählte mir Geschichten von reichen Leuten, die Tag für Tag in dicken Autos aus Italien, Deutschland, Schweden etc. kommen und nicht eingelassen werden, nicht einmal für große Geldbeträge. Ich war verzweifelt und ging zur Rückseite des von Mauern umgebenen Nonnenklosters, wo ich eine Ecke der Kirche erspähen konnte. Ich zeichnete sie und fühlte mich wie Alice draußen vor dem Garten, äugend nach den weißen Tauben und Orangenbäumen. Dann ging ich wieder zur Vorderseite und starrte hinein, mein Gesicht durchs Gittertor gepreßt. Ich fing an zu weinen. Drinnen war es so schön, das wußte ich, reines Weiß, vermischt mit Sonnenlicht, das durch blau- und gelb- und grüngefärbte Scheiben fällt.

Da hörte ich plötzlich eine Stimme: »Ne pleurez plus, entrez«, und die Mutter Oberin ließ mich ein, nachdem sie all die wohlhabenden Leute in ihren Autos abgewiesen hatte.

Ich kniete einfach nieder im Herzen der Sonne und den Farben von Himmel, Meer und Sonne, kniete im reinen, weißen Herzen der Kirche. »Vous êtes si gentille«, stammelte ich. Die Nonne lächelte. »C'est la miséricorde de Dieu.« Das war es.

In Liebe, Sylvia

WHITSTEAD, BARTON ROAD
CAMBRIDGE, ENGLAND
10. JANUAR 1956

Liebste aller Mütter,

Glückliches Neues Jahr! Ich kanns noch gar nicht fassen, daß ich wieder in meinem schönen Zimmer in Whitstead sitze, drei herrliche, erlebnisreiche Wochen in Frankreich hinter mir. So viel zu erzählen! Ich fühle mich unglaublich erfrischt, übersprudelnd von Ideen, erholt, bereit zu schreiben und heftig und gründlich in den nächsten drei Monaten zu studieren. Das akademische Jahr ist ideal für mein System, das mit großen Zyklen arbeitet und einen häufigen Wechsel von intensiven Arbeitsperioden und Spiel benötigt. Meine Neujahrsstimmung ist so anders als mein Zustand vor nur drei Wochen, als ich Cambridge verließ und ziemlich einsam, erschöpft, deprimiert und ein wenig angstvoll war. Zum ersten Mal hierher »zurück« zu kommen ließ mich *diesen Ort* als wahres Zuhause empfinden, und meine Ferien haben mir für mein Leben, meine Arbeit und den Zweck meines Hierseins den richtigen Blick gegeben, den ich wegen der Reizüberflutung im ersten Semester verloren hatte. Jetzt fühle ich mich stark und sicher. Nichts erweitert so den Horizont, schenkt so viel Selbstvertrauen wie Erfahrung! . . . Ich muß gestehen, mein Herz gehört den Franzosen! Wieder in England zu sein, tut richtig weh, so stark ist der Kontrast . . .

. . . Ich werde in diesem Semester wie verrückt Französisch lernen, damit Verben und idiomatische Wendungen (das schwerste) feste Form annehmen. Mein Ohr ist hervorragend, die Franzosen sagen alle, daß meine Aussprache perfekt ist. Was ich jetzt zu tun habe, ist, die Feinheiten zu erarbeiten und dann die ewige Wortschatzerweiterung. Konnte kaum mehr das derbe Londoner Cockney, die gelangweilten, unpersönlichen, mißmutigen Gesichter der Arbeiterklasse, die kalten Mauern zwischen den Menschen in den Zugabteilen verstehen.

In Cambridge aber werden Narzissen und Tulpen im Schnee verkauft, und ich habe mir heute auf dem Markt einen Armvoll Bananen, Äpfel, Trauben und Orangen gekauft. Ich freue mich auf ein Semester mit viel Schreiben und Studieren.

Herzliche Grüße an alle,
Sivvy

16. JANUAR 1956

Liebste aller Mütter,

... oh, Mami, ich bin so glücklich, daß Du kommst, ich habe Tränen in den Augen! Ich würde Dir schrecklich gern auch noch London zeigen, da ich mich da jetzt schon ziemlich gut auskenne, und vielleicht könnten wir zusammen eine Reise in die Gegenden von England machen, die Du am liebsten sehen möchtest. Ich selbst kenne bisher nur Cambridge und London und habe mir den Rest für den Sommer aufgehoben. Es ist fairer England gegenüber, wenn man es sich nur in dieser Jahreszeit anschaut! Ich glühe vor Freude angesichts Deiner Reisepläne. Wenn Warren auch noch sein Experiment auf dem Gebiet Living Fellowship bekommt, ist alles vollkommen. Was wir doch für eine kosmopolitische, internationale Familie sein werden!

... Glücklicherweise sind jetzt meine Reiseängste weg, total verschwunden. Ich hatte wirklich Panik, als es losging. Von einem Panorama internationaler Reisen zu *träumen* ist eine Sache, eine andere aber, zu wenig Zeit und Geld zu haben und vor das praktische Problem gestellt zu sein, sich entscheiden und selektieren zu müssen ...

Allmählich ... nehmen meine Pläne für das Frühjahr Gestalt an. Ich denke, ich werde es Italien weihen: Venedig, Florenz, Mailand und Rom. Ich möchte in den kurzen 3-Wochen-Ferien am liebsten in einem *einzigen* Land bleiben und es gründlich und mit dem Herzen kennenlernen (so empfinde ich Frankreich gegenüber, obwohl ich kaum dort war im Land der Châteaus). Es ist wirklich verblüffend, wie sich Pläne konkretisieren. Das große Fragezeichen ist dieser Sommer; sollte Warren in Deutschland sein, möchte ich mich gern mindestens eine Woche oder so in seiner Stadt niederlassen und ihn auch so oft wie möglich sehen. Möchte auch sehr gern Spanien und Griechenland sehen. Die gute Elly Friedman [*eine Smith-Klassenkameradin*] schreibt, daß sie im Sommer kommt, d. h. wir können uns vielleicht ein bißchen zusammentun; zu zweit ist es so viel billiger als allein!

War aufs äußerste bewegt und voller Heimweh, als ich am Samstagabend den wunderbaren deutsch-jugoslawischen Spielfilm *Die letzte Brücke* sah. Habe mehr von dem Deutsch verstanden, als ich dachte; habe Warren und Dich fürchterlich vermißt. Vom Temperament her sehr viel mehr französisch und *südländisch,* habe ich doch eine instinktive Liebe zum Deutschen als meiner »Mutter-und Vater«sprache und könnte mich verfluchen, daß ich es den Sommer über und in diesem letzten Semester fallengelassen habe. Ich will unbedingt wieder damit anfangen und weiter lesen. Nur dadurch, daß man *täglich* ein bißchen Lektüre in einer fremden Sprache betreibt, hält man sie am Leben, nicht durch monumentale Zukunftspläne. Ich möchte in diesem Sommer in deutschsprachigen Ländern *leben* und auch lesen, und die Sprache auf die ideale Art studieren – nämlich mittels Reden, Lesen, ins Theater gehen, und dadurch, daß man um mich herum deutsch spricht.

Nun zu hier: ich habe es zugleich heimisch und hart gefunden, zurückzukehren zu dem gräßlichen Essen, der feuchten Kälte und den unsimpatico Leuten (verglichen mit den warmherzigen Franzosen, die mir geistig verwandt sind). Du fragst mich, wie es mit Freundinnen steht: also, die englischen Mädchen kommen nicht in Frage. Sie sind intellektuell ganz hervorragend auf ihrem jeweiligen Spezialgebiet, Zoologie oder Mathe, emotional und gesellschaftlich aber wie nervöse, flattrige, heranwachsende Teenager (vermutlich das Resultat der Geschlechtertrennung in der Schule während der ganzen Adoleszenz). Eine schöne blonde Marshall-Stipendiatin kommt einer »besten« Freundin am nächsten (sie ist, wie ich, in Whitstead, um Englisch zu studieren und zu schreiben), aber sie ist die meiste Zeit mit einem schottischen Mädchen zusammen, und irgendwie gibt es einen Hauch von Rivalität zwischen uns. Ich vermisse meine liebe Sue Weller. Es ist schwierig, hier eng mit einem Mädchen befreundet zu sein, weil jede für sich auf ihrem Gebiet äußerst individuelle und konzentrierte Studien betreibt, aber ich mag [*sie*] wirklich sehr.

Fange langsam, unter Schmerzen, mit dem Schreiben an. Habe eben zwei achtseitige reportageartige Essays beendet, einen über Cambridge, einen über Paris und Nizza, aus denen ich Erzählungen entwickeln will (der Bericht über die Matisse-Kapelle in Vence eignet sich für einen Artikel, eine Erzählung oder einen Essay) ... Jedenfalls *kann* ich wie ein Bär, der in Rußland Winterschlaf hält, von dem goldenen Überfluß dieser letzten drei reichen Monate zehren und jetzt schreiben.

Grüße –
Sivvy

17. JANUAR 1956

. . . Ich war während der Zeit von *Bartholomew Fair* ziemlich verzweifelt, weil ich kein nennenswertes inneres Leben hatte. »Stummsein heißt Kranksein« für mich, wie Richard Wilbur sagt, und ich fühlte ein wachsendes Entsetzen angesichts meiner Sprachlosigkeit; jeder Tag, an dem ich nichts geschrieben hatte, steigerte meine Angst. Glücklicherweise habe ich ja vor zwei Jahren das *Schlimmste* durchgemacht und die Gewißheit gewonnen, daß etwas geschehen wird, wenn ich nur langsam weiterarbeite und warte. Trotz meiner gelegentlichen Erbitterung über meine eigene Blindheit und Beschränktheit (bevor ich sterbe, möchte ich wirklich gerne etwas beim *New Yorker* veröffentlichen, ich bewundere diesen besonderen, geschliffenen, differenzierten, geistvollen Stil so sehr), mache ich langsam weiter. Manchmal überkommt mich blitzartig Freude, zum Beispiel, wenn ich wie diese Woche den Splitter des Neumondes draußen vor meinem Fenster sehe, die unerwartet linde Luft heute spüre, ein rotbäckiges, blondes Baby erblicke – kleine Dinge, gewiß, aber wie Sassoon so richtig sagte: »Es kommt darauf an, daß man diese Welt liebt; hat ein Mensch auch nur eine Grapefruit geliebt und sie schön gefunden, wird Gott ihn schützen.« Am schwersten ist es wohl, voll in der Gegenwart zu leben, ohne zuzulassen, daß sie aus Furcht vor der Zukunft oder aus Reue über eine falsch gelebte Vergangenheit vergiftet und verdorben wird.

In diesem Sommer will ich mich der Lektüre für meine Tutorien widmen und mindestens zwei Stunden am Tag schreiben, egal was und wie schlecht es wird. Ich fange an mit diesen reportageartigen Beschreibungen von Leuten und Orten, wobei ich mich um präzise Details bemühe, und habe heute den Entwurf für eine Version der Matisse-Kapellen-Geschichte gemacht. Ich versuche, sie zunächst einmal im Stil des *New Yorker* abzufassen, dann vielleicht im *Ladies' Home Journal*-Stil und zuletzt im Stil eines Sonderberichts. Ich möchte mich in diesem Semester »eindecken« mit Lektüre und Introspektion, und glaube, daß sich meine Gesundheit durch früh zu Bett gehen, viel Obst, Radfahren und zunehmenden inneren Frieden bessern wird – der stellt sich ein, sobald ich schreibe und etwas wegschicke. Ich müßte ersticken, wenn ich nicht schriebe.

Ich glaube wirklich, daß ich in ein paar Jahren wieder angefangen haben werde zu publizieren, wenn ich jeden Tag etwas tue. Das

Schreiben intensiviert das Leben; das Leben bereichert das Schreiben. So merkwürdig das ist, aber ich schreibe am besten, wenn ich glücklich bin, denn dann habe ich diesen Sinn für Objektivität, ohne den es keinen Humor und keine künstlerische Betrachtungsweise gibt. Wenn ich traurig bin, wird das, was ich schreibe, ein eindimensionales Tagebuch. Deshalb ist es so wesentlich, daß ich ein erfülltes, reiches Leben führe.

Du brauchst aber auch nicht zu befürchten, daß ich eine »Karrierefrau« werde. Manchmal denke ich, daß ich möglicherweise bloß heiraten werde, um Kinder zu haben, wenn ich in diesen nächsten zwei Jahren niemandem begegne. Auch Mrs. Prouty braucht sich nicht zu sorgen, die Gute. Frankreich hat mir den richtigen Abstand zu Mallory gegeben, der mir sehr gut gefällt, aber noch so jung ist. Ich habe das Bedürfnis, ältere Männer kennenzulernen. Diese jungen Kerle sind so labil, unsicher und unentschlossen, daß ich ihnen zur Mutter werde. Mir fehlt der ausgeprägte Humor, der Reiz, und die Karrierebegeisterung, die ältere Männer haben. Ich glaube, daß ich jetzt wirklich reif dafür bin. Der einzige, den ich wirklich je geliebt habe (was bedeutet, die Fehler des anderen zu akzeptieren und damit umgehen zu können), ist natürlich Sassoon. Aber ich fürchte um seine nervliche . . . Gesundheit, wenn ich an Kinder denke. Jetzt habe ich mich aber genug darüber ausgelassen. Eins ist jedenfalls sicher, ich bin dazu *bestimmt*, verheiratet zu sein, Kinder und ein Heim zu haben, und zu schreiben wie die von mir verehrten Frauen: Mrs. Moore [*Sarah-Elizabeth Rodgers*], Jean Stafford, Hortense Calisher und Phyllis McGinley.

Wünsch mir Glück.

Deine Sivvy

25. JANUAR 1956

Liebste Mutter,

. . . halte mich auf dem laufenden über Grammy's Zustand. Ich hoffe, daß es nichts Ernstes ist, aber Du weißt ja schon seit eh und je, daß ich *viel* lieber wissen will, was los ist, als später überrumpelt zu werden; halte also bitte nicht irgend etwas fern von mir, nur weil Du glaubst, daß mich das beunruhigt. Ich habe ein Recht darauf, *beteiligt* zu sein, was nicht dasselbe ist wie beunruhigt.

. . . Ich schreibe jetzt täglich ein paar Stunden . . . habe den ersten Entwurf zu einer 25-Seiten-Geschichte über die Matisse-Kapelle in Vence geschrieben; Du kannst Dir gar nicht vorstellen, was für ein Glücksgefühl das ist, es *herauszuholen,* aufs Papier, wo ich dran arbeiten kann, auch wenn die tatsächliche Geschichte nie heranreicht an die erträumte. Wenn ich sage, daß ich schreiben *muß,* dann heißt das nicht, daß ich publizieren *muß.* Das ist ein großer Unterschied. Worauf es ankommt, ist die ästhetische Form, die ich meiner chaotischen Erfahrung verleihe; sie ist, wie es auch bei James Joyce der Fall war, meine Art von Religion, und ebenso notwendig für mich ... wie das Glaubensbekenntnis und die Absolution in der Kirche für einen Katholiken.

Ich mache mir überhaupt keine Illusionen mehr, was mein Schreiben betrifft; ich meine, daß ich fähig sein und hie und da etwas veröffentlichen kann, wenn ich genug arbeite. Ich bin abhängig von dem Schreibprozeß, nicht davon, daß etwas angenommen wird; habe ich eine Dürreperiode, so wie im letzten Semester, dann warte ich, lebe intensiver, halte Augen, Ohren und Herz offen, und kommt die produktive Zeit, ist sie um so reicher. Der Vence-Geschichte gehört meine ganze Liebe, ich werde jetzt immer wieder an ihr feilen.

In Sachen Heirat, mach Dir bitte keine Sorgen, daß ich irgendeinen Idioten heirate, oder gar einen, den ich nicht liebe. Ich könnte einfach nicht. Es tut mir natürlich leid, daß keiner von den »netten« Jungen, die mich heiraten wollten, der *Richtige* war ... Mich schaudert's bei dem Gedanken, wie viele Männer bereit wären, einen kleinen Teil von mir als das Ganze zu akzeptieren, und damit ganz glücklich wären. Natürlich wünschen wir uns alle, daß ein anderer die vollkommensten, wertvollsten, besten Seiten in uns hervorholt, und werden das unsererseits auch bei ihm tun. Wie Du vermutlich weißt, ist Richard Sassoon in der Tat der einzige Junge, den ich bisher geliebt habe; er ist bei weitem der geistreichste, intuitivste, lebendigste Mensch, den ich kenne. Doch er zahlt dafür mit Phasen tiefster Depression und schwacher Gesundheit, was tägliche Ungewißheit bedeutet und schwer zu ertragen wäre, wenn es länger dauert. Dennoch ist er der aufrichtigste, heiligste Mensch, den ich kenne. In gewisser Hinsicht werde ich ihn immer lieben, glaube ich ... Es klingt paradox, aber er »ähnelt« in keiner Weise dem Typ von Mann, in den ich mich verlieben könnte; aber er ist es, und damit hat sich's.

Der liebste Freund, den ich in Cambridge habe, ist Nat LaMar. Sonntag hatte ich ein herrliches Kaffeestündchen mit ihm. Wir trafen uns mit einem sehr interessanten, verheirateten Freund von ihm, der für die *Time* arbeitet und mir Tips für lukrative Sommerjobs gegeben hat, für die ich mich bewerben werde. Nat ist ein wahrer Segen; ein echter Freund, warmherzig, lieb, mir emotional sehr ähnlich, d. h. sonnig und extravertiert, aber mit einer tiefernsten, schöpferischen Seite. Er hatte Archibald Mac Leish als Lehrer; ich Alfred Kazin. Wir müssen beide schreiben und intensiv leben. Es freut mich daher, zu wissen, daß er in Cambridge lebt, und ich bin jedesmal begeistert, wenn wir uns treffen.

Sag Warren, daß ich ihn schon immer um *seine* Fähigkeit, zu arbeiten und so vieles zu machen, beneidet habe. Was das betrifft, habe ich mich ihm immer unterlegen gefühlt. Komisch, daß alles so viel leichter *aussieht,* als es in Wirklichkeit ist.

Alles Liebe,
Sivvy

2. FEBRUAR 1956

Liebste Mutter,

natürlich war ich sehr bewegt, als ich heute morgen Deinen Brief über Grammy las. Ich wünschte, ich könnte bei Euch sein, um die zweifache Arbeitslast von Deinen Schultern zu nehmen, die Fahrten zu machen und für die gute Grammy zu sorgen. Ich kann einfach nicht glauben, daß ihr irgend etwas zustoßen könnte, so daß ich sie vielleicht nie wieder sehe. Ich habe diese gute Frau so lieb und bin tieftraurig, daß ich nicht auch bei ihr sein und sie spüren lassen kann, daß sie geliebt und mit Freuden umsorgt wird. Bitte, sag ihr jeden Tag, wieviel sie mir bedeutet; ihre Stärke, ihr einfacher Glaube und ihre Gegenwart sind untrennbar mit meinem Leben verbunden gewesen: immer war sie da, wenn ich nach Hause kam, hat mich herumgefahren, verpflegt, all diese häuslichen Dinge gemacht. Ohne sie kann ich mir unser Zuhause gar nicht vorstellen . . .

Bitte, bitte, liebe Mami, reg dich nicht zu sehr auf und überanstrenge Dich nicht (wie es in einer Krise so leicht passiert), denn ich möchte, daß *Du* stark und gesund bleibst, mag kommen was will. Sag mir, ob ich Grammy schreiben oder irgend etwas tun kann. Ich würde ihr sehr gerne öfter mal eine kurze Karte oder einen Brief schreiben, falls sie das aufheitert ... Ich denke mit großer Zärtlichkeit an sie ...

... (Meine beiden Gedichte in der Cambridger Literaturzeitschrift haben lausige Kritiken gekriegt; sie haben zehn Kritiker für jedes Gedicht. Obwohl ich der Meinung bin, daß es schlechte Kritiker sind, die mit überspitzten, vernichtenden Formulierungen nur ihre eigene Brillanz unter Beweis stellen wollen, war ich doch traurig, aber meine tieferen Schichten sind nicht berührt davon, und ich schreibe munter weiter) ...

Heute morgen habe ich einen reizenden Brief von Gordon [*Lameyer*] gekriegt. Es sieht so aus, daß er wahrscheinlich um den ersten April herum nach Deutschland kommt, um sich eine Universität zu suchen, und dann werde ich ihn hoffentlich sehen und ein bißchen mit ihm in Deutschland herumreisen. Jeder, der von zu Hause kommt, wird mir wie ein Engel erscheinen. Möglich, daß ich Ende März in Italien bin und danach nach Deutschland fahre, um ihn zu besuchen. Ich stelle mir vor, daß es einen Mordsspaß macht, mit ihm zu reisen ... Am liebsten würde ich nächsten Sommer mit Warren irgendeine kurze Reise machen. Laß mich es bitte wissen, wenn sich bei seiner Bewerbung um das Experiment [*auf dem Gebiet International Living*] etwas tut.

Gestern hatte ich eine angenehme Teestunde mit Chris Levenson; er ist Herausgeber einer kleinen Cambridger Literaturzeitschrift und »Cambridger Dichter«, aber auch er bekommt für seine Gedichte beißende Kritiken. Mir scheint, dies ist eine Ära der schlauen Kritiker, die sich ausweinen darüber, daß keine Werke da sind, die es wert sind, kritisiert zu werden. Sie verabscheuen geschliffenen Witz und strenge Formen, was natürlich haargenau das ist, worauf es mir ankommt, und wenn sie etwas bekritteln, weil es »auf altmodische Weise kunstvoll« oder »bloß amüsant« ist, dann würde ich am liebsten rufen, »eben das war beabsichtigt!«.

... Finde auch die Vorlesungen von David Daiches über den modernen Roman (Virginia Woolf und James Joyce) sehr gut; sie sind ein reines Vergnügen. (Er hat für den letzten *New Yorker* einen sehr schlechten Artikel mit dem Titel »The Queen in Cambridge« geschrieben. Ich war wütend darüber, weil ich's besser gemacht hätte. Es war so eine richtige Zweite-Hand-Reportage, alles von Plakaten und Zeitungsberichten geklaut, dabei hatte ich doch so viel aus erster Hand. Na gut, das nächste Mal bin ich gescheiter.) England gibt schon so viel her, nur weil es England ist, und ich möchte ein paar witzige kleine Satiren über Collegetypen, speziell über die grotesken viktorianischen Dozentinnen schreiben.

Liebe Mami, bleib gesund und stark, und vergiß nicht, daß ich immer mit großer, großer Liebe an Dich denke und von Herzen hoffe, daß die liebe Grammy wieder gesund wird und daß Du diesen Juni herkommst . . .

Ganz Deine
Sivvy

6. FEBRUAR 1956

Liebste aller Mütter,

. . . uns sind in den letzten beiden Jahren weiß Gott genug harte Prüfungen auferlegt worden (zuerst mein Zusammenbruch, dann Deine Operation, schließlich die von Grammy), trotzdem haben wir das außerordentliche Glück gehabt, daß sie zeitlich so weit auseinander lagen, daß wir ihnen standhalten konnten.

Ich bin äußerst froh und dankbar, daß ich so schlagartig zusammengeklappt bin (obwohl es mir natürlich leid tut, daß ich allen soviel Kummer gemacht habe), denn ich kann Dir gar nicht sagen, wie sehr sich meine Einstellung dem Leben gegenüber verändert hat! Früher oder später wäre ich ohnehin in Schwierigkeiten geraten bei meiner sehr starren, verletzlichen, nahezu hysterischen Angespanntheit, die mich entzweigerissen hat, so daß ich ständig zwischen Neigung und Hemmung, Ideal und Wirklichkeit leben mußte. Den ganzen Sitzungen mit Frau Dr. B. habe ich es zu verdanken, daß ich eine produktive, ausgeglichene, humorvolle, unbeschwerte Person mit Freude am täglichen Leben samt seinen Unvollkommenheiten – Sinusitis, Erschöpfung, Frustration und den anderen kleinen Mühen, die wir alle zu tragen haben –, geworden bin. Hin und wieder bin ich auch jetzt deprimiert, oder entmutigt, besonders, wenn ich an die Zukunft denke, aber statt befürchten zu müssen, daß diese Tiefpunkte der Beginn eines abgrundtiefen Strudels sind, weiß ich, daß ich Dem Schlimmsten (der totalen Negierung meiner selbst) schon getrotzt habe und jetzt, wo ich diese Finsternis durchlitten habe, wie Peer Gynt . . .

mein Leben einfach um dessentwillen genießen kann, was es ist: eine fortwährende Arbeit, aber äußerst lohnenswert. Meine Existenz steht jetzt auf festem Boden; ich werde vielleicht hie und da deprimiert sein, aber verzweifelt nie. Ich habe warten gelernt . . .

Viele liebe Grüße an euch alle; bleib mir gesund und zufrieden!

Deine Dich liebende
Sylvia

24. FEBRUAR 1956

Liebste Mutter,

es ist sehr ungezogen und wehleidig von mir, Dir einen Brief zu schreiben, der nur von mir handelt und nur den einen, unmittelbaren Zweck hat: daß es mir ein bißchen besser geht. Ab und an habe ich das Bedürfnis, »verhätschelt« zu werden, und ganz besonders jetzt, mitten in einer gräßlich triefenden, schniefenden Erkältung, die mir gestern den ganzen Nachtschlaf geraubt und den heutigen Tag total ruiniert hat, schuld ist, daß ich Schmerzen habe und mich kraftlos fühle, selbst zum Schlummern zu elend bin, und zu matt, zur leichtesten Lektüre zu greifen. Ich habe es so satt, jeden Monat eine Erkältung zu haben; meistens, wie auch dieses Mal, kriege ich eine, wenn ich meine Periode habe, und beides zusammen reicht aus, um mich wirklich durcheinanderzubringen, mich einfach meiner letzten Kräfte und Energien zu berauben. Ich habe etwa fünf Pullover und wollene Unterhosen und Kniestrümpfe an, und klappere *immer noch* mit den Zähnen. Der Gaskamin frißt meine Schillinge, die eine Seite des Zimmers wird kochend heiß, die andere bleibt eiskalt wie die andere Hälfte des Mondes. Für so ein Klima bin ich einfach nicht geschaffen. Lieber zu Hause den Kältetod sterben, dachte ich mir, als nochmal auf der Krankenstation oder im Hospital zu liegen und unter ihrem blöden, blöden Gesundheitssystem zu leiden. Ach, wie ich die Krankenstation von Smith vermisse. . .! Die Leute hier sind von einer absurden Gleichgültigkeit. Auch wenn sie halbtot sind vor Grippe, schuften sie einfach weiter und weiter . . .

Selbst während ich schreibe, weiß ich, dies wird auch vorbeigehen, und eines Tages, Äonen von heute, wird es vielleicht Frühling sein. Aber ich sehne mich so nach einer helfenden Hand, nach jemanden, der mir heiße Brühe bringt und mir sagt, daß er mich liebt, auch wenn meine Nase scheußlich und rot ist und ich gräßlich aussehe... Die ganzen bohrenden Frustrationen und Enttäuschungen, die ich bei normalem Tagesablauf ertragen kann, werden heimtückischerweise überdimensional groß, bloß weil ich nicht stark genug bin, mit ihnen fertigzuwerden oder sie von der humorvollen oder philosophischen Seite zu nehmen: der *New Yorker* hat mir meine Vence-Geschichte zurückgeschickt (und jetzt kommt sie mir völlig absurd und sentimental vor). Ich kann nicht riechen, nicht schmecken, nicht atmen, nicht einmal hören, und diese stumpfen Sinne verbannen mich auf ein fernes kleines Eiland der Hilflosigkeit... Ich tue mir selber leid, weil es hier keinen Menschen gibt, dem ich innerlich nah sein kann... Richard [*Sassoon*] geht dieses Jahr nach Amerika zurück, um seinen Militärdienst abzuleisten, Gott weiß, wann ich ihn jemals wieder sehe. Manchmal gebe ich die Hoffnung völlig auf, jemanden zu finden, der so eine seelische Kraft besitzt, der in so hohem Maße aufrichtig und rücksichtsvoll mit mir ist, wie er. Ihn gekannt zu haben, bei all seinen Handikaps, macht es so viel schwerer, eines dieser viel viel geringeren Geschöpfe als Freund zu akzeptieren.

... Für mich ist es so wichtig, eine Familie um mich zu haben, in der man sich gemeinsam über Erfolge freut und sich über schwere Zeiten hinweghilft. Für meinen Mann und meine Kinder zu kochen und zu sorgen, wenn sie krank oder traurig sind, wäre mir solch eine Freude; menschliche Wesen sind so aufeinander angewiesen, sie brauchen Liebe und zärtliche Fürsorge. Was war es für ein Glück für mich, daß ich zu Hause so kluge, tüchtige Freunde hatte. Hier habe ich auch Freunde, aber vor lauter Lesen und Lernen kommt nicht mehr heraus als hie und da mal ein Spiel, ein gemeinsamer Tee, ein Spaziergang; nichts, das heranreicht an die tiefe Erfahrung, die man macht, wenn man Seite an Seite mit jemandem lebt und arbeitet, das tägliche Auf und Ab des Lebens teilt. Daß hier keiner ist, der sich dafür *interessiert*, ob man schreibt oder nicht, ist wirklich hart; mir fehlt die innige Atmosphäre des Vertrauens und Verstehens, die ich zu Hause hatte, wo ihr alle wußtet, woran ich arbeite, und das auch zu schätzen wußtet, egal, ob es veröffentlicht wurde oder nicht. Ich muß meine Erfahrungen artikulieren können; auch wenn ich nie wieder etwas publiziere, werde ich weiter schreiben müssen, denn nur auf diese Weise kann ich diesem Strömen, das man Leben nennt, eine Form geben. Diese Woche habe ich ein paar Gedichte geschrieben, die ich Dir im nächsten Brief abschreiben werde.

Sei nicht in Sorge, weil ich traurig bin: ich glaube, es ist normal, daß man sich hilflos fühlt, wenn man sich physisch kaputt und eklig fühlt. Aber ich bin stoisch, auch wenn ich mich so danach sehne, verhätschelt und geliebt zu werden, und ich werde diesen langen, toten Winter schon überstehen. Das gibt mir wenigstens das Gefühl, daß ich Freude, Vergnügen und mildes Wetter verdient habe! Diesen Sommer folge ich der Sonne und genieße die elementaren Freuden des Lebens, die jetzt alle erstarrt sind. Hab Geduld mit mir und verzeih, daß ich mir alles von der Seele geredet habe; ich hatte es dringend nötig, mit Dir zu sprechen und diese Gedanken auszuspucken, die der blockierten Fäulnis in meinem Kopf gleichen . . . Liebe Grüße an Grammy und Grampy und natürlich auch an meinen guten Warren.

Ganz Deine Sivvy

25. FEBRUAR 1956

Liebste Mutter,

ich hatte das Gefühl, daß ich Dir nach dem Wehgeschrei des letzten Briefes einen neuen schulde, auf der Stelle, um Dir zu sagen, wie anders dieser Tag ist; es ist strahlend hell, die Sonne scheint, alles ist freundlicher, mein heftiges physisches Leiden ist verschwunden, und mit ihm meine ziemlich tiefe Verzweiflung . . .

Letzte Woche hatte ich eine Totaluntersuchung (mit Durchleuchten der Brust), und man hat mich für gesund erklärt, mir aber vorgeschlagen, den hiesigen Psychiater aufzusuchen und ihm die näheren Umstände meines Zusammenbruchs zu schildern, damit ich ihn schon kenne, falls die Belastung durch die völlig neue Umgebung so groß wird, daß ich das Bedürfnis nach einem Gespräch habe. Also bin ich heute morgen zu ihm hinmarschiert und habe es wirklich genossen, mit ihm reden zu können. Er ist ein angenehmer, kluger Mann mittleren Alters. Es war mir eine gewisse Erleichterung, daß ich hier jemandem ein bißchen etwas über meine Vergangenheit erzählen konnte. Irgendwie gibt mir das ein Gefühl einer gewissen Kontinuität. Ich fing an, über meine Einstellung zum Leben und zu den Leuten in Cambridge zu reden, und im Weiterreden merkte ich, daß mir nichts so sehr fehlt wie der fruchtbare intellektuelle und emotionale Kontakt mit *älteren* Menschen, den ich zu Hause und im College hatte. Ich bin buchstäblich *ausgehungert* nach Freunden, die älter, klüger, lebenserfahrener sind, zu denen ich aufschauen, von denen ich lernen kann.

. . . Ich weiß, daß es hier in Cambridge zweifellos hervorragende Dozenten gibt, und viele, die reif sind, und bei denen Gefühl und Intellekt eine Einheit bilden, nur bin ich ihnen bisher nicht begegnet. Am Katheder finden wir noch die Besten, aber unsere weiblichen Tutoren in Newnham sind, wie ich schon oft gesagt habe, groteske Blaustrümpfe, die das Leben nur aus zweiter Hand kennen. Als Frau bin ich möglicherweise in einer noch schwierigeren Lage, denn hier scheint noch das Viktorianische Zeitalter der Emanzipation zu herrschen: unter den weiblichen Professoren, die ich habe, ist nicht eine einzige, die ich persönlich bewundere! Um an die Professoren an den Männer-Colleges heranzukommen, bin ich nicht gut genug (die Bedeutendsten unterrichten nur Studenten, die Forschung betreiben, und die Dozenten überwachen die Studien der Studenten in ihren eigenen Colleges); es gibt keine Möglichkeit für einen so engen Kontakt, wie ich ihn bei Smith hatte. Heute morgen bekam ich einen richtigen Schock, als mir klar wurde, daß ich weder hier noch in Europa einen einzigen Freund habe, der reifer ist als ich! Alle Mädchen und Jungen, die ich kenne, sind jünger, oder sind mir (wie glänzend sie in ihren Fächern auch sein mögen) kaum gewachsen, und ich bin dauernd Schwester oder Mutter für sie. Nur wenn ich krank bin, scheint mir . . . kann ich die Abhängige sein . . .

Ich glaube, daß ich älteren Menschen etwas von meiner natürlichen Lebensfreude geben und auf diese Weise das Gleichgewicht in der Beziehung herstellen *kann* – auch wenn ich vieles nicht weiß und ungebildet bin. Demnächst werde ich auch das Paar besuchen, dessen Adresse ich von Frau Dr. B. habe. Ich habe das immer wieder aufgeschoben . . . Ich brauche den engen Kontakt mit älteren Leuten so dringend, brauche ihre Abgeklärtheit und ihren Weitblick, Eigenschaften, die bei den Orientalen mit Recht in so hohem Ansehen stehen . . .

Heute abend gehe ich zur Einweihungsparty einer neuen Literaturzeitschrift, die ein wahrhaft großartiger Gegenpol zu den beiden toten, unausgegorenen, jämmerlich geschriebenen Zeitschriften ist, die es hier schon gibt, und die nach Lust und Laune und Vorurteil gemacht werden ... Diese neue wird von Amerikanern und Briten gemeinsam herausgegeben, die Gedichte sind wirklich hervorragend, die Prosa straff, realistisch, gekonnt ... Ich gebe zu, daß ich mich irgendwie unterlegen fühle, weil mir das, was ich bisher gemacht habe, so unbedeutend, selbstgefällig und *belanglos* vorkommt. Immer wieder sage ich mir, daß ich intensiv, vital und richtig lebe, daß ich nur noch nicht gelernt habe, in der Form, die ich diesem Leben mit Worten gebe, hart und diszipliniert genug zu sein. Die Form setzt mir Grenzen, nicht das Leben.

... Niemals könnte ich nur Akademikerin oder nur Hausfrau oder nur Schriftstellerin sein: ich muß von allen dreien ein wenig haben und daher dreifach unvollkommen sein. Obgleich ich mich, wenn ich den Drang dazu habe, phasenweise intensiv aufs Schreiben konzentrieren möchte ... Du sollst wissen, daß ich wirklich glücklich bin, und daß es kein Widerspruch ist, wenn ich sage, daß ich mich zugleich innerlich mit Problemen herumschlage. So ist eben das Leben, und ich bin bereit, es so zu nehmen und bis zum Ende meiner Tage mit ihm zu ringen. Ich habe Dich lieb, und hoffe, daß Du für meine augenblickliche Offenheit Verständnis hast und weißt, daß es mir schon viel besser geht, bloß weil ich weiß, daß Du mir zuhörst.

Deine Dich liebende Sivvy

SAMSTAGMORGEN
3. MÄRZ 1956

Liebste Mutter,

... Schon sind die Wiesen von Newnham violett und golden von Krokussen und weiß von Schneeglöckchen!

Ich möchte Dir heute sagen, wie viel mir Deine Briefe bedeuten. Die Sätze von Max Ehrmann, die Du mir abgeschrieben hast, waren am letzten Montag wie Milch und Honig für meinen erschöpften Geist; ich habe sie wieder und wieder gelesen. Ist es nicht erstaunlich, was Worte für eine Kraft haben? Auch die beiden Briefe, die heute von Dir kamen, waren wunderbar. Ich weiß nicht, ob Du gespürt hast, wieviel reifer und geläuterter ich in diesem letzten halben Jahr geworden bin, jedenfalls habe ich das Stadium, in dem ich nicht auf Ratschläge »hören« wollte, hinter mir und glaube, daß ich durch die Briefe mehr Vertrauen zu Dir habe als je zuvor; alles, was Du mir zu sagen für klug hältst, nehme ich freudig in mich auf. Vielleicht ist Dir immer noch nicht bewußt (warum fällt es uns so viel leichter, zu kritisieren als zu loben, was wir so oft für selbstverständlich halten?), wie sehr ich Dich bewundert habe: für Deine Arbeit, Deinen Unterricht, Deine Stärke, dafür, daß Du uns in Wellesley ein herrliches Zuhause geschaffen hast, und dafür, daß Du Warren und mich auf die besten Colleges in den Vereinigten Staaten geschickt hast (d. h. in das jeweils beste, dessen bin ich mir ganz sicher!). Das ist alles Dein Werk, Dein Zuspruch, Dein Produkt, und unsere Familie hat die schwärzesten Zeiten durchgestanden, hat gekämpft um Wachstum und neues Leben. Am meisten bewundere ich vielleicht Deine Beweglichkeit und Deine Flexibilität, die sich ausdrückt in der Tatsache, daß Du Auto fährst, was Dir sicher auch in manch anderer Hinsicht neue Möglichkeiten für ein erfüllteres, freieres Leben eröffnen wird. Ich möchte, daß Du das einmal in Worten erfährst, denn während ich bisher immer sehr beredt war, was die ganzen Beschränkungen in unserem Leben angeht, habe ich, glaube ich, nie im einzelnen über all das geredet, was ich an Dir liebe und verehre, und das ist sehr, sehr viel!

. . . Ich habe mein bisheriges radikales Verhalten den Männern gegenüber aufgegeben . . . anstatt sie alle zu verfluchen, weil sie nicht wie Richard sind . . . akzeptiere ich sie hin und wieder als Freunde und Dates, will nichts weiter als ihre Gesellschaft für den Augenblick, verlange nicht mehr als menschliche Nähe. Ich bin jetzt viel großzügiger, freundlicher und toleranter und nehme das Leben leichter. Es gibt keinen Grund, weshalb ich mich nicht über einen Theater-, einen Kinobesuch oder eine nette Unterhaltung mit einem Jungen freuen sollte, der angenehm und attraktiv ist, bloß weil ich glaube, daß ich für eine »große Liebe« geschaffen bin.

. . . Habe bei der Donnerstageinladung von Chris Levenson mit Stephen Spender und anderen Sherry getrunken. Sobald ich ein paar weitere neue (und mehr soziologische) Gedichte fertig habe, schicke ich sie an seine Zeitschrift. Eines haben literarische Zirkel in England vor allem an sich: bei ihnen herrscht permanent *Inzucht*. Jeder Schriftsteller landet schließlich in London, weiß alles über die Arbeit, die Geliebten und die persönlichen Eigenarten aller anderen Schriftsteller, und redet dauernd über sie und analysiert sie. Gesegnet sei Amerika für seine allumfassende *Größe*!

Habe übrigens letzte Woche einen sehr begabten Ex-Cambridger Dichter bei der wilden *St. Botolph's Review*-Party getroffen; sehe ihn vielleicht nie wieder (er arbeitet für J. Arthur Rank in London), habe aber kurz danach über ihn mein bestes Gedicht geschrieben – der einzige Mann bisher, der so stark ist, daß wir einander ebenbürtig wären – so ist das Leben. [*Dieser Mann war Ted Hughes.*] Schicke Dir im nächsten Brief ein paar Gedichte mit, damit Du siehst, was ich mache.

Alles, alles Liebe
Sivvy

DONNERSTAGMORGEN
5. MÄRZ 1956

. . . Der »J-----Mythos« hat sich endlich, Gott sei Dank, auch erledigt. Es kam zur Explosion, als sie in fünf neuen Büchern, die ich ihr geliehen hatte, mit Bleistift überall Anmerkungen und Unterstreichungen gemacht hatte. Da ich in meinen eigenen Büchern Sätze mit schwarzer Tinte unterstrichen hatte, war sie offensichtlich der Meinung, daß sie ohnehin schon ruiniert wären. Nun gut – wir hatten eine richtige Sitzung, bei der wir übereinkamen, all unsere Probleme offen zur Sprache zu bringen, und jetzt fühle ich mich viel besser. Wir sind uns einfach zu ähnlich, um Freundinnen sein zu können. Diese »überlappende Identität« hat uns beiden, wenn auch auf verschiedene Weise, zu schaffen gemacht: wir sind beide »amerikanische Mädchen, die schreiben«, mit einem ähnlichen Humor und gewohnt, »Königinnen« unter unseren Männern zu sein . . . Gemeinsam klärten wir diese merkwürdige Situation. Ganz einfach: wir werden absurderweise nie nahen Umgang miteinander haben (wie das vielleicht in Amerika der Fall gewesen wäre), weil eine von uns hier in jeder Situation ausreichend ist und wir beide bei gesellschaftlichen Veranstaltungen dominieren. Sie hat zugegeben, daß sie in meiner Gegenwart jedesmal plötzlich sehr schwerfällig wurde (so schwerfällig wie ich stumpfsinnig, nehme ich an), und wir sind zu einer positiven Übereinkunft gekommen, die uns von den ganzen Verdächten und Ressentiments befreit und uns eine gesündere »laissez faire«-Situation ermöglicht. Ich biete also meinen privaten Drachen auch weiterhin die Stirn, und mit den Engeln zu ringen, ist mir eine ziemlich starke Befriedigung. Sorge Dich nicht. Deinen nächsten Scheck benutze ich für ein Wochenende in London, wenn das Semester vorbei ist. Bis dahin, Grüße an alle von Deiner

Sivvy

FREITAGMORGEN
9. MÄRZ 1956

Liebste aller Mütter,

es ist ein herrlicher Morgen, und ich habe die Fenster weit geöffnet, damit frische, klare Luft und das blasse Sonnenlicht in mein Zimmer hereinströmen können. Singspatzen zwitschern und tschilpen in der Dachrinne unter meinen Fenstern, die orangeroten Ziegeldächer gleißen im Licht – ein Licht, das mich so an den frostigen, champagnerfarbenen Himmel von Vence, Nizza und der Riviera im Januar erinnert. An diesem schönen Morgen hatte ich eine besonders große Lust, Dich zu umarmen, Dich bei mir zu haben, statt dessen schreibe ich Dir diesen Brief, bevor ich meinen allwöchentlichen Gang zum Waschsalon und in die Geschäfte mache, außerdem schicke ich Dir meine beiden neuesten und, wie ich glaube, besten Gedichte mit, die ich in den letzten Wochen geschrieben habe . . .

Ich bin ganz versessen drauf, zu hören, wie Du sie findest: ich selbst sehe in ihnen eine Entwicklung, die mir Mut macht. »Channel Crossing« gehört zu den ersten Gedichten, die eine »neue Linie« haben; ich wende mich hier ab von den ephemeren, koketten Liebesgedichten (für die inhaltsarme Affektiertheit vieler meiner früheren Arbeiten habe ich nur noch die größte Verachtung) und lasse in diesen Gedichten die ganze Fülle der sozialen Welt anderer Menschen zu Wort kommen. Bisher bin ich schrecklich begrenzt gewesen, meine immer stärker werdenden Anschauungen von der Welt sind aus meinen Gedichten ausgeschlossen gewesen (und treten, glaube ich, auf äußerst interessante Weise in meinen *Seventeen*-Geschichten über soziale Probleme – die Judenfrage, Studentinnen-Verbindungen etc. – zutage, die mir immer noch sehr gefallen)! Ich schlage jetzt eine neue Richtung ein. Die Welt und die Probleme des Individuums in dieser speziellen Kultur werden in meine Sprachdisziplin, die noch da ist, eingeschmolzen, doch Du wirst hoffentlich, wenn Du das Gedicht laut liest (und laut soll es

225

gelesen werden), nicht mehr der Reime und des Zeilenschlusses, sondern des Gesprächstons der Verse gewärtig sein.

»The Pursuit« ist mehr im alten Stil geschrieben, aber breiter, ein bißchen von Blake beeinflußt, glaube ich *(tiger, tiger)*, und stärker als alle anderen »metaphysischen« Gedichte von mir; soll auch laut gelesen werden. Es ist natürlich ein Symbol für die schreckliche Schönheit des Todes, für das Paradox, daß man, je intensiver man lebt, desto heftiger brennt und sich verzehrt; Tod, hier, schließt den Begriff Liebe ein, ist umfassender und reicher als bloße Liebe, die ein Teil von ihm ist. Das Zitat ist aus Racine's *Phädra*, einem Stück, in dem Leidenschaft als Schicksal herrlich zum Ausdruck kommt. Ich bin hypnotisiert von diesem Gedicht, und ich frage mich, ob die schlichte, verführerische Schönheit der Worte zu Dir dringt, wenn Du es langsam und bewußt laut liest. Statt Racine hätte ich auch ein Motto von meinem geliebten Yeats wählen können: »Whatever flames upon the night, Man's own resinous heart has fed.« Der Pinsel des Malers verzehrt seine Träume, und so weiter.

Oh, Mutter, wenn Du nur wüßtest, wie ich eine Seele forme! Und was für ein Glück ich habe, daß mir diese beiden Jahre gegeben sind! Ich kämpfe, kämpfe, und schaffe ein Selbst, unter großen Schmerzen oft, wie bei einer Geburt, aber es ist richtig, daß es so weh tut, und ich werde geläutert in den Feuern von Schmerz und Liebe. Du weißt, daß ich Richard unvorstellbar geliebt habe; in dieser Welt ist mir keine Seele begegnet, die so wild und heilig war wie die seine; all meine konventionellen Bedenken bezüglich seiner Gesundheit, seines gebrechlichen Körpers, seiner mangelnden »athletischen« Gestalt, die ich besitze und bewundere, alles verblaßt vor der Stimme seiner Seele, die zu mir spricht in einer Sprache, um die die Götter ihn beneiden würden. Vielleicht werde ich Dir seinen letzten Brief vorlesen, wenn Du kommst.

Überwältigt von einer heftigen, nahezu platonischen Gewissenhaftigkeit, meint er, daß er erst die äußere Welt erobern muß, zwei Jahre in der Armee dienen, einen Beruf finden, sich selbst ernähren können muß, und dann, dann erst ein Heim gründen darf und alles andere. Während er sich diesen großen Aufgaben widmet, läßt er mich allein, der Stille geweiht und einer Art abstrakten Verständigung in unserer höchsteigenen Welt der Teufel und Engel. Es wäre gut, wenn jemand aus dieser Welt sein Bild besiegen und mich gewinnen könnte, aber ich zweifle sehr daran, daß ich jemanden finde, der stark genug ist, wie sehr ich auch suche. Und ich gebe mich mit nichts Geringerem als einer großen Seele zufrieden; da ich diese kennengelernt habe, wäre jeder Kompromiß Sünde. Ich fühle mich wie die Prinzessin auf dem Glasberg; welcher Ritter könnte wohl dieses Bild besiegen? Diese heilig lebendige Seele, die uns vereint?

Was mir im vergangenen Semester hauptsächlich solche Schwierigkeiten, solche Qual bereitet hat, war die Erkenntnis, daß ich nicht leugnen kann, daß ich, wie sehr ich auch immer dieser Bindung entfliehen möchte, die Gefangene einer übermächtigen Liebe bin, die stärker ist als alle oberflächlichen Erwägungen dieser Welt und an das heranreicht, was wir unter dem Ewigen verstehen.

. . . Ich habe meine Haltung geändert: Ich verteile die Liebe, den riesigen Wunsch, zu geben (das ist mein Problem, nicht so sehr das »Geliebtwerden«: ich muß einfach »geben« und habe das Gefühl, daß ich ersticke, wenn da kein Wesen ist, das stark genug ist für meine Intensität) in homöopathischen Dosen an die, die um mich sind: die kleine Frau in der U-Bahn-Toilette, die ich umarmt und für eine Minute aus einer Maschine in einen Menschen verwandelt habe; den buckligen Mann, der Malzbrot verkauft; den Knaben mit dem schwarzen Hund, der in einen Teich mit weißen Schwänen gepinkelt hat: und all die anderen, die um mich sind. Ich lebe im wesentlichen in zwei Welten: in der einen, in der meine Liebe mit Richard dahingegangen ist, und der anderen, dieser Welt der Bücher, des Marktes und der netten Leute. Ich wäre überglücklich, wenn ich diesen Sommer, oder im nächsten Jahr, oder das Jahr darauf, jemandem begegnen würde, und wieder lieben lernen könnte. Ich bin immer offen dafür. Aber bevor nicht einer kommt, der Welten mit mir erschafft, wie Richard das kann, bin ich eigentlich nicht zu haben.

Ich hoffe, Du verstehst, daß das alles höchst privat ist, ich vertraue es Dir an, so wie ich Dir die tiefsten Geheimnisse meiner Seele anvertrauen würde, weil ich möchte, daß Du weißt, daß meine inneren Kämpfe schwierig und verworren sind, und daß ich mich ihnen ohne Verzweiflung stelle, mit Engeln ringe und lerne, diesen unausweichlichen Konflikt zu ertragen, der unser Los ist, solange wir wahrhaft lebendig sind. Ich übe mich darin und werde immer stärker. Der Preis für meine wachsenden Visionen von

Schönheit und neuer Welt sind Geburtswehen. Die Idee von vollkommenem Glück und vollkommener Anpassung ist in *Brave New World* ad absurdum geführt worden; worum ich kämpfe, das ist die Stärke, das »Recht auf Unglücklichsein« zu fordern, zugleich mit der Freude an schöpferischer Bejahung . . .

. . . Konkreter . . . und auch ernster, wie geht's Grammy? Ich habe gehört, daß sie diese Woche wieder im Krankenhaus war, und brenne darauf zu erfahren, ob es ihr besser geht. Bitte versprich mir, daß Du im Juni kommst, es sei denn, sie ist in einem kritischen Stadium. In gewisser Weise bist Du auch den Jungen, den Lebenden, der Zukunft verpflichtet, weißt Du. Ich möchte mich an den Gedanken klammern können, daß Du alles tust, was in Deinen Kräften steht, um zu kommen; ich freue mich so wahnsinnig darauf, England gemeinsam mit Dir zu erleben!

Noch direkter: Schreibe bitte an den Eugene Saxton Fellowship Fonds (vgl. das Buch über Stipendien in unserer Bibliothek zu Hause), und erkundige Dich wegen der Bewerbung. Ich möchte mich ganz ernsthaft für ein Stipendium für die Jahre 1957-58 bewerben – ich will einen Gedichtband oder einen Roman schreiben. Daß ich eine Zukunft als Schriftstellerin habe, müßten ihnen eigentlich meine Lyrikpreise zeigen: der Preis der Academy of American Poets, der Lyric Young Poets-Preis, der, den ich gemeinsam mit Irene Glascock bekommen habe, dann die Smith-Preise und meine Veröffentlichungen. Wenn ich, wie ich hoffe, in diesem Frühjahr eine Menge schreiben und publizieren kann, müßte ich genau der »junge Schriftsteller« sein, der bei ihnen offensichtlich gefragt ist. Außerdem spüre ich die ersten Ansätze zu einem Roman in mir, der erst einmal in Form von Kurzgeschichten niedergeschrieben werden müßte. Mit Widerwillen wende ich mich ab von dieser ganzen akademischen Welt (die einem das Blut in den Adern gerinnen läßt, wenn man nicht aufpaßt; ich seh's ja an den Frauen um mich herum) und suche verzweifelt nach einer Möglichkeit, ein Jahr lang nur zu schreiben, am liebsten in Südfrankreich, Italien oder Spanien, wo das ganze Jahr über »meine Luft« ist. Ich glaube, ich muß mich irgendwann, relativ früh, im nächsten Herbst bewerben und möchte meine Unterlagen, etc., beisammen haben.

Bitte, bitte, erkundige Dich in einem Brief danach, schreibe vielleicht auch, daß Deine Tochter im Moment ein Fulbright hat. Nein, noch besser, schick mir ihre Adresse und eine Abschrift des

Paragraphen über die Förderungsziele in dem Buch, und ich schreibe selber – ich glaube, das ist am allerbesten so. Ich habe neue Zukunftsvorstellungen, was auch mit dem klugen, analytisch begabten, kritischen Jungen aus Yale zu tun haben mag, den ich kennengelernt habe. Durch seine Art zu denken ist mir selber vieles klarer geworden, ich sehe jetzt die Gefahren einer akademischen Laufbahn für mich. Er geht zurück nach Yale, bekommt dort eine Professur, und kennt die ganzen phantastischen Kritiker: Cleanth Brooks, E. M. Forster, David Daiches, C. S. Lewis und so weiter. Sein prosaisches, analytisches und zugleich erfrischendes Denken gefällt mir. Trotzdem: Entflammt bin ich für die Heiligen, Religiösen, Intuitiven: für die Mischung aus beidem: Iwan Karamazov!

Alles Liebe von Deiner hochbeglückten
Sivvy

Verfolgung

Dans le fond des forêts votre image me suit
— Racine

Ein Panther stellt mir lauernd nach:
    Nicht lang, dann bringt er mir den Tod;
    Den Wald steckt seine Gier in Brand,
Er geht stolz wie die Sonn auf Raub.
Sehr weich, sehr schmeichelnd streicht sein Schritt,
    Rückt immer näher hinter mir;
    Aus hagrem Schierling zetern Krähn:
Die Jagd geht los, die Falle schnappt.
Vom Dorn zerfetzt keuch ich verstört
    Durch Fels in weißer Mittagsglut.
    Welch Feuer rast, und welche Not
Erwacht in seinem Adernetz?

Er plündert nimmersatt das Land,
    Verflucht von unsrer Ahnen Schuld:
    Blut soll fließen, schreit er, Blut;
Fleisch muß ins Wundmal seines Mauls.
Scharf reißen seine Zähne, süß
    Versengt die Wildheit seines Fells;

Sein Kuß dörrt aus, sein Hieb zerkratzt,
Nur Untergang vollendet diese Gier.
Den Weg der wilden Katze säumen
   Entfacht zu Fackeln seiner Lust
   Verbrannt Frauen, die als Beute
Gelockt den Hunger seines Leibs.

Die Hügel drohn jetzt, Schatten laicht;
   Die Nacht umhüllt den schwülen Hain;
   Liebe an lockrer Flanke zieht
Den schwarzen Schänder, er hält Schritt.
Im wirren Dickicht meines Augs
   Lauert der Glatte, glänzt versteckt
   Im Traum mit Klauen, wild auf Fleisch,
Durst, Durst zieht ihm die Lenden straff.
Sein Glühen raunt, erhellt den Wald,
   Ich renn, es flackert meine Haut;
   Welch stille Kühle nimmt mich auf,
Wenn Schwielen brennt der gelbe Blick?

Ich werf mein Herz ihm in den Weg,
   Ich lösch mit Bluttrank seinen Durst;
   Er frißt, sein Darben wird nicht satt,
Erzwingt ein Opfer ohne Maß.
Sein Ruf ein Fallstrick, bannt mich fest,
   In Asche sinkt verkohlt der Wald;
   Ich flieh entsetzt vor dunklem Wunsch
Den Ansturm solcher Strahlenkraft.
Besteig den Schutzturm meiner Angst,
   Verschließ die Tür vor düstrer Schuld,
   Versperr, verriegle jede Tür.
Das Blut rauscht schneller, dröhnt im Ohr:

Die Treppe hallt vom Pantherschritt,
Hoch und höher kommt sein Schritt.

Kanalüberfahrt

Auf sturmgetroffnem Deck jammert die Windsbraut;
Gekippt, gestoßen, geschüttelt treibt unser stumpfer
Schiffskeil sich vorwärts im Aufruhr. Dunkel vor Zorn
Wälzen sich Wellen her, überfallen den störrischen Rumpf.
Von Spieren geschunden, bieten wir die Stirn, umklammern
Die Reling, blinzeln nach vorn, und fragen uns wielang

Solche Kraft sich noch halten kann: doch der nüchterne Blick
Zeigt Reih auf Reihe die hungrige See auf dem Vormarsch.
Drunten, krankgewiegt vom Tumult, liegen die Reisenden,
Erbrechen sich in hellorangene Becken; ein Flüchtling
Kauert schwarz, die Glieder verdreht, unter Koffern
Und zuckt unter der strengen Maske seiner Marter.

Weit weg vom süßen Gestank dieser gefährlichen Luft,
Die unsre Genossen verrät, stehn wir frierend
Und staunen über diese donnernde Unbeteiligtheit
Der Natur: welche bessere Erprobung angespannter Fibern
Als dieser Ansturm, diese gleichgültigen Eisböen,
Die mit uns ringen wie Engel; allein die Aussicht

Einen Hafen zu finden durch dies klatschende Miasma
Reizt uns zur Tapferkeit. Blaue Matrosen sangen
Von sonnendurchfluteter Fahrt, weißen Möwen, von Wasser
Glanzübergossen mit Pfauenfarben; stattdessen ritzten
Früh kahle Felsen das Zeichen der Ausfahrt, der Himmel
Gerann zu Wolken, die Kalkklippen wurden bleich

Im stumpfen Licht eines Tags von trüber Erwartung.
Jetzt durch Zufallsscherz frei vom allgemeinen Übel,
Das unsere Brüder niederschlug, verfallen wir in Töne
Ironischen Heldenmuts, um unsre Ehrfurcht zu bemänteln
Vor diesem ausgesuchten Krawall, von niemand zu bändigen:
Es stürzen die Sanften und Hoffärtigen; nackte Gewalt

Reißt alle Mauern ein; Landgüter gehen in Trümmer,
Geplündert vor aller Augen; jetzt entsagen wir

Unserem einsamen Glück, gedrängt von Banden, des Bluts,
Ein stummes Bündnis zu halten; Anteilnahme ist hier
Vielleicht hilflos, geschenkt, doch die Geste müssen wir machen:
Uns bücken um dem Niedergesunkenen den Kopf aufzurichten.

Und so segeln wir Städten zu, den Straßen und Häusern
Anderer Menschen, wo Statuen feiern die tapfern
Taten in Frieden und Krieg; die Gefahr ist vorüber:
Grün steigen Ufer auf, wir greifen zu Namen und Koffern,
Wie der Kai unser kurzes Epos beendet. Keine Schulden
Überleben die Ankunft. Wir gehn über Planken mit Fremden.

13. MÄRZ 1956

Liebste heißgeliebte herrliche heilige Mutter!!!

Halte Dich fest und mach Dich gefaßt auf einen pfeifenden
Orkan des Glücks! Der Frühling ist früh gekommen dieses Jahr,
und all die kalten Zweifel und dunklen Ängste des Winters sind
heute morgen zerplatzt in zahllose himmlische Briefe:

MEIN FULBRIGHT IST ERNEUERT WORDEN!

Freude, Wonne! Wie herrlich, daß es gerade jetzt, vor meinen
Ferien passiert ist! Du kannst Dir ja vorstellen, was das für meinen
inneren Frieden bedeutet. Ich habe mich in diesem hektischen
Semester gewogen und so oft für zu leicht befunden (ich hatte so
oft das Gefühl, den Abschluß mache ich nie, wie heftig ich auch
studiere), daß diese Weihe durch die maßgeblichen Leute mir die
Welle der Kraft gibt, die ich so dringend gebraucht habe, um
wieder Mut zu schöpfen und diese nächste und letzte Semester-
woche durchzustehen, müde und mutlos wie ich war, wiewohl ich
um eine stoische und positive Haltung gekämpft habe – trotz der
Frustrationen, Absagen und Konflikte auf allen Seiten. Ich habe
einen Zuschuß für zwölf Monate bekommen, mit dem ich die
Kosten im Sommer decken kann, solange ich in England bin, das
heißt also, ich hoffe, vom 13. bis zum 22. Juni, wenn Du hier bist,
Deine Gastgeberin zu sein! Welche Freude, Dir mein London, mein
liebliches Cambridge zeigen zu können! Und die dauernden Geld-
sorgen vom Halse zu haben! Ich bin sicher, das Theaterspielen und
Schreiben hat etwas damit zu tun, denn die Arbeiten, die ich
eingereicht habe, waren zwar recht anständig, aber mehr auch

nicht; bei der Angabe, zu welchem Zweck ich das Geld brauche, war ich auch ziemlich beredt, ich habe glücklicherweise die Gabe, mit Engelszungen zu reden, wenn es darum geht, jemanden zu überzeugen! . . .

. . . Ich kann weder gut zeichnen noch hervorragend schreiben, aber im Moment habe ich diesen Hang zum Perfektionismus, das »Alles-oder-nichts«-Denken, weit hinter mir gelassen – ich mache einfach so weiter, auf gut Glück, schaffe mir meine kleinen, unvollkommenen Welten mit der Feder und auf der Schreibmaschine und zeige sie denen, die ich liebe. Du kannst Dir nicht vorstellen, wie mein Mut durch Deinen letzten Brief gestiegen ist, wie sehr mich die Anerkennung meines Artikels und der Zeichnung bestärkt hat. Ich richte den Blick stets nach oben und befinde mich unter lauter geistreichen, herrlichen, talentierten Leuten. Meine Bildung, meine Fähigkeiten erscheinen mir oft so *gering* im Vergleich mit den ihren. Immer wieder frage ich mich – »Wie komme *ich* dazu, zu unterrichten!«, und kann mir dann nur helfen, indem ich mir, rückblickend, sage, daß ich doch wirklich eine glänzende Karriere gemacht und es in der akademischen Welt recht weit gebracht habe. Ich bin hier unter echten Wissenschaftlern und fühle mich natürlich unwissend und ungeschult; aber verglichen mit der High-School – selbst der Collegezeit – werde ich jetzt wirklich gebildet!

Es kamen noch mehr wunderbare Nachrichten. Anfang April treffe ich mich mit Gordon irgendwo in Deutschland, und wir mieten uns ein Auto und fahren durch Deutschland, Österreich und die Schweiz nach Italien (Venedig, Rom im Frühling, Capri!). Klingt das nicht wie ein Märchen? Mrs. Lameyer hat mir einen reizenden Brief geschrieben; ich bin glücklich, denn Gordon und ich vertragen uns (auf eine *freundschaftliche* Weise) so gut, daß es bestimmt eine herrliche Reise werden wird! Danach besucht er mich vielleicht auch in England! Ich war ganz deprimiert wegen meiner Ferien, wollte nicht alleine nach Italien fahren, aber jetzt, wo wir zu zweit sind, kann ich wirklich »allein« sein, wenn ich möchte, und Gordon auch. (Mädchen, die in Europa alleine verreisen, müssen sich dauernd die Männer vom Hals halten, und das macht das Reisen zur Qual.)

Und noch etwas: Als Tutorin für das Moralisten-Seminar im nächsten Semester habe ich diese eminent kluge, reizende Frau, die ich mir dafür gewünscht habe – auch noch im nächsten Jahr, wenn sie will! Die einzige Frau in ganz Cambridge, die ich bewundere! Ich müßte mich eigentlich enorm entwickeln, indem ich sie von Aristoteles, Platon, über die englischen Philosophen bis hin zu D. H. Lawrence mit logischen Argumenten bekämpfe! Ich wollte schon immer Philosophie studieren, und hier ist meine Chance! Sie ist sehr positiv, jung, und vielbewundert von den klügsten Dozenten hier. Vermutlich werde ich auch in Deutsch eine Tutorin bekommen, zu Anfang des nächsten Semesters, den Sommer hindurch . . .

Eins muß ich noch erwähnen: Du weißt, daß ich sehr in Richard verliebt bin. Wir sind es beide, und weil ich das weiß, kann ich viel Kummer und Schmerz ertragen. Nie zuvor habe ich mich so himmlisch heilig gefühlt, denn die Leidenschaftlichkeit, die ich habe, und die Kraft, wird zum erstenmal erwidert von einer Seele, die der meinen gleicht. Ich muß Dir sagen, daß mir, was das betrifft, unser Leben in Wellesley, das ich liebe und schätze wie »Unsere kleine Stadt«, ein wenig Kummer gemacht hat, denn ich habe das Gefühl, daß man dort eher einen Gordon akzeptieren und bewundern würde, d. h. einen Mann, der gut gebaut ist und vom Äußeren her wirklich zu mir paßt. Aber ich bin mir immer noch im Zweifel über meinen Richard, denn hinter seiner knabenhaft schwachen Gestalt, seiner empfindlichen Gesundheit und seiner unsportlichen Natur sehe *ich* jetzt eine königliche und schöne und starke Seele. Ich sehe sie so deutlich, daß ich Angst habe, ihn der Welt des »konventionellen« Urteils auszusetzen, zu der ich so sehr gehöre; seine Seele ist einsam, ich habe ihm Leben und Glauben geschenkt. Verstehst Du mein Dilemma? Gordon hat den Leib, aber Richard hat die Seele. Und ich lebe in beiden Welten. Es ist schwer; sie liegen im Kampf miteinander, und die Perfektionistin in mir möchte sie vereinen, doch das scheint unmöglich zu sein. Schreib mir. Grüße an alle.

Deine glückliche Sivvy

SONNTAGNACHMITTAG
18. MÄRZ 1956

Liebste Mutter,

heute war ein schöner, kühler Frühlingstag, ich bin langsam über grüne Wiesen mit weidenden Kuhherden nach Granchester gewandert und habe dort mit Gary Haupt, einem süßen, aber leider pedantischen Fulbright-Studenten aus Yale, Kaffee getrunken. – Ich habe ihn sicher früher schon mal erwähnt. Er war gestern bei mir, als ich ein wahrhaft traumatisches Erlebnis auf der Unfallstation des Addenbrooke-Krankenhauses hatte, wo ich, wie mir scheint, in der letzten Zeit recht häufig anzutreffen bin. Am Montag war mir ein Stückchen Asche oder ein Holzsplitter ins Auge geflogen, und ich versuchte den Fremdkörper herauszuspülen, aber der Juckreiz und der Schmerz wurden schlimmer und schlimmer. In der Hetze der Unterrichtsstunden und Tutorenkurse der letzten Woche schrieb ich das Ganze einer Verkühlung im Auge zu und achtete nicht weiter darauf, bis ich dann gestern der Entzündung wegen nicht mehr essen und schlafen konnte. Gary brachte mich zum Arzt. Ich verbrachte eine unangenehme Stunde, wartete in der Unfallstation, bis ich an der Reihe war, während die Schreie in mein Ohr drangen, und ich sah, wie blutbespritzte Leute auf Krankenbahren hereingerollt wurden. Endlich untersuchte mich der Doktor und sagte ernst: »Warum sind Sie denn nicht schon früher gekommen?« Dann verkündete er mir, daß mein Auge operiert werden müsse. Meinen Horror kannst Du Dir ja vorstellen. Zum Glück hatte ich so starke Schmerzen, daß es mir auch recht gewesen wäre, wenn sie das Auge herausgeschnitten hätten, ich wollte nur, daß es aufhörte wehzutun. Der Doktor war sehr freundlich und sanft und machte eine örtliche Betäubung mit Tropfen, von denen mein Auge so hart wurde wie Stein. Als nächstes nahm er dann alle möglichen grausigen Messer und Schaber zur Hand und schnitt das Stückchen Asche aus dem braunen Teil meines Auges heraus, während ich zuguckte (etwas anderes blieb mir nicht übrig) und davon faselte, daß Ödipus und Gloucester in *King Lear* durch den Verlust ihrer Augen neu sehen gelernt hätten, daß ich aber ebenso gerne mein Augenlicht behalten und obendrein neu sehen lernen würde. Die Operation verlief erfolgreich. Die nächsten 24 Stunden mußte ich mir selber stündlich Tropfen ins Auge träufeln, damit das Loch zuheilt, das heißt, ich konnte die ganze Nacht nicht schlafen. Gary war mir eine große Stütze und ein Trost; er stand während der langen Operation neben mir, flößte mir den ganzen Tag über Wein und Sherry ein und las mir Thurber vor, während ich fürchterliche Schmerzen litt, als die Wirkung des Betäubungsmittels nachließ. Morgen muß ich nochmal zur Nachuntersuchung ins Krankenhaus, fühle mich aber bis auf die Müdigkeit wieder sehr wohl, und schimmernd wie Eden sieht die Welt durch meine geheilten Augen aus...

Ich hatte wirklich Panik, Du kennst ja meine Phantasie und kannst Dir deshalb vorstellen, was für eine Qual es für mich war, mit offenen Augen bei vollem Bewußtsein operiert zu werden!

Hättest Du übrigens was dagegen, meine Agentin zu werden? Das wäre so viel sinnvoller, als hier ein Vermögen für das Porto von dicken Manuskripten auszugeben. Ich denke dabei an meine Geschichte »The Christmas Heart«, die bei Dir zu Hause liegt, und wäre Dir sehr dankbar, wenn Du jetzt damit anfangen würdest, sie in der angegebenen Reihenfolge an die Zeitschriften zu schicken (ohne Brief, bloß mit beigelegtem frankiertem, an Dich selbst adressierten Manilakuvert). Schreibe mir einfach den Inhalt der Absage, wenn sie zurückkommt, und schick sie dann weiter zur nächsten. Ich habe vor, es nochmal mit dem kommerziellen Schreiben zu probieren, da kann ich gleich mit dieser Geschichte die Runde machen, die gar nicht so schlecht ist...

Ich bin gerade dabei, zu prüfen, wie hier die Marktlage ist, und habe festgestellt, daß die hiesigen Magazine viel zu bonbonfarbig und unglaubhaft sind, als daß sie bei uns herausgebracht werden könnten. Ich schätze den Zeitschriftenmarkt in NYC sehr und finde die Geschichten straff, pragmatisch, technisch gekonnt und humorvoll. Wahrscheinlich ist gerade diese [Geschichte] allzu feminin und ernsthaft; versuch es bitte trotzdem, falls das nicht zuviel verlangt ist...

Im kommenden Semester will ich wieder schreiben. Ich glaube, am allerbesten könnte ich schreiben, wenn ich einen vitalen Ehemann hätte. Solange das nicht der Fall ist, schreibe ich und unterrichte nebenbei. Keine weiteren akademischen Grade mehr. Ich will weder Kritikerin noch Akademikerin werden.

Komischerweise halten mich die ganzen gelehrten Knaben hier für eine zweite Virginia Woolf! Zum Teil sind sie unglaublich idealistisch! Die Welt ist wunderbar, und ich möchte ein aktives, schöpferisches Leben leben, möchte meine Freude und meine Liebe anderen Menschen schenken. Dir alles Liebe, und laß mich wissen, wie es der guten Grammy geht, und was Warren vorhat. Sein Studienplan wirkt so esoterisch!

Grüße von Deiner

Sivvy *mit den strahlenden Augen*

PARIS, FRANKREICH
36 RUE DE LILLE
(HOTEL BEARN)
26. MÄRZ 1956

Liebste Mutter,

Du würdest es nie glauben, könntest Du mich jetzt sehen. Ich wohne in der hübschesten Dachkammer von ganz Paris, unter mir Dächer, Giebel und [*ein*] Atelierfenster! Ich hatte phantastisches Glück, in der Osterwoche noch etwas zu finden, weil alle Hotels vollbesetzt sind. Heute morgen bin ich in dieses Zimmer gezogen. Es kostet 520 Francs pro Nacht, was etwa $ 1.50 entspricht . . . Gerade kommt Musik aus dem Hof zu mir hoch. Die Leute hier sind reizend, ich habe wirklich Glück, daß das Hotel von so liebenswerten Typen geleitet wird. Sie gaben mir gleich das billigste Zimmer, weil sie wußten, daß ich Studentin bin . . .

Ich glaube, das beste, was mir passieren konnte, ist, daß Sassoon nicht da ist, obwohl das zugleich sehr schwierig ist. Er macht immer noch Ferien im Süden, ich bin also, abgesehen davon, daß eventuell ein Junge, den ich kenne, aus Cambridge kommt, auf mich angewiesen. Du kannst Dir vorstellen, daß das etwas ganz anderes ist, als überall herumkutschiert zu werden, wie das Weihnachten der Fall war. Ich werde ungeheuer stolz sein auf meine Fähigkeit, alles allein hinzukriegen. Das tut mir sehr gut, und es macht mir bereits enormen Spaß . . .

. . . Viele liebe Grüße von Eurer Americaine à Paris!

Sylvia

WHITSTEAD, BARTON ROAD
CAMBRIDGE, ENGLAND
17. APRIL 1956

Liebste Mutter,

ich bin endlich in Whitstead zurück, dankbar für die Ruhe, froh, daß ich keine Züge und Hotelzimmer mehr sehen muß und daß das Herumrennen ein Ende hat. Dank des idiotischen American Express habe ich in meinen Ferien keinen einzigen Brief von Dir erhalten und mich deshalb während dieser Zeit schrecklich abgeschnitten gefühlt von jeder Kommunikation. Ich war glücklich, als ich wieder in meinem ruhigen, narziß-gestirnten, doch frostigen Cambridge war und meine Post vorgefunden habe.

Es tut mir von Herzen weh, daß ich nicht bei Euch allen zu Hause bin und Dir in dieser schweren, schweren Zeit mit Grammy helfen kann. Ich kann es nicht glauben, daß ich sie nie wieder sehen werde und wünschte, Du würdest alles in Deinen Kräften Stehende tun, um ihr etwas von der Kraft der Liebe zu geben, die ich für sie empfinde. Ich fühle mich so abgeschnitten, meine ganze Stärke ist hier so vergebens. Ich liebe diese Frau so, ich liebe Euch alle und würde alles darum geben, gemeinsam mit meiner Familie und unseren Nachbarn das Leid und die tiefe Verehrung für die liebe Grammy zu teilen.

Am meisten bin ich aber Deinetwegen besorgt. Wohnt Grampy in diesem Sommer bei [*Tante*] Dot und [*Onkel*] Joe? Denn *Du mußt nach England kommen* . . .

Ich habe erst vor kurzem selbst eine ziemlich schwierige Periode durchgemacht und habe noch damit zu kämpfen. Richard war für einen Monat nach Spanien gefahren, war mutterseelenallein und hatte mir lange Briefe geschrieben, die ich erst bei meiner Rückkehr vorfand, zu spät, nachdem ich mich diese letzte Woche in Paris so schrecklich verlassen gefühlt hatte . . .

[*Die Reise mit*] Gordon war auch ein Fehlschlag. Inzwischen sollte ich wissen, daß es zwischen dem, der verschmäht, und dem, der verschmäht wird, zwangsläufig immer eine geheime, nagende Kränkung gibt. Trotzdem habe ich es fertiggebracht, viel Freude zu haben, auch wenn ich einen starken Kummer niederkämpfen mußte und lieber allein gewesen wäre . . .

Von Paris sind wir nach München gefahren, wo ich in einem Schneesturm erstarrt bin, und Gordons totale Unfähigkeit, eine fremde Sprache zu sprechen ... mich schockiert hat ... Am nächsten Morgen fuhren wir weiter ... durch Österreich und die Tiroler Alpen. Als wir durch Innsbruck kamen, hatte ich meine Nase ans Fenster gepreßt und hätte beinahe geweint [*mein Vetter, Gregor Resch, lebt dort*].

Jetzt bin ich zurück, werde mich erholen, schreiben, studieren. Ich schreibe für die College-Zeitung und werde wahrscheinlich diese Woche ein paar Skizzen und einen Artikel über Paris veröffentlichen. Mein Gott, ist das *herrlich*, wenn man seine Nase wieder in Zeitungspapier und ein Büro stecken kann! Ich denke, ich werde schon klarkommen; alles sehr nette, vertrauenswürdige Burschen. Das Niederschmetterndste ist, daß ich mich in den letzten zwei Monaten fürchterlich verliebt habe; das kann ja nur mit großen Schmerzen enden. Ich habe den stärksten Mann auf der Welt getroffen, er ist Ex-Cambridger, ein großartiger Dichter, dessen Werk ich schon verehrte, bevor ich ihn traf, ein breiter, ungeschlachter, robuster Adam, halb Franzose, halb Ire [*und eine gute Portion Yorkshire-Bauerngeschlecht nicht zu vergessen*], mit einer Stimme wie der Donner Gottes – ein Sänger, Geschichtenerzähler, Löwe und Weltenbummler, ein ruheloser Vagabund ... Verzeih mir, daß ich von meinem Schmerz, meinem Kummer gesprochen habe. Ich habe Dich *so* lieb und gäbe alles darum, wenn ich nach Hause kommen und Dich trösten könnte in dem Deinigen.

Alles Liebe –

sivvy

19. APRIL 1956

Liebste Mutter,

ein paar Tage schon habe ich nichts von Dir gehört und hoffe von ganzem Herzen, daß diese Zeit nicht unerträglich quälend ist.

Ich muß Dir jetzt etwas erzählen, was über die Maßen wunderbar und kolossal und angsteinjagend ist, und bitte Dich, darüber nachzudenken und mir Deine Gedanken mitzuteilen. Es geht um diesen Mann, diesen Dichter, diesen Ted Hughes. So etwas habe ich noch nie erlebt. Zum ersten Mal in meinem Leben kann ich ohne jede Einschränkung Gebrauch machen von *all* meinem Wissen und Lachen und Starksein und Schreiben, von allem, und Du solltest ihn sehen, ihn hören! ...

Gesund ist er und riesig groß ... und je mehr Gedichte er schreibt, desto mehr Gedichte schreibt er. Er weiß alles über die Lebensgewohnheiten der Tiere und nimmt mich mit zu den Kühen und Bläßhühnern. Ich schreibe Gedichte, die besser und stärker sind als alles, was ich zuvor gemacht habe; hier ein kurzes über eine Nacht, in der wir im Mondlicht Eulen gesucht haben:

Metamorphose

Er huhuhte geduckt wie ein Faun
vom Hain aus Mondglanz und Moorreif
bis alle Eulen im Astwald schwarz
herflatternd schauten und staunten
welcher Ruf von dem Mann kam.

Kein Laut nur ein trunkenes Sumpfhuhn
ging torkelnd am Flußufer heim;
Sterne wassernah erhellten
als Spalier von Doppelaugen
die Äste wo die Eulen dort saßen.

Eine Arena gelber Augen sah zu
wie er sich wandelnde Formen schnitt
sah Hufe aus Füßen sich härten, sah sprießen
das Bockshorn; hörte wie der Gott sich erhob
und dergestalt lief waldwärt im Galopp.

Ich bin so voller Gedichte, Tag für Tag; meine Freude redet mit tausend Zungen ... Ich fühle, wie meine Stärke wächst. Ich verehre ihn nicht bloß abgöttisch, ich sehe ihm mitten ins Herz ... Ich kenne mich selbst, meine Vitalität, meine Blüte, meine Entfaltung, und ich weiß, daß ich stark genug bin, heil zu bleiben, komme, was da wolle ...

... Ich bejahe diese Tage und diese Art zu leben, denn ich entfalte mich und werde meiner Stärke wegen eine Frau jenseits der Frau sein. Ich habe nie so frohlockt, die Freude, meinen ganzen Witz und meine weibliche Klugheit anwenden zu können, ist eine unsagbare Freude. Was für einen immensen Humor wir haben, was für eine Kraft zu laufen!

Letzte Woche aßen wir bei Luke Myers zu Abend, einem hervorragenden jungen amerikanischen Poeten, dessen Gedichte auf ihre Weise [*genauso*] gut sind wie die von Ted. Die altklugen, stillen literarischen Zirkel sind nichts für uns – wir schreiben, lesen, reden offen und ungeschminkt, und produzieren mit jeder Faser unseres Herzens und Leibes. Luke's Freundin ist Künstlerin, ich hab mich auf der Stelle in sie verliebt. Ted versteht etwas von Musik, wir hören uns daher in Plattengeschäften umsonst Beethoven und Bartók an, und nächste Woche mache ich für Ted und Iko, einen gemeinsamen jüdischen Freund, ein Essen, und dann hören wir uns Iko's Beethoven-Platten an. Ich bin glücklich, inmitten all der Gefahr; dieser Frühling in Cambridge, mit Ted, der für einen Augenblick noch da ist, bevor er nach Spanien und dann nach Australien verschwindet, ist höchste Freude. Ich bin überhaupt nicht neidisch, woran ich nie zu glauben gewagt habe: denn ich bin mir selbst in Leid, Vergnügen und Freude genug, um ein Leben zu gestalten! Bitte denk an mich, wie ich Kummer und Schmerz bejahe, doch mitten in singender Freude lebe, die das Beste ist an Hopkins, Thomas, Chaucer, Shakespeare, Blake, Donne und all den andern Dichtern, die wir gemeinsam lieben.

Deine Dich liebende
Sivvy

21. APRIL 1956

Beste aller Mütter,

ich kann nur hoffen, daß die paradoxe Freude an meinem Dasein und das intensive Lebensgefühl, das so reich und tief ist wie nie auf der Welt, Dir in Deinen dunklen, traurigen Tagen ein wenig Kraft und Trost spenden können. Ich habe ganz tolle Neuigkeiten für Dich.

Das Beste ist, daß ich jetzt bei *Varsity* mitarbeite! Der Cambridger Wochenzeitung! Anbei mein erster Sonderbericht, auch die zwei Skizzen oben sind von mir! Die Fulbright-Kommission müßte eigentlich ganz wild werden vor Begeisterung. Ich habe schon Aufträge für Interviews, Modeberichte und Skizzen vom Pferderennen! Ich habe die Jungen an der Zeitung sehr gerne, und weil es da nur zwei Reporterinnen gibt, fühle ich mich wie Marguerite Higgins –

Du wirst es nicht glauben: Der Redakteur für Sonderberichte hat mich eingeladen, Dienstag mit ihm nach London zu einem großen Empfang für Bulganin und Chruschtschow im Claridge Hotel zu fahren! Ich bin trunken vor Erstaunen. Werde ins Sternenbanner eingewickelt hingehen! Deine Tochter – trinkend mit den führenden Männern Rußlands in ein und demselben Raum!

Alles mündet ein in unglaubliche Freude. Ich kann nicht aufhören mit dem Gedichteschreiben! Sie werden besser und besser. Sie kommen aus dem Wortfeld des Waldes, der Tiere und der Erde, das Ted mich lehrt. Gestern wanderten wir 24 Kilometer durch Wald, Feld und Moor, und heimwärts durch das mondhelle Granchester und Felder mit schlafenden Kühen.

Ich brate Steaks oder Forellen auf meinem Gaskocher, und wir essen gut. Wir trinken Sherry im Garten und lesen Gedichte; wir zitieren in einem fort: er fängt an mit einer Zeile von Thomas oder Shakespeare und sagt dann: »Mach weiter!« Wir toben uns aus in Wörtern. Ich lerne neue Wörter und verwende sie in Gedichten. Mein Gott. Hör zu: hier sind zwei lyrische Gedichte; sie müssen laut gelesen werden, sie stammen aus meiner Freude am Entdecken einer mir unbekannten Welt: sie sind durch und durch Natur.

Ode für Ted

Unterm knirschenden Tritt seiner Stiefel
sproßt grüner Hafer;
er tauft den Kiebitz, scheucht eine Schar Hasen,
jagt sie sehr behende
in Brombeerstrauchhecken,
beschleicht Rotfuchs, schlaues Wiesel.

Maulwurf, sagt er, schiebt Lehm auf
aus durchwühltem Wurmbau;
nennt ihn das Blaufell; schäftet kalkbefreiten Flint
und mit Fels bricht auf
höckrigen Quarz; enthäutet reift
Farbe, satt, braun, plötzlich im Lichtglanz.

Auf seinen Blick hin tragen Äcker Duft:
jedes fingergefurchte Feld

treibt Halm, Blatt, knotigen Fruchtsmaragd;
helles Korn, so spärlich gekeimt,
zieht er so früh er will;
Vögel nisten aufs feste Geheiß seiner Hand.

In seinem Wald ruhn Ringeltauben gut;
der Stimmung seines Schlendergangs
folgt ihr Gegurr; muß nicht sehr froh sein
dieses Adams Frau, wenn
alle Welt auf seinen Ruf aufspringt
zu loben solchen Mannes Blut!

Lied

Ich ging durch Sumpfland und Weiden
mit meiner hochfahrenden Liebe,
sah Kuhherden in träger Bewegung,
weiße Schiffe bis abends auf Reisen;
Milchsaft quoll sie zu nähren.

Die Luft war reinhell zu schauen:
hoch, sehr entfernt im Blau
waren Wolken auf goldener Trift;
Kopf an Kopf stiegen die Lerchen
um meine Liebe zu preisen.

Mittagsglanz kam von oben
und nahm mein Herz, als wär es
ein Blatt mit grüner Spitze
entfacht durch so seltnes Umfassen
zu einem lodernden Brennen.

Wir zupften aus Nestern von Spinnen
die Seide ihres zarten Gewebes
und machten ein eigenes Bett;
unter gelben Schleiern von Weiden
lag ich meinem Lieb zu Gefallen.

Hinterlist war nicht in Gedanken,
doch tückisch webte die Spinne
ein Netz um meinen einzigen Mann,
und als schadhaft der Abend gekommen
half kein Ruf mehr ihn aufzurichten.

Jetzt fern von solchem Plündern
durchstreife ich meinen Mißmut;
mich wunderts daß Frost gefällt hat
alles was wert war zu schätzen;
zu früh hats das Jahr zur kahlen
Form von Verlust mir gefroren.

Sie sind für Dich zum Geburtstag, Du mußt sie laut lesen. Und
vergiß nicht, Dir einen schönen Koffer zu kaufen! Bitte laß mich
wissen, ob Du kommst, damit ich Zimmer reservieren lassen kann.
Hier ist Eden, und die Menschen leuchten alle, ich muß es Dir
zeigen!

Von Herzen –
Dein singendes Mädchen, Sivvy

23. APRIL 1956

Liebste Mutter,
endlich hat mir der vertrottelte American Express Deinen Brief
aus Rom geschickt – unsere Gedanken gehen dieselben Wege!
... Ich habe bereits einen dreitägigen Londonaufenthalt geplant
und uns ein Zimmer reservieren lassen; an dem Tag, an dem Du
ankommst, werden wir bloß essen und reden, aber für die beiden
anderen besorge ich uns Theaterkarten, und wir besichtigen die
blühenden Parks, Picadilly und Trafalgar Square ... laufen, bummeln, füttern Tauben und sonnen uns wie glückliche Penner. Dann
fahren wir nach Cambridge, wo ich schon für zwei Nächte ein
Zimmer für Dich reserviert habe ... Ich habe mit einem von
meinen starken Männern vereinbart, daß er mir das Stocherkahn-
fahren beibringt, bevor Du kommst, Du wirst also eines Nachmittags aus Deinem Zimmer im herrlichen Garden House Hotel direkt
auf den Cam treten und mit dem Boot unter Trauerweiden bis
Granchester gefahren werden, wo wir in einem Obstgarten Tee

trinken! Du brauchst Dich um nichts zu kümmern. Sag mir einfach, was Du sehen willst, und es wird in Erfüllung gehen . . .

Du hast als einzige von allen ein Kreuz zu tragen gehabt, unter dessen nicht endender Last so manche stärkere Frau zusammengebrochen wäre. Du hast Daddy's langsamen, schweren Tod ertragen, und Du leistest in Deiner Arbeit soviel wie ein Mann; Du hast gegen Deine eigenen Ulcusattacken gekämpft, Du hast dafür gesorgt, daß wir Kinder behütet und glücklich aufgewachsen sind, reich versehen mit Kunst- und Musikunterricht, Ferienlager und Spiel; Du warst bei mir in jener schwarzen Nacht, als ich nur noch nein sagen konnte, als ich glaubte, ich würde niemals mehr schreiben oder denken können; und Du hast tapfer Deine eigenen Operationen durchgestanden. Und wo Du gerade wieder ein wenig zu Atem kommst, trifft Dich dieser schreckliche, endlose, lähmende Kummer, so als wäre es allzu einfach, Dich schon so bald zu befreien von der innigsten erschöpfendsten Fürsorge und Liebe, die Du gibst.

. . . sei Dir dessen gewiß, daß auch *Du* ein Recht darauf hast, bei den Geliebten zu sein, die Dir Kraft geben können in Deinem Kummer: bei Warren und mir. Denk an Deine Reise hierher wie an eine Reise ins Zentrum der Kraft Deiner Tochter, die Dich inniger liebt, als Worte es auszudrücken vermögen. Ich warte auf Dich. Reise, damit Deine eigene Seele gesundet und sich entfaltet. Du brauchst . . . eine Umgebung, in der nicht alle Last auf Deinen Schultern ruht, sondern ein Mensch, der Dich liebt, Dir das Schwerste abnimmt und Dir zur Seite ist. Wisse das, und wisse, daß es richtig ist, daß Du kommst. Du mußt Kraft und Gesundheit und Heiterkeit in Dich einsaugen, damit Du wieder an die Arbeit gehn kannst . . .

All meine Freude, mein Leben sagt mir, daß ich Dir dies geben kann, aus der Erfülltheit und Überfülle meines Herzens. Komm, und wir werden langsam durch grüne Gärten wandern und staunen über diese seltsame und süße Welt.

Deine Dich liebende Sivvy

23. APRIL 1956

Liebster Warren,

dieser Brief ist nur für Dich bestimmt: ich muß Dich bitten, mich in einigen Dingen zu unterstützen. Ich habe mich gerade durch eine schwierige Ferienzeit hindurchgequält, Mutter wirklich nur die Schokoladenseite gezeigt, nicht die quälende (es ist so leicht, den Eindruck zu erwecken, als wäre das Leben hier das reinste Vergnügen, als stünden nicht Kummer und Schmerz dahinter), aber jetzt fühle ich mich im Vollbesitz meiner Kräfte. Ich schreibe Gedichte wie nie zuvor; sie sind so gut, weil ich innerlich stark bin und verliebt in den einzigen Mann auf dieser Welt, der mir ebenbürtig ist, und den ich zweifellos nach diesem Sommer nie wieder zu sehen bekomme, weil er nach Australien geht. Er ist der allererste, der Deiner wert ist, und meiner und all der Stärke und Gesundheit, die ich besitze. Vielleicht zeigt Dir Mutter ein paar Gedichte über ihn, die ich ihr geschickt habe; sein Name ist Ted Hughes . . .

. . . Es drängt mich so, Dir von meinen Erfahrungen zu erzählen und etwas von den Deinen zu erfahren. Ich schreibe Dir, obwohl mir mein Philosophiekurs *gerade jetzt* im Nacken sitzt: man muß sich eben Zeit *schaffen*. Ich liebe Dich unbeschreiblich. Du und Mutter, ihr seid meine ganze Familie, und jetzt müssen Du und ich alles dazu tun, damit ihr Leben mitten im größten Kummer reich und strahlend wird. Ich habe die Hoffnung, daß Du diesen Sommer nach Europa kommen kannst. Ich bin ungeheuer stolz auf Dich und wünsche Dir alles Gute zum Geburtstag und zur Volljährigkeit!

Sivvy

PS . . . Ich lebe wie verrückt und möchte mich schreibend zum Ausdruck bringen. Ich mache jetzt auch wieder Skizzen, sie sind gekünstelt und steif, machen aber Spaß. Ach, Warren, wie ich mich danach sehne, Dich wiederzusehen; jeder von uns kann soviel aus dem Leben des anderen lernen; ich entdecke ein immer stärker werdendes Ich, eine Seele, auf die ich einmal im guten, aufrichtigen Sinne stolz sein werde. Die einzige Sünde auf dieser Welt ist, andere Leute auszunützen, oder sich selbst zu betrügen und sich was vorzulügen; man muß sein Leben lang kämpfen, um das Leben lebendig zu machen; daß uns dies gelingt, dazu wünsche ich uns beiden zu Deinem Geburtstag und meinem Halb-Geburtstag den

Mut und die Gnade. Ich werde Ted noch dazu kriegen, daß er Dir ein Horoskop stellt! Das kann er nämlich auch!

Nochmal alles Liebe
Sivvy

[*Am 26. April war mein fünfzigster Geburtstag; an diesem Tag fiel unsere geliebte Grammy ins Koma, und drei Tage später starb sie.*]

26. APRIL 1956

Liebste Mutter,

alles Gute zum Geburtstag! Ich bin in diesem Augenblick in Gedanken bei Dir und hoffe, daß Dir trotz der schweren Prüfung, die Dir auferlegt ist, noch soviel Energie und Zeit bleibt, froh, unerhört froh zu sein, daß Du geboren wurdest, um Grammy's Geist und Fleisch fortleben zu lassen und das Blut und das Wesen unserer Familie an Warren und mich weiterzugeben. Wir haben soviel Schönes erlebt, daß es nur irgendwie gerecht ist, daß wir durch Leid gestraft und stark gemacht werden. Wenn ich gefragt würde, welche Zeit meines Lebens ich auf keinen Fall missen möchte, dann würde ich sagen, diese schrecklichen sechs Monate bei McLean; denn dadurch, daß ich meine Seele von neuem formen mußte, bin ich jetzt eine Frau, wie ich sie mir nie hätte träumen lassen . . .

Gestern abend hat Deine Tochter im todschicken Claridge-Hotel, während Hammer und Sichel über der Tür wehten, Bulganin die Hand geschüttelt! Oh, Mutter, was für ein Tag! Lies die Presseberichte vom 24. April! Das größte Diplomatengetümmel aller Zeiten! Ich bin die vollen zwei Stunden geblieben, von 6 Uhr 30 bis 8 Uhr 30, und habe mehr schwarzen Kaviar verschlungen, als ich in meinem Leben je gesehen habe, habe die russische Gesundheit in Form von Wodka geschlürft und die erstaunlichsten Leute getroffen . . . Habe Schulter an Schulter mit Anthony Eden und Clement Attlee gestanden, und wurde vom rot-uniformierten Majordomus Madame und Mr. Malil, dem sowjetischen Botschafterehepaar, das die Party gegeben hat, als »Miss Plath« vorgestellt. Habe viele Bürgermeister kennengelernt: zufällig auch den Bürgermeister von Northampton in England, der ebenso zufällig den Bürgermeister von *meinem* Northampton in ein paar Wochen zu

Besuch erwartet; wurde zusammen mit dem reizenden, einen roten Fes tragenden, nigerianischen Regierungsbeauftragten und seiner schönen, lachenden schwarzen Frau photographiert: beide sprachen perfekt Englisch und hatten Verständnis für meine kindliche Begeisterung an der ganzen Sache. Habe Chruschtschow und Bulganin aus allernächster Nähe gesehen, in einer Menschenmenge, von der sie totgedrückt worden wären, wären da nicht die starken Kerle von der russischen Leibwache gewesen. Bulganin, ein lieber, weißbärtiger kleiner Mann mit klaren blauen Augen bewegte sich durch den Raum wie ein kleines, bauchiges Schiff, winkte mit zwei Fingern, lächelte, schüttelte Hände und ließ sich von seinen Dolmetschern die Glückwünsche all derer übersetzen, die mit ihm sprachen. Auf einmal gab ich ihm selber die Hand und bat: »Kommen Sie doch bitte nach Cambridge«, was von seinen Dolmetschern wiederholt wurde. Dann sangen alle: »For he's a jolly good fellow«, und ein Witzbold vom Britischen Rundfunk zischte mir ins Ohr: »Wenn Sie das singen, läßt man Sie nicht mehr in die Staaten zurück.« Hatte ein paar kurze, interessante Gespräche mit russischen Offizieren, die dabei waren, Englisch zu lernen, erwähnte sogar Dostojewski und brachte schließlich mit einem reizenden blonden Kerl, der irgendwas mit Handel zu tun hat, einen Wodka-Toast auf die russisch-amerikanischen Beziehungen aus. Wir waren uns einig, daß es, wenn wir uns als einfache Menschen kennenlernen könnten, die nichts weiter im Sinn haben als ihre Familie, ihre Arbeit und ein angenehmes Leben, nie Kriege geben würde, weil wir die besten Freunde würden.

Wieder zurück in Cambridge, scheint es unmöglich, sich in die Arbeit hineinzufinden. Hatte Dienstag morgen den ersten Tutorenkurs bei meiner großartigen Frau (die mich stark an Frau Dr. B. erinnert); es war eine sehr gute, lebhafte Stunde, und wir diskutierten über Platos Gorgias. Mein Geist wird angespornt, ich bin eifrig und lernbegierig wie nie ... Arbeite außerdem an einem Gedichtband, den ich im Juni, kurz bevor Du kommst, einer Jury mit fünf Leuten vorlegen werde. Dazu gehören: Louise Bogan, Richard Wilbur, Rolfe Humphries, May Sarton – hervorragende Dichter, stilistisch mir am meisten verwandt – und noch einer. Wenn der Band nicht angenommen wird, schreibe ich im Sommer noch mehr und reiche ihn nächsten Winter bei der Yale Series of Younger Poets ein.

Ted bringt mir bei, wie man Horoskope macht und Herings-
rogen zubereitet, und heute abend gehen wir in der Welt größten
Zirkus. Gott, welch ein Leben!...

...Könntest Du mir bei Gelegenheit mein *Joy of Cooking*
schicken? Es ist das einzige Buch, das mir wirklich fehlt!

Liebe und Freude von Deiner kaviarsatten
Tochter Sivvy

SONNTAGMORGEN
29. APRIL 1956

Liebste und herrlichste aller Mütter,

vor lauter Freude und Liebe kann ich kaum aufhören mit dem
Tanzen, Dichten, Kochen und Leben. Ich schlafe kaum acht Stunden und springe vergnügt beim ersten Sonnenstrahl aus dem Bett.
Vor meinem Fenster ist jetzt unser grüner Garten, und direkt
unterm Fenster ein rosa Kirschbaum, voll von Blüten und singen-
den Drosseln.

...Ich habe die sieben besten Gedichte meines Lebens geschrie-
ben, neben denen die übrigen sich anhören wie Babygeplapper.
Jeden Tag lerne ich neue Wörter, lerne sie zu beherrschen, und bin
trunkener als Dylan, härter als Hopkins, jünger als Yeats in meiner
Rede. Ted liest mit seiner kräftigen Stimme; er ist mein bester
Kritiker, wie ich der seine.

Meine Philosophie-Tutorin, Frau Dr. Krook, ist mehr als ein
Wunder! Sie gab mir letzte Woche eine halbe Stunde Extraunter-
richt, ich stecke mitten in Plato, staune über die dialektische
Methode, schärfe meinen Verstand wie ein Messer mit blauer
Klinge. Was für ein Vergnügen.

Körperlich war ich noch nie in besserer Verfassung: Wogen
strahlender Liebe fluten aus meinem Innern wie Sonnenlicht
empor. Ich kann es kaum erwarten, Dich ihren Strahlen auszusetzen. Zwei volle Wochen meines Lebens widme ich Dir, um Dich
aufs beste zu pflegen und besonders zärtlich zu behandeln. Ich habe
schon Zimmer in London und Cambridge reserviert... Etwa am
22. brechen wir... nach Paris auf, wo ich die ersten zwei, drei
Tage bei Dir bleibe, und alles soweit für Dich arrangiere, daß Du
Dir ein Programm machen kannst, und danach fahre ich einen
Monat an die spanische Südküste, um zu schreiben... braun [*zu*

werden], nichts zu tun außer zu schreiben, in der Sonne zu liegen und zu kochen. Vielleicht auch, um fischen zu lernen!

Ted ist diese Woche hier. Ich bin eine Frau geworden, auf die Du stolz sein kannst. Plötzlich, schockartig, während wir Beethoven hörten, kam mir die Erkenntnis, daß ich, auch wenn dies der einzige Mann auf der Welt für mich ist, auch wenn ich ihn mit jeder Faser meines Wesens liebe, im Innersten dennoch ich selbst bleiben werde. Ich weiß, wer dieses Selbst ist ... und werde mit ihm Kummer und Schmerz erleben und unaufhörlich, selbst in Qual und Gram, den Triumph des Lebens über Tod, Krankheit, Krieg und all die Mängel meiner lieben Welt besingen ...

Dies weiß ich mit fester, starker Gewißheit, bis in die Zehenspitzen, weiß, daß mein ganzes Dasein ein einziger Gesang der Bejahung und Liebe sein wird, mein Leben lang, da ich auf der anderen Seite des Lebens war wie Lazarus. Ich werde den Herrn preisen und die gekrümmten Kreaturen, die Er gemacht hat. Ich werde nicht aufhören, neue Wege und Worte zu suchen, um dieses zu tun.

Ted ist unglaublich, Mutter ... trägt tagaus, tagein den selben schwarzen Pullover und dieselbe Kordjacke, die Taschen vollgestopft mit Gedichten, frischen Forellen und Horoskopen. Stell Dir vor, in seinem Horoskopbuch steht, daß Leute, die im Zeichen des Skorpion geboren sind, »zerquetschte« Nasen haben!

... Du solltest mal sehen, wie ich auf einem einzigen Gaskocher koche! Ted ist der erste Mann in meinem Leben, der eine wirkliche Liebe zum Essen hat ... Gestern stolzierte er zur Tür herein und brachte ein Paket mit kleinen rosa Shrimps und vier frischen Forellen mit. Ich bereitete einen Shrimp Newburg-Nektar mit einer Essenz aus Butter, Sahne, Sherry und Käse; servierte ihn auf Reis zu den Forellen. Es dauerte drei Stunden, bis wir die ganzen winzigen Shrimps ausgepult hatten, und Ted lag nach dem Essen ächzend vor Begeisterung vor dem Kamin wie ein riesiger Goliath.

Sein Humor ist das Salz der Erde; ich habe in meinem Leben nie so laut und lang gelacht. Er erzählt mir Märchen und Geschichten von Königen und grünen Rittern, und hat sich selber eine wunderbare Fabel über einen kleinen Zauberer namens Snatchcraftington ausgedacht, der wie eine Rhabarberstange aussieht. Er erzählt mir Träume, herrliche bunte Träume, über gewisse Rotfüchse ...

Du kannst beruhigt sein und brauchst Dir hinsichtlich meines

Höhenfluges keine Sorgen zu machen, denn ich habe gelernt, daß ich daran wachse, daß ich Konflikte, Kummer und Schmerz ertrage. Ich fürchte nichts desgleichen und begegne jeder Heimsuchung mit dem unerschütterlichen Glauben, daß das Leben gut ist, und mit einem Lied der Freude auf den Lippen. Ich fühle mich wie Hiob und freue mich an den tödlichen Stürmen dessen, was kommt. Ich liebe andere, die Mädchen im Haus, die Jungen an der Zeitung, und habe Scharen um mich, die sich in meinem Lichte sonnen. Ich gebe und gebe; mein ganzes Leben werde ich Gedichte dichten und Menschen lieben und ihnen das Beste geben, das ich habe.

Dieser Glaube stammt von der Erde und der Sonne; auf eine gewisse Weise ist er heidnisch; er kommt aus dem Herzen des Menschen nach dem Sündenfall.

Ich weiß, daß ich innerhalb eines Jahres einen Band mit 33 Gedichten veröffentlichen werde, der die Kritiker heftig treffen wird, so oder so. Meine Stimme gewinnt Kontur, wird stark. Ted sagt, daß er von einer Frau nie zuvor solche Gedichte gelesen hat; sie sind stark und voll und reich – nicht zaghaft und weinerlich wie die der Teasdale oder simpel-lyrisch wie die der Millay; es sind arbeitende, schwitzende, keuchende Gedichte, aus der Art und Weise erwachsen, wie Worte gesagt werden sollten.

Oh, Mutter, freu Dich mit mir, und hab keine Angst. Ich liebe Dich und Warren und meine gute leidende Grammy und den guten liebevollen Grampy von ganzem Herzen und werde mein Leben daransetzen, euch stark zu machen und stolz auf mich!

Beiliegend ein paar Gedichte [»*Firesong*«, »*Stumpet Song*« und »*Complaint of the Crazed Queen*«]. Ich weiß nicht mehr, ob ich sie Dir schon geschickt habe.

In Liebe Deine
Sivvy

Vierter Teil

3. Mai 1956 – 17. Juni 1957

Dies sind strahlende Briefe, geschrieben in einer Zeit, in der die Liebe und die gemeinsamen Hoffnungen und Träume keine Grenzen kannten. Sylvia und Ted waren versessen darauf, sich zugunsten ihrer beider Kreativität einem disziplinierten Leben zu weihen.

Sylvia arbeitete bei der College-Zeitschrift Varsity *als Photomodell und Reporterin; sie machte große Fortschritte beim Studium und beim Schreiben.*

Drei Tage nach meiner Ankunft am 13. Juni 1956 in Southampton stellte ich zu meiner größten Überraschung fest, daß ich das einzige Familienmitglied bei der geheimen Hochzeit von Sylvia und Ted in der St. George the Martyr-Kirche in London war. In Paris brachte ich sie zum Zug; sie wollten in Spanien »Dreigroschenflitterwochen machen und schreiben«. Trotz der primitiven Lebensumstände, mit denen sie zu kämpfen hatte, produzierte Sylvia eine Menge Artikel, Skizzen und Gedichte. Was sie damals schrieb, klang ausschließlich positiv, stark und reifend.

Die Rückkehr zum studentischen Leben im Herbst und die Trennung von ihrem Mann waren traumatische Erfahrungen für sie. Die beiden entschlossen sich deshalb, alles zu wagen, und gaben ihre Heirat bekannt, eine Situation, die letztlich sowohl vom College wie von der Fulbright-Kommission akzeptiert wurde. Sie fanden eine kleine Wohnung und gründeten mit einem Minimum an Geld einen Hausstand. Sylvia besuchte die Kurse, die sie noch brauchte, um ihr Examen in Cambridge zu machen, und Ted unterrichtete in einer Knabenschule. Die Begeisterung, mit der sie für den Amerikabesuch im Juni 1957 Pläne machten, half ihnen, diese anstrengende Phase durchzustehen.

Im Frühling kam die Nachricht, daß Teds erster Gedichtband angenommen worden war, und kurz darauf die erfreuliche Mit-

teilung, daß Sylvia eine Anstellung als Lehrerin am Smith College bekommen hatte. Sie sollte im Universitätsjahr 1957/58 den Erstsemestern Englischunterricht geben.

WHITSTEAD, BARTON ROAD
CAMBRIDGE, ENGLAND
3. MAI 1956

Liebste aller Mütter,

zweifellos hast Du es zur Zeit fürchterlich schwer; ich spüre das, glaub mir, und ich wünsche mir, daß Du Dich von der leidvollen Seite des Daseins hinwendest zu dieser frischen, grünenden Seite, wo Freude und Liebe von Tag zu Tag stärker werden. Ich muß Dir unbedingt mitteilen, was ich in den letzten Tagen Wunderbares erlebt habe.

Ich komme zu meinem Recht; ich werde eins mit mir selbst, das Beste in mir kommt zur Entfaltung . . . welch eine großartige Frau kann ich doch sein, trotz all der früher vergeudeten, verschwendeten Energie . . .

Zum ersten Mal, Mutter, lebe ich in Frieden. Nie zuvor, nicht einmal bei Richard hatte ich aufgehört, erbärmliche, opportunistische Gerichtsverhandlungen in meinem Kopf abzuhalten, in denen es flüsterte, hast du diesen Mangel, jene Schwäche auch beachtet — wie wär's mit einem neuen Mann, einem besseren Mann? Zum ersten Mal bin ich frei. Ironischerweise bin ich gerade in diesem Semester den schönsten, kreativsten und intelligentesten Männern (Schriftstellern, Malern etc.) in Cambridge ausgesetzt, doch ich lebe in Frieden mitten unter ihnen, freue mich über sie als Menschen, bin aber vollkommen unanfechtbar. Selbst bei Richard hielt ich noch Ausschau nach einem starken, gesunden Mann. Das ist vorbei, endlich vorbei.

Ich habe das Gefühl, daß mein ganzes Leben, meine Qual und meine Arbeit nur auf dies eine hingezielt haben. Das Blut, das ich vergossen, die Worte, die ich geschrieben, die Menschen, die ich geliebt habe, sie sind ins Werk gesetzt worden, um mich bereit zu machen für die Liebe . . . Ich erkenne in ihm die Wortgewalt, die die Welt wachrütteln wird, so wie er meine Gedichte erkennt und mit mir arbeiten will, um aus mir eine Dichterin zu machen, die die Welt in Erstaunen versetzt; so wie er mein Wesen erkennt und es nicht dulden wird, daß ich meinem besten, wahren Ich abtrünnig werde.

. . . . Ich habe keine Furcht, nur Vertrauen: ich bin ruhig, freudig und von einem nie gekannten Frieden erfüllt. Und ich bin, phantastischerweise, von einer geistigen Schärfe wie nie zuvor; ich kann sagen, meine Tutorin ist entzückt von mir. Ich habe ihr diese Woche, in der besten Plato-Sitzung bisher, erzählt, daß ich dies nicht als einen »Kurs« betrachte, sondern als einen Kampf, um mir durch die Jahrhunderte der Philosophie und der Religion in dieser Welt hindurch meinen Humanismus zu erringen. Was wir machen, ist eine Reise des Geistes zum wahren Wissen, nicht bloß zu Meinung und Glauben. Sie hat mir ihrerseits anvertraut, daß sie durch meine Fragen in der letzten Woche so angeregt war, daß sie gewisse Vorlesungsnotizen noch einmal überarbeitet hat.

Oh, Mutter, am ersten Mai sind Ted und ich in einem Kahn einen grünen Fluß hinaufgefahren, und wie durch ein Wunder war kein anderes Boot auf dem Fluß! Ich habe Stocherkahn fahren gelernt, damit ich mit Dir dieselbe Strecke fahren kann, habe ganz junge Eulen gesehen, Kühe und sogar eine Wasserratte. Dann Tee, Honig und Sandwiches unter dem Apfelbaum in Granchester ... Ted hat viele männliche, tief einschlagende Gedichte geschrieben ... Wir lieben das Fleisch der Erde und den Geist der dünnen, mühsamen Luft, die jenseits der entferntesten Planeten weht. Zeit des Lernens, Zeit des Entdeckens. Mit starker Stimme aus dem Innersten von Leid und Freude sprechen. Ich bin so glücklich, daß Du kommst, Mutter. Nie habe ich soviel Liebe zu geben gehabt. Sei stark, ertrage, was zu Hause ertragen werden muß, und komm zu mir, damit ich Dich lieben und für Dich sorgen kann.

Deine Dich liebende Sivvy

FREITAGMORGEN
4. MAI 1956

Liebste Mutter,

ich habe Deinen Brief über Grammy, der gestern gekommen ist, schließlich mit einem Gefühl der Ruhe und des Friedens lesen können. Es ist seltsam, aber ich habe über die weite Entfernung hinweg in gespannter Erwartung gelebt, und oft, sogar täglich, mit Ted über Grammy und Grampy und mein Zuhause geredet. Als ich Deinen Brief las, war er bei mir und wir hatten das Gefühl, daß unser erster Mai irgendwie Grammy geweiht war. Bevor ich gestern Deinen Brief bekam, hatten wir Pilze, Steaks und Wein fürs Abendessen eingekauft und waren danach, einem Impuls folgend, in eine kühle, schöne, kleine Kirche aus dem 15. Jahrhundert mitten in Cambridge gegangen. Wir wollten dort einfach beisammensitzen, in Frieden, Stille und Liebe. Ich betete in meinem Herzen für Grammy, für meine eigene Familie und für meinen lieben Ted. Wir sind so glücklich miteinander.

Ich kann Dir gar nicht sagen, mit welcher Freude ich die Nachricht über das Österreich-Stipendium für Warren's Experiment [*auf dem Gebiet* International Living] gelesen habe! Ich bin denkbar stolz auf ihn; wenn einer das verdient hat, dann er. Ich wünsche mir von ganzem Herzen für Ted, daß er ihn kennenlernt, weil Ted endlich ein Mann ist, der meines Bruders würdig ist, und ich wünsche mir, daß Warren Ted kennenlernt. Ich hoffe, Du wirst in Paris die Möglichkeit haben, Ted zu treffen. Seine ältere Schwester lebt und arbeitet dort.

. . . Ich habe eine ganz tolle Idee. Ich möchte die vielen lebendigen, komischen und gründlichen Erfahrungen, die ich als Amerikanerin in Cambridge gemacht habe, als Stoff für eine Reihe von knappen, dichten, perfekten Kurzgeschichten verwenden, und dann einen Roman daraus machen. Wegen der Finanzierung dieses Projektes werde ich mich an den Saxton Fonds wenden. Ich fange diesen Sommer in Spanien damit an, und hoffe, Ende des Jahres, das meinem Abschluß folgt, damit fertig zu sein. Meine ganzen Notizen über staatliches Gesundheitswesen, britische Männer, originelle Typen etc. will ich als Material verwenden. Ted unterstützt mich in jeder Hinsicht dabei, wir finden die Sache ziemlich aufregend. Das ist »meine Ecke«, und seine Kritik wird mir beim Schreiben eine enorme Hilfe sein – er sieht das Ganze vom britischen Standpunkt aus und hat einen untrüglichen Blick. Was das Fulbright doch alles zuwege gebracht hat! Bei meinen Recherchen für *Varsity* im nächsten Jahr werde ich in das Innerste von Cambridge vordringen, ich kann wirklich etwas Schönes daraus machen: mit der Überfahrt fängt es an und dann habe ich Material über ein ganzes Jahr. Werde versuchen, die Geschichten einzeln an den *New Yorker* und an *Mademoiselle* zu verkaufen.

Gestern habe ich etwas Neues, Herrliches am Zusammenleben mit Ted entdeckt: er saß den ganzen Nachmittag auf der Couch und las mein Exemplar von Salinger's *Catcher in the Rye,* während ich einen glänzenden, witzigen 10-Seiten-Artikel über den Bulganin-Empfang schrieb (den ich, wenn auch mit geringer Aussicht auf Veröffentlichung, an den *New Yorker* schicken werde) und meinen

Paris-Artikel überarbeitete, den der *Monitor* bekommt, zusammen mit ein paar Skizzen. Nie zuvor habe ich in Gegenwart eines Mannes geschrieben und gearbeitet . . .

Du wirst ihn bestimmt diesen Sommer kennenlernen. Du mußt ihn Dir als einen großen, widerspenstigen Huckleberry Finn vorstellen, sonst bist Du am Anfang vielleicht geschockt. Er besitzt nicht mal einen Anzug . . . sondern trägt neue Arbeitshosen und einen alten schwarzen Pullover, den ich diese Woche an den Ellbogen stopfen muß . . .

Was mir im Moment besonders schwer fällt, ist, daß ich mich über all dies nicht in einem großen Freundeskreis aussprechen kann; hoffentlich wird Sue mich ein wenig vom Druck des Schweigens befreien können, wenn sie nächstes Jahr kommt. Es ist, als hätte ich die allergrößte Diamantenmine der Welt entdeckt und müßte nun ganz allein im Innern sitzen – kein Mensch da, dem ich von meinem Glück erzählen kann. Aber wenn Du mir versprichst, daß Du's geheim hältst, dann verrate ich Dir, daß ich mir nichts Schöneres vorstellen kann, als Teds Frau zu werden, in diesem Jahr noch, nach meinem Abschluß . . . Er hat sich vertraglich verpflichtet [*nach Australien*] zu gehen, im Rahmen eines britischen Kulturprogramms, welches den Männern, die dort arbeiten wollen, die Überfahrt bezahlt . . .

Statistisch gesehen wird er übrigens im August sechsundzwanzig, hat zwei Jahre bei der RAF als Funkwart gedient, bevor er nach Cambridge ging, hat dort 1954 das Studium abgeschlossen und seither alles mögliche gemacht, angefangen vom Rosenveredeln bis zum Drehbücherlesen für ein Filmstudio. Jetzt, in diesem Sommer, wird er schreiben und darauf warten, daß sein Schiff nach Australien abgeht.

Bewege das in Deinem Herzen, Mutter, und sag mir, was Du denkst . . .

Alles Liebe von Deiner sivvy

SONNTAGMITTAG
6. MAI 1956

Liebste Mutter,

. . . aus zwei Menschen, die die Hoffnung aufgegeben hatten, jemals ganz sie selbst sein zu dürfen, mit all ihren Stärken, ohne den anderen Angst einzujagen, ist das glücklichste, hochherzigste, schöpferischste Paar der Welt geworden ... Weil ich meine ungeteilte Liebe und Fürsorge einem Mann schenken kann, der stark genug ist für meinen Freudenrausch, wachsen mir neue Kräfte. (Interessanterweise hatten die meisten Jungen aus Cambridge mich dann am liebsten, wenn ich mit Sinusitis im Bett lag und sie für mich sorgen konnten, denn das war die einzige Situation, in der sie stärker waren.) ... Wenn ich mit ihm zusammen bin, bin ich der friedlichste, glücklichste, fähigste Mensch.

Ich wünsche mir so, daß Du ihn in Paris kennenlernst, Mutter; er ist der liebste, gütigste, aufrichtigste Mann, der je gelebt hat ...

Alles, alles Liebe, Sivvy

9. MAI 1956

Liebe Mutter,

... hatte gestern morgen wieder einen großartigen Tutorenkurs über Plato bei der reizenden, glänzenden Frau Dr. Krook. Ich schreibe jede Woche eine Arbeit, lese sie vor und diskutiere leidenschaftlich mit ihr darüber. Ich weiß, daß es ihr Spaß macht, und glaube, daß wir Mitte nächsten Jahres, wenn ich fertig bin mit diesem Kurs, gute Freunde sein werden. Schon jetzt unterhalten wir uns über unsere persönlichen Empfindungen und Meinungen; überall Zusammenhänge. Hatte eine Diskussion mit ihr über die Idee der Dreifaltigkeit, die mich ungeheuer bewegt hat. Mit einem Schlag wurde mir klar, wie blind, töricht und ignorant es von mir war, daß ich für solche Begriffe noch nicht einmal *ein Ohr* gehabt hatte. Ich bin jetzt da angekommen, wo griechisches und christliches Denken aufeinandertreffen; es ist wichtig zu erfahren, was der menschliche Geist vollbracht hat, die Bedeutung der Entwicklung zu erkennen, von den dialektischen Gesprächen von Sokrates bis zum Paulusbrief, der nach Aristoteles der nächste Hafen sein wird, den ich anlaufe. Nie war mein Verstand so lebhaft, so scharf, ich erobere mir neue Gebiete im Sturm!

... Ich glaube, ich kenne keinen Jungen, der so brillant ist wie Ted. Ich bin immer wieder verblüfft, welch ein umfassendes Wissen, welch einen Verstand er hat: ich meine damit nicht, daß er viele Daten im Kopf hat, oder Wissen aus zweiter Hand zitiert, ich meine ein organisches, verarbeitetes Wissen, das in allem, was er sagt, zum Tragen kommt . . . Mein größter Wunschtraum – denk ihn Dir vorläufig nur als Traum – ist der: ich bringe ihn nächsten Juni mit nach Hause, und wir veranstalten in Wellesley ein riesiges Barbecue-Essen, zu dem wir alle Nachbarn, alle jungen Paare und alle lieben Leute wie Mrs. Prouty, Dr. B. u. a. einladen, einfach damit sie ihn kennenlernen, bevor wir unser Leben als Weltenbummler beginnen; nicht eigentlich bummeln, sondern in verschiedenen Ländern leben, Englischunterricht geben, schreiben, mehrere Sprachen beherrschen und viele, viele Babies haben.

Ach, Mami, noch nie in meinem Leben war ich so ruhig und friedlich und glücklich; wenn es jetzt schon so ist, trotz all der unangenehmen Einschränkungen durch unsere getrennten Aufgaben – mein Studieren, sein Arbeitenmüssen –, dann wird es phantastisch werden, sich Seite an Seite durchs Leben zu schlagen. Wir sind beide reif und erwachsen, und weil wir soviel Welterfahrung haben, soviel von unseren eigentlichen Kräften vergeudet haben, wissen wir, was wir wollen: beständig glauben und lieben, unser Leben lang, und uns mit Leib und Seele der Gestaltung dieses Lebens verschreiben, stetig gerade wachsend im Licht des anderen.

Ich freue mich so, daß ihr, Warren und Du, im Sommer kommt, denn dann könnt ihr ihn kennenlernen. Wenn ihr ihn so akzeptiert, wie er ist, in seiner ganzen Eigenart, ohne Vermögen, ohne famose 10-Jahres-Garantie für einen sicheren Job, ohne Haus und ohne Auto – einfach so, weil er eine natürliche Liebenswürdigkeit hat, erzählen und dichten kann, die Natur liebt und humorvoll und ungeschliffen ist –, dann fühlt ihr euch sicher so zu ihm hingezogen, wie ich es mir nur wünschen kann. So einen Mann zu finden, aus ihm den besten Mann der Welt zu machen: welch eine Lebensaufgabe!

. . . Ich wußte schon immer, daß ich nicht dazu bestimmt bin, eine alleinstehende Frau, eine Karrierefrau zu werden, und jetzt bin ich dafür belohnt worden, daß ich gewartet und gewartet habe und keines der weniger verlockenden Angebote akzeptiert habe; das wäre Verrat gewesen an meiner unvorstellbaren Entfaltungsmöglichkeit, was den Reichtum meiner mittleren und späten Jahre angeht.

Ich fange diesen Sommer in Spanien meinen Roman an, arbeite das nächste Jahr daran und benutze *Varsity,* um in die hintersten Winkel von Cambridge zu kriechen. Das ist meine Ecke und darüber hinaus so ein gut verkäufliches Thema! Ich werde versuchen, die Geschichten an *Mlle* und den *New Yorker* loszuschlagen und irgendein Stipendium zu bekommen, um den Roman im Jahr nach meinem Abschluß zu Ende zu schreiben und ein geschlossenes Ganzes daraus zu machen. Gleichzeitig will ich an einem Gedichtband arbeiten. Glaub mir, mein ganzes Wesen singt vor lauter Plänen und Projekten. Komm und freu Dich mit mir! Du wirst noch eine stolze Großmutter werden! Vielleicht Vierlinge, wenn die Zeit reif ist: Staatsmänner, Wissenschaftler, Künstler und Diskuswerfer!

Alles Liebe von Deiner Sivvy

FREITAGMORGEN
18. MAI 1956

Liebste Mutter,
    ich habe mich so über Deinen letzten, glücklichen Brief gefreut. Wenn ich mir vorstelle, daß es nicht mal mehr einen Monat dauert, bis ich Dich an der Waterloo-Station in die Arme schließen kann! Du brauchst mir bloß zu schreiben, ob Du morgens, mittags oder abends ankommst, und schon werde ich mit einem Paket Sandwiches und einem Campingstuhl im Wartesaal Posten beziehen! Falls Du übrigens unser Hotel wissen willst: es ist das Clifford's Inn in der Fleet Street in London.
    Ich weiß, daß Du irrsinnig viel zu tun hast, dennoch habe ich zwei kleine, riesige Bitten an Dich: schick mir doch wenn möglich mein *Joy of Cooking* und *Unmengen* von 3-Cent-Briefmarken. Ich möchte nämlich einen ganzen Schwung von Teds Gedichten an amerikanische Zeitschriften losschicken, damit die Redakteure sich um ihn reißen, wenn wir nächsten Juni nach Amerika kommen. Er hat mich offiziell zu seiner Agentin ernannt und produziert Gedichte wie Sternschnuppen im August. Ich glaube fest an seine Zukunft; für uns beide bricht jetzt eine fruchtbare Epoche an, wir sind Spätentwickler, fangen überhaupt erst ab fünfundzwanzig an, reif zu werden und werden einmal fabelhafte alte Leute!
    Habe ich eigentlich Dir oder sonst wem schon etwas über den Fulbright-Wirbel in London geschrieben? Ich steckte Ted in seinen vorsintflutlichen grauen 8 Jahre alten Anzug und stellte ihn dem amerikanischen Botschafter vor. Der Herzog von Edinburgh hielt

eine Rede, mischte sich danach unters Volk und fragte mich, wo ich studiere und was ich so mache. Als er Ted dieselben Fragen stellte, grinste der und sagte, daß er »Sylvia als Anstandsdame begleite«. »Ah«, sagte der Herzog lächelnd und seufzte, »die müßigen Reichen«. Für internationales Protokoll wäre also auch gesorgt . . .

Ich sehne mich richtig nach diesem Sommer, wo ich mich ganz aufs Schreiben konzentrieren kann. Ich fühle enorme neue Kräfte in mir: ich habe die verschiedensten Sachen gemacht – Gedichte, Artikel über die Situation der Frau in Cambridge. (Mein kurzer, witziger Artikel über dieses Thema erschien heute wortwörtlich in dem esoterischen Oxforder *Isis*-Heft! Ich werde interuniversitär!) Habe diesmal das wöchentliche Cambridge-Rundschreiben [*geschrieben*], außerdem Frühjahrs- und Sommermodeberichte für *Varsity*. (Morgen früh inspiziere ich die Modeläden.)

Der *New Yorker* hat meinen Bulganin-Artikel mit der Begründung abgelehnt, daß er zu spät komme, was mich natürlich niedergeschmettert hat, weil das ein verflucht guter, treffender, witziger Artikel war.

. . . Wie Du Dir vorstellen kannst, habe ich mich riesig über den Oxford-Auftrag gefreut, denn es ist eine Ehre, einen Beitrag liefern zu dürfen, besonders als Repräsentantin der Studentinnen in Cambridge!

Du hast mir in Deinem Brief nicht mitgeteilt, von wann bis wann Warren in Österreich ist. Ich sterbe vor Neugierde, weil ich mir so innig wünsche, daß Ted ihn kennenlernt. Ich glaube, die beiden werden prima miteinander auskommen.

Ich hoffe so, daß Du Zeit hast, Ted kennenzulernen, Mutter. In ein paar Jahren wird die Welt über uns staunen; wir besitzen beide eine außergewöhnliche Stärke, Kreativität und schöpferische *Disziplin*. (Wenn Ted wirklich mit voller Wucht schreibt, sind seine Gedichte wie kontrollierte Dynamitexplosionen.) . . . Wir sind fähig zu der gewissenhaftesten, unverbrüchlichsten Treue auf der Welt, verlangen einander das Äußerste ab und tun alles, was in unseren Kräften steht, damit der andere das Höchstmaß an Leistungsfähigkeit und Produktivität erreicht . . . Unsere Energie ist wirklich verblüffend. Wie sehr wünsche ich mir, daß Du etwas davon zu spüren bekommst und teilhast an unserer guten Laune und Lebenslust, denn es ist nahezu unmöglich, auch nur einen

Hauch [*davon*] mit Worten zu übermitteln. Wir wollen jetzt definitiv im nächsten Juni, nach meinem Abschluß, in Wellesley heiraten, und natürlich habe ich den brennenden Wunsch, über unsere Pläne zu sprechen.

Falls Du übrigens glaubst, daß es Grampy etwas hilft, wenn er sich in Gedanken mit etwas beschäftigt, was ganz allein *ihm* gilt, dann erzähl ihm ... ganz privat, unterm Siegel der Verschwiegenheit, daß ich ihn wissen lasse, er solle sich auf die Hochzeit seiner Enkelin vorbereiten, bei der es mindestens *eine* Flasche Champagner und ein Schüsselchen Kaviar [*für ihn*] gibt! Ich möchte eine ... kleine, intime Hochzeit feiern mit all denen, die ich liebe und die wissen, was das Leben für mich bedeutet: den Cantors, Crocketts, Freemans, Mrs. Prouty, Nachbarn, Marty, Patsy – mit allen, die ich liebe.

Ich war ganz begeistert über Deinen Plan, 1958 nach Italien zu gehen; habe die Hoffnung, daß Ted und ich dann auch dort sind, um zu arbeiten. Wäre es nicht herrlich, wenn Du uns besuchen würdest? Wenn wir beide ein Buch veröffentlicht haben und ein bißchen in der Welt herumgekommen sind, wollen wir sieben Kinder haben, damit das siebente Kind unseres siebenten Kindes vielleicht eine seltene weiße Hexe wird!

Cambridge ist ein lieblicher grüner Garten Eden, und den englischen Frühling und den liebsten, klügsten, stärksten, zärtlichsten Mann auf der Welt zu haben, ist einfach zuviel für mich allein; komm, und freu Dich mit uns!

Alles, alles Liebe, sivvy

SAMSTAG
26. MAI 1956

Liebste Mutter,

die letzten Maitage waren kühl und grau und ich schreibe mitten in einer schniefenden, triefenden Erkältung, bin aber sehr glücklich. Anbei Ausschnitte meines letzten Artikels in einer Nummer von *Varsity*, bei der sie mich als Covergirl (!) genommen haben, um zu zeigen, wie pleite sie sind!, und meinen Artikel innen mit weiteren Photos. Wenigstens sehe ich blühend aus, findest Du nicht? ...

Diese ganze Erfahrung kann ich sehr gut für meinen Cambridge-

Roman gebrauchen. *Varsity* ist mein Schlüssel zur Stadt und zu allen Leuten, die drin wohnen. Selbstverständlich ist Ted sehr stolz auf mich, besonders [*auf*] die Gedichte, die ich zur Zeit schreibe. Er möchte eben, daß ich alle meine Talente entfalte, gute Examina mache, und hilft mir sehr und ermutigt mich und ist mein bester Kritiker.

Es ist wirklich verblüffend, wie *alle* meine Fähigkeiten aufblühen durch mein tägliches Glück und meine Freude. Der Tutorenkurs in Philosophie gestern war so gut wie noch nie, und weder Frau Dr. Krook noch ich wollten es glauben, daß die Zeit schon um war, als es läutete und ihre nächste Schülerin erschien. Sie schlug mir vor, heute morgen zu einer Extrastunde zu kommen, weil wir »noch nicht zu Ende gekommen waren«. Ich glühe förmlich vor intellektuellem Vergnügen und Eifer. Sie ist sehr sehr begeistert von meiner Arbeit, speziell von meinen letzten Aufsätzen über Plato; so wie Dr. B. mein Mentor auf persönlichem und psychologischem Gebiet ist, wird sie es auf dem dichterischen und philosophischen werden. Endlich habe ich unter den Lehrern in Cambridge eine Frau entdeckt, für die ich mich totackern würde. Diese philosophische Disziplin wird von unschätzbarem Wert für mich sein, und ich bin so glücklich, daß ich nächstes Jahr mit ihr weitermachen kann; sie sprüht vor Geist, und wir passen vom Temperament her bestens zueinander.

Ted wohnt während der Maiball-Woche bei seinem Dichterfreund E. Lucas Myers (dem Dichter, den ich nach Ted am meisten bewundere), und wir treffen uns meistens nach dem Mittagessen. Er schreibt den Nachmittag über, ich lerne und koche für uns zu Abend (ich glaube, auf der ganzen Welt gibt es kein so miserables Restaurantessen wie in Cambridge), und wir unterhalten uns und lesen uns was vor. Unsere Phantasie entzündet sich an Worten, Ideen, Sprachen. Ich habe meine Rilke-Gedichte und meine geliebten *Märchen der Brüder Grimm* [Dt. i. O.] hervorgeholt, ihm meine deutschen Lieblingsstellen vorgelesen (er kann kein Deutsch) und auf der Stelle übersetzt, wobei ich in große Erregung geriet. Ich habe mich jetzt endgültig entschlossen, das ganze nächste Jahr Deutsch zu nehmen und mich auf Rilke, Kafka und einige Sachen von Thomas Mann zu konzentrieren. Ted hört es gerne, ist fasziniert von meiner rohen, improvisierten Übersetzung. Im Moment ist er dabei, sich für eine Stelle als Englischlehrer in Madrid zu bewerben ... um etwas Geld für uns für nächstes Jahr zu verdienen.

Neulich saßen wir einen ganzen Tag lang in den Whitstead-Gärten in der Sonne; ich tippte Originale und Durchschläge von 25 seiner besten Gedichte, und er redigierte sie. Wir wollen sie an den *New Yorker,* die *Atlantic, Harper's* und an Lyrik-Zeitschriften schicken ... Ich kann es kaum erwarten, zu erleben, wie man ihn in Amerika aufnimmt. Er wird ein großartiger Dichter; das weiß ich mit jeder Faser meines kritischen Herzens. Seine Phantasie ist unglaublich lebhaft; unsere Kinder werden einen Heidenspaß haben!

Gestern abend, während ich Pilze säuberte, als Beilage für unser Kalbsbries-Essen, las er mir aus einem Buch mit keltischen Märchen vor, das wir gerade gekauft hatten, und aus Dylan Thomas' *Portrait of the Artist as a Young Dog.* Es ist so unbeschreiblich herrlich für mich, meine größte Liebe zu Wörtern, Gedichten, Märchen und Sprachen mit einem Menschen so vollkommen zu teilen ... desgleichen meine Liebe zur Natur, zu den Vögeln, Tieren und Pflanzen. Ich werde eine der wenigen Dichterinnen auf der Welt sein, die es von ganzem Herzen bejaht, Frau zu sein, nicht eine bittere, frustrierte oder verschrobene Männernachahmerin — das macht die meisten am Ende kaputt. Ich bin eine Frau und ich bin froh darüber, und in meinen Liedern werde ich von der Fruchtbarkeit der Erde singen und den Menschen auf ihr in Leid, Tod und Verfall. Ich werde ein weiblicher Sänger sein, und Ted und ich werden uns gemeinsam ein schönes Leben aufbauen. Dieses Jahr der Arbeit und Disziplin, das wir getrennt voneinander verbringen, wird vermutlich das härteste von allen werden, aber wir können beide asketisch sein, solange wir auf etwas so Herrliches hinarbeiten wie unser gesamtes schöpferisches Leben; wir wollen mindestens hundert Jahre leben.

... Wir sind beide alt genug, um eine ziemlich fest umrissene Identität und eine ausgeprägte Selbstkenntnis zu haben, aber Gott sei Dank auch jung genug, um uns durch die Liebe und Lenkung des anderen zu entwickeln und zu verändern ...

... Ich möchte, daß Du ihn gut kennst, mit all seinen Begabungen und liebenswerten Eigenschaften; er wird uns beide eines Tages richtig stolz auf ihn machen, und der Tag ist nicht mehr fern. Warren wird mir sicher auf zartfühlende Weise helfen können, Ted anzugewöhnen, sich selber seine Kleidung zu kaufen und ihm sagen, was man »als Mann alles wissen muß« über Amerika . . .

Alles Liebe, sivvy

[*Warren war zu dieser Zeit in Österreich, wo er an einem Experiment auf dem Gebiet International Living teilnahm.*]

18. JUNI 1956

Liebster Warren,

ich habe die Finger so voll mit erstaunlichen Nachrichten, daß ich gar nicht weiß, wo ich mit dem Tippen anfangen soll. Ich rate Dir, laß am besten gleich alles liegen und stehen, sei ganz ruhig, mach Dir's bequem mit einem großen, kühlen Glas Lager und bereite Dich auf ein riesiges, wunderbares Geheimnis vor: am 16. Juni, um 1 Uhr 30 mittags, ist Deine Schwester in der 250 Jahre alten St. George the Martyr-Kirche in London getraut worden! Du kannst wählen, wie Du mich nennen willst: Mrs. Sylvia Hughes, Mrs. Ted Hughes, Mrs. Edward James Hughes oder Mrs. E. J. Hughes (Frau des international bekannten Dichters und Genies). Das ist die volle Wahrheit. Es soll ein tiefes Geheimnis zwischen Dir und Mami und Ted und mir bleiben, denn nächsten Juni möchte ich nochmal Hochzeit feiern, in der Unitarier-Kirche in Wellesley. Ich stelle mir vor, daß Du (falls Du einverstanden bist, wie ich hoffe) der Trauzeuge bist, und Frankie [*Sylvias Onkel*] der Brautführer, und daß wir für alle unsere Freunde und Verwandten, die diesen Herbst von Mutter die Nachricht von Teds und meiner Verlobung bekommen, einen riesigen Empfang geben.

Mir kommt das alles so logisch und unumgänglich vor, daß es mir schwerfällt, Dir die Fragen zu beantworten, die sicherlich auf Dich einstürmen werden: Warum zwei Hochzeiten? Warum eine geheime Hochzeit? Warum überhaupt? Also, ich habe endlich den Mann meines Lebens gefunden, was Mutter auf der Stelle kapiert hat (Ted und sie kommen großartig miteinander aus, er verehrt sie und kümmert sich liebevoll um sie), und nachdem wir uns drei Monate lang täglich gesehen und alles gemeinsam gemacht hatten, angefangen vom Schreiben bis zum Vorlesen, Wandern und Kochen, gab es auch nicht mehr den Schatten eines Zweifels in unserer Seele. Im Moment sind wir arm wie die Kirchenmäuse, ohne einen Pfennig Geld, und unsere Lage ist so, daß die Leute nicht wissen dürfen, daß wir verheiratet sind. In Newnham, wo ich bin, würden es die viktorianischen Jungfern einfach nicht begreifen, wie man sich auf seine Studien konzentrieren kann, wenn man mit so einem gutaussehenden, virilen Mann verheiratet ist; genausowenig die Fulbright-Leute etc., etc. Dazu kommt, daß er sich nächstes Jahr mit einem Job als Englischlehrer in Spanien das Geld für die Amerikareise mit mir im nächsten Juni verdienen will, d. h., wir müssen für drei lange Perioden von jeweils 8 Wochen getrennt leben, während ich meinen Abschluß mache (ich muß meine Examina mit sehr guten Noten machen). Ich werde mich auf das bißchen Zusammensein mit ihm stürzen, das uns noch bleibt, das sind die fünf Wochen Weihnachts- und Osterferien. Du siehst also, diese Ehe entspricht unserer Lage: sie ist geheim, privat, legal, wahr, aber auf ihre Weise limitiert. Keiner von uns wird je auf den Gedanken kommen, die große Feier aufzugeben, die eine Art Volksfest in Wellesley wird, wenn wir unseren Entschluß der Welt in einer weiteren Feier kundtun, einer sehr schlichten, zu der jedoch ein wundervoller Empfang gehören soll: dann können wir auch wirklich anfangen, unser auf alle Zeit gemeinsames Leben zu beginnen. Dies scheint mir die beste Lösung zu sein.

Das ist die phantastischste, hektischste Zeit meines Lebens! Mutter und ich sind jetzt fünf Tage lang hier in Cambridge, Ted ist für zwei Tage nach Hause nach Yorkshire gefahren, um seine ganzen Sachen aus dem Londoner Abrißhaus, in dem er gewohnt hat (und in das er, Gott sei Dank, nie mehr zurückkehren wird), dorthin zu schaffen. Wir fahren dann alle drei am Donnerstag, dem 21., frühmorgens nach London und fliegen von dort am 22. nach Paris (die Fahrt über den Kanal wollte ich Mutter nicht zumuten), bleiben dort eine Woche, und nachdem wir ihr Paris gezeigt haben, bringen Ted und ich Mutter zum Flughafen. Ted war einfach himmlisch: Mutter kam am Mittwoch an (ich konnte vor lauter Aufregung über ihr Kommen weder essen noch schlafen), Ted ging mit uns am selben Abend zu Schmidt, einem guten und billigen deutschen Restaurant, zum Essen, und wir beschlossen, noch während Mutters Londoner Aufenthalt zu heiraten. Daß Du nicht bei uns sein würdest, war unser einziger Kummer. Wenn Ted und ich Dich diesen Sommer in Europa sehen, erzählen wir Dir die ganzen phantastischen Details von unserem Kampf um die Heiratserlaubnis (von keinem geringeren als dem Erzbischof von Canterbury, natürlich), davon, wie wir bei der Suche nach der Pfarrkirche, der Ted angehört, und in der er auch von Rechts wegen getraut werden mußte, plötzlich auf der Straße einen Priester entdeckten, wie Ted mit den Worten »Das ist er!« auf ihn zeigte, und wir ihm bis nach Hause folgten, um dort festzustellen, daß es wirklich der richtige war.

Wir rasten kreuz und quer durch London, kauften Schuhe und Hosen für Ted, und mit unserem letzten Geld die goldenen Trauringe (einen Verlobungsring wollte ich nie haben), Mami steuerte ein bildhübsches zweiteiliges rosa Strickkleid bei, das sie im Koffer hatte (und intuitiv nie getragen hatte), ich schlüpfe hinein, schmücke mich mit einem rosa Haarband und einer rosa Rose von Ted, stehe in der dämmrigen kleinen Kirche, während draußen der Regen rauscht, und spreche das Gelübde mit den schönsten Worten auf der Welt, der Vikar ist der zweite Trauzeuge und der reizende Pastor, ein alter Mann mit leuchtenden Augen (der direkt gegenüber von Charles Dickens' Haus wohnt!) küßt mich auf die Wange, die Tränen fallen wie Regen aus meinen Augen nieder – ich war so glücklich mit meinem lieben, herrlichen Ted. Glaub mir, Du wirst ihn auch lieben. Er freut sich so darauf, Dich kennenzulernen. Für alle anderen sind wir verlobt, und Du mußt uns helfen, daß dies ein streng gehütetes Geheimnis bleibt. Nach Mutters Abreise am 29. Juni sind wir zum ersten Mal allein, wir fahren den Sommer über nach Spanien, mieten uns ein Häuschen am Meer und schreiben und lernen Spanisch.

Um den 5. August herum treffen wir uns wieder mit Mutter in London, und Ted nimmt sie (und mich) mit nach Hause zu sich nach Yorkshire (er möchte, daß sie sich ausruht und ist sehr besorgt wegen ihrer vollgestopften Tour, er versucht sie dazu zu überreden, länger an einem Ort, in Österreich, zu bleiben) . . . Falls sich nichts ändert, bringen wir sie am 14. August ans Schiff. DANN möchten wir Dich besuchen, und uns mit Dir irgendwo treffen, wo es besonders günstig ist (wir würden gerne Wien kennenlernen, müßten aber per Anhalter dahin fahren, deshalb vielleicht näher – Italien, Frankreich, Rotterdam, oder wo immer Du dann bist). Wir MÜSSEN *mindestens* eine Woche mit Dir zusammensein. Wenn es geht, noch länger. Teile uns mit, wo und wann wir uns treffen sollen – jeder Termin nach dem 14. ist uns recht – und wir werden versuchen, es zu arrangieren. Schreib mir hierher, c/o Whitstead, bis ich Dir unsere Adresse in Spanien sagen kann . . . Ich wünsche mir so, daß Du meinen lieben, frischgebackenen Ehemann kennenlernst. Übrigens ist gerade das erste Gedicht von ihm (ein allegorisches über uns!) von *Poetry* in Chicago angenommen worden (müßte bei Veröffentlichung $ 34 bringen). Hoffe, wir werden beide 1957 in irgendeinem New England-College Englischunterricht geben!

Alles Liebe
Sylvia Hughes

(PS Schreib mir unter meinem Mädchennamen.)

PARIS, FRANKREICH
4. JULI 1956

Liebste Mutter,

. . . so langsam tauchen wir auf aus der großen Müdigkeit, die uns nach dem Wirbel der Pläne und Ereignisse des letzten Monats befallen hatte. Wir sind durch Paris gestreift, haben in den Tuilerien gesessen und geschrieben und gelesen, und jeder von uns hat ein gutes Gedicht gemacht – was notwendig ist für unsere Selbstachtung –, wobei es weniger auf ein gutes Gedicht oder eine gute Geschichte ankommt, als darauf, daß wir mindestens ein paar Stunden pro Tag intensiv schreiben. In uns ist etwas, das danach verlangt, daß wir einen großen Teil des Tages mit Schreiben zubringen, sonst erkalten wir, werden gereizt und nervös. Ted schreibt an einer langen Geschichte mit detaillierten Beschreibungen, die er in kurzem zurechtstutzen will . . . Ich war noch nie in meinem Leben so angeregt, und wenn ich dadurch, daß ich an ihn glaube, ihn kritisiere und ihm die Möglichkeit schaffe, kontinuierlich zu schreiben, dazu beitragen kann, daß diese Geschichten vollkommen werden, dann bin ich ganz und gar glücklich . . . Die Lektüre des *McCall's,* das Du liegengelassen hast, hat meinen kommerziellen Riecher stark angeregt – ich habe ein paar Ideen, die ich hoffentlich im nächsten Monat zu Papier bringen kann. Wir sind wirklich am glücklichsten so ganz für uns allein, und schreiben, schreiben, schreiben. Nie hätte ich gedacht, daß ich mich einmal so schnell so weit entwickeln würde; ich glaube, das ganze

Geheimnis ist, daß wir uns so maßlos lieben, die Liebe bewahrt unser Werk davor, ein rein egoistischer Spiegel zu werden, sie macht es zu einer gewaltigen Leinwand, auf der andere Menschen leben und sich bewegen ...

Alles Liebe
Sivvy

MADRID, SPANIEN
7. JULI 1956

Liebste aller Mütter,

könntest Du mich jetzt bloß sehen: ich sitze hier in Shorts und Oberteil, sieben Stockwerke hoch über der modernen, hupenden City von Madrid auf unserem großen Privatbalkon, der mit einem lustigen blau-gelben Fliesenboden, Wandborden und Geranien- und Efeutöpfen ausgestattet ist. Mir gegenüber barocke Türme und ein flammend blauer Himmel, selbst jetzt noch, gegen 8 Uhr abends ... Es ist wunderbar – wo immer Ted und ich auftauchen, scheinen uns die Leute zu lieben. Wir passen phantastisch gut zueinander; beide brauchen wir dieselbe Menge Schlaf und Essen und Zeit zum Schreiben; beide sind wir nach innen gewandt, nahezu ungesellig, d. h., wir können offizielle Parties nicht leiden und sind am glücklichsten mit einfachen, unprätentiösen, arbeiten- den Menschen – die akzeptieren uns sofort.

... Jedenfalls habe ich mich noch nie einem Land so verbunden gefühlt wie Spanien. Vor allem waren die Farben, die wir auf der ganzen Fahrt vom Zugfenster aus sahen, leuchtender, als ich es für möglich gehalten hatte ... flammend gelbe, lohfarbene und licht- grüne Felder unter einem blauweißen Himmel, grünschwarze Pinien, weiße Adobehäuser mit orangenen Ziegeldächern, und alles, gottlob, fruchtbarstes Acker- und Weideland für Schafe und Stiere ...

Das Beste von allem ist, daß ich hier einen so klaren, freien Kopf habe, wie ich es nie gedacht hätte. Mir war gar nicht bewußt, welch eine Last ich bei meinen Nebenhöhlen-Entzündungen herumge- schleppt habe! Zum ersten Mal in meinem *ganzen Leben* habe ich einen klaren Kopf und fühle mich auf eine mir gemäße Weise vital und energiegeladen ... Ich bin ganz entzückt von dem Gedanken, in den beiden 5wöchigen Ferien, die ich im Jahr habe, wieder hierherzukommen. Habe vor, Spanisch in diesem Sommer auf direktem Wege zu lernen und es dann in Cambridge auf eigene Faust zu studieren. Hier, mitten in Spanien, geht es so viel schneller, weil alle ganz versessen drauf sind, uns die Wörter und die Aussprache beizubringen . . .

Spanien ist der Himmel auf Erden . . . Wenn Ted und ich zusammen sind . . ., ist alles möglich. Wir sind so vergnügt . . .

Wir senden Dir unsere besten Grüße und hoffen, daß Deine Reise auch weiterhin so wunderbar ist, wie es sich auf Deiner ersten Karte anhörte . . .

Alles, alles Liebe,
ganz Deine Sivvy

PS Was für eine reizende Familie wir jetzt sind! Neue, weite Horizonte tun sich auf für uns alle – auch für Dich!

BENIDORM

PROVINCE DE ALICANTE, SPANIEN

14. JULI 1956

Liebste, beste Mutter,

endlich haben wir unseren Ort, unser Zuhause gefunden, nach einem hektischen Monat, in dem wir nur aus dem Koffer gelebt und nach billigen Restaurants gesucht haben. Du wärst sprachlos, wenn Du sehen könntest, wo ich jetzt sitze! Was in den letzten zwei Tagen passiert ist, klingt wie ein Märchen, ich kann es selber kaum fassen, daß unsere Sommerwohnung meine kühnsten, exotischsten Träume noch übertrifft. Ich glaube, jetzt endlich haben unsere wahren Flitterwochen begonnen, und unser Traum vom einfachen Leben und Schreiben und Lernen wird Wirklichkeit . . .

Kaum lag das winzige Dorf vor mir . . . wir waren eine Stunde lang durch rote, sandige Wüstenhügel, staubige Olivenhaine und spärlich bewachsenes Grasland gefahren, das für diese Gegend so typisch ist, als plötzlich das blau flammende Meer, die makellos geschwungene Bucht, die rein weißen Häuser und Straßen der kleinen funkelnden Traumstadt vor uns auftauchten . . . da wußten Ted und ich instinktiv, daß das unser Ort war. Während der Fahrt im Bus hatten wir mehr und mehr an der Möglichkeit gezweifelt, ein möbliertes Haus mit Wäsche, Kochgeräten etc. zu bekommen;

wir hatten uns schon voller Bedauern zu einem Hotelzimmer durchgerungen, weil wir dort am ehesten anständige Installation, Licht, Luft etc. zu finden hofften, als sich eine kleine, lebhafte schwarzäugige Frau auf dem Sitz vor uns umdrehte und uns fragte, ob wir Französisch könnten. Wir bejahten, und sie erzählte uns, daß sie ein hübsches kleines Haus am Meer mit einem Garten und einer großen Küche hätte und Zimmer für den Sommer vermieten würde. Es klang fast zu schön, um wahr zu sein – die Vorteile eines Privathauses, das wir uns nicht leisten konnten, kombiniert mit dem Komfort eines Hotels.

Sie führte uns durch die strahlend weißen Straßen, wo es Eselskarren gab, einen offenen Markt mit frischem Obst und Gemüse, lustige Geschäfte – eine seltsame Mischung aus reinlicher, farbenfroher Armut und großen, pastellfarbenen Hotels – alles offensichtlich soeben fertig geworden . . . funkelnagelneu, die moderne Architektur harmonierend mit der schlichten einheimischen Bauweise. Sehr merkwürdig, denn Benidorm, das gerade erst von den Touristen entdeckt wird, ist, abgesehen von den Hotels, völlig unkommerziell. Es ist entlang einer anderthalb Kilometer langen, vollendet schönen Bucht gebaut, glasklare Wellen brechen sich auf dem Sand, weit draußen liegt eine große Felseninsel, und das Meer ist von dem unglaublichsten Azurblau, preußischblau dem Horizont zu und schillernd aquamarinblau näher am Strand.

Das Haus von ihr war ein großes, café au lait-farbenes Atelier, dichter am Meer gelegen als Grammy's Haus in Winthrop; im Vordergarten eine Palme und eine Pinie, im seitlichen und rückwärtigen Garten eine Fülle roter Geranien, weißer Margeriten, Rosen und ein Feigenbaum . . . eine purpurne Bergkulisse, unglaublich schön. Zu dem Haus gehörte auch eine riesiggroße kühle Küche mit allen Kochutensilien, die man sich nur wünschen konnte. Oben waren vier Zimmer zu vermieten, und in eines davon – in dem wir jetzt wohnen – verliebten Ted und ich uns auf der Stelle. Es ist ein kleines, rosa getünchtes Zimmer, gerade groß genug für zwei neue Ahornbetten, die wir so zusammengerückt haben, daß wir aufs Meer schauen können, mit einem kleinen Frisiertisch mit Spiegel und einem Schrank, der halb Bücher-, halb Kleiderschrank ist. Das wirklich Gloriose aber sind die hohen Flügeltüren, die auf unsere Balkon-Terrasse hinausführen! Genau da sitze ich jetzt und trockne mein frischgewaschenes Haar, vor mir die ganze Weite des leuchtend blauen Mittelmeers ... Ted liegt drinnen auf dem Bett und lernt Spanisch ... Unser Leben ist unwahrscheinlich herrlich, und wir bleiben hier und rühren uns nicht von der Stelle bis zum 29. September. Dann geht es zurück nach Cambridge, wo ich alleine bleibe. Es gibt so viel von unserem wundervollen Ort hier zu erzählen! ...

... Ich habe vor, eine Skizzenfolge zu machen, dazu einen Artikel mit Lokalkolorit zu schreiben und beides vielleicht an den *Monitor* zu schicken. Hier ist Der Ort zum Schreiben. In den vergangenen zwei Tagen haben wir uns bloß ausgeruht, um die Anspannung und die Erschöpfung der letzten Monate loszuwerden. Gleich am ersten Tag bekamen wir beide einen Sonnenstich. Teds Haut war krebsrot und tat fürchterlich weh, und ich bekam einen dieser gräßlichen Ruhranfälle, von denen man total geschwächt wird. Gestern abend aber hypnotisierte er mich in den Schlaf, und als ich aufwachte, war ich vollkommen geheilt und fühlte mich großartig ...

Wir sind über die Maßen glücklich ... ich kann mir gar nicht vorstellen, wie ich jemals ohne ihn gelebt habe. Ich finde, er ist der schönste, geistreichste, schöpferischste, liebste Mann von der Welt. Ihm gilt mein ganzes Denken, ich überlege dauernd, wie ich ihm eine Freude bereiten, wie ich es ihm angenehm machen kann; und ich bin frei ... von der fürchterlichen Enge, die aus wachsender Selbstbezogenheit kommt. Er ist gütig und rücksichtsvoll und hat einen wunderbaren Sinn für Humor ...

Wir haben uns gedacht, es wäre gut für mich, wenn ich eine Reihe von Geschichten über Amerikanerinnen im Ausland schriebe, für die Frauenzeitschriften, da Lokalkolorit eine Stärke von mir ist und ich auch dramatische, kontrastreiche Handlungen erfinden kann, bei denen die Lebenswelt der Einheimischen eine Parallele im psychologischen Konflikt erzeugt. Ich fange diese Woche mit einer Geschichte über die Stierkämpfe in Madrid an. Wir waren letzten Sonntagabend da, und ich bin froh, daß Ted und ich genau dasselbe empfinden: volle Sympathie für den Stier. Ich hatte mir vorgestellt, daß der Matador eine Weile mit dem gefährlichen Stier herumtanzt und ihn dann auf saubere Art tötet. Von wegen. Der Stier ist vollkommen unschuldig und friedfertig, er wird von den zahlreichen Cape-Schwenkern gereizt, damit er herumrennt. Dann sticht ein furchtbarer Picador auf einem Pferd, das mit Strohmatten geschützt ist, mit einem Spieß ein riesiges Loch in den Nacken des Stieres, Blut spritzt heraus, und Männer kommen gelaufen und stecken kleine farbige Piken hinein. Das Töten ist nicht einmal sauber, und der Stier hat keine Chance zu überleben; wir waren angewidert, angeekelt von solcher Brutalität. Einen Augenblick lang waren wir höchst zufrieden, als nämlich einer der sechs todgeweihten Stiere es schaffte, einen fetten, grausamen Picador vom Pferd zu stoßen und aufzuspießen; . . . als er herausgetragen wurde, strömte Blut aus seinem Schenkel. Mein letzter Stierkampf. Aber ich schreibe jetzt eine Geschichte, in der ich ihn als Hintergrund benutze. Wir haben uns vorgenommen, in den nächsten zwei Monaten stur jeden Tag mindestens vier bis sechs Stunden zu schreiben – endlich . . . Ich bin selig.

Wäre schön, wenn Du statt in England hier Deine letzte Ferienwoche verbringen könntest . . . Versuch's doch, auch wenn es nur für ein paar Tage ist. Du wärst begeistert und könntest schwimmen und sonnenbaden und würdest von mir bekocht werden. Du könntest den Zug nach Madrid nehmen und von dort nach London fliegen. Ted sagt, wenn man sich entspannen will, muß man ins Grüne schauen; läßt Dich grüßen.

x x x sivvy

25. JULI 1956

Liebste Mutter,

. . . Deine herrlichen Briefe über Deine Reise haben mich ganz glücklich gemacht, ich wünschte nur, Du könntest es so einrichten, daß Du die letzte Woche hier bei uns in Spanien verbringst. Hätten wir bloß vorher gewußt, was für eine schöne Wohnung wir bekommen! Wenn Du uns jetzt sehen könntest . . .

Mit welchen Worten soll ich Dir beschreiben, wie wunderbar es hier ist? [*Sie waren in ein anderes Haus gezogen.*] Zum erstenmal seit einem Jahr bin ich zur Ruhe gekommen. Vor mir liegen noch zwei [*möglicherweise beglückende*] Sommermonate. Das ganze Hin und Her und der Furor dieses vergangenen Jahres, in dem ich, glaube ich, keinen Moment wirklich Ruhe gehabt habe, angefangen von dem anstrengenden Semester bis zu den noch anstrengenderen Reiseferien, löst sich in Nichts auf. Unser Haus ist kühl wie ein Brunnen, still, hat Steinfliesen, und man kann blaue Berge und sogar einen Zipfel des Meeres sehen. Unsere vordere Veranda ist überschattet von einer Weinlaube, herb duftend nach Geranien. Die Möbel sind aus dunklem schweren Nußbaumholz, was reizvoll aussieht vor den weißen Gipswänden. Weit und breit kein Tourist zu sehen, vom Morgen bis zum Abend.

Ted und ich kommen auf unsere Kosten. Wir haben uns einen rigorosen Arbeitsplan aufgestellt, den wir endlich verwirklichen werden. Hier ein Tag aus dem Leben der schreibenden Hughes': Wir wachen gegen sieben Uhr morgens auf, wenn eine kühle Brise im Weinlaub draußen vor unserem Fenster weht. Ich stehe auf, hole die Kanne mit den zwei Litern Milch herein, die täglich auf unserer Türstufe abgestellt wird, und mache sie für meinen café con leche und Teds Brandy-Milch heiß . . . [dazu gibt's] köstliche wilde Bananen und Zucker. Danach gehen wir frühzeitig auf den Markt, zuerst zu den Fischen . . . das ist faszinierend, denn jeder Tag bringt einen anderen Fang. Es gibt Muscheln, Krebse, Garnelen, winzige Oktopusse und manchmal auch einen riesigen Fisch, den sie als Filets verkaufen. Meist mache ich eine Marinade aus Ei und Zitrone, tunke sie hinein, wälze sie in Mehl und brate sie goldbraun. Nach den Fischen gehen wir zum Gemüse, fragen nach dem Preis und kaufen unsere Grundnahrungsmittel wie Eier, Kartoffeln, Tomaten und Zwiebeln (wir achten darauf, daß jeder von uns täglich ein Ei und eine gute Portion Fleisch bekommt). Wenn Du bloß sehen könntest, wie phantastisch wir haushalten. Wir kaufen bei dem einzigen Kartoffelstand, der das Kilo zu 1,50 statt zu 1,75 Peseten anbietet, und haben einen entdeckt, wo die Butter eine Pesete (rund 2½ Cents) weniger kostet. Ich hoffe, daß ich nie wieder in meinem Leben so auf den Pfennig schauen muß. Ich bin fest davon überzeugt, daß wir eines Tages viel Geld haben werden . . .

. . . Ted und ich schreiben von 8 Uhr 30 bis 12 – er am großen Eichentisch, ich am Schreibmaschinentisch am Fenster im Eßzimmer (unserem Arbeitszimmer). Dann koche ich Mittagessen, und anschließend gehen wir für zwei Stunden an den Strand, halten Siesta, schwimmen, wenn die Leute alle nach Hause gegangen sind, und haben alles ganz für uns allein. Danach wieder zwei Stunden Schreiben, von 4–6, und anschließend Abendessen. Von 8–10 Uhr abends studieren wir Sprachen, d. h., ich übersetze *Le Rouge et Le Noir* und habe vor, das ganze Französisch durchzuarbeiten, das ich für meine Prüfungen im Sommer brauche; Ted macht Spanisch. Ist dann noch Zeit, machen wir einen Spaziergang durch die mondhellen Mandelhaine auf die immer noch purpurnen Berge zu, von wo wir tief unten das Mittelmeer sehen können, silbersprühend.

So langsam fange ich wieder an, ein Gefühl für Prosa zu bekommen; ich muß mich durch diese äußerst schmerzliche Phase durchquälen, in der ich eine Menge schlechter, holpriger Prosa produziere, um wieder in meine Geschichten-Bestform zu kommen wie damals, als ich die »Mintons« und die anderen [*Geschichten*] für *Seventeen* schrieb. Im Moment arbeite ich an der über den Stierkampf und habe eine tolle Idee für eine witzige Geschichte mit dem Titel »The Hypnotizing Husband« für *Ladies' Home Journal*; leider werde ich nicht in der Lage sein, sie vor diesem Herbst in Cambridge fertig zu schreiben, weil ich noch sehr viel Literatur über Hypnose-Kunststücke durchstudieren will, damit sie realistisch klingt. Die Idee ist großartig, und beim Bohnenputzen fällt mir dauernd etwas dazu ein. Ted schreibt gerade an dem letzten Kapitel des bezauberndsten Kinderbuches, das es je gegeben hat. Er liest mir jeden Tag ein oder zwei neue Kapitel vor ... Du wärst hingerissen. Sie sind so schön, daß ich abwechselnd lache und weine. Ich bin sicher, daß das ein Klassiker für Kinder wird ...

Ted und ich haben beschlossen, in der Woche vor meiner Rückkehr nach Cambridge seine Eltern zu besuchen und ihnen zu erzählen, daß wir verheiratet sind. Es hat mich sehr beunruhigt, daß er in seinen Briefen nach Hause immer so getan hat, als wäre er allein, und ihm tat es leid, daß er ihnen damals nichts von unserer Hochzeit gesagt hatte ... Deshalb schreibt er ihnen jetzt, und ich werde meine neuen Schwiegereltern im September kennenlernen.

Unter all den entmutigenden Absagen, die täglich eintreffen (wir können uns im Moment die teuren Briefmarken nicht leisten, um unsere Sachen per Luftpost von Spanien nach Amerika zu schicken, deshalb stapeln wir die Manuskripte bis zum Herbst), war noch eine gute Nachricht für Ted: *The Nation* hat mit enthusiastischen Worten sein Gedicht »The Hag« angenommen, das macht also schon zwei Gedichte, und wir publizieren in derselben Zeitschrift! Ich habe das Gefühl, daß das nächste Jahr enorm fruchtbar wird. In diesem Sommer werde ich wohl zehn Geschichten schreiben, und Ted mindestens zwei schmale Bände ... Selbst in diesen mageren Zeiten sind wir sehr glücklich. Ich freue mich so auf

Amerika, meine Freunde und das Cape im nächsten Jahr! In den vergangenen Jahren war mein Leben wie ein Filmstoff: ein Psycho-, Liebes- und Reise-Thriller. Was für ein Stoff. Schreib mir und paß gut auf Dich auf. Liebe Grüße von uns beiden –

Sivvy

2. AUGUST 1956

Liebste Mutter,

. . . laß mich bitte wissen, für wann Du die Bekanntgabe meiner »Verlobung« geplant hast. Vielleicht wäre Anfang Oktober der beste Termin; ich bin dann schon wieder eine Weile in Cambridge und habe Zeit gehabt, den Cantors, Marty Plumber etc. zu schreiben. Wenn Onkel Frank Brautführer ist und Warren Trauzeuge (und die gute Patsy, wie ich hoffe, Brautjungfer), dann wären wir sehr entlastet, weil alle von der Familie sind. Ich freue mich unbeschreiblich auf diese Hochzeit, da sie der Anfang unseres wahren Lebens ist . . . frei von der Bürde des jetzigen.

Ich hoffe, daß wir am selben College günstige Jobs als Lehrer bekommen. Die Veröffentlichung seiner Gedichte in *The Nation* und *Poetry* . . . müßte Ted eigentlich sehr von Nutzen sein. Er ist der klügste Mann, der mir je begegnet ist, zugleich aber so bescheiden, was sein Wissen angeht, daß ich ihm bei seinen Bewerbungsschreiben dazu drängen muß, alle Pluspunkte aufzuschreiben, damit er damit Erfolg hat. Shakespeare kennt er auswendig, Wort für Wort, und ist schockiert darüber, daß ich nur 13 Stücke gelesen habe. Wenn wir bei ihm zu Hause sind, will er mir beim Literaturdatieren helfen (das ist ein Teil des Cambridge-Examens); durch ihn lerne ich, wirklich zu denken und tiefgründig zu schreiben. Ohne seine Hilfe würde es mir niemals gelingen, so gut zu sein. Er schult mich, läßt mich täglich Übungen zur Stärkung meiner Konzentrations- und Wahrnehmungsfähigkeit machen. Die Schilderung der einzelnen Aktionen bei dieser Stierkampf-Geschichte ist komplizierter als alles, was ich bisher geschrieben habe. Ich habe dabei gemerkt, daß seine Sehweise richtig photographisch ist, meine dagegen eher impressionistisch verschwommen. Durch Übung und Praxis mache ich meine Bilder nach und nach schärfer . . . Schreib mir bald. Alles Liebe

Sivvy

YORKSHIRE, ENGLAND
2. SEPTEMBER 1956

Liebste Mutter,

könntest Du Deine Tochter jetzt sehen, wie sie, eine wahrhafte Konvertitin des Brontë Clans, angetan mit warmen Wollpullovern, Hosen und Kniestrümpfen, mit einer dampfenden Kanne Kaffee oben in Teds Zimmer sitzt und aus drei riesigen Fenstern hinausschaut auf eine herrliche, wilde grüne Landschaft mit kahlen Hügeln, kreuz und quer durchzogen von zahllosen schwarzen Steinmauern wie ein Spinnennetz, in dem graue, wollige Schafe weiden, begleitet von Hühnern und braun-weiß gesprenkelten Kühen. Ein böser Nordwind peitscht stürmischen Regen gegen das kleine Haus, und Kohlenfeuer glühen. Dies ist die großartigste Landschaft . . . herrliche Hügel, leuchtend grünes Gras, ungewöhnlich tief eingeschnittene, mit Bäumen gefiederte Täler, auf deren Grund klare, nach Torf schmeckende Bäche fließen.

Klettert man die Bergrücken entlang, so hat man einen Flugzeugblick auf die Städte in den Tälern. Man sitzt hier oben wie auf dem Gipfel der Welt, und in der Ferne verlieren sich die purpurnen Moore. Ich war noch nie in meinem Leben so glücklich; das ist ein wilder, einsamer Ort, wie geschaffen zum Schreiben und Lesen. Ich glaube, im Grunde bin ich ein naturliebender Einsiedler. Ted und ich sind endlich »daheim« . . .

Die Eltern von Ted sind liebe, einfache Yorkshire-Leute, ich habe sie beide sehr gern. Wir wohnen oben, in Teds altem Zimmer, das ich als Arbeitsraum benutze; er schreibt unten im Wohnzimmer. Sein Vater ist ein weißhaariger, magerer, sehniger Bursche, der ein kleines Tabakgeschäft in der Stadt hat, seine Mutter eine rundliche, humorvolle Frau, die wunderbare komische Geschichten aus der Nachbarschaft erzählt und eine lebhafte Art hat, Dinge zu beschreiben. Sie hat eine winzige Küche, in der ich für Ted und mich koche. Sie werkelt den ganzen Tag herum, macht uns stärkehaltige Eintopfgerichte und Fleischpasteten. (Werd' ich glücklich sein, wenn ich eine amerikanische Küche habe . . . mit Orangensaft, Schneebesen und all meinen köstlichen Zutaten für leichte Kekse und Kuchen!)

Ich glaube, sie mögen mich beide . . . Teds prächtiger Millionärs-Onkel Walt [*eine maßlose Übertreibung*] . . . fuhr uns am Freitag mit seinem Auto zu den Wuthering Heights. Er ist ein einflußrei-

278

cher, massiger Mann mit einem großartigen, lebhaften Sinn für Humor. Wir verstanden uns glänzend. In einem Feld mit violettem Heidekraut machten wir ein Picknick; wie durch ein Wunder kam die Sonne zwischen leuchtend weißen Wolken am blauen Himmel hervor. Es gibt keinen Weg zu den Wuthering Heights, man muß ein paar Kilometer übers Moor laufen, um dahin zu gelangen. Es ist unbeschreiblich schön dort. Stell Dir vor, Du stehst auf dem Gipfel der Welt, purpurrote Hügel dehnen sich bis zum Horizont, und auf ihnen weiden graue Schafe mit gewundenen Hörnern, schwarzen dämonischen Gesichtern und gelben Augen ... schwarze Mauern aus Stein, klare Bäche, aus denen wir tranken; und zuletzt ein einsames, verlassenes Haus aus schwarzem Stein, zerfallen, angeklammert an die Wetterseite eines Hügels. Ich fing eine Skizze von dem durchhängenden Dach und den Steinmauern an. Werde zurückwandern, sobald es wieder schön ist, um sie zu beenden.

Gestern abend, bei Sonnenuntergang, gingen Ted und ich hinaus. In einem Märchenwald, der nahezu senkrecht abfällt zu einem tiefer gelegenen Flußtal, wollten wir uns an Kaninchen heranpirschen. Ich schwang mich an Zweigen über Bachkaskaden, starrte in den goldenen Himmel und das klare Licht; machte halt bei einer Farm, um drei neugeborene schwarze Kätzchen zu streicheln, bewunderte Kühe und Küken. Ted, der ein großer Scharfschütze ist, schoß ein wunderschönes seidiges Kaninchen. Leider war es ein Weibchen mit Jungen, ich brachte es nicht übers Herz, es mit nach Hause zu nehmen und ein Ragout davon zu kochen ...

Gestern morgen kamen tolle Nachrichten. Rate mal, welche — endlich! Ein märchenhafter Brief und ein Scheck über $ 50 von Redakteur Weeks von der *Atlantic* für mein Gedicht »Pursuit«, das ich Dir schon geschickt habe. Und was für ein Brief. Ich muß zitieren: »Wir finden alle, daß Ihr Gedicht ›Pursuit‹ gelungen und schön ist, und freuen uns darauf, es zu einem geeigneten Zeitpunkt auf einer Extraseite in der *Atlantic* abdrucken zu können. Wären Sie so freundlich, mir etwas zu einem anderen Gedicht von Ihnen zu sagen? Es war nicht bei dem Stoß und heißt ›Two Lovers and a Beachcomber by the Real Sea‹; ein gemeinsamer Freund zeigte mir eine Kopie davon. Es ist wirklich sehr eindrucksvoll.« ... Zu schade, daß *Mlle* dieses Gedicht schon veröffentlicht hat, dennoch war ich außer mir vor Freude über so einen netten Brief. Ich hatte eine Zusage bitter nötig in diesem Jahr, diese hier wird mir Mut machen für ein weiteres Jahr. Paß bitte auf, wann dieses Heft herauskommt, und kaufe ganz viele Exemplare auf – eine *ganze Seite* für mich allein! Wie Dylan Thomas, und zum selben Preis! Es ist das erste Gedicht, das ich nach meiner Begegnung mit Ted geschrieben habe, und sein »Bawdry Embraced« in *Poetry* war mir gewidmet ... Ich bete Dich an. Liebe Grüße an Warren. Schreib mir und erzähle, wie Du die Überfahrt überlebt hast.

Alles, alles Liebe
Sivvy

11. SEPTEMBER 1956

Liebste Mutter,

... nie hätte ich gedacht, daß ich eine Landschaft genauso lieben könnte wie den Ozean, doch diese Moore sind wirklich noch schöner mit ihrem ständig wechselnden, gewaltigen, strahlenden smaragdgrünen Licht, den Tieren und der Wildheit. Habe hier *Wuthering Heights* wieder gelesen, und diesmal war es mir *gegenwärtiger* denn je.

... Es gelingt mir nicht, auch nur eine Minute in ihm [*Ted*] jemand »anderen« zu sehen als das männliche Gegenstück meiner selbst, mir intellektuell und kreativ immer so weit voraus, daß ich mich ganz und gar weiblich fühlen und ihn bewundern kann.

Gegenüber liegt eine Tierfarm, da haben wir uns die Ferkel, Kälber, Kätzchen und Welpen angeguckt. Meine Kinder müssen unbedingt auf dem Land aufwachsen, deshalb mußt Du Dir auch ein Häuschen anschaffen, irgendwo auf dem Lande oder am Meer (wenn wir reich sind, kaufen wir es), wo wir unsere ... Kinder abwechselnd in Deiner und Mrs. Hughes' Obhut lassen können, während wir Ferien machen oder auf Reisen sind. Unser Leben wird ein beständiges Abenteuer sein ... In dem Jahr wollen wir uns einer harten Disziplin unterwerfen, aber ich brauche das und Ted ebenfalls. Wir haben ausführlich über unsere Hochzeit im Juni gesprochen und sind beide fest dazu entschlossen. Wir sehnen uns beide nach einer Art symbolischer »Stadt«-Feier; wahrscheinlich sehe ich da meine Freunde und Verwandten zum letzten Mal für viele, viele Jahre. Du kannst also definitiv damit rechnen ...

... Wünsche mir eine schlichte Feier mit anschließendem Gala-

280

empfang für alle und jede Menge zu essen und zu trinken. Das ist auch Teds innigster Wunsch ... Kann es kaum erwarten, nach Amerika zu kommen und für ihn zu kochen.

Schicke drei Geschichten – meine Geschichten – an *Mlle* ab und bete, daß es was wird. Wir sind voller Projekte, Pläne und Liebe ... ES LEBE DIE HOCHZEIT DER SCHREIBENDEN HUGHES IM JAHRE 1957! An der britischen Front ist alles vollkommen ruhig. Teds Familie reizend. Wir haben Dich schrecklich lieb, kann es kaum erwarten, bis wir in Amerika mit Dir unser Leben und unsere Zeit teilen. Leben ist Arbeit und Freude.

Viele, viele Grüße an Dich und Warrie –
Sivvy

21. SEPTEMBER 1956

Liebste, herrliche Mutter,

was hast Du uns mit Deinen langen, informativen rosa Briefen für eine Freude gemacht! So vieles ist im Gange, noch ungeklärt, daß ich jetzt, in diesen letzten zehn Tagen vor meiner Abreise nach Cambridge, ganz zerrissen bin. Tatsächlich brenne ich fast darauf, wieder dort zu sein und mich in die Arbeit zu stürzen, denn wie Du weißt, verlasse ich Orte im allgemeinen eine Woche vorher [*im Geiste*] und habe jetzt schon das schrecklichste Heimweh nach Ted.

Elly Friedman, die Liebe, ist zur Zeit hier. Ted und ich haben ein wunderschönes Zimmer für sie in dem überaus prächtigen, malerischen alten Stein-Gasthof, mit niedrigen Balken und vielen Büchern an den Wänden, besorgt. Ted und ich würden das Haus am liebsten kaufen. Elly ist der ideale Gast; sie ist total unabhängig und läßt uns bis zum späten Nachmittag in Ruhe arbeiten. Ich hatte ein paar lange, gute Gespräche mit ihr und bin jetzt wieder auf dem laufenden, was Smith betrifft. Stell Dir vor, unter den *seniors* hat es das Gerücht gegeben, daß ich in diesem Jahr zurückkomme und unterrichte! Ich nehme an, einer von meinen Lehrern hat es ganz im Vertrauen einer Studentin gesagt, und schon war es rum. Wenn ich dieses Jahr in Cambridge gut abschneide, dürfte es eigentlich kein Problem sein, dort einen Job zu kriegen. Inzwischen bin ich aber ganz dagegen, daß sich Ted dort auch um einen Job bewirbt, ich habe dafür meine guten Gründe. Zunächst einmal hätte ich die Verantwortung für ihn, würde ihn, in gewisser Weise, auf die Probe stellen, zudem sind meine Bindungen an den Ort und an die Lehrer sehr tief und emotional. In meinem ersten Ehe- und Unterrichtsjahr möchte ich nicht ins Hintertreffen geraten, weiß ich doch, wie skrupellos die Smith-Mädchen sind (Beweis dafür die beiden Lehrer, noch heute im Lehrkörper, die nacheinander drei Smith-Mädchen geheiratet haben) ... Es wäre absurd, wenn ich Ted einer so hysterischen Jungmädchenschwärmerei aussetzen würde. Ich hätte nicht eine Minute Ruhe, da ich weiß, mit welcher Lust College-Mädchen endlos über Männer reden und sich Liebes- geschichten ausmalen und wie sie sich an Lehrer heranschmeißen, mögen sie auch hornalt oder einbeinig sein. Deshalb werde ich für Ted nach Amherst schreiben ... Wenn Ted in Amherst nicht angenommen wird, ist er durchaus bereit, irgendeinen Job bei einem Rundfunk- oder Fernsehsender oder sonstwo zu überneh- men, und könnte, falls er Erfolg mit TV-Drehbüchern hat, auch zu Hause arbeiten. Ich bin einfach nicht bereit, mein Eheleben und meine Unabhängigkeit ganz und gar Smith zu opfern. Ich will nicht, daß wir *beide* die gleichen Lehrkörperversammlungen, gesellschaftlichen Veranstaltungen und Smith-Mädchen-Tratsche- reien über uns ergehen lassen müssen ...

... Du kannst Dir ja vorstellen, wie satt ich es habe, Nutznießer Anderer Leute Küche und Haus zu sein ... Ich sehne mich maßlos nach meinen eigenen vier Wänden, nach meiner eigenen Speise- kammer ... Wenn ich dieses schwere Jahr durchgestanden habe, habe ich weiß Gott eine Hochzeit und Geschenke und einen Empfang und einen Sommer Flitterwochen verdient; es ist nicht immer leicht gewesen. Mit unserer Hochzeit im nächsten Juni werden wir unser eigentliches Eheleben richtig beginnen.

... Es ist noch nicht ganz klar, was für einen Job Ted in Spanien kriegt, er fährt aber trotzdem etwa am 1. Oktober mit seinem ... Onkel los ...

Ted liest übrigens nächste Woche bei der BBC in London zur Probe moderne Gedichte (sie hatten eine Tonbandaufzeichnung seiner Rezitation von »Gawain und der Grüne Ritter« gehört, die er bei einem Freund gemacht hatte, und die hatte ihnen gefallen). Ich fahre mit ihm hin und drücke die Daumen, daß sie das Ganze senden wollen. Außerdem mache ich mir große Hoffnungen für Ted, was TV-Drehbücher betrifft. Wenn Amherst ihn doch bloß nehmen würde, das wäre herrlich. Gib mir bitte einen Rat, in welcher Form ich Bewerbungsformulare anfordern soll. Alles, alles Liebe für Dich und Warren.

Sivvy

WHITSTEAD, BARTON ROAD
CAMBRIDGE, ENGLAND
2. OKTOBER 1956

Liebste, herzallerliebste Mutter,

etwas überaus Wunderbares ist geschehen. Bei meiner Rückkehr nach Whitstead gestern – es regnete, ich war erschöpft und wie üblich starr vor Trauer – fand ich einen reizenden Brief von der Chicagoer Zeitschrift *Poetry* vor, in dem stand, daß sie meine Gedichte herrlich finden und SECHS (!) kaufen und veröffentlichen wollen! Weißt Du, was das bedeutet? Zuerst einmal ungefähr $ 76 (sie zahlen 50 Cents pro Zeile) ... dann sind es alles *neue* Gedichte, geschrieben nach »Pursuit«, und ich preise in ihnen die Liebe und Ted. Sie haben offensichtlich Bedarf für eine neue lyrische Frau. Und es sind *glückliche* Gedichte.

Das heißt auch, daß ich eine phantastische Liste von literarischen Erfolgen zur Einführung meines Gedichtmanuskripts präsentieren kann, das ich gerade fertig mache, um es im Januar beim Wettbewerb der Yale Series of Younger Poets einzureichen. Neun Gedichte von mir sind bereits veröffentlicht worden; wenn diesen Herbst noch sieben dazukommen und im Winter vielleicht noch weitere, dann ist das eine ziemlich eindrucksvolle Sache. Mein Manuskript müßte viel größere Chancen haben; zudem ist *Poetry*, gottlob, eine reine Lyrik-Zeitschrift ... Das ist auch sehr günstig, im Zusammenhang mit meinen kommerziellen Publikationen ... Sie wollen »Two Sisters of Persephone«, »Metamorphosis«, »Wreath for a Bridal«, »Strumpet Son«, »Dream with Clam-Diggers« und »Epitaph for Fire and Flower« abdrucken – letzteres ein ziemlich langes, das ich in Spanien am Strand von Benidorm angefangen habe! Ich schicke Dir eine Abschrift mit.

Habe auch einen reizenden Brief von Peter Davidson bekommen, der jetzt Mitherausgeber der Atlantic Monthly Press ist; er schreibt, ich solle mir Hoffnungen machen aufgrund seiner neuen Stellung und ob es nicht nett wäre, wenn sie eines Tages einen

283

Roman von mir veröffentlichen könnten? Ich schrieb ihm einen kolossalen Antwortbrief, erzählte ihm von Teds Sachen und meinen Romanplänen, fragte ihn um Rat etc. Er kann uns als Freund äußerst nützlich sein. Deine kleine Tochter wird doch noch eine Schriftstellerin!

. . . Ich will für jeden von uns ein Gedichtband-Ms. fertig tippen. Ted schreibt wie wild – die *Atlantic* hat seine Gedichte jetzt schon seit vier Monaten; ich halte ihm die Daumen. Etwas Rührendes – er möchte seine Fabeln extra für Dich drucken lassen, damit Du keine Angst mehr hast, daß er mich nicht ernähren kann! Er glaubt, daß Du Dich darüber freuen würdest. Der Gute.

Natürlich wird die Arbeit hier sehr hart werden, aber ich bin allein und glücklich, will keinen sehen, nur in Gedanken an Ted leben und jeden Tag schreiben. Ich treffe ihn in London, bevor er nach Spanien abfährt, da habe ich noch etwas, worauf ich mich freuen kann. Er wartet jetzt auf Nachricht von der BBC.

Du mußt unbedingt Mrs. Prouty erzählen, daß wieder Gedichte von mir angenommen worden sind! Da sieht man, was wahre Liebe alles kann!

Wenn Du nur wüßtest, wie glücklich ich mit Ted bin. Ich bin jetzt über vier Monate mit ihm zusammen, jede Minute und jeden Tag liebe ich ihn mehr. Nie . . . geht uns der Stoff für unsere immer intensiver werdenden Gespräche aus. Auf unserer Busfahrt nach London haben wir den ganzen Tag geredet. Es ist so aufregend: Wir schreiben beide, produzieren täglich etwas Neues, kritisieren uns, träumen, machen uns Mut, grübeln über gemeinsame Erfahrungen. Ich bin im siebenten Himmel; ich liebe ihn mehr als alles in der Welt und würde alles für ihn tun . . . Wir wollen arbeiten, nichts als arbeiten . . . Erfolg wird keinen von uns je verderben. Wir sind nicht abhängig vom Kontakt mit der sogenannten Kunstwelt, wir verachten sie; die Leute, die auf Parties trinken und sich »Schriftsteller« nennen, sollten lieber nach Hause gehen und schreiben und nochmals schreiben. Jeden Tag muß man sich die Bezeichnung »Schriftsteller« von neuem *verdienen,* muß man schwer darum kämpfen.

Unsere letzten Tage bei Ted zu Hause waren schön, wenngleich uns die bevorstehende Trennung stark belastet hat. Wir hörten Beethoven nach dem Essen, im Licht des Kohlenfeuers, und lasen gemeinsam ruhig und glücklich im Bett; und draußen, vor den großen Fenstern, leuchteten die Sterne. Meine Zeichnung von den Wuthering Heights habe ich fertig und werde einen kleinen Artikel dazu schreiben ...

Bitte schreib mir in diesem Jahr ganz oft.

Alles Liebe,
Deine glückliche Sivvy

Epitaph für Feuer und Blume

Leichter fädelst du den grünen Wellenkamm
Daß er nicht bricht, auf Draht,
Verankerst lockre Luft in Quarz,
Als hindern diese Liebenden, so leicht verderblich,
An Zärtlichkeit, die Neid von Engeln weckt,
Und am Versengen ihrer vollen Herzen,
Die sie dann von sich tun wie je verkohltes Zündholz.

Such nicht die Kamera die steinern festhält
Den flüchtigen Glanz ihrer Gesichter in
Schwarzweiß, nicht Eis, das ihrer Münder
Sekundenglut für künftige Mienen aufbewahrt;
Von Sternen schießen Blütenblätter, Sonnen welken,
Wieviel du schwitzt das liebe Trümmerwerk
Im Kopf als Wabenhonig zu bewahren.

Jetzt ins Dilemma ihrer Schwüre häng dein Ohr
Still als Muschel, hör sie prophezeien in welche
Ewigkeit aus Glas sie die Umarmung gießen wollen,
Welchen museumssichren Diamant, der Nachwelt
Zum Bestaunen; wie sie in einer Stunde
der Asche Herrschaft niederringen wollen,
Um ihre Treu versteinert aufzuheben.

Doch nagelten sie Sehnen an den Fels
Küßten als Wetterhähne Feuer wach
Den Phönix auszustechen: ihr rascher Einfall
Treibt Blut zu schnell, kein Wunsch kann es
Mehr zügeln: sie reiten nächtelang

Dem glühenden Herzschlag nach, dann hat der rote Hahn
Die Blätter der Kometenblüte ausgerissen.

Das Morgengrauen löscht des Sterns verbrannten Docht
Noch immer ruft die Liebesnarrheit Immergrün
Doch Wachs stockt matt in Adern, wie wild sie auch
Entflammt: der feierliche Pakt zerreißt und weicht
Dem neuen Schimmer; das Körperglied aus Licht
Bläst Asche in beider Augen, der glühnde Blick
Schwärzt Fleisch zu Bein und zehrt sie auf.

8. OKTOBER 1956

Liebste aller Mütter,
fand Deinen Brief von heute morgen herrlich – finde alle Deine
Briefe herrlich – habe soviel zu berichten. Die guten Nachrichten
zuerst: das Dritte Programm der BBC (Bildungsprogramm) hat
Teds Yeats-Rezitation akzeptiert und will eine Aufnahme machen.
Ich platze fast vor Stolz; beim Frühstück heute morgen mußte ich
mich zusammenreißen, um nicht einen Luftsprung zu machen und
zu rufen: MEIN MANN IST EIN GENIE UND WIRD BEI DER BBC YEATS
LESEN! Sobald er weiß, an welchem Tag sie ihn für die Aufnahme
brauchen, gibt er mir Nachricht, und wir treffen uns in London.
Wir haben die Hoffnung, daß noch mehr Rezitationen dabei
rausspringen. Teds Vortragskunst ist damit offiziell anerkannt,
und das müßte ihm eigentlich sehr helfen, eine Stelle als Lehrer zu
bekommen, glaubst Du nicht auch?
    . . . Bin jetzt seit genau einer Woche wieder hier und leide unter
grauenhaften Zuständen; aber ich bin stoisch und werde es schon
irgendwie schaffen. So lange war ich noch nie von Ted getrennt,
irgendwie sind wir im Lauf dieses arbeitsreichen, lebensvollen
Sommers auf mystische Weise eins geworden. Auf einmal begreife
ich, was die Legende bedeutet, die sagt, daß Eva der Rippe Adams
entstammt; die verdammte Geschichte ist wahr! Da gehöre ich hin
und sonst nirgends. Von Ted getrennt, habe ich das Gefühl, als
wäre von mir nicht mehr übriggeblieben als eine einzige Wimper.
Es ist die reinste Agonie. Wir unterscheiden uns *tatsächlich* von den
meisten Paaren; denn wir haben in jedem Augenblick intensiver
Anteil aneinander. Alles, was ich mit und für Ted tue, hat einen

himmlischen Glanz, und wenn es nur Kochen oder Bügeln ist, und das nimmt mit der Gewöhnung noch *zu,* statt abzunehmen . . . Am wichtigsten ist vielleicht, daß unser Schreiben in der Inspiration durch den anderen gründet und an der angemessenen, einzigartigen Kritik durch den anderen wächst und daß die Veröffentlichungen von der Freude des anderen begleitet sind. Welche Frau hat schon solchen Anteil an der kostbaren Karriere ihres Mannes wie ich? . . . Ich könnte es in der Tat nicht ertragen, wenn Ted einen Job hätte, bei dem er von neun bis fünf weg ist, weil ich so schrecklich gern mit ihm zusammen bin und so gern in seiner Gegenwart arbeite . . . Ich hoffe, Du verzeihst mir, daß ich Dir die Ohren damit vollgesungen habe; Du mußt verstehen, daß ich nur Dich habe zum Reden, so wie Du Warren. Ich lebe wie eine Nonne, völlig in meine Studien verkrochen (es hat eine ganze Woche gedauert, bis ich wieder lesen konnte: jetzt lese ich die Paulusbriefe und Augustinus für meinen Philosophiekurs; und Chaucer – Gott segne Chaucer). Ich schreibe jeden Morgen, den ganzen Morgen lang . . . Ich brauche kein Leid, um schreiben zu können; davon hatte ich genug und werde wohl auch in Zukunft genug davon haben. Ich möchte, daß meine Gedichte und Geschichten der bisher stärkste weibliche Päan werden, ich will die schöpferischen Kräfte der Natur preisen, die Freude, eine geliebte und liebende Frau zu sein; das ist mein Lied. Ich glaube, daß es zur Selbstzerstörung führt, wenn man versucht, eine abstraktionswütige Männernachahmerin zu sein oder eine bittere, sarkastische Dorothy Parker oder Teasdale. Ted und ich sind Einsiedler; wir wollen arbeiten und lesen und NY-Kreise und ego-schmeichelnde Verehrerparties meiden . . .

Alles Liebe und Gute für Dich und den lieben Warren,
ganz Deine Sivvy

PS Habe einen phantastischen, reizenden Brief von Peter Davidson bekommen. Er hat jetzt seine neue, einflußreiche Stelle als Mitherausgeber der Atlantic [*Monthly*] Press. Ist stark an Ted und mir interessiert; möchte, daß ich Teds Fabeln für Kinder an ihr kleines, aber aufgeschlossenes Ressort Kinderbuch schicke. Möchte, daß ich mich an ihrem Roman-Wettbewerb beteilige – vermutlich 1958 – und will gern alle Manuskripte lesen. Welch ein großartiger Förderer und Freund kann er doch sein. Er hat sich um Teds Gedichte gekümmert, die immer noch in der Redaktion der [Atlantic] *Monthly* liegen; sagt, daß bisher noch keine Entscheidung getroffen ist, daß sie aber ernsthaft interessiert sind und Redakteur Weeks sie sich demnächst anschauen will. Halt uns die Daumen.

X X X S.

16. OKTOBER 1956

Liebste Mutter,

. . . unser Londoner Wochenende hat mich wieder beruhigt und jene erste hektische, würgende, wilde Depression vertrieben, die ich bekam, als ich mich zum ersten Mal in unserem Eheleben von meinem Mann trennen mußte. Fast wäre es ein Alptraum geworden. Ich hatte mit Ted ausgemacht, daß er mich gegen 7 Uhr 30 an der Station King's Cross abholen soll, aber als ich festgestellt hatte, daß er mit dem Bus um 7 Uhr an der Endstation ankommen würde, beschloß ich, einen früheren Zug bis Liverpool Street zu nehmen und *ihn* abzuholen. Zu diesem Zweck schrieb ich ihm einen Brief und dachte mir, wenn er ihn nicht rechtzeitig bekommt, ist das weiter auch nicht schlimm, ich bin ja ab 6 Uhr an der Bus-Endstation, wo ich ihn auf keinen Fall verfehlen kann. Ich wartete also von 6 bis 8 an der Endstation, und der Bus, den er vermutlich genommen hatte, kam; er war nicht drin. Die Aufsichtsbeamten an der Bus-Endstation waren alle miteinander abgestumpfte Kretins, das einzige, was ich aus ihnen herausquetschen konnte, war, daß alle Busse da seien und kein Unfall gemeldet worden war. Ich war völlig außer mir, konnte nicht begreifen, wieso Ted nicht mitgekommen war; er hatte die Karten schon gekauft: ich bekam einen wilden Tränenausbruch, schmiß mich schluchzend in ein Taxi und trieb den Fahrer während der 20minütigen Fahrt nach King's Cross ununterbrochen zur Eile an, weil ich sehen wollte, ob Ted durch ein Wunder dort gelandet war. Ich litt, wußte mir keinen Rat als zu schreien, zu schreien . . . durch die Straßen von London. Also, um das Trauma zu verkürzen, ich lief hinein in King's Cross und direkt in Teds Arme. Er hatte sich von dem Busfahrer früher absetzen lassen, um eher bei mir zu sein, und sich, als ich nicht mit dem Zug ankam, Sorgen gemacht, weil er meinen letzten Brief nicht bekommen hatte. Er erschien mir wie der schönste, liebste Mensch auf der Welt; alles fing an zu leuchten, dem Taxi-Fahrer wuchsen Flügel, und alles war gut.

Zwei glückselige Tage lang streiften wir gemeinsam umher, saßen in Parks, schmökerten in Buchläden, lasen uns vor, aßen Obst und sonnten uns in der Gegenwart des anderen. Zum ersten Mal habe ich jetzt das Gefühl, daß ich arbeiten und mich konzentrieren und dieses stoische Jahr irgendwie hinkriegen kann.

Teds Aufnahme bei der BBC ist am 24. Oktober, das heißt, ich werde es so einrichten, daß ich am 27. hinfahre, um mit ihm meinen Geburtstag zu feiern; wenigstens noch ein Wiedersehen, bevor er nach Spanien abreist.

. . . Habe diese Woche ein paar meiner besten Kurzgeschichten geschrieben, die er in London kritisiert hat. Für die beste, »The Invisible Man«, rechne ich mir große Chancen aus – handelt von diesem bezaubernden, extravertierten vielseitigen Burschen, der nur für sich selber unsichtbar ist . . . und von seinen Erlebnissen. Vielleicht wird das auch ein Klassiker nach Peter Schlemihl und Hoffmanns Mann ohne Spiegelbild; ich kann's kaum erwarten, sie loszuschicken. Bin begeistert von Deinen Briefen; nur noch 8 Monate, dann sind wir Daheim. Grüße mir Warren; alles Liebe für Grampy.

Ganz Deine Sivvy

22. OKTOBER 1956

Liebste Mutter,

ein selten schöner blauer und goldener Tag – äußerst selten. Ging hinaus heute nachmittag, setzte mich im goldenen Dunst unter die zarten, gelben Weiden am Cam und brütete über weiße Schwäne, schaukelnde Bläßhühner und vieles mehr. Ich schicke Dir mit der normalen Post ein Exemplar von *Granta* (dem *New Yorker* des Cambridger Studentenlebens), da steht eine Geschichte drin, die Du meiner Ansicht nach kennen müßtest, weil ich sie damals für Mr. Kazin geschrieben habe [»*The Day Mr. Prescott Died*«]. Ich finde, Ben Nash, der nette Redakteur, hat sie sehr gut illustriert.

Habe soeben die Nachricht bekommen, daß *The Nation* noch ein Gedicht von Ted angenommen hat, ein herrliches über die Gewalt des Windes. Ich gebe mir die größte Mühe, mit dieser Nachricht hinterm Berg zu halten, bis ich ihn in London an meinem Geburtstag sehe, da ich es nicht ertragen kann, seine Freude nicht *mitzuerleben*, nicht dabeizusein. Der *New Yorker* hat seine Fabeln abgelehnt (wir probieren es trotzdem so lange, bis wir blutig sind), ich hoffe also, daß diese Zusage ihn wieder ermutigt: wenn doch bloß die *Atlantic* eins von den Gedichten kaufen würde, die jetzt schon fünf Monate in der Redaktion liegen. Diesen Mittwoch werden Teds Yeats-Rezitationen und *zwei seiner eigenen Gedichte* aufgenommen.

Was mich auf dieses ungeheuer große Problem bringt, das ich mit Dir besprechen muß, andernfalls ich zerspringe. Mir kommen immer mehr Zweifel, ob es wirklich so vernünftig ist, wenn ich in diesem aufregenden, entscheidenden Jahr unseres Lebens von Ted getrennt bin. Zunächst glaubte ich, daß ich ohne ihn und die häuslichen Pflichten besser studieren kann, daß die Fulbright-Leute mir mein Stipendium streichen, wenn sie erfahren, daß ich verheiratet bin, und daß ich aus Newnham rausfliege. Außerdem wollte ich eine Hochzeit, einen Galaempfang mit vielen Leuten. Doch diese Motive lösen sich vor meinen Augen so nach und nach in Luft auf. Wir können beide unendlich viel besser arbeiten und schreiben, wenn wir beieinander sind. Ich zum Beispiel vergeude, wenn ich von Ted getrennt bin, mehr Zeit mit Träumereien über ihn, Briefeschreiben an ihn und Brüten über mein Fernsein von ihm, als wenn ich dreimal am Tag für uns koche. Ich habe mir die Fulbright-Listen durchgesehen und festgestellt, daß unter den Stipendiatinnen drei verheiratete Frauen sind. Frau Dr. Krook, meine Philosophielehrerin, ist sehr dafür, daß Ted und ich zusammen arbeiten, und ich bin sicher, sie würde im Ernstfall Newnham gegenüber bezeugen, daß ich besser arbeite, wenn ich mit meinem Mann lebe und studiere. Das alles läuft auf die Frage hinaus – soll ich meine geheime Heirat bekanntgeben und in den nächsten beiden Semestern mit Ted in Cambridge zusammenleben oder Nicht? ... Wenn wir uns dazu entschließen würden, unsere Heirat bekanntzugeben, dann müßte das zwangsläufig diese Woche sein ... Ted haßt vieles an Cambridge, und ich weiß nicht, ob es ihm möglich wäre, hier zu leben und sich um eine Stelle als Lehrer zu bemühen. Die Bedingungen dafür wären sicher besser als in Spanien – ich denke dabei an den Unterricht an einer Volksschule oder einem amerikanischen Luftwaffenstützpunkt. Wir würden eine Menge Geld sparen, wenn ich nicht zweimal nach Spanien hin- und zurückkreisen müßte, ganz zu schweigen davon, wieviel mehr Zeit und Energie mir für meine Arbeit in der hiesigen Bibliothek während der Semester und der langen Ferien bleiben würden ...

Ich habe stichhaltige Gründe für die entscheidenden Fulbright- und Newnham-Leute: ich kann sagen, daß wir dachten, Ted würde in Spanien eine Arbeit kriegen, daß der Job dann ins Wasser gefallen ist (was der Wahrheit entspricht) und daß er mich finanziell nicht unterstützen kann, sondern sich das Geld für die Überfahrt verdienen muß, weshalb ich unbedingt mein Stipendium weiter brauche. Frau Dr. Krook kann sicher bezeugen, daß ich nicht nachgelassen habe, ja, daß sich die Qualität meiner Arbeit noch verbessert hat.

... Ich lebe für Ted, Ted geht mir über alles, und wenn er es für gut hält, unsere Ehe bekanntzugeben und den mühsamen bürokratischen Weg zu gehen, dann ziehe ich eben aus Whitstead aus und in ein x-beliebiges Logis, wo ich gemeinsam mit ihm arbeiten, schreiben und studieren kann. Ich glaube, es ist falsch, sechs unwiederbringliche Monate unseres Lebens getrennt zu leben; wir fühlen uns schrecklich elend, wenn wir auseinander sind ... und selbst, wenn wir zusammen sind, erstickt die Notwendigkeit einer Trennung fast unmerklich unsere Freude.

Ich möchte jetzt gern wissen, wie Du darüber denkst. An diesem Wochenende treffe ich mit Ted eine Entscheidung. Du könntest ja ... den Freunden sagen, Ted hätte in Cambridge oder London einen Job gefunden, und da fänden wir es absurd, nicht hier und jetzt zu heiraten ... Bitte steh mir in dieser Angelegenheit mit Rat und Überzeugung bei. Ich bin sicher, daß ich die ganzen bürokratischen Schwierigkeiten hier ertragen kann, wenn Du mir den Rücken stärkst.

Von ganzem Herzen
Sivvy

23. OKTOBER 1956

Liebste Mutter,

dieser Brief wird zum Fortsetzungsbrief, so dicht folgt er auf den letzten. In der Hauptsache schreibe ich, um Dir noch ein bißchen was Gutes zu berichten ... Heute morgen bekam ich einen bildschönen Scheck über mehr als £ 9 (das entspricht etwa $ 26) — und rate mal, von wem? Vom CHRISTIAN SCIENCE MONITOR!!

Gemessen an ihren üblichen Sätzen scheint das eine ziemlich gloriose Summe. Du wirst mit Sicherheit tief beeindruckt sein, wenn Du erfährst, was sie gekauft haben: einen kurzen, netten

Artikel über Benidorm (jene hübsche, kleine spanische Stadt, in der wir fünf Wochen unserer Flitterwochen verbracht haben) und vier meiner allerbesten Federzeichnungen. Ich glaube, diese Zeichnungen werden Dich auch überraschen. Da sieht man, wie weit ich's gebracht habe, seit ich mit Ted ausgehe. Mit jeder einzelnen Zeichnung ist für mich eine lebhafte Erinnerung an unser Zusammensitzen in der heißen Sonne verknüpft – Ted lesend, Gedichte schreibend oder ganz einfach mit mir redend. Bitte kaufe von jeder Ausgabe Unmengen von Exemplaren. Die Skizzen sind sehr wichtig für mich. Die mit den Sardinenbooten ist die komplizierteste und ungewöhnlichste, die ich bisher gemacht habe ... Als Komposition liebe ich die mit dem Burgfelsen und den Häusern am meisten; die mit der Treppe am wenigsten, obwohl sie gar nicht so übel ist. Ich hoffe, daß sie Dir gut gefallen; schicke sie bitte an Mrs. Prouty; zeige ihr, wie schöpferisch Ted mich gemacht hat! ...

... Sobald Ted und ich zusammenleben, werden wir ein besseres Gespann werden als Mr. und Mrs. Yeats – er ein kompetenter Astrologe, der Horoskope stellt, ich eine Tarockkarten-Leserin und, wenn wir genug Geld haben, eine Kristallguckerin. Werde Dir nach diesem Wochenende Bescheid sagen, wozu wir uns entschlossen haben ... Es kommt uns verrückt vor, unsere Kräfte zu spalten, wenn wir so phantastische »Aspekte« haben wie dieses Jahr – im Moment tippe ich einen Band seiner Gedichte (beachtliche 50 Seiten) für einen Wettbewerb Ende November ... Ich wäre begeistert von Cambridge, wenn er hier wäre. Es ist auch ausgeschlossen, daß er mich unterstützt, da alles, was er verdient, für die Kosten der Überfahrt nach Amerika draufgehen wird. Ist er da, schreibe, denke und lerne ich hervorragend; ist er weg, bin ich zerrissen und kann nur noch in kurzen, stoischen Phasen richtig arbeiten ...

Später: SO, HIER IST DAS NEUESTE BULLETIN: Ted ist heute abend von London gekommen ...

Die Trennung hat uns beide im wahrsten Sinne des Wortes todkrank gemacht; der Versuch, mit dem übermächtigen, wilden Gefühl der Abwesenheit des anderen fertig zu werden, hat uns unsere ganze Zeit und Energie gekostet. ALSO: Spanien ist passé. Ted kommt nach Cambridge und wird hier den Rest des Jahres wohnen und arbeiten. Für die nächsten zwei Wochen haben wir eine rigorose Kampagne für die Bekanntgabe unserer Heirat geplant; zuerst gehen wir zu meiner Philosophietutorin; danach zu den Fulbright- und danach zu den Newnham-Leuten. Wir sind verheiratet, und keinem von uns ist es möglich, ohne den anderen vollständig und gesund zu sein ... Ich kann schreiben und gute Examina machen, wenn mein Teddy bei mir ist. Bitte schreib mir und steh mir bei. Wir werden so glücklich miteinander sein ab 7. Dezember. Wünsch uns Glück bei den maßgeblichen Leuten.

Deine Dich liebende Sivvy

1. NOVEMBER 1956

Liebste Mutter,

die ganze Welt ein einziges Chaos – hier meine private Krise, dort die gewaltige Krise, die durch die unglaubliche, wahnsinnige britische Bombardierung Ägyptens heraufbeschworen wurde! Du ahnst nicht, was für einen Schock diese Bomben hier bei uns ausgelöst haben. Der *Manchester Guardian,* meine britische Lieblingszeitung, hat diese militante Aggression Britanniens »eine Katastrophe« genannt, und ich kann mir nicht vorstellen, was Eden anderes zu gewinnen hofft, als bei den britischen Kolonien, Alliierten, und natürlich auch den wachsenden Feinden, für immer das Gesicht und Hilfe und Unterstützung zu verlieren. Die kraß materialistischen Motive für diesen Angriff auf den Suez-Kanal sind so offensichtlich, daß Rußland auf Jahre hinaus Propagandamaterial damit hat. Es interessiert mich brennend, was die Studenten in Cambridge dazu sagen. Briefe des Entsetzens aus ganz Britannien haben die Downing Street Nr. 10 überschwemmt. Die Redegewandtheit von Gaitskell in der Opposition ist ermutigend. Wenn ich bedenke, daß ich damals auf dem Claridge-Empfang buchstäblich Schulter an Schulter mit Eden gestanden habe! Ich kann den Briten ihre Arroganz – diesen alten, überheblichen Handelskolonialismus, der auch heute noch unter den Tories lebendig ist – nicht verzeihen. Ich finde, die britische Zypern-Politik war schon fragwürdig genug. Und das hier ist das Letzte.

In den hiesigen Zeitungsberichten wird gespannt die amerikanische Außenpolitik verfolgt, in einer Weise, die mich glühend hoffen läßt, daß Washington sich an die UN-Beschlüsse hält und nicht an seine alte Loyalität Britannien gegenüber. Wie müssen sich die in

Moskau freuen über diesen schamlosen Nationalismus und Kapitalismus; über diese bewaffnete Aggression, die bisher immer der Schlachtruf der westlichen Alliierten war.

... Seit diesem Ereignis ist sogar Budapest aus den Schlagzeilen raus; die Russen ziehen sich zurück. Was für eine Welt! Ich erinnere mich noch an das Interview mit diesem persischen Diplomaten über meine Arbeit als Lehrerin in Afrika, in dem er sagte, daß die Westmächte von geradezu kindlicher Unkenntnis über die immense militärische Stärke und die verfügbaren Arbeitskräfte in Arabien und Afrika seien. Der Leitartikel im *Manchester Guardian* war hervorragend: dieser Angriff ist wirklich eine Katastrophe – in moralischer, militärischer und politischer Hinsicht. Britannien ist tot; Sterilität und Amoralität sind nicht nur auf Literatur und Kritik beschränkt, sie durchdringen alle Bereiche. Ich sehne mich so danach, Ted da rauszuholen. Gott segne Amerika. Ich kann's kaum mehr erwarten, wieder zu Hause zu sein.

Nun zu meiner privaten Krise. War das eine Woche... Gestern fuhr ich nach London und gab meine Heirat der Fulbright [*Kommission*] bekannt. Ich hatte zwar mit der problemlosen Verlängerung meines Stipendiums gerechnet, nicht aber mit so einem königlichen Empfang! Der hübsche junge amerikanische Leiter beglückwünschte mich und sagte mir, sie fänden meine Arbeit auf dem sozialen wie akademischen Sektor so ausgezeichnet, daß sie sie am liebsten öffentlich bekanntmachen würden (!) ... Ich habe herausgefunden, daß eine der Grundbedingungen für dieses Stipendium ist, daß man seine kulturelle Auslandserfahrung wieder nach Amerika *zurückbringt,* und sie waren begeistert, als ich andeutete, daß ich gleich das *Zweifache* davon zurückbringe in Gestalt von Ted, der Lehrer und Schriftsteller ist.

Der Tag in London war ziemlich zermürbend, ich war sehr erschöpft und traurig, wie üblich einen Tag vor meiner Periode; Ted war intensiv mit seinen persönlichen und unseren gemeinsamen Zukunftsaussichten befaßt. Wir haben durch einen glücklichen Zufall eine Wohnung bekommen. Sie liegt nur 5 Minuten von Whitstead entfernt, mehr in Richtung Granchester, am Stadtrand, ist aber von hier bequem zu erreichen. Meinem geläuterten Blick erscheint sie als Prachtwohnung. Wir teilen uns das Bad mit einem kanadischen Paar, das oben wohnt, und haben das ganze Erdgeschoß für uns: Wohnzimmer, Schlafzimmer, eine Art großes

Eßzimmer, uralte, aber solide Gasöfen und Speisekammer. Ich habe mich heute mit der Hausbesitzerin getroffen, die erfreulicherweise in einer anderen Stadt lebt. Sie erlaubt uns, daß wir die Wände anstreichen (jetzt in schauerlichem Gelb), solange wir nicht Violett oder Orange nehmen. Klar, daß sie nur allzu glücklich ist, sie bekommt die Renovierung ja umsonst; aber meine Haltung hat sich vollkommen gewandelt. Am liebsten würde ich die ganze Wohnung in einem schönen Blaugrau anstreichen. Ted und ich werden dann wirklich das Gefühl haben, daß wir uns ein Zuhause »schaffen«. Die Miete beträgt 4 Pfund pro Woche, dazu kommen die Kosten für Gas, Licht, Telefon und Kohlen. Wir werden exzessiv heizen! In unserem schäbigen kleinen rückwärtigen Garten gibt es sogar zwei Apfelbäume und einen Lorbeerbaum. Töpfe, Pfannen, altes Küchensilber und ein paar alte Laken für das Doppelbett – alles vorhanden. Mit Teds Hilfe werde ich die Wohnung so aufmöbeln, daß sie aussieht wie auf einer *House and Garden*-Reklame . . .

. . . Der schwierigste Teil des Unternehmens, das Treffen mit meiner Tutorin in Newnham, fand heute nachmittag statt. Hätte ich geahnt, wie leicht alles geht, dann hätte ich nie daran gedacht, meine Hochzeit geheimzuhalten – eine sinnvolle Erklärung für die Geheimhaltung zu geben, war besonders kompliziert. Meine Tutorin war einfach himmlisch – dabei hatte ich vor dem Gespräch mit ihr solche Angst. Sie hat natürlich geschimpft, daß ich nicht zuerst zu ihr gekommen bin; das einzige Problem ist jetzt, für die nächsten zwei Semester eine andere Austauschstudentin zu finden, die nach Whitstead kommt, aber ich nehme an, das klappt. Sie hat Ted und mich für Sonntag auf einen Sherry eingeladen. Sonst erzähle ich niemandem etwas – erst wenn ich endgültig umziehe, zu Semesterende, am 7. Dezember. Ted ist schon ab heute abend in unserem neuen Heim, wir wollen es nach und nach herrichten . . . Nur noch fünf Wochen, dann leben wir endlich in unserer eigenen Wohnung offiziell zusammen.

. . . Soll ich, wenn ich Mrs. Prouty und Mary Ellen Chase schreibe, sagen, wann ich mich verheiratet habe, oder bloß, daß ich es bin? Es sickert ja doch irgendwie durch – der Tag, meine ich.

x x Sivvy

PS Für wen gebt Ihr eigentlich diese Woche Eure Stimme ab??? Ich schätze, Euer Schweigen bedeutet Eisenhower!

6. NOVEMBER 1956

Liebste Mutter,

. . . ich bin emotional völlig am Ende nach dieser Woche, und die Sache mit Ungarn und Suez hat mich schrecklich deprimiert. Nachdem ich gestern die letzten Nachrichten gelesen hatte, die aus Ungarn kamen, bevor die Russen einmarschierten, wurde mir beinahe physisch schlecht. Der gute Ted machte mit mir einen Spaziergang in den stillen, leeren Clare-Gärten am Cam: herbstliches Gold und Grün, die taufrische Kühle von Eden und der wohl seit Jahrhunderten gleiche Gesang der Vögel. Wir waren beide benommen und krank. Wir hatten das Gefühl, die ganze Welt . . . ist total wahnsinnig, vollkommen übergeschnappt. Wie Großbritanniens verrückte Hoffnung auf einen schnellen Erfolg (nachdem die meisten Nationen zu schwerfällig sein würden, um etwas dagegen zu unternehmen) den eigentlichen Aufschrei der Ungarn überdeckt, ist ekelhaft. Dieser Angriff bedeutet, daß der Westen Rußland im Falle Ungarns nicht anklagen kann. Eden leistet praktisch Beihilfe zum Mord an den Ungarn. Es hat Tumulte in London gegeben. Obwohl eine ganze Reihe von kommerziell interessierten Tories Eden hochhalten, schicken Oxford und Cambridge Delegationen und Petitionen, um gegen ihn zu protestieren. Das Schreckliche ist, daß Amerika zweifellos Eden auch noch unterstützen wird, wenn erst einmal genug Zeit vergangen und das Propagandageschrei über die Gefahr der Verbrüderung Amerikas mit Rußland noch größer geworden ist – eine Aussicht, die mir den Gedanken, dort zu leben, unerträglich macht. Ich hoffe bloß, daß wir das einzig Richtige in der Suez-Situation tun – nämlich die Aggressoren, England und Frankreich, stoppen.

. . . Wir kommen nach Amerika, um dort zu arbeiten, und wenn wir genug Geld haben, suchen wir uns irgendeinen Ort auf der Welt . . . eine Insel oder so etwas, und ziehen dorthin und versuchen, kreativ und ehrlich zu leben. Wenn jeder Soldat sich weigern würde, zu den Waffen zu greifen . . . gäbe es keine Kriege mehr; aber keiner hat den Mut, der erste zu sein, der gemäß den Lehren von Christus und Sokrates lebt, weil er in einer Welt aus lauter Opportunisten zum Märtyrer werden müßte. Ja, wir leiden beide furchtbar. Die schöpferischen Kräfte der Natur sind die einzigen Kräfte, die mir jetzt ein wenig Frieden geben, und wir wollen ein Teil von ihnen werden; nach diesen wahnsinnigen Ereignissen ist jeder Krieg für uns vollkommen sinnlos geworden. Ich denke einzig und allein an die Mütter und Kinder in Rußland, in Ägypten, ich weiß, sie wollen nicht, daß Menschen getötet werden ... ich wünschte, Warren wäre Kriegsdienstverweigerer. Töten ist Unrecht; die ganzen Rationalisierungen wie Verteidigung und Frieden schließen durch jahrzehntelanges Töten und Verstümmeln sind verrückt ...

... Wir haben zwei deprimierende Absagen: die Zeitschrift *London* hat Teds Gedichte abgelehnt und der *New Yorker* meine Geschichte. Ein ehemaliges Smith-Mädchen, die da [*beim New Yorker*] Sekretärin ist ... und der meine Arbeit sehr gefallen hat, schrieb mir, daß sie Geschichten üblicherweise nur von einer kleinen Clique von Schriftstellern annehmen und daß es besser wäre, ich würde Gedichte schicken, was ich auch tat. ABER: eine phantastische Nachricht von heute morgen: *Poetry* (Chicago) hat ein weiteres Gedicht, »The Drowned Woman«, von Ted gekauft, und auch die *Atlantic* HAT EINES GEKAUFT, nämlich »The Hawk in the Storm«! Ich bin wahnsinnig stolz.

... Ich liebe Dich; mach Dir keine Sorgen um uns. Ted und ich sind ja beisammen ... Er ist großartig, und wir werden allem, was kommt, so mutig wie möglich entgegentreten. Viele, viele Grüße an Dich und Warren.

Ganz Deine Sivvy

21. NOVEMBER 1956

Liebste Mutter,

... seltsamerweise habe ich trotz dieser Bedrängnis ein paar sehr gute Gedichte geschrieben, und je mehr ich schreibe, desto besser werden sie. Der gestrige Tag war dem Abtippen von Teds erstem Gedichtband gewidmet (daneben kommen mir die, die wir im letzten Frühjahr verschickt haben, wie Juvenilia vor); 40 herrliche Gedichte, 51 Seiten (sechs Gedichte daraus sind bereits angenommen – jeweils zwei von *Poetry* und *The Nation;* 1 *Atlantic,* 1 BBC). Wir wollen den Band Ende November, wenn Einsendeschluß ist, bei dem Wettbewerb für Erstlingswerke einreichen, den Harper's Publishing Company ausgeschrieben hat; Marianne Moore, Stephen Spender und W. H. Auden bilden die Jury. Ich glaube, sie werden gar nicht umhin können, diesen zu nehmen; es ist das profundeste, gewaltigste Werk seit Yeats und Dylan Thomas.

Mit meinem eigenen Gedichtband (der jetzt den Titel »Two Lovers and a Beachcomber« hat) komme ich gut voran, ich müßte eigentlich bis Februar, wo ich ihn bei der Yale Series of Younger Poets vorlege, 50 gute Gedichte beisammen haben.

Item: Bitte schreibe »frisch verheiratet« in unsere Hochzeitsanzeige und »das Paar wird ab 7. Dezember in der Eltisley Avenue Nr. 55 in Cambridge in *England* wohnen«. Ich möchte alles eher, als daß eine diplomatische Unwahrheit in puncto Datum gedruckt wird . . .

Gute Neuigkeiten: derselbe wunderbare Zufall, der uns am gewünschten Tag, in einer unmöglichen Jahreszeit, eine Wohnung beschert hat, hat Ted zu einem Job verholfen, der gleich Montag anfängt! Für ein Cambridger Lehrerdiplom ist er zu spät dran, und ich bin eigentlich ganz froh darüber, denn in diesem Lehrprogramm sind Arbeit und Leute sehr stur. Er unterrichtet von jetzt bis Juni an einer Cambridger Tagesschule für Jungen; sie sind nicht gerade intelligent . . . Offiziell gibt er nur Englischunterricht, aber er wird auch Sport mit ihnen treiben, Theaterstücke aufführen und überhaupt alles machen. Der Lehrer erzählte Ted eine rührende Geschichte darüber, wie es ihm gelungen war, diese Jungen . . . die nur die Zeit totschlagen, bis sie eine Stelle bei einer Firma bekommen, zu größerer Bewußtheit »aufzurütteln«, die ihnen das Leben vielleicht ein bißchen reicher macht. Einst hatte der Lehrer über das Wort »Schatz« geredet und zur Demonstration seine Taschen ausgeleert. Dabei war auch ein bunter Kieselstein zum Vorschein gekommen, den er irgendwo am Strand aufgelesen hatte. Das sei ein *Schatz,* sagte er; er könne sich bei der Betrachtung des Kieselsteines genau an die Sonne, das Meer, an den ganzen Tag erinnern. Er forderte die Jungen auf, am nächsten Tag selber einen »Schatz« mit in die Klasse zu bringen. Einer brachte ein Fossil. Der Lehrer schickte ihn damit ins naturwissenschaftliche Labor, damit er dort alles Wissenswerte erfragen konnte, und es dauerte nicht lange, da hatte sich der Junge selber das Lesen beigebracht (manche können nicht einmal das!), und bald darauf besaß er die beste Fossilien-Sammlung in ganz Cambridge.

Der Lehrer sagte Ted, er könne jedwede Unterrichtsmethode anwenden, egal wie unkonventionell. Wichtig seien nur seine Energie und sein Enthusiasmus: die Jungen würden sich für das begeistern, was er selber liebte. Ted ist sehr glücklich über diese Möglichkeit, da es schon recht schwierig für uns ist zur Zeit; Geld kommt keines herein, und im Dezember müssen wir für die doppelten Kosten aufkommen, einmal für Newnham und dann für die neue Wohnung. Außerdem ist er fabelhaft geeignet für diesen Job. Ich bin sicher, daß jetzt alles gutgeht; sobald er ein reguläres Gehalt bezieht, werden uns auch die Zusagen ins Haus flattern . . .

Dank für das Geld; ich verspreche Dir, daß wir in diesen Ferien ein gutes Photo machen lassen . . .

Am Wochenende war Olwyn, die Schwester von Ted, hier. Sie hat Zwischenstation gemacht auf ihrer Reise von zu Hause nach Paris, wo sie arbeitet. Sie ist 28 und beängstigend schön mit ihren bernsteingoldenen Haaren und Augen. Ich habe für uns ein großartiges Essen gemacht, es gab Roastbeef, Rotwein und Erdbeeren mit Sahne. Irgendwie erinnert sie mich an einen Wechselbalg, der niemals alt wird. Sie ist aber ziemlich egoistisch und gibt das Geld mit vollen Händen für extravagante Kleider und Zigaretten aus, obwohl sie Ted immer noch 50 Pfund schuldet. Trotzdem mag ich sie.

. . . Viele liebe Grüße an Dich und Warrie.

Ganz Deine Sivvy

20. NOVEMBER 1956

Liebste Mutter,

. . . ich bin so stolz auf Ted. Er hat sich in die Arbeit gestürzt, und die Jungens sind offensichtlich fasziniert von ihm. Er hat mir erzählt, daß er ihnen erst angst macht und dann nett zu ihnen ist. Mit seinem Sinn fürs Dramatische gelingt es ihm, sie zu fesseln und sie dazu zu bringen, daß sie ihm aus der Hand fressen. Er bringt ihre Aufsätze und Prüfungsarbeiten zum Korrigieren mit nach Hause und liest sie mir vor. Ich weiß jetzt, was in ihren einzelnen schlichten kleinen Gehirnen vor sich geht, und das rührt mich wirklich. Ted hat ihnen Balladen von W. H. Auden vorgelesen, die ihnen so gut gefielen, daß sie ihn unter lautem Geschrei um eine Wiederholung baten; anschließend forderte er sie auf, acht Zeilen einer Ballade zu schreiben. Was sie auch taten, mit riesiger Begeisterung . . . Ted gibt ihnen Mathe-, Sozialkunde-, Englisch-, Schauspiel- und Kunstunterricht, und das ist noch nicht alles – natürlich auf einem sehr einfachen Niveau, was aber für einen so brillanten

Intellekt wie den seinen eine besonders große Anforderung ist. Er scheint sehr glücklich über den Job und bekommt sein Gehalt auch in den Ferien weitergezahlt. Du solltest ihn sehen – er holt sich Bücher über russische Geschichte, über die Juden, über die Nazis aus der Bibliothek. Die Jungen sind an diesen Themen sehr interessiert, und Ted kann sich in kürzester Zeit Wissen aneignen. Ich bin überzeugt davon, daß er ein Genie ist.

Wir verbringen so herrliche Stunden miteinander . . . Wir lesen, diskutieren über Gedichte, die wir entdeckt haben, reden, analysieren – wir faszinieren einander ständig. Es ist himmlisch, einen Menschen wie Ted zu haben, der so gut, so aufrecht, so klug ist – und mich dauernd zum Studieren, Denken, Zeichnen und Schreiben anregt. Er ist besser als jeder Lehrer, füllt sogar irgendwie das riesengroße, traurige Loch aus, das ich, die ich keinen Vater hatte, immer gespürt habe. Jeden Tag erkenne ich aufs neue, wie wunderbar er ist, und liebe ihn mehr und mehr. Mein ganzes Leben hat plötzlich einen Sinn . . .

Alles, alles Liebe –
ganz Deine Sivvy

19. JANUAR 1957

Liebste Mutter,

. . . was Du begreifen mußt, ist, daß Ted nicht um der Karriere willen Universitätsprofessor werden will. Er will schreiben, und zwar jetzt und sein restliches Leben lang. Und ich, die ich einen Schriftsteller geheiratet habe, sage ja zu diesem Leben. Um an einer Hochschule zu unterrichten, muß man unbedingt einen Ph. D. haben, wenn man nicht so gesucht ist wie Alfred Kazin und einen Berg von literaturkritischen Arbeiten geschrieben haben. Ted hat keine Lust zu weiterer wissenschaftlicher Arbeit . . . er will nur unterrichten, wenn sie ihn aufgrund seiner Veröffentlichungen und seines Cantab. [Cambridge] M.A. nehmen. Der amerikanische Traum eines gesicherten Sinekure-Schreibens auf dem Campus scheint also ausgeträumt für unser zukünftiges Leben. Ich möchte am liebsten nicht darüber streiten – Ted hat so viel Verständnis für meine Notwendigkeit, in Amerika eine Stelle als Lehrerin zu bekommen – für meine Selbstachtung und um etwas »zu geben« –, und ist selber darauf erpicht, überall da, wo es für ihn möglich ist, ein oder zwei Jahre zu unterrichten . . . Schreiben steht für uns beide an erster Stelle. Mögen Wilbur und andere Schriftsteller sich ihre Rosinen aus dem akademischen Kuchen picken, Ted ist einfach nicht willens, Jahre, in denen er intensivst schreiben sollte, für die notwendigen akademischen Würden zu opfern. Und dank meines Glaubens an ihn und an die Art, wie wir beide künftig leben wollen, habe ich Verständnis dafür . . . Daß Ted einen großartigen Verstand hat, fern von Haarspalterei und diplomatischer Schläue, weiß *ich,* aber die Arbeitgeber finden wahrscheinlich einen Ph. D. überzeugender. Komme, was mag, wir sind zusammen – dies und schreiben ist unsere Freude . . .

Alles Liebe
Sivvy

8. FEBRUAR 1957

Liebste Mutter,

es ist 10 Uhr 30, und ich komme gerade erfrischt zurück von einem morgendlichen Spaziergang durch die Wiesen nach Granchester. Sonnenlicht strömt ins Wohnzimmer herein, die Vögel zwitschern, alles ist feucht, geschmolzen und riecht nach Frühling. Wir haben immer noch keinen Schnee hier gehabt. Ich wünschte, ich könnte Dir den wunderschönen Spaziergang beschreiben. Nachdem Ted gegangen war und ich das Haus aufgeräumt hatte, ging ich los, traf unterwegs keine Seele. Ich stapfte einen Pfad voller Schlammpfützen entlang, stieg über einen knarrenden, hölzernen Zauntritt und marschierte weiter – Wiesen, hellglänzend und silbrig-feucht in der Sonne, der Himmel ein Aufruhr von grauen Wolken und porzellanblauen Flecken, am Fluß entlang dunkle, kahle Bäume, die die schillernd grünen Wiesen umrahmten. Zu meiner Rechten eine knorrige, knotige Hagedorn-Hecke, glänzende Hagebutten; und hinter der Hecke endlose Schrebergärten mit Kohl und Zwiebeln, die in gepflügte kahle Felder übergingen. Ich entdeckte einen Eichhörnchenbaum – sah, wie ein graues Eichhörnchen mit buschigem Schwanz hinaufkletterte und in einem kleinen Loch verschwand. Ich scheuchte Schwärme großer, krummschnabliger schwarzer Krähen auf, sie kreisten in der Luft; und beobachtete, wie ein schimmernder, dünner, rötlich-violetter Wurm sich in durchscheinenden Windungen durchs Gras zog.

Plötzlich ein Regenschauer und danach strömendes, silbernes Sonnenlicht auf allem. Ich sah gerade noch einen schwindenden pastellfarbigen Regenbogen, der sich über der winzigen Stadt Cambridge wölbte, sah die Turmspitzen von King's Chapel, die glitzernden rosa Zuckerschnörkeln auf einem kleinen Kuchen glichen. Ich roch den Geruch der aufgeweichten feuchten Wiesen, des nassen Heus und der Pferde und konnte mich nicht sattsehen an den geschwungenen Linien der hügeligen Wiesen und Baumgruppen. Was für ein herrlicher Spazierweg gleich am Ende meiner Straße! Ich hatte ein Gefühl von tiefem innerem Frieden und war froh, daß ich allein war und alles in mich aufnehmen konnte.

Ich habe auch meinen Kopf besucht! Erinnerst Du Dich an den Modellkopf, den M. B. Derr [*eine* junior-*Zimmerkameradin von Smith*] von mir gemacht hatte? Er flog überall herum, ich brachte es aber nicht übers Herz, ihn wegzuschmeißen, weil ich im Lauf der Jahre eine seltsame Liebe zu dem alten Ding entwickelt hatte. Auf Teds Vorschlag hin waren wir hinaus auf die Wiesen gewandert, waren auf einen Baum geklettert und hatten ihn dort oben so versteckt, daß er einen schönen Blick auf die weidenden Kühe und den Fluß hatte. Ich war heute zum ersten Mal wieder dort, und da war er hoch oben in einer Astgabel einer knorrigen Weide, mit unvorstellbar friedlichem Ausdruck starr hinüberblickend auf die lieblichen grünen Wiesen. Der Gedanke, daß gewissermaßen »mein Kopf« hier bleibt, gefällt mir. Ted hatte recht: jedesmal, wenn ich jetzt an ihn denke, fühle ich, wie Blätter und Efeu ihn umwinden, wie bei einem Monument, das mitten in der Natur ruht. Ich habe sogar ein ziemlich langes Gedicht darüber gemacht (es hat nur ein anderes Ende), das ich Dir abtippen und mitschicken werde.

. . . Ted ist mittlerweile viel zufriedener mit seinem Unterricht. Ich habe nie einen derartigen Wandel erlebt. Wenn er nach Hause kommt, ist er nicht mehr so fürchterlich erschöpft, er erzählt mir stolz, wie es mit der Disziplin klappt und wie sich seine psychologische Behandlung auf die Jungen auswirkt. Er hat an ein paar Schülern Interesse gewonnen und gibt ihnen zusätzliche Lektüre etc. Ich habe das Gefühl, er hat jetzt seine Arbeit im Griff, sie raubt ihm nicht mehr alle seine Kräfte, und die Jungen tanzen ihm nicht mehr auf der Nase herum. Sie haben auch allen Grund, ihn zu bewundern; verglichen mit den weichlichen anderen Lehrern ist er eine so enorm starke, faszinierende Persönlichkeit. Er berichtete mir, daß er sie einmal aufgefordert habe, die Augen zu schließen und sich eine Geschichte vorzustellen, die er ihnen – sehr lebhaft und plastisch – erzählte, und daß sie, als die Glocke läutete und die Schule aus war, alle gejammert und ihn gebeten hätten, die Geschichte zu Ende zu erzählen. Ich bin froh, daß er buchstäblich das Beste aus einem sehr harten Job macht.

Wenn wir doch bloß im Toto gewinnen würden. Pan (unser Ouija-Geist) macht immer bessere Aussagen und wird immer genauer. Letzte Woche hatten wir von 24 möglichen Punkten 20 richtig (bei 24 Richtigen kann man jede Woche ein Vermögen von 75 000 Pfund gewinnen). Wir werden Pan auch weiterhin sagen, daß wir das Geld brauchen, damit wir in Ruhe schreiben und einen Haufen Kinder bekommen können . . . Wenn wir gewinnen würden, könnten wir das Geld anlegen, unseren Interessen nachgehen und schreiben, wann und wo immer wir wollen, und bräuchten nicht verzweifelt irgendwelchen Jobs nachzujagen. Ich weiß, daß ich einen guten Roman schreiben könnte, wenn ich ein Jahr Zeit dazu hätte. Ich brauche Zeit und Ruhe. Na ja, das ist ein schöner Traum. Wünsch uns trotzdem Glück.

Sivvy

FREITAGMORGEN, SPÄTER

Liebe Mutter – hier eine Abschrift des Gedichtes, das ich Dir versprochen hatte. Es heißt »The Lady and the Earthenware Head«.

Das wär's . . .

Die Dame und der Lehmkopf

Gebrannt aus blutbraunem Ton, paßte das Kopfbild
Nirgendwohin: daumengeknetet als Übungsstück
Von einer flüchtigen Freundin, stand er
Unübersehbar auf dem langen Bord, stützte stur
Dicke Bände mit Prosa –
Ein viel zu unschöner Partygag, behauptete
Ihr Besucher, zum Behalten.

Und wie unähnlich! angewidert zeigte er drauf:
Ziegelsteinhäutig, die Augen unter dicken Lidern
Halbblind, diese verächtliche Schnute –
Ungehobeltes Abbild fürwahr, mit so schlauem Verrat
Nachzuäffen ihr liebes Gesicht:
Am besten aus den vier Wänden mit dem schändlichen Kopf.
Bereitwillig hörte sie seine Gründe,

Doch sie wollte – ob aus Gewöhnung und Affenliebe
Zu dem ausgezackten Spottbild, oder aus halbem Glauben
An Altweibergeschwätz von Banden
Zwischen einer Vorlage und ihren rohen Kopien
(Wehe wenn Feindinnen im Zorn
Draufkämen, Nadeln in Wachs zu bohren!) – ihn nicht
Zum Müll tun. Verängstigt, unglücklich, –

Er wuchs ihr zum grimmigen Mammut, verlangte ein Haus
Seiner hohen Stellung entsprechend: aus einem Geisterbaldachin
Bedrohte er sie im Traum –
Verschwägert vielleicht mit dem riesigen Sternkopf,
Im bloßen Himmel zuhaus, dessen Gesetze
Bald sanfte bald fühllose Einflüsse verhängten
Auf ihren Geldbeutel, ihr Bett.

Kein Ort offenbar, wo die Effigie bleiben
Konnte ohne Ärger; im Kehricht könnten rohe Buben
Die herrenlose Birne erspähen,
Wie sie finster und aufgeblasen aus der Aschentonne starrte,
Die Trophäe packen, den Geiselkopf
Mißhandeln in empörender Weise und damit
Die Besitzerin quälen im Schlaf –

Beim bloßen Gedanken tat ihr der Kopf weh. Ob dann
Ein trüber Bergsee etwa, schlammbedeckt, pflanzenbewachsen
Ihrem strengen Anspruch genügte?
Aber aus wäßrigem Aspik, von Flossen umkränzt
Schielte der Fetisch hervor,
Winkte ihr liederlich zu. Ihr Mut kam ins Wanken,
Sie wurde bleich wie eine Ertrinkende,

Und beschloß den äffenden Kopf noch förmlicher
Zu behausen – in einer gegabelten Weide, grünüber-
Dacht von Blattwerk:
Mochten glockenzüngige Vögel mit pechschwarzen Federn
Schrill den Weg der ungefügen Gestalt, Korn um
Korn bis zum bloßen Klumpen begleiten
In ödem und lieblichem Wetter.

Doch aufgebahrt auf dem Bord verharrte die gräßliche Fratze,
Trotz ihres Händeringens, der Tränen, der Bitte: Verschwinde!
Unverwandt, unter bösem Stern,
Äugte er durch Verwerfung, Windriß, faustballende Welle –
Urzeitlicher Hexenkopf, zu zäh für Messerstich,
Der nicht ein Jota wich
Von seinem Basiliskenblick der Liebe.

x x x Sivvy

SONNTAGNACHMITTAG
24. FEBRUAR 1957

Liebste Mutter,

hallo, hallo! Als ich mit meinem Gespräch durchgekommen war,
wurde mir klar, daß es noch nicht einmal 6 Uhr früh sein mußte in
dem Dörfchen Wellesley, aber ich dachte mir, für so gute Nachrichten läßt Du Dich schon mal aufwecken, außerdem hätte ich es
nicht eine Sekunde länger ausgehalten. Deine Telefonnummer hat
sich geändert, deshalb hat es ewig gedauert, aber zu guter Letzt
warst Du entdeckt und aufgeweckt.

Wir sind gestern den ganzen Tag wie in Trance herumgelaufen.
Nachdem wir letzte Woche drei Redakteurs-Briefe bekommen
hatten, in denen Teds Gedichte mit einer fadenscheinigen Begründung abgelehnt wurden, waren Ted und ich Samstagmorgen ziemlich gereizt. Sie sprechen vom »Raum« haben für Gedichte, als
hätten sie nur Visa für eine besondere Geheim-Aristokratie und als
wären diese Visa alle vergeben. Es tut ihnen ja SO LEID. Die Idioten
sollten Raum Schaffen für hervorragende Gedichte: die Gedichte
von Ted.

Die großen Preisrichter – W. H. Auden, Stephen Spender und

Marianne Moore (die ich interessanterweise alle kennengelernt habe) – sind potent genug, um ein neues poetisches Genie zu erkennen, sie brauchen keine Angst davor zu haben wie unbedeutende, eifersüchtige Dichter und verschreckte Lyrikredakteure.

Das Telegramm kam gestern morgen gegen 10 Uhr 30. Wir glotzten es an. Zuerst dachten wir, Teds Gedicht bei der *Atlantic* hätte irgendeinen läppischen Preis gekriegt. Dann ging uns ein Licht auf, und wir sprangen schreiend und brüllend wie verrückte Seehunde herum. Das Telegramm war aus New York und hatte folgenden Inhalt: »Wir beglückwünschen Sie dazu, daß *Hawk in the Rain* den Preis des Poetry Center First Publication bekommen hat. Verleihungsurkunde folgt.« In fieberhafter Erregung warten wir jetzt auf die Urkunde, um Näheres zu erfahren.

Mit diesem Preis ist kein Geld verbunden, sondern nur eine Veröffentlichung – bei Harper's, glaube ich. Ich bin aber sicher, daß Teds Buch unter der Schirmherrschaft dieser drei ausgezeichneten Preisrichter – der drei bedeutendsten zeitgenössischen Dichter der Welt – ein Bestseller wird.

Heute genau vor einem Jahr habe ich Ted auf dieser schicksalhaften Party getroffen! Und vorher hatte ich schon seine Gedichte gelesen und in einer Vision gesehen, was ich alles für ihn und mit ihm tun kann. Das Genie bricht sich Bahn. Wir lassen uns diesen Erfolg nicht zu Kopf steigen, sondern arbeiten doppelt so hart wie zuvor. Ich hoffe nur, daß sein Fabelbuch für Kinder irgendwo angenommen wird. Er hat eine phantastische Idee für ein neues Kinderbuch, und wir könnten verlangen, daß ein wirklich guter Mann die Illustrationen dazu macht, wenn dieses hier eine erfolgreiche Publikation wird. Das zweite handelt von seinem dämonischen Elf, Snatchcraftington, der mit einem kleinen Jungen, oder einem Jungen und einem Mädchen, 26 Abenteuerreisen durch die Buchstabenländer des Alphabets macht; vom A-Land bis zum Z-Land.

Ich bin glücklicher, als wenn das mein Buch wäre, das veröffentlicht wird! Ich habe mich so eingehend mit diesen Gedichten von Ted beschäftigt, habe sie so unzählige Male abgetippt, wenn er sie wieder und wieder überarbeitet hat, daß ich ganz außer mir bin über all das.

Ich bin so glücklich, daß *sein* Buch *zuerst* angenommen wurde. Das wird es mir so viel leichter machen, wenn meins angenommen wird – wenn nicht von der Yale Series, dann von irgendeinem anderen Verlag. Ich kann mich dann viel mehr darüber freuen, weil ich weiß, daß Ted mir voraus ist. Zwischen uns gibt es keine Rivalität, nur wechselseitige Freude und das Gefühl, daß wir gemeinsam die Preisgewinne und unsere schöpferische Produktion verdoppeln.

Du weißt, wie atemlos gespannt *ich* immer auf Post und Preistelegramme gewartet habe. Da kannst Du Dir vorstellen, wie herrlich es für mich ist, daß Ted inzwischen genauso empfänglich geworden ist für den wunderbaren, möglichen Schritt des Briefträgers, daß er genauso gierig wartet wie ich.*

Ein ganzer Topf Milch ist gestern auf dem Ofen verkohlt, während wir Dich anriefen und herumtanzten. Wir mußten im ganzen Haus die Fenster aufreißen und den Topf wegschmeißen – er war zu einer schwarzen Kruste verbrannt, die Milch, meine ich.

Danach sind wir dann im Regen in der Stadt umherspaziert, strahlend vor Freude. Haben in einer reizenden englischen Bar zu Mittag gegessen – Salat, Brot und Käse, und Ale –, einen Armvoll Bücher gekauft, Tee gegenüber vom King's getrunken und uns zum Schluß ein vorzügliches Abendessen gegönnt ... Für Schnecken und Wild hat's nicht gereicht, aber wir holen das nach, wenn ich demnächst einen Lyrik-Geldpreis gewinne ...

Es ist uns eigentlich egal, was das Buch für Besprechungen bekommt, solange es nur gekauft und gelesen wird. Es ist großartig – weitaus besser als die Sachen von Richard Wilbur, der sich nie mit den starken, zentralen Gefühlen und Ereignissen des Lebens befaßt ... Ted schreibt in einer bildhaften, grandiosen, durch und durch musikalischen Sprache über Liebe, Geburt, Krieg, Tod, Tiere, Hexen und Vampire, Märtyrertum, aber auch über die

---

* Schon als ganz kleines Mädchen fing Sylvia an, männlichen Wesen jeden Alters zu schmeicheln, um deren Überlegenheitsgefühl zu nähren. Ich erinnere mich, wie sie, damals vierjährig, beim Anblick eines elfjährigen Jungen, der ihr seine Kühnheit am Trapez demonstrierte, in die Hände klatschte und rief: »Junge, du bist *großartig!*«

In dem Tagebuch, das sie als Neuntkläßlerin führte, beschrieb sie, wie sie im Orthographie-Wettbewerb in der Junior High School Zweite wurde – ein Junge war Erster geworden. »Ich bin so froh, daß Don gewonnen hat«, schrieb sie. »Es ist immer schön, wenn ein Junge *Erster* wird. Und ich bin die Zweitbeste im Rechtschreiben in der ganzen Junior High!«

Sie machte sich nicht vor, daß die Männer besser seien; sie suchte sich die raus, die es tatsächlich waren, und ihr Glaube an den Genius ihres Mannes war unerschütterlich.

kompliziertesten intellektuellen Probleme. Sein Buch läßt sich nirgends einordnen. Es gibt darin rauhe, ungestüme Kriegsgedichte wie »Bayonet Charge« und »Griefs for Dead Soldiers«, zarte, empfindsame Naturgedichte über »October Dawn« und »Horses« – ausdrucksstarke Tiergedichte über Aras und Jaguare und das schöne über den Falken, das in der *Atlantic* abgedruckt wurde und jetzt Titelgedicht ist. In seinem Werk verbinden sich Intellekt und Schönheit der komplexen Form mit lyrischem Wohlklang, männlicher Kraft, Vitalität, moralischer Verpflichtung, Liebe und Ehrfurcht vor der Welt.

Ach, er hat einfach alles.

Und ich bin so glücklich mit ihm. Dieses Jahr ist ein schweres Jahr für uns beide. Ich wünschte, ich müßte nicht gleich drei Aufgaben erfüllen – schreiben, kochen und Haushalt machen, und für schwierige Examina lernen. Ich würde gerne, wenn ich ein oder zwei Jahre unterrichtet und meine Selbstachtung genügend genährt habe, die Stelle aufgeben und nur noch schreiben und Ehefrau und Mutter sein . . . Kinder aber erst, wenn ich einen Lyrikband und einen Roman veröffentlicht habe, damit meine Kinder sich mit der Routine meiner Arbeit vertragen, statt sie durch ihre eigene über den Haufen werfen. Wir sind große Spätentwickler, fangen unser eigentliches Leben im Durchschnitt erst mit 25 an und wollen deshalb für mindestens ein paar Jahre keine Kinder haben. So lange, bis es uns finanziell so gut geht, daß wir uns eine Haushälterin leisten können . . . damit ich nicht hin- und hergerissen bin zwischen der häuslichen Arbeit und meiner Erfüllung als Schriftstellerin, auf der meine tiefinnere Gesundheit beruht – darauf, daß ich in meinen Veröffentlichungen zum Ausdruck komme.

Wir haben vor, etwa zwei Jahre in Amerika zu bleiben, uns dann beide um ein Schriftstellerstipendium – Saxton und Guggenheim – zu bewerben und für ein oder zwei Jahre in eine Villa in der Nähe von Rom zu ziehen, um dort intensiv zu arbeiten. Sollten wir Kinder haben, kommst Du im Sommer vielleicht herüber, wohnst ganz in der Nähe und nimmst mir dann und wann die Babies ab!

Wie Dr. Krook, die reizende Frau – inzwischen »Doris« für mich –, gestern in meinem großartigen Tutorenkurs über D. E. Lawrence so süß sagte: für uns zwei scheint es nur noch erfreuliche Alternativen und Aussichten zu geben! . . .

Schreib mir bald . . .   x x x Sivvy

7. MÄRZ 1957

Liebste Mutter,

ich bin selig über Deine beiden Briefe, in denen Du mir von dem Ferienhaus der Spauldings am Cape schreibst. Du glaubst nicht, wie anders alles für Ted und mich aussieht, nur dadurch, daß wir davon träumen. Zeit und Ort zum Schreiben! Das ist das herrlichste Geschenk von der Welt für uns. Und einen schöneren Ort als das Cape gibt es nicht. Die bloße *Vorstellung* von dieser blitzsauberen Küche mit Eisschrank und Ofen und hereinflutendem Sonnenlicht hilft mir schon, die nötige Kraft für diese gräßliche Prüfungsschufterei, diese Berge von Lernstoff zu bekommen. An einem Ort zu sein, den ich *kenne,* wird eine ungeheure Erholung sein. Es macht einen ganz fertig, wenn man eine Stadt erst neu »entdecken« muß – die Geschäfte, die stillen Winkel etc., außerdem bin ich überzeugt davon, daß das Cape der beste Ausgangspunkt für meine Ted-soll-Amerika-lieben-lernen-Kampagne ist. Er ist jetzt schon ganz aufgeregt und voller Vorfreude; und ich, dieses nachempfindend, bin doppelt so froh, dorthin zurückkehren und diese Schatzkiste für ihn öffnen zu können. Er geht so gern fischen, da können wir beide ihn und Warren an einem Wochenende vielleicht einmal beim Hochseefischen begleiten.

Wir würden furchtbar gerne am 29. Juni eine Party geben und müßten bis dahin eigentlich von der Schiffsreise bestens erholt sein. Ich kann in Ruhe packen, weil meine Prüfungen um den 1. Juni herum zu Ende sind, Ted dagegen muß bis zum Tag der Abfahrt unterrichten.

Ich hab' es immerhin geschafft, daß mit Hilfe meiner Tipperei ständig 20 Manuskripte von uns unterwegs sind. Nur in der Woche nach dem Telegramm, da war Ruhepause . . .

Mit dem Erscheinen einer prächtigen, neuen Cambridge-Oxford-Literaturzeitschrift (in der, auf Wunsch des Redakteurs, zwei Gedichte von mir abgedruckt wurden, direkt nach einem Artikel von Stephen Spender) hat sich unser Ruhm auf wunderbare Weise unter den Cambridger Studenten verbreitet. Redakteure von *Granta,* dem »New Yorker« von Cambridge, haben bescheiden bei Ted und mir angefragt, ob wir was für sie hätten. Als ich gestern am Spätnachmittag nach meinem Unterricht nach Hause kam, fand ich dort einen ganz reizenden Jungen – Redakteur für eine der Frühjahrsausgaben – im Gespräch mit Ted vor. Ich machte Kaffee, setzte ihnen ein Stück Orangenschaumtorte vor, und wir unterhielten uns gut. Ted ist, was seine Arbeit betrifft, viel bescheidener als ich, deshalb betätige ich mich als seine Agentin. *Gemini* (die neue Zeitschrift) bringt in der nächsten Ausgabe, im Mai, drei Gedichte von Ted und eine Geschichte und eine Buchbesprechung von mir, und es kann gut sein, daß *Granta* uns beide herausbringt. Wir finden es herrlich, wenn wir gemeinsam erscheinen ... Im Gegensatz zu Amerika, wo es unendlich viele Publikationen von Nichtgraduierten gibt, die von den maßgeblichen Leuten ignoriert werden, werden die Studentenzeitschriften hier von Londoner Redakteuren gelesen – im Universitätsbereich gibt es ganz wenige, die schreiben. Ich habe Ted davon überzeugt, daß sich sein Buch besser verkaufen lassen wird, wenn die Leute schon vorher seine Gedichte lesen, hören und sie schätzen; seine Sachen sind so kompliziert und stark und überwältigend, daß man sie unbedingt mehrmals lesen muß. Aus dem Grund finde ich es wichtig, daß er alle Möglichkeiten, etwas zu veröffentlichen, wahrnimmt. Morgen kommt ein anderer kleiner Redakteur, ein wirklich netter Kerl, sehr klug; er hat dieses Jahr eine Studienreise nach Moskau gemacht und übersetzt russische Kurzgeschichten etc. (Werde einen neuen Apfelkuchen ausprobieren; ich habe so schrecklich gerne intelligente Leute bei mir zu Gast.) ...   x x x Sivvy

12. MÄRZ 1957

Liebste Mutter,

ich muß meine ganze Selbstbeherrschung aufbieten, um nicht auf der Stelle wieder ans Telefon zu rennen und Dich zu einer unmenschlichen Zeit – bei Euch muß es jetzt 4 Uhr früh sein – aufzuwecken! Halt Dich fest, hier kommen ein paar phantastische Nachrichten:

Eben ist mir eine Stelle als Lehrerin für nächstes Jahr angeboten worden!

BEI SMITH!

Heute morgen bekam ich einen ganz reizenden kleinen Brief von dem gesegneten R. G. Davis (ich weiß, daß ich das Ganze meiner guten Miss Chase – gepriesen sei sie – zu verdanken habe – auch, daß ich es so früh erfahren habe). Das Gehalt kommt mir sehr anständig vor: $ 4,200!!! ...

Sowas! Du kannst Dir ja vorstellen, wie viele unbestimmte, vage

Ängste durch diese Nachricht beschwichtigt sind. Ich fühle mich wie im siebenten Himmel. Ted freut sich so für mich und ist selber ganz aufgeregt. Er wird mich in jeder Hinsicht unterstützen. Wegen seiner Sache schreiben wir Amherst an, und wenn die nichts für ihn haben, probieren wir's bei den umliegenden Knabenschulen. Mir wäre es lieber, wenn er, auf der Basis meines guten Gehalts, einen Halbtagsjob bei einem Rundfunksender oder einer Zeitung annehmen würde, statt sich nochmal so ein mörderisches Pensum aufzuladen wie in diesem Jahr.

Soweit ich im Bilde bin, bedeutet das neun Stunden Unterricht pro Woche für mich (drei Klassen [*Kurse*] von je drei Stunden) . . . Ich weiß, daß Smith die letzte Hochburg des Liberalismus ist. Harvard u. a. bringen nur promovierte Geschäftsleute hervor.

Hast Du die Ausgabe vom *Alumnae Quarterly* gelesen, in der Rektor Wright sich dagegen wendet, daß die Arbeitsdauer für einen Ph. D. verlängert werden soll, und vor der absurden Forderung warnt, die Dissertation müsse »die Summe des Wissens vermehren« (weil das Leute dazu gezwungen hat, jahrelang an lächerlichen, wertlosen Themen zu arbeiten). Er sagte, diese Forderungen seien ja recht angemessen für die »Büffler«, die stumpfen, einfallslosen Typen, aber nicht für junge, geistreiche potentielle Lehrer mit einer kreativen Begabung, die würden nur entmutigt dadurch. Du kannst Dir vorstellen, wie stolz ich sein werde, unter einem Rektor arbeiten zu können, der so eine großartige Einstellung hat!

Ich schreibe gleichzeitig an Mrs. Prouty, Du kannst also, wenn Du ihr die Neuigkeiten berichtest, dies in dem Gefühl tun, daß sie sie schon aus erster Hand hat . . .

Ich weiß genau, was Du mit »winterlicher Flaute« meinst. Ich habe jetzt wieder angefangen, mein Schilddrüsenpräparat zu nehmen, und fühle mich schon viel besser. Es war so schlimm geworden, daß ich nach 2 Uhr nachmittags nicht mehr arbeiten konnte; ich war so schläfrig und erschöpft, daß ich mich um nichts mehr gekümmert habe. Auf einmal aber ist mir, als sähe ich wieder Licht hinter der unerbittlich näherrückenden Examenshydra – schönes Licht – Schreiben wie wild am Cape, und Unterrichten und Schreiben wie wild bei Smith im lieblichen Pioneer Valley, umgeben von den Menschen, die ich am meisten auf der Welt bewundere. Was für eine Einführung für Ted!

Wir warten *immer noch* auf den Brief mit Nachrichten über sein
Buch, ich vermute aber, daß es nächsten Herbst herauskommt, und
welch eine enorme Publizität wird es dann inmitten dieser lyrik-
bewußten Universitätsgemeinschaften erreichen. Erhelle Dir also
Deinen Weg durch diesen aufreibenden, erschöpfenden Monat mit
Hilfe der Vision eines Sommers und eines akademischen Jahres, in
dem Du uns leicht mit dem Auto besuchen kannst!

... Natürlich bin ich demütig und ein bißchen eingeschüchtert,
wenn ich ans Unterrichten denke. Ich werde diesen Sommer Deinen
Rat und Deinen Zuspruch brauchen. Ich will sie dazu bringen,
teuflisch hart zu arbeiten und in jeder Minute begeistert zu sein. Ich
wüßte nicht, was ich lieber täte, als bei Smith zu unterrichten. Ich
kenne es; natürlich nicht die »Tricks« derer, die das Sagen im
Department haben, aber das, was sie tun. Ich kann mich noch an
diese langweilige ... Englischlehrerin erinnern, die ich als
freshman hatte, und werde mein Bestes tun, die kleinen Mädchen
zu fesseln und bei der Stange zu halten. (Ich überlege, ob ich mir
hier nicht ein oder zwei Kostüme nach Maß machen lassen soll.)
Jedenfalls werde ich endgültig meine Kniestrümpfe wegwerfen und
eine erwachsene Frau sein. Wie herrlich, nicht immer der neh-
mende Teil zu sein! Wenn man mir ein Schriftsteller-Stipendium
angeboten hätte – ich hätte abgelehnt. Es ist mir ein großes
Bedürfnis, meine Selbstachtung durch Unterrichten, dadurch, daß
ich »gebe«, zu stärken, und Ted versteht das so gut.

... Ich war bei der zweiten der beiden Geschichten steckengeblieben, die ich für Zeitschriften wie *Ladies' Home Journal*
schreibe (letztere war auf der Person von [*einer Smith-Klassenkameradin*] aufgebaut und hieß »The Fabulous Roommate«). Er
machte einen langen Abendspaziergang mit mir, ließ sich die ganze
Handlung erzählen und erklärte mir, was ich an dem Schluß
ändern soll, was mir bisher nur vage bewußt gewesen war. Gestern
nacht las er, Wort für Wort, die ganzen 30 Seiten und wies mich
unbeirrbar auf jede Schwäche und jeden überflüssigen Abschnitt
hin. Er ist stolz auf die Geschichte, findet sie aufregend und
schlüssig als Charakterstudie (nicht als »Kunst«-Geschichte),
meint, sie knüpfe da an, wo ich bei *Seventeen* aufgehört habe ...

Liebe Grüße an Dich und den lieben Warren,
Deine glückliche Sivvy

18. MÄRZ 1957

Liebste Mutter,

. . . Gestern kam Wendy Christie (das ist diese reizende Witwen-
freundin von Frau Dr. Krook) hereingeplatzt, eine Londoner *Sunday Times* schwenkend. Zu meiner Überraschung hatte *Harold
Hobson,* der bekannte Theaterkritiker, in seiner wöchentlichen
Kolumne ein paar äußerst lobende Zeilen über »Spinster«, eines
meiner beiden Gedichte in der neuen Oxford-Cambridge-Zeit-
schrift *Gemini,* geschrieben! Ich war verblüfft und hocherfreut.
Habe heute versucht, noch ein paar Exemplare aufzutreiben, ging
aber nicht, ich zitiere also. (Schau nach, wenn Du kannst. Es ist
wirklich eine Mordsehre – ein Gedicht, das in einer Theaterkritik
besprochen wird!) Am Beginn der dritten Spalte seiner Rezension
von *Wie es euch gefällt* (eine Cambridger Studentenaufführung)
schreibt Mr. Hobson:

Wie es scheint, wissen die jungen Damen aus Cambridge alles über die
Liebe. Auf meinem Weg von der Liverpool Street las ich in der neuen
Universitätszeitschrift *Gemini* das Gedicht »Spinster« von Sylvia Plath,
ganze zwölfmal, nicht weniger. Dort steht, scharf, eindrucksvoll, präzise,
eine Aussage über die Verweigerung der Liebe – ein endgültiger, erschreck-
ter Rückzug der Röcke vom gefahrbringenden Tau.

. . . Das ist doch reizend, oder? Ted und ich fanden, daß es für
einen Dichter keine größere Freude geben kann, als wenn er etwas
geschrieben hat, was ein vollkommen Fremder gleich »zwölfmal«
lesen möchte! Bitte berichte der guten Mrs. Prouty davon. In der
LONDON SUNDAY TIMES! Ich muß mich immer noch kneifen.

Ich habe gerade zwei Geschichten fertig getippt und an *Ladies'
Home Journal* abgeschickt – alles in allem 43 Seiten –, es sind »The
Laundromat Affair« und »The Fabulous Roommate«. Wünsch mir
Glück . . . Bisher schaffe ich es immer noch, daß insgesamt 20
Manuskripte von uns unterwegs sind. Vielen Dank übrigens für die
Grippetabletten. Hoffe, daß sie ein gutes Zaubermittel sind, um
alle Symptome fernzuhalten.

. . . So, ich gehe jetzt und versuche, einen Rhabarberkuchen zu
backen, bevor Ted zurückkommt. Viele Grüße an Dich und Warren –

Sivvy

19. MÄRZ 1957

Liebste Mutter,

so erfreuliche Post heute, und mir geht es so viel besser, nachdem ich mal richtig gut geschlafen habe, daß ich dachte, ich schreibe Dir einen Ergänzungsbrief zu dem von gestern. Es macht mich so froh, daß auch Du Dich über den Smith-Job freust. Zweifellos werde ich mich in den ersten paar Tagen schrecklich ängstigen, aber ich bin sicher, daß ich meine Arbeit lieben werde, weil ich mich noch gut daran erinnere, mit welch großer Freude ich damals die Lyrik-Diskussionen am runden Tisch bei der Literaturtagung im Staate New York geleitet habe. Der Lehrplan ist mit Sicherheit so frei wie nirgends, die Mädchen intelligent und willig (zumindest der größere Teil), und da ich keine Vorlesungen, sondern Seminare habe (die Mädchen müssen alle vierzehn Tage eine 8-Seiten-Arbeit schreiben), müßte ich eigentlich eine Menge lernen. Außerdem müßte mir die Tatsache, daß Ted und ich »junge Dichter« sind, Schriftsteller mit einer starken Integrität und kritischen Ansichten, soviel Selbstbewußtsein geben, daß ich mir sagen kann, mein Standpunkt, der von Tag zu Tag differenzierter wird, wird ihnen sicher helfen, ein neues Verständnis für ihr Entwicklungsstadium zu bekommen. Schließlich sind sie ja sieben Jahre hinter mir zurück!

Heute kam das dicke, braune Kuvert von Harper's. Furchtbar aufregend. Ein umfangreicher blauer Vertrag mit Hunderten von kleinen Ausführungsbestimmungen. Ted hat die Möglichkeit, selber mit einem britischen Verleger zu verhandeln, d. h., wir werden wohl an Faber & Faber schreiben, T. S. Eliot's Verlag. Ich hoffe, sie lassen sich diese Chance nicht entgehen. Wie ich Dir schon geschrieben habe, soll das Buch Mitte August herauskommen. Wir wollen Samstag ein passendes Photo von Ted machen lassen . . .

Wenn ich zu Hause bin, werde ich mir ein ganz großes Album kaufen und alle Zusagen und wichtigen Briefe von Ted einkleben (hier gibt's nur winzige Alben). Das sind Dokumente, die unsere Enkelkinder wie einen Schatz hüten werden . . .

Denk Dir, die Tantiemen an dem Buch betragen nur 15 Prozent von 43 Prozent des Ladenpreises (die 43 Prozent sind der Einkaufspreis!). Bei einem Buch, das $ 3 kostet, heißt das also jämmerliche 10 Cents pro Exemplar. Um lumpige $ 100 zusammen zu bekommen, müßte man demnach 1000 Bücher verkaufen. Hoffentlich machen die Rezensenten es zu einem Bestseller. Sie müssen einfach! Du siehst, wenn man Gedichte an Zeitschriften verkauft, bringt das viel mehr ein. Lyrikpreise auch. Deshalb haben wir uns entschlossen, das nächste Buch erst zu machen, wenn alle dafür in Frage kommenden Gedichte vorher schon an Zeitschriften verkauft sind. Ich muß mich über Urheberrechte informieren. Ich finde, wir müssen uns jetzt beide einen Agenten in New York nehmen. Besonders dann, wenn ich etwas an die Frauenzeitschriften verkaufe . . .

Ich gehe mit Ted heute und morgen in sein Theaterstück – das erstemal, daß ich in seiner Schule bin. Wir sind so froh, daß das bald überstanden ist. Ted ist vollkommen erledigt, ich bestehe darauf, daß er am 1. Juni, dem Tag, an dem ich mit meinen Prüfungen fertig bin, mit dem Unterricht aufhört. Danach machen wir eine Erholungsreise nach Yorkshire, sagen seinen Eltern Adieu und fahren vielleicht nach Schottland weiter. Ich habe von den landschaftlichen Schönheiten Englands nahezu nichts gesehen und finde, ich sollte das nachholen. In allen anderen Bereichen bin ich so gegen dieses Land eingenommen: Politik, Klassensystem, Gesundheitswesen, speichelleckerische Literaturcliquen, kleinliche Kritiker (die wütenden, scheußlichen persönlichen Briefe, mit denen sich die angesehensten Kritiker – G. S. Fraser, Louis Mac-Neice, Spender, Leavis u. a. – in den Wochenblättern bombardieren, sind schockierend schäbig und kleinkariert). Natürlich habe ich für amtliche Zwecke England immer himmlisch gefunden (und für mich selbst war es): das einzige Land auf der Welt, das mir den Mann meines Lebens und Liebe und Arbeit geschenkt hat . . . Ich liebe ihn heute mehr als ich ihn jemals vor unserer Heirat geliebt habe. Und diese einzigartige Chance, die wir haben, mit nichts anzufangen und uns zusammen hochzuarbeiten, ist wirklich herrlich . . .

x x x S.

DIENSTAGMITTAG
25. MÄRZ 1957

Liebste Mutter,

das muß eine zermürbende Zeit für alle sein. Zu wenig Schlaf, die wachsenden Strapazen und die Schufterei bis zur letzten Minute in diesem Semester – Ted an seinem Stück, ich an Aufsätzen und Artikeln – haben dazu geführt, daß Ted und ich am Wochenende erschöpft und tief deprimiert waren. Der Sonntag dräute schwärzer als Pech, und es kam uns wie eine unerträgliche Anstrengung vor, uns von der Stelle zu rühren und ins Bett zu gehen. Da machten wir einen langen Nachtspaziergang und fühlten uns viel freier danach. Das frühe Schlafengehen diese Woche und die Tatsache, daß ich von den schriftlichen Arbeiten »befreit« bin und Ted sein Stück hinter sich hat, wird uns schnell wieder auf die Beine helfen. Wir haben beide seit Monaten nichts mehr geschrieben, was uns selber Spaß macht, scheint mir, aber jetzt, bei dem strahlenden Frühlingswetter, sind wir plötzlich viel optimistischer. Leider ist immer noch so vieles in der Schwebe – 15 Manuskripte mit Gedichten und Geschichten und unsere beiden Bücher: mein Gedichtband und Teds Tierfabeln.

Ich war entzückt von Teds Stück. Seit ich hier bin, habe ich noch in keinem Stück so laut gelacht und mich so amüsiert ... Ich werde nicht zulassen, daß Ted je wieder solche Strapazen durchmachen muß wie in diesem Jahr. Es macht mir nichts aus, wenn er im kommenden Jahr nur eine Halbtagsarbeit als freier Mitarbeiter bekommt. Ich wünsche mir nichts mehr, als daß er schreibt. Wir fühlen uns beide buchstäblich krank, wenn wir nicht schreiben ... Muß in dem Sommer Romane lesen: George Eliot etc. Ted und ich haben kaum Romane gelesen. Wir freuen uns so auf diesen Sommer! Es war weiß Gott kein leichtes Jahr, für keinen von uns.

Ted war sehr beeindruckt von der Nachricht über Wilbur's erstaunliches Glück. Wenn ich bedenke, daß Wilbur seinen ersten Gedichtband in Teds Alter veröffentlicht hat, vor zehn Jahren, dann habe ich gar nicht mehr das Gefühl, daß wir so spät dran sind. Im stillen hoffe ich, daß Ted eine gute Stelle als Lehrer an einem College kriegt – vielleicht in Amherst im zweiten Jahr (falls man mich bei Smith nochmal haben will) – und entdecken wird, was Dichter in Amerika für eine einzigartige Chance haben, und daß er zurückkommen will, auch wenn wir im Ausland reisen. Es geht nicht darum, ob wir uns in England niederlassen; wir sind beide ganz gierig, von hier wegzukommen (obwohl ich Cambridge schrecklich gern habe). Die Frage ist, ob Europa oder Amerika. Ted brennt darauf, hinzugehen; ich glaube, er wird sich mehr und mehr seiner Chancen dort bewußt. Und wenn es mir gelingt, dieses

Jahr richtig zu organisieren – indem ich dafür sorge, daß er genügend Zeit, Muße und Frieden zum Schreiben hat (wofür das Cape der ideale Ort ist – Dein äußerst bedeutsames Geschenk!), dann wird er vielleicht den Wunsch haben, den Schwerpunkt seines Lebens dorthin zu verlagern. Aber man darf ihn nie drängen ...

... Ich plage mich täglich mit dem Rohentwurf meines »Romans« herum; das einzige, was ich weiß, ist, daß er sich über einen Zeitraum von neun Monaten erstrecken wird und eine Seelen-Suche ist, amerikanisches Mädchen in Cambridge, Ferien in Europa etc. Wenn ich mein tägliches Pensum einhalte, ungeformt einfach hinschreibe, was mir in den Sinn kommt, dann müßte ich bis zu unserem Abreisetermin etwa 300 engbeschriebene Seiten haben – ein ungeschliffener, roher Brocken, an dem ich dann in diesem Sommer arbeiten kann. Sobald mir klar wird, wie sich das entwickelt, fange ich mit der sorgfältigen Überarbeitung an; vielleicht schmeiße ich das, was ich habe, auch weg und schreibe den ganzen Mist noch mal neu ...

Die Lektüre von Virginia Woolf's *Writer's Diary* macht mir wieder Mut; ich fühle mich ihr sehr verwandt, auch wenn mein Buch sich eher wie ein flott geschriebener Bestseller liest. Ihre Stimmungen und Neurosen sind verblüffend. Du mußt dieses Tagebuch unbedingt lesen; äußerst aufschlußreich ...

x x x sivvy

MONTAGVORMITTAG
8. APRIL 1957

Liebste Mutter,

... tauche endlich wieder auf aus einer »gräßlich sterilen Phase«, die mir aufgezwungen war durch das Schreiben von zahllosen Aufsätzen im letzten Semester. Meine ganze Schreibenergie wurde aufgezehrt davon. Gestern habe ich gerade einen meiner besten zu Ende geschrieben, etwa 56 Zeilen lang, mit dem Titel »All the Dead Dears«.

Ich bin Dir dankbar für Deine passenden Zitate von Auden und Cronin; sie sind mir eine große Hilfe. Allein zu wissen, daß es *normal* ist, wenn man Perioden hat, in denen man sich entsetzlich unfruchtbar fühlt, hilft schon. Ich gewöhne mich jetzt mehr und mehr daran, aber sowohl Ted wie mir ist es klar, wie fatal es ist, den Schreibprozeß zu *unterbrechen*. Lieber wollen wir täglich ein paar Seiten mit dummem Zeug vollschreiben, bis der Saft zurückkommt, als daß wir aufhören, denn es ist so furchtbar schwer, die Trägheit zu überwinden, die sich einmal eingestellt hat. Wir schreiben also mindestens zwei Stunden pro Tag, um »gesund« zu bleiben. Ich schufte täglich an meinem »Roman« und habe mir schon 80 engbeschriebene Seiten abgequält (entspricht 160 Ms.-Seiten); mein Endziel sind 300 engbeschriebene Seiten bis zum Tag meiner Abreise. Dann der gepriesene Sommer, um ihn in eine Form zu pressen.

Ich muß sagen, ich habe ein äußerst sonderbares Gefühl, was mein Buch angeht. Ich bringe mühsam eine Menge Quatsch hervor, ohne jede Erfahrung, wie man einen Roman schreibt, und werde erst wissen, was ich gesagt habe, wenn ich den ersten Entwurf hingeschrieben habe, wie Ted sagt. Jedenfalls habe ich etwas, wo ich alles unterbringen kann – eine Art Aufbewahrungsort für meine Gedanken und Gefühle. Ich befreie sie durch diesen herrlichen Redestrom. Manchmal, blitzartig, überkommt mich der Gedanke, daß ich einen Bestseller draus machen kann; aber nur, wenn ich mindestens ein Jahr daran arbeite. Ich würde das Buch liebend gerne Mrs. Prouty widmen und hoffe, daß ich ihre Einwilligung bekomme, wenn es fertig ist . . .

. . . Stand heute früh um 4 Uhr 30 mit Ted auf und machte einen langen Spaziergang nach Granchester, bevor ich mich an den Schreibtisch setzte. Nie wieder möchte ich einen Sonnenaufgang verpassen. Zuerst leuchtend blaues Licht, herabhängende große Sterne; dann Röte, sich ausbreitend, durchscheinend, und beginnendes Murmeln und Zwitschern der Vögel aus allen Brombeerhecken; Eulen, die nach Hause fliegen. Wir sahen mehr als fünfzehn Kaninchen, die fraßen. Ganz allein zu sein auf dieser wunderschönen Welt, zusammen mit Tieren und Vögeln, das erfüllte mich mit Frieden und Freude. Kleine Spitzmäuse piepsten im hohen Gras, und wir sahen zwei hübsche braunfellige Wasserratten (denk an *The Wind in the Willows*), die am Bachrand fraßen und dann ins Wasser sprangen und davonschwammen. Du wirst lachen, aber ich habe vor, diese Szene in meinen Roman aufzunehmen. Auf einer Kuhweide fingen wir an zu muhen, da hoben die Kühe alle die Köpfe und folgten uns, etwa zwanzig an der Zahl, wie hypnotisiert quer über die Weide bis zu einem hölzernen Zauntritt, wo sie fasziniert glotzend innehielten. Ich stand auf dem Zauntritt und rezitierte etwa zwanzig Minuten lang mit tönender Stimme alles was ich aus Chaucer's *Canterbury Tales* im Kopf hatte. So ein intelligentes, hingerissenes Publikum hatte ich noch nie. Du hättest mal sehen sollen, was sie für Gesichter machten, als sie sich um mich scharten. Ich bin sicher, daß sie es herrlich fanden! . . . So, muß jetzt weg, einkaufen und waschen gehen. Jage im Eiltempo durch meine Baudelaire- und Stendhal-Übersetzungen und fühle mich tugendhaft. Gibt's was Neues vom lieben Warrie?

Grüße an Euch beide, Sivvy

13. APRIL 1957

Liebste, herzallerliebste, anbetungswürdige Mutter,

war das schön, daß ich diese Woche so glückliche Briefe von Dir bekommen habe. Bin so froh, daß Warrens Dissertation fertig ist und bin überzeugt davon, daß sie brillant ist, wenn auch viel zu hoch für uns beide . . .

Wir haben eine ziemlich anstrengende Woche hinter uns, die jedoch heute einen erfreulichen Höhepunkt hatte. Am Dienstag hatten Ted und ich zusammen vier Absagen bekommen (jeder zwei – unser literarisches Leben ist sehr symmetrisch). Sie fanden Teds Buch mit Fabeln für Kinder letztlich (leider) doch »zu anspruchsvoll«. Ich gebe nicht auf und werde es bei den großen Verlagen wie Macmillan probieren; die kleinen gehen kein Risiko ein. Wenn der »Hobbit« nicht »anspruchsvoll« war, was dann? [*Auch abgelehnt*] wurden: ein paar Gedichte von Ted, von der *Saturday Review* (Ciardi macht einen großen Fehler, wenn er uns absagt. Er sei schon »reichlich eingedeckt« – mit seinen eigenen Gedichten, wette ich!); ein paar Gedichte von mir, von der *Paris Review,* mit einem sehr netten Brief, in dem ich gebeten wurde, noch weitere zu schicken; und schließlich zwei Geschichten von der todschicken *Sewanee Review,* mit einem recht erstaunlichen Brief des Redakteurs, des Inhalts, daß meine Geschichten ein »ungewöhnliches Talent« verrieten, was aus dem Munde eines konservativen Redakteurs eine ganz schöne Ermutigung bedeutet.

Wir ließen durch diese Nachrichten uns nicht unterkriegen, sondern setzten uns an die Schreibmaschine, tippten und tippten, schickten fünf oder sechs weitere Manuskripte weg und bekamen

319

heute morgen endlich unsere Belohnung – wieder in Gestalt eines Zwillings-Päckchens – rat mal von wem? – von John Lehmann vom *London Magazine*! Unsere erste »britische« Zusage auf professioneller Basis, und noch dazu von der »Atlantic Monthly« von England! Von mir wurden zwei Gedichte angenommen: »Spinster« (das mit der lobenden Besprechung in der *Sunday Times*) und »Black Rook in Rainy Weather« (wird demnächst auch in der *Antioch Review* veröffentlicht). Von Ted wurde ein ziemlich langes mit dem Titel »Famous Poet« angenommen – offensichtlich hatten sie das Gefühl, daß sie sich dem Druck solcher Auf-dem-Wege-zum-Weltruhm-Dichter nicht widersetzen können. Endlich! Wir haben Einzug gehalten in die Hochburg des britischen Konservatismus.

Zu meinen beiden Gedichten hat mir der unfehlbare Mr. Lehmann geschrieben: »Das Wesen ihrer herausragenden Begabung scheint mir die unbestechliche Genauigkeit des Fühlens und Beobachtens zu sein, die in ›Spinster‹ und ›Black Rook‹ voll zum Tragen kommt.« Wir prahlen ja nicht wirklich, sind nur kindlich glücklich, daß unser Schuften und die Arbeit, der unser Leben gewidmet ist, Anerkennung gefunden haben. Wir bekommen im Durchschnitt jeder immer noch zwei Absagen auf eine Zusage.

Das Erfreuliche an diesen Absagen ist, daß uns die Leute sagen, wir seien begabt. Das ist alles, was wir erfahren müssen, auch wenn wir es tief in unserem Innern schon *wissen*. Alles, was man tun muß, um seine Begabung durchzusetzen, ist dauerhaft und intensiv nachzudenken und im Schweiße seines Angesichts zu arbeiten, ohne Unterlaß. Kein öffentliches Literaturlöwen-Leben für uns; obwohl wir dann und wann, anläßlich einer Buchveröffentlichung, bescheiden in Erscheinung treten werden, um uns hohlwangig und mit Seheraugen an Gratischampagner und Kaviar zu laben!

Wir haben beide das Gefühl, daß wir große Spätentwickler sind . . . die eigene Persönlichkeit ist immer noch knirschend neu und zum Staunen für uns.

. . . Wird das ein Spaß, wenn wir Teds Besprechungen einkleben . . . Ich prophezeie, daß wir im Begriffe sind, uns in den Ruhm zu katapultieren. Einfach, weil er uns so wenig bedeutet – Schreiben und GEHÖRT und GELESEN zu werden dagegen alles . . .

Herzliche Grüße, Sivvy

7. MAI 1957

Liebste, herzallerliebste Mutter,

war das eine Freude für uns – Dein Brief heute morgen mit der herrlichen Nachricht von Warrie's Fulbright! Ich werde ihm heute morgen auch noch kurz schreiben, bevor ich davonradele und meinen Arbeitstag beginne ...

Dies ist einer jener klaren, seltenen, Champagnerluftvormittage, an denen ich das Gefühl habe, ich versündige mich gegen die Schöpfung, wenn ich in die riesige, fabrikähnliche Bibliothek gehe und erst bei Sonnenuntergang einen Strahl erhasche, doch meine Träume vom Moor und vom Cape geben mir Kraft. Ich werde nicht das mindeste »Schuldgefühl« haben, wenn ich dort in Sonne und Meer schwelge.

Weißt du, ich glaube, in den Jahren, in denen unsere Familie so hinter dem Geld und den Stipendien etc. herjagen mußte, haben wir drei die nahezu puritanische Einstellung entwickelt, daß »faul« sein und Geldausgeben für Luxus, wie auswärts essen oder Theater oder Reisen, ein wenig sündhaft ist; und ich finde, wir alle drei haben jetzt die einzigartige Chance, uns in Menschen zu verwandeln, die erleben können, was für eine Freude es ist, sich in neue Abenteuer und Erfahrungen zu stürzen. Du bist uns allen dabei eine Lehre. Ich meine wirklich, Du bist im vergangenen Jahr mindestens 25 Jahre jünger geworden, in dem Sinne, daß Du auf eine großartige Weise offen bist für Erfahrung! Die wenigsten Frauen schaffen das. Ted und ich freuen uns darauf, uns mit Dir in diesem Sommer und im nächsten Jahr einmal richtig zu *amüsieren*: wir wollen picknicken am Nauset-Strand, schwimmen, reden und lange Spaziergänge machen. Von Natur aus leben wir sehr einfach, tragen unsere alten Lieblingsklamotten, trinken unseren billigen Rotwein zum Abendessen und leisten uns (zumindest in diesem Jahr) kein Theater, kein Kino oder sonstige Extras. Aber ab und an finden wir es herrlich, auswärts zu dinieren oder uns schick anzuziehen, wie am vergangenen Samstagabend, und auf eine Party zu gehen. Der Herausgeber von *Gemini* gab eine Cocktailparty für Die Literaten von Cambridge, und da Ted und ich ihn nie kennengelernt hatten, gingen wir hin; ich in dem bildhübschen rosa Strickkleid, das ich auf meiner Hochzeit trug, und in neuen weißen Stöckelschuhen (was für ein Segen, an der Seite von Ted hohe Absätze tragen zu können und immer noch »klein« zu sein), dazu

321

ein silbernes Stirnband, mit dem er mich einmal überrascht hatte, als ich wegen meiner Prüfungen deprimiert war. Eine äußerst aufschlußreiche Angelegenheit.

... Kann es kaum erwarten, diesen Sommer an meinem Roman zu arbeiten. Er wird sehr schön werden, das spüre ich genau. Meine herzlichsten Grüße an Dich und unseren wunderbaren Warren. Nach all diesen Jahren mit Arbeit, Krankheit, Tod mußt Du, die Du das Leid der anderen auf Dich genommen hast, jetzt jede Minute Deines Lebens mit Warrie, Ted und mir genießen.

x x x Sivvy

FREITAGVORMITTAG
10. MAI 1957

Liebste Mutter,

konnte es nicht lassen, mich hinzusetzen und Dir weitere gute Nachrichten, meinen herrlichen Ted betreffend, mitzuteilen, die heute morgen gekommen sind ... FABER & FABER, *der* britische Verlag, hat geschrieben, daß sie Teds Gedichtband in England herausbringen wollen. Aber das ist noch nicht alles. Mr. T. S. Eliot (der zu den Mitarbeitern gehört) hat das Buch gelesen und der Verleger schreibt: »Mr. Eliot hat mich gebeten, Ihnen mitzuteilen, daß ihm persönlich die Gedichte sehr gefallen haben und daß er Ihnen seine Glückwünsche dazu übermitteln läßt.« ...

... Seit letztem Juni hat Ted vierzehn Gedichte, ein Gedicht für den Rundfunk und ein Buch in zwei Länder verkauft. Als ich ihn das erste Mal traf, habe ich ihm fünfzehn Gedichtverkäufe in einem Jahr garantiert, wenn er mich als Agentin nimmt, und seit wir zusammenarbeiten, hat er so gute Gedichte geschrieben wie nie zuvor ... genauso wie ich. Ich habe sechzehn verkauft seit August (das sind genau doppelt so viele wie in den fünf Jahren vor Ted), und viele von ihnen, wie z. B. bei »Ella Mason and Her Eleven Cats«, hatte Ted mir im letzten Frühjahr zur Aufgabe gestellt. Hauptsache, ich bringe mein Buch in den nächsten paar Monaten irgendwo unter – dann ist alles in Ordnung.

Ich habe zwei ehrgeizige Ziele diesen Sommer (von der Vorbereitung meiner Smith-Kurse und dem Gedichteschreiben abgesehen, natürlich), das ist einmal mein Roman und dann der endgültige Durchbruch bei den eleganten Frauenzeitschriften. Ich fühle mich um Jahre älter als ich es in dem Sommer war, in dem ich wegfuhr, und die Geschichten, die ich dieses Jahr geschrieben habe . . . sind wirklich viel, viel besser. Wenn ich mein ganzes Selbst, meine ganze Intelligenz dieser Aufgabe widme, dann schaffe ich es, das weiß ich, und fünf Geschichten würden mir soviel Geld einbringen wie ein Jahresgehalt. Ted möchte Kinderbücher zu seinem zweiten Gebiet machen . . . Ich will versuchen, einen Artikel über Cambridge für *Harper's* und eine Geschichte über Cambridge für die *Atlantic* zu schreiben; beide Redakteure sagten, es würde sie interessieren, was ich daraus mache . . . Die Türen sind offen; man muß sich bloß plagen und arbeiten und für die Dichtkunst leben – und das mit der größtmöglichen Integrität und emotionalen Anteilnahme . . .

Alles Liebe
Sivvy

24. MAI 1957

Liebste Mutter,

ich habe mich so über Deinen Brief an diesem kalten, grauen Morgen gefreut. Ted und ich haben ihn beim Frühstück vorgelesen und wir beglückwünschen und begrüßen Dich beide herzlich als unseren frischgebackenen außerordentlichen Professor! Ich würde denken, den hast Du Dir wirklich schon lange verdient . . .

Wir waren fassungslos, als wir diese Woche schon die Fahnen von Teds Buch bekamen, nicht von Harper's, sondern von Faber & Faber, eine Woche, nachdem sie es angenommen hatten! Wir haben sie mit Hilfe einer kurzen, aber unzureichenden Korrekturzeichenseite in einem Handbuch immer wieder durchgearbeitet und zahllose Kommas eingesetzt. Ted hat noch ein paar Änderungen gemacht, die ich limitiert habe. Wenn es nach ihm ginge, würde er ein Gedicht bis in alle Ewigkeit umschreiben und die Druckerpressen anhalten. Es macht mir nichts aus, die Sachen immer wieder zu tippen, aber es ist uns klargeworden, daß wir beim Nachprüfen der getippten Mss., die wir abschicken, strenger sein müssen. Du mußt mit uns unbedingt die Interpunktionsregeln und die Ms.-Korrekturzeichen nochmal durchgehen. Das alles ist Dir sicher noch präsent aus der Zeit, in der Du Daddy's Buch überarbeitet hast, und wir brauchen Dich als dritten, unparteiischen Korrekturleser. Es wird bestimmt ein Mordsspaß. Ich betrachte das

323

überhaupt nicht als Arbeit; ich hoffe, wir werden immer was zum Korrekturlesen haben . . .

Gestern nachmittag hörten wir den reizenden, klugen, amüsanten, liebenswerten Robert Frost, der vor einem begeisterten, dichtgedrängten Publikum las. Er bekommt in diesem Frühjahr einen Ehrendoktor von Cambridge verliehen. Ted war sehr angetan von ihm, ich glaube, die beiden haben vieles gemeinsam. So, jetzt darf ich nicht länger schwätzen, ich muß STUDIEREN. Leider mache ich meine Prüfungen nicht bloß nächste Woche, sondern bereits jetzt, nachts, im Traum. Ich werde mein Bestes tun, auf jeden Fall aber habe ich, wie Ted sagt, eine Ausbildung, und daran können die Noten nichts ändern.

Herzliche Grüße von uns beiden an Dich und Warren. In 32 Tagen sind wir bei Euch.

x x x Sivvy

MITTWOCHVORMITTAG
29. MAI 1957

Liebste Mutter,

um mir für mein Tragödie-Examen heute nachmittag meine steifen Finger geschmeidig zu machen, nutze ich diese sonnige frühe Morgenstunde und schreibe Dir, damit Du weißt, daß es mich immer noch gibt. Gerade noch. Wirklich, ich habe nie solche physischen Qualen gelitten wie jetzt, wo ich wie eine Rasende (seit den letzten beiden Tagen) 6 bis 7 Stunden pro Tag mit meiner ungeübten Schreibhand schreiben muß. Jeden Abend, wenn ich nach Hause komme, nehme ich ein heißes Bad und massiere sie, bis sie wieder funktioniert. Ted sagt, ich bin ein Opfer der Evolution, ich habe mich an die höhere Stufe des Tippens angepaßt und bin im Hintertreffen, wenn ich gezwungen bin, auf der niedrigeren Stufe des mit der Hand Schreibens zu konkurrieren!

Meine Prüfungen am Montag (ein weiteres amerikanisches Mädchen und ich gingen mit zitternden Knien hin) waren sehr erfreulich. Französische Übersetzung und Kommentar fair und einfach, die Aufsatzthemen am Nachmittag vielfältig und interessant – der Unterschied zu den Prüfungsthemen aus anderen Jahren ist deutlich erkennbar.

Ich habe das Thema »Stilisierung« genommen und, wie ich

324

glaube, einen sehr gescheiten Aufsatz darüber geschrieben. Als eine strenge Verfechterin des Stils, die ihn offen in all seinen Erscheinungsformen preist, habe ich ihn definiert als jene Ordnung, Linie, Form, jenen Rhythmus in allen Dingen – angefangen vom Sonett bis zum Fischbeinkorsett –, der die ungebändigte Natur so verwandelt, daß sie erträglich wird. Ich habe eine Parabel von Gott (als dem Obersten Stilbildner) und dem Sündenfall erfunden und eine Allegorie der Geschichte des Menschen – eine blutige Prozession auf der Suche nach dem Stil des Denkens, des Rituals etc. schlechthin, wobei ich auf Yeats und Eliot etc. verwiesen habe ... Wie auch immer, Montag war ich bester Stimmung, aber die Prüfungen gestern waren schlimmer als alles, was ich mir vorgestellt hatte. Literatur datieren, das schwarze Schreckgespenst der Amerikaner, die keinen Sinn für die Geschichte der Sprache haben, war Pflicht; das bloße Durchlesen der Prüfungsfragen hat eine halbe Stunde gedauert ...

... für die Prüfung über D. H. Lawrence hatte ich die meisten seiner Romane gelesen und ganze Passagen aus seinen moraltheoretischen Schriften auswendig gelernt, mit dem Ergebnis, daß es mir *verboten* wurde, über seine Romane zu sprechen und ich aufgefordert wurde, anhand seiner Kurzgeschichten, Schriften oder Gedichte seine *Entwicklung* (ein Lieblingswort) zu analysieren. Ich war so wütend darüber, daß ich mich gerächt habe, indem ich über seine Jesus-Parabel »The Man Who Died« geschrieben habe, und zwar unter dem Aspekt Parabel und Moral ... Sämtliche Fragen hatten keinerlei Bezug zu dem *moralischen* Werk der Schriftsteller, sondern waren umfassende, allgemeine Bezugnahmen auf Politik, Recht, das »Denken des Jahrhunderts« etc. Hinter allem ein kleiner, unklarer, pedantischer Geist. Wie jemand beim Rausgehen sehr treffend zu mir sagte: »Ich habe allein eine Stunde gebraucht, um herauszufinden, wie ich das, was ich weiß, in den Fragen unterbringen soll.« Ich habe also über Hobbes, Lawrence, Blake und Plato geschrieben und meine Lektüre mit einbezogen, die sicherlich umfassender ist als die aller anderen Studenten. Ein scheußlicher Gedanke, daß zwei Jahre Studium und hervorragende, klare, wohldurchdachte Aufsätze nur auf der Basis dieser Prüfungen beurteilt werden sollen, und nach *nichts anderem*. Ich bin so überdreht durch den ungeheuerlichen Vorgang, morgens und nachmittags solche Mengen an Wissen ausspucken zu müssen,

325

daß ich jetzt einfach ins Moor fahren werde (wenn ich die giganti-
sche Packarbeit an diesem Wochenende hinter mir habe) und mich
in die Sonne lege, wandere und mich entkrampfe. Ich hab's weiß
Gott verdient! ...

... Ich ... habe einen kurzen Brief von der Yale Press bekommen, in dem steht, daß mein Buch in die Schlußauswahl für den
Publikationspreis gekommen sei, daß Auden sie [es] aber erst
irgendwann im Frühsommer endgültig beurteilt haben würde. Ich
war ganz entmutigt, weil ich mich an sein Urteil über meine frühen
Smith-Gedichte erinnerte [*Auden nannte sie gefällig*], aber ich
hoffe, daß mein Buch »Two Lovers and a Beachcomber« zeigt, daß
ich mich entwickelt habe. Ich würde alles dafür geben, damit es
den Preis bekommt; Auden müßte dann ein Vorwort dazu
schreiben ...   x x x Sivvy

PS Mittwoch, 6 Uhr abends. Tragödie-Prüfung vorbei; *sehr*
animierend und fair im Ausgleich zu den beiden Horrorprüfungen
von gestern. Jetzt nur noch *eine,* Freitag vormittag – der gesegnete
Chaucer – und einen ganzen Tag (!) für die Vorbereitung. Glück
und Grüße für Warren.

                                                         x x x Siv.

                                        HEBDEN BRIDGE
                                        YORKSHIRE, ENGLAND
                                        SAMSTAGMITTAG
                                        8. JUNI 1957

Liebste Mutter,
    wie schön, hier, wo ich mich am Beginn meines neuen Lebens
glaube, einen Brief von Dir zu bekommen. Ich habe mir's bequem
gemacht in einem der großen Sessel in dem kleinen Wohnzimmer
mit großen Aussichtsfenstern und schaue hinaus auf die regennasse
Landschaft mit grünen Moorhöhen und Kuhweiden. Ich röste
meine Zehen vor dem Kohlenfeuer und schmökere in den Kurzgeschichten von James herum, während Ted in der Nähe sitzt,
Chaucer liest und seine ältere Schwester Olwyn sich erholt, indem
sie sich von ihrer gestrigen Reise von Paris hierher, wo sie 10 Tage
Urlaub macht, ausschläft. Was mich betrifft, so fange ich gerade
an, mich wie neugeboren zu fühlen.

... Wir hatten keinen Moment Verschnaufpause, und als die Prüfungen zu Ende waren, hatte ich das Gefühl, als wäre ein Brand auf meinem Kopf ausgetreten worden ... was mich daran hinderte, irgend etwas aufzunehmen. Ich schrieb bloß pessimistisch die Klausuren im Geiste nochmal. Ein besonders ekelhafter junger Dozent nutzte diesen günstigen Moment, um gegen eins meiner Gedichte eine vernichtende und absolut destruktive Kritik loszulassen, indem er demonstrierte, wie »hohl« es ist, verglichen mit – rat mal, wem? – John Donne! Ganz typisch für die Art, wie in Cambridge Literaturkritik betrieben wird (all die anderen kleinen »kreativen« Schriftsteller wurden auf ähnliche Weise abgetan, mich aber hat man herausgegriffen und auf eine besonders gemeine Art fertiggemacht). Da das in einer Phase des Nichtschreibens passiert ist, hat es mich unverhältnismäßig stark gequält.

Statt uns die Mühe zu machen, wegen der zahllosen Tee-, Dinner- und Sherryeinladungen der Literaturzeitschriften und Dozenten hierzubleiben, sind wir gleich am ersten Tag, an dem ich das legitim tun konnte, abgefahren. Nie habe ich mit mehr Freude und so einem Gefühl der Erlösung ein Haus verlassen ... habe unsere Sachen gepackt in dem Bewußtsein, daß wir sie erst in einem Monat wieder sehen würden, aber jetzt unbeschwert ins Moor fahren konnten ...

Wir laufen kilometerlang und treffen keine Seele – nur Lerchen und Schwalben und grüne, grüne Hügel und Täler. Nie zuvor hatte ich das Gefühl von vollständiger Ruhe und die Freiheit von dem Zwang, »ein Gesicht dafür aufzusetzen, daß man einem bekannten Gesicht begegnen könnte«, wie man das in der Umgebung von Cambridge tun muß. Teds Mutter hat unser Zimmer hergerichtet, wir lesen im Bett und faulenzen, und wenn wir wieder daheim sind, sind wir sicher ausgeruht und versessen aufs Schreiben und Arbeiten, und es wird uns Freude machen, Leute zu uns einzuladen. Zur Zeit ist jeder Schritt ein Fortschritt. In diesem Jahr haben wir uns in vieler Hinsicht so schrecklich abgeplagt wie noch nie. Ich kann es kaum glauben, daß wir jetzt, am 16. Juni, schon ein Jahr verheiratet sind. Den ganzen langen, trüben Winter hindurch haben wir die Tage gezählt, Amerika erscheint uns wie das Land der Verheißung. Wir sind beide so froh, daß wir endlich die gemeine, heuchlerische literarische Welt Englands hinter uns lassen können. Die einzige Person, die ich vermissen werde, ist meine liebe Moralisten-Tutorin

Doris Krook – ich habe noch nie jemanden getroffen, der einer genialen Heiligen so nahe kommt wie sie . . .

Nur noch siebzehn Tage [*bis zu ihrer Abreise*]! Es kommt mir ganz unwahrscheinlich und herrlich vor. Wir rufen Dich von NYC aus sofort an.

x x x Sivvy

MONTAGMORGEN
17. JUNI 1957

Liebste Mutter,

Deine Tochter ist jetzt also ein Jahr und einen Tag verheiratet, wie es im Märchen heißt, und hofft, es noch weitere hundert zu bleiben. Ich kann mich tatsächlich nicht mehr erinnern, wie es war, als ich noch nicht mit Ted verheiratet war; aber in unserem Horoskop heißt es ja auch, wenn Löwe und Skorpion heiraten, haben sie das Gefühl, sie kennen sich schon seit ewig aus einem früheren Leben.

Gestern haben wir uns von den Verwandten freigenommen und den Tag gemeinsam auf einem schattigen Berghang verbracht, von wo man weit übers Moor schauen kann. Wir schwelgten in Erinnerungen an unseren Hochzeitstag, dachten an vergangene harte Zeiten und an kommende gute. Als ich morgens aufwachte, fiel mein Blick auf Ted, der eine riesige Vase mit rosa Rosen ins Zimmer schleppte. Wir packten Huhn, Steak und Bücher ein und verschwanden.

In der letzten Woche war das Wetter hier oben herrlich; es ist der einzige Ort auf der Welt, wo ich das Meer nicht vermisse. Die Luft ist wie klares Meerwasser, durstlöschend und kühl, und der Blick so weit, wie ich es nie im Leben gesehen habe – Du wärst hingerissen; man kann großartige Wanderungen machen . . .

Teds Fahnen von Harper's, die wir hier korrigiert haben, waren tadellos, so viel professioneller als die von Faber, und die neue Reihenfolge der Gedichte (die Faber nicht übernimmt) ist tausendmal besser. Ich bin begeistert, daß das Buch mir gewidmet ist! Meine erste Widmung! Ich bin so stolz auf die Gedichte; jedesmal, wenn ich sie lese, überlaufen mich Schauer . . .

Ich habe heute morgen meinen Lehrplan für meinen Englisch-11-Kurs fürs erste Semester bekommen – faszinierend. Ich kann's gar nicht erwarten, meine Fähigkeit im Unterrichten unter Beweis zu stellen. Ich schäme mich, daß ich selber nur die Hälfte der Romane gelesen habe, die auf der Liste stehen, aber ich werde mir die, die wir nicht zu Hause haben, besorgen und diesen Sommer mit ans Cape nehmen, und wenn ich dann alle kenne, suche ich mir natürlich die heraus, die mir am meisten liegen – die Auswahl, die wir zur Verfügung haben, ist wunderbar.

... Ich möchte mit meinem Roman so gut vorankommen, daß ich ihn während des akademischen [Jahres] überarbeiten und im Frühjahr veröffentlichen kann. Ich denke, ich werde ihn »Falcon Yard« nennen. Der Titel ist Ted und mir im gleichen Augenblick eingefallen, nachdem wir viel herumprobiert hatten. Das ist der Name des Hofes, auf dem wir uns kennengelernt haben, und dementsprechend die zentrale Episode des Buches.

Ted hat eine gute Chance, in seinem zweiten Amerikajahr eine Stelle als Lehrer in Amherst zu bekommen; wenn ich das Glück habe, daß man mich bei Smith nochmal haben will, wäre das ideal. Wir würden uns dann beide für Stipendien bewerben, um ein Jahr in Italien schreiben zu können. Ich, wie ich hoffe, bis dahin an meinem zweiten Roman. Ich bin dann 27 und habe genügend Bücher und Geld im Hintergrund, um es mir leisten zu können, unsere geplanten drei oder vier Kinder zu bekommen. Daß wir sie erst später, Ende Zwanzig, bekommen, ist von großer Bedeutung für uns, weil wir beide langsam sind, Spätentwickler, und unsere schreibende persona sich erst ausreichend festigen muß, bevor unsere Persönlichkeit durch Neuankömmlinge gefordert wird. Klingt das nicht alles himmlisch und aufregend? Arbeit, Arbeit – das ist das Geheimnis des Zusammenlebens mit einem Menschen, den man mehr als alles liebt ...

... Wir haben uns sehr über Deine Karte zum Hochzeitstag gefreut, die Samstag gekommen ist. Hatten einen herrlichen Tee mit Teds Verwandten und seinem tollen dickensschen-falstaffschen Onkel (meinem Lieblingsverwandten), der ... uns £ 50 geschenkt hat, was uns enorm hilft.

... seh Dich in einer Woche!

x x x Sivvy

Fünfter Teil

21. Juli 1957–28. Oktober 1959

Nach ihrer Ankunft in Wellesley in der letzten Juniwoche des Jahres 1957 gab es für Sylvia und Ted in einem großen Zelt hinter unserem kleinen Haus einen Empfang, zu dem über siebzig Personen kamen. Das Essen hatten wir uns liefern lassen. Sylvia strahlte, als sie voller Stolz ihren Dichtergatten vorstellte.

Ein paar Tage später fuhr ihr Bruder die beiden ans Cape zu einem kleinen Ferienhaus in Eastham (die Fahrräder oben auf dem Autodach). Hier bereitete Sylvia sich für das Herbstsemester am Smith College vor.

Die Wohnung, die die beiden in Northampton hatten – eine Mansardenwohnung in der Nähe des Colleges –, war räumlich wieder beengt. Es war erneut ein harter Beginn. Frustriert, weil das Unterrichten ihr keine Zeit zum Schreiben ließ, befürchtete Sylvia, ihr Talent würde völlig einrosten. Aber Teds Anstellung als Lehrer für Englisch und creative writing an der Universität von Massachusetts im Januar ermöglichte es ihnen, einen neuen und kühnen Plan für ihre Zukunft als Schriftsteller zu entwerfen. Sie hielten sich genau an ein gewisses Budget und sparten dadurch genug Geld, um es sich leisten zu können, im darauffolgenden Juni das Unterrichten aufzugeben und eine Zweizimmerwohnung auf Beacon Hill in Boston zu nehmen. Dort wollten sie sich den Rest des Jahres 1958 und 1959 dem Schreiben widmen. Diese Entscheidung war Sylvia sehr schwer gefallen, da sie sich so guten Freunden wie Mary Ellen Chase, Alfred Young Fisher und Alfred Kazin zutiefst zu Dank verpflichtet fühlte, die ihr sowohl fürs Fulbright-Stipendium wie für die Stelle als Lehrerin bei Smith die besten Empfehlungen gegeben hatten.

In Boston arbeiteten Sylvia und Ted nach einem festen Tagesplan abwechselnd an ihren Studien und den schriftstellerischen

Vorhaben. Darüber hinaus arbeitete Sylvia halbtags am Massachusetts General Hospital, wo sie sich Krankengeschichten aufschrieb, und besuchte als Gasthörerin das Lyrikseminar von Robert Lowell an der Bostoner Universität. In dieser Zeit schrieb sie keine Briefe nach Hause; da ich nicht weit weg wohnte, konnten wir uns oft besuchen, und anstelle der Post benutzten wir das Telefon.

Bis zum Frühjahr 1959 hatten beide Schriftsteller eine Reihe von Gedichten veröffentlicht, und Ted bekam ein Guggenheim-Stipendium. Sie wollten jetzt ein Kind haben, welches nach Teds Wunsch gebürtiger Engländer sein sollte. Sylvia stimmte diesem Entschluß zu, bat sich jedoch aus, mit ihm eine Reise von Küste zu Küste zu machen, bevor sie die Vereinigten Staaten verließen. Sie liehen sich aus diesem Grund im Sommer 1959 meinen Wagen für eine Campingfahrt quer durchs Land. In Kalifornien wollten sie Frieda, die Schwester meines Mannes, besuchen.

Als sie wieder zurück im Osten waren, nahmen sie eine Einladung für einen zweimonatigen Aufenthalt in der Schriftstellerkolonie Yaddo in Saragota Springs, New York, an. Dort schrieben sie täglich, und viele Gedichte Sylvias aus dieser Zeit erschienen 1960 in ihrem ersten Gedichtband The Colossus.

Kurz vor Thanksgiving kehrten Sylvia und Ted nach Wellesley zurück, und Mitte Dezember fuhren sie mit dem Schiff nach England.

SONNTAGABEND
21. JULI 1957

Liebste Mutter, liebster Warren,

ich habe mich so über den langen Brief gefreut, der gestern angekommen ist. Ich fühle mich im Moment sehr glücklich und vollkommen, weil ich heute endlich, endlich Fortschritte beim Schreiben einer Geschichte gemacht habe, von der ich wirklich äußerst fasziniert bin. Es ist eine Geschichte mit »realen« Personen, einer guten Problemhandlung und einer prägnanten Beschreibung. Nachdem ich am Freitag auf den ersten fünf Seiten einfach hingeschrieben hatte, was mir in den Sinn kam, kehrte in der Tat meine alte Geläufigkeit größtenteils wieder, und die Gedanken und Erfahrungen, mit denen ich arbeite, sind viel reicher als früher. Meine Phantasie (meine schöpferische Phantasie) war in den letzten sechs Monaten vollkommen verschüttet unter stundenlangem Prüfungsarbeitenlesen und endlosem alltäglichen Kram. Und da, innerhalb einer Woche, bin ich mittendrin in einer Geschichte, habe zwei weitere in meinem Kopf, und weiß, je mehr ich schreibe, desto besser, viel besser, werde ich. Keine dumpfe Schwermut, kein Eingerostetsein von Kopf und Fingern mehr, und der Rest des Lebens – Mahlzeiten, Strand, Lesen – wird höchstes Vergnügen.

Ted hat auch noch herrliche Nachrichten: Glück zieht wirklich immer noch mehr Glück an, wie ein Magnet. Stell Dir vor, der perfekte, nüchterne *New Yorker* hat gerade eines seiner Gedichte, »The Thought Fox« angenommen und will es Anfang September veröffentlichen!!! Wir haben hintenrum durch Harper gehört... daß sie dem *New Yorker* seine Gedichte gezeigt hatten, und daß wir von ihnen hören würden. Das Groteske an der Sache ist, daß wir vor einem Jahr dasselbe Gedicht an den *New Yorker* geschickt hatten und daß es abgelehnt wurde. Was doch ein Name ausmacht! Mit der gleichen Post bekam er die Korrekturbögen von zwei Gedichten und zugleich eine Zusage vom *Spectator,* einer witzigen Londoner Wochenzeitschrift. Demnach müßten wir in den nächsten paar Monaten ein ständiges Einkommen durch kleine Scheckbeträge haben – immerhin sind 15 Gedichte von ihm für August und September zur Veröffentlichung geplant! Er schreibt im Moment an Yorkshire-Erzählungen, hat ein schönes Ochsenfrosch-Gedicht gemacht, sieht braun und herrlich erholt aus und ißt begeistert, was ich koche.

Wir entfalten uns und kommen richtig in Schwung. Wahrscheinlich ist eine Woche eine sehr kurze Zeit, um sich nach einem Jahr
der Sklaverei wieder ans freie Schreiben zu gewöhnen; uns kam sie
wie eine Ewigkeit vor, aber jetzt sind wir vergnügt wie Backen-
hörnchen, die Backen vollgestopft mit Ideen . . .

. . . Habe diese Woche drei Romane von Virginia Woolf gelesen
und finde sie eine großartige Anregung für mein eigenes Schreiben.
Tausendmal sollst Du gesegnet sein, daß Du uns das hier ermöglicht hast – der ideale Ort für den Neubeginn unseres Schreibens.
Wer weiß, vielleicht können wir uns den nächsten Sommer hier
ganz alleine leisten, wenn wir diesen Sommer hart genug arbeiten . . . Bis Du kommst, habe ich hoffentlich zwei Erzählungen an
die *Saturday Evening Post* abgeschickt und kann mit meinem
Roman beginnen, wenn ich mich warm geschrieben habe.

. . . Schreib öfter; wir kriegen so gerne Briefe von Dir . . .

x x x Sivvy

23. SEPTEMBER 1957

Liebste Mutter,

habe heute Deinen lieben, langen Brief erhalten. Fand den Rat
mit dem tief atmen sehr gut [*ich hatte ihr Yoga-Atemübungen
empfohlen*] etc. Ich habe abwechselnd Schüttelfrost und Fieber,
arbeite aber mit einer Auf-Teufel-komm-raus-Einstellung, die für
mich wohl das beste ist, übergewissenhaft wie ich bin. Zumindest
gewissenhaft werde ich immer sein. Meine erste Unterrichtsstunde
ist Mittwoch um 3 Uhr nachmittags . . . Meine 3-Uhr-Stunde ist
also praktisch ein Test für die beiden Vormittagsstunden des
nächsten Tages, und in der Zwischenzeit kann ich meine Fehler
korrigieren. Ich halte drei Sprechstunden »nach Vereinbarung«
und soll meine 65 Studentinnen so oft wie möglich zu Beratungen
treffen, was sehr zeitraubend wird, wie mir schon jetzt klar ist, aber
ich möchte auch in diesem Punkt sehr gewissenhaft sein . . .

Die nächste Woche ist voll mit Terminen: Treueid, Department-
und Lehrkörperversammlung, Abendessen mit Büfett und Empfang beim Rektor am nächsten Mittwoch. Wie ich mich danach
sehne, viel zu tun zu haben! Dieses Grübeln und Isoliertsein ist
etwas, was ich meiden muß. Sobald ich ausgelastet bin, hundert
Sachen erledigen, lesen, Formulare ausfüllen muß, funktioniere ich

bestens und mit Erfolg. Ich bin sicher, sobald ich eine gewisse Routine habe, werde ich feststellen, daß ich nicht mehr meine ganze Zeit für Vorbereitung und Arbeiten-Korrigieren brauche; es wird leichter sein, wenn ich weiß, daß wir, sagen wir mal, für morgen bloß zwei Geschichten besprechen, statt daß ich, wie es jetzt ist, ständig den abstrakten Druck des Semesters spüre, wo mir alles auf einmal abverlangt wird. Ted ist wunderbar: er ist so verständnisvoll und macht mir Frühstück und wäscht ab . . .

Die Leiterin der Hampshire-Buchhandlung, eine ehemalige Smith-Frau, sehr nett, hat Ted am letzten Mittwoch anläßlich seiner Veröffentlichung zwei kleine Flaschen amerikanischen Champagner geschickt, und *Harper's* hat ein Telegramm geschickt. Wir tranken dann eine Flasche bei Kerzenlicht und wollen die zweite (etwa ein Glas für jeden) am Samstag trinken, wenn ich die erste Unterrichtswoche hinter mir habe.

Mein erster Tag läuft nach dem üblichen Schema ab. Ich stelle mich vor, wie man sagt, gebe die Bücher fürs Semester und die wöchentlichen Aufgaben an und bitte sie, einen Fragebogen auszufüllen, den ich entwerfen werde – mit Fragen zu ihrer Person, ihren Interessen und ihrer Lektüre. Mit Hilfe dieser biographischen Skizze kann ich sie besser kennenlernen und meine eigenen Informationen ergänzen. Es ist mir freigestellt (ich werde ermuntert dazu), ihnen zu sagen, sie sollen in mein Büro kommen, einfach so, damit man sich »kennenlernt«, ich werde also mein Bestes tun, sie in alphabetischer Reihenfolge setzen etc. An meinem zweiten Tag fange ich dann mit dem eigentlichen Unterricht an – mit dem kompliziertesten Buch des ganzen Kurses – zwei Kapiteln von William James. Ich halte keine Vorlesungen sondern Seminare, kann also nur die Hauptpunkte und vielleicht etwas Hintergrundmaterial vorbereiten und muß sehen, was ich aus ihnen herausholen kann. Ich möchte auch lernen, wie man Grammatikfehler erklärt. Ich habe ein Redakteursauge und *weiß*, daß etwas nicht stimmt, wenn ich es sehe, muß aber die Regeln lernen . . .

Muß jetzt in mein Büro sausen, wo ich den ganzen Nachmittag lesen will. Ruf doch Mittwochabend beim Essen an, wenn Du zu den Aldriches rüber kannst. [*Unsere guten Nachbarn, die ein Telefon ohne Zeittakt hatten und mich eingeladen hatten, einmal die Woche anzurufen. Sylvia hielt mich aber so lange am Apparat, daß ich diese Gewohnheit nach einer Weile aufgeben mußte, weil*

ich sonst die Großzügigkeit dieser Leute mißbraucht hätte.]
Abends nach sechs möchte ich immer zu Hause sein. Es ist geplant, daß wir Sonntag, den 20. Oktober, nach NYC zu einem Empfang und einer Halbstundenlesung von Ted fahren. Alles Liebe. Gib mir Deinen Segen für Mittwoch, Donnerstag, Freitag und Samstag!

Ganz Deine Sivvy

[*Undatiert; November 1957*]

Liebste Mutter,

. . . ich wünschte, wir könnten mehr Leute außerhalb des Kollegiums kennenlernen und uns nach und nach ein Leben außerhalb der akademischen Kreise aufbauen. Es ist eine wahre Erholung für mich, einmal weg von meiner Arbeit zu sein, was bis gestern nachmittag nicht der Fall war. Ich finde Abende mit den Leuten vom Department nicht gerade entspannend – das Schreckgespenst meiner Fragen lauert ständig im Hintergrund, und fachsimpeln wollen sie genauso wenig wie ich. Natürlich kann ich nicht wirklich aufrichtig mit ihnen sein und sagen, wie es mich ärgert, daß ich nicht meinen wahren Beruf, das Schreiben, ausüben kann, welches sich mit Sicherheit rapide verbessern würde, wenn ich ihm dieselbe nervöse Energie zukommen ließe, die ich jetzt an meinen Unterricht verschwende . . .

Ted und ich haben uns voller Sehnsucht die Bauernhöfe auf den Hügeln hier angeschaut. Wir hätten so gern ein weitläufiges Haus mit ein paar Apfelbäumen, Feldern, einer Kuh und einem Gemüsegarten, weil wir das Stadtleben nicht ertragen können und Vorstädte gräßlich finden, wo Nachbars Kinder und Nachbars Radio die Luft mit ihrem Lärm zerreißen. Wir gehören wirklich aufs Land, und es müßte uns doch gelingen, irgendwann in den nächsten zehn Jahren ein Haus auf einem sonnigen Hügel zu kaufen. Ich mag die Hügel in Hadley und Easthampton, auf der anderen Seite des Flusses, sehr gern.

Ich hoffe, mich ernsthaft dem Schreiben widmen zu können, sobald meine Arbeit dieses Jahr zu Ende ist. Halbherziges Dilettieren hat noch keinen Anfänger weiter gebracht, und jetzt habe ich nicht mal dazu Zeit und fühle, wie mein Talent rostet, was sehr schmerzhaft ist.

Wir fühlen uns sehr wohl in dieser Wohnung und werden

wahrscheinlich den ganzen Sommer über hier bleiben, ganz gleich, was wir nächstes Jahr tun.

Alles Liebe,
Sivvy

5. NOVEMBER 1957

Liebster Warren,

es ist ganz böse von mir, Dir nicht eher geschrieben zu haben, dabei waren wir so begeistert von Deinen Briefen. Ich war jedoch schwärzester Laune und hatte keine Lust, irgendwem zu schreiben, weil ich überhaupt nichts Erfreuliches mitzuteilen hatte.

Ich bin gerade mit dem Korrigieren von 66 Hausaufsätzen über zwei Hawthorne-Erzählungen fertig und muß jetzt büffeln, damit ich für meinen Unterricht in dieser Woche, der morgen für mich anfängt, vorbereitet bin. Das kommende Wochenende ist das erste, wo ich nicht so erschöpft sein werde von Aufsätzen und Prüfungsarbeiten, die mich obendrein davon abhalten, mich richtig für den Unterricht vorzubereiten, ich hoffe also, daß ich meine Probleme direkt angehen und mir klar darüber werden kann, was zum Teufel ich eigentlich unterrichte. Ich habe dauernd das Gefühl, daß ich das Zeug *hätte,* ihnen wirklich was Vernünftiges über Symbolismus oder Stil beizubringen, aber bisher habe ich nicht die Zeit dazu und bin deshalb dauernd gräßlich nervös. Ich muß kleine Fünfminutenvorträge über gewisse Themen vorbereiten, weil ich hoffnungslos unbegabt fürs freie Sprechen bin. Wenn ich nur meinen »Stoff« richtig *kennen* würde oder Expertin wäre, aber ich habe schon genug damit zu kämpfen, die bloße Grammatik und den Stil der Semesterprüfungsarbeiten zu verbessern, die mich, leider, langweilen. Außerdem werde ich diese Woche von anderen Lehrern »besucht«, ein Gedanke, bei dem mir jetzt schon der Angstschweiß ausbricht. Wäre ich doch eingebildeter – das würde mir sehr helfen.

Teds Rezensionen sind wirklich amüsant: irgendwie wird er von allen Kritikern gelobt, wenngleich von ein paar Engländern nur widerstrebend. Sie sind einfach grotesk: jeder greift sich ein, zwei oder drei Gedichte heraus, schwärmt in höchsten Tönen davon und übergeht das eine oder andere, aber jeder schwärmt von anderen Gedichten. Manche behaupten, er sei die reine Musik, habe aber nichts zu sagen (eine besonders dumme Rezension); andere, er sei ganz Tiefe, aber es fehle ihm an Rhythmus. Sie sind alle ziemlich plemplem.

. . . Wie Du Dir vorstellen kannst, fühle ich mich sehr hellseherisch. Ich habe all das kommen sehen; ich wußte auch, kein Kritiker würde das Werk so umfassend würdigen können wie ich, aber alle würden von dem oder den Gedichten schwärmen, die in ihr Weltbild passen: Kriegsgedichten, lyrischen Gedichten, gereimten Gedichten oder Naturgedichten. Edwin Muir schrieb im *New Statesman & The Nation,* daß Teds Jaguar-Gedicht besser sei als Rilkes Panther-Gedicht! Was sagst Du dazu! Haben wir Dir erzählt, daß zwei neue Gedichte von Ted von der *Sewanee Review* angenommen wurden?

Ich frage mich manchmal, wie ich mit all dem Schrecklichen, das in diesem Jahr auf mich zukommt, fertig werden soll, ohne zu verzweifeln. Kochen und Haushalt machen fehlt mir – Ted ist ein Engel und macht Frühstück und Mittagessen für mich, ich selbst komme höchstens Samstag nachmittag nach dem Unterricht, wenn ich einen Moment verschnaufen kann, dazu, ein Dessert zu machen. Morgens schreiben, viel lesen und schreibende Ehefrau sein – das ist meine Vorstellung von mir selbst. Ich bin einfach keine Karrierefrau; das Opfer an Energie und Lebensblut, das ich diesem Beruf bringe, steht in gar keinem Verhältnis zu dem, was ich darin leiste. Mein Ideal, eine gute Lehrerin zu sein, nebenbei ein Buch zu schreiben und obendrein eine unterhaltsame Hausfrau, Köchin und Ehefrau zu sein, schwindet rapide. Zuerst einmal will ich schreiben, und vom Schreiben abgehalten zu werden, nicht die Möglichkeit zu haben, mich voll meiner Aufgabe zu widmen und jenes »große Versprechen« einzulösen, von dem die Feuilletonredakteure schreiben, wenn sie meine Erzählungen ablehnen, das ist wirklich sehr hart.

Außerdem habe ich keine Lust, immer nur mit Studenten und Lehrern zusammenzusein. Das ist das Leben hier, und irgendwie ist es luftlos, ja. Ted und ich haben das immer wieder durchgekaut. Wir brauchen die Anregung durch Menschen, Menschen aus verschiedenen Berufen und von unterschiedlicher Herkunft, um Material zum Schreiben zu haben. Und ich kann nun mal nicht über Akademiker schreiben. Wir haben hin und her überlegt, welche Stadt außer New York für uns in Frage kommt, und sind auf den

Gedanken gekommen, das nächste Jahr nach Boston zu ziehen. Ted würde sich einen Job beschaffen, der nichts mit der Universität zu tun hat, und ich würde vormittags schreiben und verschiedene Halbtagsjobs machen, bei denen ich mit merkwürdigen Menschen zusammenkomme und außerdem Zeit genug habe, um Skizzen zu machen und wirklich an meinen Sachen zu arbeiten. Ich wäre gern eine Zeitlang anonym, nicht die heimgekehrte und unzulängliche Heroine vom Smith-Campus. Es gibt nichts Schlimmeres, als an einen Ort zurückzukehren, wo man erfolgreich war, und miserabel zu sein. Aber vielleicht fühle ich mich wohler, wenn ich ausgeruhter bin. Wenigstens kann ich jetzt schlafen und, an den Wochenenden, tüchtig essen. Aber dieses Leben ist kein Leben für einen Schriftsteller. Mag sein, daß ich es, wenn ich erst einmal 20 Erzählungen und ein oder zwei Gedichtbände geschrieben habe, fertigbringe, das Schreiben mit Arbeit und Familie zu verbinden, zunächst aber brauche ich eine Lehrzeit für meinen eigentlichen Beruf, was nächstes Jahr hoffentlich möglich sein wird.

Es ist wirklich schlimm von mir, mich so über meine Probleme auszulassen, aber irgendwie hilft es einem, wenn man sie sich von der Seele reden kann. Jedesmal, wenn man eine Wahl trifft, muß man ein Opfer bringen, und ich opfere meine Energie, mein Schreiben und mein vielseitiges intellektuelles Leben dafür, daß ich mich jede Woche mit 66 Hawthorne-Aufsätzen herumplage und versuche, mich vor einer Klasse vorlauter, verwöhnter Fratzen zu artikulieren. Wenn ich nur wüßte, *wie* man eine Kurzgeschichte, einen Roman oder ein Gedicht behandelt, dann hätte ich wenigstens diese Freude. Aber ich erarbeite mir das erst, Schritt für Schritt, durch Versuch und Irrtum, meistens Irrtum. Da unsere Klassen von jetzt an ab und zu von Lehrern besucht werden, wird man mich wahrscheinlich Ende des Jahres mit einem Seufzer der Erleichterung entlassen.

... Ich glaube, für die Männer ist es leichter, weil die Smith-Mädchen mehr Respekt vor ihnen haben, und die älteren Frauen helfen sich mit Erfahrung, Autorität und Können durch. Ted ist meine einzige Rettung. Es tut ihm leid, daß ich mich hier so verstrickt habe, und er möchte, daß ich im Juni wieder zu schreiben anfange. Als nicht etablierter Schriftsteller hat man es schwer: einerseits will man nicht die üblichen Jobs ohne Zukunft annehmen, bloß um sein Geld zu verdienen, andererseits ermöglichen einem die freien Berufe das Schreiben nicht, weil sie zu viel an Ausbildung und Aufopferung verlangen . . .

Wie ich mich danach sehne, wieder selbst zu schreiben! Wenn ich erkläre, wie Henry James Metaphern benutzt, um emotionale Zustände anschaulich und konkret zu machen, sterbe ich vor Sehnsucht, meine eigenen Metaphern zu erfinden. Wenn ich einen Professor sagen höre: »Ja, der Wald ist schattig, aber es ist ein *grüner* Schatten – ein Beiklang von Krankheit, Tod etc.«, dann habe ich Lust, meine Bücher hinzuwerfen und meine eigenen schlechten Gedichte und schlechten Geschichten zu schreiben und jenseits der keimfreien, grauen, sekundären Luft der Universität zu leben. Ich will nicht *über* D. H. Lawrence reden und über die Ansichten der Kritiker über ihn. Ich will ihn selbstsüchtig lesen, er soll mein eigenes Leben und Schreiben beeinflussen.

Ted arbeitet an einem Kinderbuch und an Gedichten, ich glaube aber, daß er seine Sache besser machen wird, wenn ich das hier durchgestanden habe und wieder glücklich bin. Ich kann eine gute Schriftstellerin und eine intelligente Ehefrau sein, ohne eine gute Lehrerin zu sein. Das Absurde an dieser Art des Unterrichtens ist nur, daß ich nicht die Zeit habe, auf eine bewegliche und vielseitige Art intelligent zu sein. Ich muß mich zu sehr abrackern. Die Mädchen wissen, daß das Unterrichten neu für mich ist, daß ich jung bin, und vielleicht noch vieles mehr, und sie nützen das aus, was sie nicht tun würden, wenn ich wirklich gut wäre. *Eh bien.*

Schreib mir bald. Ich höre so gern von Dir. Ted auch. Verzeih mir diesen ziemlich trostlosen Brief. Im Unterschied zu Mutter bin ich Schriftstellerin, nicht Lehrerin, und muß mein Handwerk ausüben, um diese Bezeichnung zu verdienen.

x x x Sivvy

28. NOVEMBER 1957

Lieber Warren,

. . . hintenherum habe ich gehört, daß ich wahrscheinlich wieder ein Angebot für nächstes Jahr bekomme und »gute Chancen für eine Beförderung« habe, aber ich habe mich entschlossen, auszusteigen, solange das noch möglich ist. Die Vorteile des akademischen Lebens – Sicherheit und Ansehen – sehe ich nur allzu klar, aber sie sind der Tod des Schreibens. Ferien sind eine Illusion, wie

340

ich jetzt feststelle, und im Sommer muß man neue Kurse vorbereiten etc. Schreiben ist offenbar meine Berufung; eine Erkenntnis, die sich nur mühselig Bahn bricht. Ted und ich schmieden Pläne für den 1. Juni: Wir wollen eine kleine Wohnung in der von uns geliebten Armleutegegend von Beacon Hill mieten, Jobs ohne Verantwortung und häusliche Vorbereitung annehmen (ich halbtags und Ted ganztags, um Geld, Brot und Erfahrung mit nicht-akademischen Leuten zu bekommen), ein volles Jahr schreiben und uns dann anhand der Manuskripte eines Jahres für ein Italien-Stipendium bewerben. Solche Visionen halten mich am Leben. Habe Aufnahmen in den Tonstudios von Steven Fassett auf Beacon Hill gemacht, wo alle Dichter Aufnahmen für Harvard machen. War sehr schön . . .

Ich habe diesen Teil der Stadt furchtbar gern und kann es kaum erwarten, dort eine Wohnung zu finden, unakademisch und anonym zu werden, und zu schreiben . . .

Grampy war so lieb, Ted bis Weihnachten eine Uhr zu leihen, weil Ted versucht, für den WHMP-Sendeleiter in Amherst ein paar Stunden ein Radioprogramm auszustrahlen: nur ein Versuch für einen Halbtagsjob, der ihm vielleicht etwas Auftrieb gibt. Er braucht Menschen und eine Arbeit, so wie ich, aber Northampton ist mitnichten der geeignete Ort für so sonderbare, ausgefallene, interessante Jobs, wie er sie liebt, also haben wir das versucht, statt Verkäufer in einem Schuhgeschäft zu werden. Wenn er Geldgeber auftreibt, bekommt er einen Lohn. Ted hat sich übrigens den fünften Mittelfußknochen im rechten Fuß gebrochen, was die Dinge noch komplizierter macht – es ist passiert, als er mit eingeschlafenem Fuß aus dem Sessel sprang!

. . . Ich habe vor, in diesem Sommer meinen Gedichtband fertig zu machen, eine Reihe von Kurzgeschichten zu schreiben und einen Roman anzufangen – ohne die Drohung des Unterrichtens und Vorbereitens über meinem Haupte. Mutter will mir beibringen, wie man ein Diktiergerät benutzt, und ich werde mich für Halbtagsjobs verdingen, um Farbe in mein Leben zu bringen und mit Menschen in Kontakt zu kommen, was alle, oder nahezu alle Schriftsteller als Ausgleich zu der totalen Einsamkeit an der Schreibmaschine brauchen.

Mutter, Ted und ich hatten gestern einen völlig überdrehten Abend bei Mrs. Prouty, die uns zum Essen eingeladen hatte. Sie ist von Ted besessen, wie sie es von Dir war, schmiert ihm wirklich Honig ums Maul, nennt ihn hübsch, will ihn ins Fernsehen bringen etc. Sie hat eine »Ameisenfarm«, die sie ständig beobachtet, und das ist sehr merkwürdig und fesselnd. Muß jetzt Schluß machen.

Alles Liebe
Sivvy

8. DEZEMBER 1957

Liebste Mutter,

dieser Brief müßte Dich eigentlich schon bei Dotty erreichen. Ich bin so froh, daß Du heute aus dem Krankenhaus entlassen wirst [*eine neue Operation*] und auf dem Wege der Besserung bist. Dein fröhlicher Brief und die Nachricht von Deiner raschen Genesung haben mir sehr wohlgetan. Da sieht man, daß unsere Familie eben doch ganz schön zäh und unverwüstlich ist. Du hast so viele Krankenhausbehandlungen durchgestanden und kommst gesünder heraus als je zuvor! . . .

. . . irgendwie war ich in dieser letzten Woche trotz meiner tiefen Erschöpfung gelassener. Das Jahr sieht nicht mehr so endlos aus. Und daß diese 700 Aufsatzseiten mich nicht umgehauen haben, hat mich mit einer ziemlich grimmigen Genugtuung erfüllt . . . Auch kann ich jetzt vieles, was mich früher fertiggemacht hätte – gelegentliche Unverschämtheiten, mangelhafte Vorbereitung von manchen Mädchen für den Unterricht, schwierige Sprechstunden – spielend bewältigen. Bei meinen letzten Aufsätzen hatte ich ein großes Problem mit einem wirklich scheußlichen Fall von Plagiat. Die Sache war so offenkundig, daß es unmöglich »ein Versehen« sein konnte; ich mußte das Mädchen zum Honor Board schicken. Sie ist eine ganz durchtriebene Person und schwankt in ihrer Note zwischen einem D plus und einem C minus, bereitet sich nicht für die Seminare vor und ist, unglücklicherweise, genau der Typ, der so etwas tut. Sie behauptete, es wäre alles ein Versehen, sie »wüßte einfach nicht, wie das passiert sei«, und ich habe unter dem Ganzen wahrscheinlich mehr gelitten als sie. Trotzdem habe ich sie zum Honor Board geschickt.

Obwohl es ungeheuer qualvoll für mich ist, nicht zu schreiben, und sogar, wie ich weiß, noch qualvoller wird, wenn ich im Juni wieder anfange zu schreiben, habe ich mich entschlossen, das Beste aus einem miesen Job zu machen und zu erreichen, daß man mir nachtrauert. Einige Lehrer sagten zu mir, sie hätten von Studenten und Lehrern, die in meinem Unterricht waren, »gehört«, daß ich eine »brillante Lehrerin« sei, ich kann also trotz meiner offenkundigen Mängel so schlecht nicht sein. Vor allem bin ich fast nie langweilig, und da es mein erstes Jahr ist, glaube ich, ich tue so ziemlich alles, was ich aus meiner unwissenden Person herauszuholen vermag. Ich werde etwas realistischer in dem Punkt. Wenn ich es jetzt noch schaffe, meine Vorbereitung eine Woche im voraus zu machen, statt immer in der letzten Minute, dann geht's mir noch besser.

Ted schreibt endlich wieder wunderbare Gedichte. Er hat eine unproduktive Phase hinter sich und war unglücklich über das Pech mit seinem Bein, die versäumten Fahrstunden, die Unmöglichkeit, einen Job zu finden (es gibt dort überhaupt keine Arbeit, wirklich!), und das Gefühl der Isolation. Jetzt, nach den Thanksgiving-Ferien (die unsere Depressions-Strähne offenbar durchbrachen, und in denen wir uns dank Deiner luxuriösen Gastlichkeit glänzend erholten), hat er sechs wunderschöne Gedichte geschrieben, über die ich mich wenigstens mitfreuen kann, dazu ein entzückendes kurzes Märchen.

Was habe ich für ein Glück, mit Ted verheiratet zu sein: Wir lesen uns Gedichte vor und reden über Menschen und Magie und alles mögliche, stets voller Interesse und Glück, wenn wir nicht zu müde sind. Wenn wir nur erst in Schwung kommen, endlich unser Leben als Schriftsteller leben dürfen, dann können uns Müdigkeit und Sorgen im Innersten nichts mehr anhaben. Ich fühle mich schrecklich verwundbar und »nicht ich selbst«, wenn ich nicht schreibe, und weiß jetzt, daß ich Unterrichten und Schreiben nie verbinden kann, und Ted auch nicht. Also, nur noch sechs Monate!

Offenbar bin ich nicht die einzige, die vom Unterrichten erschöpft ist! Es scheint die Frauen viel mehr mitzunehmen als die Männer. Daß sie das andere Geschlecht unterrichten, gibt den Männern eine gewisse körperliche Befriedigung, nehme ich an. Einige der Altjungfernlehrerinnen behandeln die Mädchen wie Töchter, aber erledigt sind sie alle. Marie Boroff . . . sagte, daß ihre beiden Jobs bei ihr das Gefühl einer »großen psychischen Erschöpfung« hinterließen, und daß für kreative Arbeit nach einem Unterrichtstag absolut keine Energie mehr bliebe. Die gute alte Miss

Williams, eine andere Lehrerin, erzählte mir gestern ebenfalls, wie kaputt sie nach dem Dienst sei. Diese Leute können die Erschöpfung ertragen, weil Lehren ihre Berufung ist, aber meine ist es nicht, obwohl ich eine gute Lehrerin sein könnte, wenn ich das nötige Wissen und die Neigung hätte, mich mit den Werken anderer Schriftsteller auseinanderzusetzen, statt meine eigenen zu produzieren. Dennoch erleichtert es mich zu wissen, daß selbst die alten Hasen die gleichen Probleme, Zweifel etc. haben wie ich . . .

Ich muß jetzt Schluß machen, und möchte Dir noch sagen, wie wir uns freuen, Dich schon in zwei Wochen wiederzusehen. Wir essen königlich und haben den fehlenden Schlaf nachgeholt. Mach Dir also keine Sorgen.

Viele, viele Grüße auch an Grampy, Dot und Joe, und Bobby und Nancy.

Herzlichst,
ganz Deine Sivvy

[*Sylvia und Ted kamen fünf Tage früher als geplant in Wellesley an; ich war gerade wieder zu Hause eingetroffen, nachdem ich mich zur Genesung eine Woche bei meiner Schwester aufgehalten hatte. Ted, der sich erst kürzlich von seinem gebrochenen Fußknochen erholt hatte, hinkte immer noch stark. Sylvia sah rosig aus – wir dachten, vom kalten Wind – und war sichtlich beglückt, wieder zu Hause zu sein.*

Nach kurzer Unterhaltung wurde mir jedoch klar, daß diese vorzeitige Ankunft noch einen anderen Grund hatte als den der gegenseitigen Freude. Ich fühlte Sylvia mit der altgewohnten mütterlichen Geste die Stirn; da sie brennend heiß war, maß ich Fieber bei ihr. (Kein Protest ihrerseits, was ungewöhnlich war.) Sie hatte über 39 Grad, und Ted gab zu, daß sie sich seit einigen Tagen schlecht gefühlt habe, was so weit ging, daß er sich große Sorgen wegen ihres Zustandes gemacht habe. Ich rief sofort unseren Hausarzt an, und bis er kam, hatte ich Sylvia schon ins Bett gesteckt. Es war eine Virus-Lungenentzündung, begleitet von körperlicher Entkräftung. Er verordnete ihr Antibiotika.

Trotz unserer schlechten körperlichen Verfassung hatten wir am Weihnachtsabend einen kleinen geschmückten Baum, und wir genossen die ruhige Feier und das behagliche Zusammensein.]

16. FEBRUAR 1958

Lieber Warren,

. . . ich habe eben einen Brief von der New Yorker Zeitschrift *Art News* bekommen, die mir $ 50 bis $ 75 für ein Gedicht über ein Kunstwerk anbietet, ich werde also diese Woche ins Art Museum gehen, über Gauguin und Rousseau meditieren und hoffentlich etwas produzieren – es ist so verlockend, einen direkten Auftrag zu haben, ich hoffe nur, daß ich nicht völlig vertrocknet bin . . .

x x x S.

[*Geschrieben auf Smith College-Merkblattpapier*]

DATUM: 22. MÄRZ 1958
VON: SIVVY

An: Mutter

Nur ein paar Zeilen, um Dir mitzuteilen, daß es bei mir endlich zu einem Schreibausbruch gekommen ist. Am Donnerstag morgen, meinem ersten wirklich freien Tag nach einer Woche, in der ich 70 Arbeiten korrigiert, Durchschnittsnoten ermittelt und einen Bericht über eine weitere *senior*-Abschlußarbeit geschrieben hatte, war ich ziemlich benommen, hatte aber etwa sieben oder acht Gemälde und Radierungen, über die ich Gedichte schreiben wollte und – peng! Nach dem ersten, »Jungfrau im Baum«, nach einer frühen Radierung von Paul Klee, stürzte ich mich aufs nächste, wahrscheinlich das wichtigste und beste Gedicht, das ich je geschrieben habe, nach einer großartigen Radierung von Klee mit dem Titel »Perseus (Der Witz hat über das Leid gesiegt.)«. Insgesamt etwa 90 Zeilen an einem Tag.

Freitag ging es genauso gut mit: einer kleinen lyrischen Phantasie über ein schönes Gemälde von Klee nach der Komischen Oper *Der Seefahrer,* einem langen und wichtigen über sein Bild »Gespensterabgang« und einem kleinen lyrischen über eine Katze, die ein Vogel-Stigma zwischen ihren Brauen hat – ein wahrhaft ungeheurer, magischer Katzenkopf. Es sind zweifellos die besten Gedichte, die ich je geschrieben habe, sie eröffnen mir ganz neues Material und einen neuen Ton. Ich habe die tiefste Quelle meiner Inspiration entdeckt: die bildende Kunst. Die Kunst der Primitiven wie Henri

Rousseau, Gauguin, Paul Klee und De Chirico. Ich habe mir Stöße von herrlichen Büchern aus der Kunstbibliothek geholt (angeregt durch den ausgezeichneten Kurs über Moderne Kunst, an dem ich jede Woche als Gasthörerin teilnehme), und ich ströme über vor lauter Ideen und Inspirationen, als hätte ich ein Jahr lang einen Geysir unter Verschluß gehalten. Habe ich erst angefangen zu schreiben, kommt es noch und noch.

Ich lege zwei von den Gedichten bei ... die beiden über die Radierungen schicke ich an die kostbar aufgemachte illustrierte Zeitschrift *Art News*, von der ich den Auftrag bekommen hatte, eines oder mehrere Gedichte für ihre Reihe »Gedichte über Kunst« zu schreiben ...

Heute kam dann der Rückschlag; ich fühlte mich elend und erschöpft, weil ich meine Tage habe und stopfte mich in Ermangelung von etwas Stärkerem bis zur Bewußtlosigkeit voll mit Aspirin. Nach einer Hühnerbrühe war ich wie neu belebt und freue mich jetzt darauf, morgen noch einmal 90 Zeilen zu schreiben. Wenn ich schreiben kann, ist mir alles andere egal. Ich fühle mich wie ein Idiot, der gehorsam in einer riesigen Grube Kohle gefördert und soeben gemerkt hat, daß das nicht notwendig ist, sondern daß man Tag und Nacht auf großen Schwingen in klarer blauer Luft durch leuchtend bunte, magische und geheimnisvolle Welten fliegen kann. Habe sogar den Abfall meiner Inspiration noch benutzt und etwa sechs von diesen Dole Pineapple Werbeversen geschrieben! Wir könnten ein Auto brauchen, oder $ 5, oder $ 15000!

Hoffe, Du magst diese kleinen Gedichte.

Grüße,
Sivvy

Kampfszene aus der komisch-phantastischen Oper
Der Seefahrer

Ja sie betört –
Die kleine Odyssee
In pink und lavendel
Auf sanft getönten
Kacheln aus türkis
Die das Meer bedeuten

Auf Würfelwellen munter
Treibt der Seefahrer
Munter, munter
In rosa Helmbusch und Rüstung.

In einer Märchen-
Gondel aus Papier
Fährt der Fischteich-Sindbad
Streckt den Pastellspeer
Drei purpurrosa
Ungeheuern entgegen
Vom Meeresgrund aufgebäumt
Mit Hauern im Grauskopf
Gib acht, gib acht,
Vorm Wal, vorm Hai, vorm Kraken.

Nicht Schleim noch Tang
Klebt an Flossen und Schuppen
Des geringelten Seegetiers.
Glattgeputzt fürs Turnier
Glänzt es wie Osterei-
Schalen rosig und lila.
Ahab, mach wahr dein Wort:
Bring jedes Fabelhaupt nachhaus.
Ein Stoß, ein Stoß,
Ein Stoß: und sie sind tot.

So heißts im Märchen.
Und so singt jedes Kind
In Badewannenschlachten tief
Und lang und kühn, doch ach,
Weise Erwachsene sehn
Seedrachen als Sofa, Hauer
Als Pappe und Sirenenlied
Als einen Fieberschlaf.
Lachen, Lachen
Aus grauen Bärten weckt uns auf.

Gespensterabgang
(nach Paul Klee)

Auftritt des frostigen Niemandslands punkt
Fünf Uhr früh, die nichtfarbene Leere,
Wo der erwachende Kopf den Lumpenhaufen
Von schwefligen Traumgefilden und düstern Mondcharaden
Zum Müll wirft, die geträumt soviel gemeint,

Und sich ermannt, der vorgefertigten Schöpfung entgegenzutreten,
Von Stühlen und Sekretären und schlafverdrehten Laken.
Hier ist das Reich des verblassenden Gespensts,
Des orakelhaften Geistes, der stelzbeinig dahinschwindet
Zu einem Wäscheknäuel, das übliche Lakenbündel

Als Grußhand erhoben, ein Sinnbild von Abschied.
In dieser Fuge zwischen zwei Welten und zwei gänzlich
Unvereinbaren Arten von Zeit, gewinnt der rohe Stoff
Unserer Fleisch-und-Kartoffelgedanken die Aura
Einer ambrosischen Offenbarung. Damit geht er ab.

Aber wie Stuhl und Sekretär Hieroglyphen sind
Einer göttlichen Äußerung, von der erwachte Köpfe nichts merken,
So spricht die Pose dieser Laken vor ihrem Zerrinnen
In Zeichensprache von einer verlorenen Anderwelt,
Einer Welt, die uns geraubt wird durchs bloße Erwachen

Zur Vernünftigkeit: der Allerweltsgeist wird fortgekräht,
Würmer durchlöchern seine Zunge, oder er geht für Hamlet
Den ganzen Tag auf einer Buchseite um, oder verkörpert sich
Für die Fürstinwitwe in zugigen Schlössern um zwölf,
Oder bewohnt die Kristallkugel im Auge des Kranken –

Und schleppt dabei seine vielsagenden Fetzen entlang
Am äußersten Rand des irdischen Gesichtsfelds. Doch
Dieser Geist geht, die Hand erhoben, adieu, adieu,
Nicht hinunter in den felsigen Pansen der Erde,
Sondern auf den Punkt zu, wo unsere dicke Atemluft

Sich verflüchtigt, und weiß Gott, was da ist:
Ein Ausrufezeichen markiert dort den Himmel
In klingelndem Orange wie eine planetarische Möhre;
Sein runder Punkt, verschoben und grün,
Setzt neben sich außer kraft den ersten, den

Ausgangspunkt Eden beim Bogen des Neumonds.
Geh, Geist von Vater und Mutter, Geist unsrer selbst
Und Geist der Kinder in unserm Traum, in diesen Laken,
Die uns Ursprung und Ende bedeuten,
Ins Wolkenkuckucksheim von Farbenrädern

Und archaischen Alphabeten und Kühen, muh
Muh springen sie über Monde so neu
Wie jenes krumme Horn, dem du jetzt zuschwebst.
Grüßgott und Lebwohl. Hallo, adieu. O Hüter
Des weltlichen Grals, des träumenden Schädels.

11. JUNI 1958

Liebster Warren,

... jetzt, wo ich Dir schreibe, geht mir auf, wieviele Briefe ich
Dir bereits im Geiste geschrieben habe, und wie sehr ich Dich
vermißt habe. Es gibt ganz wenige Menschen auf der Welt, die ich
wirklich mag, und ich glaube, Du und Ted, ihr seid mir die
nächsten von allen. Vielleicht können wir ein Picknick machen und
am Cape schwimmen gehen, um Deine Rückkehr zu feiern. Wenn
es klappt mit der Wohnung (wir wollen an diesem Wochenende in
Boston eine suchen) und Du ganz nah bei uns wohnst und oft zum
Essen kommst, dann mußt Du mir im Lauf des nächsten Jahres
unbedingt nach und nach etwas über Deine Eindrücke und Erfahrungen in Europa und Deine Arbeit in Harvard erzählen. Du weißt
ja, daß ich immer den heimlichen Wunsch hatte, nach Harvard zu
gehen und das Zweitschönste war, daß Du gegangen bist. Ich habe
diese gräßliche Manie, die Mütter so haben, daß ich nämlich im
stillen entschlossen bin, alle meine Söhne nach Harvard zu
schicken.

Ich habe am 22. Mai mit dem Unterrichten aufgehört, und es hat
mir aufrichtig leid getan, von meinen Mädchen Abschied nehmen

zu müssen. Zu meiner Freude bekam ich am letzten Tag von der jeweiligen Klasse genau den Applaus, der meinen eigenen Gefühlen dieser Klasse gegenüber entsprach: ein Geplätscher in 9, eine donnernde Ovation, die ich noch zwei Treppen tiefer hören konnte, in 11 und einen mittleren Ausbruch in 3. Jetzt, wo es vorbei ist, kann ich es gar nicht fassen, daß ich 20 Erzählungen, 2 Romane, 10 Stücke und zahllose Gedichte inklusive *The Waste Land* durchgenommen habe. So ist es aber. Und ich habe in den ersten düsteren Wochen des Unterrichtens, die mich so aus der Fassung gebracht hatten, mehr geleistet, als ich dachte oder erhoffte: Ich glaube, ich habe hervorragende Werke ausgesucht, meine schwierigsten Schülerinnen bekehrt und ihnen eine Menge beigebracht.

Im großen und ganzen haben mich meine Kollegen deprimiert: Es ist desillusionierend, wenn man feststellt, daß die Leute, die man als Student bewundert hat, menschlich gesehen schwach, eifersüchtig, kleinlich und eitel sind, und das sind viele. Und das Getratsche innerhalb des Lehrkörpers, speziell unter den Männern, morgens beim Kaffee, nachmittags beim Tee und abends beim Cocktail, ist sterbenslangweilig. Es dreht sich alles um den neuesten Klatsch, eventuelle Ernennungen, Entlassungen, Stipendien, Studentinnen, Literaturkritik – alles aus zweiter Hand, wie es scheint – eine hermetische, gesicherte Gruppe, bei der die Unkündbaren einen Wanst kriegen. Schriftsteller sind besonders dann suspekt, wenn bei ihnen das akademische Leben nicht an erster Stelle steht; wir haben erlebt, daß ein paar von unseren schreibenden Bekannten sehr grob und unfair behandelt wurden. Wir waren natürlich im Vorteil, weil wir beide gekündigt hatten, obwohl wir zum Bleiben aufgefordert wurden. Aber es war uns einfach nicht möglich, mit unserer Arbeit weiterzukommen, und wir haben das Gefühl, wenn wir uns in diese gutbezahlte Sicherheit hineintreiben lassen, dann verfluchen wir uns in zehn Jahren für das, was hätte sein können.

Ich bin zum Beispiel ganz sicher, daß Ted das Zeug zu einem großen Dichter hat, er hat jetzt schon so treue Anhänger wie Marianne Moore und T. S. Eliot, die wir besuchen wollen, wenn wir nach England kommen. Ted ist besser als alle zehn Jahre älteren Dichter, die mir einfallen, und ich glaube, das Beste, was ich als seine Frau tun kann, ist, nichts weiter zu verlangen, als daß wir praktikable Methoden finden, die es uns beiden erlauben, zu schreiben und das Leben zu führen, das von dem inneren Bedürfnis nach schöpferischer Entfaltung und Erfahrung diktiert wird.

Natürlich verstehen das nur die wenigsten. Es gilt als suspekt, vor allem in Amerika, wenn Leute keinen Zehnjahresplan für eine Karriere oder zumindest eine geregelte Arbeit haben. Wir haben das festgestellt, als wir versuchten, in einem hiesigen Warenhaus einen Kredit zu bekommen. Wir paßten witzigerweise in keins der gängigen Klischees vom »jungen amerikanischen Paar«: Ich hatte einen Job, Ted nicht; wir besaßen kein Auto, kauften keine Möbel auf Raten, hatten keinen Fernseher, kein Lastenkonto, kamen daher, als wären wir buchstäblich von einem fremden Stern gefallen. Die arme Sekretärin war ganz perplex. Mit Dir kann ich wenigstens offen über unsere Pläne sprechen, mit Mutter geht das nicht. Sie macht sich Sorgen, und das mindeste, was wir für sie tun können, ist, ihr die Illusion einer gesicherten Existenz zu geben. Für uns liegt Sicherheit in uns selber, und keine Anstellung oder gar Geld können uns geben, was wir brauchen: den Glauben an unser Werk und harte, harte Arbeit, die in mancher Hinsicht spartanisch ist. Ted ist besonders gut für mich, weil er nicht auf der Stelle Erfolg und Veröffentlichung erwartet und mir beibringt, es auch so zu machen. Wir sind überzeugt, daß die nächsten fünf Jahre für unsere schriftstellerische Arbeit genauso wichtig sind wie die medizinische Fakultät für einen zukünftigen Chirurgen. Ted sagt, man muß schreiben, arbeiten, und nochmals schreiben und nicht nur Romane oder Gedichte, sondern auch Bücher über Volkstum, Winkerkrabben und Meteoriten lesen – das ist es, was die Phantasie beflügelt. Das Gräßliche am akademischen Schriftsteller ist, daß er nur von der Luft und anderer Leute Sekundärliteratur über anderer Leute Schriften lebt . . .

Du weißt ja, was ich meine: Dieser Schriftsteller ist vom Leben abgeschnitten und fängt beim Analysieren von Geschichten im Unterricht zu *denken* an – was sich sehr von der Art und Weise unterscheidet, wie ein Schriftsteller die Wirklichkeit *fühlt,* die manchen Lehrern zufolge als solche viel zu simpel ist, und Symbole, Ironie, Archetypen und dergleichen mehr braucht. Wir werden jedenfalls versuchen, ohne diesen ganzen bewußten und künstlichen Aufwand weiterzukommen. Wir schreiben und wenn wir zu uns kommen, finden wir Symbole auf den Seiten, die wir geschrieben haben, aber wir beginnen nicht mit ihnen . . .

Ted und ich fuhren sofort nach meinen letzten Arbeiten nach New York City ... Oscar Williams ist ein seltsamer, vogelartiger kleiner Mann, offenbar sehr verstört, seit er seinen besten Freund, Dylan Thomas, und seine geliebte Frau, die Maler-Poetin Gene Derwood im selben Jahr verloren hat. Er wohnt in einem winzigen, hellblau gestrichenen Studio mit Oberlicht unterm Dach; es ist vollgestopft mit Ölgemälden seiner Frau, Tierbildern und Portraits in leuchtenden Farben, Photographien seiner geliebten Toten und selbstgezimmerten Backsteinregalen mit zahllosen Lyrikbänden, und auf Tischen, Fußböden und in der Badewanne türmen sich schmutzige Gläser. Von einem schönen kleinen teergedeckten Balkon, auf dem er Rosen und Minze zieht, schaut man hinunter auf Möwen und Boote. Er bot uns Drambuie an, und wir verstanden uns bestens ...

Dann waren wir noch bei Babette Deutsch, einer ... Dichterin und Kritikerin, die mit dem russischen Gelehrten Avrahm Yarmolinsky verheiratet ist; sie hatte voller Bewunderung über Teds Gedichte geschrieben. Und aßen zu Mittag mit Dave Keightley, [einem] Freund von uns ... die Herausgeber bei World Pub., seiner Verlagsgesellschaft, wollen sich diesen Herbst ein Manuskript meines (vorläufig »Full Fathom Five« betitelten) Gedichtbandes anschauen. Bisher haben sie noch keine Lyrik veröffentlicht, sind aber an »echtem, unverbrauchtem« Talent interessiert, welches ich hoffentlich besitze. Mein Stil hat sich verändert, wie ich glaube sehr zum Guten. Es klingt absurd, aber ich habe von den etwa 35 Gedichten, die ich im Lauf meiner Karriere veröffentlicht habe, an die 20, weil zu romantisch, sentimental, frivol und unfertig, aus meinem Manuskript ausgeschieden. Mein Hauptproblem war es, wegzukommen von dem gewandten, allzu empfindsamen und geschmeidigen weiblichen Ton, und jetzt gelingt es mir mehr und mehr, »gerade heraus«, von wirklichen Erlebnissen, nicht bloß in metaphorischen Wendungen zu sprechen. Ich schicke eins von den neuen Gedichten mit, was Dir hoffentlich gefallen wird ...

Eine Sache haben wir Mutter aus naheliegenden Gründen nicht erzählt, und zwar, daß Ted sich um ein Saxton-Schriftsteller-Stipendium für dieses Jahr beworben hatte. Wir waren sicher, daß er es bekommt, weil Marianne Moore und andere von selbst angeboten hatten, ihn zu empfehlen, und weil er einen großartigen Entwurf für einen Gedichtband hatte. Es war das einzige Stipendium, das für ihn als Engländer in Frage kam. Fatalerweise ist es nun so – das haben wir diese Woche erfahren –, daß dieses Stipendium im Auftrag von Harper's vergeben wird, was bedeutet, daß sein Entwurf nicht dem eigentlichen Wert nach beurteilt werden kann, weil er von Harper's verlegt wird; wenn das der Fall gewesen wäre, hätte er offensichtlich das Stipendium bekommen. So wurde durch die Ironie des Schicksals – und eine in der Tat recht niederschmetternde – gerade der Beweis seines Könnens, nämlich ein Buch zu veröffentlichen, zu seinem einzigen Mangel, der ihn untauglich macht. Daher werde ich mich jetzt für dasselbe Stipendium bewerben (bitte erzähl Mutter auch davon nichts), und Ted bemüht sich um ein Guggenheim für nächstes Jahr . . .

Gott füttert auch die Raben. Ich hoffe, Du verstehst das besser als Mutter. Sind wir eines Tages wohlhabend und berühmt, dann rechtfertigt unser Werk unser Leben, aber jetzt müssen unser Leben und unser Glauben für sich selber sprechen. Wir leben sehr einfach, sind glücklich und gehen jeden Tag in Unserem Park spazieren, der gleich nebenan liegt und von niemandem sonst besucht wird. Dort gibt es ein paar braune Hasen, zwei prachtvolle schwarze Frösche, die wie glatte, purpurbäuchige Marsmenschen schwimmen und stundenlang zu uns zurückglotzen, unzählige Eichhörnchen, leuchtend gelbe Vögel, rotköpfige Spechte und Obstbäume und einen Garten, der auf mysteriöse Weise neu bepflanzt wird, sobald die Blumen welken. Erst Tulpen und Narzissen, dann Hyazinthen; dann kamen wir eines Tages wieder und sahen, daß sie verschwunden und statt ihrer nun Beete mit Geranien und weißen Petunien da waren. Der kleine Rosengarten blüht gerade auf, und etwa einmal die Woche stehlen wir uns mit einer roten oder gelben Rose davon.

Wir lernten den verrückten und äußerst liebenswerten Dichter Robert Lowell kennen (der einzige, um die 40, den wir beide verehren; stammt von den Bostoner Lowells ab und wird regelmäßig abtransportiert, weil er manisch-depressiv ist), als er herkam, um an der Universität von Massachusetts eine Lesung zu halten. Er ist still, hat eine sanfte Stimme, und wir mochten ihn sehr. Ich fuhr ihn auf der Suche nach Spuren seiner Vorfahren in Northampton herum, unter anderem auch zum Historischen Verein und zum Friedhof. Wir hoffen, daß wir ihn in Boston sehen, wenn wir dort hinziehen . . .

Ted und ich haben uns vorgenommen, unseren zweiten Hochzeitstag am kommenden Montag, dem 16. Juni, mit Mutter zu Hause zu feiern. Es kommt mir ganz unwahrscheinlich vor, daß ich schon zwei volle Jahre verheiratet bin, und noch unwahrscheinlicher, daß ich jemals *nicht* mit Ted verheiratet war! Oh, wir haben ab und zu gewaltige Kämpfe, aus denen ich mit verrenkten Daumen hervorgehe und Ted ohne Ohrläppchen, aber bei unserer Arbeit und in all unseren Reaktionen auf Leben und Leute stimmen wir so vollkommen überein, daß wir uns unsere eigene Welt schaffen, in der wir schreiben, eine Welt, die von niemandes Liebe und Bewunderung abhängt, sondern in sich selbst ruht. Es gibt nichts Schöneres für uns, als zu Hause zu schreiben, zu essen und zu reden und in den Wäldern zu wandern, nach Tieren und Vögeln Ausschau zu halten. Geld wäre eine große Hilfe, aber alles andere haben wir . . .

Ich muß jetzt schließen, sonst sitze ich noch morgen und nächste Woche hier und tippe. Anbei ein Gedicht [»*Mussel-Hunter at Rock Harbor*«] von mir, über die Winkerkrabben, die wir im letzten Sommer in Rock Harbor fanden, als wir dort Muscheln als Fischköder suchten. Ich hoffe, Du magst es. Solltest Du was finden, was in bezug auf die Krabben nicht genau stimmt, dann laß mich's wissen. Lies es laut wegen des Klangs. Es ist im sogenannten »syllabischen Versbau« geschrieben, bei dem das Metrum nicht durch starke und schwache Betonungen bestimmt wird, sondern durch die *Anzahl* der Silben, in diesem Fall 7. Ich finde, daß diese Form hinreichend streng ist (man kann ein Schema aufstellen, bei dem sich die Silbenzahl in jeder Zeile ändert, wie M. Moore es macht) und doch eine starke Illusion von Freiheit weckt (die die metrische Betonung nicht hat), da die Betonungen frei variieren. Folge nicht meinem Beispiel. Schreib mir bald! Und ich versprech Dir zu antworten.

Alles Liebe –
Sivvy

[*Die folgenden beiden Briefe sind auf Smith College-Merkblattpapier geschrieben.*]

DATUM: 25. JUNI 1958

An: Dich

VON: MIR

In re: KRIMSKRAMS

. . . SEHR GUTE NACHRICHTEN: Ich bekam gerade mit der Post meine ERSTE Zusage vom *New Yorker!* Sie nehmen nicht etwa ein kurzes, kleines Gedicht, sondern zwei ganz fette und erstaunlich lange: »Mussel-Hunter at Rock Harbor« und »Nocturne« [*im* New Yorker *unter dem Titel* »Night Walk« *veröffentlicht, ersteres erschien in* The Colossus *als* »Hardcastle Crags«], das erste 91, das letzte 45 Zeilen! Materialistisch wie wir sind, rechneten Ted und ich uns unter vielen Luftsprüngen aus, daß das an die $ 350 oder drei volle Monate Miete in Boston bedeutet! Für nur zwei Gedichte! Es war ein feuriger Brief, und das will was heißen für den *New Yorker* . . .

Was sagst Du – ist das nicht ein guter Anfang für einen Arbeitssommer? Du siehst, was in dem Augenblick passiert, in den man den Gott seiner Berufung anbetet, statt ihn zu vernachlässigen, weil man sich abschindet in dem Wahn, man müsse so leben wie jedermann! Das ist weit mehr als die dreifache Summe des Geldes, das ich für ein halbes Jahr Schuften beim Korrigieren von Examensarbeiten für den Professor dieses amerikanischen Literaturkurses bekommen habe und viel mehr als ein Monatsgehalt, und das für eine Woche Arbeit aus purer Freude. Es kann sein, daß »The Mussel-Hunters« nicht vor nächsten Sommer herauskommt, da sie mit Sommergedichten eingedeckt sind, aber mit dem Scheck rechne ich schon in ein paar Tagen. Was für ein schönes Geschenk zum Jahrestag unserer Ankunft in Amerika!

x x x Sivvy

Du siehst – die Zigeuner-Wahrsagerin mit der Karte, auf der der Briefträger abgebildet war, hat recht behalten!

DATUM: 5. JULI 1958

An: Dich

VON: MIR

In re: KLEINIGKEITEN

. . . Ich kriege allmählich immer mehr Lust, Amateur-Naturwissenschaftler zu werden. Kannst Du Dich erinnern, ob wir irgendwelche kleinen Bücher zum Bestimmen von wilden Blumen, Vögeln und Tieren in Nord-Amerika haben? Ich lese gerade Penguin-Bücher über »Mensch und Wirbeltiere« und »Eigenschaften der Tiere«, außerdem das herrliche Buch *The Sea Around us* von Rachel Carson. Ted liest *Under the Sea Wind* von ihr, was er auch sehr gut findet. Lies sie doch, falls Du's noch nicht getan hast; sie sind poetisch geschrieben und phantastisch informativ. Ich kehre zurück zum Ozean als meinem poetischen Erbe und hoffe, daß ich in diesem Sommer mit Ted in Winthrop alle Plätze wiedersehe, an die ich mich erinnern kann; die Johnson Avenue, eine bestimmte Wiese dort, unseren Strand und den von Grammy. Selbst in ihrem heruntergekommenen heutigen Zustand hat die Stadt noch den aufregenden Reiz meiner Kindheit für mich, und ich werde ein paar gute Gedichte darüber schreiben, glaube ich. Ich schicke Dir das Gedicht »Night-Walk« mit, das zweite, das der *New Yorker* genommen hat; ich denke, Du hast es schon gelesen . . . Obwohl wir im ganzen bloß ein paar Wochen geschrieben haben, haben Ted und ich in den Jahren unserer Ehe etwa $ 2000 verdient (das Geld vom *New Yorker* nicht mitgerechnet, mit dem beginnen wir unser drittes Jahr).

Wir haben unser Ouija-Brett zum erstenmal in Amerika benutzt, es war ein riesiges Vergnügen – ansprechbar, humorvoll und sehr hilfreich. Es scheint inzwischen erwachsen zu sein und behauptet, daß es sehr glücklich ist in Amerika, das »Leben in Freiheit« liebt, seine Freiheit nutzt, um »Gedichte zu machen«, und daß Gedichte durch »Übung« besser werden. Weil wir dachten, es könnte uns was nützen, fragten wir ihn (er unterzeichnet mit *Pan*) nach Gedichtthemen (das ist immer das Problem: Ein gutes Gedicht braucht ein gutes »tiefes« Thema). Pan trug mir auf, über die »Lorelei« zu schreiben. Als ich ihn fragte, »Warum die Lorelei«, sagte er, sie wäre von »meinem Blut«. Ich war ganz verblüfft. Dieses war mir bewußt als Thema nie eingefallen, und es schien mir gut zu sein: der Hintergrund der germanischen Legende, die Wasserbilder, der Todeswunsch und so weiter. Also fing ich am nächsten Tag mit einem Gedicht über dieses Thema an, und Pan hatte recht gehabt; es ist eins meiner liebsten. Wie heißt das schöne Lied über die Lorelei, das Du uns so oft am Klavier vorgespielt und -gesungen hast? . . .

Ich hoffe, daß Warren mit einem Tauschgeschäft einverstanden ist: ein wöchentliches Essen bei uns gegen ein bis zwei Stunden

Deutsch-Vorlesen. Ich bin gerade dabei, mein Deutsch mühselig wieder aufzufrischen, indem ich in dem schönen Band Grimms Märchen, den Du mir geschenkt hast, und den ich richtig liebe, ein Märchen nach dem anderen lese, und mir zu jedem eine Vokabelliste anfertige. Außerdem versuche ich, täglich eine Grammatikübung zu wiederholen. Ich glaube, wenn man älter wird, hat man das Bedürfnis, alles über seine eigenen Wurzeln, seine Familie und sein Land zu wissen. Erinnerungen an meine österreichisch-deutsche Herkunft berühren mich zutiefst; genauso geht es mir mit meiner Ozean-Kindheit, die wahrscheinlich der Ursprung meines Bewußtseins ist . . .

Das Ouija-Brett hat Ted auch befohlen, über »Ottern« zu schreiben, also tut er das und der Anfang klingt auch ganz gut. Pan behauptet, daß »Kolossus«, sein Familiengott, ihm viele seiner Informationen gibt . . .

So, das ist im Moment alles an Neuigkeiten. Versuch doch, nächste Woche bei den Aldriches zu sein und ruf uns wieder an. Jetzt, wo es kühler ist, steh ich jeden Morgen um sieben auf . . . Alles Liebe auch von Ted –

Sylvia

9. JULI 1958

Lieber Warren,

. . . ich war den ganzen Sommer nicht einmal in der Sonne – zum erstenmal in meinem Leben bin ich nicht braun, dafür habe ich hart an den Gedichten für mein Buch gearbeitet. Ich habe alles, was ich bis vor zwei Jahren geschrieben habe, ausrangiert und es reizt mich, einen Band Juvenilia unter einem Pseudonym herauszugeben, da ich ungefähr 20 veröffentlichte Gedichte weggeschmissen habe. Ich hoffe, daß ich meinen Gedichtband Anfang September oder Oktober beisammen habe und ihn dann diesen Winter bei den Verlegern die Runde machen lassen kann. Es müßte eigentlich eine gute Auswahl werden. Ich habe das Gefühl, daß ich das meiste von meiner alten Starrheit und gläsernen Glätte losgeworden und auf dem besten Wege bin, über die wirkliche Welt, ihre Tiere, Menschen und Landschaften zu schreiben.

Ted und ich erholen uns gerade von einer traurigen und traumatischen Erfahrung. Wir hoben ein Vogeljunges auf, das vom Baum gefallen war und so aussah, als ginge es mit ihm zu Ende, und brachten es nach Hause. Eine Woche war es bei uns, wir fütterten es mit rohem Hackfleisch, Würmern und Milch (vermutlich eine sehr schlechte Diät) und verliebten uns in das kleine beherzte Ding, das mit seinen lustigen, buschigen Brauen aussah wie ein junger Star. Aber als es lief, fiel es hin und sah schwer verletzt aus. Sein Bein wurde steif (das Becken mußte gebrochen sein, oder so was ähnliches), und es kränkelte, schnappte nach Luft und piepste jämmerlich. Wir konnten tagelang weder schlafen noch schreiben, pflegten es, jagten vergebens nach Würmern und identifizierten uns mit ihm in einem Maße, daß es grausig wurde. Schließlich fanden wir, daß es [eine] Gnade wäre, es aus seinem Elend zu erlösen und vergasten es in einer kleinen Schachtel. Es schlief ganz ruhig ein. Aber es war ein erschütterndes Erlebnis. So ein mutiges, kleines Ding von einem Vogel. Ich kann ihn nicht vergessen . . .

x x x Sivvy

Der folgende Text stammt von einer Tagebuchseite von mir, datiert Sonntag, den 3. August 1958. Ted, Sylvia und ich hatten Ruth Freeman Geissler besucht (Sylvia war 1955 Brautjungfer bei Ruths Hochzeit gewesen).

Wir waren Donnerstag bei Ruth. Sie war mit ihrem fünf Tage alten Sohn nach Hause gekommen, einem winzigen Säugling mit rotem Gesicht. Ihre beiden Töchter waren hinreißend, besonders die lebhafte zweijährige, die Ted sofort eroberte, und ihn für die Dauer unseres Besuches zu ihrem Sklaven machte.

Ich dachte, das goldige, lockige Einjährige, ein wahres Titelbild-Baby, würde Sylvia am meisten anziehen; aber nein, es war das Jüngste, der verhutzelte kleine Bub (glaube, wahrgenommen zu haben, daß Ted von ihm abrückte – ein ganz junger Säugling kann so unfertig und sonderbar aussehen). Sylvia dagegen öffnete die eingerollte Hand und streckte die vollendet geformten Fingerchen aus; untersuchte das faltige Blütenblattfüßchen – jede Zehe ein Tupfen, und doch schon vollständig mit dem winzigen perlmuttenen Nagel – der ganze Fuß kürzer als ihr kleiner Finger. Was für eine Wärme, welche Sehnsucht in Sivvy's Gesicht – mein Herz tat mir ihretwegen weh. Ich wäre gern eine Märchenfee, die den Zauberstab schwingt und sagt, »Hier, mein Liebes, hast du ein kleines Haus; hier eine gute Frau, die dir jeden Morgen hilft. Jetzt sollst du dein Kind haben; schreibe des Morgens und gehöre den Rest des Tages deiner Familie.«

Anfang Juli 1958 begaben sich Ted und Sylvia auf ihre Reise quer durchs Land.

YELLOWSTONE PARK, MONTANA
29. JULI 1959

Liebe Mutter, lieber Warren,

. . . zur blauen, mondhellen Stunde um Viertel vor drei wurde ich aus einem Traum geweckt, in dem das Auto mit einem großen ohrenzerreißenden Knall in die Luft flog, [*und zwar*] durch einen *ganz* ähnlichen Krach und das Geklirre von etwas Fallendem. Mein erster Gedanke war, daß ein Bär mit einem Tatzenhieb das Auto zertrümmert haben mußte und jetzt dabei war, den Motor aufzufressen. Ich weckte Ted und wir lagen eine Weile da und horchten auf die einmaligen Geräusche eines sich durch unsere Sachen hindurchwühlenden Bärs. Grunzen, Schnauben, Klappern von Büchsendeckeln. Wir nahmen an, daß er, seinem siebenten Sinn für Nahrung folgend, irgendwie den Kofferraum aufgebrochen und sich über unsere Büchsenvorräte hergemacht haben mußte. Dann ein Bumpern und Kollern, als der Bär eine Büchse an unserem Zelt vorbeirollte. Zitternd setzte ich mich auf und spähte aus dem Gitterfenster des Zelts.

Dort, im blauen, unheimlichen Licht des Mondes, keine 3 Meter weg, kauerte eine riesige dunkle Bärengestalt und fraß gierig aus einer Büchse. Am Morgen sah ich, daß es die schwarz-golden gemusterte Keksdose war, in der wir die Dattelnuß-Stangen mitgenommen hatten; sie war auf dem Rücksitz in meiner roten Tasche gewesen, verschlossen, voll mit Ritz-Crackers und Hydrox-Keksen und Postkarten. Nachdem er das Fenster zerschmettert hatte, mußte der Bär die Tasche herausgehoben, die Dose solange herumgerollt haben, bis der Deckel aufging, schließlich das Wachspapier abgemacht und alles bis auf den letzten Krümel aufgefressen haben. Am nächsten Tag fand ich die Postkarten unter den Trümmern liegen; die oberste Karte mit den Elchgeweihen umgedreht und mit der *Bildseite nach oben* die Karte mit dem großen Bär — samt Abdruck einer echten Bärentatze.

Wir lagen da, endlos, wie es uns schien, und fragten uns, ob der Bär jetzt wohl uns fressen würde, nachdem er unsere Kekse so interessant gefunden hatte. Gerade hatten wir uns etwas entspannt und sahen die Dämmerung sich lichten, als wir schwere, schlurfende Schritte hörten. Der Bär, der seinen Rundgang beendet hatte, war zum Wagen zurückgekehrt. Ted stand auf, schaute durch das rückwärtige Fenster – es wäre mir schon vorher fast nicht gelungen, ihn davon abzuhalten, sich den Schaden anzusehen – und berichtete, daß der Bär hinten am Wagen sei, zur Hälfte im linken Rückfenster steckend. Er hatte unsere Orangen entdeckt. Bis Sonnenaufgang lagen wir da und hörten, wie der Bär die Orangen zerquetschte und den Saft herausschlürfte. Er wurde nur einmal gestört, und das war, als ein Wagen vorbeifuhr und der Bär vor Schreck zur Vordertür unseres Zeltes lief. Er stolperte über die Halteseile, mit denen unser Vorbau befestigt war, und einen Moment lang schwankte das ganze Zelt so, daß wir glaubten, er hätte sich entschlossen hereinzukommen. Dann eine lange Stille. Dann weiteres Orangenzerquetschen. Wir standen auf, ziemlich mitgenommen. Das Autofenster war total zerschmettert und drahtige, braune Bärenhaare klebten überall am Rand.

Zu unserer Verblüffung sprach sich die Geschichte im Camp herum. Ein alter Stammgast kam und gab uns den Rat, unsere ganzen Fensterrahmen mit Kerosin einzuschmieren, weil Bären das haßten. Ein anderer behauptete, Bären haßten Cayenne-Pfeffer. Immerhin, solange wir Tageslicht hatten, konnten wir eine Festung gegen unseren Feind errichten, der zweifellos zurückkehren würde. Wir zogen also ein paar Plätze weiter, und das machte uns wieder Mut. Dann packten wir alles Wertvolle und die ganzen Nahrungsmittel in den Kofferraum. Wir meldeten den Unfall beim Aufseher; der schrieb ein Protokoll, damit für alle Fälle eins da ist, wenn die Versicherungsleute es brauchen, ansonsten äußerte er sich nicht viel.

Ich erzählte die Geschichte einer Frau frühmorgens in der Toilette und sie schien sehr beunruhigt über meinen Bericht von dem zerbrochenen Fenster. Es stellte sich heraus, daß sie gerade von West Thumb, einem anderen Camp gekommen war, wo eine Frau am Sonntag, dem Abend unserer Ankunft, von einem Bär getötet worden war. Diese Frau hatte nachts den Bär bei ihren Vorräten gehört und war mit einer Taschenlampe hinausgegangen, um ihn zu verscheuchen, da war er auf sie losgegangen und hatte sie mit einem einzigen fürchterlichen Tatzenhieb zu Boden gestreckt. Natürlich war die Geschichte von den Aufsehern vertuscht worden, aber die Frau, die mit ihrem Mann »unter den Sternen geschlafen hatte«, bekam es mit der Angst zu tun, zumal sie beide von einem Bär in die Flucht gebrummt worden waren, mit dem sie nicht gleich ihr Frühstück teilen wollten.

Diese Geschichte machte uns auch richtig Angst. Bis Sonnenuntergang hatten wir das Auto mit Kerosin eingeschmiert, überall Cayenne-Pfeffer hingestreut, ringsumher Fliegen-Tod versprüht, Ovomaltine getrunken und ein Beruhigungsmittel genommen – das ich für den Donner-Paß aufgehoben hatte – und um 9 Uhr abends lagen wir im Bett, das übliche Geschrei »Da ist er«, »Da oben, ein Bär« im Ohr. In der Nacht vertrieben alle den Bär mit Pfannen, da Bären Reißaus nehmen, wenn man Krach macht; unsere Geschichte hatte die Runde gemacht. Wir schliefen den Schlaf der Gerechten und der Bär langte nicht hin an unseren kerosingetränkten Poncho, mit dem wir das zerbrochene Fenster abgedichtet hatten . . .

Es geht uns gut, wir sind beide braun und haben das Abenteuer unseres Lebens erlebt. Wir wollen einen Versuch mit dem Hochseefischen machen, wenn das geht . . .

Herzliche Grüße an Euch beide und an Sappho [*ihre Katze*].

Sivvy und Ted

Sylvia und Ted kehrten programmgemäß zurück, beide sehr braun und gesund aussehend. Trotzdem nahm ich an Sylvia Zeichen einer großen Erschöpfung wahr; manchmal zitterte ihre Stimme, wenn sie von dem geplanten zweimonatigen Aufenthalt in der Schriftstellerkolonie in Yaddo, Saragota Springs, New York, und der Rückkehr nach England sprach, die Mitte Dezember stattfinden sollte – diesmal, um sich dort ihr Heim zu schaffen. War es ihr altes »Heimweh-kurz-vorm-Zuhauseweggehen«, oder etwas anderes? Ich hatte das Gefühl, daß es eine Kombination von beidem war, und so war es auch, denn Sylvia war, unmittelbar bevor sie sich mit Ted auf die Überlandfahrt begeben hatte, schwanger geworden.

Wie sie mir jedoch zwei Monate später erzählte, war sie sich bis zu ihrer Ankunft in Yaddo nicht sicher, ob sie wirklich schwanger war. Sie wollte diese Schwangerschaft; im Frühjahr war sie bei einem Gynäkologen gewesen und hatte sich »die Tuben ausblasen lassen«, wie sie sich ausdrückte.

Sie schonte sich während dieser ersten Monate nicht, sondern packte ein, packte aus, packte wieder ein und zwang sich, jeden Tag zu schreiben. Erst im fünften Monat ihrer Schwangerschaft, als sie von Yaddo nach Wellesley zurückgekehrt war, ließ sie sich gründlich untersuchen.

Ich glaube, daß die Übergangszeit in Yaddo ihr sehr gut getan hat; sie hatte keinerlei Verpflichtungen hinsichtlich der Mahlzeiten und Hausarbeit; und sie konnte das tun, was ihr am liebsten war – schreiben. Obwohl sie sich durch das bloße Privileg, dort »Gast« zu sein, in gewisser Weise gezwungen fühlte, schöpferisch zu sein – ein Zwang, der zuweilen als solcher frustrierend war, da er ihr immer Schuldgefühle machte, wenn sie nicht täglich produzierte – entstanden während dieses Aufenthaltes ein paar gute Gedichte (die meisten von ihnen in ihrem ersten Buch The Colossus erschienen), und sie blickte darauf zurück wie auf eine Oase inmitten eines wechselhaften Jahres.

YADDO
SARAGOTA SPRINGS, NEW YORK
10. SEPTEMBER 1959
VON: MIR

An: Warren und Mutter
In re: UNSERE ANKUNFT

... Ich sitze in meinem »Studio« im zweiten (obersten) Stock vom West-*House* (im ersten befinden sich unser großes Schlafzimmer, Bad und Wandschrank – alles zusammen ungefähr zweimal so groß wie unsere Bostoner Wohnung). Das Haus ist wunderschön, lauter Ecken und Winkel, mit mehreren Studios drin. Die Bibliotheken, Aufenthaltsräume und Musikzimmer sehen aus wie in einem Schloß, alles alte Pracht, Raritäten, Lederbesatz, Ölgemälde an den Wänden, dunkle Täfelung, Schnitzwerk auf allen Möbeln. Sehr ruhig und luxuriös.

Ich bin die einzige hier im obersten Stock. In meinem weißgetünchten Arbeitszimmer mit niedriger Decke befinden sich ein Feldbett, ein Teppich, ein wuchtiger dunkler Holztisch mit massenhaft Platz für Papiere und Bücher, den ich als Schreibmaschinen- und Schreibtisch benutze. Es hat ein Oberlicht und vier Fenster auf der Ostseite, die sich auf einen kleinen Balkon öffnen, von dem man einen Blick auf Dachgiebel und hohe, dichte, grüne Kiefern hat. Es ist ganz still, man hört nur Vogellaute und des Nachts das ferne, traumähnliche Rufen des Ansagers von der Saragota-Rennbahn.

Nie im Leben habe ich ein solches Gefühl von Frieden gehabt, das Gefühl, ich kann etwa sieben Stunden täglich lesen und denken und schreiben.

Ted hat ein wunderbares Studio draußen im Wald, ein richtiges Häuschen für sich allein, ganz mit Glas verkleidet und inmitten von Fichten, mit einem Holzofen für den Winter, einem Feldbett und einem riesigen Schreibtisch. Ich bin so glücklich, daß wir getrennt arbeiten können, das haben wir wirklich dringend gebraucht.

Das Essen scheint soweit sehr gut. Zum Frühstück, das im großen Speisesaal serviert wird, gibt es zwei Tassen guten Kaffee, ein Stück Gebäck, Eier nach Wunsch, Toast, Marmelade und Orangensaft. Wir können jederzeit zwischen acht und neun essen. Dann holen wir uns Lunchpakete und zwei kleine Thermosflaschen mit Milch und Kaffee, damit wir den ganzen Tag ungestört sind, und gehen an die Arbeit. Normalerweise sind im Sommer etwa 30 Leute hier, aber zur Zeit sind es nur 10 bis 12, hauptsächlich Maler und Komponisten (die offenbar sehr nett sind) und ein paar Dichter, von denen wir noch nie gehört haben. Im Zeitschriftenraum liegen alle von uns geschätzten Literaturzeitschriften und die englischen Hefte aus. Es soll hier Seen voller Barsche, einen berühmten Rosengarten und lange Waldwege geben, was zu ergründen uns eine Freude ist ...

Eins noch: Ich hätte so gern ein paar Informationen über Österreich, besonders über Tirol, ich brauche sie für eine Sache, an der ich arbeite, und wäre begeistert, wenn Du mir eine ausführliche Beschreibung von den Orten schicken würdest, an denen Du gewesen bist – Material der Häuser, die Möbel, wie altertümlich sie sind. Was für Öfen, Tiere, Farben und Charakter der Landschaft, Berufe, wie die Kinder bei der Hausarbeit helfen – solche kleinen farbigen Details – die Kleidung, die sie tragen und so weiter.

Schreib uns doch.

Grüße,
Sivvy

13. OKTOBER 1959

An Mami und Warren,

Grüße! Wie üblich ist unsere Hauptnachricht, daß wir wohlgenährt sind. Jedes Essen scheint dazu da, das letzte zu überbieten ... Nach einer Woche mit dampfendem Dauerregen haben wir jetzt endlich kühles, klares Wetter – die Green Mountains blau in der Ferne, die frisch gefallenen Fichtennadeln ein federnder Teppich unter den Füßen.

Teds Fahnen für seine *Harper's*-Geschichte [»*The Rain Horse*«] sind gekommen – ungeheuer aufregend, sie liest sich wunderbar. Es kommen Schwarz-Weiß-Zeichnungen dazu, glaube ich. Vorläufig ist sie für die Dezember-Ausgabe geplant. Wir sind sehr stolz auf sie ... Ich hoffe, ich kann ihn mittels Hypnose dazu bringen, noch ein paar neue zu schreiben.

Der *New Yorker* hat endlich das Gedicht »A Winter's Tale«, das Du mir geschickt hast, für die Dezember-Ausgabe vom 26. gekauft, was ich erfreulich finde. Bei so besonderen, jahreszeitbedingten Anlässen ist die Konkurrenz viel größer, außerdem habe ich das Gedicht als leichtes Stück geschrieben – nach diesem schönen Spaziergang, den Du, Warren, Ted und ich letztes Weihnachten in der Nähe von Beacon Hill gemacht haben ...

Studiere sehr gewissenhaft zwei Stunden täglich Deutsch: ein paar Grammatikübungen, dann Übersetzen eines Goethe-Gedichts oder einiger Seiten Kafka aus dem Erzählband, den mir Warren aus Deutschland mitgebracht hat – ich schreibe mir alle Vokabeln heraus und lerne sie. Hoffe schneller voranzukommen nach ein paar Wochen Übung.

Schreib mir!

Alles Liebe
S.

28. OKTOBER 1959

Liebe Mutter,

... Ich beginne mich mehr und mehr mit der Idee anzufreunden, in England zu leben. Das Tempo und die Teuernis von Amerika sind mir etwa 50 Jahre voraus. London kann mir genauso lieb werden wie jede andere Stadt der Welt, und Theater, Bücher und dergleichen sind so viel erschwinglicher. Reisen auch. Du darfst nie mehr das Schiff nehmen, Du mußt fliegen, wenn Du uns besuchst.

Polly, diese ganz süße Frau aus Brookline (eine Kusine von Wallace Fowlie) . . . hat gestern abend zwei Flaschen Rosé und einen Geburtstagskuchen mit Kerzen zu meinem Ehrentag mitgebracht, was mich sehr gerührt hat.

Ich möchte, daß Ted mit mir in England herumreist, vor allem nach Wales und in kleine Fischerdörfer. Wenn Du kommst, müssen wir unbedingt einen Ausflug machen, in alten Gasthöfen übernachten und Spaziergänge auf dem Land machen.

Alles Liebe,
Sivvy

Kurz vor Thanksgiving kehrten Sylvia und Ted in unser Haus in Wellesley zurück – Sylvia sichtbar schwanger.

Ted arbeitete im oberen Schlafzimmer weiter, während Sylvia sortierte und den riesengroßen Koffer packte, den wir im Durchgang aufgestellt hatten. Es mußten schmerzliche Entscheidungen getroffen werden – was mitgenommen, was dagelassen werden sollte. Jetzt hieß es wirklich Abschiednehmen von zu Hause – Wohnung suchen in London stand bevor, und für das Baby, das Ende März erwartet wurde, mußten Vorbereitungen getroffen werden.

Am Tage ihrer Abreise trug Sylvia ihr Haar zu einem langen Zopf geflochten, der hinten am Rücken herabhing, hatte ein rotes Wollkäppchen auf dem Kopf und sah aus wie eine Gymnasiastin.

Als der Zug abfuhr, rief Ted: »In zwei Jahren sind wir wieder da!«

Sechster Teil

26. Dezember 1959–25. August 1961

Mit der Hilfe von Freunden fanden Sylvia und Ted in London eine winzige Wohnung im zweiten Stock, in der Nähe von Primrose Hill und Regent's Park.

Im Februar 1960 unterschrieb Sylvia einen Vertrag für ihren ersten Gedichtband, The Colossus and Other Poems. Der Ton quälender Erinnerungen an emotionales Grauen, der aus einigen ihrer Gedichte klang, stand in direktem Kontrast zu dem starken, bejahenden Ton ihrer Briefe und Gespräche mit der Familie.

Als Sylvia am 1. April 1960 Frieda Rebecca zu Hause zur Welt brachte, wurde sie nur von einer indischen Hebamme betreut. Die freudige Ankunft ihrer kleinen Tochter löste eine neue Welle des Schreibens aus. Mittlerweile hatte Ted das Arbeitszimmer eines Freundes zur Verfügung, wo er in Ruhe schreiben konnte, und auch Sylvia arbeitete dort, und zwar an dem Entwurf für The Bell Jar – ohne daß ich etwas davon wußte. Sie inspirierten und unterstützten sich gegenseitig beim Schreiben: Nach all der harten Arbeit konnten sie nun die ersten Früchte ernten.

Im Winter 1961 mußte sich Sylvia einer Blinddarmoperation unterziehen, und bald darauf erlitt sie eine Fehlgeburt.

Im Frühjahr 1961 besuchte ich sie und blieb bei Frieda, während Sylvia und Ted Ferien in Frankreich machten. Vor meiner Heimreise in die Staaten hatten sie sich entschlossen, ein altes Pfarrhaus in Devon zu kaufen. Sylvia war wieder schwanger, und sie sehnten sich danach, ein eigenes Heim zu gründen.

YORKSHIRE, ENGLAND
[Teds Zuhause]
26. DEZEMBER 1959

Liebste Mutter,

sehr gemütlich, nach einem leichten, von mir gemachten Abendessen mit Rahm-Truthahn und Pilzen auf Toast, sitze ich kurz
vorm Insbettgehen hier unten im kleinen zweiten Wohnzimmer vor
einem lodernden Kohlenfeuer und der Regen klatscht gegen das
dreiteilige Fenster vor mir. Olwyn ist zum Essen ausgegangen; Teds
Eltern dösen im vorderen Wohnzimmer, nachdem sie sich begeistert das schöne Amerikabuch, das Du ihnen geschickt hast (Du
hättest's nicht besser treffen können), angeguckt haben, und Ted
sitzt oben in unserem Schlafzimmer an seinem Schreibtisch . . .

Es kommt mir unwahrscheinlich vor, daß wir schon zwei
Wochen hier sind. Die meiste Zeit habe ich mit dem Abtippen von
Teds Sachen und dem neuen Manuskript meines Gedichtbandes
verbracht (ungefähr 86 Seiten). Obwohl es fast ununterbrochen
geregnet und gestürmt hat (lies Teds Gedicht »Wind« noch mal; es
ist vollendet), haben wir kurze Spaziergänge gemacht. Jetzt sind
wir schon ganz schön erholt und bei bester Gesundheit. Nächsten
Sonntag . . . fahren wir ein paar Tage nach London, das heißt,
solange wir brauchen, um eine günstige, gemütliche Wohnung im
Zentrum von London zu finden, von der man zu Fuß bequem einen
großen Park, Geschäfte, einen Waschsalon etc. erreichen kann. Wir
freuen uns auf den Ausflug und wollen abends sooft wie möglich
ins Theater. Wir waren bei den beiden Verwandten von Ted zum
Tee: bei Tante Hilda und Onkel Walter (dem Wohlhabenden), und
wir haben Teds Schwester und Hildas Tochter Vicky (21, Kunst-
erzieherin im Gymnasium und sehr nett) beigebracht, wie man
Tarock spielt [*die Wiener Version des italienischen Spiels*], und wir
spielen sehr oft. Ich würde aber gern mit euch Fachleuten einen
Auffrischungskurs machen, weil ich sicher bin, daß es viele Kniffe
gibt, die wir nicht kennen – verschiedene Arten, sich mit dem
Partner zu verständigen, etc. Jedenfalls ist Dein Tarockspiel sehr
gefragt . . .

. . . Wenn mein großes Gedichtmanuskript von Farrar, Straus
zurückkommt (sie müßten es mittlerweile abgeschickt haben),
dann nimm es als Schmierpapier; ich habe hier eine erweiterte neue
Fassung von dem Band getippt.

... Olwyn ist sehr nett, ein schönes, blondes, schlankes Mädchen, meine Größe und Statur, mit gelbgrünen Augen und zartem, anmutigem Knochenbau; sieht aus wie 21, nicht wie 31. Ich verstehe mich viel besser mit ihr, seit sie mich wirklich als Teds Frau akzeptiert hat, und habe sie ungeheuer gern. Sie arbeitet als Fremdsprachen-Korrespondentin für eine französische Theateragentur in Paris und hat für längere Zeit Urlaub genommen; ihr interessantester Job bis jetzt.

... Kein [*Weihnachts-*]Baum, was mir gefehlt hat. Aber Ted und ich wollen uns nächstes Jahr einen kleinen für unseren/unsere Nicholas/Katherine besorgen (gefällt Dir Katherine Frieda Hughes als Name?). SCHREIB DOCH. Ich vermisse Dich und Warren und Sappho ganz schrecklich und warte auf Briefe. Ted läßt gleichfalls herzlich grüßen.

Sivvy

RUGBY STREET
LONDON, ENGLAND
10. JANUAR 1960

Liebe Mutter,

ich habe keine Ahnung, wann ich Dir zuletzt geschrieben habe, aber es muß lange her sein. Ted und ich sind jetzt genau eine Woche in London und haben keinerlei Kontakt mit Yorkshire mehr, inklusive Post, ich weiß also nicht, was dort für uns liegt.

Die Wohnungssuche ist zermürbend: London ist flächenmäßig riesig groß und gemessen an amerikanischen Verhältnissen sehr teuer ... Wir spielen jetzt mit dem Gedanken, eine unmöblierte Wohnung zu nehmen und werden uns morgen dank einer rührigen und einflußreichen englischen Dame, der Frau eines jungen amerikanischen Dichters [*W. S. Merwin*], ein paar anschauen, die Warmwasser, Zentralheizung und einen Eisschrank haben – etwa 10 Minuten zu Fuß zum Regent's Park und zu sehr guten Geschäften. Wir würden dann in ein neues Doppelbett investieren und Tische und Stühle in Gebrauchtmöbelläden besorgen – ein bescheidener Anfang für eine Hauseinrichtung; aber das kommt später. In Trödel- und Secondhand-Läden kauft man hier günstig stabile Möbel und Geschirr.

Anfangs wohnten wir in einem kalten, trostlosen Zimmer mit

369

Frühstück für $ 5 pro Tag, aber die Jagd nach den beiden anderen Mahlzeiten war so langweilig und unpraktisch, daß wir jetzt ins Gästezimmer von Helga und Daniel Huws hier [*in der*] Rugby Street gezogen sind, wo wir es viel bequemer haben. Jetzt können wir uns problemlos unser Essen kochen, was eine wahre Erholung ist. Helga ist eine richtige deutsche Hausfrau [dt. i. O.] – schrubbt und putzt den ganzen Tag, so daß ihre beiden Stockwerke vor Sauberkeit glänzen, obwohl das Haus in einem Abrißviertel liegt; ihre deutsche Küche schmeckt köstlich, sie erinnert mich an daheim ...

... Dank Dido Merwin (der Engländerin) und ihrem Mann Bill bekam ich gestern einen Termin bei ihrem Arzt, der mir gleich sympathisch war. Er untersuchte mich, wog mich (ich wiege 132 Pfund, nur 9 Pfund mehr als normal) und überwies mich zu seinem Kollegen, der Geburtshelfer ist. Ich gehe Donnerstag zu seiner Schwangerschaftsberatung. Das Verfahren ist hier vollkommen anders als in Amerika, ich glaube aber, daß es mir angenehmer sein wird. Klinikbetten werden mindestens acht Monate im voraus belegt, und mit Ausnahme von Sonderfällen sind alle Geburten »natürlich«, d. h. ohne Narkose (weil das weniger kostet, nehme ich an), außerdem behalten sie einen zwölf Tage in der Klinik. Die meisten Kinder werden von Hebammen zur Welt gebracht ... Mein Arzt sagt, ich könne zu dem Termin nur als »Notfall« in einem Krankenhaus aufgenommen werden – hätte aber die Möglichkeit, von ihm oder seinem Kollegen zu Hause entbunden zu werden, falls mir ein Arzt lieber wäre als eine Hebamme, und würde anschließend von einer geschulten Kinderschwester gepflegt und beraten ... die meisten Entbindungen finden hier zu Hause statt. Das schien mir *bei weitem* die beste Lösung, und wenn es mit einer dieser unmöblierten Wohnungen klappt (sie liegen ganz in der Nähe der Arztpraxis), dann habe ich alles, was ich brauche und kann von Glück sagen, den überfüllten Kreißsälen und dem Krankenhausessen entkommen zu sein. Ted wird für mich kochen und sorgen; ich werde gut schlafen und mich nicht einsam und abgeschnitten fühlen ... Man bekommt hier die beste Pflege innerhalb des staatlichen Gesundheitsdienstes ... und das Baby müßte eigentlich vollkommen umsonst sein ...

... Das Leben wird viel einfacher und angenehmer werden, sobald wir in London Fuß gefaßt haben, und ich glaube, es wird

mir da besser gefallen als sonstwo; in den letzten Tagen jedoch
hatte ich schreckliches Heimweh und war sehr erschöpft . . .

Grüße an Dich und Warren.

Sivvy

HEBDEN BRIDGE, YORKSHIRE, ENGLAND
16. JANUAR 1960

Liebste Mutter,

nach zwei grausamen Wochen in London trafen Ted und ich
gestern abend wieder auf dem Beacon [*Teds Zuhause*] ein und
fanden dort drei liebe Briefe von Dir vor; Du ahnst ja gar nicht, wie
viel mir Deine Briefe bedeuten, besonders jetzt, wo ich Deine
Gegenwart so dringend brauche . . .

Ich sitze hier, ein loderndes Kohlenfeuer in meinem Rücken, in
dem großen, warmen Bademantel, den Mrs. Hughes mir genäht
hat, und blicke über eine (seit einem Monat zum erstenmal)
sonnige Landschaft mit gleißenden, schneebedeckten Moorhöhen
und einem Heer wogender Wolken, die unter blauem Himmel
dahinjagen – unser erster Schnee. Gestern abend nahm ich ein
heißes Bad, mein erstes seit zwei Wochen (Helga findet sich mit
germanischem Stoizismus mit der Tatsache ab, daß sie in ihrer
Londoner Wohnung kein Bad hat und mit den anderen Mietern
drei Treppen tiefer in einem dreckigen, offenen Keller eine Toilette
teilen muß), und jetzt warte ich gerade, bis das Wasser heiß ist, weil
ich meine schmutzigen Haare waschen will.

. . . Faber . . . hat uns ein Exemplar des Schutzumschlages von
Teds [*zweitem*] Buch geschickt, das uns überrascht und begeistert
hat – ein Meisterwerk von einem Einband . . . Das Buch soll hier
Ende März oder im frühen Frühjahr erscheinen und sobald es da
ist, bekommst Du ein Exemplar geschickt . . .

Nachdem wir endlos per Bus, U-Bahn und Taxi herumgefahren
waren . . . scheußliche, dreckige, viel zu teure möblierte und unmöblierte Wohnungen besichtigt hatten und kälter und kälter und
müder geworden waren, landeten wir schließlich bei zweien, die
bei meinem Arzt praktisch um die Ecke liegen. Die eine war eine
unglaublich große und schöne möblierte Parterre-Wohnung mit
Blick auf die Straße und Primrose Hill (eine Grünanlage gegenüber
von Regent's Park) von dem großen Vorderzimmer aus; ein wun-
derschöner Garten direkt vor dem riesigen Schlafzimmer und der

verglasten Küche und dem Speisezimmer – das Ganze für 9 Guineen ($ 27) die Woche, heizbar mit elektrischen Öfen (geht extra). Wir hätten sie uns mit Teds Guggenheim [*das er 1959 bekommen hatte*] ein Jahr lang leisten können, und sie wäre auch gleich zu haben gewesen, aber der Eigentümer, der unten wohnte und augenblicklich nicht da war, weil er auf den Bahamas als Ausstatter arbeitete, hatte gesagt KEINE KINDER. Wir schickten ein Telegramm mit der Frage, ob er für ein Jahr mit einem Wickelkind einverstanden sei, aber bis jetzt ist noch keine Antwort da.

Die Alternative (und eine selten gute) ist eine unmöblierte Wohnung in der dritten Etage [*vierte Etage in den Vereinigten Staaten*] eines 5stöckigen Hauses an einem ruhigen Platz, mit Blick auf eine kleine Grünfläche mit Bänken und Zaun für Mütter und Kinder. Nur 5 Minuten zu Fuß zum Primrose Hill und dem schönen Regent's Park (mit Zoo, Schaukeln, Sandkästen, Schwänen, Blumen etc.), einem Waschsalon, Geschäften und meinen Ärzten. Das Haus wird im Moment total renoviert – es wird gestrichen, tapeziert, Badezimmer werden eingebaut – was bedeutet, daß wir anfangen müssen, uns eigene Sachen zu kaufen. Die Wohnung ist im Grunde zu klein . . . und es fehlt ein Arbeitszimmer für Ted, aber sie kostet bloß 6 Guineen ($ 18) die Woche (Gas und Elektrizität extra) auf der Basis eines Dreijahresvertrages, der Untervermietung zuläßt und übertragbar ist . . .

Unsere wundervollen Freunde, die Merwins, wollen uns Tische, Stühle und Teppiche leihen, bis wir uns unsere eigenen Sachen in den ausgezeichneten Gebrauchtmöbelläden in London zusammengesucht haben. *Also haben wir diesen Freitag den Mietvertrag unterzeichnet* . . . Endlich werden wir unsere eigenen Sachen haben, unsere eigenen Bilder aufhängen können etc. Die Lage ist ideal, so, als lebten wir in einem Dorf, nur zehn Minuten von der Londoner Innenstadt entfernt. Schwierig, da überhaupt hineinzukommen . . .

Ich bin dabei, herauszufinden, ob es in London einen Windel-Dienst gibt. Werde Ende nächster Woche hinfahren, um einzukaufen und um mir die Ergebnisse des Blut- und Urintests von meinem Arzt sagen zu lassen, bei dem ich diese Woche wieder war. Was bedeutet die Frage, ob ein Verwandter von mir Diabetes gehabt hat? Ist sowas erblich? Bitte schick mir die ganze Post *hierher*.

x x x Sivvy

27. JANUAR 1960

Liebste Mutter,

. . . ich habe zum Frühstück ein Pilzomelette gemacht und einen sehr schönen, erholsamen Tag verbracht, nachdem die Koffer endlich gepackt und nach London abgeschickt waren. Ted hat ein Vogelhäuschen gebaut und direkt vor dem Aussichtsfenster eine Wäscheleine mit Speckschwarte umwickelt, da habe ich vor dem Hintergrund neblig-blauer, grüner Felder und verschwommener Bäume die wunderbaren kleinen Vögel kommen sehen: winzige Rotkehlchen, rundlich, mit einem lätzchenartigen Fleck von warmem Orange; Blaumeisen, nicht-mal-spatzen-große Ausgaben unserer Häher; und die lieblichen, vielfarbigen Buchfinken.

Ich fühle' mich sehr gesund . . . ich nehme Eisentabletten und dann und wann Schlaftabletten (keine Barbiturate), die so ähnlich sind wie die, die Du mir gegeben hast, weil das Baby nachts so oft stößt (offensichtlich wacht es dann auf), daß ich einfach nicht schlafen kann. Auf diese Weise bekomme ich wenigstens genügend Schlaf, was für meine Gesundheit unabdingbar ist. Wenn ich so ausgeruht bin wie im Moment, habe ich das Gefühl, daß ich mit allem fertig werden kann; lasse ich es aber dazu kommen, daß ich müde werde, habe ich schreckliches Heimweh und bin traurig. Ich freue mich wirklich auf nächste Woche, da richte ich mich häuslich ein, habe Zeit, einfach zu schaukeln, sehe voller Freude dem Kind entgegen! Ich rase in letzter Zeit so viel herum, daß ich kaum merke, daß ich überhaupt schwanger bin. Mein Umfang ist jetzt beeindruckend . . . Ich habe zur Zeit keine Beschwerden, außer daß ich nach längerem Stehen oder Tippen leicht Rückenschmerzen kriege (Gehen strengt mich nicht an, ich schaffe drei, fünf, sogar acht Kilometer am Tag) und ab und zu Sodbrennen habe, was offenbar natürlich ist – ich habe nicht viel Platz für einen Magen und mein Appetit ist glänzend . . . Kannst Du Dich mit Frieda Rebecca als Mädchenname anfreunden? Ich glaube, ich werde Tante Frieda davon benachrichtigen, weil sie sich sicher freut, wenn sie erfährt, daß ich meine erste Tochter nach ihr nennen will (selbst wenn es *diesmal* ein Nicholas Ferrar wird, wovon ich fest überzeugt bin). Ist es nicht herrlich, ein Kinderbuch [*Teds* Meet My Folks] zu haben, das darauf wartet, dem der es sein wird, gewidmet zu werden?

x x x Sivvy

7 CHALCOT SQUARE
LONDON, ENGLAND
2. FEBRUAR 1960

Liebste Mutter, liebster Warren und liebste Sappho,
dies ist die erste Post, die unseren neuen Wohnsitz verläßt. Ich
tippe an einem alten Naturholztisch, den unsere Freunde, die
Merwins, uns geliehen haben ... und lausche dem Hämmern,
Meißelklirren und dem Kindergeschrei in den »Chalcot Square
Gardens«, wie das Schild unten sagt. ...

... Gestern wurde der neue Herd angebracht, der Schönste, den
ich je gesehen, auf dem ich je gekocht habe ... Mit Begeisterung
habe ich meine schönen Töpfe und Pfannen aufgestellt, Warren;
ich muß jedesmal an Dich denken, wenn ich sie benutze, und das
geschieht mehrmals am Tag.

Das Bett ist gestern auch gekommen. Zwei Meter lang und
einsachtzig breit ... Wir schliefen letzte Nacht herrlich darauf,
todmüde, wie wir waren nach dem gestrigen Tag, wo pausenlos
Handwerker kamen und all unsere Schrankkoffer und Koffer
unten ausgepackt und die Sachen armweise nach oben getragen
werden mußten ... Ted hat alles geschleppt, unsere ganzen Bücher
und Kleider ...

Unsere Freunde, die Merwins, fahren Ende April in ihr Bauernhaus in Frankreich und bleiben dort den Sommer über; sie wollen
Bills Arbeitszimmer Ted zur Verfügung stellen – es ist das stillste
Zimmer von ganz London – und wir können ihren Garten benutzen, während sie weg sind! Ist das nicht herrlich? Dido sagte, alles
was wir dafür tun müßten (sie gibt den Leuten immer kleine
Aufgaben, wie sie sagt, damit sie nicht das Gefühl haben, sich
aufzudrängen), ist, ihrer wunderschönen siamesischen Katze
Gesellschaft zu leisten ... und den kleinen Rasen zu mähen. Sie
wohnen nur 5 Minuten von uns entfernt, es wird also himmlisch
werden. Die verwitwete Frau, die oben in dem verstaubten Dachboden wohnt, der aussieht wie aus einem russischen Roman, ist vor
zwanzig Jahren hergezogen. Sie ist Dolmetscherin für Französisch
bei der Telefongesellschaft. Sie lebt umgeben von Hyazinthen –
allen möglichen blühenden Pflanzen – sehr warmherzig; sagt, daß
man im Sommer, wenn die Fenster offen sind, in der Ferne die
Löwen und Seehunde und exotischen Vögel vom Regent's Park-

Zoo brüllen und krächzen hört! Ich wünschte, wir könnten eines Tages hier in der Gegend ein Haus kaufen.

Mein Preis ist sehr bescheiden und klein – etwa $ 20 für ein Gedicht in einer englischen Literaturzeitschrift, bei dem der erste Preis geteilt wurde. Von überall her wurden Gedichte eingeschickt; aber es hat mich wenigstens aufgemuntert in diesen freudlosen ersten Londoner Wochen ...

Viele liebe Grüße von uns beiden
Sivvy

SONNTAGABEND
7. FEBRUAR 1960

Liebste Mutter, liebster Warren,

hier bin ich also, sitze an meinem Emaille-Tischchen in der warmen, freundlichen Küche, meine Olivetti offen vor mir, indessen der Zeitmesser (Deiner) tickt, ein apfelkuchen [dt. i. O.] im Rohr bäckt und ein Hühnerfrikassee sanft köchelnd oben auf dem Herd steht ...

... Ted ... ist gerade mit dem Streichen im Wohnzimmer fertig geworden; er hat die hübschen Rauhfasertapeten weiß getüncht, was wunderbar aussieht ... Wir wollen einen schönen Isis-Stich aus einem von Teds astrologischen Büchern vergrößern lassen und ihn in eins der Seitenpaneele hängen ... und natürlich Teds »Hecht« und unsere Baskins [*der Maler Leonard Baskin, ein Mitglied des Smith-Lehrerkollegiums, der Sylvia und Ted gleichermaßen nahestand*] ...

... Meine Hebamme, Schwester Hannaway, soll irgendwann diese Woche zu mir ins Haus kommen, und ich werde zu ihrer Schwangerschaftsgymnastik am Bloomsbury Square gehen, sobald ich eine Vereinbarung mit ihr getroffen habe. Jetzt, wo die Tortur der Wohnungssuche vorbei ist und die Wohnung so schnell auf unsere Arbeit anspricht, bin ich so glücklich wie noch nie in meinem Leben; wir beide in heftiger Vorfreude auf Nicholas/ Rebecca ...

Grüße an Warren und weitere Glückwünsche zu seinen großartigen Semestermitte-Noten.

x x x Sivvy

11. FEBRUAR 1960

Liebste Mutter, liebster Warren,

einen kleinen Mitte-der-Woche-Brief, um ein paar höchst erfreuliche Neuigkeiten loszuwerden: Stellt Euch (gestern) Eure Tochter/Schwester vor, wie sie, todschick in schwarzem Wollkostüm, schwarzem Kaschmirmantel, rehbraunen Glacéhandschuhen aus Paris (Olwyns Weihnachtsgeschenk) und dazu passender Kalbsfellhandtasche (aus Italien) . . . und mit gewaltigem, eindrucksvollem Leibesumfang um 12 Uhr 15 in den berüchtigten York Minster Pub in der Dean Street in Soho, nicht weit von der Shaftesbury Avenue, segelt, rauf zur Bar geht, einen reizenden jungen halb amerikanischen, halb schottischen Lektor des bekannten englischen Verlages William Heinemann trifft (Verlag von Somerset Maugham, Evelyn Waugh, D. H. Lawrence, Erskine Caldwell etc.), dortselbst eine Feder herausholt und an der Theke den Vertrag für ihren ersten Gedichtband unterzeichnet; nämlich *The Colossus*.

Was heißen will, der erste englische Verleger, dem ich meine neue Gedichtsammlung geschickt hatte (nahezu ein Drittel in Yaddo geschrieben; 48 Gedichte im ganzen, nach endlosem Aussondern und Wiederaussondern), schrieb innerhalb einer Woche zurück und nahm sie an! Wunder über Wunder. Absageverhärtet wie ich war, wollte ich Dir nicht schreiben, bevor der Vertrag (mit den üblichen 10 Prozent Tantiemen, die natürlich nichts einbringen) nicht endgültig unterzeichnet war. Heinemann bringt nur sehr wenig Lyrik heraus und wird den Band schön machen. Er soll im Spätherbst oder zu Neujahr erscheinen. Ich widme ihn jenem Mann, der mein Vorbild ist und mich gestärkt hat, wann immer ich daran verzweifeln wollte – Ted. Das bedeutet, daß in unserer kleinen Bald-sind-wir-zu-dritt-Familie jedes Mitglied ein Buch haben wird, das ihm/ihr gewidmet ist, und geschrieben von einem anderen Mitglied! Wer weiß, vielleicht wird das Baby selber zu einem oder mehreren Kinderbüchern inspirieren!

The Colossus and Other Poems, von Sylvia Plath. Für Ted. Das und nichts anderes ist das Buch, benannt nach dem Titel des neunten Gedichtes, eines der in Yaddo geschriebenen.

Nach der Verabredung mit meinem Lektor (der jetzt mein Agent für Amerika wird und dafür sorgen will, daß das Buch dort veröffentlicht wird, falls es nicht den Yale-Preis in diesem Jahr bekommt) traf ich mich mit Ted in einem Pub nebenan, wo er auf

376

mich gewartet hatte, und wir gingen in ein gemütliches italienisches Lokal in Soho im ersten Stock und aßen zur Feier des Tages Kalbfleisch mit Pilzen. Es war dasselbe Lokal, in dem wir vor einem Monat voller Elend gesessen hatten, heimatlos und kalt und sehr finster. Selbstverständlich werde ich Mrs. Prouty davon berichten . . .

Euch beiden alles Liebe . . .

Eure neuentdeckte Autorin,
Sivvy

25. FEBRUAR 1960

Liebste Mutter,

ich habe einen angenehmen Tag im Bett verbracht, habe mich ausgeruht und gelesen. Ted und ich machen das jetzt abwechselnd so, jeder einen Tag in der Woche, so lange, bis wir uns von der Anstrengung der letzten Monate und dem Wohnungseinrichten vollkommen erholt haben. Er war am Sonntag dran. Derjenige, der im Bett liegt, meldet seine Essenswünsche an, liest, schreibt und schläft. Inzwischen habe ich mich angezogen, bin auf und fühle mich sehr erholt. Ted hat ein Rindfleisch-Stew gemacht, was gerade für unser Abendessen garkocht; und nachher fahren wir in die Londoner Innenstadt und schauen uns Ibsens *Rosmersholm* an, etwas, worauf ich mich schon lange gefreut habe: Mein erstes Ibsen-Stück auf der Bühne. Ich habe festgestellt, daß mich Tragödien, gute Tragödien, klassische Tragödien, sei es auf der Bühne oder im Film, viel glücklicher machen als die sogenannten »heiteren Musicals und/oder Schwänke«. Wir haben vor einiger Zeit Brendan Behan's Revuestück »Die Geisel« gesehen und waren beide von dem, was das Publikum als komisch gierig aufsaugte, gelangweilt und deprimiert – sehr billig, von kindischem Witz, ohne Handlung etc. Tragödie dagegen läutert und befreit mich wirklich.

Gestern abend hat Ted in der Oxford Poetry Society Gedichte gelesen. Wir sind nach dem Mittagessen mit dem Zug losgefahren, eine Stunde und 15 Minuten Fahrt. Da ich noch nie in Oxford war, fuhren wir ein paar Stunden früher und liefen trotz des kalten, trüben, unwirtlichen Tages in den uralten Gassen aus schwarzem Stein herum und schauten in die kleinen, grünen Höfe von ein oder zwei Colleges hinein. Die Architektur ist ungeheuer eindrucksvoll; viel mehr da als in Cambridge; die Restaurants superb; und die Atmosphäre wirklich ehrfurchtgebietend, klösterlich. Das einzig Unangenehme . . . war der schreckliche Verkehrslärm, der Durchgangsverkehr, an den Hauptkreuzungen – so dicht, daß ich kaum wagte, die Straße zu überqueren. Da gibt es kein überall Hereinströmen des Landes und offenen Himmels wie in Cambridge, sondern sehr viel Großstädtisches. Sobald man aber in einem der kleinen, verwinkelten Collegehöfe steht, verschwinden die Laute der modernen Welt wie durch Zauber. Ich glaube, Ted und ich wären auch gerne nach Oxford gegangen.

Wir machten eine kurze Teepause, in der Ted die Reihenfolge seiner Gedichte festlegte. Sein Buch *Lupercal*, das offiziell am 18. März erscheint (ich bin gespannt, ob das Baby am gleichen Tag kommt!), kam tags zuvor – die sechs Belegexemplare – gerade im richtigen Moment. Statt des Blaus auf dem Einband haben sie jetzt Grün genommen, was uns gar nicht gefiel, und das Rot auf dem Schutzumschlag und das Violett auf dem Einband beißen sich etwas für mein hypersensibles Auge, aber der Band ohne Schutzumschlag ist eine schöne Sache . . .

Mein entgegenkommender Lektor bei Heinemann sagte, ich solle ihm meinen Geburtstag verraten, er will versuchen, meinen Erscheinungstermin so nah wie möglich an dieses Datum heranzurücken. Die Höflichkeit der Engländer!

In zwei Tagen ist N/R acht Monate alt und beginnt mit dem neunten. Ich habe endlich etwas Ruhe zum Lesen, und Bill Merwin versorgt mich mit amerikanischen Geschichtsbüchern. Habe auch die Hoffnung, bald wieder schreiben zu können. Ich habe das Gefühl, hier mehr Freiheit (und Anerkennung, von Verlagen zumindest) zum Schreiben zu haben als jemals in Amerika. Ich hoffe, unsere Nachsende-Post wird langsam weniger! Wir freuen uns jetzt auf unser zurückgezogenes Dasein, wo wir in Ruhe schreiben und dann und wann den Londoner Rahm abschöpfen können.

. . . Nun sind wir endlich »daheim«, London ist eine Lust.

x x x Sivvy

10. MÄRZ 1960

Liebe Mutter,

. . . nicht einen Hauch Schnee hat es hier den ganzen Winter gegeben, und ich habe so Sehnsucht danach. Die letzten vier Monate waren wie ein endlos sich hinziehender, graubrauner November. Ted und ich machten heute nach dem Mittagessen einen Spaziergang auf Primrose Hill; die Luft war mild und frühlingshaft feucht; die Sonne fast warm, und die Fliederbüsche übersät mit grünen Knospen; die Forsythien werden bald blühen.

. . . Ted ist womöglich allzu nett zu seinen Verwandten und Freunden, und ich bin es leid, acht Stunden hintereinander in unseren verräucherten Räumen zu sitzen und darauf zu warten, daß sie gehen – unmöglich, zu schlummern oder auszuspannen, wenn so viele Leute da sind. Gerade jetzt ist mir überhaupt nicht nach Gästen, nach bloßem »Aufwarten« zumute, ich möchte lesen, Tagebuch schreiben und schlummern. Zum Glück stehen keine weiteren Besucher ins Haus (unberufen!) und ich habe die Möglichkeit, mich nachmittags hinzulegen; das reicht mir an Ruhe, um nachts schlafen zu können. Das Baby wächst mit Windeseile, und der Arzt sagte bei meinem heutigen Besuch, daß es offenbar sehr lange Beine hat, was das erstaunliche gelegentliche Stoßen und das sichtbare Strampeln auf meiner rechten Seite erklärt . . .

x x x Sivvy

24. MÄRZ 1960

Liebste Mutter,

. . . Dein *Ladies' Home Journal* hätte an keinem geeigneteren Tag ankommen können als Montag, als es mir mit meiner Erkältung so dreckig ging, daß ich nichts anderes lesen konnte. Ich habe es von vorn bis hinten studiert und ungeheuer genossen. Die ideale Krankenbett-Lektüre!

Eben kamen herrliche Nachrichten per Telegramm für Ted. Er hat den Somerset Maugham-Preis – etwa 400 Pfund, ein bißchen mehr als $ 1000 – für sein Buch bekommen und muß das Geld »zur Erweiterung seiner Weltanschauung« bei einem dreimonatigen Auslandsaufenthalt ausgeben. Jetzt träumen wir von den griechischen Inseln im Winter und allen möglichen sonnendurchtränkten, eleganten Reisen.

x x x Sivvy

SAMSTAGABEND
26. MÄRZ 1960

Liebste Mutter,

alles ist still, nichts geschieht. Irgendwie habe ich mir vorgestellt, ich müßte jetzt große Kometen sehen oder Löwen in der Straße, dabei kann ich nicht glauben, daß das Baby *jemals* kommt. Eigentlich habe ich mit einer Frühgeburt gerechnet – sind wir nicht zu früh gekommen? – und bin jetzt wirklich versessen auf den 27., diese mystische Zahl [*ein wichtiges Datum für viele unserer Freunde und Familienmitglieder*] als Datum, aber dieses Warten kommt mir vor, als wolle es nimmer aufhören ...

... Eine wunderbare Volkskunde-Bibliothek befindet sich ganz in unserer Nähe. Ich kann mir nichts Schöneres auf der Welt vorstellen, als in London zu leben *und* eines Tages ein Ferienhaus am Meer in Cornwall zu besitzen! Ted hat jetzt vor, an einem Libretto für einen modernen, jungen chinesischen Opernkomponisten zu arbeiten, den wir in Yaddo kennengelernt haben. Ich hoffe, daß das was wird ...

Dein Brief zu *Lupercal* ist heute angekommen; wir sind sehr froh, daß Du das Buch magst und daß die Exemplare unversehrt angekommen sind. Ted ist gerade mittendrin in seinem zweiten Stück, und ich bin überzeugt, daß es nur eine Frage der Zeit ist, bis eins von ihm auf die Bühne kommt. Wir haben heute das amtliche Schreiben vom Sekretariat der Somerset Maugham-Stiftung bekommen; man hat ihm den Preis von 1960 »aufgrund der hohen und zu großen Hoffnungen berechtigenden, literarischen Qualität« von *The Hawk in the Rain* verliehen. Dieses Jahr beträgt der Preis 500 Pfund! Hundert mehr als üblich, etwa $ 1400. Wir sind verpflichtet, das Geld innerhalb der nächsten zwei Jahre auszugeben, indem wir »mindestens drei Monate außerhalb von Großbritannien und Irland verbringen, nicht um Ferien im Ausland zu machen, sondern um sich mit den Sitten und Gebräuchen fremder Völker vertraut zu machen und damit eine Chance zu haben, Ihr Wissen und Ihre Erfahrung im Hinblick auf Ihre literarische Zukunft zu erweitern«. Also werden wir die drei Monate in den sonnigen Süden gehen (wir haben an Frankreich, Italien oder Griechenland gedacht), und zwar diesen Winter oder den Winter darauf. Das Ideale wäre, wir würden uns am Mittelmeer eine möblierte Villa in der Nähe einer großen und kosmopolitischen

Stadt mieten; ich könnte dann das Baby bei einem Arzt anmelden, eine Ausländerin als Hausmädchen und Babysitter nehmen und hätte obendrein mindestens 4-6 Stunden täglich Zeit zum Schreiben . . .

Ted ist gebeten worden, ein paar Dankeszeilen an Maugham zu schreiben, der sich in seiner Villa an der französischen Riviera aufhält. Ich würde ihn so schrecklich gern kennenlernen! Ich wäre sehr für die französische Riviera, weil ich mir relativ leicht mit der Sprache tue, aber Rom und Umgebung sind auch eine gute Möglichkeit – es gibt dort immer viele gebildete, englisch sprechende Leute.

Jeden Morgen, wenn es dämmert, hören wir den reinen Gesang einer bestimmten Drossel. Der Platz ist voller Kinder, die mit flachen Schlägern so etwas wie Baseball spielen. Der tägliche Eiswagen hält klingelnd an und die Kleinen stürzen alle hin. Ach, ich bin so ungeduldig!

(Montagmittag, 28. März) Gleich gehe ich einkaufen, rund wie nie. Da das Baby sich den bedeutungsvollen 27. hat entgehen lassen, wird es jetzt sicher bis zum 1. April warten, um in den wichtigsten Plath-Monat reinzukommen. [*Ihr Vater hatte am 13. April Geburtstag; ich am 26. und Warren am 27.*] Ted hat mir eine wunderbare, riesiggroße französische Steingut-Kasserolle mit Deckel gekauft, und ich habe einen ganzen Haufen zäher Täubchen darin geschmort (9 Cents das Stück) und sie mit Reis serviert, den ich mit einer köstlichen Mischung aus gebratenen Zwiebeln, Knoblauch, Rosinen und geschälten Mandelstückchen vermengt habe, als er trocken und locker war. Phantastisch . . .

Gestern, als ich faul im Bett lag und den *Observer* vom Sonntag durchblätterte, stieß ich auf eine großartige Besprechung von *Lupercal* von A. Alvarez, *dem* intelligenten Kritiker (Oxford, Princeton etc.), der wohlwollend, aber mit Vorbehalten über *The Hawk in the Rain* geschrieben hatte. Anderthalb Spalten – hier Auszüge: »Hier gibt es keine Einflüsse, die den Kritiker ablenken, keine Unsicherheiten, die ihn bestärken könnten. Hughes hat seine eigene Sprache gefunden, seine eigene künstlerische Welt geschaffen und ist als Dichter von höchstem Rang in Erscheinung getreten . . . Was Ted Hughes getan hat, ist, sich ein begrenztes, persönliches Thema zu suchen und es, durch einen Akt immens sicherer poetischer Kunstfertigkeit, so breit werden zu lassen, daß es nahezu all unsere wichtigen Fragen zu berühren scheint. Dies ist keine Lyrik, die leicht zu lesen ist, aber sie ist neu, tiefgründig und bedeutend.«

Wir gurrten und strahlten den ganzen Tag. Im Kino lasen alle Leute den *Observer* und einige waren gerade bei Teds Besprechung. Ich blätterte ein bißchen weiter: sein Bild, daneben die südafrikanischen Massaker, Nachrichten über den Maugham-Preis und sogar eine Bemerkung über *mich* – »seine große, hübsche amerikanische Frau . . . die eine eigenständige *New Yorker* – Dichterin ist.« Wenn wir ein paar Exemplare kriegen, schicken wir sie Dir.

Ted ist unglaublich gut und verständnisvoll. Er ist genauso ungeduldig und gespannt wie ich, falls das möglich ist. Also, ruhig Blut – noch eine Woche lang.

x x x Sivvy

DONNERSTAGABEND
31. MÄRZ 1960

Liebe Mutter, lieber Warren,

. . . in ihrer/seiner unendlichen Weisheit wartet das Baby, bis meine Erkältung ganz verschwunden ist (ich habe jetzt kaum mehr Beschwerden und bin fast wieder die alte), bis das Wetter besser ist (es war rauh, graupelig, vollkommen grau und scheußlich bis auf heute, wo es grün, sonnig und sanft ist) und bis in Ruhe allerletzte Hand an die Wohnung gelegt ist. Gestern kam meine Hebamme und tröstete uns, indem sie lachend prophezeite, es würde Sonntagnacht um 2 kommen; hoffentlich tut es das, denn sie hat dieses Wochenende Dienst, und ich wäre überglücklich, wenn ich sie bekommen könnte (es sind drei Hebammen, die sich abwechseln). Wir mögen sie beide sehr. Ich war heute bei meinem Arzt, der mich innen und außen untersucht hat und festgestellt hat, daß alles reif und bereit ist für die Geburt des Babys in den nächsten Tagen . . .

Ted und ich haben heute abend unter dem dünnen Neumond einen schönen, ruhigen Spaziergang durch die verzauberte Landschaft von Primrose Hill und Regent's Park gemacht; alles blau und neblig, die Knospen eine Art Nimbus aus Grün auf den Dornenbäumen, Narzissen und Blausterne auf dem Rasen und die Silhouetten schlafender Ringeltauben im Geäst. Eine Stunde himmlischen Friedens und sorglosen Umherschweifens – die erste seit Wochen. Ich möchte nichts mehr tun müssen, wenn es da ist, deshalb erledige ich das Nötigste wie Saubermachen, etc., jetzt. Warte gerade auf Dot's Hackbraten [*Tante Dot's Rezept*], der in der Röhre steht. Werde morgen eine tolle Fischsuppe machen.

Ted hat anläßlich seines Preises eine Flut von Briefen von allen möglichen Leuten gekriegt, einen richtigen Stapel Post. Zwei Anfragen wegen Lesungen (eine im Juni, zusammen mit mir und noch jemandem, und eine im Dezember, die etwa $ 35 die Stunde bringen würden), Redakteure, die nach Gedichten fragen, alte Freunde, die es zum Schreiben gedrängt hat, etc. Ich muß morgen für ihn Antwortbriefe tippen, sonst kommt es nie dazu.

So, jetzt leg ich das einen Tag weg, für den Fall, daß ich noch mehr Neuigkeiten zu melden habe.

Am 1. April 1960, gegen 3 Uhr morgens, läutete das Telefon neben meinem Bett. Ich war sofort wach, griff nach dem Hörer und rief »Hallo!« hinein.

»Mutter«, sagte eine zitternde Stimme.

»Sylvia!« schrie ich. »Wie geht's Dir?«

Ein Klicken und wir waren getrennt. Ich wartete ein Weilchen und rief dann das Fräulein vom Fernamt an, die mir sagte, ich solle warten.

Und ich wartete, eine geschlagene, endlose Stunde lang, ging auf und ab, betete und beruhigte mich mit »Wenigstens ist sie am Leben«. Dann das Klingeln noch einmal und Sylvia's Stimme, jetzt klar und kräftig, die mir Näheres über Größe und Gewicht des Babys sagte. Ich unterbrach und fragte: »Ist es Nicholas oder Frieda Rebecca?«

»Oh, Frieda Rebecca natürlich! Ein Wunderkind [dt. i. O.], Mami. Ein Wunderkind!« [dt. i. O.]

1. APRIL, 13 UHR 15

PS

Also, vor genau zwölf Stunden wachte ich, benommen von zwei Schlaftabletten, nach einer Stunde harterkämpften Schlafes, auf, und alles begann. Die wunderbare Schnelligkeit der Geburt überraschte selbst meinen erfahrenen Arzt und die Hebamme, und aus diesem Grund bekam ich auch absolut kein Betäubungsmittel. Die Hebamme, eine fähige kleine Inderin, die vorher einmal bei mir gewesen war, kam gegen 2 Uhr nachts auf ihrem Fahrrad »um mal nachzuschauen, wie ich vorankomme« und wollte abwarten, bis die Wehen bei mir einsetzten, dann heimfahren und nach dem Frühstück wiederkommen. Im Nu fing ich an, heftig zu kontrahieren, es gab fast keine Unterbrechung. Ich dachte, die schlimmsten Wehen, unmittelbar vor Beginn der zweiten Phase der Preßwehen, seien erst der Anfang, und konnte mir nicht vorstellen, wie ich das weitere 20 Stunden durchhalten sollte. Plötzlich, um fünf, sagte sie, ich sei voll geweitet und zeigte mir den Kopf des Kindes – nur einen Spaltbreit – im Spiegel. Sie rief den Doktor an, der war aber zu Hause und hatte keine Narkotika zur Hand. Er kam um 5 Uhr 30, gerade rechtzeitig, um die Entbindung zu überwachen.

Ich guckte auf meinen Bauch und sah Frieda Rebecca – weiß wie Mehl, mit der Sahne der Neugeborenen bedeckt, den Kopf beklebt mit rührend komischen, dunklen Haarschnörkeln, und mit großen, dunkelblauen Augen. Genau um 5 Uhr 45. Die Nachgeburt kam kurz darauf. Ted war die ganze Zeit da, hielt meine Hand, rieb meinen Rücken und machte Wasser heiß – eine wunderbare Stütze. Ich konnte meine Augen nicht von der Kleinen lassen. Die Hebamme wusch sie mit dem Schwamm in meiner großen Pyrexglasschüssel neben dem Bett und wickelte sie neben einer Wärmflasche im Bettchen gut ein; sie saugte ein paar Minuten an mir wie ein kleiner Experte, bekam ein paar Tropfen Kolostrum und schlief ein.

Von hier aus, aufgestützt im Bett, kann ich sie sehen – rosig und gesund, fest schlafend. Daß wir am liebsten einen Jungen haben wollten, können wir uns jetzt nicht mehr vorstellen! Ted ist entzückt. Er hatte mich hypnotisiert, damit ich eine kurze, leichte Entbindung habe. Also, »leicht« war sie nicht, aber die Kürze hat mir durchgeholfen. Ich schlief ein oder zwei Stunden, nachdem ich Dich angerufen hatte – fühl' mich, als könnte ich aufstehen und rumlaufen, bin aber natürlich wackelig. Das Wunder ist, daß ich nach meiner zermürbenden zweiwöchigen Nebenhöhlenentzündung und den schlaflosen Nächten das Glück hatte, daß die Wehen bloß 4½ Stunden gedauert haben. »Ein Wunderkind«, sagte die Hebamme. Natürlich, natürlich!

Ted brachte mir das Frühstück – ich hatte den ganzen Hackbra-

ten herausgebrochen, als die Wehen einsetzten – und zum Mittagessen, das ich gerade mit Genuß beendet habe, einen Thunfisch-
salat, Käse und V-8. Ich fühle mich leicht und dünn wie eine Feder.
Das Baby ist, wie schon gesagt, 6 Pfund und 300 Gramm schwer,
53½ Zentimeter lang und hat, leider, meine Nase! Bei ihm sieht sie
aber ganz schön aus. In meinem Leben war ich noch nicht so
glücklich. Die ganze amerikanische Prozedur – Kliniken, Arztrech-
nungen, Schnitte und Nähte, Narkose etc. – scheint mir ein Alptraum, auf den ich gern verzichtet habe. Die Hebamme ist um 11
Uhr zum zweitenmal gekommen und will zur Teezeit noch mal
kommen, um mich zu waschen und für das Baby zu sorgen. Ich
schreib' Dir bald wieder. Grüße an »Grammy« und Onkel Warren
von Frieda Rebecca, Ted und Deiner Dich liebenden Sivvy.

MONTAGMITTAG
4. APRIL 1960

Liebste Mutter,

Rebecca ist vier Tage alt, fast, und schöner denn je. Es war ein
milder, sonniger Morgen draußen, und die Bäume auf dem Platz
sehen aus, als wollten sie bald ausschlagen. Das Baby schläft in
seinem Bettchen, frisch gewickelt und gebadet von der dritten
Hebamme des Trios, das in meinem Bezirk arbeitet, und ich habe
zum erstenmal wieder ein Bad genommen, was mich in Hochstim-
mung versetzt hat. Ich vertrage das im Bett Liegen nicht besonders
gut und habe es gestern abend genossen, aufzustehen, um mit Ted
bei Kerzenlicht zu speisen – ein überirdisch köstliches Kalbfleisch-
gericht in Kasserolle, das Dido Merwin zum Aufwärmen gebracht
hatte . . . Ich habe einen wahren Heißhunger, trinke massenhaft
Milch und Wasser, V-8 mit Gelatine, um meine Nägel zu kräftigen,
und Orangensaft. Ich finde es so herrlich, daß ich nicht in der
Klinik bin, sondern nach und nach – soweit es die Hebamme und
meine Kräfte erlauben – zu meinem gewohnten Tageslauf zurückkehren kann. Allein dies und jenes in Ordnung zu bringen, während ich auf einem Hocker oder Stuhl sitze, macht mich schon
froh . . .

In der ersten Woche neigen diese [zu Hause entbundenen] Säuglinge dazu, nachts aufzuwachen und zu schreien, da sie morgens
gebadet werden und deshalb den ganzen Tag schläfrig sind.

Rebecca ist da keine Ausnahme, allnächtlich zwischen Mitternacht und vier brüllt sie sich in schöne rote Krämpfe. Ich lege mich daher tagsüber hin, um den verlorenen Schlaf nachzuholen, und versuche Ted auch dazu zu bewegen.

Du solltest mal sehen, wie er sie wiegt und für sie singt! Sie sieht so winzig aus an seiner Schulter, ihre vier Finger umschließen gerade einen seiner Knöchel. Jetzt schläft sie natürlich wie ein Murmeltier, rosig und rosenwangig. Schon jetzt zeigt sie auf eine drollige Weise Unabhängigkeit und Temperament . . . Ich darf mit ihr am zehnten Tag rausgehen, wenn es schön ist, und ich kann's kaum erwarten . . .

Es interessiert uns brennend zu erfahren, wie Du und Warren auf all dies reagiert habt. Jeder ist äußerst verblüfft, wie kurz meine Wehen waren, am meisten ich selbst. Ich bin sicher, einer der Gründe, weshalb ich mich nach der Geburt so wohl gefühlt habe und keine Risse oder sonstwas hatte, war der, daß ich keine Narkose bekommen hatte und darum alle Anweisungen des Arztes befolgen konnte. Und Rebecca sah natürlich gleich wunderschön aus, geschwinde Dame, die sie war.

Alles scheint viel ruhiger und friedvoller, seit das Baby da ist . . . Ted wird ein Arbeitszimmer und vollkommene Ruhe haben, sobald ich wieder ganz bei Kräften bin und Kind und Haushalt übernehmen kann. Im Moment bin ich darauf angewiesen, daß er kocht, einkauft, in den Waschsalon geht, etc., etc., aber dank seiner unschätzbaren Hilfe (die so viel besser ist als die eines Fremden) werde ich schnell zu meinem normalen Leben zurückkehren können.

Ich lasse hier noch ein Eckchen zum Hallo sagen für Ted frei . . .

Grüße an Dich, Warren und Sappho . . .

Sivvy

7. APRIL 1960

Liebe Mutter,

wenn ich heute nichts von Dir gehört hätte, hätte ich ernsthaft erwogen, mich von meinen nächsten Verwandten loszusagen! Ted meinte, Du wärst sicher so damit beschäftigt, halb Amerika von diesem Ereignis zu berichten, daß Du mindestens einen Monat nicht dazu kämst, *mir* zu schreiben. Wie auch immer, Dein Brief war eine solche Freude, daß er mich für die Tage des Wartens entschädigt hat. Ich habe tatsächlich während meines Schläfchens gestern geträumt, daß Ted und ich in der Wellesley-Küche auf Dich und Warren warteten. Ihr kamt beide herein, vollbeladen mit Lebensmitteln (das war, bevor ich von Deinem Vergessen der Lebensmittel am letzten Wochenende gelesen habe). »Also, wie *findest* Du das!« riefen wir Dir laut zu. Worauf Du uns zwei Briefe gabst, unfrankiert, die Du gerade hattest abschicken wollen. Ich habe immer noch nichts von Warren gehört, bringe ihn doch dazu, daß er persönlich schreibt, auch wenn's nur kurz ist.

Was mich bei der allgemeinen Euphorie hier wütend macht, ist, daß keine Verwandten oder Freunde *von mir* da sind, um das Baby höchstselbst zu bewundern. Teds Leute und Freunde sind lieb, das Zimmer ist voller Blumen, Telegrammen, Karten und Glückwünschen, aber das ist nicht dasselbe.

Dido Merwin versorgt uns ab und zu mit Delikatessen: Blanquette de Veau, Forelle in Aspik – die Augen verwandelt in Perlen und mit Zitronenscheiben garniert; und als Ted gestern abend hinüberging, zum Dessert, und um Bill's Verleger kennenzulernen, da gab sie ihm Bohnen in einem Topf und ein weiteres Stew zum Aufwärmen mit. Ich weiß gar nicht, wie ich ihr für soviel Güte danken soll. Bill kam gestern – mein erster Besucher und der erste, der das Kind zu sehen bekam. Er brachte Narzissen mit, einen silbernen Fingerhut für das Baby und einen Stapel alter *New Yorker* für mich; intuitiv hatte er genau erfaßt, daß ich zu nichts Konzentrierterem in der Lage war, als zuerst die Witze und Cartoons, dann die Gedichte und zuletzt die Erzählungen zu lesen – kurz, amüsant, leicht zur Hand zu nehmen und wieder wegzulegen.

Das Baby schläft süß nach dem 2-Uhr-mittags-Stillen; die Händchen in äußerst graziösen Haltungen. Ihre ballettartigen Gesten mit den Händen gehören mit zum Lieblichsten bei ihr. Ich habe jetzt selbst damit angefangen, ihre Windeln zu wechseln und bin begeistert davon. Sie ist sehr brav und ruhig und scheint gerne die Beine hin- und herzubewegen und nackt zu sein . . .

Bitte kein Wort mehr über Hormone und Wachstums-Hemmung! [*Ich hatte ihr den Bericht eines Endokrinologen über die Entwicklung auf diesem Gebiet geschickt.*] Ich muß mich wundern über Dich. Der Natur ins Handwerk pfuschen! Typisch amerikanisch, zu glauben, Menschen auf eine Idealgröße hinzutrimmen

würde sie glücklicher machen oder ihnen andere Konflikte ersparen. Wie groß Frieda Rebecca auch immer sein wird, ich werde sie
ermuntern, stolz darauf zu sein. Über meine eigene Größe von
1,75 1/2 , die mich früher so unglücklich gemacht hat, bin ich heute
sehr froh; und ich habe einen gutaussehenden, großen lebenden
Beweis von einem Ehemann dafür, daß sich ein großes Mädchen,
was das betrifft, weiß Gott keine Sorgen zu machen braucht ...
Genug davon.

... Warren wird von uns beiden der Reiche sein und kann Dich
deshalb in England besuchen, wogegen wir nur nach Amerika
kommen würden, wenn man uns eine Lesungsreise bezahlt oder
viel später, wenn wir vielleicht für ein Jahr eine Gastdozentur für
Lyriker bekommen. Ich werde immer anglophiler – paß nur auf!

Grüße,
Sivvy

PS Ich bin entschlossen, *alle* meine Kinder zu Hause zu kriegen;
jede Minute dieser Erfahrung war mir kostbar!

15. APRIL 1960

Liebe Mutter,
... diese letzten Wochen, genauer gesagt, der letzte Monat, sind
vorbeigeglitten, ohne daß ich die einzelnen Tage richtig wahrgenommen habe, und jetzt drängt es mich, wieder mit dem Schreiben
und Denken anzufangen. Was mir besonders schwerfällt, ist der
Gedanke, das Kind einem Babysitter zu überlassen. Wir sind
nächsten Donnerstag von 6-8 zu einem Cocktail bei Faber eingeladen, wo wir vermutlich Eliot treffen werden; aber ich trenne mich
so ungern von dem Baby ... Vom Flaschegeben hält man hier gar
nichts, ich auch nicht, und es zu stillen möchte ich um nichts in der
Welt missen ...

x x x Sivvy

21. APRIL 1960

Liebste Mutter,
... ich sitze in unserer sonnendurchfluteten Küche, warte, bis
eine Pfanne Haschee fertig ist, habe vor, Frieda Rebecca (seltsamer-

weise fangen wir an, sie *Frieda!* zu nennen) um zwei zu stillen und dann im Regent's Park einen Spaziergang zu machen und mich in die Sonne zu setzen . . . Meine Müdigkeit vom nachts Aufstehen läßt langsam nach. Tagsüber wacht das Baby (inoffiziell als Der Pooker, oder Pooker-Pie, bezeichnet) pünktlich alle vier Stunden auf, und nachts kommt es zu meiner Beruhigung jetzt öfter vor, daß es fünf oder gelegentlich auch 6 Stunden hintereinander schläft. Es ißt wie ein kleines Schweinchen.

15 Uhr 15: Ich sitze jetzt auf einer Bank in der Sonne im Regent's Park. Überall wird der Rasen gemäht, und es riecht herrlich nach frischgeschnittenem Gras, Pflanzen und warmer Erde. Nichts ist so schön wie England im April. Ach, wärst Du bloß hier und könntest mit mir hinausgehen – bis Du kommst, müßte die Kleine schon watscheln können! Ich kann's kaum erwarten, daß es lacht und mit uns kommuniziert. Es ist noch so winzig, wenn es sich zusammenrollt, es verschwindet fast . . . Heute abend, von 6 bis gegen 9, lasse ich zum erstenmal jemanden vom Babysitter-Dienst kommen, damit wir zu dem Faber-Cocktail gehen können, und morgen wieder, um dieselbe Zeit, damit wir mit Lee Anderson in Soho zu Abend speisen können. Er sieht aus wie ein weißbärtiger General aus dem Bürgerkrieg, ist Dichter, hat eine Farm in Amerika und ist zur Zeit hier, um Tonbandaufnahmen von britischen Dichtern für Yale zu machen. Donnerstag waren wir mit zwei Ex-Cambridgern essen – einem Mädchen, das bei der BBC arbeitet und Ted dazu gewinnen will, ein Versdrama zu schreiben, und Karl Miller, Feuilletonredakteur beim *Spectator* . . .

Am letzten Sonntag . . . habe ich etwas erlebt, was mich ungeheuer bewegt hat. Ich war dabei, als die Oster-Marschierer, die von der Atombombenfabrik in Aldermaston kamen, am Trafalgar Square in London eintrafen. Ted und Dido waren mittags losgegangen, um Bill Merwin zu treffen, der zu den über zehntausend Marschierern gehörte, die sich im Hyde Park eingefunden hatten; ich machte mich etwas später mit dem Baby auf den Weg, ich hatte mich mit Peter Redgrove, einem Dichter-Freund von Ted verabredet, mit dem ich zum Trafalgar Square wollte. Er brachte ein Tragebett mit, das er uns leiht, und wir trugen das schlafende Baby bequem zwischen uns und stellten das Bettchen auf den Rasen vor der National Gallery, von wo man auf Springbrunnen, Tauben und glitzernde weiße Gebäude schaut. In unserer Ecke war es nicht so voll – eine Art Kinderstube, Mütter auf Decken, die ihren Kindern die Flasche gaben . . .

Ich sah die Spitze des 11 Kilometer langen Zuges auftauchen – rote und orangene und grüne Transparente, »Weg mit der Bombe!« etc., leuchtend und langsam schwankend. Absolute Stille. Ich brach in Tränen aus, als ich die gebräunten, staubbedeckten Marschierer mit dem Rucksack auf dem Rücken sah – Quäker und Katholiken, Afrikaner und Weiße, Algerier und Franzosen – 40 Prozent Londoner Hausfrauen. Ich war stolz, daß der Protest gegen den Wahnsinn der Welt-Vernichtung zum ersten wirklichen Erlebnis des Kindes werden sollte. Schon jetzt ist ein gewisser Prozentsatz Ungeborener durch radioaktiven Niederschlag dem Untergang geweiht und keiner kennt die kumulative Wirkung dessen, was heute Luft und Meer vergiftet.

Ich hoffe übrigens, daß weder Du noch Warren Nixon wählen werdet. Sein politisches Wirken, angefangen von seiner Kalifornien-Kampagne, ist fürchterlich – ein Macchiavelli schlimmster Sorte. Könntest Du herausfinden, ob es irgendeine Möglichkeit für mich zum Wählen gibt? Ich habe es nie getan und bedaure es, mich nicht auf irgendeine, und sei es auch noch so geringe Weise, am politischen Geschehen beteiligen zu können. Was hältst Du von Kennedy? Die Massaker von Sharpesville haben hier großes Mitleid und große Empörung hervorgerufen . . .

. . . Die Tage der letzten drei Wochen sind im Nu verflogen, und im Grunde habe ich, außer das Baby und uns zu ernähren und ein paar Briefe zu schreiben, nichts Richtiges zustandegebracht. Ich sehne mich so nach einem Haus hier in der Nähe des Parks und will von Dir wissen, was man tun muß, wenn man sich eins kaufen will. Ich möchte viele, viele Zimmer, damit wir mehr Kinder haben können; am liebsten hätte ich vier. Finanziell und räumlich eingeschränkt zu sein, hasse ich!

x x x Sivvy

26. APRIL 1960

HERZLICHEN GLÜCKWUNSCH ZUM GEBURTSTAG!!! HERZLICHEN
GLÜCKWUNSCH ZUM GEBURTSTAG!!!

Liebe Mutter, lieber Warren,

war das eine Freude, Sonntag Eure lieben Stimmen zu hören. Ted
brüllte »Viel Glück« ins Telefon, aber ich vermute, das war
nachdem Du getrennt worden warst. Ich bin immer traurig darüber, wie wenig man am Telefon sagen kann – die Hauptsache ist,
daß man die Stimme hört. Du klangst so nah. Ich hatte Rebecca
während des ganzen Gesprächs im Arm. Wärst Du doch da, um sie
zu bewundern! Für andere Leute ist sie bestimmt ein ganz gewöhn-
liches Baby, aber ich hätte nichts lieber, als daß die bewundernde
Großmutter und der Onkel Lobeshymnen auf ihre einzigartigen
und absolut herrlichen Eigenschaften singen! Falls sie was werden,
schicke ich die Schnappschüsse als verspätetes Geburtstagsge-
schenk . . . Ich weiß nicht, wie ich es aushalten soll, Dich erst im
nächsten Sommer wiederzusehen! Wenn ich Deine Stimme höre,
empfinde ich Deine Abwesenheit nur umso stärker; Du kommst
mir so nah vor, daß ich meine, Du müßtest gleich herkommen
können.

. . . Damit ich dann nicht nach Hause stürzen muß, werde ich als
Vorbereitung für unser Abendessen bei T. S. Eliot am 4. Mai den
Versuch machen, dem Baby an einem Abend in dieser Woche eine
Entlastungsflasche zu geben. Bloß wir, die Stephen Spender's und
die Eliot's! Die Faber-Cocktailparty hat großen Spaß gemacht.
Zum erstenmal seit langer Zeit hatte ich mich richtig fein gemacht.
Alle waren erstaunt, daß ich vor nur drei Wochen ein Kind
bekommen hatte. Ich lernte ein lebhaftes amerikanisches Mädchen
mit einem Zweijahres-Stipendium für Cambridge kennen, deren
Wege in Amerika oft die meinen gekreuzt hatten. Faber gibt ihren
ersten Roman heraus. Ich habe sie und ihren indischen Dichter-
freund zu einem Spaghetti-Essen Anfang Mai eingeladen. Machte
die Bekanntschaft eines alten Studienkollegen von Ted – heute
Produzent von pseudo-künstlerischen TV-Sendungen –, trank
Champagner, fühlte mich ganz großartig und war stolz auf Ted.

Bekam einen reizenden Brief von Edward Weeks von der *Atlantic* und habe schließlich dank meiner Hartnäckigkeit den Eisernen
Vorhang durchbrochen, der errichtet wurde, als Peter Davidson als

Lyrik-Berater an die Macht kam. Sie haben zwei angenommen – erfreulicherweise die beiden besten von dem Stoß, den ich hingeschickt hatte; das eine ist das erste aus meinem Band, ich habe es für das Baby geschrieben, als ich in Yaddo war. Ich bekomme $ 75 für jedes, was anständig ist. Wußte seltsamerweise, daß Peter hinter meinen Absagen steckte – er bildet sich ein, Dichter zu sein, wie Du weißt –, dachte mir aber, laß ihn nur erst zur Genüge Macht und Glorie demonstriert haben, dann wird er es sicher schwierig oder sinnlos finden, ewig meine guten Sachen abzulehnen, und so kam es denn auch . . .

Ted läßt Euch gleichfalls herzlich grüßen.

x x x Sivvy

5. MAI 1960

Liebe Mutter,

wie herrlich, daß Sappho Junge bekommt. Oh, ich wünschte mir, wir könnten irgendwie eines bekommen. Du mußt jedes einzelne genau beschreiben und ihr Geburtsdatum notieren. Wir sind ganz aufgeregt deshalb. Bin so stolz, daß Warren für nächstes Jahr ein Stipendium hat . . .

Gestern kamen die Fahnen meines Buches *The Colossus*, in einem Pappeinband. Wir sind ganz aus dem Häuschen. Der Band wird schön aussehen, 88 Seiten dick. Die Gedichte wirken so herrlich *endgültig*.

War Montag mit Peter und Jane Davidson auf Kosten der *Atlantic* in einem hervorragenden indischen Restaurant essen. Peter ist schlimmer denn je. Er war wütend (obwohl er versucht hat, es zu verbergen), daß ich meine Erzählungen und Gedichte direkt an Edward Weeks geschickt hatte, ohne mich zuerst an ihn zu wenden. Ich war der Meinung, daß er hinter meinen Absagen gesteckt hatte, da nicht eine meiner Arbeiten angenommen wurde, seit er da was zu sagen hatte, außerdem ist er sehr eifersüchtig, weil er sich inzwischen für einen echten Dichter hält. Offensichtlich hat sich sein Betätigungsfeld erweitert, er »bringt jetzt Schriftsteller herein«, aber ich war da, bevor er kam. Er brüstete sich auch in äußerst pueriler Weise mit seinem Werk. Sagte, er hätte Teds Geschichte in *Harper's* gelesen, »in der Ausgabe vor der Ausgabe mit einem Gedicht von mir«, und als wir ihnen mit dem Bus davonfuhren, schrie er verzweifelt hinter uns her, »Achtet auf die *Hudson Review;* da kommt ein langes Gedicht von mir«. Mitleid und Scham hielten mich davon ab, zurückzubrüllen, »Von mir bringt sie vier« ... Er kann's nicht ertragen, von unseren Arbeiten zu hören, deshalb erzählen wir ihm natürlich nichts.

Gestern abend bei Eliot's war es großartig. Wie durch ein Wunder war das Baby zur rechten Zeit gebadet und gestillt, ich gebadet und angezogen ... und der Babysitter über die Entlastungs-Flasche des Babys instruiert (es trinkt schön brav die ganzen 170 Gramm; als ich in dem Olivier-Stück war, hat Ted ihm versuchsweise die erste Flasche gegeben, um zu sehen, ob es funktioniert). Weil Stoßzeit war und es nicht leicht ist, dorthin zu kommen, nahmen wir ein Taxi. Ein schöner, grüner Maiabend. Fuhren durch Straßen, die ich nie gesehen hatte: Klein-Venedig, Häuser, die sich in einem stillen grünen Kanal spiegelten, Palace Gardens, Straßen mit großen, pastellfarbenen, stuckverzierten Häusern mit Garten, und die Straße selbst gesäumt von rosa und weiß blühenden Bäumen. Wir sahen ein ZU VERKAUFEN-Schild und gelobten, wir würden die symbolische Anstrengung machen, uns danach zu erkundigen. Seltsam, je mehr wir uns zum Ziel setzen, desto mehr Glück haben wir. Man wird ja wohl noch träumen dürfen: Ich sehe einen Rasen voller Babys und Abkömmlingen von Sappho – und einen Bücherschrank voller Bücher!

Die Eliot's leben in einem erstaunlich farblosen Backsteinhaus im Erdgeschoß – aber die Wohnung ist komfortabel und großzügig. Valerie, seine Frau aus Yorkshire, ist hübsch, blond und rosig. Er war wunderbar. Hat uns gleich die Befangenheit genommen. Wir redeten über Reiseerlebnisse in Amerika; tranken Sherry am Kohlenfeuer. Ich hatte das Gefühl, neben einem auf die Erde herabgestiegenen Gott zu sitzen; er hat solch einen Nimbus von Größe. Seine Frau zeigte mir im Schlafzimmer Photos, wo er als Baby und kleiner Junge drauf ist. Er war schön von Anfang an. Wundervoll ironisch und humorvoll.

Dann kamen die Spender's; er gutaussehend und weißhaarig, und sie ... hager, vibrierend, gesprächig, reizend. Ihr Name ist Natasha Litvin, sie ist Konzertpianistin. Das Gespräch war intimer Klatsch über Stravinsky, Auden, Virginia Woolf, D. H. Lawrence. Ich war fasziniert. Schwebte hinein zum Essen, saß zwischen Eliot und Spender, hingerissen, und verstand mich prächtig mit ihnen.

Beide haben natürlich dazu beigetragen, daß Ted sein Guggenheim bekommen hat und daß sein Buch veröffentlicht wurde.

Alles Liebe Dir, Warren, Sappho und den Embryos.

x x x Sivvy

11. MAI 1960

Liebe Mutter,

Ted fängt jetzt an, regelmäßig drüben in Merwin's Arbeitszimmer zu arbeiten, was für uns beide eine große Erleichterung ist. Es ist unmöglich für ihn, in dieser kleinen Wohnung zu schreiben, während ich saubermache und mich um das Baby kümmere, und wenn er weg ist, habe ich das Wohnzimmer und den Schreibtisch für mich und kann meine Arbeit erledigen ... Ich finde, daß ich zuallererst dafür zu sorgen habe, daß Ted Ruhe und Frieden hat. Dann bin ich glücklich und mache mir nichts draus, daß ich selbst erst ein paar Wochen später zum Schreiben komme ...

... Ted hat als Antwort auf seinen Dank für den Preis einen wirklich rührenden Brief von Somerset Maugham bekommen, der sich in seiner Riviera-Villa aufhält. Maugham schrieb, er sei »entzückt« über Teds Reaktion. Den Preis gibt es nun schon viele Jahre, und Ted ist erst »der dritte, der so freundlich ist, ihm zu schreiben!« Er möchte Ted gern kennenlernen, wenn er im Oktober nach London kommt. Wir waren sehr aufgeregt und gerührt darüber. Wie Maugham sagt, ist er ein alter Mann. Wie leicht unterschätzt man doch das Bedürfnis der Großen, Anerkennung zu finden. Ich hoffe, daß sich zwischen Ted und ihm eine ähnliche Freundschaft entwickelt wie zwischen Mrs. Prouty und mir.

Den vielleicht seit langem glücklichsten Abend haben wir Montag verbracht. Ich hatte Ann Davidow und ihren Verlobten, Leo Goodman, zum Abendessen eingeladen. Erinnerst Du Dich an Ann? Wäre sie nicht dort weggegangen, wäre sie meine liebste Freundin bei Smith geworden ... Wir knüpften da an, wo wir vor zehn Jahren aufgehört hatten. Sie hat an der Universität von Chicago ihren Abschluß gemacht und ihr erstes Kinderbuch: *Let's Draw* (sie ist in erster Linie Malerin) gerade bei Grosset & Dunlap untergebracht. Wie habe ich eine gute amerikanische Freundin vermißt! Leo war das reinste Wunder: hübsch, blond, blauäugig und jüdisch, ist mit einem Guggenheim in Cambridge, wird als

Gastprofessor nächstes Jahr mathematische Statistik an der Columbia lehren, sehr warmherzig – jene einzigartige Mischung aus intellektuellem und liebevoll-liebenswertem Juden. Er kam gerade von einem Besuch bei seiner Familie in Israel zurück und hatte faszinierende und ergreifende Geschichten zu erzählen. Er war mit einem Fulbright in Cambridge, als Ted dort war, aber sie haben sich nie kennengelernt. Seltsam, astrologisch gesehen *ist* Leo (sein zweiter Vorname bedeutet im Hebräischen auch *Löwe*) ein Löwe, genau wie Ted – ein sehr starkes und erfolgreiches Sternzeichen, und Ann, die am 26. Oktober Geburtstag hat, ist praktisch mein Skorpion-Zwilling. Wir verstehen uns alle wunderbar und wollen uns noch öfter sehen, bevor Ann wieder nach Amerika geht . . .

Wann ist Sappho für ihre Entbindung fällig? Ich hoffe, es geht bei ihr so mühelos wie bei mir . . .

Alles Liebe,
Sivvy

21. MAI 1960

Liebste Mutter,

. . . Ted hat diese Woche seine zweite BBC-Sendung gemacht, eine Aufzeichnung seiner Erzählung »The Rain Horse«, und die Sendung müßte eigentlich über $ 100 bringen, samt Wiederholungshonorar. Sehr angenehm. Er hat zur Zeit mehrere Projekte da laufen – zur Debatte steht ein Versdrama, sobald es fertig ist (im Moment schreibt er an einem anderen), ein Gedicht und eine Diskussion mit anderen Dichtern und Kritikern für Schüler der höheren Schule, dann ein langes Gedicht, etc. Die BBC ist die einzige Institution, die ausgezeichnet für Lyrik zahlt – an die $ 3 pro Minute für eine Lesung. Ich habe für meine Geschichte in der Zeitschrift *London* diesen Monat $ 70 herausgeholt, die ich bald überweisen werde. Meine Tätowierungsgeschichte soll in der Herbstnummer der *Sewanee Review* erscheinen.

Ich sehne mich danach, wieder schreiben zu können und glaube, daß ich jetzt, wo ich ein Baby habe, viel besser sein werde. Unser Leben scheint mit ihm auf eine wundervolle Weise breiter und tiefer geworden. Gestern hat Faber ein Kuvert geschickt, vollgestopft mit Besprechungen von Teds Buch, ausnahmslos hervorragend; in allen steht, wie viel besser dieses ist als das erste, wenngleich das auch gut war, etc. Ich schwelge in solchen Zeitungsausschnitten. Er arbeitet jetzt morgens und nachmittags in Merwin's Arbeitszimmer, und so langsam geht alles wieder seinen normalen Gang. Ich wühle mich gerade hervor unter dem Berg von Geburtsanzeigen, Dankesbriefen und Antworten auf Teds umfangreiche Korrespondenz seit dem Erscheinen seines Buches und dem Maugham-Preis ...

Ann Davidow und Leo Goodman nahmen uns vor einer Woche auf einen Eintagesausflug nach Stonehenge mit. Es war ein herrlicher Tag; wir fuhren durch schöne Landschaft, all die riesigen Kastanienbäume in Blüte und Goldregen und Rhododendron, die Straße überwölbend wie eine Laube. Das Baby war engelsgleich: Ich stillte es einmal unterwegs im Wagen und dann noch einmal, als ich in einem grasbedeckten Graben voller Butterblumen saß, den die Druiden zuvorkommenderweise gleich außerhalb des Kreises mit den gigantischen, ominösen aufrechten Steinen angelegt hatten ...

xxx Sivvy

11. JUNI 1960

Liebste Mutter, liebster Warren,

ich habe sicher ewiglang nicht geschrieben. Ich war recht erschöpft in der letzten Zeit und hole gerade den versäumten Schlaf wieder nach. Es ist jetzt 10 Uhr 30; meine Hausarbeit ist getan, und ich freue mich auf einen friedlichen Morgen zu Hause mit Lesen und Schreiben, da es draußen grau und regnerisch ist.

Letztes Wochenende kamen Teds Mutter und Tante Hilda auf einer Ferienreise per Bus nach London, sehr angenehm für uns, weil sie im Hotel wohnten und die meisten Mahlzeiten mit der Reisegruppe einnahmen. Sie kamen Samstag abend und Sonntag nachmittag zu uns – wir gingen zu Merwin's und setzten uns in den Garten – und blieben zum Abendessen. Ted und ich benutzten ihr Kommen als Anreiz, die Wohnung fertig herzurichten. Ich machte einen Frühjahrsputz, schrubbte alle Bücherborde und Schränke etc., und er strich den kleinen Flur und eine Küchenwand mit einem herrlichen Zinnoberrot, welches das Zinnoberrot auf der Küchentapete erst richtig hervorholte und auf mich als Farb-

Stimulans wirkt. Ich muß dauernd hinschauen, verschlinge es. Ich bin so abhängig von Farben und Materialien. Das Rot paßt vorzüglich zu dem schwarz-marmorierten Linoleum, den weißen Holzsachen und den dunkelgrünen Kordvorhängen.

Wir brauchen jetzt bloß noch unseren letzten Baskin aufzuhängen [*der Maler Leonard Baskin war ein guter Smith-Freund gewesen*] ... Ich bin sehr froh, daß Ted so eine Anziehungskraft für Maler besitzt, sie bewundern ihn; eine viel nettere Gesellschaft als Schriftsteller.

Wie gesagt, Ted kriegt in der letzten Zeit alle möglichen Anfragen. Eben kam eine aus einer Jungenschule in Canterbury, wo er nächsten Herbst eine Lesung halten soll (mit Honorar und Unterkunft). Ich hoffe, daß ich samt Pooker mitkommen kann, um diese schöne Stadt kennenzulernen. Seine Tiergedichte sind in der Tat wie geschaffen für eine Lesung vor jungen Leuten. Ted hat einen zehnseitigen, enggeschriebenen Kommentar verfaßt, in dem er Mrs. Prouty seine Gedichte erklärt, und ich habe ihn abgetippt und weggeschickt. Da sie so gern einen Zugang zu ihnen finden möchte, wollten wir ihr die nötige Hilfe geben.

Du wirst wahrscheinlich einen Brief von Teds Mutter über ihren Besuch bekommen. Ich sah, wie die gute Frau den Versuch machte, sich alles zu merken, was ich anhatte, und auch sonst alles, um's Dir zu berichten. Das Baby war im großen und ganzen sehr brav ...

Habe ich Dir schon erzählt, daß wir die Schwarz-Weiß-Federzeichnungen für sein [*Teds*] Kinderbuch gesehen haben? [*Meet My Folks?*] Sehr schön und witzig, für College-Leute wie Kinder gleichermaßen geeignet, glaube ich. Wir bekommen Belegexemplare in Mengen und werden sie mit Vergnügen an die Aldriches und unsere ganzen anderen Freunde verschenken: Ein richtiges Geschenkbuch. Ich kann's kaum erwarten, das fertige Buch zu sehen. Ted hat unter der heutigen Post eine sehr ermutigende Nachricht von Faber vorgefunden: Sein Buch verkauft sich so gleichbleibend gut (für einen Gedichtband), daß sie eine zweite Auflage davon drucken wollen! So bald! Wir sind begeistert.

Die herrliche Kiste mit den Babysachen ist heute morgen angekommen. Sie sind allerliebst. Ich habe sie ihr angehalten und sie hat ei zu ihnen gemacht. Ich habe das Gefühl, Du ziehst sie für Deine Ankunft im nächsten Sommer an ... Du ahnst ja nicht, wie wichtig

es für mich ist, ihr zum Teil amerikanische Sachen anziehen zu
können . . .

Grüße von uns allen,
Sivvy

24. JUNI 1960

Liebe Mutter,

. . . gestern abend gingen Ted und ich zu einer Cocktailparty bei
Faber & Faber, die für W. H. Auden gegeben wurde. Ich trank
Champagner mit der Begeisterung einer Hausfrau, die mal einen
Abend frei hat von dem Geruch saurer Milch und Windeln. Im
Verlauf der Party winkte mich Charles Monteith, einer der leiten-
den Herren bei Faber, in den Vorraum hinaus. Da stand Ted,
flankiert von T. S. Eliot, W. H. Auden, Louis MacNiece auf der
einen, und Stephen Spender auf der anderen Seite, und ließ sich
photographieren. »Drei Generationen von Faber-Dichtern«,
bemerkte Charles. »Herrlich!« Natürlich war ich immens stolz.
Ted schien sich unter den Großen ganz wie zu Hause zu fühlen.

Dann gingen wir zum Institut für Zeitgenössische Kunst und
lasen unsere Gedichte zusammen mit einem anderen Dichter (oder
vielmehr Nicht-Dichter; sehr dumm) vor einem Publikum von 25-
bis 30jährigen jungen Leuten.

. . . Wir möchten so gern wissen, welche Fortschritte Sappho's
Babys machen; sie bekommen offensichtlich dieselbe Pflege wie
unser eigenes.

. . . Nach einem Mitternachts-Zapfenstreich wie gestern nacht
und dem Aufstehen um 6 Uhr früh, um Frieda zu stillen (ja, wir
nennen sie jetzt so, und es scheint zu ihr zu passen; wir hatten
wirklich vor, sie nach Tante Frieda zu nennen; sie kann sich
Rebecca nennen, wenn sie eine romantische Phase hat), bin ich
mittags erschöpft. Ich bin in dieser Woche regelmäßig morgens
hinüber in das Arbeitszimmer gegangen, und Ted hat Frieda ihren
Morgenbrei gegeben, der vorhält, bis ich zurück bin.

Ich befinde mich in dem deprimierenden, qualvollen Zustand,
wo ich nach langem Schweigen versuche, wieder mit dem Schreiben anzufangen, dennoch erfüllen die Morgenstunden im Arbeitszimmer meine Seele mit Frieden, und ich bin unendlich glücklich,
daß wir eine Lösung gefunden haben, wie ich täglich zu einem

dicken Stück Freizeit, oder vielmehr, Zeit zum Arbeiten komme. Ted geht nachmittags. Er hat, im Hinblick auf einen dritten Band, drei oder vier sehr gute Gedichte geschrieben. Jetzt ist er bei einem Mann, der mit seltenen Büchern handelt und die Manuskripte seiner beiden Gedichtbände an die Universität von Indiana verkaufen wird; wie wir hoffen, für ein paar hundert Dollar. Natürlich sind sie später einmal mehr wert, aber bis dahin hat er neue Manuskripte, und wir können jetzt, wo wir so knausern müssen mit dem letzten Geld vom Guggenheim, das offiziell am 31. Mai zu Ende war, über die Summe verfügen.

Bin froh, daß Du das *New Yorker*-Gedicht mochtest. Voraussichtlich kommt diesen Sommer noch eins von mir, über Frauen in einem spanischen Fischerdorf. Jetzt muß ich noch ein paar neue schreiben, die ich ihnen verkaufen kann. Ted ist ein Wunder von einem verständnisvollen Mann – stark dahinter her, daß ich 3-4 Stunden pro Tag zum Schreiben und Studieren habe. Und er ist großartig mit dem Kind, das ihn abgöttisch liebt.

So, für heute mache ich Schluß und grüße Dich, Warren, Sappho und Nachwuchs herzlich.

Ganz Deine
Sivvy

30. JUNI 1960

Liebe Mutter,

. . . Etwas Seltsames ist mir heute widerfahren, was mich zugleich beglückt und deprimiert hat. Ich habe das Baby nach seiner Spritze in unserer Gegend spazierengefahren; zu kalt und windig war's, um weit zu gehen, und halb träumend ließ ich mich von meinen Füßen eine Straße hinabtragen, in der ich nie zuvor gewesen war. Ich kam eine andere Straße hoch, die ich selten, wenn überhaupt, einen Block weiter benutze, und sah ein Haus mit einem GRUNDBESITZ ZU VERKAUFEN-Schild, das gestrichen und tapeziert wurde. Heute sind »Grundbesitz-Häuser« (gehören einem ganz nach dem Kauf) eine Seltenheit in London – die meisten werden für 99 Jahre von einer Agentur verpachtet, die Eigentümer bleibt . . . In unserem Viertel, das wirklich ziemlich vergammelt ist, hat man die große Chance, ein Haus zu bekommen, das schon in ein paar Jahren im Wert gestiegen sein wird, da es gerade schmuck hergerichtet wird.

Ich war dermaßen aufgeregt wegen dieses Hauses in der Fitzroy Road Nr. 41, *der Straße, in der Yeats wohnte,* und an deren einem Ende man das Grün vom Primrose Hill sieht, daß ich mit dem Kinderwagen nach Hause rannte und Ted in seinem Arbeitszimmer anrief. Er kam, um es sich anzuschauen. Ich denke in der letzten Zeit recht viel an die Zukunft, und dieses Haus hatte genau die richtige Anzahl von Zimmern, war schmal gebaut wie die meisten Häuser hier, stand am Ende einer zusammenhängenden Reihe (sehr günstig, ruhig auf der einen Seite), und statt mit der Rückseite an eine andere Reihe zu grenzen, gab es nach hinten den Blick frei auf bezaubernde Stallungen, bloß ein Stockwerk hoch, so daß Licht hereinströmte.

... Natürlich hatte ich Visionen von einem Arbeitszimmer im Dachgeschoß für Ted, einem Arbeitszimmer für mich, einem Schlafzimmer für uns, einem Kinderzimmer für das Baby und einem Zimmer für Gäste (Dich) für jetzt und das nächste Baby (die Babys). Dazu der reizende Garten zum Wäsche aufhängen und Laufställchen aufstellen (es ist ein Garten mit Mauer). So ein Haus, hinter der eleganten Regent's Park Road, doch zu einem Viertel gehörend, das bis jetzt noch nicht neu hergerichtet ist, an einer Ecke, mit einer so wunderbaren Aussicht, das ist einfach *die* Sache. Ich glaube, wenn unser Drei-Jahres-Mietvertrag hier abgelaufen ist (wir könnten diese Wohnung leicht weitervermieten), dann habe ich einfach keine Lust mehr, wieder in gemietete Räume zu ziehen. Und Ted braucht ein Arbeitszimmer, und das Baby wird auch ein Zimmer brauchen ... Das Haus kostet 9250 Pfund (in Dollar multipliziert mal $ 2.80).

... Ted zögert natürlich viel mehr als ich, sich festzulegen. Ich will auf keinen Fall die $ 5000 anrühren, die wir auf unserer Bank haben [*das Geld, das sie sich durchs Schreiben verdient hatten*] und will auch nicht Teds Arbeit gefährden, in der er gerade voll drinsteckt. Einer von uns wird wahrscheinlich auf jeden Fall in diesem Herbst einen Job annehmen müssen, da wir mit dem Guggenheim mit Müh und Not noch bis zum 1. September reichen. Ach, es reizt mich so, irgendwie in den Besitz dieses Hauses zu kommen. London ist die einzige Stadt Europas, in der wir beide leicht Arbeit kriegen und billig leben könnten. Ich denke selbst an Arbeit, wenn Ted nur das Baby mittags füttern würde, dann könnte er schreiben (zu diesem Punkt werde ich mich in einem zweiten Brief ausführlich äußern . . .) und uns etwas verdienen. Hast Du übrigens diesbezüglich irgendwelche Ideen oder Vorschläge? Was mir so fehlt, ist ein Mensch, der Erfahrung in diesen Dingen hat und mit dem ich über alles reden kann.

xxx Sivvy

Hier ist die zweite Folge meines Luftpostbriefes und der Überweisungsantrag für $ 1000 von unseren Wellesley-Ersparnissen . . . Wie auch immer, irgendwer wird uns sicher das Haus vor der Nase wegschnappen. Aber in ein oder zwei Jahren werden wir ernsthaft daran denken müssen, uns ein Haus zu kaufen. Was die Sache noch komplizierter macht, ist, daß Ted (das ist ein Geheimnis; laß bitte weder ihn noch sonstwen wissen, daß ich das erwähnt habe) ein echtes Interesse bekundet hat, hier in London an der Universität als Externer seinen Doktor in Zoologie zu machen. Das wäre natürlich in jedem Fall sehr schwierig, besonders dann, wenn wir immer noch für die Miete bluten müßten, die an die Hausbesitzer geht. Ich wünschte so, ich sähe eine Möglichkeit für ihn, das zu verwirklichen. Anders als die piekfeine literarische White-collar-Arbeit oder der Englischunterricht, der ihn unglücklich machen würde, wäre das ein Beruf, den er mit ganzem Herzen ausüben könnte. Nenne das Den Plan, wenn Du mir darüber schreibst . . .

Also erzähl mir, was Du von dem ganzen Gefasel hältst . . .

Grüße,
Sivvy

PS Ted hat 160 Pfund (etwa $ 450) für seine Manuskripte angeboten bekommen . . .

9. JULI 1960

Liebe Mutter,

Dein Brief mit den netten Kommentaren zu Friedas Bildern hat mich sehr gefreut. Ich hoffe, daß Dich der Zeitungsausschnitt mit dem Photo von Ted, umrahmt von Den Großen, ebenfalls amüsiert. Er hat diese Woche definitiv gehört, daß die Universität von Indiana die Manuskripte seiner ersten beiden Bücher kaufen wird, was erfreulich ist. Es kamen sogar noch bessere Nachrichten diese Woche: Das BBC-Dritte Programm hat sein zweites Vers-Drama,

401

»The House of Aries«, angenommen und will es kommenden Herbst produzieren. Ted hat das Stück in den drei Monaten nach Friedas Geburt geschrieben – erstaunlich, wenn man das Durcheinander und die Erschöpfung in dieser ersten Zeit bedenkt. Es ist ein herrlich komisches, ergreifendes und ernstes Stück, voll der großartigsten sprechbaren Lyrik, das davon handelt, wie eine Revolution über ein verschlafenes kleines Dorf hereinbricht. Es spielt in dem Haus des ans Bett gefesselten Bürgermeisters. Es ist relativ kurz, etwa 70 Schreibmaschinenseiten mit weitem Zeilenabstand, und wird, mit einer kleinen Kürzung, wohl eine Stunde im Radio dauern. Wir sind ganz begeistert, daß er sein Versdrama so schnell bei einem Sender untergebracht hat. Sein erstes Stück, »The House of Taurus«, hat er weggeworfen – es war wirklich nur ein roher, ziemlich unpoetischer Entwurf, oder besser gesagt, Neu-Entwurf über ein Thema aus den *Bacchien*, mit einer antiquierten sozialen Botschaft.

Interessanterweise kam der Brief, in dem Du über Deinen Traum von Teds Chruschtschow-Satire berichtest, direkt vor der BBC-Zusage, und eine der Hauptpersonen in diesem Stück ist der revolutionäre Anführer, eine sehr genau analysierte militärische Figur. Demnach bist Du prophetisch! Ich hoffe, sein nächstes Stück kommt auf die Bühne . . .

Die BBC hat sich auch ein paar Gedichte von mir für eine Neue Lyrik-Sendung kommen lassen; ich finde das sehr nett und hoffe, daß sie etwas nehmen . . . Das Dritte Programm ist ein wahrer Segen, sie zahlen phantastisch, etwa $ 3 pro Minute für Lyrik.

. . . Leo Goodman, Ann Davidow's Genie, hat uns gedrängt, *Roots* anzuschauen, den mittleren Teil einer Arbeiterklassen-Trilogie, geschrieben von einem der allerneuesten jungen englischen Dramatiker. Sehr realistisch, das geht so weit, daß echtes Eis gegessen und Kartoffelwasser von den Kartoffeln abgegossen wird. Ein wieviel amüsanteres Stück hätte Ted doch schreiben können, dachte ich immer wieder.

Eliot hat angeboten, alle Stücke in Versen, die Ted schreibt, zu lesen und zu diskutieren, was äußerst entgegenkommend von ihm ist. Mein einziges Ziel ist es, Ted zu ermöglichen, daß er nur noch schreibt. Wenn ich bedenke, wie leicht ihn sein Onkel unterstützen könnte, bis er selber Geld macht, dann sehe ich rot . . .

xxx Sivvy

16. AUGUST 1960

Liebe Mutter,

mir ist, als hätte ich Dir ewig nicht geschrieben, also hab ich's wahrscheinlich nicht. Ted ist heute nachmittag mit seinem Freund, Danny Huws unterwegs, um nach ein paar stabilen Holzstühlen für uns in den Antiquitäten- und Trödelläden in der Portobello-Road zu suchen, und Frieda, die ihr Mittagsbreichen bekommen hat, liegt lallend im Bett, zum Nachmittagsschlummer bereit . . . Ich habe kleine Überraschungen für Teds morgigen Geburtstag vorbereitet. Eine Hähnchenpastete von Fortnum und Mason, teuer, aber von ihm geliebt, eine Flasche Weißwein; ein Photoalbum, in das ich all unsere gelungenen Photos eingeklebt und beschriftet habe, als Anregung, noch weitere zu machen, einen Topf Ahornsirup und ein Original(!)-Gemälde in leuchtenden Farben und Tusche, mit einem Aztekenkönig drauf, gemalt von dem Besitzer unserer hiesigen Kunstgalerie und, wie ich glaube, von seiner Frau aus Freundlichkeit für mich im Preis herabgesetzt – letzteres das Hauptgeschenk. Wenn es schön ist, möchte ich gern mit ihm und Frieda in Hampstead Heath oder einfach nur Primrose Hill ein Picknick machen . . .

Ich denke, Freitag werden wir schleunigst nach Yorkshire aufbrechen. Ted hat ein bißchen Heimweh nach dem Moor, und ich glaube, eine Ortsveränderung könnte uns beiden guttun. Mit etwas Glück und einem Schnellzug dürfte die Reise nicht länger als einen halben Tag dauern. Nächsten Mittwoch kommen wir wieder, denn Donnerstag hat Frieda ihre Pockenimpfung . . .

. . . Am letzten Samstag hatte uns einer der Herausgeber vom *Texas Quarterly* mit noch ein paar Leuten in seiner Mietwohnung zum Mittagessen eingeladen. Er ist Professor und ein reizender, seltsamer Mann. Zusätzlich zu den Gedichten im Wert von $ 100 von uns beiden, die er genommen hat, will er eine von Teds Geschichten kaufen . . . ebenfalls für $ 100. Er forderte uns auf, Frieda mitzubringen, und sie war sehr brav und schlief die ganze Zeit. Am Abend führte uns ein Freund von Teds Schwester, ein junger ungarischer Dichter und Dramatiker, in ein gutes ungarisches Restaurant zum Essen aus. Gestern abend ging ich allein aus, um die Kosten für den Babysitter zu sparen und sah mir Laurence Olivier in dem Film »Der Entertainer« an. Eine ungewöhnliche Rolle für ihn, sehr unheldisch.

Warren war so nett, uns am Tag der Veröffentlichung von Teds Buch zu schreiben. Komisch, wie er seine Dates anhand der Körpergröße beschreibt! Ich habe eine Art Kurve ihrer Größen im Kopf und sonst nichts ... Während Du Dein Zweiter-Weltkrieg-Buch über Auschwitz gelesen hast, habe ich Alan Moorehead's *Gallipoli* beendet: ungeheuer faszinierend und erschreckend. Man bekommt eine Ahnung von der fürchterlichen Dummheit der Generäle (die allesamt auf Inseln und Booten in Sicherheit saßen, ohne jede Verbindung mit den Soldaten) und der kriminellen Fahrlässigkeit der Politiker in diesem Riesenfiasko des Ersten Weltkrieges. Teds Vater hat auf Gallipoli gekämpft, ein Tagebuch in seiner Brusttasche ließ eine Kugel abprallen. Ich war deshalb unermeßlich glücklich, als ich von den ungeheuren, sinnlosen Gemetzeln las, daß er überlebt hat und Vater des einzig mir vorstellbaren Ehemannes geworden ist.

Ich versuche gerade, mir einen festen Plan für die Hausarbeit zu machen – Wäsche und Markt am Montag, Bügeln Dienstag etc., um den sonst chaotischen Tagen entgegenzuwirken. Man kommt zu leicht in die Versuchung, alles hinauszuschieben, wenn man nur seinen Neigungen folgt. Ich bringe recht viel Zeit für Lektüre auf – bin gerade fertig mit der Übersetzung des Sartre-Stücks *Der Teufel und der liebe Gott* – hatte aber nicht die Kraft, etwas anderes zu schreiben als Tagebuch und einige leichte Gedichte, von denen der *New Yorker* wohl zwei nehmen wird. Mein Gedichte-Manuskript müßte eigentlich jetzt vom Yale-Wettbewerb, den ich dieses Jahr nicht gewonnen habe, an Dich zurückgehen; der Redakteur liebt witzige, leichte Verse und ich vermute, meine sind zu ernst für seinen Geschmack. Behalte das Manuskript und benutze es als Schmierpapier. Ich bin betrübt, daß in Amerika anscheinend kein Verleger mein Buch haben will, denn ich bin überzeugt, daß es besser ist als die meisten Erstlinge, bin jedoch froh, daß es hier erscheint ...

Grüße an alle,
Sivvy

HEBDEN BRIDGE
YORKSHIRE, ENGLAND
27. AUGUST 1960

Liebe Mutter,

Ted und ich sind jetzt eine Woche hier oben in Yorkshire und ich spüre langsam wieder jene tiefe, friedvolle Kraft, die kommt, wenn man sich vollkommen entspannt und den verlorenen Schlaf von Monaten nachgeholt hat. Wir haben einfach nur gegessen, geschlafen und lange Wanderungen gemacht. Ich glaube, Dir würde es hier sehr gefallen – die einzigartige Verbindung von atemberaubender Landschaft, stärkender Luft und *keinen* Touristen.

Teds Kusine Vicky fuhr mit uns für einen Tag und eine Nacht nach Whitby, einem englischen Seebad. Wir nahmen das Baby mit, mit dem man sehr gut reisen kann . . . Englische Seebäder haben etwas deprimierend Schmutziges. Das Wetter ist kaum wirklich schön, weshalb die meisten Leute in Wollsachen und Mänteln und farbigen Plastik-Regenmänteln rumlaufen. Der Sand ist schlammig und dreckig. Die Arbeiterklasse ist auch dreckig, läßt überall Bonbonpapiere, Kaugummis und Zigarettenpackungen liegen.

Meine liebste Küste auf der Welt ist Nauset, und mein Herz sehnt sich nach ihr. Ich weiß nicht, aber der Strand von Neuengland hat so was *Sauberes*, mag er auch noch so überfüllt sein.

. . . Teds Onkel Walter, der so skurril ist, hat ihm aus unerfindlichem Grund – vielleicht, weil er es heimlich bewundert, daß Ted eisern an seiner gewählten Lebensform festhält – eines Abends, als wir im hiesigen Wirtshaus mit ihm und Teds Vater Pfeilwerfen spielten, etwa $ 150 in die Tasche gestopft, so daß wir die finanzielle Belastung eines Urlaubs, der unser bescheidenes monatliches Budget aufgefressen hätte, gar nicht zu spüren bekamen.

Teds Mutter hat einen wunderschönen kleinen Garten hier oben – Margueriten, Rosen, Mohnblumen, die glänzend überleben an der windgeschützten Stelle einer schwarzen Steinmauer. Ich bin lieber in dieser Landschaft, dieser Luft, als am Meer. Hätten wir doch bloß ein eigenes Haus . . . an einem ähnlich einsamen Fleck, dann könnten wir immens viel leisten. Während die meisten Leute an Ideenmangel leiden, wie Ted sagt, leidet er darunter, daß er so viele hat, aber keinen wirklich festen, ruhigen Platz, um sie zu Papier zu bringen. Wir werden die Dame in der Mansarde über uns fragen, ob er dort arbeiten kann, solange sie im Büro ist . . .

... Ich lechze förmlich nach einem eigenen Arbeitszimmer außer Hörweite des Kinderzimmers, wo ich ein paar Stunden am Tag mit meinen Gedanken allein sein kann. Ich bin fest davon überzeugt, daß ich einige gute Geschichten schreiben könnte, wenn ich einen gewissen Zeitraum zur Verfügung hätte, in dem ich ungestört bin ...

... Viele liebe Grüße an Dich, Warren und Sappho ...

x x x Sivvy

CHALCOT SQUARE
LONDON, ENGLAND
31. AUGUST 1960

Liebe Mutter,

... Ted hat die nette, unkonventionelle Mrs. Morton, die als Französisch-Dolmetscherin bei der Telefonvermittlung arbeitet, gefragt, ob er ihr Zimmer oben zum Schreiben benutzen kann, während sie weg ist. Sie war einverstanden und er ist jetzt da oben. Wir werden ihr ab und an mal eine Flasche Sherry dalassen als Zeichen unserer Dankbarkeit ... Er braucht bloß runterzusausen, wenn ich ihn zum Mittagessen rufe. Das war die Rettung. Er meint, es sei viel ruhiger und friedlicher, keine ablenkenden Bücher und albernen Friseusen-Untermieterinnen mehr, wie bei Merwin's. Sie geht um 7 Uhr 30 aus dem Haus und kommt um 5 Uhr 30 wieder, er hat also einen vollen Tag.

Du müßtest mal die Post sehen, die er bekommt! Italienische Übersetzer, die über den British Council mit ihm in Kontakt kommen wollen, amerikanische Herausgeber, die hier sind und ihn kennenlernen wollen, Zeitschriften und Zeitungen, die ganz wild sind nach seinen Gedichten und Erzählungen. Er hat seine fünf oder sechs neuen Gedichte bereits mehrmals verkauft. Er möchte jetzt an einem Dreiakter arbeiten. Er hat eine Rede aus seinem BBC-Stück wundervoll am Radio gelesen; ich kann es kaum erwarten, es diesen Herbst da aufgeführt zu hören. Es gibt einen phantastischen Markt für Stücke in London – alles jüngere Autoren.

Alles, was er braucht, ist ein wirklich gutes, erfolgreiches Stück, das reicht für einen guten Start. Was wir uns jetzt wünschen, ist, ein Auto kaufen, eine Art Kombiwagen, durch Cornwall und Devon fahren, ein weiträumiges Landhaus mit etwas Land erwerben und uns niederlassen, um zu schreiben und eine Familie zu gründen. Sobald er ein erfolgreiches Stück geschrieben hat, könnten wir uns das leisten; und dann noch ein Haus in London-Hampstead kaufen, mit Blick über die Heide, falls wir jemals wirklich reich werden. Ich bin sicher, auf dem Lande, wo wir Ruhe haben, könnten wir eine Menge leisten – ein Haus in London ist für uns im Moment einfach unerschwinglich. Das Ideale wäre, wir würden eines ganz kaufen, jedenfalls soweit das möglich ist, um Miete und Steuern zu sparen. Immerhin haben wir, seit wir in London sind, umgerechnet $ 1250 verdient, was nicht schlecht ist, nicht mitgerechnet das, was wir Dir in Dollar geschickt haben, von dem wir so tun, als existiere es nicht . . .

. . . *Ich* wünschte, Du würdest an Deinen Nachmittagen halb soviel Zeit darauf verwenden, mit Gefühl an Geschichten für Frauenzeitschriften herumzubasteln. Denk Dir eine Handlung aus, stell sie Dir in mehreren Szenen vor, mit einer Person, die durch die Ereignisse verändert wird und etwas übers Leben herausfindet und Probleme löst. Ich redigiere alles, was Du schreibst, wenn Du meinst, daß es Dir hilft. Ich wette, wenn Du Dir einreden würdest, daß Du auf *diese* Weise Geld verdienen mußt, dann würdest Du zwei oder drei Sachen im Jahr produzieren. Warum versuchst Du's nicht? . . . Fang an mit dem, was Du kennst, den Geschichten Deiner Freunde, und schneide sie in objektiver Weise so zurecht, daß sie Anfang, Mitte und Ende haben – und nicht einfach die lange Spanne des Lebens imitieren. Du könntest es schaffen; und ich wette, sobald Du angefangen hast, macht es Dir Spaß. Vielleicht solltest Du zu Anfang jemanden nehmen, der Dir ähnelt, bloß mit kleinen Kindern . . . eine Frau, deren Job bedroht ist – und dann das Problem durch eine andere Figur lösen. Nenn die Geschichte *Das Fragezeichen*. Was hältst Du davon? Benutze die alte Maxime, die Du mich gelehrt hast: »Schaff deinen Helden/ Heldin auf einen Baum; schmeiße Steine auf ihn/sie, dann laß ihn sich selbst befreien.« Menschen »identifizieren« sich mit Menschen in Not, mit Menschen, die mit Problemen ringen! Nur ran, Mami!

x x x Sivvy

MITTWOCH
28. SEPTEMBER 1960

Liebe Mutter,

... kennst Du jemanden, der an seinem Radio die BBC empfangen kann? Es wäre so schön für Dich, wenn Du die Sendung hören könntest. In Yorkshire saßen wir im Kreise aller Verwandten beim Tee, stellten ein und hörten Ted zwei seiner Gedichte lesen, eines davon eine Rede aus dem Stück, was wunderbar war. Er schreibt zur Zeit für *The Nation* einen Artikel über die Dramen-Trilogie von Arnold Wesker, die uns hier im Sommer so gefallen hat, und stöhnt auch darüber. Ursprünglich wollte er den Artikel ablehnen, weil er in seiner großen Bescheidenheit dachte, er wisse nicht genug über das amerikanische Theater der 30er Jahre und die Stücke von Clifford Odets (desgleichen über Juden und Kommunisten); als mir das klar wurde, überredete ich ihn ganz vorsichtig, sich ein oder zwei Tage Zeit zu nehmen, um Odets im British Museum zu lesen und sagte ihm, daß seine eigenen instinktiven Reaktionen besser seien, als die meisten verworrenen Abhandlungen, die ich gelesen hatte. Außerdem kaufte ich Penguin Paperback-Ausgaben von den beiden Stücken, die veröffentlicht sind.

Für gewöhnlich überlasse ich die letzte Entscheidung in diesen Dingen seinem Urteil, aber hier hatte ich das Gefühl, es würde ihn glücklich machen, einen Artikel geschrieben zu haben, der so ganz nach seinem Geschmack ist. Wesker ist genau mein Alter, und sein Stück *Roots*, das mittlere der Trilogie, handelt von Norfolk-Bauern und steckt voller guter Einfälle. Es kommt dieses Jahr nach Amerika, schau's Dir also an, wenn es nach Boston kommt. Obwohl *The Nation* sehr wenig zahlt, schätzen wir beide diese Zeitschrift sehr ...

Ted quält sich jetzt mit diesen Sachen ab, um klar Schiff zu machen für sein eigenes Stück »The Calm«, das herrlich aufregend klingt, sehr geglückt. Ein einziger Erfolg könnte uns ein Haus einbringen! Es ist riskant und man muß daran glauben, aber Ted hat allen Grund, anzunehmen, daß er es schafft. Als Charles Monteith, der bei Faber ist, letzte Woche mit Ted und Thom Gunn zu Mittag aß, sagte er, »Tom Eliot ist hingerissen von den Zeichnungen und Gedichten in *Meet My Folks*«! Wäre das Buch nur endlich heraus; es ist für Frühjahr 1961 geplant, nahezu rechtzeitig für Friedas ersten Geburtstag ...

London ist unerschöpflich. Obwohl ich liebend gern ein Haus in Cornwall hätte, müßte ich es so einrichten können, daß wir die eine Hälfte des Jahres in London leben und die andere auf dem Land ... Nun ja. Ich bin viel mehr Stadtmensch als Ted ...

Wenn ich wirklich italienisch kann (ich werde nach diesem Kurs noch einen belegen, bis zu dem Tag, wo wir ins Ausland gehen), dann möchte ich Umgangsdeutsch lernen und unseren nächsten Urlaub in Österreich verbringen – vielleicht auch das Gasthaus besuchen, von dem Du gesprochen hast. Was ich jetzt anstrebe, ist, drei europäische Sprachen wirklich zu beherrschen – eine einzigartige Chance, so nah an Europa zu leben. Ich habe mir immer gewünscht, mehrere Sprachen sprechen und lesen zu können, und da diese Berlitz-Kurse so annehmbar sind [*im Preis*], wird mir das gelingen.

Oh, ich hätte SCHRECKLICH GERNE ein Abonnement auf den *New Yorker*. Witzigerweise träumte ich gestern nacht, bevor Dein Brief kam, daß ich eines bekomme. Alles Liebe für Dich, Warren und die gute Sappho.

x x x Sivvy

SAMSTAGMORGEN
8. OKTOBER 1960

Liebste Mutter,

... Ted will diese Woche ein billiges Radio kaufen. Seine Geschichte »The Rain Horse« wird nächste Woche noch einmal von der BBC gesendet, seine Übersetzung eines Abschnittes aus der *Odyssee* kommt innerhalb einer Reihe von zwölf Übersetzungen von verschiedenen Leuten, und im November und Dezember bringen sie sein Stück, das ich gerade in der endgültigen Fassung fertig abgetippt habe. Ich möchte natürlich keine dieser Sendungen verpassen. Außerdem gibt es im Dritten Programm vieles, was ich mir anhören will – unter anderem auch Theaterstücke auf Französisch.

Ich habe ein neues und aufregendes Hobby. Du wirst lachen ... Ich bin in die Stadt gegangen und habe mir dreimal 2 Meter Stoff gekauft – einen leuchtend roten Viyella (für $ 1.50 der Meter), ein leuchtend blaues Leinen, und einen weichen wedgewood-blauen Flanell mit stilisierten weißen Blümchen drauf (beide etwa 50 Cents der Meter). Dazu habe ich mir Schnittmuster für ein Kleid und ein Nachthemd (*Simplicity*) besorgt. Gestern habe ich dann

das kleine Nachthemd, passend für ein Einjähriges, ganz zugeschnitten und geheftet. Es ist hinreißend ... Ich steckte das kleine
Nachthemd zusammen, um zu sehen, wie es wird, und sieh da, es
ist ein märchenhaftes kleines Etwas ... Der nächste Kauf, auf den
ich sparen will, ist eine Nähmaschine! Ich wüßte nicht, wann mir
zuletzt etwas so viel Vergnügen gemacht hat wie das Zusammennä-
hen von Friedas Flanellnachthemd – die Teile sind so winzig, sie
sind im Handumdrehen gemacht. Wenn ich jetzt viel übe, kann ich
vielleicht fast alle Kleider für sie machen, wenn sie zur Schule geht.
Die Londoner Geschäfte sind voll der herrlichsten Stoffe ...

Ted und ich haben uns vorgenommen, einen Webstuhl, einen
Brennofen und eine Druckerpresse zu kaufen, wenn wir reich sind
und ein Handwerk anfangen (bei dem das Material teuer ist) und
später unsere Kinder darin zu unterweisen. Wir finden, daß nichts
auf der Welt so zufrieden macht wie ein Handwerk. Ich bin
schrecklich stolz, daß ich Kleider für Klein-Frieda nähen kann ...

Übrigens hat das Poet's Theater in Cambridge [*Massachusetts*]
geschrieben, daß sie vorhaben, Teds Stück in diesem Monat zu
»geben«. Wir wissen nicht, ob das bloß eine Lesung bedeutet oder
eine Aufführung, und haben ihnen per Luftpost die überarbeitete
Fassung geschickt. Könntest Du – indem Du Dich bloß als Interes-
sentin ausgibst – dort anrufen oder Dir einen Spielplan schicken
lassen und herausfinden, ob es aufgeführt wird, und dann hingehen
und uns darüber berichten? Wir hätten gern, daß ein geheimes,
unerkanntes Auge beobachtet, auf welche Weise sie es verhunzen,
da wir nicht selbst dort sein können, um das zu kontrollieren ...
Grüße von uns allen; halte Dir die Bakterien vom Leib!

Sivvy

MITTWOCH
26. OKTOBER 1960

Liebe Mutter,

ich habe gestern mit der normalen Post ein schweres Paket mit
zwei Büchern abgeschickt – eins für Dich und eins für Warren. Ich
hätte sie lieber per Luftpost geschickt, aber das war, selbst als
Drucksache, unerschwinglich, da die Bücher dick sind und recht
viel wiegen. Ich bin gerührt, daß mein Verleger sie in meiner
Geburtstagswoche herausgebracht hat, nachdem ich ihm erzählt

hatte, wie abergläubisch ich bin. Hoffentlich regen Dich die beiden Druckfehler am Ende nicht so auf wie mich! Ich habe sie in Deinen Büchern korrigiert und bin bestürzt, daß sie nach mehrmaligem Korrekturlesen durch meine Schuld dringeblieben sind, aber Ted hat mich ihretwegen schon beruhigt und Du beruhige Dich bitte auch. Ich bin entzückt über die Farbe des Einbandes – das tiefgrüne Rechteck, der weiße Schutzumschlag und die schwarz-weiße Schrift und die Art und Weise, in der der grüne Einband innen mit den goldenen Lettern harmoniert. Es ist ein hübsch dickes Buch, das einen ³/₄ Zoll auf dem Bord einnimmt, und ich finde, sie haben es schön gemacht . . .

. . . Es ist geplant, daß ich zur British Broadcasting Company gehe und zwei neue Gedichte (nach dem Buch) von mir aufnehme, die sie schließlich genommen haben, nachdem sie zwei Gruppen aus meinem Band abgelehnt hatten. Ich bin sehr glücklich darüber. Ein Gedicht ist ein Monolog aus der Sicht eines Mannes über die Blumen oben im Zimmer der Dame (wo er nicht mehr arbeitet – ihre Besucher sind etwas, was sie geheimhalten möchte . . .) Das andere Gedicht handelt von Kerzen und Erinnerungen an Grammy und Grampy in Österreich, gedichtet während ich Frieda stillte, bei Kerzenlicht um 2 Uhr nachts. Ich habe es sehr gern.

Gestern abend gingen Ted und ich mit einem Maler zu Stephen Spender zum Abendessen; es waren da der Dichter Louis MacNiece und eine seiner Freundinnen, die Romanschriftstellerin Rosamond Lehmann, alternd, mit violett-weißen Haaren (eine aus der berühmten Lehmann-Familie – ihr Bruder John ist Herausgeber der Zeitschrift *London* und ihre Schwester Beatrix Schauspielerin). Ihre Gespräche sind faszinierend – alles über Virginia Woolf, was Hugh Gaitskell am Morgen zu Stephen am Picadilly gesagt hatte, warum Wystan (W. H. Auden) dieses oder jenes Buch liebt, wie Lloyd George das Herz von Spender's Vater brach, und dergleichen mehr. Rosamond Lehmann hat ihre Kindheit in einem Haus verbracht, in dem Leute wie Browning und Schumann zu Gast waren – oder zumindest die Erinnerung an ihre Besuche noch lebendig war – diese ganze alte Welt umhüllt sie wie eine Vision . . .

Was Ted dieses Jahr durch die BBC verdient hat, entspricht einem Gehalt – wir haben hier etwa $ 1600, aus unseren englischen Veröffentlichungen, auf der Bank, zudem hat Ted die phantastische Möglichkeit, Sendungen für Schulkinder zu schreiben, die in ganz England ausgestrahlt werden, was ihm das Aufsatzkorrigieren und die persönliche Belastung durch den eigentlichen Klassenunterricht erspart . . . Grüße an Dich und Warrie von Ted, Frieda und mir.

Die Namen für unsere nächsten drei Kinder sind übrigens Megan (für ein Mädchen), Nicholas und Jakob. Wie gefallen sie Dir?

x x x Sivvy

28. OKTOBER 1960

Liebe Mutter,

ich glaube, dieser Geburtstag war der schönste von allen. Als ich gestern morgen aufwachte, lag ich umgeben von lauter interessanten, knubbeligen, braunen Paketen, auch ein deutscher Napfkuchen mit einer brennenden Kerze in der Mitte war da, und Frieda saß an meiner Seite, gestützt von Ted, der die Post und eine Tafel von meiner deutschen Lieblingsschokolade in der Hand hielt. Ted hatte sich wirklich selbst übertroffen; ich bekam neue, dringend gebrauchte rote Plüschpantoffeln, gefüttert mit weißer flauschiger Wolle, *zwei* Paar Gummiüberschuhe, ein Paar für hohe Absätze, weil Ted wollte, daß ich etwas für dieses regnerische Londoner Wetter habe, das ich mühelos mit mir herumtragen kann, eine Fortnum & Mason-Hähnchenpastete (unser Standardpräsent für spezielle Gelegenheiten), eine Flasche Champagner rosé, die Tolkien-Trilogie *Lord of the Rings* (so etwas wie eine Weiterführung unseres geliebten Hobbit für Erwachsene) . . . und drei Scheiben herrlichen, ausgefallenen Käse für uns zum Probieren: einen reifen, schon laufenden Brie, einen köstlich schimmeligen blauen Stilton, und einen fetten, runden Wensleydale in einem speziellen Leinensäckchen. Ich habe mich schrecklich gefreut über die Karten und Briefe von Dir und Warren. Ich betrachte die Ladung Pyjamas für Frieda als mein Geschenk von Dir – ich möchte soviel lieber etwas für sie . . .

. . . Dienstag abend gehen wir zu der alljährlichen Guinness-Preis-Champagnerparty (der Preis, den Ted bekam, als er in Amerika war), wo es sicher hoch hergehen wird. Hoffe, Du bekommst mein Buch in gutem Zustand. Schreib mir, was Du davon hältst. Alles Liebe für Dich und Warren.

Sivvy

SAMSTAG, 19. NOVEMBER 1960

Liebe Mutter, lieber Warren,

ich habe das Gefühl, daß ich ewig nicht geschrieben habe, was vermutlich stimmt. Frieda zahnt gerade . . . und weint ab und zu die ganze Nacht – langes klagendes Geheul, das man unmöglich überhören kann. Das einzige, was sie tröstet, ist das Stillen . . . Ich habe eine Art schmerzlindernden Sirup vom Arzt bekommen und es auch mit Aspirin für Kinder in Orangensaft probiert, aber es gibt offenbar nichts gegen ihren Weinkrampf von 2-3 Uhr morgens. Ich werde den Arzt wahrscheinlich diese Woche nochmal aufsuchen . . .

Ich weiß nicht, ob ich in meinem letzten Brief schon geschrieben habe, daß mein Buch hier ungefähr $ 2.15 (15 Schillinge) kostet, sehr vernünftig, verglichen mit amerikanischen Preisen, und daß mein Verleger William Heinemann ist . . . Da ich weder einen Preis noch einen amerikanischen Verleger habe, haben sie sich nicht bemüht, Reklame dafür zu machen, ich werde also vermutlich keinen Pfennig damit verdienen, falls ich nicht noch später einen Preis kriege, der das Publikum aufmerksam macht – die zehn Exemplare, die ich bestellt habe, haben mich ein mehrfaches der winzigen Summe gekostet, die mir der Vorabdruck eingebracht hat. Nun, es ist ein schönes Geschenkbuch . . . Mein Verleger fand Angaben über andere Veröffentlichungen überflüssig – nur wenige Zeitschriften verlangen sie, gewöhnlich werden sie dazugelegt als eine Art Gefälligkeit, die man den Zeitschriften erweist, und um das Ego des Schriftstellers zu polstern. Ich bin froh, daß sie's nicht gemacht haben – meine Liste war so lang, daß es protzig ausgesehen hätte. Wir werden beide bescheidener und wollen nicht überall unsere Biographien und Veröffentlichungslisten herausposaunen.

. . . Ted ist endlich mit seinen Reden, Vorträgen und Aufträgen fertig und kann jetzt an seinem Dreiakter schreiben; ich werde dafür sorgen, daß er durch nichts gestört wird. Seine Rundfunkübersetzung eines Abschnittes aus der *Odyssee* wurde in den Sonntagsblättern sehr gut besprochen, und ich werde mich selbst Sonntag abend zwei Gedichte am Radio lesen hören . . . Ich belästige Dich ungern wieder damit, aber *könntest* Du noch einmal nach dem Stenographiebuch mit dem gelben Pappeinband schauen, oder ein neues erbetteln, borgen oder stehlen und mir per Luftpost schicken? Ich habe die Chance, Ende des Jahres einen sehr amüsanten Job zu kriegen, wenn ich meine Kurzschriftkünste aufpoliere, die mir damals bei diesem anspruchsvollen Leiter der Sanskrit-Abteilung in Harvard so viel genützt haben . . . Ich muß es unbedingt haben . . .

. . . Alles Liebe euch beiden von uns dreien.

Sivvy

25. NOVEMBER 1960

Liebe Mutter,

zuerst einmal, sag Warren, wie stolz Ted und ich sind, daß er seine mündlichen Prüfungen bestanden hat! Für uns, die wir hier permanent Ferien machen, klingt das wie Herkulesarbeit. Wie groß ist die Chance, daß er zu dieser Konferenz nach London kommt? Kann er sich darum bewerben? Wir wären außer uns vor Freude, wenn er kommen könnte. Er würde Klein-Frieda umwerfend finden . . .

Mrs. Prouty, die Gute, hat mir einen Scheck über $ 150 geschickt, damit ich die Veröffentlichung meines Buches feiern kann. Da ich mit dem Buch nichts mehr verdienen werde, benutzen wir das Geld für unsere laufenden Ausgaben. Die BBC hat heute die bisher beste Geschichte von Ted – sie handelt von einem fetten Mann, der zur Erntezeit Kaninchen schießt – angenommen, was ein nettes Sümmchen bedeutet. Er wird sie lesen, und dann wird sie wahrscheinlich zweimal gesendet, einmal in der Weihnachtswoche. Ich werde sie jetzt an amerikanische Zeitschriften schicken . . .

Helga Huws hat diese Woche ein Kind bekommen, ihre zweite Tochter, Lucy Teresa. Ich habe sie im Krankenhaus besucht und das kleine Ding im Säuglingszimmer gesehen – wollte auf der Stelle auch noch so ein *wirklich* Kleines haben. Ich hätte so gern auf Dauer ein geräumiges Haus, in dem ich so viel Kinder kriegen kann, wie ich will!

Laß uns wissen, wie sich Teds Stück anhört.

Alles Liebe,
Sivvy

28. NOVEMBER 1960

Liebste Mutter,

ich sitze hier abends spät, in meinem Bademantel, Vorhänge zugezogen, das Zimmer angenehm warm durch den kleinen Pifco. Es ist einer der seltenen Abende, an dem Ted nicht da ist. Er ist mit Dido Merwin und John Whiting, einem Dramatiker, nach Coventry gefahren, um sich Bill Merwin's Stück *Der Goldene Westen* am dortigen Repertoiretheater anzuschauen.

Bill ist in Amerika, scheffelt Tausende mit Vorträgen und Lesungen. Ted ist um drei weggefahren und kommt nicht vor 3 oder 4 Uhr früh nach Hause, da es eine lange Fahrt ist, ich habe also endlich einmal für mich Zeit gehabt, was sehr, sehr selten vorkommt. Wenn ich ein bißchen allein bin, merke ich, was hier sonst für ein Trubel ist; ich genieße jede Minute und fühle mich aufgelegt, kleine heimliche Dinge zu tun, die ich mag . . .

Im Moment arbeite ich äußerst hart an einer Sache, die ich eigentlich nie richtig in Angriff genommen hatte – an Geschichten für Frauenzeitschriften. Zunächst völlig eingerostet und unbeholfen, kam ich in Schwung und bin jetzt mit meiner zweiten halb durch, habe die Handlung für eine dritte . . . Außerdem habe ich eine gute, rührige Agentin (sie hatte mir wegen einer Geschichte von mir in der Zeitschrift *London* geschrieben), die ich noch nicht persönlich kennengelernt habe und die eng mit einer der besten NYC-Agenturen zusammenarbeitet, was bedeutet, daß alles, was gut genug ist, an die *Saturday Evening Post*, etc., geschickt wird, sobald ich die ersten Zusagen von den zahlreichen hiesigen Frauen-Wochenmagazinen habe. Zum ersten Mal habe ich das Gefühl, ich weiß, wohin ich gehe . . .

x x x Sivvy

[*Undatiert; geschrieben etwa 17. Dezember 1960*]

Liebe Mutter und lieber Warren,

ich schreibe dies am Vorabend unserer Abreise nach Yorkshire. Wir sehnen uns beide heftig danach, hier wegzukommen, unsere Batterien neu aufzuladen und am Neujahrstag zurückzukehren, zu intensiver Arbeit bereit, voller Energie, unsere Pläne und Ideen zu verwirklichen. Ich schreibe in einem Wirrwarr von BBC-Verträgen, Weihnachtskarten und Winterkleidern von Frieda und habe gerade ein Gedicht für eine Buchbesprechung meines Buches am Radio gelesen (sie wird nächste Woche gesendet, einen Tag nach Teds Geschichte, »The Harvesting«) ...

Nimm seine komplizierten metaphysischen Erläuterungen nicht allzu ernst und *zeig sie keinem Menschen*. Er ist dem Stück gegenüber so kritisch – welches sich meiner Meinung nach durchaus interpretieren läßt als symbolische Invasion des Privatlebens und seiner Träume durch die Kriegsmaschinerie und die Unmenschlichkeit, wie sie sich hinter dem Laboratorium für biologische Kriegführung in Maryland verbirgt –, daß er das Bedürfnis hat, kunstvolle Tarnungen zu erfinden, mit denen er es verhüllt.

Nach einem höchst anstrengenden Jahr haben wir beide die Köpfe wieder über Wasser und sind versessen darauf, uns in unser »neues« Leben zu stürzen, in dem wir schreiben und private Raubzüge auf Londons Wunder veranstalten ... Ich habe jede Menge [*Weihnachts*-]Karten verschickt und bei vielen mein Gedicht über ein »Winter Ship«, das vom Kai ablegt, beigelegt ...

Wir haben einen langen, wunderbaren Brief von Mrs. Prouty bekommen und ihr eine Karte, dazu Briefe und Gedichte von uns beiden geschickt. Ich bin ja *so* glücklich, daß sie so enthusiastisch auf mein Buch reagiert hat. Ich hoffe nur, daß ich ein oder zwei Frauengeschichten so rechtzeitig veröffentlichen kann, daß sie sie noch zu sehen bekommt [*Mrs. Prouty starb 1974*], denn ich glaube, das würde ihr am meisten Freude machen.

... Die Erkenntnis, daß Kinder ein Anreiz für mein Schreiben sind und daß mir allein der Raummangel im Wege steht, regt mich schrecklich auf. Sobald ich angefangen habe, Geschichten für Frauenzeitschriften zu veröffentlichen, könnte ich mir halbtags einen Babysitter oder jemand Entsprechenden leisten, der die Drecksarbeit macht. Ich glaube, Ted und ich werden uns wohl dafür entscheiden, in einer Radiosendung mit dem Titel »Gleich und gleich ...« aufzutreten, einer Interviewreihe mit Eheleuten, die denselben Beruf haben.

(Vergiß bitte nicht das Stenographiebuch. Alle möglichen komischen Halbtagsjobs tauchen hier auf.)

Oh, wie ich mich nach dem tiefen, traumlosen Schlaf von Yorkshire sehne! Wir sind beide so angespannt, daß wir Wochen brauchen werden, um uns zu lockern. Spätestens am Neujahrstag sind wir wieder zurück.

Ich habe bereits meine ersten beiden *New Yorker* bekommen und schwelge darin. Das ist so, als bekäme ich jede Woche ein neues Geschenk von Dir!

Alles, alles Liebe für Dich und tausend gute Wünsche zu Weihnachten.

Ganz Deine Sivvy

HEBDEN BRIDGE
YORKSHIRE, ENGLAND
24. DEZEMBER 1960

Liebe Mutter, lieber Warren,

glückliche Weihnachten. Ted und ich sind jetzt seit einer Woche hier oben in Yorkshire, und ich schreibe Euch in der Ruhe vor den stürmischen drei Feiertagen. Die Sonne hat ein Loch durch die Nebel gebrannt, graue Schafe grasen auf dem Feld vor meinem Fenster ... Ted sieht zehn Jahre jünger aus. Seine Entscheidung, Vortragsabende und mühselige Aufträge abzulehnen, hat uns beide erleichtert. Er hat ein Angebot für einen Auftritt als »Dichter des Jahres« im Fernsehen ausgeschlagen, sehr zur Enttäuschung seiner Mutter, ich dagegen verstehe nur zu gut, daß ein Leben in der Öffentlichkeit ihn anwidert. Er ist im Moment oben und arbeitet an seinem abendfüllenden Stück.

Ich hoffe, Du hast Dich über die *Sunday Observer*-Rezension meines Buches gefreut ... Mich hat sie sehr bestärkt. Samstag hatten wir das Vergnügen, Teds Geschichte am Radio zu hören, und Sonntag wurde mein Buch besprochen, zusammen mit Pasternak, E. E. Cummings, Betjemann und anderen, und ich las eines meiner Gedichte. Ich hoffe, ich kann die BBC zu einer Sendung über junge amerikanische Dichterinnen überreden, die ich gerade ausarbeite, da sie jetzt offensichtlich bereit sind, meinen sonderbaren Akzent aufzuzeichnen.

Ich habe einen sehr ermutigenden Brief von meiner jungen Agentin bekommen; sie hat meine zweite Frauenzeitschrift-Geschichte sehr gut gefunden und rausgeschickt. Wahrscheinlich werde ich wochenlang über keine dieser ersten beiden etwas hören, beginne aber heute eine längere, ambitioniertere über ein Mädchen, das sich in ein schönes altes Haus verliebt und es zu guter Letzt in ihren Besitz bringt ... Der Tag wird kommen, wo im *LH Journal* oder der *SatEvePost* eine Geschichte von mir steht.

Ted und ich haben uns die Handlung für eine Liebesgeschichte ausgedacht, die hier im Moor spielt, und zwei weitere sind im Entstehen – eine spannende Geschichte über eine Kunstgalerie (ich werde über Fälschungen und verlorene alte Meister recherchieren und unseren Freund, den Galeriebesitzer und Maler, zu diesem Thema interviewen) und eine über eine Astrologin, für die Ted Horoskope aufstellen wird. Das Herrliche an diesen Geschichten ist, daß ich sie mittels Transpiration, nicht Inspiration, schreiben kann – weshalb es mir möglich ist, an ihnen zu arbeiten, während Frieda im Zimmer spielt... Meine Agentin möchte, daß ich nach London komme und nochmal mit ihr rede – sie kennt alle Herausgeber und Zeitschriften, und ihr praktisches Know-how ist eine unschätzbare Hilfe. Sobald ich gut genug bin, schickt sie meine Sachen an ihre New Yorker Agentur. Es macht mir Mut, daß sie findet, meine ersten beiden *wirklichen* Versuche seien gut genug, um sie hier herumzuschicken.

Ted und ich haben ein paar wundervolle Moorwanderungen gemacht, etwa 15 Kilometer lange Märsche – die Luft hier ist herrlich. Nimm Dir bitte vor, *mindestens einen Monat* in diesem Sommer in England zu bleiben. Das Ideale wäre, Du und Frieda würdet euch aneinander gewöhnen, indem Du in unserer Nähe wohnst und mit uns zu Mittag und zu Abend ißt, dann könnten wir vielleicht eine Woche nach Irland oder Frankreich fahren, während Du zu uns ziehst und auf Frieda aufpaßt... Später könnten wir alle zusammen nach Yorkshire fahren, wo Du die Möglichkeit hast, in einem nahe gelegenen Gasthof zu wohnen... Ich wünschte, es wären ein paar Verwandte von mir da, um Frieda zu bewundern. Besteht auch nur eine geringe Chance, daß Warren zu dieser Konferenz nach London kommt?

Bitte fahnde zum letzten Mal nach dem leuchtend gelben Stenographiebuch mit Pappeinband!... Ich bin so frustriert ohne das Buch, weil ich mit seiner Hilfe innerhalb von wenigen Tagen meine alte Schnelligkeit zurückgewinnen und mich um einen dieser gelegentlich auftauchenden Halbtagsjobs wie Sekretärin bei einer Journalistin oder Architektin bewerben könnte. Mir ist, als bräuchte ich bloß ins Haus zu treten und schon hätte ich es in der Hand.

Solltest Du nach einer einfachen Lösung für Geschenke für uns suchen, so brauchst Du in Zukunft nur Stück für Stück meine Lieblings-Kinderbücher schicken – das große organgefarbene

»Kuckucksuhr«-Buch zum Beispiel, und meine geliebten *Roten*
Bücher — und *Mary Poppins,* die Bände hätte ich auch gern.

Hoffe, die Päckchen für Dich sind wohlbehalten angekommen.

x x x Sivvy

CHALCOT SQUARE
LONDON, ENGLAND
1. JANUAR 1961

Liebste Mutter,

. . . ich warte gespannt auf Nachricht über meine beiden Frauen-
zeitschrift-Geschichten (von denen zumindest meine Agentin begeistert ist) und arbeite an einer etwas längeren dritten. Ferner bin ich
von einer Literaturzeitschrift hier gefragt worden, ob ich eine
Beilage über moderne amerikanische Lyrik machen will und ob ich
erlaube, daß zwei Gedichte aus *The Colossus* in einer britischen
Anthologie moderner britischer Lyrik abgedruckt werden, da ich
»in England lebe, mit einem Engländer verheiratet bin und der
Herausgeber mein Werk bewundert« . . .

Wir haben die Absicht, hier einen absolut ungeselligen, ruhigen,
arbeitsamen Winter zu verbringen. Ich werde in letzter Zeit von
einem »grollenden Blinddarm« geplagt, wie mein Arzt das nennt —
von Zeit zu Zeit habe ich stechende Schmerzen, die dann wieder
weggehen, jedenfalls reagiert mein Blinddarm extrem empfindlich
auf Berührung. Ich überlege mir ernsthaft, ob ich den Arzt nicht
bitten soll, daß er mir zu irgendeinem geeigneten Zeitpunkt (falls es
den überhaupt gibt!) in diesem Frühjahr herausgenommen wird,
da ich Alpträume bekomme bei der Vorstellung, mit unserem
Maugham-Stipendium nach Europa zu gehen, einen Durchbruch
zu bekommen und entweder aufgrund mangelnder medizinischer
Betreuung zu sterben oder von Amateuren aufgeschnitten zu werden, infiziert zu werden, ad infinitum. Findest Du nicht, es wäre
ratsam, ihn jetzt herausnehmen zu lassen? So wie es im Moment
steht, habe ich das Gefühl, mit einer Zeitbombe zu leben. Hast Du
eine Ahnung, wie lang man im Krankenhaus bleiben muß, wie weh
es tut, etc.? Natürlich widerstrebt es einem, sich so einer Operation
zu unterziehen, solange man nicht dazu gezwungen ist, aber ich
möchte nicht Angst haben müssen, in Europa oder während der
Schwangerschaft einen Durchbruch zu bekommen. Rate mir zu,

und ich werde mich mit meinem Arzt auseinandersetzen. Ich würde
natürlich warten, bis Frieda total entwöhnt ist und ich bei guter
Gesundheit bin . . . x x x Sivvy

10. JANUAR 1961

Liebste Mutter,

. . . daß Du ein Stenographiebuch aufgetrieben hast, ist genial
von Dir! Ich habe keine Ahnung, was mit dem passiert sein kann,
das ich hatte. Jedenfalls werde ich diese hier wie meinen Augapfel
hüten – sie werden mir wahrscheinlich nützlicher sein denn je. Ich
bin wirklich eine miserable Briefschreiberin dieses Weihnachten,
ich war so niedergeschlagen durch die immer wiederkehrende
Sinusitis . . . Ich habe Freitag, den 13. (ich hoffe, das Urteil ist
günstiger als der Tag), einen Termin bei einem Chirurgen wegen
meines Blinddarms; ich nehme an, es wird meine Aufgabe sein, ihn
zu überzeugen, daß er heraus muß, bevor ich nach Europa gehe.
Ich hoffe, Du unterstützt mich in diesem Punkt, da ich es ziemlich
hart finde, sich mehr oder minder freiwillig einer Operation zu
unterziehen, gleichgültig welcher, die nicht dringend notwendig ist.
Sprich mir Mut zu, mir fehlt ein Verwandter oder Freund zur
moralischen Unterstützung! . . .

Hatte gestern Thom Gunn, einen sehr süßen englischen Dichter,
zum Mittagessen da; er unterrichtet in Berkeley und war gerade
mit *seinem* Maugham-Stipendium auf der Durchreise durch London. Ich wollte, er lebte in unserer Nähe; er ist ein ungewöhnlicher,
ungekünstelter, netter junger Bursche. Nächste Woche wird von
Ted und mir ein zwanzigminütiges Interview für eine Sendung
namens »Gleich und gleich . . .« aufgezeichnet – über unser
gemeinsames Dichter-Dasein –, und Ted schreibt etwas für das
Programm, das in der Karibik ausgestrahlt wird. Im Moment tippt
er gerade zwei Sendungen für Kinder – eine zu dem Thema wie
schreibt man einen Roman (was er mit Erfolg mit seinen Cambridger Schuljungen probiert hat) und eine über eine persönliche
Erinnerung daran, wie sich das Tierefangen in Gedichteschreiben
verwandelt hat. Er und Frieda sind meine beiden Engel – ich weiß
nicht, wie ich ohne sie zurechtkommen konnte.

x x x an Dich, Warrie und Sappho –
Sivvy

420

27. JANUAR 1961

Liebste Mutter,

stetig kamen Deine Briefe, stärkten mich unermeßlich während einer recht düsteren Periode, und nun, wo ich so weit bei Kräften bin, daß ich wieder Briefe schreiben kann, merke ich, in welch einen Abgrund des Schweigens ich gestürzt bin ... Ich habe mit Teds Hilfe eine drastische Kur angefangen, um meine Gesundheit über den winterlichen Tiefpunkt pausenloser Erkältungen hinwegzubringen; esse enorm viel zum Frühstück (Haferflocken, Pfannkuchen, Speck, etc., mit zahllosen Zitrusfruchtsäften), butterweiche Steaks, Salate, trinke aus unseren Milchflaschen oben die Sahne weg und nehme Eisen- und Vitamintabletten ... Ich habe schreckliches Heimweh, wenn Du von weißem Schnee sprichst! Alles, was wir hier seit Oktober hatten, ist grauer Regen ...

Ich freue mich so auf nächsten Sommer. *Könntest* Du vielleicht Deinen Flug so umbuchen, daß Du am 20. August noch da bist? (Es wäre gut, Du würdest Dich jetzt setzen!) Ich frage, weil ich heute entdeckt habe, daß Dein zweites Enkelkind etwa zu dieser Zeit fällig ist, und weil ich überglücklich wäre, wenn Du da wärest und die Ankunft von Nicholas/Megan miterleben könntest!

... So wie es jetzt steht, werde ich mir meinen Blinddarm vermutlich irgendwann im Februar herausnehmen lassen (mein Arzt hat mir zu einem frühen Termin geraten, weil ich schwanger bin, und sagt, es bestünde absolut keine Gefahr), den ganzen März ruhen und dann April, Mai und den größten Teil des Juni mit dem Maugham-Stipendium nach Südeuropa gehen. Dann wieder hierher, einen gemütlichen Juli mit Dir (vielleicht kommen für uns ein oder zwei Wochen Frankreich heraus) und Frieda genießen und beisammen sein. Ich wünschte, wir vier könnten eine Fahrt zu den Scilly-Inseln machen, die so schön sein sollen, aber das würde wahrscheinlich bedeuten, daß wir sehr lange im voraus buchen müssen. *Bitte* sag mir, daß Du versuchen wirst zu bleiben, um das neue Baby zu sehen!!!

Ich habe vorübergehend einen Halbtagsjob angenommen, der mir großen Spaß macht; er soll mich davon abhalten, über meinen Krankenhausaufenthalt zu brüten, auf den ich mich weiß Gott nicht freue. Wenn du jemanden kennst, der sich den Blinddarm herausnehmen ließ, erzähl' mir das zur Beruhigung. Ich habe eine tödliche Angst davor, aufgeschnitten zu werden oder eine Narkose

421

zu bekommen. Ich weiß nicht, wie ich es zwei Wochen fern von dem Kind aushalten soll – das wird das Schwerste von allem; sie wird von Tag zu Tag hübscher und anbetungswürdiger.

Jedenfalls, mein Job dauert von 1 bis 5 Uhr 30 und besteht darin, daß ich für die große Frühjahrsausgabe des *Bookseller* Manuskripte redigiere und das Layout mache. *The Bookseller* ist ein Handelsblatt, das wöchentlich erscheint und zweimal im Jahr eine große Ausgabe mit vielen Anzeigen und einer Bibliographie *aller* in England erscheinenden Bücher herausbringt, dazu kommen 150 Seiten redaktioneller Teil (Prosa, Biographien, Kinderbücher etc.) mit etwa 400 Bildern. Ich habe Bildunterschriften neu geschrieben, außerdem eine Menge biographisches Material aus den verschiedenen Verlagen für die Werbeabteilung bearbeitet. Der Herausgeber war so zufrieden, daß er mich das Layout der ganzen Abteilung Kinderbücher mit Bildern und Fahnenabzügen (18 Seiten) machen ließ, wobei ich mir ein Vergnügen daraus gemacht habe, die Ankündigung für Teds Kinderbuch an einer besonders auffälligen Stelle anzukleben! . . .

Oh, wie ich mich auf Dein Kommen freue! Jetzt, wo das Jahr ihm entgegenschwingt, schlägt mein Herz höher . . . Sag mir, daß Du glücklich bist über unser nächstes Baby! Wir lieben es schon jetzt. Ich umarme Dich und Warren innig.

x x x Sivvy

2. FEBRUAR 1961

Liebe Mutter,

. . . ich war heute morgen bei meinem Arzt, und seiner Voraussage nach kommt das Baby am 17. August, Teds Geburtstag. Ich würde mich ja so freuen, wenn Du Deinen Flug umbuchen und an diesem Tag noch da sein könntest! Es wäre so schön, wenn Du kämst, um das eine Baby zu sehen, und nicht wegführest, bis Du zwei gesehen hast.

. . . Mein Nachmittagsjob ist sehr angenehm, ich habe jetzt das Layout für etwa 60 Seiten gemacht, und zwar mit großem Vergnügen – ich verteile die Bilder, Photos und Umschlagentwürfe sorgfältig auf Doppelseiten, ordne die Verlage gemäß ihrer Bedeutung an und klebe die Fahnen an die richtige Stelle. Ich kriege die ganzen kleinen Sachen, die eilig getippt werden müssen, da ich das

Geschwindigkeitswunder des Büros bin und nicht wie die anderen suche und picke – bei mir klingt es wie eine Dampfmaschine. Meine außerhäuslichen Nachmittage haben Ted geholfen, sich ganz auf sein Stück zu konzentrieren, und ich glaube, dieses wird wahrscheinlich wirklich bühnenreif werden. Er ist voller Ideen und großartig in Form.

Am Dienstagmorgen hörten wir unsere 20-Minuten-Sendung »Dichterpartnerschaft« [»*Gleich und gleich* . . .«], in der ein Bekannter von der BBC uns Fragen stellte, und am Schluß las jeder von uns ein Gedicht – sehr amüsant . . .

Als Namen haben wir den alten Nicholas Farrar und den neuen Megan Emily (ich mag den Kosenamen Meg gern, Du auch? Wie auch immer, gewöhn Dich dran. Emily ist die weibliche Form von Daddy's Emil und steht außerdem für E. Dickinson und E. Brontë) . . .

Ted und ich gingen gestern abend zu einer kleinen Party, um den amerikanischen Dichter zu treffen, den ich nach Robert Lowell am meisten verehre – Ted (für Theodore) Roethke. Ich habe mir immer schon gewünscht, ihn kennenzulernen, da ich finde, daß ich von ihm beeinflußt bin. Ted hat mir an Weihnachten seine Sammlung *Words for the Wind* geschenkt, sie ist großartig. Such sie Dir in der Bibliothek heraus. Ich glaube, Du wirst die Gewächshausgedichte vorne sehr mögen. Er ist ein großer, blonder, schwedisch aussehender Mann, der für seine 52 Jahre noch sehr jung wirkt . . . Ted und ich verstanden uns gut mit ihm und würden ihn gern wiedersehen.

Ich muß wahrscheinlich Ende dieses Monats ins Krankenhaus. Mein Arzt sagt, jetzt, nach meinen ersten drei Monaten Schwangerschaft, sei die beste Zeit dafür, da sei es vollkommen sicher.

. . . Ich freue mich schrecklich auf Italien, darauf, mein Italienisch anwenden zu können . . . Die Aussicht auf den Frühling, den Sommer und Dein Kommen hat meine Laune sehr gehoben. Du wirst vernarrt in Frieda sein; sie ist das hübscheste kleine Ding, das ich je gesehen habe, und unglaublich süß. Ich wünsch mir ein Haus, das groß genug ist für *mindestens* vier!

Roethke sagte, wann immer Ted den Wunsch habe, im Staate Washington zu unterrichten, solle er ihm ein Zeichen geben, wir werden also in ein paar Jahren sicher wieder ein Amerika-Jahr machen! Alles Liebe Dir und meinem lieben Warren.

x x x Sivvy

MONTAG, 6. FEBRUAR 1961

Liebste Mutter,

es ist mir entsetzlich, Dir jetzt, wo ich Dich sicher schon dazu gebracht habe, Deine Pläne zu ändern und Du vermutlich Warren und Deinen Freunden erzählt hast, daß wir wieder ein Kind erwarten, zu schreiben, weil ich das kleine Baby heute morgen verloren habe und mich deswegen wirklich schrecklich fühle.

Die zuständige Ärztin, die Ted gerufen hatte, kam gegen neun und wird morgen wieder kommen, ich bin also in den besten Händen, wenngleich ich maßlos unglücklich bin über das Ganze.

Ich hatte mich so darauf gefreut, daß wir beide ein neues kleines Baby bekommen, und glaubte, ein günstiges Geschick hätte dafür gesorgt, daß es dann kommt, wenn Du zu Besuch bist. Daß ich Dich enttäuschen muß, tut mir besonders weh, da ich überzeugt bin, daß Du ebenso freudig an diese Geburt gedacht hast wie ich.

Die Ärztin sagte, auf vier Babys käme eine Fehlgeburt, und für die meisten gäbe es keine Erklärung, ich hoffe also, ohnehin mitten in einer neuen Schwangerschaft zu sein, wenn Du kommst. Zum Glück habe ich Klein-Frieda in all ihrer Schönheit, die mich mit Lachen und »Lalala«-Singen tröstet – ich wüßte sonst nicht wohin. Ich liege im Bett, und Ted kümmert sich wunderbar um mich. Er ist der gesegnetste, gütigste Mensch auf der Welt, und wir überlegen, ob wir nicht unsere Italienreise auf nächsten Herbst verschieben sollen, weil Frieda bis dahin laufen kann. Außerdem wollen wir uns vielleicht im April einen vierzehntägigen Urlaub auf den Scilly-Inseln gönnen, falls wir etwas von dem Geld kriegen, das Ted beim Royal Literary Fund beantragt hat, durch den »notleidende Autoren« in familiären Schwierigkeiten angeblich Unterstützung bekommen.

Während des ganzen Wochenendes, als dieser Schatten auf mir lag, gab er mir Gedichte zu tippen und lenkte mich ab . . . Wie Du Dir vorstellen kannst, habe ich jetzt ein ungeheuer starkes Mitgefühl für Dotty [*meine Schwester, die drei Fehlgeburten gehabt hatte und keine eigenen Kinder mehr haben konnte*] und verspüre, da ich älter werde, den großen Wunsch, mit meinen nächsten Anverwandten in Kontakt zu bleiben. Wenn Du im Sommer kommst, werden wir es uns schön machen mit Frieda, und bei mir wird hoffentlich problemlos ein neuer Nicholas/Megan unterwegs sein.

Ich habe den Auftrag erhalten, für das Lyrikfestival, das hier im

Sommer stattfindet, ein Gedicht zu schreiben, was eine Ehre ist, da nur etwa zwölf Autoren zu einem Beitrag aufgefordert werden. Ich werde also versuchen, mich jetzt in die Arbeit zu stürzen, das ist gut gegen Brüten.

Bleibe in Verbindung mit Mrs. Prouty. Ich habe nichts dagegen, wenn Du ihr beiläufig davon berichtest; wahrscheinlich wäre es besser für sie, durch Dich davon zu erfahren als durch mich. Ich habe es mir zum Prinzip gemacht, fröhlich zu klingen und es mir an nichts fehlen zu lassen, wenn ich ihr schreibe.

Schreib mir und muntere mich auf.

Alles Liebe
Sivvy

DONNERSTAG
9. FEBRUAR 1961

Liebste Mutter,

ich hoffe, die traurigen Nachrichten in meinem letzten Brief haben Dich nicht allzu sehr niedergeschmettert. Ich sah voraus, daß es Dir eine Lust sein würde, die gute Nachricht all unseren Freunden und Verwandten mitzuteilen, und kann nur hoffen, daß es nicht allzu schwer war, unsere optimistischen Pläne zu widerrufen. Da ich hier Gott sei Dank keinem Menschen davon erzählt hatte, muß ich auch kein Mitleid über mich ergehen lassen, was ich gerade jetzt nicht ertragen könnte. Wie die Ärztin schon sagte, bedeutet es wahrscheinlich bloß, daß ich statt im Spätsommer im Spätherbst ein Kind bekomme. Alles, was ich sagen kann, ist, daß es besser wäre, Du fingest für eine neue Reise in einem neuen Sommer zu sparen an, und ich sehe zu, daß ich für Dich dann ein neues Baby produzieren kann! ... Megan wird übrigens nicht Mee-gan ausgesprochen, sondern Meg'-un, mit einem kurzen »e«. Vergiß *King Lear*!

... Ich bin schon wieder fast die alte, und meine täglichen Pflichten Frieda und Ted betreffend bewahren mich davor, allzu traurig zu sein. Ted war verschwenderisch und hat uns für morgen abend Karten für Websters herrliches Stück *The Duchess of Malfi* gekauft, mit Dame Peggy Ashcroft in der Hauptrolle, da freuen wir uns jetzt drauf ... Mit seiner Arbeit an dem abendfüllenden Stück kommt er prächtig voran, es ist das beste, was er bisher geschrieben

hat. Wahrscheinlich gut genug für eine *volle* Produktion am Poets'
Theater [*Cambridge, Massachusetts*] und um hier irgendwo aufgeführt zu werden, wie wir hoffen. Wenn alles gutgeht, müßte er in
ungefähr einem Monat damit fertig sein. Außerdem schreibt er
viele sehr lebendige, amüsante, farbige Gedichte und hat Ideen für
Geschichten und ein weiteres Kinderbuch. Ich bin so stolz, wenn
ich ab und zu auf Rezensionen über ihn stoße mit Formulierungen
wie »Ted Hughes, der berühmte Dichter« und so weiter. Wir
haben gerade aus Yale gehört, daß sie in ihrer neuen Reihe eine
Platte mit Teds Gedichten machen wollen, von ihm selbst gesprochen und mit seinem Bild auf der Hülle. Bis jetzt sind erst an die
zwanzig Dichter auf ihrer Liste, insofern ist das sehr erfreulich. Sag
Deinen Freunden, daß sie sie kaufen sollen, wenn sie herauskommt! . . .

. . . Ted läßt Dich gleichfalls herzlich grüßen. Gibt es *wirklich*
eine Chance, daß Warren diesen Herbst nach England kommt? Ich
möchte es wissen, damit ich dann auf jeden Fall hier bin!

Grüße
Sivvy

SONNTAG
26. FEBRUAR 1961

Liebe Mutter,

wenn Du diesen Brief bekommst, werde ich meinen Blinddarm
wahrscheinlich schon heraus haben und mich auf dem Wege der
Besserung befinden. Ich bin »eingeladen« worden, heute nachmittag ins Krankenhaus zu kommen, ich denke mir also, ich werde
morgen irgendwann operiert werden. Das ist der 27. [*ihr Geburtstag war der 27. Oktober*], deshalb hoffe ich, es wird ein Glückstag
für mich. Diese Sache schwebt jetzt schon nahezu zwei Monate
über meinem Haupt, und ich bin froh, wenn ich sie endlich los bin.

Ich habe das ganze Haus in Ordnung gebracht, Vorräte für Ted
besorgt; gestern habe ich Bananenbrot und Tollhouse-Kekse
gebacken, und heute mache ich Aprikosentörtchen und ein Blech
mit Eierkuchen, damit er etwas für die nächsten Tage hat . . .

Gleichsam zu meiner Stärkung bekam ich einen Luftpost-Eilbrief
von der *Atlantic,* mit einer Zusage für ein 50-Zeilen-Gedicht, mit
dem Titel »Words for a Nursery«, das ich als Übung geschrieben

hatte. Es ist geschrieben aus der Perspektive einer »rechten Hand«
und hat 5 Silben in jeder Zeile, 5 Strophen und 10 Zeilen in jeder
Strophe. *Sehr fingerfertig.* Ich schätze, es wird mir etwa $ 75
einbringen. Ich habe wieder angefangen, Gedichte zu schreiben,
und hoffe, daß ich das auch während meines Krankenhausaufent-
haltes tun kann. Auf Deinen (und Teds) Vorschlag hin, mich durch
das Niederschreiben von Impressionen zu beschäftigen, nehme ich
ein Notizbuch mit . . .

Ich habe Dir doch sicher erzählt, daß Ted und ich vor ein paar
Wochen eine Interview-Aufzeichnung für eine BBC-Sendung
namens »Gleich und gleich . . .« gemacht haben . . . Ausschnitte
daraus wurden am darauffolgenden Sonntag innerhalb des
Wochenüberblicks nochmal gebracht, und offensichtlich wurde sie
als »Modell«sendung für die Talk Show-Produzenten benutzt, da
beschlossen wurde, sie danach am Wochenende noch einmal in
voller Länge zu senden . . . was das $ 75-Honorar verdoppelt. Wir
bekamen ein paar komische Zuschriften, unter anderem eine, in
der uns jemand ein großes Haus mit Garten anbietet (mir ist nicht
ganz klar, unter welchen Bedingungen), weil ich gesagt hatte, es sei
unser Traum, ein Haus zu haben, das so groß ist, daß wir von
einem Ende zum anderen laut schreien können, ohne einander zu
hören . . .

Alles Liebe
Sivvy

ST. PANCRAS-KRANKENHAUS
LONDON, ENGLAND
MITTWOCH, 1. MÄRZ 1961

Liebe Mutter,

ich schreibe Dir diese Zeilen, aufgestützt in meinem Kranken-
hausbett, weniger als 24 Stunden nach meiner Operation, die statt
Montag, wie ich gedacht hatte, am Dienstag gegen 11 Uhr vormittag stattgefunden hat. Ich muß mir wirklich die letzte Zeit große
Sorgen um meinen Blinddarm gemacht haben, da ich jetzt, wo er
raus ist, nichts als eine immense Erleichterung fühle und mir die
schönsten Pläne mache. Das Schlimmste war, Sonntagabend hinzu-
kommen und festzustellen, daß ich einen Tag länger warten mußte
als angenommen, da ich Sonntagnacht und Montag »beobachtet«

werden sollte. Seit mir meine Mandeln herausgenommen wurden, hat man großartige Fortschritte in der Narkosetechnik gemacht. Ich bekam in meinem Bett auf der Station eine Spritze, die meinen ganzen Speichelfluß austrocknete und mich herrlich schläfrig machte. Eine bildhübsche junge Anästhesistin stellte sich mir vor und sagte, sie würde später wiederkommen. Sie gab mir im Vorzimmer eine Spritze in den Arm, worauf ich total das Bewußtsein verlor. Nachdem ich die Spritze mit dem schmerzstillenden Mittel bekommen hatte, döste ich selig den Rest des Tages vor mich hin und war abends in der Besuchszeit in der Lage, den guten Ted zu empfangen, der mir einen Krug mit frisch gepreßtem Orangensaft, einen halben Liter Milch und eine große Treibhaus-Weintraube mitbrachte – wovon ich bis jetzt nichts anrühren durfte ... Das Essen ist ziemlich schrecklich, aber Ted brachte mir zwei riesige Sandwiches mit blutigen Steaks ... und eine Büchse Tollhouse-Kekse, die ich später essen werde.

Er ist ein absoluter Engel. Ihn in den Besuchsstunden hereinkommen zu sehen, zweimal so groß wie all die kleinen, untersetzten Leute, mit seinem schönen, gütigen, lächelnden Gesicht, das ist der schönste Anblick auf der Welt für mich. Er schreibt sein Stück zu Ende und kümmert sich in bewundernswerter Weise um Klein-Frieda.

... An meinem ersten Abend hier (Montag) konnte Ted mir einen tollen Luftpostbrief vom *New Yorker* bringen, in dem mir einer der heißbegehrten »Options«-Verträge für nächstes Jahr angeboten wird! Das heißt, zuerst muß ich ihnen alle Gedichte vorlegen, und nur wenn sie sie ablehnen, darf ich sie anderswo hinschicken. Ich mußte lachen, da ich ohnehin immer alle Gedichte zuerst dorthin schicke. Ich kriege allein für die *Unterzeichnung* der Vereinbarung $ 100 (anbei), 25 Prozent mehr für jedes angenommene Gedicht, dazu einen sogenannten »Lebenshaltungs«-Bonus für angenommene Arbeiten, was etwa 35 Prozent *mehr* im Jahr ausmacht, und ein höheres Fixum für jede Arbeit, die sie für *außerordentlich* wertvoll halten. Die Verträge können von ihnen nach Belieben jedes Jahr erneuert werden. Wie findest Du das! Wie Du Dir vorstellen kannst, habe ich den Brief immer und immer wieder gelesen; er kam gerade im richtigen Moment, um mich aufzumuntern.

Ich befinde mich in einem modernen Flügel des Krankenhauses –

ganz frisch gestrichene rosa Wände, rosa und grün geblümte Bettvorhänge, brandneue Toiletten, viel Licht und Luft – eine ungeheuere Verbesserung gegenüber jener grauenvollen Station im Newton-Wellesley, wo Ted und ich Dich besuchten! Die Schwestern sind alle jung, hübsch und heiter ... Ich liege in einer großen Station, die durch eine Trennwand aus Holz und Glas geteilt ist, mit etwa 17 Betten auf meiner Seite. Die Frauen an meinem Ende sind jung und fröhlich. Eine hat ein Tb-Knie; drei haben eine Operation wegen entzündeter Fußballen hinter sich; ein paar liegen in Gips. Es sind in der Tat alles keine schwereren Fälle als ich – was mir eine große Erleichterung ist, da ich fürchtete, in eine Station mit wirklich kranken Leuten zu kommen, die herumliegen und dauernd stöhnen.

Später: Jetzt ist Ted gekommen, da mache ich Schluß. Mit herzlichen Grüßen an Dich und Warrie –

Sylvia

MONTAG, 6. MÄRZ 1961

Liebe Mutter,

ich schreibe aufgestützt in meinem Krankenbett, sechs Tage nach meiner Operation. Meine Fäden »ziehen« und jucken, aber die Schwestern sagen, das sei ein Zeichen, daß ich geheilt bin ... Ich hoffe, ich werde sie heute los. Wirklich, ich fühle mich wie nach einem herrlichen Urlaub! Ein ganzes Jahr lang habe ich nicht einen einzigen Tag frei von dem Baby gehabt, und ich muß gestehen, insgeheim habe ich es genossen, im Bett zu essen, Rückenmassagen zu bekommen und nichts zu tun als zu lesen (ich habe Agatha Christie entdeckt – *die* Krankenhauslektüre –, ich bin jetzt ein Wer-war's-Fan), zu schwätzen und meinen Tisch mit den Blumen, die mir Teds Eltern, Ted, Helga Huws und Charles Monteith – Teds Lektor bei Faber – geschickt haben, zu betrachten. Natürlich war ich *vor* meiner Operation viel zu nervös, um mich richtig zu freuen, und danach war ich zwei Tage lang ziemlich zittrig, da sie einen davor und danach etwa 40 Stunden hungern lassen; aber am dritten Tag lief ich auf der Station herum und plauderte mit allen.

Die Briten haben eine erstaunliche Fähigkeit, »die Ohren steifzuhalten«; sie regen sich nicht auf, noch klagen oder jammern sie, außer auf scherzhafte Weise, und selbst Frauen, die von der

429

Schulter bis zur Zehe in Gips liegen, reden mit verblüffender Resolutheit über Familienangelegenheiten, Zeitungsmeldungen und so weiter. Ich habe mein Notizbuch vollgeschrieben mit Impressionen und Charakterstudien. Jetzt, wo ich beweglich bin, mache ich täglich eine Runde in der 28-Betten-Station, bleibe stehen und schwatze. Das wissen die bettlägrigen Frauen, die mich als eine Art Stationszeitung betrachten, sehr zu schätzen, und ich erfahre eine Menge, da sie alle ganz gierig sind, über sich und ihre medizinischen Probleme zu reden. Die Schwestern sind sehr jung, frisch und denkbar nett; »die Schwester« (Oberschwester), sanft, weise und humorvoll, und die ganzen anderen Frauen und Mädchen wunderbar gütig und heiter. Von der Station . . . blickt man auf meiner Seite hinab auf einen schönen Park mit uralten Grabsteinen . . . so ästhetisch, daß es mich glücklich macht . . . Das Essen ist ziemlich fade und eintönig, dafür bringt Ted mir jeden Tag einen Krug mit frischem Orangensaft, einen halben Liter sahnige Milch und ein Steak-Sandwich oder einen Salat, und mir geht es laufend besser. Seit das Kind zur Welt gekommen ist, habe ich mich nicht mehr so wohl gefühlt, und ich bin ungeheuer erleichtert, diesen lästigen Blinddarm loszusein, der mich wahrscheinlich eine Zeitlang vergiftet hat. Der Stationsarzt sagte, bei mir sei innen alles in bester Ordnung – in jeder Hinsicht vollkommen gesund, da kann ich also beruhigt sein. Ich hatte eine strenge Kur mit Eisen- und Vitaminpillen gemacht und bin seit dieser scheußlichen Erkältung an Weihnachten ohne Beschwerden.

. . . Ted ist ein Engel. Ich spüre, daß er sich sehnlichst wünscht, daß ich nach Hause komme, und kleine Bemerkungen wie »Eigentlich esse ich einen Haufen Brot« und »Macht der Pooker nicht eine Menge dreckiger Töpfe?« sagen mir, daß er die häusliche Routinearbeit satt hat. Der Ärmste! Ich wüßte gern, wie viele Männer so bereitwillig und liebevoll diese Pflichten übernehmen würden! Und mir noch dazu jeden Abend was schönes Kleines mitbringen würden.

Zum Glück gibt es hier im Moment wohl nur zwei »schwere« Fälle – eine Gehirnoperierte, die nach einer halben Woche immer noch im Koma liegt, mit Schläuchen in der Nase und einem Kopfverband; und eine alte Dame, die von einem Auto überfahren wurde, beide Beine gebrochen hat und ununterbrochen »Polizei, Wachtmeister, holen Sie mich hier raus« schreit, die Schwestern

»Teufel, die mich umbringen wollen« nennt und ihnen die Medizin aus der Hand schlägt. Ihr Stöhnen »Oh, wie ich leide« ist sehr theatralisch; und da sie den ganzen Tag über hellwach ist, auch noch das leiseste Geflüster mitkriegt und Schmerztabletten bekommt, glaube ich, daß sie das meiste davon nur macht, um die Aufmerksamkeit auf sich zu lenken. Ich habe festgestellt, daß uns das alle mehr belustigt als verärgert, weil die Tage hier sonst so gleichförmig sind; mit ihren Flüchen und dem unerwarteten Krach, wenn sie mit Medizingläsern um sich schmeißt, bringt sie ein bißchen Leben herein.

Jedenfalls werde ich froh sein wie nichts, wenn ich hier raus bin . . .

Alles Liebe, Sivvy (Deine blinddarmlose Tochter)

CHALCOT SQUARE
LONDON, ENGLAND
17. MÄRZ 1961

Liebe Mutter,

ich bitte tausendmal um Entschuldigung für diesen großen Abstand zwischen meinen Briefen. Die Deinigen haben mich so gestärkt, und ich sage mir mit Wonne »von morgen an nur noch drei Monate, bis Du kommst«, immer und immer wieder. Ich befand mich in einer Art gräßlichem Koma in den letzten zehn Tagen und habe nur so vor mich hinvegetiert . . . Die Fäden sind Dienstag, den 7., gezogen worden (das Schlimmste von allem – das pikende Kneifen von jedem einzelnen der neun und das Abreißen eines großen Pflasters waren mir viel unangenehmer als die eigentliche Operation), und Mittwoch, den 8., wurde ich entlassen, mit der strikten Anweisung, zwei Wochen lang nichts zu heben und keine schwere Arbeit zu leisten, sondern mich »wie eine Dame zu benehmen«, andernfalls ich mich wie von einem Kleinbus überfahren fühlen würde etc. etc.

. . . Das Allerschwierigste war die Rekonvaleszenz zu Hause. Der arme Ted behauptet steif und fest, er mache das *gerne*, dieses Baby-Hochheben und Wäschebringen und so weiter, aber er macht es nun schon über einen Monat seit meiner Fehlgeburt, und ich glaube, es plagt *mich* mehr als ihn. Ich bin die ideale Rekonvaleszentin, solange ich von anonymen Leuten gepflegt werde, deren

Beruf das ist, eine sehr schlechte dagegen, wenn ich untätig in unseren eigenen kleinen Räumen herumsitzen muß. Ich fand es auch fürchterlich deprimierend, mich an einem sonnigen Tag zu erheben und zu denken: Nun werde ich einen Teekuchen backen, meine Haare waschen, ein paar Briefe schreiben und danach keinen Finger mehr rühren. Und die ärmste Frieda hatte, kaum war ich zurück, beschlossen, noch mehr Zähne zu kriegen, d. h., wir schlafen keine Nacht durch. Ich muß sagen, in den letzten sechs Monaten habe ich jedesmal, wenn ich mein Haupt erhoben habe, einen Schlag bekommen, und ich weiß nicht, was ich gemacht hätte, wenn Ted nicht mehr als selbstlos gewesen wäre und das Baby nicht so entzückend und hinreißend. Ich schreibe Dir *jetzt, wo es vorbei ist,* darüber, nicht mittendrin.

Zum Glück habe ich bei all meinem Mißgeschick erstaunlich viel Schwung und bin heute, $2^{1}/_{2}$ Wochen nach meiner Operation, voller Hoffnung und einem Selbst sehr nahe, das ich eine Zeitlang nicht gewesen bin. Das Wetter ist herrlich: richtige Junitage. Ich war mit Frieda täglich draußen auf dem Hill – wir lagen in der prallen Sonne auf einer Decke im Gras –, und ab morgen gehe ich vormittags wieder hinüber in das Merwinsche Arbeitszimmer. Ich hoffe, diese drei Monate bis zu Deinem Kommen schreibend *nutzen* zu können.

Nun, ich habe herumgesessen »wie eine Dame« und gehe diesen Dienstag nochmal zu einer Nachuntersuchung. Der Chirurg, dessen Name über meinem Bett stand, hatte sich nach dem einen Mal, wo ich bei ihm im Hauptgebäude gewesen war, nicht mehr blicken lassen, und ich wurde von seinen Stellvertretern, die die Nachuntersuchung durchführten, im Nebengebäude »fertiggemacht«. Mir war das gleich; ich wurde großartig behandelt, die Schwestern und die anderen Patienten waren furchtbar lieb, und mein siebeneinhalb Zentimeter langes Fischgrätenmuster ist sehr exakt.

Etwas ist mir durch diese Erfahrung ganz deutlich geworden, und das ist unser unaufschiebbares Bedürfnis nach einem Haus ab 1962. Ted könnte dann abseits in einem Arbeitszimmer arbeiten, während ich jeweils während des Wochenbetts oder irgendeiner Krankheit eine Hilfe für die grobe Hausarbeit hätte und keine Schuldgefühle haben müßte, weil ich Teds edle Hilfsbereitschaft in Anspruch nehmen muß. Ein Haus und ein Auto. Alles andere haben wir, und mehr brauchen wir nicht, um uns beiden das Leben so reich zu machen wie möglich . . . Du könntest uns in der Tat keinen besseren Dienst erweisen, als wenn Du hier zwei Wochen bei Frieda bleiben würdest, während wir unsere ersten *wirklichen* Ferien bei den Merwin's in Frankreich machen . . .

Ich bin Dir so dankbar für Deine $ 10: Ted hat mir, auf meine Anweisung, einen Haufen D. H. Lawrence besorgt – Romane, Erzählungen und Reisebücher, die ich zur Zeit lese . . . Von dem Rest kaufe ich mir ein schönes Kunstbuch, wenn ich zum erstenmal wieder in die Stadt gehe . . .

x x x für Euch beide,
Sivvy

27. MÄRZ 1961

Liebste Mutter,

. . . gestern brachte die *Times* Teds Gedichte für Kinder (drei davon), ich schicke Dir einen Ausschnitt mit. Wir sind begeistert, daß für sein Buch, das innerhalb eines Monats erscheinen soll, im voraus soviel Reklame gemacht wird. Er hat auch einen Brief von Lord David Cecil erhalten, in dem steht, daß er für *Lupercal* den Hawthornden-Preis für 1960 bekommen hat – ein sehr prestige-reicher Prosa- und/oder Lyrikpreis hier –, Goldmedaille und 100 Pfund, glaube ich. Dom Moraes, der junge indische Dichter, bekam ihn vor ein paar Jahren, desgleichen der junge Schriftsteller Alan Sillitoe, dessen erster Roman verfilmt wurde. Die Verleihung findet Ende März statt, voraussichtlich steht dann also etwas in der Zeitung darüber, was sehr günstig für den Absatz seines Buches ist. Wir haben uns ausgerechnet, daß er allein dieses Jahr etwa $ 1500 durch die BBC verdient hat, und das wollen wir halten. Ein Entwurf für ein neues Einstunden-Drama von ihm ist angenommen worden, offensichtlich nehmen sie mit Begeisterung alles, was er schreibt . . .

Wir sind sehr glücklich, haben die Hoffnung, uns noch vor Deiner Ankunft einen kleinen Kombiwagen anschaffen zu können. Dann können wir wirklich alle Vorteile nutzen, die unser Leben bietet: über Land reisen und nach Cornwall fahren, wenn andere Leute arbeiten müssen, Verkehr und Urlauber meiden und beweg-lich sein mit Kindern. Wir haben vor, den Wagen zu nehmen, wenn wir mit dem Maugham-Stipendium nach Europa gehen, was wir nach reiflicher Überlegung auf nächstes Frühjahr verschieben wollen – den spätest möglichen Zeitpunkt.

Ted hat mir gestern eine schöne Ausgabe des *Oxford Book of Wild Flowers* zusammen mit einem kleinen Strauß gelber Primeln gebracht – für den Rest der $ 10, die Du uns netterweise geschickt hast. Er ist der süßeste, zuvorkommenste Mensch auf der Welt. In diesem für mich recht finsteren Winter hat er mir unermüdlich zur Seite gestanden und mich auf jede erdenkliche Weise aufgeheitert.

. . . Bleib gesund und munter!

Alles Liebe,
Sivvy

MITTWOCH, 5. APRIL 1961

Liebe Mutter,

. . . ein Glück, daß Teds Buch diesen Monat erscheint, da werden wir unser Geld verpulvern und viele, viele Exemplare kaufen und sie all den lieben Leuten schicken, für die wir so gern etwas tun möchten. Mag sein, daß wir nie viel Geld haben – Bücher werden wir stets in Hülle und Fülle haben!

. . . In der letzten Zeit waren wir sehr hektisch – eine Reihe von Besuchern, Dichter, die zu Ted wallfahrteten, Kinos, Theaterstücke, Tees. Morgen machen wir gemeinsam eine Radio-Sendung für das Amerika-Programm der BBC (genannt: »Das Londoner Echo«), in der wir Gedichte lesen und über unsere Kindheit sprechen. Angeblich wird sie über ein weitverzweigtes Sendenetz in Amerika ausgestrahlt. Nächste Woche tritt Ted etwa 7 Minuten lang im BBC-Fernsehen auf und redet über sein Kinderbuch. Wahrscheinlich wird eine passende Zeichnung eingeblendet, während er das Gedicht liest. Ich bin froh, daß er das macht, da ich glaube, daß das den Verkauf des Buches beträchtlich steigern wird. Er hat zugestimmt, weil das keine »literarische Pose« ist . . . Ich habe mir ausgebeten, mitzukommen und zuzuschauen, weil wir keinen Apparat haben, es wird sicher amüsant.

Das Tollste ist, daß er gerade von Peter Hall (Direktor des Royal Shakespeare Theatre und Ehemann von Leslie Caron) den Auftrag bekommen hat, ein Stück für das Londoner Ensemble zu schreiben. Das ist ein unglaublicher Glücksfall, da bis jetzt nur sehr bekannte Dramatiker beauftragt worden sind, und es bedeutet, daß das

Stück, an dem Ted jetzt arbeitet, von den richtigen Leuten gelesen wird und die bestmögliche Besetzung und Inszenierung bekommen wird, falls es sich für die Bühne eignet.

Wir sind begeistert darüber – wieviel Geld das bedeutet, wissen wir noch nicht –, weil das heißt, daß Teds Stücke auf direktem Wege zu dem besten Theaterleiter Englands gelangen und von ihm gelesen werden. Und selbst wenn dieses eine nicht angenommen wird (wir müssen uns das immer wieder vorsagen, um uns zu beruhigen, denn wir finden das Stück hervorragend und werden es auch an das Poets' Theater schicken, Du hast also vielleicht auch die Möglichkeit, es zu sehen!), dann zweifellos die nächsten. Oh, warte nur, wir werden schon noch reich . . .

Alles Liebe,
Sivvy

21. APRIL 1961

Liebe Mutter,

. . . ich arbeite wie ein Teufel sieben Vormittage in der Woche im Merwinschen Arbeitszimmer, weil sie Ende Mai heimkommen und ich bis dahin noch eine Menge fertig machen will. Ich habe endlich den Schlüssel zu meinem Glück gefunden: Ich brauche vier bis fünf Stunden, gleich morgens, in denen ich vollkommen frei und ungestört schreiben kann – ohne Telefonanrufe, Türklingeln und Baby. Dann komme ich herrlich gelaunt nach Hause und erledige die ganze Arbeit im Haushalt im Nu. Gott sei Dank gehen die Merwin's kurz nach ihrer Rückkunft nach Frankreich, ich kann das Arbeitszimmer also hoffentlich bis zum Herbst benutzen . . .

Ich versuche, den Hauptteil meiner Arbeiten fertigzukriegen, bevor Du kommst, aber selbst wenn ich morgens schreibe, haben wir ja noch den ganzen übrigen Tag für uns, und Du könntest vormittags mit Frieda in den Park gehen . . . keine zwei Monate mehr! Ich freue mich so darauf, Dir alles zeigen zu können und Dir Deine wunderschöne Enkeltochter vorzuführen! . . .

Anbei die Gedichte und der Artikel über ihn [*Ted*], der im *Observer* vom letzten Sonntag erschienen ist . . . Es ist so herrlich, Ted zu einer Zeit geheiratet zu haben, als er noch keinen Pfennig besaß und noch nichts veröffentlicht hatte, und nun zu erleben, wie meine schönsten Intuitionen Wirklichkeit werden! Unser

Zusammenleben ist glücklicher, als ich es je für möglich gehalten hätte, der einzige momentane Haken ist materieller Natur – uns fehlt ein Haus, und das soll nicht so bleiben. Ich möchte, daß Ted ein Arbeitszimmer hat, in dem er nicht seine Papiere wegräumen muß oder gestört wird, wenn Besucher kommen; und ich möchte ein Zimmer im oberen Stock, in dem ich morgens in Frieden arbeiten kann, während im Kinderzimmer unten jemand auf die Kinder aufpaßt. Dann können wir uns auch ein Jahr Amerika vornehmen . . .

Mir geht es blendend, jetzt, wo ich diese Blinddarm-Ängste los bin und Frieda glücklich ein Jahr alt ist, und ich wünsche mir, daß sich im kommenden Jahr meine Gesundheit und meine Arbeit konsolidiert. Wir haben gute Freunde hier, die meisten in unserem Alter, und die älteren Leute, die wir kennen, sind einflußreich und hilfsbereit; so fühle ich mich sehr heimisch. Finanziell ist die BBC wirklich eine Hilfe. Von dem Geld, was wir da im letzten Jahr verdient haben, haben wir uns unser Auto gekauft.

Bleib jetzt schön gesund, Mami, und herzlichen, herzlichen Glückwunsch zum Geburtstag!

Alles Liebe,
Sivvy

1. MAI 1961

GUTE NACHRICHTEN   GUTE NACHRICHTEN   GUTE NACHRICHTEN!

Liebe Mutter,

ich hoffte, sie würden rechtzeitig zu Deinem Geburtstag kommen, dafür kommen sie jetzt am ersten Mai.

ALFRED KNOPF will *The Colossus* in Amerika herausbringen!

Zweifellos war es das, worauf Mrs. Prouty angespielt hat. Sie hatten mir vor einem Monat einen optimistischen Brief geschrieben, und ich meine, ich habe recht gehabt, sie nicht darauf anzusprechen, bevor es nicht entschieden war; ich beschloß also, mein Glück nicht herauszufordern und meinen Mund zu halten, bis ich etwas Definitives hören würde, was heute der Fall war.

Knopf wollte, daß ich den Band überarbeite – etwa zehn Gedichte weglasse, vor allem aus der letzten Folge. Wie durch ein Wunder habe ich intuitiv genau die zehn herausgefunden (unbeabsichtigt), die *sie* gerne raus haben wollten – sie hatten mir freie

Hand gelassen. Ich bin begeistert. Ich kann jetzt meine Tippfehler ausmerzen und die Gedichte weglassen, die hier nicht zu Unrecht kritisiert worden sind; insgesamt hat das Buch dann 40 statt 50 Gedichte – 40 ist die Norm bei einem Band.

Nachdem ich mit den kleinen Verlagen soviel Zeit verplempert habe und so oft entmutigt worden bin, ist es mir jetzt ein Hochgenuß, daß mein Buch von *dem* Verleger (meiner Ansicht nach) mit solchem Enthusiasmus für Amerika angenommen wurde. Sie »bezweifeln aufrichtig, daß dieses Jahr ein besseres Erstlingswerk erscheinen wird«.

Jetzt hast Du die Möglichkeit, ein wirklich »perfektes« Buch in der Hathaway House-Buchhandlung zu kaufen, Besprechungen zu lesen etc. etc. Es ist, als brächte ich ein zweites Buch heraus – dieses hier, das ideale. Seit der erste Brief gekommen ist (ich hatte eine »Nacht der Inspiration«), arbeite ich sieben Vormittage in der Woche im Merwinschen Arbeitszimmer und habe bessere Sachen geschrieben als je zuvor, es ist also offenkundig, daß diese Zusage aus Amerika mich sehr stimuliert hat.

Ich weiß nicht genau, wann es bei Euch erscheint, ich werde Dich aber auf dem laufenden halten.

ALLES LIEBE
Sivvy

8. MAI 1961

Liebe Mutter,

. . . soeben ist Teds Geschichte »Snow« in Amerika von dem todschicken Modejournal *Harper's Bazaar* angenommen worden, das bedeutet, wir werden Dir ziemlich bald einen weiteren Scheck zur Abrundung unseres 7. Tausenders [*durch Schreiben verdientes Geld*] schicken können.

Wir arbeiten beide sehr hart. Ted tippt seinen Fünfakter und hat bereits die 100-Seiten-Grenze überschritten, und ich bin fertig mit den Gedichten, die ich für das Lyrikfestival im Mermaid Theatre machen sollte, das im Sommer stattfindet. Alle scheinen sehr zufrieden damit . . .

. . . Ich weiß schon genau, was für ein Abendessen ich Dir zu Deinem Empfang koche!

x x x Sivvy

6. JUNI 1961

Liebe Mutter, lieber Warren,

Ihr könnt Euch nicht vorstellen, wie glücklich Euer wunderbarer Brief uns gemacht hat! Ich hatte die Hoffnung nicht aufgegeben, Warren würde [*im Frühherbst*] kommen, und nun geht mein Wunsch in Erfüllung! Wir werden gute Restaurants in Soho ausprobieren, und eigentlich müßte es dann auch ein paar gute Theaterstücke geben . . .

. . . Du wirst es bei den Merwin's bestimmt sehr viel bequemer haben. Es liegt *so* nahe, und Dido's Zimmer ist so schön, und Molly, die kleine australische Friseuse [*Untermieterin bei den Merwin's*], arbeitet den ganzen Tag. Ich werde vormittags in dem Arbeitszimmer dort arbeiten und Ted nachmittags, außerdem mußt Du nicht jedesmal eine kilometerlange Reise machen, wenn Du Dich ausruhen willst oder etwas brauchst . . .

Ted hat am letzten Mittwoch seinen mit 100 Pfund dotierten Hawthornden-Preis in Empfang genommen; die Laudatio hielt der Dichter C. Day Lewis, der reizend ist.

Gestern morgen war ich bei der BBC und habe eine Aufnahme für eine 25-Minuten-Sendung gemacht, mit Gedichten von mir samt Kommentar . . . und zwar für die Sendung »Zeitgenössische Dichter« im Juli. »Zeitgenössische Dichter« kommt jeden Monat, ich stehe auf einer Liste von lauter Amerikanern, zwischen Robert Lowell, Stanley Kunitz und Theodore Roethke, was ich für eine große Ehre halte. Wir werden die Sendung nicht hören können, da wir in Frankreich sind, aber Du mußt sie Dir anhören und uns erzählen, wie sie war. Habe $ 60 für die Arbeit am Morgen bekommen und werde für die Gedichte extra bezahlt . . .

Das einzige, wonach ich mich jetzt sehne, ist ein Haus! Sobald unsere Einkommenssteuer für dieses Jahr im United Kingdom erklärt ist, werden wir erfahren, wie hoch die Hypothek ist, die der St. Pancras Council uns gewährt, und dann versuchen wir, bis zum Winter hier ein Haus zu finden. Ted sagt, er könnte sein Einkommen verdreifachen, sobald er ein Arbeitszimmer hat, in dem er seine Papiere lassen kann und nicht gestört wird, und ich könnte mir vormittags einen Babysitter leisten und würde gern an einem Roman schreiben. Außerdem könntet ihr, Warren und Du, dann mit einem Gästezimmer rechnen . . . Ach, es wäre so schön, wenn Du hier jeden Sommer sechs Wochen verbringen könntest! Wenn

Du bloß das Geld für das Rundreise-Ticket aufbringen müßtest und wir ein Gästezimmer hätten, dann hättest Du nahezu keine Extraausgaben und Ted und ich könnten in der Mitte Deines Aufenthaltes, wenn Du Dich wieder an Deine Enkelkinder gewöhnt hast, unseren jährlichen Vierzehntageurlaub machen.

Ich merke, daß ich seit vier oder fünf Jahren keinen richtigen Urlaub mehr gemacht habe. Unser Sommer in Northampton war deprimierend, und unsere Amerikatour großartig, aber das Tempo ermüdend [*sie war damals am Beginn ihrer ersten Schwangerschaft*], und seit das Baby da ist, habe ich keinen einzigen Tag frei gehabt. Die Vorstellung, mit Ted alleine für zwei Wochen zu verreisen, ist einfach himmlisch. Wir haben vom 30. Juni bis zum 14. Juli Zimmer reserviert und wollen fünf bis sechs Tage allein in Frankreich herumfahren, bevor wir zu den Merwin's gehen. Ich glaube, Du wirst es hier sehr bequem haben mit dem Baby – dreimal in der Woche kommt der Windeldienst, Waschsalon und die ganzen Geschäfte liegen um die Ecke, und es ist so hübsch und drollig, daß Du es einfach anbeten wirst. Gestern hat es eine Untertasse vom Küchenbord genommen und auf den Boden gestellt. Dann hat es eine Tasse heruntergeholt und sie auf die Untertasse gestellt. Dann hat es die Tasse hochgehoben, so getan, als nippe es, sie zurück auf die Untertasse gestellt und ist vor Vergnügen über sich selbst in Gelächter ausgebrochen. Das muß die Folge davon sein, daß es uns ein Jahr lang beim Teetrinken zugeguckt hat!

Viele liebe Grüße an Euch beide,
Sivvy

LACAN DE LOUBRESSAC
PAR BRETENOUX, FRANKREICH
DONNERSTAG, 6. JULI 1961

Liebe Mutter,

ich bin entzückt über Deine beiden lieben Briefe, die so erfüllt von Frieda sind. Ich habe jede Bemerkung über sie aufgesogen. Schon jetzt kommt sie mir wie ein anderes Kind vor, sie wächst so schnell heran, und obwohl ich eine herrlich geruhsame Zeit verbringe, vermisse ich sie unendlich. Das Bauernhaus der Merwin's ist idyllisch: eine herrliche Aussicht, Pflaumenbäume, Milch, Butter und Eier vom Bauern, eine Billion Sterne hoch droben, Kuhglocken, die die ganze Nacht sanft läuten; und Dido ist die beste Köchin der Welt.

Sie haben das ganze Haus aus einem Haufen brombeerbewachsener Steine neu erbaut; es ist voller antiker Möbel, die sie aus den Scheunen der Bauern gerettet, abgebeizt und so lange poliert haben, bis die Oberfläche seidig glänzte.

Ted ist in einem Maße erholt, daß es meinem Herzen wohltut. Ich bin braun, endlich, vom Sonnenbaden auf der geraniengeschmückten Terrasse und erleichtert, daß ich eine Zeitlang vollkommen befreit bin von Post, Telefonanrufen und London. Heute gehen wir zu einem hiesigen Markt, wo auch Jahrmarkt ist.

Es freut mich, zu hören, daß Du ins Theater gehst . . . Nimm es nicht so schwer. In Yorkshire wirst Du Dich bestimmt gut erholen. Ich habe mich so regeneriert, daß ich mich richtig danach sehne, Frieda wieder zu übernehmen. Wir sind Freitag, den 14., rechtzeitig zum Abendessen da, denke ich, und wollen am darauffolgenden Dienstag frühmorgens für eine gute Woche nach Yorkshire reisen.

Wenn wir wieder in London sind, fahren Ted und ich vielleicht einen Tag oder so nach Devon, um uns Häuser anzuschauen. Ich wäre so froh, wenn wir ein Haus fänden, bevor wir in diesem Herbst nach Italien gehen . . .

Wir sehen uns in einer Woche. Halt uns auf dem laufenden . . .

Grüße
Sivvy

Folgenden Brief schrieb ich während meines Englandbesuches an Warren.

30. JULI 1961

Lieber Warren,

. . . [Sylvia] hat den ersten Preis beim Cheltenham Festival-Wettbewerb bekommen (75 Pfund!).

Am Donnerstag sind die beiden nach Devon aufgebrochen – liegt südwestlich von London – fünf Stunden mit dem Auto. Seit Frühjahrsanfang hatten sie sich Listen von Häusern schicken lassen, die zum Verkauf stehen und schließlich acht Objekte zum Besichtigen herausgesucht – hören sich alle phantastisch an. Als sie fort waren, wohnte ich natürlich in ihrer Wohnung und Frieda bekam ihren 12. Zahn. Mit dem Ergebnis, daß keiner von uns viel schlief, obwohl sie keineswegs krank war – bloß schlaflos.

Sivvy und Ted kamen dann Freitag um Mitternacht zurück, erschöpft. Sieben von den acht Häusern waren unmöglich. Einige tatsächlich Ruinen. Aber in das dritte Haus, das sie Freitag besichtigt hatten, verliebten sie sich, und wenn rechtlich alles in Ordnung ist, werden sie es wohl kaufen. Es handelt sich um das uralte (jawohl!) Haus von Sir und Lady Arundel, die dort waren, um sie herumzuführen. Sivvy's Beschreibung entnehme ich die folgenden Daten: Das Hauptgebäude hat neun Zimmer, einen Weinkeller und eine kleine Dachkammer. Der große Rasen . . . vor dem Haus grenzt an eine etwa drei Meter hohe Mauer, und wird von einem Nachbarn gepflegt, der ihn mit dem Rasenmäher mäht und dafür das Gras behalten darf. Alles, was man von der Straße aus sieht, ist das strohgedeckte (wirklich!) Dach. Es gibt einen gepflasterten Hof, einen guterhaltenen Stall, der als Garage benutzt wird und ein »Cottage« mit zwei Zimmern und einer Toilette (ehemals als Dienstbotenwohnung benutzt), das sehr reparaturbedürftig ist. Des weiteren drei Morgen Land – ringsum von einer Mauer eingefaßt – einen Obstgarten mit Apfelbäumen, Kirschbäumen, Brombeer- und Himbeersträuchern, einen ehemaligen Tennisplatz, aus dem sie einen Spielplatz für Frieda machen wollen. Hinten grenzt das Grundstück an eine Kirche; das Dorf liegt ganz in der Nähe. Lady Arundel will ihre Putzfrau und eine Hebamme im Dorf empfehlen . . . Wenn alles klappt, hoffen Sivvy und Familie schon in Devon zu sein, wenn Du kommst.

Falls ich mich richtig an alles erinnere, was sie mir erzählt haben, liegt das Haus eine Fahrtstunde von Exeter – einer ziemlich großen Stadt – und eine Stunde von der Küste entfernt, wo es schöne Strände geben soll. Das Land ist von üppiger Schönheit; obwohl es zeitweilig viel Regen gibt, ist das Klima sehr mild, und es gibt auch klare und sonnige Tage.

Wenn alles so ist, wie sie sagen und sich erträumen, dann werden sie hoffentlich bald dorthin ziehen können, und ich werde alles tun, was in meinen Kräften steht, um das zu ermöglichen . . .

Die Arundel's haben einen sehr positiven Eindruck auf Sivvy und Ted gemacht und schienen darauf aus zu sein, Leute zu bekommen, die einen Sinn für die historische Bedeutung des Geländes und des Hauses haben. (Es gibt einen römischen Wall *dort!) Da der Sir und die Lady sich kürzlich ein viel größeres Haus gekauft haben, sind sie offensichtlich nicht knapp bei Kasse, wollen aber nicht die zusätzliche Verpflichtung für diesen Besitz auf sich nehmen.*

Ich wünschte, ich könnte es sehen, aber Ted und Sylvia sind froh (das spüre ich), daß das im Augenblick wegen der großen Entfernung unmöglich ist. Es macht ihnen nichts aus, wenn Du es siehst, sagten aber, ich würde Mängel entdecken, die sie bis zu meinem Besuch im nächsten Sommer beheben wollen (!).

Edith [Teds Mutter] *und ich leihen ihnen je 500 Pfund, damit sie nicht allzusehr durch den schrecklichen Zinssatz von 6 1/2 Prozent belastet werden; das heißt, jede von uns leiht ihnen $ 1400. Ich war bereit, die ganze Hypothek mit 3prozentiger Verzinsung zu übernehmen, aber Ted wollte nichts davon wissen, und ich bewundere seine Entschlossenheit, so unabhängig wie möglich zu sein.*

. . . Grüße an Dich und Margaret [Warren's zukünftige Frau].

Mama

CHALCOT SQUARE
LONDON, ENGLAND
7. AUGUST 1951

Liebe Mutter,

. . . ich bin ein bißchen überwältigt von der Vorstellung, daß wir alles transportieren müssen, aber unser Besitz wird uns lächerlich klein vorkommen, verglichen mit dem Haus selbst. Wir werden die Räume nach und nach einrichten müssen. Ich habe ein bißchen Heimweh nach London, wie immer, bevor ich einen Ort verlasse, freue mich aber auf viel Raum und den ländlichen Frieden in den nächsten paar Jahren. Ted ist im siebenten Himmel. Wir arbeiten abwechselnd in dem Merwinschen Arbeitszimmer, ich morgens und er nachmittags, und das funktioniert großartig, weil keiner von uns den ganzen Tag am Schreibtisch hocken will.

Du bist überall gegenwärtig und Dein guter Einfluß auch. Ich nehme etwa fünf Vitamintabletten am Tag, mache jeden Nachmittag einen langen Spaziergang mit Frieda und füttere sie mit Hackfleisch und Kartoffeln . . .

Ich werde so glücklich sein, wenn ich endlich da bin und anfangen kann, das Haus herzurichten. Von den paar Mängeln abgesehen ist es wunderschön, und Du hast jetzt ein angenehmes Landhaus, in dem Du nächsten Sommer wohnen kannst! Ich freue mich aufs Äpfelprobieren und Kompottmachen und stelle mir unseren Wall voll Narzissen im Frühling vor. Ich glaube, wir werden beide sehr produktiv sein. An Italien möchte ich natürlich nicht eher denken, als bis es soweit ist; wir wollen versuchen, die Hälfte des Stipendiumgeldes zu sparen und werden es gewiß brauchen können.

. . . Wir freuen uns so auf Warren!

Wir vermissen Dich unendlich und rechnen fest damit, daß Du im nächsten Sommer kommst. Besten Dank, daß Du es uns ermöglicht hast, die Reisen zu machen und das Haus zu finden.

Alles Liebe,
Sivvy

13. AUGUST 1961

Liebe Mutter,

tausend Dank für den $ 5880-Scheck, der diese Woche angekommen ist, und für Dein eigenes Darlehen von $ 1400 (Du brauchst nicht »Schenkung« draufzuschreiben, weil man Darlehen nicht versteuern muß) . . .

Ted und ich erwägen ernsthaft, ob wir nicht das Somerset Maugham-Stipendium aufgeben sollen, es sei denn, natürlich, sie verlängern es noch einmal um zwei Jahre. Die Aussicht, zwischen einen anstrengenden Umzug in ein Haus und ein zweites Baby eine Europareise einzuschieben, scheint die 500 Pfund einfach nicht wert, obwohl wir die Hoffnung hatten, die Hälfte davon sparen zu können. Wir sind der Überzeugung, daß wir zum Ausgleich für das fehlende Stipendium im Herbst – wenn er nur einigermaßen ruhig ist – soviel schreiben können, daß es reicht, und bei der Vorstellung, nicht ins Ausland gehen zu müssen, fällt uns ein Stein vom Herzen. Wir sind soviel herumgezogen in der letzten Zeit, daß es uns für Jahre reicht . . .

Wir haben in der Zeitung eine Annonce wegen unserer Wohnung aufgegeben (wir verlangen $ 280 »Abstand« für Tapeten, Lino [Linoleum], Regale und Anwaltskosten, und um eine Lawine von Leuten abzuschrecken – so üblich hier) und acht Antworten erhalten und zwei Paare sind gekommen und wollten sie gleichzei-

tig haben. Sehr peinlich, zumal Ted und mir das eine Paar gefiel –
er, ein junger kanadischer Dichter [*David Wevill und seine Frau
Assia*]; sie, eine Deutschrussin, mit der wir uns identifizierten. Da
sie zu langsam und zu höflich waren, um sich vorzudrängen,
bekam, formal gesehen, der andere, ein eiskalter, aufdringlicher
Mann die Wohnung, indem er sich setzte und sofort einen Scheck
ausschrieb. Wir kamen uns so mies vor, daß wir am gleichen
Abend seinen Scheck zerrissen und ihm erzählten, wir würden
bleiben; dann machten wir das andere Paar ausfindig und sagten
ihnen, sie könnten sie haben. Ich hoffe also, daß unser Umzug
[*nach Devon*] zustande kommt. Das Paar kommt diese Woche zum
Abendessen.

. . . Drück uns die Daumen [*wegen des Hauses*]!

Grüße an Dich und Warren,

Sivvy

LONDON N. W. 1

25. AUGUST 1961

Liebe Mutter, lieber Warren,

ich habe mich sehr über Eure Briefe gefreut – besonders über
Deinen, Warren, in dem Du uns schreibst, daß Du am neunten
September nach Devon kommst!

Teds BBC-Sendungen für Kinder haben große Begeisterung ausgelöst, er hat die Zusicherung, dort so viel machen zu können, wie
er will, außerdem ist er aufgefordert worden, gelegentlich redaktio-
nelle Arbeit für die Kinderseite der *Sunday Times* zu machen . . .
und noch weitere Jobs dieser Art, ganz zu schweigen von seinem
Wunsch, einen Erzählband fertig zu machen, auf den Faber dringend wartet. Nie habe ich ihn so glücklich gesehen. Beide empfinden wir eine herrliche, tiefatmende Freude angesichts des friedlichen, zurückgezogenen Lebens, das vor uns liegt und wir sind
entzückt, daß unsere Kinder in einem so wundervollen Haus
wohnen und spielen werden . . .

Ich bekam einen sehr netten Brief von Alfred Knopf (meiner
Lektorin dort), in dem mir mitgeteilt wird, daß mein Gedichtband
(40 Gedichte, ein viel prägnanteres, strafferes Buch) im Frühjahr
1962 herauskommen soll. Nach all diesen Jahren, in denen ich mir
gewünscht habe, bei diesem Verlag ein Buch zu veröffentlichen, ist

es jetzt ein sehr aufregendes Gefühl, die Knopf-Autorenverträge auszufüllen!

. . . Ich bin so gespannt, herauszufinden, wie es sich *anfühlt* [*in Devon*] zu leben. Ich werde mich, sobald ich kann, wegen einer Bendix erkundigen, Mutter, da es einfach himmlisch wäre, eine anzuschaffen, bevor das neue Baby kommt . . . Ich habe es wirklich satt, jede Woche körbeweise Wäsche in den Waschsalon zu schleppen . . .

Wir haben mit unseren engsten Freunden hier bereits Abschieds-essen veranstaltet. Wir kennen einige ganz wunderbare Paare — einen im Exil lebenden portugiesischen Dichter und seine groß-artige, vitale Frau, Alan Sillitoe, den jungen, berühmten Autor des Romans *Saturday Night and Sunday Morning* (wurde verfilmt) und seine amerikanische Frau, und natürlich unsere reizenden Nachbarn. Zum Glück liegen wir an der Ferienroute nach Corn-wall, wir werden sie also vermutlich etwa einmal im Jahr zu sehen bekommen . . .

Ich gehe morgen in die Stadt und versuche, eine ähnliche Näh-maschine, wie ich sie von Dido geborgt hatte, aus zweiter Hand zu bekommen.

Es klingt paradox, aber es ist herrlich, daß uns nicht mehr die Anstrengung einer Italienreise droht. Das Geld, das wir dabei sparen wollten, war uns die Sache einfach nicht wert. Wir haben jetzt die Möglichkeit, den ganzen Herbst in Ruhe zu schreiben, und eine Menge fertig zu machen, bevor das neue Baby kommt. Wahr-scheinlich werden wir Dich dazu anstellen, morgens auf Frieda aufzupassen, Warren! Ich nehme an, daß man auf dem Lande nicht so leicht einen Babysitter bekommt.

Alles Liebe von uns 3, Sivvy

Siebter Teil

4. September 1961 – 4. Februar 1963

Die Übersiedlung nach Devon beglückte Sylvia und weckte all ihre hausfraulichen Instinkte. Obwohl natürlich keine Zentralheizung da war und noch viel gemacht werden mußte, war das strohgedeckte Haus ihr erstes wirkliches Heim, ein Ort, der mit der Zeit schön und auch gemütlich werden konnte.

Die überschwengliche Freude jedoch, die der Geburt von Nicholas Farrar am 17. Januar 1962 und dem Aufblühen ihrer Gärten nach einem langen, harten Winter folgte, war Ende Juni vollkommen verschwunden. Die Ehe litt zunehmend unter schweren Spannungen.

DEVON IN ENGLAND
4. SEPTEMBER 1961

Liebe Mutter,

ich schreibe dies in meiner großen »rückwärtigen Küche« (keine wirkliche Küche, denn kochen und abwaschen tue ich in einem kleinen Raum jenseits des Flures) ... umgeben von meinen kupfernen Kochtöpfen und dem holländischen Teeservice, das Du mitgebracht hast, alles schön aufgestellt in verschiedenen reizvollen Ecken und Winkeln. Ein großer Kohlenofen wärmt diesen Raum und hält das ganze Wasser kochend heiß (obwohl wir unabhängig davon in dem elektrischen Boiler im oberen Stock heißes Wasser anstellen können). Endlich habe ich soviel Raum, wie ich es mir ersehnt habe und für alles einen idealen Platz. Im Wohnzimmer, wo Ted gerade Bücherregale baut, sehen meine Zinnsachen herrlich aus.

Wir sind am Donnerstag ohne Panne umgezogen. Unsere Möbel paßten genau in den kleinen Möbelwagen (der Transport kostete knapp $ 100) und wir hatten einen schönen, heißen, sonnigen blauen Tag. Seither hüllt uns Nebel ein; auch gut, denn wir packen aus, schrubben, streichen an und arbeiten drinnen schwer. Das Haus hat uns überrascht – alles kam uns so viel besser vor, als wir es in Erinnerung hatten – überall gibt es etwas Neues zu entdecken. Die Arundel's hatten es besenrein und blitzblank hinterlassen. Die Holzwurm-Leute waren gerade mit ihrer Arbeit fertig geworden, deshalb riecht es immer noch ganz schwach nach Desinfektionsmitteln.

Das Haus ist wie ein Mensch; es reagiert auf den leisesten Handgriff und sieht sofort wunderbar aus. Ich habe einen schönen, runden Eßtisch, den wir für das Paar, das in unsere Londoner Wohnung gezogen ist, »lagern«; wir essen daran in dem großen rückwärtigen Zimmer, das mit hellgrünem Linoleum ausgelegt ist, eine cremefarbene, schulterhohe Holztäfelung hat und rosagetünchte Wände, wie das übrige Haus ... Hier, in diesem Raum hat Frieda ganz viel Platz zum Herumrennen und Spielen und Sachen verschütten – mit dem gemütlich warmen Kohlenofen, den Ted fleißig heizt, ist er wirklich das Zentrum des Hauses.

Auf der anderen Seite des hinteren Flurs, der mit kleinen Kopfsteinen belegt ist – mit das Schönste am Haus – liegt meine handliche Arbeitsküche ... mit meinem Gasherd, massenhaft

Regalen und einer niedrigen, uralten Spüle, die ich baldigst gegen eine moderne austauschen lasse . . .

Wir haben drinnen soviel zu tun, daß wir noch nicht einmal dazu gekommen sind, unser Grundstück genauer zu inspizieren (hauptsächlich gibt es da jetzt Brennesseln zu ernten, und Äpfel natürlich). Ich bin mit Frieda hinausgegangen und habe einen großen Korb mit Fallobst für Apfelkompott, genügend Brombeeren für zwei Schüsseln zum Frühstück, und etwa fünf Pfund Kartoffeln aus einem Hügel geholt, wo jemand vergessen hatte, sie auszugraben. Das Haus ist voller Blumen – großen pfirsichfarbenen Gladiolen, feuerroten und orangefarbenen und gelben Zinnien. Der vordere Blumengarten ist voller Unkraut, aber es wachsen dort jede Menge Petunien, Zinnien und ein paar kräftige Rosensträucher. Meine ganze Seele ist ungeheuer weit geworden – ich habe nicht dieses beengte, gemarterte Gefühl, das ich in all den kleinen Wohnungen hatte, in denen ich früher lebte. Frieda findet es hier herrlich. Das Haus hat nur eine flache Stufe von der hinteren Terrasse in den hinteren Flur und eine weitere flache Stufe nach vorne hinaus, in den Garten, sie kann also mühelos, ohne die Gefahr hinzufallen, rein und raus rennen, und sie stampft gerne durch die großen Räume. Sie braucht wieder zwei Schläfchen am Tag, so müde wird sie von all der Bewegung.

Was hier so himmlisch ist, das ist die vollkommene Stille. Sehr nette Geschäftsleute, ein pensioniertes Ehepaar aus London am Ende unserer Auffahrt (das uns ein Tablett mit Tee am Tage unseres Einzugs brachte) und skurrile, liebenswerte Einheimische . . .

Ich gehe in die Schwangerschaftsberatung zu dem Arzt oben an der Straße, damit ich auf seine Patientenliste komme. Dies ist ein herrliches Haus zum Kinderkriegen.

. . . Wir können es kaum erwarten, daß Du es siehst. Wünschte, Du könntest im Frühling kommen. Wir haben eine Fülle von Fliederbüschen (die ich vorher nicht entdeckt hatte), Narzissen, Goldregen, Kirschbäume, Apfelbäume, Geißblatt – es muß dann sagenhaft schön hier sein. Ted hat ein großartiges Dachboden-Arbeitszimmer unter dem strohgedeckten First. Ich habe das beste vordere Schlafzimmer als Arbeitszimmer genommen . . .

x x x Sivvy

15. SEPTEMBER 1961

Liebe Mutter,

es kommt mir seltsam vor, daß Warren früher bei Dir sein wird als dieser Brief, obwohl beide am selben Tag fortgehen. Wir brachten ihn heute früh um 11 Uhr 30 zu dem kleinen ... Bahnhof, nach einem Frühstück mit Orangensaft, Spiegeleiern, Kartoffelchips und Apfelkuchen. Das Haus wirkt sehr einsam ohne ihn. Er war wirklich ein großartiges Familienmitglied – hat ein riesiges Ulmenbrett abgeschmirgelt, das mein erster wirklich geräumiger Schreibtisch werden wird, einen Satz Holzbauklötze entdeckt auf dem Cottagedachboden und sie für Frieda geputzt, Holz gehackt, den Rasen gemäht und sich rundherum nützlich gemacht.

Wir haben viel unternommen, während er hier war – haben die Kathedrale in Exeter erforscht, ein Picknick nach Tintagel (sehr kommerziell) mitgenommen und in der Nähe eine hochgelegene Viehweide mit Blick über das Meer gefunden, wo wir es aßen. Sind zu einer Auktion gefahren, bei der wir einen kleinen (1,20 x 1,80 großen) indischen Teppich für Friedas Zimmer kauften, und aßen auswärts in unserem hiesigen Gasthof, dem Burton Hall Arms (ein Roastbeef-Essen für kaum mehr als $ 1 pro Person), was eine willkommene Abwechslung vom Kochen für mich war ...

An diesem Samstag/Sonntag kommt noch ein ganz reizendes junges portugiesisches Ehepaar zu Besuch, das wir in London kennengelernt haben, und dann müßte es eigentlich ruhiger werden. Ted hat das schönste Dachboden-Arbeitszimmer, sehr warm unter dem Giebel des Strohdaches und über dem Warmwasserboiler. Er sieht jeden Tag glücklicher und besser aus. Allein zu sehen, wie er diesen Ort genießt und endlich das Leben führt, das er sich wünscht, gibt mir eine nie gekannte Befriedigung.

Ich liebe mein eigenes Arbeitszimmer; habe ich erst einmal meinen großen Brettertisch, sind die Holzsachen weiß gestrichen, und kommt ein Teppich und vielleicht auch ein Polstersessel dazu, dann wird es himmlisch ...

Ach ja, ich war bei meinem Arzt ... dessen Praxis nur drei Häuser weiter auf der anderen Straßenseite liegt (!) und habe auch seine wunderbare Hebammen-Schwester kennengelernt, die ich auf der Stelle mochte. Ich freue mich jetzt auf meine Entbindung zu Hause; schließlich spielen diese beiden Leute eine große Rolle in

450

meinem Leben – ich hätte es mit ihnen nicht besser treffen können. Ich finde es einfach herrlich hier und freue mich so, daß Du herüberkommst und das alles im nächsten Sommer mit uns genießen kannst. Viele liebe Grüße von uns 3.   Sivvy

DIENSTAG, 27. SEPTEMBER 1961

Liebste Mutter, liebster Warren,

. . . die Tage sind wie im Flug vergangen, seit ich das letzte Mal schrieb. Wir haben jetzt einen sehr schönen Rhythmus gefunden: Direkt nach dem Frühstück gehe ich hinauf in mein Arbeitszimmer und schreibe an dem prachtvollen 2 Meter langen Naturholztisch (den Du mit fertig gemacht hast, Warren), während Ted tischlert oder hinterm Haus mit Frieda gärtnert. Mittags gibt er ihr etwas zu essen und bringt sie ins Bett, dann komme ich herunter und mache *unser* Mittagessen und bis ich fertig bin mit dem Aufräumen und Abwaschen, ist Frieda wieder auf und wir gehen vors Haus, ich arbeite im Garten, flicke oder mache sonst was, und Ted ist in seinem Arbeitszimmer. So haben wir beide einen halben Tag an der Luft und einen halben Tag am Schreibtisch (genau das, was wir uns wünschen), und Frieda ist die ganze Zeit draußen . . .

Meine Putzfrau ist ein Segen. Das obere Stockwerk putzt sie dienstags, das untere donnerstags, außerdem bügelt sie fast die ganze Wäsche. Sie, Nancy Axworthy, kennt sich im Haus besser aus als ich, da sie elf Jahre hier gearbeitet hat. Ihr Mann ist Tischler und offenbar eine wichtige Figur im Ort – er ist einer der Glöckner, stellvertretender Feuerwehrhauptmann und gibt Unterricht im Tischlern in einer Abendschule. Nancy ist eine liebe, rüstige Person mit einem frischen Gesicht, die Hebamme meinte, sie würde sicher gerne ein paar Stunden mehr in der Woche kommen und beim Abwaschen und so weiter helfen, wenn das neue Baby da ist. Ich habe großes Glück!

[*Nicht datiert; Ende Sept. 1961*]

Freitag: . . . Ted hat Wintersalat angepflanzt und gräbt gerade ein großes Erdbeerbeet. Er hat meinen Schreibtisch, einen Nähtisch und ein Kindergitter für die Treppe gemacht – der geborene Tischler! Wir sind so glücklich. Zweiundsiebzig Apfelbäume!

Glaubst Du, unser amerikanischer Nikolaus könnte uns für Weihnachten Samen für »echten amerikanischen Mais« (ich habe gehört, Country Gentleman ist gut – die Merwin's haben ihn in Frankreich) und Kentucky Wonder-Bohnen oder irgendeine gute, dünne, grüne Stangenbohne auftreiben? Hier gibt's nichts dergleichen – nur dicke Saubohnen und Mais für Schweine.

Habe einen wundervollen Brief von Mrs. Prouty bekommen, in dem ein Scheck als Einzugs-Geschenk lag ... ich war ein bißchen traurig gewesen bei dem Gedanken, daß ich nicht einfach losgehen und ein oder zwei wirklich schöne Teppiche kaufen kann (im Schlafzimmer und im Wohnzimmer brauche ich am dringendsten einen), weil wir so einen Berg von Umzugskosten haben, dazu eine Rechnung über fast $ 300 für alle möglichen Anwaltsgebühren. Aber *jetzt* kann ich ihren Scheck zu dem von Grampy dazutun und mir etwas wirklich Gutes kaufen.

Ted ist 56 Kilometer zur BBC-Station in Plymouth gefahren, um vier kurze Sendungen für die »Woman's Hour« aufzunehmen. Ich bin ungeheuer erleichtert, daß es hier Aufnahmestudios gibt, da können wir wieder anfangen, etwas zu verdienen. Er schreibt ein Hörspiel für das Dritte Programm zu Ende, *Vogue* möchte ein Kindergedicht für $ 50 haben, und dann ist da noch die Folge von Kinderseiten in der *Times,* an Aufträgen fehlt es also nicht.

Ich bin sehr ermutigt durch den Verkauf einer ersten Frauenzeitschrift-Geschichte; meine zweite ist noch nicht verkauft, aber der Redakteur für Prosaliteratur von einer der beiden großen Frauen-Wochenzeitschriften will mich aufgrund dieser Veröffentlichung sprechen und mir sagen, wofür sie Bedarf haben. Ich werde das also energisch vorantreiben. Ich komme doch noch ins *Ladies' Home Journal!* ...

Alles Liebe
Sivvy

6. OKTOBER 1961 (FREITAG)

Liebe Mutter,

es ist jetzt kurz nach zehn, und ich sitze unten in der großen Küche heute morgen; der Aga-Herd (mit Kohle beheizt), den Ted frühmorgens geschürt hat, verbreitet gemütliche Wärme, und Frieda rennt mit ihren neuen Spielsachen zwischen Spielzimmer und Küche hin und her und baut sie zu meinen Füßen auf. Ted ist fast den ganzen Tag weg ... um in Exeter einzukaufen und Mitglied der dortigen Büchereien zu werden, so bleibt mir ein Tag, um mit dem Backen und Stopfen nachzukommen. Ich arbeite jeden Morgen bis mittags in meinem Arbeitszimmer ... und werde den Redakteur für Prosaliteratur [*bei einer Frauenzeitschrift*] sprechen ... wenn ich Ende des Monats nach London fahre, um meinen Verleger zu treffen und den 75-Pfund-Lyrikpreis bei der Guinness Party in Empfang zu nehmen.

Dienstag war Ted einen Tag in London; er verließ um 5 Uhr 30 das Haus, nahm den 6-Uhr-30-Schnellzug aus Exeter und war zeitig genug da für einen langen Aufnahmetag bei der BBC nebst einem luxuriösen Mittagessen in Soho mit dem Leiter des Arts Council, für den er während der nächsten zwei Jahre als Jury-Mitglied über die Auswahl der Poetry Book Society entscheiden wird [für etwa $ 150 pro Jahr]. Ted ist fast durch mit seinem neuen Hörspiel, wir haben das Gefühl, es geht richtig los mit dem Produzieren ...

Frieda blüht hier zusehends auf. Sie ist begeistert von ihrem großen Spielzimmer, in dessen Erkerfenster ich meinen Nähtisch aufgestellt habe. Ted ist dabei, ein paar Regale für ihre Spielsachen in eine Nische zu bauen, damit sie sie alle gut sichtbar aufstellen kann, statt sie durcheinanderzuwerfen. Sie ist unglaublich sauber – hebt jeden kleinen Krümel auf, den sie fallen läßt, und gibt ihn uns und versucht, alles, was sie verschüttet hat, mit einer Kehricht-schaufel oder einem Schwamm zu entfernen.

Viele liebe Grüße von uns allen.

Sivvy

13. OKTOBER 1961

Liebe Mutter,

... ich bin zu dem Schluß gekommen, die beste Art, sich hier in die Gemeinde zu integrieren, ist, in die hiesige anglikanische Kirche zu gehen und sich vielleicht auch ihrer Müttergruppe anzuschlie-ßen, die einmal im Monat tagt. Ich habe dem Pastor – einem protestantischen Iren, der viel herumgekommen ist (Chicago, Afrika) – deshalb geschrieben, und er kam und sagte, er würde das Glaubensbekenntnis und die Gottesdienstregeln mit mir durchge-

hen, ich könne jedoch gerne (konnte leider die Dreieinigkeit und
das alles nie ausstehen) im Geiste meines eigenen unitarischen
Glaubens kommen.

Der Gedanke, daß Frieda in die Sonntagsschule nebenan geht, ist
mir angenehm. Die Kirche ist »low« (wie unsere Episkopalkirche,
vermute ich) und hat eine Spitzenmannschaft von acht Glöcknern,
die uns jeden Sonntag in Entzücken versetzen . . .

Heute kommt Mrs. Hamilton, die Gattin des verstorbenen Kaf-
feeplantagenbesitzers, einer Lokalgröße, zum Tee. Sie ist alt, dröh-
nend, halb taub und hat einen Dackel namens Pixie. Ted muß
kommen und mir da heraushelfen! Er ist gerade mit dem Hörspiel
fertig, an dem er gearbeitet hat, und ich habe ein paar gute
Gedichte.

Alles Liebe
Sivvy

22. OKTOBER 1961

Liebe Mutter,

. . . ich habe meinen üblichen Freitagsbrief hinausgeschoben,
weil auch ich in der letzten Woche erschöpft war . . . Es scheint
unmöglich, daß man von etwas müde werden kann, was man so
gerne tut, aber vermutlich ist Schreiben anstrengend, und ich sollte
meine Vormittage am Schreibtisch eher als Arbeit betrachten denn
als Spiel. Wir gehen beizeiten ins Bett – Licht aus um 10 Uhr 30,
und Frieda läßt uns im allgemeinen bis gegen 8 schlafen. Ich meine,
das Baby wird jetzt auch merklich schwerer . . . Frieda ist süßer
und gewinnender denn je. Ich glaube, sie kriegt von uns beiden das
Beste – keiner muß auf sie aufpassen, wenn er schreiben möchte,
aber wenn wir etwas tun, kann sie zuschauen und mitmachen.
Heute morgen habe ich die beiden im Garten beobachtet, Ted
pflanzte Erdbeeren, und Frieda folgte ihm mit ihrer kleinen Schau-
fel, andächtig jede seiner Gesten nachahmend; sie sah aus wie eine
Elfe in dem herrlichen roten Baumwollmantel mit Häubchen, den
Du geschickt hast . . .

Bin so froh, daß Dir »Snow« gefallen hat. Ich habe *Harper's
Bazaar* noch nicht gesehen. Hoffe, sie schicken uns ein Exemplar.
Wirklich, ich finde, Du kommst dem, was Ted gemeint hat, sehr
nahe – es ist nicht so sehr eine philosophische Gleichung als

vielmehr das *Gefühl,* verloren zu sein und gegen schreckliche Unbekannte und Unwägbarkeiten ankämpfen zu müssen, etwas, was die meisten Menschen früher oder später empfinden. Ich finde sie von Teds Geschichten die überzeugendste, weil sie so herrlich zu der eigenen Erfahrung *paßt.* Unglaublich, wie fesselnd sie ist, mit nur einer Figur, dem Schnee und dem Stuhl, und ich meine, sie zeugt von einem tiefen psychologischen Verständnis für die Kämpfe der Seele.

Könntest Du mir, wenn Du zufällig daran denkst, ein *Ladies' Home Journal* schicken oder auch zwei? Ich habe Heimweh danach; es hat etwas so typisch Amerikanisches – da hineinzutauchen ist mir *jetzt, da ich im Exil lebe,* ein Bedürfnis, zumal ich zur Zeit auf bescheidener Ebene für Frauenzeitschriften schreibe. Sollte ich es je schaffen, eine Geschichte im LHJ zu veröffentlichen, geht ein lange gehegter ehrgeiziger Wunsch von mir in Erfüllung.

Später: Eine wilde, stürmische Nacht mit Regenschauern. Ging mit dem munteren pensionierten Londoner Ehepaar, das unten an der Straße wohnt, in meinen ersten anglikanischen Gottesdienst. Es ist eine süße kleine Kirche, den Gottesdienst fand ich sehr befremdlich. Dir wäre er wahrscheinlich sehr vertraut, eine Art verwässerter katholischer Gottesdienst. Der Gesang des Chors und der Gemeinde ist erstaunlich ausdrucksvoll und kräftig, gemessen an den paar Leutchen dort, und das Choralsingen gefällt mir. Ich denke, ich werde ab und zu mal in die Abendandacht gehen und Frieda in die Sonntagsschule schicken. Ich bin sicher, daß sie sich von der Kirche abwenden wird, sobald sie selber zu denken anfängt, doch ich weiß, wie unglaublich stark die Worte jenes kleinen christlichen Gebetes »Gott hilft mir in jeder Not«, das Du uns gelehrt hattest, in gewissen Augenblicken meines Lebens gewesen sind, und glaube deshalb, daß es ihr guttun wird, sich dieser religiösen Gemeinde zugehörig zu fühlen. Ich muß sagen, bestenfalls bin ich wohl eine heidnische Unitarierin! Die Lieder, Psalmen, Responsorien und Gebete sind schön, aber die Predigt! ... Es ist ein Jammer, daß es unter den Geistlichen nicht mehr feurige Intellektuelle gibt. Dieses Amt scheint weiche, bequeme, seichte Seelen anzuziehen, die sich gewiß um keinen Preis den Löwen in der römischen Arena entgegenwerfen würden ...

Grüße
x x x Sivvy

26. OKTOBER 1961

Liebe Mutter,

. . . Ted hat für die britische Ausgabe der *Vogue* ein wunderschönes Gedicht über das Ungeheuer von Loch Ness geschrieben (ein Gedicht für Kinder) und einen Berg Kinder-Tierbücher vom *New Statesman* zum Rezensieren bekommen. *Mir* schicken sie ebenfalls eine Menge bunter Kinderbilderbücher zum Besprechen (da ich bescheiden gesagt hatte, das wäre im Moment mein Niveau) – alle gratis und zum Behalten. Ich bin ganz froh, denn ich glaube, ich kann die Bilder recht gut beurteilen, außerdem macht es mir großen Spaß, sie jetzt zu verstecken und später für Frieda wieder hervorzuholen – etwa $ 15 wert.

Heute ist unser *Harper's Bazaar*-Exemplar gekommen. Kaum zu fassen, Robert Lowell, Marianne Moore und Ted inmitten dieser modischen Korsetts! Ein Glück für uns, daß sie im Geld schwimmen. Die »kultivierte« Leserschaft bekommt auf diese Weise Mode, Cocktailparty-Tratsch und »namhafte Schriftsteller« zugleich – normalerweise nur auf einer Doppelseite, wie Du bemerken wirst, damit der Geist nicht überfordert wird. Die Redakteure sind meistens sehr kluge Frauen, und der Begleittext wird von Phi-Beta-Kappa-Studentinnen mit Englisch im Hauptfach geschrieben. Arme Dinger.

Später: Ich sitze in unserem »Salon« an dem überaus zierlichen, kommodenartigen Schreibtisch, den Ted letzte Woche auf einer Auktion für $ 15 gekauft hat. Er ist Deinem sehr ähnlich, hat drei Schubfächer, eine schräge Klappe, die man zum Schreiben aufmacht, und drei Fächer für Briefe. Ich finde ihn herrlich.

30. OKTOBER 1961

Ich fahre morgen nach London, um meinen $ 75-Preis zu kassieren und um den Redakteur von der Frauenzeitschrift zu treffen, und ich werde mein Manuskript bei dem Buchhändler abgeben, der das von Ted gekauft hat auf die Möglichkeit hin, es zu verkaufen. Am Mittwoch gehe ich von Deinem Geburtstagsgeld ins Theater und werde vorher gut essen. Ich dachte mir, daß es Dir recht ist, wenn ich Dein Geld auf diese Weise ausgebe. Ich freue mich auf den Ausflug, da ich mir nicht vorstellen kann, daß sich mir bis nächsten Sommer, wenn Du kommst, noch so eine Gelegenheit bieten wird, auf den Putz zu hauen.

Hatte einen herrlichen Geburtstag. Ted kaufte mir eine Menge teurer Tintenfisch- und Kaviardosen in einem Delikateßgeschäft, zwei Gedichtbände, einen Parker-Füllfederhalter und einen großen Weidenkorb für meine Wäsche . . . Insgesamt haben wir jetzt etwa 50 Kinderbücher zum Besprechen, ein wirkliches Geschenk, denn jeder von uns kann nicht mehr als zehn machen – es ist alles da, angefangen von *The Cat in the Hat Comes Back* bis zur Geschichte von Elsa, der Löwin, und ihren Jungen. Gut $ 50 bis $ 60 wert. Meine gewinnsüchtige Seele jubelt.

Ich hoffe, der Strontium 90-Gehalt in der Milch steigt nicht allzu sehr. Ich war sehr bedrückt wegen der Nachricht über die Bomben; natürlich haben die Amerikaner zu dem Grad an Verseuchung beigetragen. Die Atombunkermanie in Amerika kommt mir wahnwitzig vor. Ach, gerade jetzt wäre ich lieber in Devon, wo ich auf dem Land bin, als sonstwo. Bleib gesund!

x x x Sivvy

5. NOVEMBER 1961

Liebe Mutter,

. . . ich bin zwei Nächte [*in London*] bei unseren Freunden, den Sillitoe's, geblieben. Am ersten Abend ging ich zu der Guinness-Party und wurde zu meiner Überraschung aufgefordert, mein Gedicht zusammen mit den regulären Guinness-Preisträgern, unter ihnen Robert Graves, in der märchenhaften Goldsmiths Halle in der City zu lesen, obwohl mein Preis für einen anderen und viel kleineren Wettbewerb bestimmt war. Ich holte mir meinen 75-Pfund-Scheck ab; danach ein kleines Abendessen mit meinem Verleger . . . Der nächste Tag war ein reiner Geschäftstag. Ich tippte meine Kinderbuch-Besprechung bei den Sillitoe's, traf mich mit dem sehr ermutigenden Redakteur der Frauenzeitschrift, aß zu Mittag mit einer ebenfalls schwangeren Dichterin, die ich bei der Guinness-Party kennengelernt hatte, ließ einige Manuskripte bei einem Agenten, der hofft, sie einer amerikanischen Universität verkaufen zu können, und trank etwas Tee vor den beiden Stücken des jungen amerikanischen Dramatikers Edward Albee. London ist sehr anstrengend, wenn man keine eigene Bleibe hat, und das

Herumkommen eine Herkulesarbeit. Ich ertappte mich plötzlich beim Schimpfen über den Ruß und die gräßlichen Vororte und die Auspuffgase, sehnte mich nach Hause, nach frischer Luft und meinem eigenen Stück Land und meinen beiden Lieblingen. Ted und Frieda holten mich Donnerstag nachmittag vom Bahnhof ab, der Zug war ganz pünktlich. Getrennt hatte keiner von uns gut essen und schlafen können, aber jetzt blühen wir alle wieder auf.

... Die nächsten fünf Monate werden grausam. Ich bin immer betrübt, wenn nicht mehr Sommerzeit ist, wenn die finsteren Abende schon am Spätnachmittag hereinbrechen, und ich werde mich bemühen, in diesem Monat etwas für die Behaglichkeit zu tun – der beste Schutz gegen Schwermut für mich. Es ist schwer vorstellbar, daß *Teppiche* den seelischen Zustand beeinflussen können, aber ich reagiere so stark auf Farben und Gewebe, daß ein roter Teppich mich sicher für immer optimistisch stimmen wird ...

... In den letzten paar Monaten, seit wir hier sind, haben wir wirklich viel geschafft. Ich muß mich bremsen, gleich alles fertig haben zu wollen. Zum Beispiel gehört das ganze Haus neu verputzt, da der Mörtel zum großen Teil trocken ist und unter der Tapete bröckelt, doch mit Ausnahme von ein oder zwei Stellen müßte es eigentlich noch einige Jahre gehen. Und nächste Woche oder in zehn Tagen fahre ich nach Exeter, um mich nach dem Preis für Teppiche zu erkundigen und Vorhangstoff zu kaufen ...

War gestern abend wieder in der anglikanischen Kapelle zur Abendandacht. Sonntag abends ist das eine kleine Quelle des Friedens, ich liebe die Orgel, das Glockenläuten und Choralsingen und denke während der schrecklichen Predigten über die farbigen Glasfenster nach. Wenn sie am Sonntagabend erleuchtet sind, sehen von unserem Haus aus die drei Glasfenster durch die Silhouetten der Bäume so schön aus. Wenn Du uns diesmal besuchst, wirst Du Dich *wirklich* erholen und Urlaub machen, wirst auf unserem fliederüberdachten Rasen in einem Liegestuhl sitzen, während die Kinder spielen, *keine* Treppen, *kein* Verkehr, nur ländliche Geräusche. Viele liebe Grüße Dir und Warren

x x x Sivvy

9. NOVEMBER 1961 (DONNERSTAG)

Liebe Mutter,

ich weiß gar nicht, wo ich anfangen soll. Dein lieber Extrabrief ist heute gekommen, und alle möglichen schönen Dinge sind geschehen. Ted wachte heute morgen auf und sagte: »Ich habe geträumt, daß du für deine »Johnny Panic«-Geschichte einen $ 25-Preis gewonnen hast.« Ich ging hinunter und stellte fest, daß ich ein Saxton-Stipendium für $ 2000 gewonnen hatte! Seit über einem halben Jahr warte ich nun auf Nachricht von ihnen; ich hatte die Hoffnung aufgegeben, weil sowohl Ted als auch ich bereits einmal abgelehnt wurden (Ted, weil er von Harper's verlegt wurde und das Stipendium von ihnen kommt, und ich, weil ich wegen Lyrik angefragt hatte und sie für Lyrik nicht gerne Geld geben). Also bewarb ich mich diesmal für ein Prosastipendium und bekam auch den geforderten Betrag (ich hatte mir ausgerechnet, wieviel ich brauche, damit ich nicht arbeiten muß und mir ein Kindermädchen und eine Haushaltshilfe leisten kann, etc.). Sie zahlen in vierteljährlichen Raten, jedesmal wenn ein Teil des Projektes fertig ist, ich müßte also in ein bis zwei Wochen das erste Geld bekommen! Das war wirklich die Rettung . . .

Das Leben im Städtchen wird immer lustiger. Gestern war ein Jagdtreffen auf dem Platz: All die einheimischen Fuchsjäger mit ihren roten Jacketts, Messingknöpfen und Samtkappen, Whisky trinkend zu Pferde, eine Reihe faszinierender Gesichter und eine Meute gefleckter, schwefelfarbener Hunde. Ein Hornsignal, und ab ging's im Galopp. Wir hatten Frieda mitgenommen, und sie war begeistert. Auf eine merkwürdige Weise erregend, trotz unseres Mitgefühls für die Füchse.

Frühmorgens machten wir einen langen Spaziergang mit Frieda, es war so schön – die Hecken ein Gobelin aus ineinandergewebtem Eichenlaub, Stechpalmen, Farnen, Brombeerblättern; die grünen Hügel getüpfelt mit Schafen und Kühen, und die rosa verputzten Bauernhäuser sehr altertümlich. Wie Du weißt, ist Frieda eine große Spaziergängerin . . .

Sag Warren, daß der *New Yorker* gerade ein Gedicht von mir gekauft hat, das »Blackberrying« heißt; ich habe es hier geschrieben, es handelt von dem Tag, an dem wir alle zusammen Brombeeren suchen gingen auf dem Gelände, das abfiel zum Meer . . . Ich weiß nicht, wann sie »Tulips« abdrucken werden – wahrscheinlich

459

in der entsprechenden Jahreszeit. Ich werde ein Exemplar mit meiner schrecklichen ersten Frauenzeitschrift-Geschichte anfordern – sehr steif und dilettantisch. Sie erschien in meiner Geburtstagswoche. Ich bekam einen sehr süßen Verehrerbrief dafür; die Frau, ebenfalls Schriftstellerin, hielt mich für eine Expertin in Sachen Kanada und Whitby – der Segelhafen, den ich einen Tag lang besichtigte. Sehr schmeichelhaft! . . .   x x x Sivvy

20. NOVEMBER 1961

Liebe Mutter,

mach Dir keine Sorgen, daß ich mir mit dem Saxton-Stipendium zuviel vorgenommen habe. Ganz unter uns (und sag das keinem Menschen), ich hatte folgende Überlegung: Wenn etwas mit Sicherheit den Tod meiner schriftstellerischen Arbeit bedeutet, dann ein Stipendium für ein spezielles Projekt, das schließlich mit vierteljährlichen Berichten abgegeben werden muß – also machte ich einen Haufen Zeug in diesem Jahr fertig, bündelte es zu vier Paketen und halte es bereit, um nach und nach darüber zu berichten, wie gewünscht. Das heißt, ich muß nicht ein Wort schreiben, wenn mir nicht danach ist. Natürlich soll man mit Hilfe des Stipendiums *schreiben* und nicht bereits geschrieben haben, aber ich werde tun, was ich kann und wozu ich Lust habe, während mein Gewissen vollkommen unbelastet ist, weil ich weiß, meine Aufgaben sind bereits erfüllt. Wenn man ein Guggenheim hat, wie Ted damals, hat man es viel leichter. Sie verlangen weder Berichte noch Arbeiten; sobald man eines bekommt, ist man vollkommen frei. Jedenfalls hätte ich mich nie um ein Saxton beworben, wenn ich nicht schon etwas fertig gehabt hätte; ich glaube nicht, daß es gut ist, wenn man für etwas Geld kriegt, was man noch nicht gemacht hat – das ist allzu nervenaufreibend . . .

Habe ich Dir erzählt, daß ich 100 Pfund ($ 280) für ein etwa 130 Seiten langes Gedichtmanuskript von einem Buchhändler in London bekommen habe, der so was für die Universität von Indiana kauft? Sie hatten bereits Sachen von Ted im Werte von 160 Pfund erworben, dazu hat er von irgendeinem anderen Händler 80 Pfund erhalten, wir haben uns also ein nettes Sümmchen mit unserem ausrangierten Zeug verdient. Überflüssig zu sagen, daß uns das im Moment sehr gelegen kommt.

Gib acht auf Dich in diesen grimmigen, dunklen Tagen. Alles Liebe Dir und Warren

x x Sivvy

7. DEZEMBER 1961

Liebe Mutter,

es ist ein herrlicher, frischer, klarer Dezembermorgen, ich sitze mit Ted und Frieda im vorderen Zimmer und schaue hinaus auf unseren Morgen Wiese, die weiß ist vom Frost. Nach einer Woche mit düsterem, nassem, sonnenlosem Wetter sieht jetzt alles auf einmal strahlend und weihnachtlich aus. Ich will heute den größten Teil meiner amerikanischen Weihnachtskarten mit der gewöhnlichen Post abschicken, da spare ich ein bißchen.

Der Grund, weshalb ich so lange nicht geschrieben habe, ist wahrscheinlich ziemlich töricht, aber vor zwei Wochen bekam ich eine schreckliche Depression, als ich zwei Artikel in *The Nation* las – »Der Moloch Kriegsstaat« – über die entsetzliche Ehe zwischen Großindustrie und Militär in Amerika, die Macht der John Birch Society etc.; und dann noch einen über die widerwärtige Atombunker-Manie, alles in einem Maße faktisch, belegt und wahr, daß ich einfach nächtelang nicht mehr schlafen konnte angesichts des ganzen Kriegsgeschreis in den Zeitungen. Da steht zum Beispiel, daß Kennedy gesagt hat, Chruschtschow würde »keinen Platz finden, an dem er sich verstecken kann«, und daß die Lehrbücher des Heeres die Soldaten über den »unvermeidlichen« Krieg mit unserem »unerbittlichen Widersacher« indoktrinieren ... Ich begann mich zu fragen, ob es überhaupt noch einen Sinn hat, zu versuchen, in einer so wahnsinnigen, selbstzerstörerischen Welt Kinder aufzuziehen. Das Schlimme ist, daß die Macht zur Zerstörung real und universal ist und auch die Profession von Generälen, die nach ihrer Pensionierung Vorstandsmitglieder eben jener Raketenfabriken werden, [denen] sie zuvor Aufträge erteilt haben. Ich bin auch entsetzt darüber, daß die Vereinigten Staaten Raketen (ohne Sprengköpfe) an Deutschland verkaufen, ehemaligen deutschen Offizieren Orden verleihen. Wie der Berichterstatter der liberalen Frankfurter Zeitung sagt – aus seinem Geburtsland Deutschland nach Amerika zurückzukehren ist, als wäre er nie weggewesen. Das alles hat mich so entmutigt, daß ich keine Lust hatte, auch nur ein Wort an irgendwen zu schreiben. Ted hat mich sehr getröstet und Frieda auch. Zu den betrüblichsten Fakten in diesem Bereich gehört die öffentliche Ankündigung, daß Amerikaner gegen Amerikaner rüsten – die Bürger von Nevada verkünden, daß sie bombardierte und kranke Leute aus Los Angeles in die Wüste jagen werden (dies alles offiziell), und Pfarrer und Priester predigen, daß es ganz richtig ist, wenn man Nachbarn erschießt, die zu einem in den Bunker hereinwollen. Gott sei Dank ist in England von dieser idiotischen Bunkersache nicht die Rede. Ich hoffe nur, England ist so vernünftig, neutral zu bleiben, da es ganz offensichtlich ist, daß es im Fall eines Atomkrieges »ausradiert« würde; aus diesem Grunde stehe ich auch voll hinter den Atomwaffengegnern hier. Jedenfalls finde ich es furchtbar, daß man zugelassen hat, daß das Bunkersystem in Amerika der Werbung in die Hände fällt – je mehr Geld du ausgibst, desto wahrscheinlicher wirst du überleben etc., wo jetzt schon 59 Prozent der Steuern für militärische Ausgaben verwendet werden ... Na ja, über die ärgste Wut über das alles bin ich inzwischen hinweg. Jeder Tag scheint mir doppelt kostbar, glücklich wie ich hier bin mit meinem schönen Heim, dem lieben Ted und Frieda. Ich wünschte bloß, man könnte alle destruktiven Leute auf den Mond schicken ...

Heute kam ein großes Weihnachtspaket von Dir mit den beiden *Ladies' Home Journal*-Heften, auf die ich mich mit Begeisterung stürzte – diese Zeitschrift bringt so viele Amerikana, ich liebe sie. Freue mich auf eine angenehme Lektüre am Kamin heute abend und auf das Ausprobieren der köstlichen Rezepte. Kochrezepte in englischen Frauenzeitschriften gelten Speisen wie »Schweineschmalz-und-trocken-Brot-Pastete, garniert mit kalten Schweinefüßen« oder »Schmorbratenreste in Aspik«.

... Es geht mir so gegen den Strich, bloß Karten zu verschenken ... wo ich doch so gerne Geschenke kaufe, aber wir hatten das Gefühl, daß wir heuer wirklich knausern müssen, um die ganzen Rechnungen für Klempner, Elektriker, Extra-Heizkörper, Kohle, Grundsteuer, Anwälte, Gutachter, Transportleute und die sonstigen Riesensachen bezahlen zu können. Gleichsam zur Sanktionierung unseres Umzugs hatten wir *enormes* Glück mit dem Geldverdienen in diesem Herbst – mein Saxton, das in vier Raten kommt, reicht aus, um eine Weile davon zu leben ... Jeden September wollen wir Dir und Teds Eltern je $ 280 Eures Darlehens zurückzahlen, dank dessen wir Unmengen an Hypothekenzinsen sparen...

Wir haben zwei neue Pifcos (elektrische Heizkörper), insgesamt also vier. Es ist bitter kalt. Selbst meine Hebamme meinte, für ein neues Baby sei es zu spartanisch und wir müßten mehr heizen. In den Fluren ist natürlich alles vergebens, aber in den geschlossenen Räumen funktionieren die Pifcos prima. Die Kälte scheint uns gesund zu erhalten – keiner von uns hat bisher eine Erkältung gehabt (unberufen!). Wir sehen dick aus wie die Bären mit all unseren Pullovern, aber ich finde diese schneidende Luft sehr erfrischend, und Frieda findet das auch. Ihre dicken Backen blühen, selbst wenn ihr Atem in kleinen Rauchwölkchen herauskommt. Viel gesünder als die überheizten Räume in Amerika...

Wir haben uns köstlich amüsiert über die Lachausgabe von *Mademoiselle*; jetzt habe ich mich in die *Journals* vertieft, bin besonders begeistert von der Ausgabe mit den Apfelrezepten...

Ich hoffe, Warren hat ein ruhiges und angenehmes Jahr und überarbeitet sich nicht allzusehr. Ich selber bin fürchterlich faul. Ich schreibe wirklich schrecklich wenig. Ich erinnere mich, daß ich genauso war, bevor Frieda kam; sehr kuhähnlich und plötzlich interessiert an kitschigen Frauenmagazinen und Kochen und Nähen. Dann, etwa einen Monat später, schrieb ich einige meiner besten Gedichte.

Ich rechne fest mit Deinen Briefen – es ist großartig von Dir, daß Du trotz Deiner vielen Arbeit und der Krankheit so häufig schreibst. Grüße von uns allen.   Sivvy

                                                    15. DEZEMBER 1961

Liebe Mutter, lieber Warren,

kaum zu glauben, daß es nur noch zehn Tage bis Weihnachten sind. Ich bin so vertieft in den Haushalt und die Gedanken an die Ankunft des neuen Kindes, daß ich bisher nur ein paar Karten weggeschickt habe...

... Ich kann Dir gar nicht sagen, wie gern wir hier sind. Die Stadt selbst ist faszinierend – ein fester Stamm von miteinander verwandten Einheimischen (sehr kurios), dann die ganzen komischen Zugereisten – Londoner, Ex-Cockneys, Iren. Ich freue mich darauf, sie nach und nach kennenzulernen. Da sind die Frau des

Bankdirektors, der Doktor und seine Familie und die ehrfurcht-
gebietende Krankenschwester, die keine Neuanschaffung über-
sieht, wenn sie ins Haus kommt. Die Frau des Bankdirektors hat
eine fünfzehnjährige Tochter in Oxford und sagt, es gebe hier
überhaupt kein Kind in dem Alter. Ich habe da wohl mehr Glück.
Jedesmal, wenn ich in die Arztpraxis komme, sehe ich einen
Haufen Säuglinge; die meisten ganz reizende kleine Dinger.

. . . Das wird unser erstes eigenes Weihnachten als Familienober-
häupter, und ich möchte *unsere* ganzen alten Bräuche weiter
pflegen. (Hätte ich bloß eine Springerle-[*gemusterte Teig-*]Rolle!)
Gestern abend aßen wir massenhaft Aprikosen-»Halbmonde« –
wie ich die liebe . . .

Trotz unserer sagenhaften Rechnungen, Steuernachzahlungen
und Gesundheitsdienst-Kosten geht es uns erstaunlich gut. Mein
Vertrag mit dem *New Yorker* ist für ein Jahr verlängert worden,
und ich bin aufgefordert worden, als einer der drei Juroren für den
Guinness-Wettbewerb tätig zu sein, den ich dieses Jahr gewann.
Ted und Frieda senden Dir viele Grüße, ich auch.

x x x Sivvy

FREITAG, 29. DEZEMBER 1961

Liebe Mutter,

ich sitze in unserem Wohnzimmer am prasselnden Holzfeuer,
der Sims noch schön geschmückt mit roten Kerzen und rund
fünfzig Weihnachtskarten; unser üppiger kleiner Baum mit Silber-
vögeln, Lametta und Lebkuchenherzen steht noch, und die neuen,
roten Kordsamtvorhänge, die ich gerade fertig genäht habe, sind
zugezogen und machen das Zimmer hell und fröhlich wie das
Innere einer Valentinskarte . . .

Die Hebamme sagte, ich soll mir ein Thermometer kaufen und
die Temperatur im Zimmer des neuen Babys messen. Ich war
erstaunt. Die durchschnittliche Temperatur im Haus – in den
Fluren und ungeheizten Zimmern – liegt bei 4,5 °C (3 °C in
unserem Schlafzimmer am Morgen!). Bei einem elektrischen Heizkörper hat man das Gefühl, daß es schon bei 10 bis 15 °C sehr heiß
ist . . . Alles eine Frage der Gewöhnung.

. . . Nie habe ich so ein glückliches und opulentes Weihnachten
erlebt . . . Am Heiligen Abend putzten wir den Baum und breiteten

die überraschend vielen Geschenke aus. Danach, am ersten Weihnachtsfeiertag, aßen wir drei erst einmal unsere tägliche Ration heißen Haferbrei, einen Şuppenteller voll (etwas, was ich bei Dir und Grammy gelernt habe), und dann führten wir Frieda ins Wohnzimmer, das sie noch nicht im geschmückten Zustand gesehen hatte. Ich wünschte, Du hättest ihr Gesicht sehen können! . . .

. . . Das Fuchsbuch hat Ted gleich vorlesen müssen. Er sagte, daß er noch nie ein so schönes Kinderbuch gesehen hat; und mir bedeutet es so viel, weil es in Neuengland spielt. Seine Lieblingsgeschenke waren das Fuchsbuch und das Handwerkszeug von Warren, das er seither nicht mehr aus der Hand gelegt hat. Er hat heute damit die Klammern für den Treppenläufer anmontiert und findet es herrlich und »sehr amerikanisch«, womit er funktionell meint.

. . . Den übrigen Weihnachtstag verbrachte ich damit, meine erste, einfach herrliche goldbraune Pute zuzubereiten – mit Deiner Brotfüllung, Rosenkohl in Sahne, Kastanien, Kohlrüben (ähnlich wie Kürbis, orangefarben), Sauce vom Putenklein und Apfelpasteten von unseren letzten, kostbar gehüteten eigenen Äpfeln. Alle drei speisten wir festlich am frühen Nachmittag, und Klein Frieda löffelte alles aus. Dann ein ruhiger Abend am Kamin . . .

x x x Sivvy

29. DEZEMBER 1961
(ZWEITER TEIL)

Liebe Mutter,

. . . Vor lauter Weihnachten bin ich ja noch gar nicht dazu gekommen, ein Wort zu Warrens Verlobung zu sagen. Wie herrlich! Ich fände es schön, er und Maggie kämen uns nach ihrer Hochzeit besuchen. Sie könnten in dem hiesigen Gasthof wohnen, wo wir damals gegessen haben, falls sie es hier wegen der Babys zu laut finden, was leicht möglich ist! Schick uns doch eins von Margaret's Bachrach-Glanzphotos. Ich bin sicher, daß sie uns sehr gefallen wird . . . Wie schön für Dich, daß eins Deiner beiden Kinder den ganzen traditionellen Pomp bekommt (Diamantring, Bachrach und, wie ich annehme, eine sehr feierliche Hochzeit) . . . Wäre so gerne dabei. Glaubst Du, sie findet im Juni statt? Du mußt mir einen Tip geben, welche Art von Geschenk sie gern hätten . . .

Bei uns war zwei Tage lang Bilderbuchwetter. Ein Hauch Schnee auf allem, porzellanblauer Himmel, rosige Hügelspitzen; junge Lämmer auf den Feldern. Es ist der zweitkälteste Winter dieses Jahrhunderts, sagen die Bauern. Machte mit Frieda diese Woche kleine Spaziergänge auf dem Dartmoor ... Du solltest mal sehen, wie sie ihre Puppen bemuttert – sie mit Keksen füttert, eine Uhr an ihr Ohr hält, damit sie das Ticken hören, sie zudeckt. Sie hätten zu keinem besseren Zeitpunkt kommen können, um sie an den Gedanken eines Babys zu gewöhnen. Sie ist so *liebevoll;* das hat sie bestimmt von uns! ...

x x x Sivvy

12. JANUAR 1962

Liebe Mutter,

Nicholas/Megan war offiziell gestern fällig, und noch kein Zeichen. Dieses Kind wird sich also wie Frieda wahrscheinlich ein paar Tage verspäten und uns alle in Atem halten. Habe mich so über Deine langen, informativen Briefe gefreut! Ich habe mich immer träger und träger und kuhähnlicher gefühlt ... In den letzten Wochen habe ich es ganz aufgegeben, so zu tun, als arbeitete ich in meinem Arbeitszimmer; ich bin einfach zu schwerfällig ...

Ted und sein hiesiger Dichter-Zwilling Thom Gunn (eigentlich lebt und unterrichtet er in Berkeley) bringen eine Anthologie eines halben Dutzends amerikanischer Dichter bei Faber heraus. Faber bringt außerdem eine Paperback-Ausgabe ihrer eigenen ausgewählten Gedichte heraus.

Meine kleine Ein-Schilling-Anthologie amerikanischer Lyriker, die ich für die *Critical Quarterly* ediert habe, hat sehr gute Kritiken bekommen und scheint sich gut zu verkaufen.

Ich backe jeden Tag etwas für Ted und Frieda und verstecke es – sie haben dann etwas, wenn ich mich von dem neuen Baby erhole. Ich habe eine Schachtel mit verschieden geformten Sandtörtchen, garniert mit Kirschen und Mandeln, eine Schachtel Tollhouse-Kekse und einen Englischen Kuchen. Morgen probiere ich einen Apfelkuchen aus mit unseren allerletzten Äpfeln.

Ich hoffe, Warren weiß, daß alles, was ich Dir schreibe, auch ihm gilt. Ich möchte gerne etwas über Tante Maggie erfahren. Wir würden uns schrecklich freuen, wenn beide herkämen. Des Geldes wegen mach Dir um sie keine Sorgen! Ted und ich hatten *nichts*, als wir heirateten, und auch nichts in Aussicht. Und innerhalb von fünf Jahren wurden all unsere kühnsten Träume wahr ...

... Ich werde das Baby in dem Gästezimmer bekommen, in das Du einziehst. Wir haben den Boden gestrichen, und ich habe Vorhänge genäht, so daß es jetzt ganz gemütlich ist, trotz des alten schäbigen Teppichs.

... Natürlich wird Frieda Dich erkennen! Tief in ihrem Innern, wenn es auch nicht so aussieht ... Ich schreibe Dot und allen anderen, sobald das Baby da ist.

Alles Liebe,

Sivvy

18. JANUAR 1962
17 UHR

Liebe Mutter,

inzwischen hast Du hoffentlich das heute morgen von Ted aufgegebene Telegramm mit der guten Nachricht erhalten, daß unser erster Sohn, Nicholas Ferrar (fast hätte ich Nicholas/Megan geschrieben!), gestern nacht, 5 Minuten vor Mitternacht, angekommen ist, ein weiterer 17. also in unserer Familie nach dem 17. August von Ted. Ich sitze im Bett, fühle mich nach einem Nachmittagsschläfchen frisch und erholt; Nicholas in einem Tragebettchen an meiner Seite, rosiger und rosiger werdend. Ich fand ihn sehr dunkel, als er ankam, wie einen runzeligen, grantigen alten Boxer, und noch ist er ein Farrar-Typ, obwohl Ted behauptet, seine Kopfform ähnele der von Daddy. Mittlerweile ist er ganz rosig und durchscheinend geworden.

Während der ganzen Geburt hatte ich das Gefühl, es würde ein Junge werden – meine Behauptung, dies sei ein viel größeres und schwereres Baby, war also richtig und keine Einbildung. Verglichen mit Friedas damenhaften 6½ Pfund wog er ziemlich viel, nämlich knapp 9 Pfund, und ich hatte mit ihm viel mehr Arbeit als mit ihr.

Wachte am 17. morgens mit leichten Wehen auf, die tagsüber kamen und gingen, während ich so viel kochte, wie ich konnte, bis sie dann um 5 Uhr nachmittags, kurz nachdem Frieda ins Bett

467

gegangen war, richtig schlimm wurden. Im Lauf des Tages waren sowohl die Hebamme als auch der Doktor da – beide sehr freundlich und ermutigend. Dann, um 8 Uhr 30, als die Wehen alle 5 Minuten kamen, rief Ted die Hebamme an. Sie brachte eine Stahlflasche mit einem Gas-Luft-Gemisch mit, setzte sich auf die eine Seite des Bettes, Ted auf die andere, und dann plauderten sie gemütlich miteinander ... und ich atmete jedesmal durch meine Maske, wenn eine starke Wehe einsetzte, und beteiligte mich an dem Gespräch. Ich hatte gerade die Flasche aufgebraucht, die Preßwehen setzten ein, da blieb das Baby stecken, und die Membranen rissen nicht. Dann, 5 Minuten vor 12, der Doktor war unterwegs, schoß dieser große, bläuliche, glänzende Junge in einer Fruchtwasser-Flutwelle, die uns alle vier bis auf die Haut durchnäßte, heraus aufs Bett und brüllte kräftig. Ein ungeheuerlicher Anblick. Ich setzte mich auf der Stelle auf und fühlte mich herrlich – keine Risse, nichts.

In meinem eigenen Heim zu sein, finde ich himmlisch – ich liege im Gästezimmer, es ist ideal. Schöne, klare Morgendämmerung; ein Vollmond heute nacht in unserer riesigen Ulme. Alle ... starrten Ted an, als er in den Ort kam. Rose Key, die nebenan wohnt, brachte uns einen winzigen Strampelanzug, die Frau des Bankiers schickte eine Karte und ein Handtuch.

Der Hebamme schenkte ich meinen traditionellen Möhrenkuchen. Sie ist eine wundervolle Frau. Du solltest sie mal mit Frieda sehen (wir zeigten Frieda heute morgen das Baby, sie war schrecklich aufgeregt). Die Hebamme und Frieda kommen zu mir, und Frieda »hilft«, wenn die Hebamme das Baby zurechtmacht; sie sagt, ich soll sie mitmachen lassen, auch wenn es länger dauert. Ich hatte keine Ahnung, daß Frieda schon etwas versteht, aber sie machte alles, was die Hebamme ihr sagte – hielt die Sicherheitsnadeln, küßte das Baby, half beim Wickeln, setzte sich dann und hielt es ganz allein! Sie platzte fast vor Stolz ...

Jetzt ist alles still und friedlich. Ted wärmt gerade die Vichysoisse und die Apfelpastete auf, die uns über Wasser halten sollten.

Später: Samstag, 20 Januar. Ich habe mir den heutigen Tag als Feiertag vorgemerkt, weil dann Deine Prüfungen und die ganze Extraarbeit für Deine Kurse vorbei sind. Du kannst mir glauben, daß ich dieser Sache wegen genauso besorgt um Dich war wie Du um mich und das Baby. Hoffe, alles ging gut und Du bekommst ein gutes Abendessen bei Dot. Fand die neuen Zeitungsausschnitte von Margaret sehr schön. Ich freue mich so auf eine liebenswerte Schwägerin! . . . Ich wünschte nur, ich könnte mich mit Euch freuen und Pläne für die Hochzeit machen.

. . . Nach dem ersten Schock von Ted und mir, daß es ein Junge ist, finden wir ihn wunderbar. Zunächst sah er grimmig und böse aus, sein Kopf da, wo er steckengeblieben war und wirklich fest stoßen mußte, um herauszukommen, ganz eingedellt, doch über Nacht veränderten sich Kopf und Gesichtszüge. Schon jetzt merke ich, daß er ein ganz anderes Temperament hat als Frieda – wo sie vor Ungeduld nahezu hysterisch wird, ist er ruhig und besonnen, und er hat große, dunkle Augen und eine rötliche Haut. Sehr friedlich und lieb.

So, Ted geht noch vor dem Wochenende zur Post, ich verabschiede mich also für heute. Schreib mir viele informative Briefe, Du hast doch jetzt mehr Zeit.

Alles Liebe

Sivvy

24. JANUAR 1962

Liebe Mutter,

Nicholas ist jetzt eine Woche alt, und ich bin zum erstenmal den ganzen Tag auf gewesen. Alles hat sich so ziemlich beruhigt, und ich glaube, nächste Woche werden wir wieder unser normales Leben führen. Ich habe eine recht anstrengende Woche hinter mir, denn in der ersten Nacht, als das Baby kam, konnte ich vor Aufregung nicht schlafen, und in den Nächten danach weinte das Baby ununterbrochen (das ist wahrscheinlich der einzige Vorteil einer Klinik oder einer Pflegerin!). Inzwischen hat es sich mehr an geregelte Zeiten gewöhnt, und der Arzt hat mir Beruhigungstabletten gegeben, die ich zum Einschlafen nehmen soll, bis ich mich wieder erholt habe. Es ist herrlich, daß wir so viel Platz haben – Ted konnte ungestört in unserem Zimmer schlafen und übernahm tagsüber bereitwillig Frieda. Jetzt koche ich schon wieder, auf meinem Hocker sitzend. Ich werde auch weiter täglich mein Nachmittagsschläfchen halten und mich vormittags in mein Arbeitszim-

mer setzen. Heute früh habe ich als erstes heiß gebadet, mir
ordentliche Sachen angezogen, und jetzt fühle ich mich sehr frisch.
Ich hatte einfach alles, was ich in den letzten Monaten an Unter-
wäsche, Umstandsröcken und Strumpfhosen getragen hatte, durch-
gewetzt und sah zuletzt aus wie ein großes Flickmonstrum. Himmlisch, wieder eine komplette Garderobe zu haben, aus der man
wählen kann . . .

SAMSTAG [27. JANUAR]

Hatte inzwischen einen scheußlichen Anfall von Milchfieber –
zwei Nächte lang über 40 Grad Fieber –, viel schlimmer als damals
bei Frieda . . . Die Leute sind hier schockiert, wenn man *sich selber*
Fieber mißt. Schließlich rückte der Doktor mit ein paar Penizillin-
spritzen heraus – hätte er sie mir gleich gegeben, dann wäre ich
sicher nicht so ausgebrannt, aber dies ist nicht London. Jetzt,
endlich, bin ich wieder fieberfrei, wenn auch ein wenig matt.
Glaub' mir, ich habe ein paar Tränen nach unserer »Grammy«
[*mir*] geweint. Ted war ein Heiliger, hütete Frieda den ganzen Tag,
machte mir Pilze auf Toast, frische grüne Salate und Hühnerbrühe.
Sobald Du da bist, können wir ihm hoffentlich 6 Wochen Urlaub
von jeglicher Babypflege geben. Er braucht das – und wir beide
müssen wieder mal ganz allein Tagesausflüge machen, fischen und
Boot fahren.

Margaret's exquisite Pullover-Kombination ist angekommen;
ich glaube, was Hübscheres habe ich nie gesehen. Wenn Warren sie
auch nur annähernd so glücklich macht wie Ted mich, dann wird
sie die zweitglücklichste Frau der Welt.

x x x Sivvy

31. JANUAR 1962

Liebste Mutter,
. . . die beiden mitgesandten Schecks verdanke ich diesem
unglaublichen Jahresvertrag, den ich mit dem *New Yorker* habe,
nicht einem bestimmten Gedicht. Der kleinere ist der »Lebenshal-
tungskosten-Ausgleich« für das letzte Quartal, der größere der
Ausgleich des Lebenshaltungskosten-Ausgleichs für das ganze Jahr
(wofür ich schon einige Schecks bekommen hatte). Das muß seitens

470

des *New Yorker* irgendeine großartige Methode zur Umgehung der Einkommensteuer sein. Wenn ich schon so viel für die paar alten Gedichte bekomme, dann müssen sich die Prosaschriftsteller ja Penthäuser leisten können! Ich hoffe nur, daß ich bald wieder dazu komme, Gedichte zu schreiben . . .

. . . Ted platzt vor Ideen für Theaterstücke, Bücher etc. Und bekommt von seinem Freund beim *New Statesman* interessante Bücher zum Rezensieren – eines über die sechs großen Schlangen der Welt zum Beispiel . . .

. . . Seit dem letzten Baby habe ich schreckliches Heimweh nach Dir – und dem Cape und tiefem Schnee und dergleichen. Kann Deinen Besuch kaum erwarten.

Grüße an alle,

Sivvy

PS Mein Buch soll am 23. April bei Knopf herauskommen, gerade rechtzeitig zu Deinem Geburtstag. Außerdem müßte bei Meridian Books im Mai eine Taschenbuch-Anthologie – *Neue Lyrik aus England und Amerika;* 2. Auswahlband – erscheinen, in der sechs Gedichte von mir sind. Ted ist auch drin.

7. FEBRUAR 1962

Liebe Mutter,

tausend Dank für die BHs und die Schlüpfer; genau solche wollte ich haben. Es klingt vielleicht albern, wenn ich Dich bitte, für mich auf einem anderen Kontinent einkaufen zu gehen, aber Du kannst Dir nicht vorstellen, wie wichtig mir das war. Es wird Wochen dauern, bis das Baby geregeltere Zeiten hat und ich wieder in die Stadt komme, und noch wachsen mir die kleinsten Sachen über den Kopf. Ich werde so ungeduldig mit mir selbst, brenne danach, hundert Dinge zu erledigen, die sich angesammelt haben, und schaffe kaum eins oder zwei. Nicholas ist endlich nachts ganz brav, wacht pünktlich um 2 und um 6 Uhr morgens auf, ohne in der Zwischenzeit zu weinen . . . Sag Warren, er soll sich ein großes Haus mit schalldichtem Schlafzimmer kaufen, bevor er sich ein Kind anschafft; ich bin sicher, das nächtliche Aufwachen und Weinen würde ihn fertigmachen.

. . . Vielleicht bin ich Ende des Monats wieder in meinem Arbeitszimmer. Ted hat immer noch die Hauptarbeit mit Frieda, man kann sie keine Minute aus den Augen lassen. Ihr Lieblingsstreich: Sie pellt unsere miserable Tapete von der Wand – es gibt so viele Risse, wo sie ihre Fingernägel reinbohren kann –, kommt dann gelaufen, zeigt darauf und ruft empört »Pfui bah!«, als hätte jemand anderes es gemacht. Sie hat in der Zeit, als ich des Babies wegen außer Gefecht war, entdeckt, wie schön es ist, Gegenstände in die Toilette zu werfen, Papier oder Watte in winzige Fetzchen zu zerreißen und sie auf dem roten Teppich im Flur zu verstreuen, Blumenzwiebeln aus Blumentöpfen herauszurupfen, mit Kohle an die Wand zu zeichnen . . . Jetzt, da das Baby eher zu einem Vier- als zu einem Dreistundenrhythmus neigt, müßte ich eigentlich Zeit genug haben, auf sie aufzupassen.

Ich bin immer noch entzückt über meine Umsicht, die ganzen vierteljährlichen Aufgaben für mein Stipendium im voraus fertig zu machen und zu verpacken. Trotzdem hoffe ich, daß ich bald wieder mit dem Schreiben anfangen kann.

Ich nehme all diese Flaschen mit Vitamintabletten, die Du mir geschickt hast, und frage mich, ob es nicht die Mischung ist, vor allem das Vitamin C, die mich in diesem Winter bis jetzt (unberufen!) vor einer Erkältung bewahrt hat. Oh, wie ich mich auf Deinen Besuch freue! Wie beneide ich Mädchen, deren Mütter mal eben bei ihnen vorbeikommen können. Ich sehne mich so danach, mit Ted ein oder zwei Tage allein wegzufahren – wir sehen uns kaum vor lauter Windelbergen und Kinderpflichten . . .

Die Produktion von Teds Stück war hervorragend, er hat schon lauter Ideen für neue. Er bespricht ziemlich regelmäßig Tierbücher für den *New Statesman* und schreibt weiter seine Kindersendungen, die enthusiastisch aufgenommen werden.

Ich sehne mich so nach dem Frühling. Ich vermisse den amerikanischen Schnee, der den Winter wenigstens zu einer neuen, sauberen, aufregenden Jahreszeit macht, statt wie hier zu einem sechsmonatigen Eingesperrtsein in Dunst, Regen und Finsternis – den sechs Monaten vergleichbar, die Persephone bei Pluto verbringen mußte.

. . . Du und Warren, Ihr müßt einfach öfter mal herkommen, um mich vor allzu starkem Heimweh zu bewahren und um die Kinder heranwachsen zu sehen . . .

x x x Sivvy

13. FEBRUAR 1962

Liebe Mutter,

. . . ich scheine unendlich viel Schlaf zu brauchen, denn kaum habe ich Nicholas um sechs gestillt, dämmere ich wieder weg und stehe nicht vor neun auf; danach ist der Tag ein Wirbelwind aus Bädern, Wäsche, Mahlzeiten, Stillen, und peng, schon ist Schlafenszeit! . . . Offenbar brauche ich zweimal soviel Schlaf wie normale Leute und [*bin*] unfähig, ordentlich zu funktionieren, wenn [*ich*] eine schlechte Nacht habe . . .

Nicholas ist ein absoluter Schatz. Er kommt mir sehr weit entwickelt für ein Baby vor . . . hebt seinen Kopf und wendet ihn hin und her, wenn er liegt. Er hat große, ganz dunkelblaue Augen, die konzentriert dem Gesicht oder dem Licht folgen . . . Ein richtiges Kleinjungens-Gesicht hat er, und seine flaumigen braunen Babyhaare sehen aus wie ein Bürstenschnitt. Seine Augenbrauen sind eigentümlich – eine ganz schwarze, geschwungene Linie über jedem Auge, sehr schön. Ich stelle mir vor, daß er ein ziemlich dunkles, hübsches, kantiges Gesicht bekommen wird, obwohl er jetzt weich ist wie Pfirsich. Du wirst Deine Freude haben, ihn noch als richtiges Baby zu sehen, wenn Du kommst . . .

. . . Hier blühen jetzt herrliche, große, gefüllte Schneeglöckchen, vereinzelt auch Schlüsselblumen, und zahllose Narzissen kommen heraus. Wenn die Apfelbäume blühen, nehme ich Frieda und Nicholas und lege mich den ganzen Tag in den Obstgarten! . . .

Viele liebe Grüße an alle,   Sivvy

24. FEBRUAR 1962

Liebe Mutter,

der bitter kalte Winter ist wieder über uns hergefallen, nach einer längeren Pause . . . dennoch blüht seit dieser Woche unsere erste Narzisse – wir laufen immer wieder hinaus, schauen sie an und bewundern sie. Ted hat mehrere Nuß-, Pflaumen-, Birn- und Pfirsichbäume gepflanzt, die er diese Woche bestellt hatte, und gestern waren Frieda und ich eine erfrischende Stunde lang draußen im Garten, um die abgestorbenen einjährigen Schößlinge herauszurupfen . . . Ich finde das Gärtnern im Freien eine enorme Entspannung und hoffe, daß wir Erfolg haben mit unserem Obst, dem Gemüse und den Blumen.

Ich fühle mich jetzt wieder sehr wohl, habe mich viel rascher erholt als damals, als ich Frieda hatte, zum Teil, weil Nicholas so wenig Mühe macht. Er weint nur, wenn er hungrig ist, und hat es gerne, wenn man ihn aufsetzt und mit ihm spricht. Er hat mich diese Woche ein paarmal angelächelt und ist so süß – ein kleiner, süß duftender Pfirsich. Ich *genieße* ihn richtig – nichts von der Beunruhigung und Sorge, die von Friedas Kolik und meiner Unerfahrenheit herrühren. Ich spiele liebend gern mit ihm, und bin auch erholt genug, um in der zweiten Tageshälfte noch die Kraft zu finden, mit Frieda zu spielen, meine Aufmerksamkeit dann auf sie zu konzentrieren ... Sie strahlt richtig zur Zeit ...

Ich bin ungeheuer dankbar für das Dritte BBC-Programm und habe bereits zwei Büchlein für zwei Sprachkurse bestellt, die diese Woche anfangen, einer in Deutsch und einer in Französisch. Man macht Übungen und lernt die Aussprache, ich finde sie hervorragend ...

Sag Tante Marion meinen Dank für den Scheck für das Baby und die *Woman's Day*-Hefte ... Ich freue mich so auf Dich. Nancy kommt jetzt einen dritten Vormittag in der Woche, um zwei Stunden zu bügeln, was heißt, daß ich die größte Schufterei los bin bis aufs Kochen, Geschirrspülen und Babyhüten, was ich eigentlich mehr oder minder gern mache; es sollte uns also viel Zeit bleiben, um uns in den Garten zu setzen und mit den Kindern zu spielen. Grüße an alle.

x x x Sivvy

4. MÄRZ 1962

Liebe Mutter, .

... ich bin jetzt so weit, etwas mehr als zwei Stunden vormittags in meinem Arbeitszimmer verbringen zu können, und ich hoffe, daß vier daraus werden, wenn ich es schaffe, um sechs aufzustehen; sobald Nicholas nachts nicht mehr aufwacht und gestillt werden muß, wird mir das wohl gelingen. Nach zwölf jedoch vergeht der Tag wie im Fluge, und ich kann froh sein, wenn ich von allem, was ich mir vorgenommen habe – backen, Briefe schreiben, lesen, studieren –, auch nur einen Bruchteil schaffe ... In sechs Wochen wird auf Sommerzeit umgestellt, dann haben wir wieder die schönen, langen Tage ...

Ich hoffe, die nächsten Raten meines Stipendiums im Mai und im August helfen uns das erste Jahr über den Berg, was die Hauptkosten für Möbel und Reparaturen betrifft; es hätte zu keinem geeigneteren Zeitpunkt kommen können. Wenn ich daran denke, was in unserem Garten alles wächst, werde ich ganz aufgeregt; ich hoffe, daß es uns gelingt, unsere nächtlichen Feinde, die Schnecken, zu besiegen.

Ich schreibe im Moment an einer unterhaltsamen Sache, die hoffentlich zu einem Buch (Roman) wird, vielleicht auch bloß eine nette Spielerei ist. Ich finde lange Sachen meiner Natur viel gemäßer als Gedichte – nicht so heftig fordernd oder deprimierend, falls nicht zuwege gebracht. Zum Glück veröffentlichen die Engländer fast alles, was nach Roman aussieht, ich kann also hoffen. Es ist schon fast April! Gib acht auf Dich.

Viele liebe Grüße,

Sivvy

12. MÄRZ 1962

Liebe Mutter,

... ich war so gerührt bei dem Gedanken, daß ich Dein schönes bayrisches Porzellan bekommen soll – das ist doch das Service mit dem dunkelgrünen Grund am Rand, nicht wahr? Man hat das Gefühl, daß nur ein Mädchen die häuslichen Dinge richtig zu schätzen weiß, da sie es ja ist, die sie benutzt. Ich weiß, daß ich meine Schätze für Frieda aufbewahren werde. Ich werde jetzt sehr sentimental bei Familiendingen. Zum Beispiel habe ich die Hoffnung, daß ich eines Tages reich genug bin, um mir Grammy's Pult kommen zu lassen. Ich hätte so gern, daß es Frieda's kleines Pult wird. Ich habe so glückliche Erinnerungen daran und könnte nie etwas finden, was solche Assoziationen weckt – es ist nahezu unbezahlbar.

... Ich kann kaum mehr still sitzen, so freue ich mich auf Deinen Besuch im Sommer. Das ist eine Gelegenheit zum Feiern für mich, denn zum ersten Mal teile ich mit jemandem *mein* Haus, das wir dank Deiner Hilfe im letzten Sommer finden und kaufen konnten! Ich finde es einfach phantastisch hier. Gestern pflückte ich unseren allerersten Strauß Narzissen, stellte sie in ein Glas und brachte sie Ted mit seinem Tee in sein Arbeitszimmer hinauf.

Bestimmt findest Du es bei uns sehr primitiv, immer noch, obwohl wir enorm zivilisiert sind, verglichen mit damals, als Warren da war ... Das Spielzimmer (wo ich gerade tippe) ist ein Zimmer zum Herumtoben. Ich freue mich schon darauf, es mit selbstbemalten Möbeln, Spielzeugtruhe und dergleichen einzurichten. Ich will sie weiß anmalen, mit einem Herz- und Blumenmuster, ein altes Klavier reinstellen und so weiter. Ein richtiges Spielzimmer. Im Moment ist außer nackten Brettern, Liegestühlen und einem kunterbunten Spielzeughaufen von Frieda nichts drin ...

Wir haben übrigens vereinbart, daß die Kinder am Sonntag, dem 25. März, nachmittags getauft werden. Obwohl ich den Pastor wirklich nicht mag, besser gesagt, verachte. Ich habe Dir doch von dieser gräßlichen H-Bomben-Predigt erzählt, nicht wahr, in der er sagte, daß dies die freudige Aussicht auf die Wiederkunft Christi sei und was für ein Glück wir Christen hätten, verglichen mit den dummen Pazifisten und Humanisten und »gebildeten Heiden«, die fürchteten, eingeäschert zu werden, etc. etc. Ich war seitdem nicht mehr in der Kirche. Es schien mir eine Sünde, solchen Wahnsinn zu unterstützen, und sei es nur durch meine Gegenwart. Aber ich denke, ich werde die Kinder in die Sonntagsschule gehen lassen. Marcia Plummer schickte mir die Abschrift einer wunderbaren Predigt ihres unitarischen Pfarrers über Atombunker, die mich zu Tränen rührte. Wirklich, ich würde zur Kirchgängerin werden, wenn ich wieder in Wellesley wäre ... – die Unitarische Kirche ist meine Kirche. Wie ich sie vermisse! Man hat hier einfach keine andere *Wahl*. Diese Kirche oder keine. Wenn es bloß keine *Predigt* gäbe, an der Zeremonie teilzunehmen, könnte ich vor mir rechtfertigen, trotz meiner Vorbehalte. Ach ja.

Wie ich schon sagte, es ist noch alles im Rohzustand bei uns – stark knarrende Fußböden, tropfende Wasserhähne, abblätternde Tapeten, bröckelnder Mörtel und so weiter. Aber das Haus hat eine echte, edle, warmherzige *Seele* und reagiert so schön auf jegliche Pflege, die wir ihm angedeihen lassen. Ich genieße es so, hier zu sitzen und die Sonne hinter der Kirche untergehen zu sehen. Ich glaube, ich werde einfach wahnsinnig, wenn unsere Bäume anfangen zu blühen. Auf dem Flieder sind schon dicke Knospen. Es gibt wohl nichts Aufregenderes für mich als *Blumen und Bäume zu besitzen!*

Nicholas ist enorm kräftig. Er hält ewig lange seinen Kopf hoch, wie eine Sphinx, und sieht sich um – eine Folge davon, daß ich ihn auf dem Bauch liegen lasse. Ich nehme an, seine Augen werden einmal haselnußbraun wie die von Ted – jetzt sind sie dunkelschieferblau. Ich habe ihn von Herzen lieb. Ich glaube, Kinder zu haben ist wirklich die glücklichste Erfahrung meines Lebens. Am liebsten würde ich immer weitermachen.

. . . Ich genieße es, daß ich morgens in meinem Arbeitszimmer wieder ein bißchen schreibe. Das ist das einzig Wichtige in meinem Tag. Am Spätnachmittag werde ich immer noch müde und habe Phasen der Ungeduld, weil ich nicht genug zum Studieren und Lesen komme. Dafür sind meine Vormittage so friedlich wie ein Kirchgang – der rote Plüschteppich und das ganze Drum und Dran und das Gefühl, daß dort nichts anderes stattfindet als Schreiben und Denken . . .

Ich habe das äußerst merkwürdige Gefühl, wiedergeboren zu sein mit Frieda – als habe mein wahres, erfülltes, glückliches Leben erst da begonnen. Ich nehme an, so geht es einem, wenn man weiß, was man will. Ich habe das vorher nie wirklich gewußt. Ich hoffe, ich werde immer eine »junge« Mutter sein wie Du. Ich glaube, arbeiten oder irgendeine Karriere haben erhält einen länger jung. Ich habe auch das Gefühl, daß ich jetzt erst mit dem Schreiben beginne. Prosa schreiben fällt mir viel leichter; die Konzentration erstreckt sich über ein weites Gebiet und steht oder fällt nicht mit der Arbeit eines einzigen Tages wie beim Gedicht.

. . . So, jetzt muß ich für meine Familie Abendessen machen. Viele liebe Grüße von uns allen.

Sivvy

27. MÄRZ 1962

Liebste Mutter,

habe mich so über Deinen glücklichen, schwungvollen Brief gefreut! Ich leide unter der Märzmigräne – ich glaube, wir hatten den ganzen letzten Monat nur gräßlichen, rauhen, feuchten Ostwind (er pfeift um unsere uralte Hintertür und bläst direkt durchs Haus). März ist der schlimmste Monat, wenn es schlecht ist; man hat offenbar all seine Reserven im Winter aufgebraucht und ist verletzlich geworden. Als ich gerade am traurigsten war, kam ein herrlicher, sonniger Tag; ich nahm die Kinder mit nach draußen, und wir aßen im Freien und gärtnerten von Sonnenaufgang bis Sonnenuntergang. Wir bekamen alle einen kleinen Sonnenbrand und fühlten uns großartig. Danach brachen Kälte und Grau wieder ein.

Ich bin im Begriff, eine passionierte Gärtnerin zu werden – und verstehe gar nichts davon. Es ist so beruhigend und gut, in der Erde zu arbeiten, Bäume zu beschneiden, zu graben, Gras zu mähen. Ted wirkt Wunder im rückwärtigen Garten, der unser Gemüsegarten wird, er gräbt um und düngt . . .

. . . Ich habe vor, in einer der hiesigen Reitschulen reiten zu lernen. Ich rechne damit, daß Frieda und Nicholas reiten lernen oder sich das wünschen werden, und möchte mir die Grundkenntnisse aneignen. Aber das ist vorläufig nur ein Wunsch. Ich meine normales Reiten – nicht springen oder hüpfen oder hopsen. Das Leben beginnt mit 30!

Halt mich auf dem laufenden, was die ganzen Hochzeitspläne betrifft. Ist überhaupt damit zu rechnen, daß Warren und Maggie je hierher kommen?

Viele liebe Grüße an alle

Sivvy

8. APRIL 1962

Liebe Mutter,

ehrlich gesagt ist der Grund, weshalb ich so langsam bin im Schreiben, daß ich mir selbst gesagt habe, »ich schreibe morgen; dann ist sicher ein sonniger Tag, und wie fröhlich werde ich dann sein«. Du magst es glauben oder nicht, aber wir haben die Sonne seit *drei Wochen* nicht gesehen . . . Zumindest soll das der kälteste März seit mehr als siebzig Jahren gewesen sein. Außerdem lassen wir unsere Fußböden jetzt reparieren . . . Arbeiter hämmern herum. Das Spielzimmer haben sie bereits zementiert, und diese Woche zementieren sie den Boden im unteren Flur. Ich habe gerade erfahren, daß es zwei Wochen dauert, bis der Zement richtig trocken ist und das Linoleum verlegt werden kann. Ich rechne also damit, daß bis zu Deinem Geburtstag alles fertig ist. Ich habe ein paar schäbige Holzmöbel – einen Tisch, einen Stuhl – bemalt, weiß, mit einem ganz primitiven Herzen- und Blumenmuster, das mich aufheitert und im Spielzimmer lustig aussehen müßte . . .

Jetzt, da das Wetter angeblich mehr frühlingshaft wird, laden wir ein paar Freunde aus London ein, ich bekomme also Gesellschaft. Dienstag kommen ein junger Amerikaner und seine Frau; er soll mit mir ein BBC-Interview für eine Serie machen, in der untersucht wird, warum Amerikaner in England bleiben. Hoffentlich scheint die Sonne, bis er kommt, sonst habe ich nicht allzuviel Grund! . . . Ich bin wirklich wintermüde geworden in diesen letzten Tagen – will kein Geschirr mehr sehen und kein Essen mehr kochen.

Mein Gedichtband soll offiziell am 14. Mai herauskommen. Er sieht sehr schön aus, was Du, wie ich glaube, auch finden wirst, wenn Du ihn siehst – keine Fehler diesmal. Knopf scheint restlos begeistert davon. Teds Sendungen für Kinder sind ungeheuer beliebt, er wird dauernd aufgefordert, so viele zu schreiben wie möglich . . .

Ich hoffe, daß ich all meine Samen ausgesät habe und mit meinen Kindern im Freien bin, wenn ich Dir das nächste Mal schreibe. Unsere Narzissen und Jonquillen sind herrlich. In den vergangenen zwei Wochen habe ich etwa 300 gepflückt, und das ist erst der Anfang. Einmal pro Woche pflücke ich für mich und einmal für den Verkauf an den Ständen. Alles Liebe Dir und Warren.

Sivvy

16. APRIL 1962

Liebste Mutter,

. . . ich warte gerade auf Teds Rückkehr von einem Tagesausflug nach London, wo er eine BBC-Sendung, eine Aufnahme, macht und eine Ausstellung mit Radierungen von Leonard Baskin besichtigt, für die er einen Einführungstext schreiben soll – eine Ehre, wie wir finden. Ich habe ein schönes, dickes Irish Stew fertig, mit Käseknödeln, die liebt er so . . .

Ich hätte nicht im Traum gedacht, daß Kinder so viel Freude machen können. Ich finde, meine sind etwas Besonderes. Vorige Woche hatten wir einen mir bekannten jungen Amerikaner und seine englische Frau zu Besuch; sie brachten eine Bekannte mit zwei Kindern mit, die fürchterlichsten, die ich je erlebt habe – zwei Mädchen von fünf und sechs Jahren. Sie waren seelisch verkümmert, hatten keine Ahnung von Gehorsam, stürzten sich kreischend auf Frieda's Spielsachen und stürmten mit dreckigen Stiefeln durchs ganze Haus . . . immer wieder schlichen sie nach oben, um in die Zimmer zu gucken und auf das Baby, obwohl es ihnen mehrmals verboten worden war. Sie hätten uns beinahe fertiggemacht. Es geht doch nichts über feste, liebevolle Disziplin! . . . Wir wollen jetzt mehrere Paare, die wir mögen, innerhalb des nächsten Monats hierher einladen. Wirklich, ich wünschte, Du wüßtest, wie sehr ich Warren und Margaret vermisse! Maggie liebe ich bereits unbesehen aufgrund dessen, was ich über sie gehört habe, und ich male mir aus, was für herrliche Zeiten wir miteinander verleben könnten. Ich habe jetzt so reizende Kinder und ein so schönes Heim, ich sehne mich nur danach, das alles mit liebevollen Verwandten zu teilen . . .

Bin so froh, daß Du die Gedichte in *Poetry* mochtest. Ich finde nicht, daß es meine besten sind, aber es ist angenehm, wenn auch die »Übungen« veröffentlicht werden. »News from Home«, das sind natürlich Deine Briefe, auf die ich mich am meisten freue . . .

Ach, könntest Du uns jetzt mit all den Narzissen sehen. Ich pflücke an die 600 pro Woche für den Markt und für Freunde und merke nicht, daß sie weniger werden. Sie sind einfach himmlisch. Vorigen Sonntag war sogar ein Archäologe da, um sich unseren Grabhügel anzusehen!

x x x Sivvy

25. APRIL 1962

Liebste Mutter,

Wenn Du uns jetzt nur sehen könntest! Ich sitze in Shorts draußen im Liegestuhl in himmlisch heißer Sonne, rieche den bitter duftenden Buchsbaum bei unserer Tür und den frisch gemähten und umgegrabenen Tennisplatz. Baby Nick (wie Frieda und deshalb auch wir ihn jetzt nennen) inmitten von Gänseblümchen in seinem Kinderwagen schlafend; Frieda so aufgeregt, daß sie kaum schlummern kann; und Ted hinten im Garten, strahlend zwischen den wenigen Erdbeerpflanzen, die die späten Fröste überlebt haben. Am Ostersonntag hatte die Welt ein Erbarmen, und es wurde Frühling. Unsere Narzissen stehen in voller Blüte; wir pflückten etwa 1000 diese Woche, und ich blicke hinaus über ein wahres Meer von abermals Tausenden. Ich finde immer wieder neue Schätze: kleine gelbe und rosa Primeln, Traubenhyazinthen, die sich im verwilderten Gras unter der Fliederhecke öffnen, Maiglöckchen, deren Spitzen sich durch einen Haufen von totem Brombeergestrüpp hindurchzwängen. Ich glaube, ich täte nichts lieber als Blumen und Gemüse ziehen. Ich leide so unter Frühjahrsmüdigkeit, daß ich kaum klar denken kann. Ich sehne mich danach, daß Du kommst und alles mit eigenen Augen siehst. Gestern habe ich Dein Zimmer fertig hergerichtet und geputzt. Zwei Monate kommen mir noch so lange vor!

Hilda und Vicky waren über Ostern bei uns. Wir waren sehr überrascht, daß sie Teds Eltern nicht mitbrachten, hoffen aber, daß Onkel Walter sie später mitnimmt. Offenbar hielten der lange Winter, die Arthritis und die Aussicht auf die Eintagesreise Edith davon ab ... Hilda und Vicky halfen gleich kräftig beim Spülen und Putzen, wir hatten also keine zusätzliche Arbeit; sie sind beide sehr lebhaft und nett ...

Mein Buch müßte am 14. Mai in Amerika herauskommen. Schicke bitte alle Kritiken, egal wie schlecht. Wie schön wäre es, wenn Mrs. Prouty käme. Wir haben hier auf dem Hügel ein sehr gutes, prunkvolles Hotel ... Sag ihr das! ...

Ihr habt sicher tausend Pläne für Warren's Hochzeit. Wie bald wäre es ihnen möglich zu kommen? Ich wünschte, *irgendwer* könnte nächstes Jahr um die Osterzeit kommen, um die Narzissen zu bewundern. Der frühe September ist natürlich auch schön, täglich Apfelkuchen zum Frühstück ...

Ich würde diesen Ort nicht für eine Million Dollar verlassen. Es ist ein Wunder, daß wir ihn gefunden haben, und Du hast uns geholfen, indem Du zu ebendieser Zeit Frieda gehütet und uns entlastet hast ...

Viele, viele liebe Grüße

Sivvy

4. MAI 1962

Liebe Mutter,

diese Photos sind als verspätete Geburtstagsüberraschung gedacht. Wir haben sie Ostersonntag gemacht, dem ersten richtigen Frühlingstag. Ich glaube, sie verraten etwas darüber, warum ich so glücklich bin. Dies ist nur das winzigste Eckchen unserer

Narzissen. Frieda ist eine Meisterin im Pflücken von schönen Sträußen – man sagt einfach das Wort »Narzisse«, und schon läuft sie. Du wirst die Kinder lieben. Nicholas lächelt und lacht und reagiert wunderbar, wenn man ihm Aufmerksamkeit schenkt und etwas Liebes sagt; Frieda dürstet nach Wissen und saugt jedes Wort auf, das man zu ihr sagt ...

... Jetzt, da es Frühling ist, ist hier der Himmel. Ich hätte es mir nicht träumen lassen, daß man so glücklich sein kann ...

Zur Zeit sind die Sillitoe's hier – Alan, seine amerikanische Schriftsteller-Frau Ruth und ihr Sohn David, der einen Monat alt ist. Es sind großartige Gäste – Ruth hilft mir beim Kochen, Alan wäscht ab; sie gehen alleine spazieren, und unser Leben verläuft wie gewöhnlich. Ich fühle mich nicht als Aschenbrödel, weil sie mithelfen, und morgens arbeite ich wie immer in meinem Arbeitszimmer ...

Unsere Narzissen gehen zu Ende, dafür fangen unsere Kirschbäume zu blühen an – besser als Washington! Leuchtend rote Blätter und duftige, runde, rosa Blüten. Wie ein kleiner Garten Eden. Viele liebe Grüße an alle.

x x Sivvy

14. MAI 1962

Liebe Mutter,

ich hoffe, Du hast die Farbphotos inzwischen bekommen und hast eine vage Vorstellung von unseren schönen Narzissen, die nun verwelkt sind. Wir haben ungefähr $ 17 durch ihren Verkauf verdient, ein winziger Betrag, aber wir sind stolz darauf, weil das den Eindruck erweckt, als würde unser Grund etwas »tragen«. Falls wir eine gute Apfelernte haben, müßten wir eigentlich etwas mehr verdienen ...

Mein Buch kommt offiziell heute in Amerika heraus. Schneide bitte alle Rezensionen heraus, die Du entdecken kannst, und schick sie mir – egal wie schlecht. Kritik spornt mich genauso an wie Lob ...

An diesem Wochenende kommt ein netter, junger kanadischer Dichter mit seiner überaus attraktiven, intelligenten Frau zu uns – das sind die, die unseren Mietvertrag für die Londoner Wohnung übernommen haben. Außerdem werden Teds Eltern wahrscheinlich zum nächsten Wochenende von Onkel Walter hergefahren . . .

Aus unerfindlichem Grund hat Nicholas während der letzten Nächte geweint, ich bin daher ziemlich erschöpft. Ich glaube, nach meinem eisernen Widerstand gegen den langen, harten Winter hat es mich jetzt erwischt, da es schöner ist und ich mich entspannen kann. Ich möchte am liebsten gar nichts tun, das heißt, ich *möchte,* aber ich kann einfach nicht. Meine Flicksachen stapeln sich seit Monaten, und meine eigene Küche hängt mir zum Halse heraus, ich habe nicht die Energie, eins der exotischen Rezepte aus meinem geliebten [*Ladies' Home*] *Journal* auszuprobieren. So ein Mist. Wir haben riesige Mengen von herrlichem, sagenhaftem Rhabarber, den wir übernommen haben. Hast Du einen Vorschlag, wie ich ihn einmachen soll? Wir besitzen einen schönen, dunklen »Weinkeller«, der danach ruft, mit schimmernden Einmachgläsern voll guter Dinge angefüllt zu werden . . .

Grüße an alle

x x x Sivvy

7. JUNI 1962

Liebe Mutter,

vergib mir, vergib mir, was wie ein endloses Schweigen erscheinen muß. Ich habe jetzt, glaube ich, die letzten meiner »Gäste« hinter mir, nach sechs Tagen mit Teds Mutter, Vater und Onkel Walt. Das ist auch einer der Gründe, weshalb ich so still war. Sie waren das Ende einer langen Kette . . . Teds Mutter wohnte bei uns, die Männer wohnten oben im Burton Hall Hotel . . . Ich machte ein paar große Essen für alle, und abends aßen wir größtenteils auswärts. Mrs. Hughes ist sehr lieb und hat einen ganzen Stapel von Teds Socken (!) gestopft, wozu ich nicht die Geduld habe. Da sie es ist, die ihm diese dicken wollenen Dinger schenkt, ist sie eine Meisterin auf diesem Gebiet, und es war wohl eine gute Möglichkeit für sie, sich nützlich zu fühlen, ohne wirklich angestrengt zu sein. Sie machten Autotouren mit Walt und waren enorm beeindruckt und voller Stolz auf unser Haus. Ich bin froh, daß sie uns, genau wie Du, geholfen haben, es zu erwerben.

Dies ist der *vierte* in einer Reihe von absolut halkyonischen blauen, klaren, heißen Tagen. In den letzten drei Tagen kehrte ich meinem Arbeitszimmer den Rücken und spielte ein wenig Lookout-Farm. Ich befreite all unsere Zwiebeln, den Spinat und den Lattich vom Unkraut – war draußen im Garten von Sonnenaufgang bis Sonnenuntergang, unendlich glücklich, während Frieda in einer kleinen Ecke grub, »mithalf«, und Nicholas in seinem Kinderwagen sonnenbadete. Dies ist die erfüllteste und glücklichste Zeit meines Lebens. Die Kinder sind so schön . . .

Jetzt sind die beiden Laburnum-Bäume voll erblüht, die direkt vor meinem Arbeitszimmerfenster stehen. Ist es nicht seltsam, daß ich in meinem Buch über Golden Rain Trees [Goldregenbäume] schrieb und nun selber *sechs* habe – zwei vorne vor meinem Arbeitszimmer, einer an der Seite und der Rest drumherum. Ich bete, daß noch etwas von der Apfelblüte da ist, wenn Du kommst. Ich kann's kaum erwarten, alles mit Deinen Augen zu sehen. Die Arbeit im Haus ist zum Stillstand gekommen, weil in den großen Gärten so viel getan werden muß, ich hoffe daher, daß Du kleinere Risse und abgeblätterte Stellen übersehen wirst . . .

Ich möchte mich so gerne einer langen Arbeit widmen, was mir wegen der vielen Frühlings-Unterbrechungen durch andere Leute unmöglich war. Oh, es ist so schön hier. Bring Dir Bermuda-Shorts für den Garten mit; wir sind ja ganz unter uns. (Natürlich trägt kein Mensch so was in der Stadt!) Und etwas Warmes. Millionenfach Dank für den Sirup! Ich habe Berge von Pfefferkuchen gemacht. Ich bringe mir gerade Gros point-Stickerei bei, für Kissen- und Sesselbezüge. Herrlich beruhigend.

Ich hoffe, Warren und Margaret haben unser kurzes Glückwunschtelegramm bekommen, das ich an ihre New Yorker Adresse geschickt habe. [*Warren und Maggie hatten am 2. Juni 1962 geheiratet.*] . . . Ich tat mir selbst sehr sehr leid, weil ich nicht bei der Hochzeit dabei war, und freue mich nun auf einen ausführlichen Bericht von Dir in den nächsten Tagen. Bis zur letzten Minute habe ich überlegt, ob ich nicht unsere Ersparnisse auf den Kopf hauen und mit einem Jet hinüberfliegen soll! Erzähl mir alles!

Wir verdienen ziemlich gut (obwohl es so aussieht, als arbeiteten wir gar nicht). Das Dritte BBC-Programm hat ein langes Gedicht (378 Zeilen!) für drei Stimmen von mir angenommen (drei Frauen in einer Entbindungsstation, inspiriert durch einen Bergman-Film), das von demselben Mann produziert wird, der Teds Stücke macht; er kommt hierher, um über die Produktion mit mir zu reden!

Ted hat über einen wunderbaren jungen englischen Dichter,

Keith Douglas, der im letzten Krieg gefallen ist, eine schöne Sendung gemacht, in der er sagte, wie schockierend es ist, daß keins seiner Bücher gedruckt wird. Mit der nächsten Post bekam Ted von der 75jährigen verarmten Mutter des Dichters Dankesbriefe und Bücher mit Widmung, dazu den Vorschlag eines Verlegers, er solle das Vorwort für eine Neuausgabe des Buches schreiben. Wir trauern beide unendlich um diesen Dichter und glauben, er wäre wie ein liebenswerter großer Bruder für uns gewesen. Sein Tod ist wirklich ein schrecklicher Schlag, aber wir versuchen, sein Bild und seine Gedichte auf diese Weise wieder erstehen zu lassen.

Ich bin aufgefordert worden, einen kurzen Vortrag für eine Sendung zu schreiben, die »Die Welt des Buches« heißt, und Teds Sendungen für Kinder sind Klassiker . . . Sein Hörspiel »The Wound« wird diesen Sommer zum dritten Mal gesendet (was weitere gesegnete $ 300 bedeutet, aus heiterem Himmel). Im Moment versuchen wir ein bißchen zu sparen, obwohl ich noch eine Rate meines Stipendiums bekomme. Vielleicht machen wir in ein paar Jahren eine Lesungsreise in Amerika und verdienen einen Haufen Geld. Sie bezahlen ein- bis zweihundert Dollar pro Abend!

Grüße an alle Plaths,
Sivvy

15. JUNI 1962

Liebe Mutter,

so, das ist der letzte Brief, den ich schreibe, bevor Du kommst! . . . Ich arbeite draußen im Garten körperlich so hart, daß ich abends der Worte nicht mehr mächtig und bettreif bin, daher mein langes Schweigen. Ich wüßte nicht, wann ich je so glücklich war und mich so wohl gefühlt habe. In den vergangenen paar Tagen habe ich unser Erdbeer-Fleckchen vom Unkraut befreit und die Ableger gesetzt, genau wie auf der Lookout-Farm, und abends schließe ich die Augen und sehe die wunderschönen kleinen Pflanzen mit den sternförmigen Blüten und reifenden Beeren vor mir. Ich liebe diese Arbeit im Freien und habe das Gefühl, daß ich richtig in Form komme . . .

Rate mal, was wir heute geworden sind – *Imker*! Wir gingen letzte Woche zu dem hiesigen Imkertreffen (anwesend waren der Pfarrer, die Hebamme und verschiedene Bienenzüchter aus Nachbardörfern) und schauten uns an, wie ein Mr. Pollard unter Aufsicht des staatlichen Bienenmannes aus einem Bienenstock drei machte (durch Versetzen der Zellen seiner Königin). Wir trugen alle Masken, und es war schrecklich aufregend. Mit dem Bienenzüchten anzufangen, ist teuer (Auslagen von über $ 50), aber Mr. Pollard überließ uns kostenlos einen alten Bienenstock, den wir weiß und grün anmalten. Heute brachte er den von uns bestellten Schwarm gelehriger italienischer Hybridbienen und setzte ihn hinein. Wir stellten den Stock an einem geschützten, entlegenen Fleck im Obstgarten auf – die Bienen waren wütend, weil man sie in ein Gehäuse gesteckt hatte. Ted hatte statt des Hutes, der an die Bienenmaske anschließen soll, bloß ein Taschentuch über seinen Kopf gelegt, da krabbelten die Bienen in sein Haar, und er floh mit einem Halbdutzend Stichen davon. Mich stachen sie überhaupt nicht, und als ich später zu dem Stock zurückging, sah ich mit Begeisterung, wie die Bienen mit gefüllten Pollensäcken hinein- und mit leeren wieder hinausflogen – zumindest *nehme ich an,* daß sie das taten. Ich habe noch sehr wenig Kenntnisse, aber ich werde versuchen, mich einzuarbeiten und so viel zu lernen, wie ich kann. Wenn wir Glück haben, bekommen wir auch unseren eigenen Honig! Eine Menge Leute in der Stadt sind wirklich große Bienenzüchter, mit zwölf bis zwanzig Stöcken, an Rat wird es uns also nicht fehlen. Sobald wir unseren ersten Honig haben, werden wir uns wohl ein halbes Dutzend Hühner anschaffen.

Zum Glück habe ich furchtbar viel Arbeit, muß Möbel anstreichen, Unkraut jäten etc., denn ich bin so aufgeregt Deines Besuches wegen, daß ich kaum still sitzen kann! Jetzt wäre es mir lieb, Du hättest das Haus in seinem ursprünglichen Zustand gesehen, Du könntest dann beurteilen, wieviel wir geleistet haben. Natürlich muß immer noch immens viel gemacht werden, ich habe lauter Fünf-Jahres-Pläne im Auge . . .

Frieda und Nicholas bekommen Farbe und sind so wundervoll, daß ich es kaum fassen kann. Es sind so glückliche, gesunde Kinder. Jede Minute mit ihnen ist mir kostbar.

Ted und ich haben vor, etwa eine Woche nach Deiner Ankunft für einen Tag nach London zu fahren; wir wollen eine Sendung machen, uns eine Ausstellung anschauen und vielleicht auch einen ausländischen Film. Ein Tag fern von hier, das ist so aufregend wie eine Safari nach Afrika für mich! . . .

Wenn Du da bist, muß ich mich morgens aber wirklich in mein Arbeitszimmer setzen! Sechs Wochen kommen mir so kurz vor. Jetzt, da der Tag näherrückt, an dem ich Dich wiedersehe, merke ich erst, wie schrecklich ich Dich (und auch Warren) vermißt habe.

Viele liebe Grüße und eine angenehme Reise!

Beste Wünsche von uns allen

Sivvy

Der Empfang, der mir bei meiner Ankunft in der dritten Juniwoche zuteil wurde, war herzerwärmend. Über der Tür zum Gästezimmer, in dem ich wohnen sollte, hing ein rosa lackiertes Herz, das mit einer Blumengirlande bemalt war. Frieda erkannte mich; »Baby Nick« lief glücklich in meine Arme.

Nach den ersten Tagen jedoch spürte ich eine gewisse Spannung zwischen Sylvia und Ted, die mich beunruhigte. Am 9. Juli, als Sylvia und ich Ted mit den Kindern allein ließen, um nach Exeter zum Einkaufen und zum Essen zu fahren, sagte Sylvia stolz: »Ich habe alles im Leben, was ich mir je gewünscht habe: einen großartigen Ehemann, zwei anbetungswürdige Kinder, ein schönes Heim und mein Schreiben.« Dennoch war die Ehe ernsthaft gestört, und es lag sehr viel Angst in der Luft. Ted hatte eine andere Frau kennengelernt, und Sylvia's Eifersucht war sehr heftig.

Ich fand, es sei das beste, auszuziehen, und nahm mir ein Zimmer bei der Hebamme, wo ich bis zu dem Tag meiner geplanten Rückkehr in die USA bleiben wollte. Ich besuchte sie täglich zu Hause und verbrachte einen großen Teil der Zeit mit den Kindern.

Als ich am 4. August 1962 abreiste, standen alle vier auf dem Bahnsteig und warteten auf die Abfahrt meines Zuges. Die beiden Eltern sahen mich mit steinernen Gesichtern an – Nick war der einzige, der lächelte. Das war das letzte Mal, daß ich Sylvia gesehen habe.

Bald darauf trafen Mrs. Prouty und ihre Schwägerin in London ein und forderten Sylvia und Ted auf, sie dort zu besuchen. Um schwierigen Erklärungen aus dem Weg zu gehen, legten Sylvia und Ted ihre ehelichen Martern vorerst auf Eis und fuhren gemeinsam zu Mrs. Prouty, die vorgehabt hatte, diesen Tag festlich zu begehen.

17. AUGUST 1962

Liebe Mutter,

... wir fuhren nach London, tranken Cocktails, aßen zu Abend und schauten uns Agatha Christie's *Mausefalle* an, ein Stück, das schon mehr als zehn Jahre läuft. Mrs. Prouty hatte uns in ihrem Hotel, dem Connaught, untergebracht, das schönste Hotel, in dem ich je gewohnt habe – sehr intim, sauber und zugleich altmodisch. Keine kalte Pracht ... Mrs. Prouty wiederzusehen, war wunderbar ... Sie fragte Ted und mich verständnisvoll wie immer nach unserer Arbeit. Sie bedeutet mir unendlich viel. Ich hoffe, Du besuchst sie ab und zu; ihre Einsamkeit muß erschreckend sein.

... Zur Zeit ist ein junger amerikanischer Schriftsteller, der aus seiner Londoner Wohnung rausgeflogen ist, mit seiner Frau bei uns. Sie sind phantastisch neurotisch. Sie hat Dutzende von Krankheiten, alle unheilbar, da sie sich entschlossen hat, allergisch auf jede Medizin zu reagieren, die helfen könnte. Sie sagt zum Beispiel, daß sie Magengeschwüre hat, behauptet jedoch, sie könne keine Milch trinken; und hat Migräne, ist aber allergisch auf Kodein; und sie ist fanatisch, was das Essen betrifft ... Sie wohnen im Gästezimmer – ich hatte gesagt, wir würden sie für einen Monat oder sechs Wochen mietfrei aufnehmen, bis sie erholt genug seien, sich nach einer anderen Wohnung umzuschauen, dafür sollten sie etwas fürs Essen bezahlen und bei den Kindern helfen. Doch als sie an dem Tag, an dem wir in London waren, unsere Arbeit übernahmen, brachte sie das fast um. Sie sagten, sie würden bleiben, wenn wir nach Irland gehen, was großartig wäre, da die Kinder gut mit ihnen auskommen, aber ich habe Bedenken, ob sie auch durchhalten. Ich werde sie bitten, mir das lieber gleich zu sagen, damit ich nötigenfalls eine Kinderschwester engagieren kann. Ich muß einfach nach Irland fahren und eine Woche segeln. Es ist geplant, daß Mrs. Prouty am Sonntag, dem 9. September, zum Abendessen kommt, und am nächsten Tag wollen wir abfahren.

Es war sehr lieb von Euch, Warren und Margaret, daß Ihr an Teds Geburtstag gedacht habt.

Ich habe mich mit der Frau des Arztes, die ich *sehr* gern habe, wegen der Reitstunden getroffen ... wir nehmen sie vielleicht gemeinsam. Irgendwann hätte ich gern ein Pony für Frieda.

Viele liebe Grüße an alle
Sivvy

Folgende Briefe wurden natürlich unter großer seelischer Belastung geschrieben. Sie sollten, wie Sylvia's häufige Telefonanrufe während dieser Zeit, dazu dienen, sie ebenso sehr selbst zu beruhigen. Es sind verzweifelte Briefe, und gerade die Verzweiflung, die aus ihnen spricht, macht es einem schwer, sie objektiv zu lesen; damals war ich dazu nicht in der Lage. Aber ich muß den Leser bitten, die Umstände zu berücksichtigen, unter denen sie geschrieben wurden, und auch zu bedenken, daß sie nur einen Aspekt einer außerordentlich komplexen Situation darstellen.

27. AUGUST 1962

Liebe Mutter,

. . . ich hoffe, Du bist nicht allzusehr überrascht oder schockiert, wenn ich Dir sage, daß ich versuchen will, eine gesetzliche Trennung von Ted zu erwirken. Ich glaube nicht an Scheidung und würde niemals daran denken, aber ich kann einfach dieses erniedrigte, qualvolle Leben, das ich jetzt lebe, nicht weiterleben, es hat meinem Schreiben ein Ende gesetzt und mir beinahe Schlaf und Gesundheit zerstört . . .

. . . Ich glaube, ich brauche ein gesetzliche Regelung, damit ich einen gewissen Betrag in der Woche für Lebensmittel und Rechnungen erwarten kann und die Freiheit habe, mir das glückliche, erfreuliche Leben aufzubauen, zu dem ich mich innerlich hingezogen fühle und das ich auch leben würde, wenn er nicht wäre . . .

Für mich steht zuviel auf dem Spiel, und ich bin als Mensch zu reich, um als Märtyrer zu leben . . . Ich will einen sauberen Bruch, damit ich wieder atmen und lachen und mich freuen kann.

Die Frau, die Winifred [*die Hebamme*] für mich aufgetrieben hat, war einen Vormittag da, schickte dann ihren Mann, der mitteilte, die Arbeit sei ihr zu schwer. Na, vorläufig habe ich ja Kathy, und noch jemanden leisten kann ich mir jetzt ohnehin nicht.

Wenn Du etwas ganz Liebes und Nützliches tun willst, dann schick mir ein paar warme Sachen für Frieda zu Weihnachten. Für Nicholas habe ich reichlich . . . und eine große Flasche Vitamin-C-Tabletten für mich . . . Noch so eine Erkältung wie diese kann ich mir nicht erlauben.

Ich hoffe, daß Warren und Maggie im Frühling herkommen wollen; auch Marty und Mike Plummer möchte ich gern einladen.

Ich mache gerade den Versuch, mich einmal wöchentlich mit den Comptons zu treffen, und habe bereits einige nette Paare mit Kindern dort kennengelernt.

Es wäre mir übrigens lieb, wenn Du keinem Menschen etwas davon erzählen würdest, außer vielleicht Margaret und Warren — besser vielleicht nicht einmal ihnen. Es ist eine private Sache, und ich möchte nicht, daß irgendwelche wildfremden Leute etwas davon erfahren. Behalt es also für Dich.

Jetzt, da Kathy da ist, schreibe ich sogar ein bißchen, es besteht also noch Hoffnung. Und wenn ich den Winter in Spanien verbringen kann, werde ich womöglich mein altes Gewicht und meine Gesundheit wiedererlangen, die ich in den letzten sechs Monaten verloren habe. Ich wollte es Dir hier so schön machen; ich kann Dir gar nicht sagen, wie unglücklich ich bin, daß Du Dich hier nicht so großartig amüsiert und erholt hast, wie ich es mir für Dich gewünscht hatte . . .

Sag Dotty [*meiner Schwester*], sie soll mir auch weiterhin schreiben; sie bedeutet mir unendlich viel. Ich habe Euch alle sehr, sehr lieb und brauche nichts und habe keinen anderen Wunsch, als hier in dieser freundlichen Stadt und in meinem Heim bei meinen lieben Kindern zu bleiben. Ich lasse mir gerade einen Kostenvoranschlag für die Renovierung des Häuschens machen, damit ich eines Tages dort ein Kindermädchen unterbringen und ein freieres Leben führen kann.

Alles Liebe
Sivvy

23. SEPTEMBER 1962

Liebe Mutter,

Dank für Deinen Brief . . . Den Kindern geht es gut. Nicholas hat seinen ersten Zahn bekommen. Er ist das energischste, munterste Kind, das man sich denken kann, krabbelt im ganzen Spielzimmer herum und spielt mit Frieda's Bauklötzchen, sehr zu ihrer Verwirrung. »Weg ins Ställchen, weg in Wagen«, das soll ich mit ihm machen, befiehlt sie mir und türmt alle Spielsachen, die er zu mögen scheint, außerhalb seiner Reichweite zu einem kleinen Haufen auf . . .

Ich habe vier herrliche Tage in Irland verbracht. Wurde in

Dublin von Jack und Marie Sweeney von der Lamont Library in Harvard mit Austern, Guinness und Graubrot bewirtet und bekam im wilden Connemara, etwa 75 Kilometer von Galway entfernt, zwei Eier, selbstgemachte Butter und warme Milch, direkt von der Kuh, zum Frühstück ... Was mich so glücklich machte, war die Verbindung von Segeln, Fischen, Meer, netten Leuten und dem wunderbaren Essen einer Irin, der ich einen handgestrickten Pullover abkaufte ... Zudem hatte ich das große Glück, eine Frau zu finden, die ganz nach meinem Herzen war, eine dieser handfesten, unabhängigen Pferde- und Whisky-Frauen, mit einem sehr schönen Ferienhaus (Torffeuer – das angenehmste und wohlriechendste Feuer, das man sich denken kann), eigenen TT-getesteten Kühen und einem Butterfaß; sie will es mir von Dezember bis Februar vermieten und mir alle Meeresspaziergänge zeigen. Spanien steht nicht mehr zur Debatte ... Ich glaube, diese Irin und ich sprechen dieselbe Sprache – sie wird nebenan in einem ihrer Ferienhäuser wohnen. Sie liebt Kinder, außerdem habe ich keine Lust, allein in einem Land zu sein, dessen Sprache ich nicht einmal spreche. Ich will versuchen, [das Haus] für diese Monate zu mieten ... Ich möchte da sein, wo nichts mich an die Vergangenheit erinnert, am Meer, das für mich die große Heilende ist ...

... Ich muß um jeden Preis das Häuschen renovieren lassen und mir für nächstes Frühjahr ein Kindermädchen suchen, das ganz da wohnt, damit ich mit dem Schreiben anfangen kann und meine Unabhängigkeit wiedergewinne ... Grüße an Warren und Maggie +

Sylvia

Daß sie ihren Geldmangel in den folgenden Briefen so betont, mag in Wirklichkeit eine Übertreibung gewesen sein, um die Dringlichkeit ihrer Lage klarzumachen. Ted Hughes sagt, er habe sich von seiner Familie Geld geborgt, als er sie verließ, und ihr zwischen September und Anfang Februar über £ 900 gegeben.

24. SEPTEMBER 1962

Liebe Mutter,

ich glaube, ich schulde Dir einen glücklicheren Brief als meinen letzten. Jetzt, da ich mich zu einer gesetzlichen Trennung entschlossen und morgen mit einem enorm freundlich klingenden Anwalt in London verabredet habe (empfohlen von meinem ebenso freundlichen Steuerberater), fange ich an, zu begreifen, daß das Leben für mich nicht vorüber ist. Es war die Ungewißheit, Woche für Woche, die mir solche Qual bereitet hat. Und der Wunsch natürlich, mich bis zuletzt festzuklammern, um zu sehen, ob nicht etwas, irgend etwas zu retten ist. Nun bin ich doch auch froh, daß die letzte Schlacht geschlagen ist ...

Es ist ein schöner Tag hier, klar und blau. Ich habe für heute und morgen noch einmal dieses Kindermädchen bekommen. Sie ist eine Wucht. Ich weiß jetzt, wie himmlisch mein Leben sein könnte, wenn ich ein gutes Kindermädchen hätte, das im Haus wohnt. Ich habe gerade meine erste warme Mahlzeit seit meiner Rückkehr gegessen – eine *neutrale* Person im Hause zu haben, hilft sehr. In der Nacht, in der mir klarwurde, daß Ted nicht zurückkommen würde, ging ich für drei Stunden zu Winifred [*der Hebamme*]; sie war mir eine große Stütze ... Seit ich mich entschieden habe, kehrt, Tropfen für Tropfen, auf wunderbare Weise mein eigenes Leben, meine Ganzheit zurück. Ich will versuchen, [*das Haus*] den Winter über zu vermieten und nach Irland zu gehen – ein Traum von mir –, um mich von dieser fürchterlichen Erfahrung reinzuwaschen durch die wilde Schönheit, die ich dort fand. Auch den Kindern würde das guttun. Ganz praktisch gesprochen, ich habe nicht das Geld, weiter weg zu fahren. Ich habe meine ganzen Ersparnisse diesen Sommer auf ein separates Konto getan, auf dem Girokonto ist nichts mehr; dann sind da noch 300 Pfund, die ich von unseren gemeinsamen Ersparnissen genommen habe – nahezu der ganze Rest –, da Ted einmal gesagt hatte, ich sollte sie als eine gewisse Entschädigung für meinen verlorenen Kindermädchen-Zuschuß nehmen, um das Häuschen renovieren zu lassen. Das *muß* sein. Desgleichen ein Fernseher für ein Kindermädchen. Hier im Haus kann ich keines wohnen lassen, da ich sonst keine Gäste haben könnte, und ich möchte doch all meine Freunde und Verwandten so oft wie möglich einladen. Ich träume von Warren und Maggie! Ich würde so schrecklich gern irgendwann mit ihnen in Tirol einen Skiurlaub machen. Ich habe gerade etwas in der Zeitung darüber gelesen. Später, wenn ich einen Roman schreibe, oder auch zwei, könnte ich mich um ein Guggenheim bewerben und samt Kindermädchen und Kindern nach Rom fahren. Im

Moment habe ich kein Geld, aber sollte das Häuschen im Winter, wenn ich weg bin, renoviert werden, werde ich sicher meine gesamten Ersparnisse in ein Jahr Kindermädchen investieren. Im Grunde müßte mir meine Schriftstellerei so viel einbringen, daß ich mir das im nächsten Jahr leisten kann ...

Mit etwas Glück müßte ich sogar in der Lage sein, mir eine Wohnung in London zu nehmen. Ich würde dann die Kinder in die dortigen kostenlosen Schulen schicken, die Menschen in London genießen (hier würde ich intellektuell *verhungern*), [*das Haus*] den Winter über vermieten und während der Feiertage und im Frühling für die langen Sommerferien hierherkommen. Ich glaube, wenn die Kinder im schulfähigen Alter sind, werde ich den Wunsch haben, mir das zu gönnen. Ein glücklicher Zufall – ein paar Geschichten für den *New Yorker,* die ich in Irland schreibe, ein Stück für die BBC (anläßlich des Halbstundeninterviews, in dem ich gefragt wurde, warum ich in England geblieben bin, bekam ich eine Menge Verehrerpost) – könnte dieses Leben Wirklichkeit werden lassen. Aber zuerst das Häuschen, dann das Kindermädchen. Ich werde das aus meiner eigenen kleinen Tasche bezahlen müssen, da Ted vermutlich nur für die Kinder zahlen muß ...

Habe Frieda heute wieder zu dem Spielplatz mitgenommen. Sie spricht jetzt großartig, benennt die Dinge. Ich hole ihr nächste Woche zwei Kätzchen von Mrs. Mac Namara, außerdem bemühe ich mich, jeden Nachmittag mit den Kindern irgendwohin zu gehen, einen Besuch zu machen, um aktiv zu bleiben. Viele liebe Grüße an Dich, Warren und Maggie.

Sylvia

26. SEPTEMBER 1962

Liebe Mutter,

gestern fuhr ich nach London zu dem Anwalt – eine wirklich qualvolle, aber notwendige Erfahrung. Nicht zu wissen, wo Ted ist, außer, daß er in London ist ... Ich hoffe, er wird ... einer außergerichtlichen Regelung zustimmen und mich finanziell unterstützen ...

Die Gesetze sind natürlich fürchterlich: Einer Frau steht ein Drittel des Einkommens ihres Mannes zu, und wenn er nicht sofort bezahlt, muß sie das Geld einklagen, was langwierig und teuer ist.

Falls die Frau etwas verdient, wird ihr Einkommen zu seinem dazugerechnet, und letzten Endes zahlt sie für alles. Keinen Pfennig zu haben und vor tauben Ohren um Geld flehen zu müssen, ist eine Demütigung, die man nicht erträgt. Ich werde einfach mit viel Mut alles in das Häuschen und das Kindermädchen-Jahr investieren müssen und schreiben wie verrückt. Versuche klarzukommen ... Zusammen haben wir dieses Jahr etwa $ 7000 verdient, ein sehr gutes Gehalt, wobei ein Drittel von mir stammt. Jetzt ist alles weg ... Ich werde bestraft, wenn ich etwas verdiene, oder muß betteln, falls ich nichts verdiene. Da ist mir ersteres lieber ...

Gott sei Dank sagte der Anwalt, ich könnte die Kinder mit nach Irland nehmen. Ich hoffe, daß es mir gelingt, dieses Haus zu vermieten, wenn nicht, muß ich trotzdem fahren ...

Es tut mir leid, daß ich Dir gerade jetzt, da Dich Deine eigenen Sorgen so bedrängen, so viel Kummer mache, aber ich muß mein Leben – das bißchen, was mir noch bleibt – wieder in den Griff bekommen.

Herzlich
Sivvy

29. SEPTEMBER 1962

Liebste Mutter,

es geht auf 6 Uhr 30 morgens, ich sitze warm in meinem Arbeitszimmer, Pifco an, und trinke meine erste Tasse Morgenkaffee. Bei all ihrem Mangel an Phantasie hat Winifred einen gesunden Menschenverstand, und deswegen liebe ich sie. Da sie sehr beschäftigt ist, werde ich sie nach der abendlichen 3-Stunden-Sitzung, bei der wir beschlossen, was zu tun sei, nur noch kurz bei gesellschaftlichen Anlässen und wegen praktischer Fragen sehen. *Sie* war es, die vorschlug, ich solle frühmorgens, wenn ich aufwache und nicht mehr schlafen kann, hierher kommen und an meinem Roman arbeiten, bevor die Kinder aufstehen ... Gerade jetzt sind meine Gefühle natürlich so in Aufruhr, daß das »Arbeiten an meinem Roman« sehr schwierig, ja nahezu unmöglich ist, aber gestern habe ich in der Tat drei Seiten geschrieben und hoffe, daß ich mich einarbeiten werde, zunächst wie betäubt, dann mit Gefühl.

Die Abende hier, wenn die Kinder im Bett sind, die sind das

Schlimmste; ich könnte sie ebensogut umgehen, indem ich zu Bett gehe. Morgens fühle ich mich ziemlich gut, und tagsüber bin ich, Gott sei Dank, beschäftigt. Es fällt mir leichter, etwas zu essen, wenn ich meine Mahlzeiten mit Frieda in der Küche einnehme, außerdem mache ich jeden Tag um vier gewissenhaft Tee im Kinderzimmer, versuche, jemanden einzuladen oder die Kinder irgendwohin mitzunehmen, das heißt, ich verbringe täglich eine gewisse Zeit mit anderen Leuten, die nichts wissen oder zumindest sehr lieb sind, wie die Comptons.

Ich muß Schlaftabletten nehmen, sie sind im Moment ein notwendiges Übel – dank ihrer kann ich tief schlafen, dann etwas schreiben und tagsüber aktiv sein, wenn ich viel Kaffee direkt nach dem Aufwachen trinke ...

Der Anwalt sagt, daß es ganz legal ist, wenn ich alles Geld von unserem gemeinsamen Konto abhebe und es auf ein eigenes Konto tue, da mein Mann mich verlassen hat ... Schick mir bitte die $ 500 »Schenkung« und weitere $ 500 zu Weihnachten, falls ich sie brauche. Ich habe Ausgaben für das Häuschen diesen Winter und muß mir im Frühjahr ein Kindermädchen nehmen. Als das Mädchen von der Agentur hier war, wurde mir klar, welch ein Paradies das wäre, und wenn jemand in der Nähe ist, breche ich nicht zusammen.

Grüße
Sivvy

9. OKTOBER 1962

Liebe Mutter,

ich weiß nicht, wo ich beginnen soll. Ich kann die $ 50 einfach nicht annehmen. [*Schließlich überredete ich sie doch dazu, dies monatlich zu tun, und eröffnete ein gemeinsames Konto auf einer Londoner Bank, von dem sie Gebrauch machen konnte, wenn sie in Not war. Ich hoffte, sie würde erwägen, in die Vereinigten Staaten zurückzukehren. Wir, die Familie, waren bereit, ihr hier eine eigene Wohnung zu bezahlen.*]

... Habe gerade ein langes Gedicht an den *New Yorker* verkauft. Ich komme schon hin. Ted hat sich bereit erklärt, uns 1000 Pfund Unterhalt im Jahr zu zahlen. Das reicht gerade für Steuern, Heizung, Licht, Essen; bleiben 200 Pfund für die Kleidung der Kinder und Instandhaltungskosten. Für mich will ich nichts. Ich zahle Instandhaltungskosten, Benzin und Steuern für das Auto, Teds Lebensversicherung (die an mich ausgezahlt wird und eine Art Pension sein wird . . .) und die Kindermädchen. Zur Zeit stehe ich ein paar Stunden vor den Kindern auf und schreibe. Ich muß . . . ich habe die Kosten ausgerechnet, und es wird sehr knapp . . . Ich bete, daß er sich vertraglich zu dem Unterhalt verpflichtet . . .

Ich lasse mich scheiden. Das ist das einzig Richtige . . .

Ich möchte von vornherein klarstellen, daß Amerika für mich nicht in Frage kommt. Ich will mir mein Leben in England machen. Wenn ich jetzt anfange, davonzulaufen, werde ich nie damit aufhören. Mein ganzes Leben lang werde ich von Ted hören, von seinem Erfolg, seinem Genie . . . Ich muß mir, so schnell ich kann, ein eigenes Leben aufbauen . . . das Fleisch ist mir von den Knochen gefallen. Aber ich bin ein Kämpfer. Geld ist meine einzige Möglichkeit, mich in ein neues Leben vorzukämpfen. Ich weiß ziemlich genau, was ich will . . .

[*Irgendwann*] möchte ich eine Wohnung in London haben; dort ist das kulturelle Leben, nach dem ich so dürste . . . Auch habe ich, wie Du begreifen wirst, nicht die Kraft, Dich in der nächsten Zeit zu sehen. Das Entsetzliche, das Du sahst und das ich Dich im letzten Sommer miterleben sah, steht zwischen uns, und ich kann Dir erst wieder ins Gesicht blicken, wenn ich ein neues Leben lebe; die Belastung wäre allzu groß. Ich gäbe Himmel und Erde darum, Besuch von Tante Dot oder Warren oder Maggie zu bekommen. Kann letztere nicht im Frühjahr kommen?

Es war ein ungeheuerlicher Schock für mich . . . Ich war sehr dumm, sehr glücklich . . . keine Zeit . . . eigene Pläne zu machen. Wie Du Dir denken kannst, muß ich bei der Gerichtsverhandlung erscheinen, nicht er. Ein notwendiges Übel . . .

. . . Dot's Brief ein großer Trost. Versichere mir, daß sie die Scheidung akzeptieren wird [*sie ist eine fromme Katholikin*] und mir ihr Wohlwollen deshalb nicht entzieht. Ich habe *keinen Menschen* . . . Stecke hier wie in einem Sack und verzehre mich nach Luft und Freiheit und der Kultur und den Bibliotheken einer Stadt.

Glaubst du, Warren oder Tante Dot könnten herüberfliegen, um mir ein paar Tage beizustehen, wenn ich vor Gericht muß? Ich weiß nicht, ob das diesen Herbst ist (ich fürchte, leider nein) oder im nächsten Frühjahr, aber ich werde Schutz brauchen. Ich baue so auf Warren, jetzt, da ich keinen Mann habe, keinen Ratgeber. Er war so gut und lieb hier . . .

Alles bricht – mein Tafelservice springt mitten entzwei, der Mann vom Gesundheitsamt sagt, das Häuschen muß abgerissen werden – es ist nicht mehr zu retten, ich muß also den langen, unfertigen Raum im Haus statt dessen herrichten lassen. Selbst meine geliebten Bienen stürzten sich auf mich heute, als ich wie betäubt ihr Zuckernäpfchen umstieß, am ganzen Körper habe ich Stiche . . .

Ich muß im nächsten Herbst nach London . . .

Bitte bestelle Warren, er soll mir schreiben, und sag', daß er und Maggie im Frühjahr kommen werden. Mag sein, daß ich in Irland meine Seele finde, und in London, nächsten Herbst, mein Gehirn und im Himmel vielleicht, was einst mein Herz war.

Grüße
S

12. OKTOBER 1962

Liebe Mutter,

habe Deinen netten dicken Brief mit vielem Dank erhalten. Zerreiß meinen letzten. Ich schrieb ihn in einem Moment, der vermutlich mein absoluter Tiefpunkt war und habe inzwischen einen unglaublichen Stimmungswechsel [*gehabt*]; ich bin fröhlich, so glücklich, wie schon eine Ewigkeit nicht mehr . . .

Es ist *vorüber*. Mein Leben kann beginnen . . . Ich lasse den langen Raum renovieren, neue Böden einziehen und werde ihn als Wohn-Schlafzimmer mit TV einrichten. Ich hoffe, ich kann dieses (sehr teure) Kindermädchen behalten, bis Teds Tante Hilda kommt, was sie Ende November tun will, um mich nach Irland zu begleiten . . . Ted wünscht die Scheidung, Gott sei Dank, es dürfte also nicht so schwierig werden . . . [*In*] Irland – in meinem geliebten Ferienhaus, vom 1. Dezember bis zum 28. Februar – werde ich mich bestimmt erholen, bei Milch von TT-getesteten Kühen (möchte sie gern selber melken lernen), selbstgebackenem Brot und Meer!

Jeden Morgen um fünf, wenn die Wirkung meiner Schlaftablette nachläßt, bin ich auf, trinke Kaffee in meinem Arbeitszimmer, schreibe wie eine Verrückte – habe täglich ein Gedicht vor dem

Frühstück geschafft. Alle publikationsreif. Phantastisches Zeug, als hätte die Häuslichkeit mich erstickt. Sobald das Kindermädchen da ist und ich weiß, daß ich eine gewisse Zeit zur Verfügung habe, werde ich meinen Roman beenden. Neben mir liegen vierzig Kinderbilderbücher, die ich für die linksgerichtete Wochenzeitung rezensieren soll, für die ich schon mal etwas gemacht habe – unter anderem *Horton Hatches the Egg*! Schick mir also keine Kinderbücher; ich habe Berge davon.

Nick hat zwei Zähne, steht, sitzt, und ist ein *Engel*. Ted hatte Frieda's Haare kurz geschnitten, sieht wunderbar aus, kein Durcheinander, kein Gezottele. Sie hat jetzt zwei Kätzchen von Mrs. MacNamara: Tiger-Pieker und Skunky-Bunks; das erste eine Tiger-, das zweite eine schwarz-weiße Katze. Sie betet sie an, singt ihnen leise »Eia popeia . . .« vor. Sie tun ihr sehr gut im Moment.

Hast Du mein Gedicht »Blackberries« im *New Yorker* vom 15. September gesehen? Schrieb es, als Warren hier war letztes Jahr . . . Habe die Hoffnung, mich aus diesem Loch herauszuschreiben, wenn ich frei bin . . .

. . . Verdammt noch mal, ich brauche jetzt Ferien. Irland ist himmlisch, vollkommen unverdorben: smaragdene See, die grüne Felder umspült, weißer Sand, wilde Küsten, Kühe, freundliche Leute, honigschmeckender Whisky, Torffeuer, das wie Gewürzbrot riecht – ich danke Gott, daß ich es gefunden habe. Gerade zur rechten Zeit.

Morgen gehe ich reiten; finde es herrlich. Werde Frieda und Nick in London in die Kirche schicken, nicht hier! Ich vermisse Leute, die was im *Hirn* haben, hasse dieses Kuhleben, sehne mich danach, mich mit intelligenten, guten Leuten zu umgeben. Ich werde einen Salon in London haben. Ich bin eine berühmte Dichterin hier – wurde diese Woche in *The Listener* erwähnt, als eine der halbdutzend Frauen, die bleiben werden – zusammen mit Marianne Moore und den Brontës!

x x x Sivvy

PS Vergiß die Sache mit dem Gericht – ich schaff das blendend allein. Jede Art von Erfahrung ist Wasser auf die Mühlen eines Romanschriftstellers.

12. OKTOBER 1962

Liebster Warren und liebste Maggie,

Euer reizender Brief ist heute angekommen und hat mich enorm aufgeheitert. Wie oft habe ich an Euch beide gedacht! Ich bin sechs Monate lang durch die unglaublichste Hölle gegangen, Grippe, überhaupt alles, und jetzt, erstaunlicherweise . . . etwas *Bestimmtes* zu haben . . . meine freiwerdenden Kräfte sind enorm . . .

Eines ist mir geblieben: Liebe zu und Bewunderung für [*Teds*] Werk. Ich weiß, daß er ein Genie ist, und für ein Genie gibt es keine Bande, keine Grenzen . . . Es tut weh, verlassen zu werden . . . aber Gott sei Dank habe ich mein eigenes Werk. Wenn ich das nicht hätte, wüßte ich nicht, was ich tun würde. Ich genieße hier drüben ein beträchtliches Ansehen und schreibe von Tagesanbruch bis zum Erwachen der Kinder, täglich ein Gedicht, sie sind phantastisch.

Bin so froh, daß Du mich in puncto Kindermädchen unterstützt, Warren. Ich bin und war immer eine intelligente Frau, und dieses Jahr Landleben war für mich der kulturelle Tod. Keine Theaterstücke, Filme, Kunstausstellungen, Bücher, Leute! . . . Jetzt sitze ich hier fest; aber nicht für lange. Ich habe vor, von Dezember bis Februar nach Irland zu gehen, in ein schönes Ferienhaus am Meer, um dort an Leib und Seele zu genesen. Frühjahr und Sommer will ich wieder hier sein, Dich und Maggie sehen, wie ich hoffe und bete, desgleichen meine guten Freunde, die Alan Sillitoe's (jetzt leider in Tanger für ein Jahr) und Marty und Mike Plumer, falls sie kommen. Die Einsamkeit hier ist jetzt erschreckend. Danach werde ich um eine Wohnung in London kämpfen . . . Ich werde in London freiberuflich Sendungen und Rezensionen schreiben können und einen Kreis von intellektuellen Freunden haben. Ich habe dort sehr gern gelebt und wollte niemals weg. Du kannst Dir vorstellen, wie grotesk es mir erscheint, daß Ted jetzt dort lebt, nachdem er mir gesagt hatte, das sei der »Tod« für ihn . . . Ich will versuchen, meinen Roman und einen zweiten Gedichtband bis Weihnachten zu beenden. Ich glaube, ich werde eine ziemlich gute Romanschriftstellerin, sehr komisch – ich muß über mein Zeug pausenlos lachen, und wenn ich jetzt lachen kann, muß es wirklich höllisch komisch sein.

Es wäre schön, wenn für Dich sowohl Ferien in Deutschland wie auch Ferien in Österreich in Betracht kämen, wenn Du hier bist. Du mußt unbedingt ein paar schöne Plätze in Tirol kennenlernen, und ich würde Dich so gerne begleiten! Ich habe einfach immer Angst gehabt, alleine in die Ferien zu fahren. Ich könnte die Kinder für ein paar Wochen bei dem Kindermädchen lassen, und Du könntest Deinen Aufenthalt hier beginnen und beenden. Bis dahin bin ich sehr fröhlich und unterhaltsam, das verspreche ich Dir.

Im Moment bin ich ein ziemliches Wrack, die Knochen stehen mir buchstäblich überall heraus, ich habe große, dunkle Schatten unter den Augen von den Schlaftabletten, und einen Raucherhusten (ich habe tatsächlich im vergangenen Monat aus Verzweiflung angefangen zu rauchen – den Anfang machte mein Anwalt, indem er mir eine Zigarette anbot, fast hätte ich mir die ganzen Augenbrauen weggebrannt, weil ich so aufgeregt war und vergaß, daß sie an war! Aber jetzt habe ich wieder aufgehört). Ich hoffe, Dotty wird mich nicht von oben herab behandeln wegen der Scheidung, obwohl ich weiß, daß Katholiken das für eine Sünde halten. Ihre Unterstützung hat mir so wohl getan. Hoffentlich, Warren, kannst Du Mutter auf eine taktvolle Weise beibringen, daß es besser wäre, wir würden uns für mindestens ein Jahr nicht sehen ... bis ich glücklich bin in meinem neuen Londoner Leben. Ich könnte es einfach nicht ertragen, sie nach diesem Sommer zu sehen; es wäre allzu schmerzlich und würde zu viele Erinnerungen wachrufen. Komm doch Du statt dessen mit der lieben Maggie, die ich jetzt schon liebe.

Sag mir, daß Du vorhast, mich nach Österreich mitzunehmen (nein, zu begleiten! Ich werde Geld haben!), auch wenn Du das nicht willst, ich habe dann etwas, worauf ich mich freuen kann. Ewiglang habe ich nichts gehabt, worauf ich mich freuen kann! Das nächste halbe Jahr kommt mir vor wie ein ganzes Leben, und das vergangene wie eine endlose Hölle. Deine Briefe sind wie glühwein [dt. i. O.] für mich. (Ich *muß* wirklich Deutsch lernen. Vor allem will ich es sprechen.) Schreib mir wieder. Bin so stolz auf Deine Chicagorede, Warren! Ich möchte, daß ihr beide, Du und Maggie, Euch von nun an als die Paten von Frieda und Nick betrachtet. Sie brauchen weiß Gott so viele wie möglich, und die besten!

Alles Liebe für Euch beide.

Sivvy

16. OKTOBER 1962

Liebe Mutter,

mal habe ich meine alten 38,5 Grad Fieber, mal Schüttelfrost, während ich Dir schreibe. Ich muß für die nächsten zwei Monate jemanden haben, der auf die Kinder aufpaßt; in der Zeit will ich wieder gesund werden und versuchen zu schreiben . . . Gerade jetzt brauche ich dringend Hilfe. Nach Hause ist unmöglich. Ich kann nirgends hingehen mit den Kindern, und ich bin krank, und psychologisch gesehen wäre es das allerschlimmste, Dich jetzt zu sehen oder heimzufahren. Ich habe hier umsonst ärztliche Pflege, billige Hilfskraft *möglich*, aber im Moment nicht verfügbar, und ein Heim, das ich liebe und in das ich im Sommer sicher zurückkehren will, um mich für den Absprung nach London vorzubereiten. Um mir ein neues Leben aufzubauen. Ich bin Schriftstellerin . . . ich bin eine geniale Schriftstellerin; ich habe es in mir. Ich schreibe jetzt die besten Gedichte meines Lebens; sie werden mir einen Namen machen. Ich könnte den Roman in *sechs Wochen* beenden, wenn ich den ganzen Tag arbeite. Ich habe eine großartige Idee für einen neuen.

Habe heute ein $-100-»Geburtstagsgeschenk« von Dotty bekommen«, $ 300 von Mrs. Prouty. Gott sei Dank.

Großes Pech mit Kindermädchenagentur; ein Miststück von einer Frau von da kommt morgen; will nicht kochen, weder Frühstück noch Tee machen, wollte wissen, ob ein Butler da wäre. Zehn Pfund die Woche. Wenn ich die Zeit hätte, ein *gutes Kindermädchen* zu finden, vielleicht sogar ein irisches Mädchen, das mit mir nach Hause kommt, dann könnte ich so weiterleben . . . Ich bin einzig darauf versessen, zu studieren, zu schreiben, mein Gehirn wieder in Gang zu bringen und mein Handwerk auszuüben.

Falls es Dich interessiert – mein erster Roman ist bereits fertig und angenommen. Das ist ein Geheimnis. Ich schreibe jetzt an meinem zweiten. Mein dritter – die Idee dazu – kam mir diese Woche.

Als Ted mit allen seinen Kleidern und Sachen weg war, stopfte ich die Kinder und die beiden Katzen ins Auto und fuhr . . . zu einem mir bekannten Paar nach St. Ives in Cornwall – die himmlischsten goldenen Strände vor smaragdgrünem Meer. Entdeckte Cornwall, erschöpft, aber glücklich, meine erste unabhängige Handlung! Nichts wünsche ich mir so sehr, wie ein neues Leben aufzubauen. Muß *hier beginnen*. Wenn ich meinen zweiten Gedichtband fertig habe, meinen dritten Roman, und die Kinder alt genug sind, dann könnte es gut sein, daß ich versuche, ein Jahr nach Amerika zu gehen, Vorlesungen über *creative writing* zu halten und den Sommer am Cape Cod verbringe. Nur jetzt nicht. Ich darf nicht zurück in den Mutterleib kriechen, den Rückzug antreten. Ich muß Schritte nach *draußen* machen, wie Cornwall, wie Irland.

Bitte teile den Inhalt dieses Briefes auch Dotty und Mrs. Prouty mit. *Mit mir ist alles in Ordnung* ... Könnten sich Dot oder Margaret vielleicht sechs Wochen für mich frei machen? Es gelingt mir nicht, unbesehen ein gutes Kindermädchen zu bekommen; ich könnte für Verpflegung, Zimmer, Reisekosten und Fahrgeld in Irland aufkommen. Ich bin jetzt verlassen wie nie ... Ich brauche jemanden, den ich mag ... der mich beschützt, denn meine Grippe, der Gewichtsverlust und der tägliche Kampf mit scheußlichen praktischen Problemen – dieses Kindermädchen wirkt, als würde sie gleich wieder verschwinden – lassen mich dringend Hilfe brauchen. Weiß, daß meine einzigen Probleme im Moment *praktischer* Natur sind: Geld und Gesundung, ein tüchtiges Mädchen oder Kindermädchen, willens zu schuften und zu kochen, das ich mir leisten könnte, sobald ich wieder schreibe. Die seelische Belastung, die eine ... Unterhaltsklage bei den hiesigen grausamen Gesetzen bedeuten würde, ist etwas, was ich jetzt nicht verkraften kann.

Ich bekomme so bald wie möglich ein Telefon, dessen Nummer nicht eingetragen wird; dann kann ich hinaustelefonieren. Du bekommst die Nummer.

Die Kinder sind herrlich, obwohl Frieda regrediert ist; die Kätzchen helfen. Ich kann nicht nach Hause kommen. Ich brauche jemanden, der hier ist, wenn ich nach Irland gehe. Ich kann mich auf kein Kindermädchen verlassen innerhalb dieser kurzen Zeit – ich kann sie einfach nicht ausfragen. Laß mich wissen, was Du von all dem hältst. Das Leben in Irland ist sehr gesund; der Ort ein Traum; das Meer ein Segen. Ich muß raus aus England. Ich bin ... voller Pläne, brauche jedoch Hilfe für die nächsten zwei Monate. Ich kämpfe gegen einen Berg von Schwierigkeiten, allein.

x x x Sivvy

16. OKTOBER 1962

Liebe Mutter,

es war einmal die Rede davon, daß ich Weihnachten nach Hause komme, was dieses Jahr leider unmöglich ist, und zwar unter jedem nur denkbaren Aspekt, psychologisch, gesundheitlich, wegen der Kinder und des Geldes wegen. Dot's Brief entnahm ich, daß ihr alle zusammenlegen wollt, damit ich kommen kann. Glaubst Du, ihr könntet statt dessen Maggie die Reise finanzieren und sie zu mir schicken? Bis zum nächsten Frühjahr bin ich sicher wieder gesund, ich erwarte dann Besuche von Freunden . . . Könnte sie nicht *jetzt* kommen statt dann erst? Ich habe sie bereits sehr liebgewonnen; sie wäre eine solche *Freude* für mich und würde die Kinder lieben. Wir könnten gemeinsam nach Irland fahren, sie könnte mir helfen, mich häuslich einzurichten, und dann rechtzeitig vor Weihnachten von Dublin aus nach Hause fliegen. Hört sich das verrückt an? Warren die neue Frau wegzunehmen oder wegnehmen zu wollen? Doch nur für ein paar Wochen! Wie sehne ich mich nach einer ungebundenen Schwester! Wir könnten Ausflüge machen, gemeinsam essen; ich habe alles fertig geputzt, und es ist jemand da, der neun Stunden in der Woche auf die Kinder aufpaßt.

Ich brauche jemanden von *daheim*. Einen Beschützer . . . im Moment habe ich Fieber, bin ein bißchen im Delirium. Ich . . . schreibe von 4 bis 8 Uhr morgens. Die nächsten Monate sind entscheidend für meine Zukunft und meine *Gesundheit*. . .

. . . Ich fürchte mich vor dem Kindermädchen, das heute abend kommt; sie klang so widerlich am Telefon, so rotzig, wollte einen »Koch« etc. Ich kann mir diesen hohen Lohn und obendrein ein *mieses,* faules Kindermädchen einfach nicht leisten. Für die Kinder ist es das Schlimmste, dieser dauernde Wechsel. Wenn Maggie doch für sechs Wochen kommen könnte, dann könnte ich mich in Irland etablieren und mich nach einem irischen Mädchen umschauen. Ich hätte einen Blutsverwandten . . . Erkunde doch, ob Maggie und Warren dieses große und temporäre Opfer bringen könnten. Geist und Seele geht es gut, aber der Leib ist verwüstet und krank. Ich liebe euch alle.

Sivvy

[*Als ich obigen Brief erhalten hatte, telegraphierte ich Mrs. Wini-fred Davies, Sylvia's Hebamme und Freundin:* »Bitte gleich Sylvia besuchen und Frau für sie besorgen. Gehalt von hier bezahlt. Brief folgt.«]

18. OKTOBER 1962

Liebe Mutter,

vergiß meine letzten Briefe! Ich muß wirklich im Delirium gewesen sein, wenn ich gedacht habe, ich könnte andere Menschen aus ihrem Leben herausreißen, damit sie mein eigenes erträglicher machen. Das verdammte Fieber war's, was mich fertiggemacht hat. Ich ging zum Arzt – keine Medikamente, natürlich –, dann um 8 Uhr abends zu Bett. Gestern ging's mir schon viel besser. Die Sozialfürsorgerin, die Nicholas besuchte, sagte völlig entgeistert zu mir: »Mein Gott, Mrs. Hughes, sind Sie dünn geworden!« Als ich ihr erzählte, daß ich jeden Morgen um 4 Uhr aufstehe und schreibe, bis die Kinder wach werden, machte sie ein besorgtes Gesicht. Ich glaube schon, daß man angesichts meiner Misere aus der Fassung geraten kann – eine verlassene Frau, geschafft von der Grippe, mit zwei Kindern und einer vollberuflichen Tätigkeit!

Wie auch immer, Winifred, gepriesen sei sie, kam gestern abend mit vielversprechenden Nachrichten: eine junge, 22jährige Kinderschwester, die in der Nähe wohnt, würde »schrecklich gerne« bis Mitte Dezember hierher ziehen, einen Tag in der Woche ihre Eltern besuchen, etc. Sie meinte, ich könnte ihr die Irlandreise vorschlagen, sobald sie sich eingewöhnt hat; sie sei für alles zu haben. Weihnachten möchte sie gern zu Hause sein, und im Januar muß sie von Berufs wegen nach London zurück, aber mir geht es ja um die Zeit bis Irland, für die ich eine Lösung finden muß. Offenbar wollen sie mich zum Tee einladen, um über die finanzielle Seite zu reden – etwa 5 Guineen pro Woche ($ 15) plus Verpflegung und Zimmer, das käme hin, meint Winifred. *Halb* so viel wie für dieses gräßliche Kindermädchen, das gestern abend kam. Sie ist eine alte, aufgeblasene Schnüfflerin, ich kann's kaum erwarten, sie wieder loszuwerden. $ 10 hat allein schon die *Vermittlung* durch diese Luxus-Agentur gekostet, die ich in meiner Verzweiflung nehmen mußte – ich habe einfach nicht die Zeit, herumzusuchen . . . Hilda, die Tante von Ted, schrieb heute, daß sie bald kommen will, ich werde ihr also mitteilen, daß es mir dringend nahegelegt wurde, ein Kindermädchen zu nehmen, das im Haus wohnt . . . weil mich die Grippe umgehauen hat . . . nur niemanden verletzen.

Das Wetter ist himmlisch. Morgens Nebel, aber klar, sonnig, blau tagsüber. Ich habe einen bösartigen Husten und werde, sobald ich kann, meine Lunge röntgen und meine Zähne nachsehen lassen. Heute um 5 Uhr früh aufgestanden. Ich schreibe sehr gute Gedichte. Die BBC hat gerade ein ganz langes angenommen; ich werde hinfahren und eine Aufnahme machen . . . Ich brauche Zeit zum Atemholen, Sonnen, Zunehmen. Ich habe so viele Ideen und Themen, daß ich damit ein Jahr und länger reiche! *Muß* nach dieser jungen Schwester (ihr Vater schreibt Kinderbücher und die Mutter ist Sekretärin beim hiesigen Bienenzüchter-Verein) ein Mädchen oder Kindermädchen für dauernd haben. Sie wirkt nett. Alle hier sind sehr gut zu mir, als kennten oder ahnten sie mein Problem . . . Ich werde weiter hier leben und eines Tages in London, glücklich mit meinem eigenen Leben und meinem Beruf und meinen Kindern . . . Ich finde es herrlich hier, sogar in der jetzigen Situation. Ich weiß, daß es absolut notwendig ist, daß ein zuverlässiges Mädchen oder eine Frau *hier im Hause* wohnt; ich kann dann jederzeit weggehen und etwas erledigen oder einen Besuch machen und den ganzen Tag schreiben. *Erst dann* kann ich die Kinder genießen. Zum Glück muß ich nicht auswärts arbeiten . . .

. . . total abgeschnitten zu sein von aller Kultur, von Theaterstücken, Bibliotheken, Leuten, Arbeit, Geldmitteln, mit dem Schreiben am Ende und ohne Stipendium . . . Ich werde es nie vergessen und mich in meinem nächsten Roman darauf besinnen.

. . . Briefe liebe ich, für Briefe lebe ich.

x x x Sivvy

18. OKTOBER 1962

Lieber Warren,

Dein ersehnter Brief traf heute ein, zusammen mit einem sehr süßen und rührenden Brief von Clem [*Warren's Zimmergenosse in Exeter und Harvard*]. Natürlich möchte ich seinen Vater besuchen [*damals ein leitender Angestellter in London*]. Es trifft sich gut, die BBC hat ein langes, schauriges Gedicht von mir angenommen, da kann ich, solange er da ist, hinfahren und eine Aufnahme machen, auf Spesen; außerdem habe ich dank der Bemühungen der gesegneten Winifred Davies, meiner Hebamme, ein *gutes* Aushilfs-Kindermädchen von hier in Aussicht. Im Moment habe ich ein Ekel (sag das nicht Mutter), die ich morgen an die Luft setze – ein aufgeblasenes, schnüfflerisches altes Biest, das meine ergebene Putzfrau, Nancy, die Kinder und mich auf die Palme bringt und fürchterlich teuer ist. Sie kommt von derselben Agentur wie mein junges Traum-Kindermädchen, das hier war, als ich in Irland war; habe beschlossen, *nie* wieder eine zu nehmen, die ich nicht vorher gesehen habe ... Ich weiß genau, was ich brauche, was ich will, wofür ich arbeiten muß. *Bitte* überzeuge Mutter davon. Sie identifiziert sich viel zu sehr mit mir, und Du mußt ihr helfen, einzusehen, daß es das einzig Vernünftige ist, wenn ich mir mein Leben an dem schwierigsten Ort – hier – aufbaue und nicht davonrenne. Ich liebe England, liebe [*diesen Ort*] als *Sommeraufenthalt*, möchte im Herbst und Winter in London leben, damit die Kinder die vorzüglichen kostenlosen Schulen besuchen können, und kann freiberuflich tätig sein und die kulturelle Vielfalt und Anregung genießen, die Nahrung ist für meine jahrelang kulturell ausgehungerte Seele.

Ich fürchte, ich habe Mutter diese Woche, als ich so verzweifelt war, zwei besorgniserregende Briefe geschrieben ... Versuche bitte, Mutter davon zu überzeugen, daß ich geheilt bin. Ich bin bloß physisch in Gefahr, seelisch bin ich gesund, völlig in Ordnung, und schreibe so gut wie noch nie, wenn ich frei bin, morgens von 4 bis 8. Ich habe Mutter nicht geschrieben, daß ich fast an Grippe gestorben wäre, deshalb hatte ich auch so gebettelt, daß Maggie kommt. Ich dachte, eine liebevolle ... Schwägerin, die ich bereits von Herzen liebhabe, könnte mich vor weiteren Attacken beschützen, während ich mein altes Gewicht, meine Gesundheit wiederbekomme. Aber jetzt geht's mir besser, und wenn es mit diesem hiesigen Kindermädchen klappt und sie mit mir nach Irland reist, müßte ich eigentlich eine Weile Ruhe haben.

... Ich bin Schriftstellerin und will schreiben, sonst nichts. Hier drüben kann ich beim Rundfunk ziemlich viel verdienen, brauche wenig zum Leben, werde medizinisch kostenlos versorgt; außerdem ist mein erster Roman angenommen worden (das ist ein Geheimnis; es ist eine Brotarbeit und keiner darf ihn lesen!), und einen zweiten kann ich fertig schreiben, sobald ich ein Kindermädchen kriege, das hier wohnt ...

Ich *muß* jemanden haben, der hier wohnt, andernfalls esse ich nichts und kann nirgendwo hingehen. Bis zum nächsten Herbst habe ich hoffentlich so viel verdient und geschrieben, daß ich mir eine Wohnung in London leisten kann, wo mein verhungerter Geist blühen und wachsen kann. Mein Gott, Warren, stell Dir vor, Du wärst auf einer endlosen Kartoffelfarm, für immer Deiner Computer, Deiner Freunde, Deiner Verwandten beraubt, und nur Kartoffelleute in Sicht, sonst nichts. Ich bin im Grunde eine Intellektuelle. Dies wird ein schönes Sommerhaus für die Kinder sein, doch die Schulen sind gräßlich; sie müssen in London zur Schule. Beruhige Mutter. Ich hoffe, mein neues Kindermädchen hat Lust, mit nach Irland zu kommen.

x x x Sivvy

21. OKTOBER 1962

Liebe Mutter,

würdest Du bitte, um Himmels willen, damit aufhören, die arme Winifred Davies zu belästigen! . . . Sie hat mehr zu tun als Du oder ich und hilft mir, soviel sie kann, und kennt und beurteilt meine Situation viel besser, als Du es kannst . . . sie kam heute nachmittag zu mir und sagte, Du hättest ihr ein Telegramm geschickt mit der Bitte, mir mitzuteilen, ich solle »das Kindermädchen behalten« . . . Begreife bitte eins: ich bin sehr, sehr dankbar für die finanzielle Hilfe von Leuten, die wirklich Geld *haben* . . . und werde mich gewiß freuen, wenn Du mir gelegentlich etwas zum Geburtstag und zu Weihnachten schenkst, aber ich will keine monatlichen Almosen, besonders nicht von Dir. Du hilfst mir am meisten, wenn Du Dein Geld für Deinen eigenen Ruhestand aufhebst . . .

Mir macht mein (kulturell und menschlich) ziemlich frustrierendes Exil inzwischen sogar Spaß. Ich schreibe jeden Morgen ein Gedicht, großartige Sachen, und werde versuchen, sobald das Kindermädchen einzieht, diesen phantastischen zweiten [*dritten*] Roman zu skizzieren, den zu schreiben mein sehnlichster Wunsch ist. Erzähl mir nicht, daß die Welt etwas Heiteres braucht! Der Mensch, der aus Belsen kommt — physisch oder psychisch —, braucht keinen, der sagt, die Vögelchen zwitschern immer noch, er braucht das volle Wissen, daß noch jemand da gewesen ist und das *Schlimmste* weiß: einfach wie es dort war. Mir hilft es zum Beispiel sehr viel mehr, zu wissen, daß Leute geschieden werden und durch die Hölle gehen, statt etwas über glückliche Ehen zu hören. Über *die* laß das *Ladies' Home Journal* schwatzen.

Ich weiß genau, was ich will und was ich tun möchte. Heute habe ich zum Abendessen Roastbeef, Kartoffeln, Mais und Apfelkuchen gemacht; hatte den hübschen 14jährigen Sohn des Bankdirektors und einen Schulkameraden von ihm eingeladen – sie hatten Teds Gedichte im Unterricht. Sie waren reizend.

Ich habe die Leute im Ort, die ich kenne, herzlich gern, aber sie sind nicht mein Leben. Ich sehne mich nach Museen, Sprachstudium, Freunden, die Intellektuelle und Künstler sind. Ich bin hier sehr beliebt, trotz meiner Wunderlichkeit, glaube ich, obwohl natürlich alle letzten Endes fragen: »Wo ist Mr. Hughes?« . . .

Ich bete die Kinder an und bin froh, daß ich sie habe, selbst wenn sie mir im Moment mein Leben phantastisch schwer machen. Wenn ich finanziell gut übers Jahr komme, dann sollte ich auch die Zeit haben, mir ein gutes Kindermädchen zu suchen . . . Das größte Problem ist, daß Ted sich auf der Spitze seines Ruhmes befindet und daß alle diejenigen, die mir Arbeit geben, seine Freunde sind. Aber damit werde ich auch noch fertig.

Verbrachte einen schönen Nachmittag draußen mit den Kindern; ich mähte den Rasen, Frieda spielte mit den Katzen und einem Stock, und Nick lachte wie wild über sie alle. Er ist ein Sonnenscheinchen; Frieda wird schrecklich weinerlich, aber das liegt an der großen Veränderung. Laß mich wissen, wann ungefähr und für wie lange Warren und Maggie nächstes Frühjahr kommen können, damit ich eine Reihe von Gästen einplanen kann! Grüße an alle.

Sylvia

23. OKTOBER 1962

Liebe Mutter,

bitte vergib mir meine grantigen, kranken Briefe von letzter Woche. Das erneute Fieber . . . [*und*] das gräßliche Kindermädchen, von dem ich mir Hilfe erwartet hatte . . . gaben mir das Gefühl, den absoluten Tiefpunkt erreicht zu haben. Verglichen damit ist jetzt alles nahezu wunderbar. Ich wage kaum zu atmen. Winifred hat für mich die hübscheste, süßeste einheimische Kinderschwester aufgetrieben. Sie ist 22, lebt in dem herrlichsten Haus in Belstone, mit Blick auf Dartmoor, kommt tagsüber und geht im Dezember zurück nach London, wo sie als Schwester an einem berühmten Kinderkrankenhaus im Zentrum arbeitet. Sie ist seit zwei Tagen hier, von 8 Uhr 30 bis 6, und schon hat sich *mein Leben* ungeheuer verändert. Ich *glaube,* sie kommt mit nach Irland und hilft mir beim Einziehen. Mit ihr wäre das ein Vergnügen. Mir wird jetzt so richtig klar, was ich brauche – keine professionellen Kindermädchen (die frech und teuer sind), sondern ein unternehmungslustiges, junges, heiteres Mädchen (dem das Leben und das Reisen mit mir *Spaß* macht), das sich ganz um die Kinder kümmert und mit mir zu Mittag ißt – ein »au pair«-Mädchen, wie man hier sagt, »eine von der Familie« . . . Ich *liebe* Susan O'Neill-Roe, sie ist reizend mit den Kindern. Ich komme herunter und koche uns ein großes warmes Mittagessen, und wir essen gemeinsam mit Frieda im Spielzimmer. Dann lege ich mich ein Stündchen aufs Ohr. Am frühen Nachmittag mache ich eine Kanne Tee, und wir trinken ein Täßchen und unterhalten uns dabei. Es ist einfach *ideal.* Und Nancy macht sauber. Ich bin so glücklich und habe allein in diesen beiden Tagen so viel gearbeitet, daß ich's kaum glauben kann. Mein Arbeitszimmer ist der wärmste, hellste Raum im Haus. Wenn Susan abends gegangen ist, gehe ich mit einem Tablett mit dem Abendessen nach oben und arbeite wieder, umgeben von Büchern, Photos, Karikaturen und Gedichten, die ich an die Wand gepinnt habe.

Ich habe meine Besitzurkunde für das Haus zusammen mit Teds Lebensversicherungspolice und der Feuerversicherungspolice unter meinem Namen in unserer hiesigen Bank deponiert . . . Ich lasse eine Heizung in das Auto einbauen und treffe jetzt mit Hilfe des AA alle Vorkehrungen für meine gewaltige Reise nach Galway.

Susan bleibt über Nacht da, wenn ich nächste Woche für ein paar Tage nach London fahre, um ein Gedicht für die BBC aufzunehmen . . . und, wie ich hoffe, auch den Leiter des British Arts Council zu treffen, der mir gerade einen aufregenden Job angeboten hat. Im Juli findet in London wieder ein großes Lyrik-Festival im Royal Court Theatre statt (ein großes, berühmtes, wagemutiges Theater), das eine Woche dauern soll. Ich bin aufgefordert worden, an dem amerikanischen Abend die Organisation zu machen, Leute vorzustellen und teilzunehmen! Das heißt, ich wäre so etwas wie eine Darsteller-Gastgeberin. Eine phantastische Aufgabe – ich, auf einer professionellen Bühne in London. Aber ich denke, ich werde es wagen. Bis zum nächsten Frühjahr *müßte* ich es geschafft haben, ein Mädchen zu finden, das hier wohnt, und dieser Arts Council-Mann wird mir gewiß ein paar Jobs anbieten, wenn er meine Notlage kennt und sieht, daß ich bereit bin, alles anzupacken. Meinst Du nicht, ich sollte es machen?

Oh, das Päckchen ist heute auch gekommen! Wie herrlich. Ich bin ganz *vernarrt* in Nick's flauschige rote Höschen und das blaue Twinset. Danke Dot millionenmal. Und die Pastellfarben, beide Sorten! Oh, Mutter, ich werde auch Zeit finden, sie zu benutzen. Ich glaube, ich bin einer der schöpferischsten Menschen auf der Welt. Ich *muß* ein Mädchen haben, das hier wohnt, damit ich wieder die lebendige, dynamische, stets lernende und sich entwickelnde Person werde, die ich einmal war! Ich möchte lesen, Geschichte lernen, Politik, Sprachen, möchte reisen. Ich möchte die liebevollste und faszinierendste Mutter auf der Welt sein. London, eine Wohnung dort, das ist mein Ziel, und ich werde es erreichen, allen Hindernissen, die sich mir in den Weg stellen, zum Trotz. Frieda und Nick werden die geistigen Leuchten unserer Tage zu Besuch haben, und ich werde den Salon bekommen, den ich verdiene. Ich bin *froh*, daß dies geschehen ist, und daß es *jetzt* geschehen ist. Ich werde eine vielseitige, aktive Frau sein ... Ich bin so glücklich, daß ich das *Narrenschiff* habe. Ich brenne darauf, es zu lesen. Ich werde es für die wilden, feuchten Nächte in Irland mitnehmen.

Schreib jetzt bitte Winifred und bedank Dich tausendmal bei ihr dafür, daß sie mir in der schwierigsten und unumgänglichsten Phase meines Lebens dieses Mädchen besorgt hat. Ich glaube, dieser Londonaufenthalt wird mir mächtig guttun – ich werde so viele Filme und Theaterstücke in mich hineinstopfen, wie ich kann ... Ich würde eigentlich Deinen Geburtstagsscheck liebend gern für ein Chagford-Kleid verwenden. Ich möchte ein paar von diesen Haarspangen – Kupfer oder Holz, ein gebogenes Oval mit einer Art Spieß zum Durchstecken – für mein Haar hinten, und vorne will ich mir einen richtigen Pony schneiden lassen; die Frisur sieht dann vorne kurz und modisch aus, während ich hinten eine Zopfkrone oder einen Knoten tragen kann. Ich werde alle Säume kürzen müssen. Fast alle meine Kleider sind zehn Jahre alt! Warte nur, bis ich nach London komme ...

Grüße an Dot, Warren und auch Maggie.

Sivvy

25. OKTOBER 1962

Liebster Warren, liebste Maggie,

nur ein paar Worte, um zu sagen, wie unendlich dankbar ich war, zu wissen, daß ihr beide so vollkommen hinter mir steht, daß ihr nicht zögern würdet, Euch aus Eurem Leben loszureißen um unseretwillen! Gott sei Dank, wird das in keiner Weise ratsam oder notwendig sein. Der größte Rückfall war dieser schreckliche Schock ... in der Woche nach meiner Grippe, als ich weder die Zeit noch die Kraft hatte, all das zu tun, was ich tun mußte, um dieses Von-Tag-zu-Tag-Leben aufrechtzuerhalten, geschweige denn, mit den endlosen praktischen Katastrophen fertig zu werden. ... Seit Susan O'Neill-Roe, die 22jährige Kinderschwester, tagsüber von 8 Uhr 30 bis 6 kommt, ist mein Leben der Himmel ...

... der Kritiker vom *Observer* widmet mir einen Nachmittag bei sich zu Hause, um sich meine ganzen neuen Gedichte anzuhören! A. Alvarez ist *der* Meinungsmacher hier in Sachen Lyrik, und er sagt, ich sei die erste Dichterin seit Emily Dickinson, die er ernst genommen hat! Erübrigt sich zu sagen, daß ich begeistert bin.

Kannst Du Mutter jetzt vielleicht dazu bringen, daß sie aufhört, sich solche Sorgen zu machen? ... Ich finde wirklich, ich habe mich sehr schnell *sehr* unerfreulichen Umständen angepaßt ... und bin jetzt enorm beschäftigt, aber wohlauf, weiß genau, wo ich hin will. Ich habe ein phantastisches, luxuriöses Haus in Irland gemietet; *viel* gemütlicher, kleiner und leichter zu handhaben als dieses, geschützt liegend, mit einer reizenden Frau, der Besitzerin, in einem Ferienhaus nebenan, die bereit ist, auf die Kinder aufzupassen, beim Einkaufen zu helfen, etc. ...

Für mich ist es jetzt sehr wichtig, etwas Neues zu entdecken, und ich bin sehr stabil und praktisch und vorsichtig und habe dieses Haus samt Umgebung genau erforscht, bevor ich es gemietet habe. Ich muß hier raus, brauche Abwechslung nach der Hölle dieses Sommers, und habe das Glück, daß mir ein so wunderbares Haus in den Schoß gefallen ist. Wie ich Mutter schon sagte, am Nordpol kann der Winter nicht schlimmer sein als hier! ...

... Seit zwei Jahren habe ich keine Ferien mehr für mich allein gehabt, und Du kannst Dir vorstellen, daß ich nach diesen Ereignissen, und vor der Gerichtsverhandlung – der Himmel weiß wann – Ferien *brauche,* in denen ich für mich bin, lieber noch mit zwei lieben Menschen wie Euch! Ich habe Euch beide schrecklich gern, habe das herrliche Hochzeitsphoto auf meinem Schreibtisch stehen, wo ich es beim Arbeiten sehen kann. Schreibt mir.

Viele liebe Grüße

Sivvy

25. OKTOBER 1962

Liebe Mutter,

Dank für Deinen letzten Brief. Diesmal nehme ich die weitgereisten $ 50 als Geburtstagsgeschenk an. Ich werde mir ein Kleid kaufen, mir den »Pony« schneiden lassen und einen Kupfer-Haarriemen [*Haarspange mit herausnehmbarer Nadel*] besorgen. Ich versuche das nächste Woche in London zu bekommen, Du kannst Dir also denken, was das für ein Vergnügen wird ...

Wenn es an meinem Geburtstag schön ist, werde ich meine Reitstunde nehmen – ich kann jetzt schon sehr gut »leicht traben«, erzähl das bitte Dotty und Nancy; sie wissen, was ich meine. Meine Reitlehrerin findet, daß ich sehr begabt bin.

Vergiß die Sache mit dem Roman [*The Bell Jar*] und sag niemandem etwas davon. Das ist eine Brotarbeit und bloß zur Übung.

Es hat mich grenzenlos gerührt, daß Warren und Maggie bereit waren, sich loszureißen, um mir zu helfen, und ich bin so froh, daß das keineswegs nötig sein wird. Sie sind wirklich Engel, und ich hoffe, sie kommen nächstes Frühjahr zum *Ferienmachen* ...

Versuche jetzt nicht mehr, mir einzureden, ich sollte über »anständige, tapfere Leute« schreiben – lies doch das *Ladies' Home Journal,* wenn Du die willst! ... Ich bin überzeugt, daß man das Schlimmste durchmachen und sich ihm stellen muß, statt sich vor ihm zu verstecken. Das ist auch einer der Gründe, weshalb ich diese Woche nach London fahre – ich will all den Leuten, die wir kennen, mutig entgegentreten und ihnen froh und offen sagen, daß ich mich von Ted scheiden lasse, damit sie nicht die Vorstellung haben, ich sei das arme Frauchen vom Lande. Ich werde den Bekannten, mit denen wir beruflich zu tun haben, nicht aus dem Wege gehen, bloß weil sie etwas wissen oder weil ich Ted mit einem von ihnen begegnen könnte ...

Habt jetzt bitte alle nicht mehr das Gefühl, hilflos zu sein. Mir ist schon sehr geholfen durch Briefe, die Geburtstagsschecks.

Grüße an alle,

Sivvy

LONDON, ENGLAND
7. NOVEMBER 1962

Liebe Mutter,

ich schreibe aus London, so glücklich, daß ich kaum Worte finde. Ich *glaube,* ich habe eine Wohnung gefunden. Ich hatte mich damit abgefunden, hohe Summen für eine möblierte Wohnung für den Winter zahlen zu müssen; in der Zeit wollte ich nach einer unmöblierten mit einem längeren Mietvertrag suchen, sie dann möblieren und für märchenhaftes Geld im Frühjahr und Sommer vermieten, während ich [*in Devon*] bin. Durch einen absoluten *Glücksfall* ging ich durch *die* Straße (sie führt auf Primrose Hill zu) und an *dem* Haus vorbei, wo ich schon immer wohnen wollte. In dem Haus waren Handwerker, und auf einem Schild stand »Wohnungen zu vermieten«; ich flog die Treppen hoch. *Genau* das Richtige (unmöbliert), zwei Etagen, drei Schlafräume oben, Wohnzimmer, Küche und Bad unten *und* ein Balkon mit Pflanzen! Stürzte zu der Agentur – Hunderte von Leuten vor mir, dachte ich, wie immer. Es sieht so aus, als hätte ich eine *Chance*! Und denke Dir, es ist das Haus von *W. B. Yeats* – mit einer blauen Gedenktafel über der Tür, auf der steht, daß er da gelebt hat! Noch dazu in dem Bezirk, wo meine früheren Ärzte wohnen, und in der Straße, [*in der*] ich mir gern ein Haus *kaufen* würde, wenn ich jemals einen Bombenerfolg mit einem Roman habe.

Ich warte jetzt auf die umständliche Genehmigung des Besitzers und darauf, daß meine Referenzen akzeptiert werden. Ted unterstützt mich in dieser Sache; er ist mit mir herumgefahren und hat sich Wohnungen angeschaut. Er begreift jetzt, daß er nichts von mir zu befürchten hat – keine Szenen, keine Rachsucht . . .

Ich wohne jetzt bei einem wunderbaren portugiesischen Paar; das Mädchen ist eine Freundin von Teds Freundin. Sie sehen, wie ich bin, voller Interesse an meinem eigenen Leben, und sind wie jedermann verblüfft über mein völliges Freisein von Eifersucht und Kummer. Ich wundere mich selbst. Meine *Arbeit* ist es, die mir das ermöglicht, und das Bewußtsein, Schriftstellerin zu sein, was Mrs. Prouty vor allem versteht. Die Stunden der Einsamkeit in meinem Arbeitszimmer sind meine kostbarsten, sie und die Stunden, die ich mit meinen geliebten Kindern verbringe. Ich glaube, ich bin, und werde, wenn ich diese Londoner Wohnung (hoffentlich) bekomme, die glücklichste aller Frauen sein . . .

513

Ich bin so glücklich und voller Heiterkeit und Ideen und Liebe. Ich werde eine wundervolle Mutter sein und nichts bereuen. Ich habe zwei schöne Kinder und, nach diesem harten, schwierigen Jahr, die Möglichkeit zu einer glänzenden Karriere – Schulen und London im Winter [*das Haus in Devon*], Narzissen, Reiten und die schönen Strände für die Kinder im Sommer. Bete, daß es mit dieser Wohnung klappt. Ich würde versuchen, einen 5-Jahres-Vertrag zu bekommen. Dann, in fünf Jahren, bin ich hoffentlich reich genug, um mir in London ein Haus zu kaufen; ich vermiete unten Wohnungen und lebe oben, vermiete *meinen* möblierten Teil im Sommer – ist so einfach hier, ein sicheres Einkommen. Ich habe echten Geschäftssinn. Im Moment habe ich bloß zu wenig Kapital. Ich würde gleich um die Ecke bei Katherine Frankfort, etc., wohnen, die ich so mag, beim Hill, dem Zoo – ein paar Minuten zur BBC! *Und* im Hause eines berühmten Dichters – da sollte mein Werk doch gesegnet sein. Selbst wenn ich diese Wohnung *nicht* bekomme, sollte es mir gelingen, früher oder später eine ähnliche in der Nähe zu bekommen. Höchste Zeit, daß mein angeborenes Glück wiederkehrte! *Und* ich habe mich, auf den Rat von Katherine Frankfort, um ein Au-pair-Mädchen bemüht, am liebsten wäre mir eine Deutsche. Sie kriegen bloß zwei Pfund (etwa $ 5) die Woche, plus Verpflegung und Zimmer, und sind Studentinnen, die Familienanschluß wünschen. Sie hüten vormittags die Kinder, besuchen nachmittags Vorlesungen, sind abends wieder bei den Kindern und haben einen Tag frei. *Genau* das, was ich will – denn ich möchte mich nachmittags selbst den Kindern widmen, sie zum Tee mitnehmen, Besuche, Spaziergänge machen.

Mrs. Prouty hat mich angerufen. Ich war begeistert. Ich widme meinen zweiten Gedichtband (fast fertig) Frieda und Nicholas in England . . . Ihr werde ich ihn in Amerika widmen, falls er dort genommen wird.

Ich habe eine *fabelhafte* Friseuse gefunden . . . Die Frau von Doktor Webb, die ich sehr gern habe, hat mir von ihr erzählt. Ich hatte mir, kurz bevor ich nach London fuhr, meinen Pony in der modischsten Fasson schneiden lassen – oben aufgebauscht, dann lockig herunterfallend rund ums Ohr – und hinten meine lange Haarkrone gelassen. Es sieht fabelhaft aus, und Schneiden, Waschen und Legen hat zusammen nur $ 1.50 gekostet. Von vorn sieht es so aus, als hätte ich kurze Haare, und von hinten ist es eine

Krone... Ted hat mich am Bahnhof nicht mal wiedererkannt! Meine Stimmung hat sich sehr gebessert – ich habe mit Deinem Scheck bezahlt. Auf der Straße starren mich jetzt Männer an; ich sehe sehr... schick aus. Von dem Rest des Geldes werde ich mir jetzt ein Weihnachts-Kleid kaufen. Ich hoffe, daß ich hier noch vor Weihnachten herziehen kann. Für Frieda und Nick werde ich von Deinem Geld bei Hamley Spielsachen kaufen.

Bei meinem Auftritt im Royal Court in diesem Sommer werde ich ein Knüller sein. Mein Haarschnitt gibt mir so viel neues Selbstvertrauen, Lastwagenfahrer pfeifen, und so weiter, wirklich erstaunlich. Ich bin so glücklich, daß ich wieder in London bin; als ich zu meinem geliebten Primrose Hill kam – die Blätter waren golden –, da war ich voll großer Freude. *Dies* ist mein zweites Zuhause, der Ort, an dem ich neben meinem geliebten [*Haus in Devon*] am glücklichsten bin auf der Welt.

Sollte ich jetzt den Mietvertrag bekommen, müßte ich in der Lage sein, fünf Jahre zu schreiben und genug zu sparen, um dort ein Haus zu kaufen, und dann hätten die Kinder das Beste von beiden Welten.

Von Ted getrennt zu leben ist herrlich – ich stehe nicht länger in seinem Schatten, und es ist himmlisch, um meiner selbst willen gemocht zu werden, und zu wissen, was ich will. Vielleicht borge ich mir sogar von Teds Freundin einen Tisch für meine Wohnung – es wäre mir möglich, jetzt wohlwollend und freundlich zu ihr zu sein. Sie hat bloß ihren hochbezahlten Job bei einer Werbeagentur, ihre Eitelkeit... und jedermann wünscht sich, Schriftsteller zu sein... Ich mag arm sein an Bankkapital, dafür bin ich um so reicher in jeder anderen Hinsicht, ich beneide sie um nichts. Meine Kinder und meine schriftstellerische Arbeit sind mein Leben, sollen sie doch Affären haben und Parties feiern, pah! ... Grüße an Warren und Maggie. Wünsch mir Glück.

Sivvy

19. NOVEMBER 1962

Liebe Mutter,

Dank für Deinen lieben Brief. Ich habe nicht eher geschrieben, weil ich wahnsinnig beschäftigt war. Mit meiner Korrespondenz allein schon hätte eine Sekretärin den ganzen Tag zu tun – ich habe

Briefe von einer Heilgymnastin bekommen, die mich um die Kopie eines Gedichtes über das Leben im Gipsverband bittet, das sie ihren Patienten vorlesen will; und gerade eben einen Verehrerbrief von einem australischen Gynäkologen, der von einem »Kollegen in London« von meinem Entbindungsstations-Gedicht für drei Stimmen bei der BBC gehört hatte und eine Kopie will, da er sein Leben lang über Fehlgeburten geforscht hat. Ich bin begeistert. Der Arztberuf hat mich von allen Berufen stets am meisten fasziniert, und Klinik, Ärzte und Schwestern spielen eine zentrale Rolle in meinem Werk. Ich hoffe, ich kann meine liebe Susan O'Neill-Roe dazu bewegen, mich in ihre Kinderklinik mitzunehmen, wenn wir beide in London sind.

Gerade ist »eine von diesen Wochen« – Susan hat eine Woche frei und ist in London, mein hiesiger Babysitter liegt mit Grippe im Bett, Nancy zieht um in ein Haus nebenan, und wir drei sind alle erkältet. Trotzdem bin ich glücklicher als je zuvor in meinem Leben . . .

Ich habe einen zweiten Gedichtband in diesem letzten Monat beendet – 30 neue Gedichte – und werde, sobald ich eine Haustochter in London bekomme, einen Roman nach dem anderen schreiben. Selbst im größten Kummer und Unglück . . . Ich habe es [*ihr eigenes Talent*] rechtzeitig entdeckt, um etwas daraus zu machen.

Ich nahm Mrs. Prouty's ersten Scheck, so wie sie es wollte, und ging zu dem Geschäft Jaeger in Exeter. Das ist *der* Laden für mich. Ich habe ein absolut phantastisches Kamelhaarkostüm gekauft . . . einen dazu passenden Kamelhaarpullover, einen schwarzen Pullover, einen schwarz und himmlisch blauen Tweedrock, eine dunkelgrüne Wolljacke, einen roten Wollrock und in St. Ives einen breiten Zinn-Armreif, eine Zinn-Haarspange, Zinn-Ohrringe und eine blau emaillierte Halskette. Meine ganzen Kleider waren noch aus der Smith-Zeit, waren Meter zu lang und langweilten mich zu Tode. Ich will mir eine neue schwarze Ledertasche, Handschuhe und Schuhe kaufen und meine neuen Sachen mit nach London nehmen. Ich fühle mich wie eine neue Frau in ihnen und lasse mir jetzt jede Woche im nahe gelegenen Winkleigh für weniger als $ 1 die Haare waschen und legen! Meine neue Unabhängigkeit entzückt mich. Ich habe von Nancy gelernt, wie man den großen Kohleofen in der Küche in Gang hält, er ist himmlisch, macht das ganze Wasser heiß, trocknet alle Kleider im Nu und ist gleichsam das Herz des Hauses – nicht einmal Ted hat es fertiggebracht, ihn über Nacht in Gang zu halten . . . Ich liebe [*das Haus*] und werde dafür sorgen, daß mein Traum von ihm nach und nach wahr wird . . .

Ich bin wahnsinnig gespannt wegen *der* Wohnung. Ich war die *erste* auf der Liste der Bewerber! Ich habe mich schon bereit erklärt, 50 Pfund mehr im Jahr zu zahlen, und jetzt, wo sie meine »Referenzen« überprüfen; mit anderen Worten, sie wenden sich an den Anwalt, den Bankmann, den Steuerberater, um herauszufinden, ob ich mir sie leisten kann. Ich hatte das unheimliche Gefühl, mit dem Geist von Yeats in Berührung gekommen zu sein (er war selbst eine Art Medium), als ich in seinem Turm in Irland war. Ich öffnete vor Susan scherzeshalber einen Band seiner Stücke, um eine »Botschaft« zu erhalten, und las, »Hole Wein und Speise, auf daß sie Dir Kraft und Mut schenken, und ich bereite Dir das Haus«. Ist das nicht phantastisch?

Ich müßte mir einen Ofen und neue Möbel kaufen. Dann könnte ich die Wohnung wöchentlich zu einem phantastischen Preis im Sommer vermieten, wenn ich [*in Devon*] bin, und fast die Jahresmiete *hereinholen!* . . .

Ich sterbe, wenn meine Referenzen sagen, ich sei zu arm! In Yeats' Haus zu leben, wäre eine unglaublich erregende Sache für mich.

Ich hab Dir nichts von meinem Daumen erzählt – er ist jetzt verheilt –, weil Dr. Webb ihn verpfuscht hat. Er ist jetzt deformiert, denn er hat weder einen richtigen Verband noch ein Pflaster darum gemacht, damit die Spitze an der richtigen Stelle anwächst, noch hat er zehn Tage lang überhaupt einen *Blick* darauf geworfen . . . Ich bin wieder zu meinem geliebten Regent Street-Doktor gegangen, der ihn richtig befestigt hat, jedenfalls soweit das möglich war. Er hat die Spitze gerettet, an der Seite aber ist was weg . . .

Muß ein paar faszinierende historische Biographien für den *New Statesman* rezensieren; schicke die fast ganzseitige Kinderbuchbesprechung an Mrs. Prouty. Habe $ 50 von Dot bekommen – gepriesen sei sie; werde ihr schreiben.

Grüße an alle,

Sivvy

THANKSGIVING-TAG, 1962

Liebe Mutter,

es ist ideales Thanksgiving-Wetter – wie ich diesen Feiertag vermisse! Heute mache ich mir Hühnerfrikassee. Susan kommt Gott sei Dank heute abend wieder. Es war die absolute Hölle ... ich mit einer schlimmen Erkältung, die vom Kohleneimer- und Aschekübelschleppen nicht gerade besser wurde ... Zum die Wände hochgehen.

Ich muß die Wohnung unbedingt haben. Ich rief heute an und merkte, daß sie unschlüssig waren wegen meiner »jüngsten« Referenzen – tauglich nur die für die letzten achtzehn Monate. Deshalb habe ich Dich namentlich (*Professor* A. S. Plath) als Bürge und Sicherheit angegeben und aus purer Ungeduld angeboten, eine Jahresmiete im voraus zu bezahlen. Ich hoffe, es ist Dir nicht unangenehm und Du machst einen guten Eindruck bei der Agentur, wenn sie Dir schreiben. Es spricht so vieles gegen mich – daß ich Schriftstellerin bin, die Ex-Gattin eines erfolgreichen Schriftstellers, Amerikanerin, jung, etc., etc. Das war mein einziger Glücksfall – diese Wohnung zu finden – und ich muß sie kriegen. Es gelingt mir einfach nicht, eine Haushaltshilfe zu bekommen in diesem Land; in dem Augenblick, wo sie spüren, daß man sie wirklich braucht, wie diese Woche, hauen sie ab. Außerdem sind es faule Biester. Ich schufte wie ein Kanalarbeiter, tagaus, tagein, ohne Ruhepause, ohne Urlaub, und sie hocken da und sehen fern. Ich sehne mich so danach, endlich an meinen Sachen arbeiten zu können, und jetzt stecke ich bis zum Hals in diesem kommenden Umzug und habe überhaupt keine Zeit zum Schreiben.

Ich habe gestern an Mrs. Prouty geschrieben, ihr eine Kopie meiner Kinderbuchbesprechung mitgeschickt, ihr von den schönen Jaeger-Kleidern erzählt, die ich von ihrem ersten Scheck gekauft habe, und sie gefragt, ob ich diesen zweiten [*dritten*] Roman, den ich unbedingt diesen Winter beenden will, ihr widmen darf, da sie mir eine so große Hilfe ist und weiß, wogegen ich zu kämpfen habe.

Dieses Jahr wird in finanzieller Hinsicht das schwierigste meines Lebens (hoffe ich), da ich gewagte und wohlüberlegte Investitionen, wie zum Beispiel in diese Wohnung, machen muß, um mir eine Zukunft aufbauen zu können ...

Es ist so frustrierend, das Gefühl zu haben, ich könnte mit

genügend Zeit zum Studieren und intensiver Arbeit an meinen Büchern etwas Beachtliches zustande bringen, während ich jetzt mit dem Rücken zur Wand stehe und nicht einmal die Zeit habe, ein Buch zu *lesen*. Deshalb ist alles, was ich jetzt womöglich produzieren werde, der schiere Broterwerb ...
Grüße

Sivvy

29. NOVEMBER 1962

Liebe Mutter,

ich war so froh, daß in Deinem Brief stand, Du hättest *meinen* erhalten. Ich glaube, ich werde die Wohnung bekommen, und hoffe, um den 17. Dezember herum einziehen zu können. Sie sind jetzt im »Vertragsentwurf«-Stadium; alles ist so langsam und dickenssch... Das Glück, das ich mit dieser Wohnung habe (ich werde einen 5-Jahres-Vertrag nehmen), ist phantastisch. Als würde ein unheimlicher Traum wahr. *Mein* Traum ist es, einen Roman an eine Filmgesellschaft zu verkaufen und dann den Besitzer zu bestechen, mir das Haus zu verkaufen; ich *will* dieses Haus. Ich schicke Dir Dein Kontobuch zurück; ich werde es nicht brauchen, auch nicht als Sicherheit für die Wohnung vorlegen müssen ...

Ich bin jetzt wieder bei meinen gesegneten, großartigen Ärzten. Ich kann's kaum erwarten. Ich bin schon so lange kulturell ausgehungert, fürchterlich allein, daß diese letzten Wochen von quälender Ungeduld sind. Winifred ist wunderbar. Ich hatte sie und ihren Sohn Garnett gestern abend zu einem ganz besonderen Essen eingeladen, desgleichen Sue. Wir unterhielten uns alle bestens ...

Bin ich erst einmal heil in dieser Wohnung, gibt es keinen glücklicheren Menschen auf der Welt als mich. Ich werde mich auf der Stelle um eine Haustochter bewerben, die bei mir wohnt, und mich mit Eifer an meinen Roman machen. Ich hoffe, daß ich ihn bis zu dem Termin von dem Wettbewerb fertig habe, über den Du mir Material geschickt hast; selbst wenn ich ihn nicht gewinne – und das werde ich nicht –, ist das ein Anreiz für mich. Letzten Endes, glaube ich, war diese Erfahrung nur zu meinem Besten – ich habe mich enorm entwickelt. Habe ich Dir gesagt, daß *ich* die Versicherung auf Teds Leben abgeschlossen habe? Wenn *ich* zahle, kriege ich nach 30 Jahren etwa 10tausend Pfund, wenn er noch lebt. Ich brauche so etwas wie eine Pension, und wüßte nicht, auf welch andere Weise ich dazu komme . . .

. . . *Fassungslos*, als ich heute einen Scheck über $ 700 von Tante Dot bekam . . . Ich brach in Tränen aus, als ich ihren lieben Brief las, so gerührt hat er mich und auch die Geschichte von dem Scheck. [*Dorothy's »vorehelichen« Ersparnisse waren mit der Absicht, sie für einen »ganz besonderen Fall« aufzubewahren, in festverzinslichen U.S.-Wertpapieren der Reihe E angelegt worden. Sie schrieb, sie hätte das Gefühl, Sylvia sei genau dieses.*] . . . Sobald ich in London bin . . . und arbeite, bin ich hoffentlich unabhängig . . . Ich bin diese Woche noch mal in London und besorge mir einen Ofen, Strohmatten, Telefon etc. für die Wohnung; außerdem treffe ich mich mit einem Mann zum Essen, um über eine Lesung an einem Arts Centre in Stevenage zu verhandeln – der Mann, mit dem ich für die Royal Court Theatre-Veranstaltung arbeite, hat den Kontakt hergestellt. Bestimmt bekomme ich eine Menge solcher Vortragsengagements, wenn ich erst einmal damit angefangen habe. Es wird herrlich sein, *beide*, Susan und Garnett, in London zu haben und zum Tee einzuladen . . . ich mag sie beide so gern.

Mein Anwalt sammelt das nötige Material für eine Scheidungsklage. Eigentlich dürfte es keine Schwierigkeiten geben, da Ted sehr kooperativ ist . . .

. . . Ich bilde mir ordentlich was ein auf die Rezension eines höchst faszinierenden Buches – *Lord Byron's Frau* –, die ich gerade geschrieben habe. Ich habe großes Glück, daß ich es bekommen habe; es kostet $ 6.50, ein Vermögen hier, und alle großen Zeitungen haben ihm bereits eine ganzseitige Besprechung gewidmet. Ich bin von einem Freund von uns, der Redakteur für Literatur ist und wußte, daß ich das gern machen würde, aufgefordert worden, für den *New Statesman* darüber zu schreiben . . . Werde sie ebenfalls an Mrs. Prouty schicken. Habe sie gefragt, ob ich meinen zweiten Roman ihr widmen kann – den, den ich diesen Winter fertig schreiben möchte. Hoffe, sie ist einverstanden. Sorge Dich nicht darum, wie ich meine Rechnungen bezahle. Ich zahle sie gleich; immer schon.

Grüße an alle

Sylvia

Im Dezember machte sie das große Haus in Devon dicht und bezog mit den Kindern eine Wohnung in Yeats' ehemaligem Haus in London, wo sie für kurze Zeit auf die kulturellen Anregungen der Stadt mit freudiger Bereitschaft reagierte. Dann stürzten Kälte, Schneestürme und Stromausfälle, wie es sie seit über hundert Jahren nicht schlimmer gegeben hatte, London monatelang ins Chaos; Sylvia kämpfte gegen eine Grippe; die Kinder hatten Husten und Schnupfen.

Trotz alledem setzte sie die schriftstellerische Arbeit fort, mit der sie in Devon angefangen hatte. Sie begann, sich jeden Morgen um 4 Uhr in vier wundervoll geformten Gedichten zu verströmen, in denen sie die unterwürfige weibliche Rolle verwarf, in ihrer Verachtung der »Unfruchtbarkeit« jedoch den triumphierenden Ton mütterlicher Kreativität beibehielt.

In dem Bewußtsein, eine finanzielle Reserve für die sterilen Perioden haben zu müssen, die jeder Schriftsteller fürchtet, hatte sie zu einem früheren Zeitpunkt für The Bell Jar einen Verlag gesucht und sich in dem festen Glauben, dies würde sie vollkommen vor einer Enthüllung schützen, ausbedungen, daß der Roman unter einem Pseudonym erscheinen sollte.

Als der Roman in den Londoner Buchläden erschien, war sie krank, erschöpft und erdrückt von den Belastungen, die sie alleine tragen mußte – der Betreuung der Kinder, der bitteren Kälte, der winterlichen Finsternis und der schrecklichen Einsamkeit, der sie allnächtlich ausgesetzt war.

Trotz der starken Unterstützung durch ihre Freunde, ihrer sicheren Gewißheit von der Bedeutung ihrer neuen Arbeiten, ihrer innigen Liebe zu den Kindern, der ermutigenden Briefe ihrer geliebten Psychiaterin Frau Dr. B., der Hoffnung auf eine Aussöhnung mit Ted und zahllosen Angeboten seitens ihrer Familie, ihr die Krise überwinden zu helfen – begann ihr immenser Mut zu schwinden.

FITZROY ROAD
LONDON, ENGLAND
14. DEZEMBER 1962

Liebe Dotty,

es war so schön, Deine Stimme am Telefon zu hören, Du klangst, als wärest Du ganz nah!* Ich war so aufgeregt über die Tatsache, daß ich die Wohnung bekommen habe – alle sagen, es war ein Wunder, auch mein Anwalt – und da bin ich nun, in meinem Lieblingshaus in meiner Lieblingsgegend, glücklich wie eine Muschel! Die Kinder sind auch ganz begeistert. Da Frieda unbedingt in den Zoo wollte, zwei Minuten von hier, bin ich vorgestern mit ihr und Nick hingegangen. Sie war fasziniert von den Eulen, die »genauso einen Hintern hatten wie Frieda«, den Löwen, dem neuen Elefantenbaby und den herumschwimmenden Pinguinen. Sie ist so lustig, so gut zu haben, und Nick ist der robusteste, hübscheste kleine Junge, den man sich denken kann; den ganzen Tag lacht und gluckst er vor sich hin. Sie sind so brav. Ich stecke sie morgens zusammen in ein Kinderbettchen, und alles, was ich höre, bis ich das Frühstück fertig habe, ist Lachen. Ich sehne mich so danach, sie zu meinen ganzen alten Freundinnen hier mitzunehmen, die alle wieder Kinder bekommen haben. Es ist wie auf dem Dorf – so viele Geschäftsleute haben sich an mich erinnert und sich gefreut, daß ich wieder da bin! Es ist himmlisch, von *wirklichen Menschen* umgeben zu sein und zu wissen, daß, sobald ich mein Telefon habe, alle möglichen Freunde vorbeikommen werden und daß ich ausgehen kann. Stell Dir vor, seit zwei Jahren habe ich keinen Film mehr gesehen! Ich bin richtig ausgehungert nach Amüsement und Geplauder. Auf dem Land sein ist herrlich im Frühjahr und Sommer, aber meine Arbeit und meine liebsten Freunde habe ich in London.

Ich muß bereits zwei BBC-Sendungen machen und eine Dichterlesung halten, und dann ist da noch dieser große amerikanische Lyrik-Abend, der in diesem Frühjahr hier in einem der berühmtesten Theater veranstaltet werden [*soll*], eine wirklich großartige Aufgabe. Ich bin entzückt, daß Du findest, ich hätte einen engli-

---

* Am 11. Dezember 1962, als ich mich mit meiner Schwester in der Küche ihres Hauses unterhielt, klingelte das Telefon. Es war Sylvia, ihre Stimme melodisch und beschwingt. Sie erzählte uns, ihr und den Kindern ginge es gut, und sie freue sich auf ihren Umzug nach London in ein bis zwei Tagen.

schen Akzent, Dotty. Hier drüben denken alle, ich käme aus dem tiefsten *Süden*; sie finden, mein amerikanischer Akzent sei so ausgeprägt!

Jetzt gilt es, die kurze Zeit zwischen zwei Haustöchtern zu überbrücken. Meine gute Schwester hat mir bis einen Tag nach dem Umzug durchgeholfen und dann ihre wohlverdienten Ferien angetreten; im Januar fängt sie als Operationsschwester an einem Kinderkrankenhaus hier in der Nähe zu arbeiten an . . . Ich liebe sie wie eine jüngere Schwester für das, was sie mit mir durchgemacht hat. Als ich in London war, mich letztmalig um Gasofen, elektrische Anschlüsse und Telefon kümmerte (was hier ewig dauern wird) und den Mietvertrag unterzeichnete, war die ganze Zeit Smog. Er war unglaublich [*der Nebel*], undurchdringlich und weiß, fünf Tage lang. Man konnte die Hand nicht vor den Augen sehen, und Du kannst Dir vorstellen, wie mühsam man vorankam. Einmal mußten alle Busse stehenbleiben. Aber ich schaffte es. Und dann kam ich heim, erledigte in vier Tagen die ganze Packerei und machte alles dicht . . . Du kannst Dir denken, was *das* bedeutete! Ich brauchte einen Tag dazu, alle meine Zwiebeln aufzufädeln, und nahm eine Ladung davon und eine Ladung, bestehend aus eigenen Kartoffeln, Äpfeln, Honig und Stechpalmen, nach London mit. Ich bin sehr stolz auf meine Gartenarbeit und möchte im nächsten Frühjahr dort unten auch eine Menge Sachen anpflanzen und meine Bienen weiter halten.

Kurz bevor ich abfuhr, wurde meinem Pferd [*Ariel*] der Ausbinder abgenommen, und ich habe ein paar himmlische Ausritte unten am Moor gemacht. Ich hoffe, Frieda und Nick lernen sehr jung reiten. Ich muß sagen, ich scheine voranzukommen mit dem Pferd, jedenfalls ist meine Reitlehrerin hocherfreut. Du kannst Dir ja denken, was für eine Erleichterung das Reiten damals in dieser schweren Zeit war, als ich die gesamten Verpflichtungen des Mannes und zugleich die der Frau übernehmen mußte. Wenn ich diese wunderschöne Wohnung fertig eingerichtet habe – was Deine »Investition«, gepriesen sei sie, *jetzt gleich* ermöglicht –, werde ich wissen, was ich die nächsten fünf Jahre machen werde, und kann mich vielleicht ein bißchen ausruhen! Im Moment habe ich kaum Zeit für eine Tasse Tee, so viele Eisen habe ich im Feuer!

Ich bekam Deinen lieben Brief heute und ging aus und kaufte Steak und Lammkoteletts. Jetzt, wo ich endlich hier bin, nach

einem halben Jahr Festhängen und nicht wissen, ob ich es je
schaffe, bin ich so glücklich, daß ich einen Heißhunger habe und
esse wie ein Pferd. Ich hoffe, daß ich von den Schlaftabletten
runterkomme, sobald ich die erste Woche Wohnungseinrichten
hinter mir habe. Ich muß sagen, sie haben mich über Wasser
gehalten; andernfalls wäre ich nachts immer wachgelegen, und
ohne Schlaf ist man ja nicht zu gebrauchen. Ich wünschte, Du
könntest Mutter davon abbringen, sich Sorgen zu machen.
Schwere Arbeit hat noch keinen umgebracht, und ich finde, Mühsal kann etwas Gutes sein. Sie hat mich jedenfalls gelehrt, mich auf
mich selbst zu verlassen, und ich bin viel glücklicher dadurch! . . .
Ich bin wohlauf und glücklich, und die Kinder sind es auch . . . In
der Zeit, in der ich mich hier häuslich einrichte, werde ich einmal
die Woche schreiben. Ich bin dauernd mit den Kindern zusammen,
es sind wahre Engel . . .

Ich hoffe, daß ich bis Neujahr diese Wohnung ganz gut möbliert
und gemütlich gemacht habe und inzwischen auch eine Haustochter gefunden habe, die bei mir wohnt. Dann müßte ich imstande
sein, meine Karriere wirklich voranzutreiben. Es ist ein Glück, daß
ich zu Hause schreiben kann, weil mir dann kein Streich der Kinder
entgeht. Ich bete sie einfach an.

Ich muß sagen, es geht *nichts* über amerikanische Kleider. Alle
beneiden mich hier um meine amerikanischen Kindersachen. Du
ahnst nicht, wie viel mir Deine heiteren Briefe bedeuten! Meine
Kinderschwester hat ein paar Farbphotos von mir und den Kleinen
gemacht, die hoffentlich was werden. Ich schick sie Dir, sobald sie
fertig sind.

Grüße an alle

Sivvy

14. DEZEMBER 1962

Liebe Mutter,

also, da wäre ich! Wohlbehalten in Yeats' Haus! Gerade so weit,
daß ich mir ein bißchen Zeit gönnen kann für ein Täßchen Tee und
ein paar Briefe nach diesem gewaltigen Umzug – dem Schließen
[*des Devon-Hauses*] und dem Bezugsfertigmachen dieser Wohnung. Und ich kann aufrichtig sagen, ich war in meinem Leben
noch nicht so glücklich. Ich sitze bloß da und denke, hui! ich hab's

geschafft! Und strahle. Soll ich ein Gedicht schreiben, einen Fuß-
boden streichen, ein Kind umarmen? Alles so ein Spaß, so ein
Abenteuer, und wenn ich mich *jetzt* schon so fühle, wo alles noch
kahl ist, gestrichen werden muß, Vorhänge genäht werden müssen
etc., wie werd' ich mich dann erst fühlen, wenn die Wohnung so
ist, wie ich sie mir erträume? Die gesegnete Susan blieb während
des ganzen Umzugs und noch einen Tag danach bei mir, so daß ich
immer wieder in die Stadt rasen und die notwendigsten Dinge
bestellen und kaufen konnte . . .

Die Herfahrt war sehr schön – ein klarer, frischer blauer Tag . . .
Als ich hier ankam, war natürlich kein Gasofen da, waren keine
elektrischen Anschlüsse gelegt! Als ich hinausstürzte – Susan hielt
netterweise die Kinder im Auto fest –, um zu der Gasgesellschaft zu
fahren, ließ ich meine Schlüssel in der offenen Wohnung, und der
Wind schlug die Türe zu! Also, es war eine Komödie der Irrungen.
Die hilfsbereiten Gas-Jungen kletterten aufs Dach, brachen ein
Fenster auf und installierten den Ofen; der Transporteur aus
Devon machte alles bei Kerzenlicht (wofür ich in weiser Voraus-
sicht gesorgt hatte) – und indem er sich eine Laryngitis holte; die
Stromleute überredete ich, uns anzuschließen – die Agentur hatte
ihnen nicht die richtigen Schlüssel geschickt. Kaum war das vorbei,
lief alles wie geschmiert. Ich war ganz sprachlos, daß sich die Leute
an mich – und auch an Dich – erinnern konnten. Das Paar vom
Waschsalon rannte auf mich zu; sie waren in Boston gewesen, seit
wir uns das letzte Mal getroffen hatten; sie wollten, daß ich Dich
von ihnen grüße. Die Leute von dem kleinen Milchgeschäft schüt-
telten mir die Hand und wußten noch meinen *Namen,* und der
Mann vom *Windel-*Dienst, den ich anrief, erinnerte sich an mich
und hieß mich willkommen! Ja, es war, als kehrte man heim in ein
kleines, liebevolles Dorf. Bisher hatte ich nicht eine Sekunde Zeit,
Katherine Frankfort oder Lorna Secker-Walker zu besuchen, die
beide wieder Kinder bekommen haben, so sehr war ich selber mit
Frieda und Nick beschäftigt. Solange ich keine Hilfe habe, kann ich
bloß abends an der Wohnung etwas machen und schreiben.

Die nächsten fünf Jahre meines Lebens sehen also himmlisch aus
– Schulzeiten in London, Sommer in Devon. Ich bete bloß, daß ich
bis dahin genug verdiene, um der Witwe, der dieses Haus gehört,
so viel zu bieten, daß sie es mir verkauft. Ich spüre, wie Yeats' Geist
mir Segen bringt. Stell Dir vor, ein römisch-katholischer Priester

aus Oxford, selbst Dichter, schreibt mir und segnet mich auch! Er ist ein amerikanischer Lehrer und Priester, der meine Gedichte mag und mir seine zum Kritisieren geschickt hat. Ich dachte mir, das würde Dot freuen.

Der erste Brief, der durch meine Tür fiel, kam von meinem Verlag. Gestern nacht schrieb ich eine lange Sendung, in der alle meine neuen Gedichte vorkommen; ich will sie einem Mann von der BBC vorlegen, der dafür Interesse hat. Außerdem habe ich den Auftrag, eine Sendung über den Einfluß der Landschaft meiner Kindheit – das Meer – zu schreiben. Radio Oslo, Norwegen, möchte meine Sendung »Three Women«, die in einer Entbindungsstation spielt, übersetzen lassen und produzieren, und A. Alvarez, der beste Kritiker für Lyrik hier, findet, daß mein zweiter Band, den ich gerade beendet habe, den Pulitzer-Preis gewinnen sollte. Natürlich wird er das nicht, aber es ist ermutigend, jemand so Brillanten zu haben, der das findet. Sobald ich meine Haustochter habe (wie ich hoffe, Anfang Januar), werde ich meinen zweiten Roman zu Ende schreiben. Ich habe *doch* vor, diese »Brotarbeiten« unter einem Pseudonym [*Victoria Lucas*] zu schreiben!

. . . Ich war mit Frieda und Nick im Zoo, und es war himmlisch. Nick schlief, aber Frieda war begeistert . . . Sie sind so glücklich und lachen dauernd, wir amüsieren uns glänzend. F. setzt ihr Puzzle in 5 Sekunden zusammen, liest Bücher mit mir und koloriert *liebend gern* Bilder. Ich bin dabei, ihr Schlafzimmer – das größte – gleichzeitig als Spielzimmer herzurichten. Ich habe das Geegee-Pferd und die Lieblingsspielsachen mitgebracht. Mein Schlafzimmer wird mein Arbeitsraum; es geht nach Osten, genauso wie die Küche.

Habe den Vollmond von meinem kleinen »Balkon« aus betrachtet, eine reine Freude. Es ist so *licht* hier. Das einzige, was richtig Arbeit macht, ist das Bödenanstreichen. Ich habe schon Teppiche und Matten bestellt. Ich *finde es herrlich,* die Inneneinrichtung zu entwerfen. Es war sehr vernünftig von Dir, mir ein Doppelbett zu empfehlen [*im Hinblick auf eine spätere Vermietung*] – ich werde mir eines besorgen. Ich habe mir ein Einzelbett von einer portugiesischen Freundin geborgt. Die Katzen werden von Freunden in Devon gefüttert . . .

Ein großer Strauß von meiner eigenen schönen grün-weißen Stechpalme mit roten Beeren steht in meiner frischpolierten Zinnvase. Ich hüpfe nur so herum, so glücklich bin ich. *Bitte* sag Dotty-Schatz, daß ihre gepriesene »Investition« es mir ermöglicht, die Wohnung sofort zu möblieren, statt Gedicht für Gedicht, wie ich es gedacht hatte . . . Der reizendste junge Anwalt von meiner Kanzlei hat mir die Sache mit dem Mietvertrag gemacht – am Ende gaben wir uns gegenseitig Tips, welche Arten von Anstrich in Frage kommen. Alle – Frank, Dot, Mrs. Prouty – behaupten, Du machtest Dir Sorgen, wenn ich nicht schreibe. Denk doch um Himmels willen dran, daß keine Nachricht eine gute Nachricht ist und daß ich so viel zu tun habe, daß ich kaum eine Sekunde Zeit habe, mir ein Steak zu braten . . .

Viele, viele Grüße an alle

Deine glückliche Sivvy

PS Habe Mrs. Prouty geschrieben, ich würde meinen zweiten Roman gern ihr widmen. Sie wollte sicher sein, daß ich Dir etwas widme, da habe ich ihr gesagt, daß ich meinen dritten Gedichtband Dir widme – den zweiten, den ich gerade beendet habe, widme ich Frieda und Nick, weil viele Gedichte darin ihnen gelten und Du bestimmt einverstanden bist! Möchte aber nicht, daß Mrs. Prouty denkt, ich »erwarte« irgend etwas!

21. DEZEMBER 1962

Liebe Mutter,

ich hoffe, *diese* Bilder überzeugen Dich davon, daß wir alle drei gesund und munter sind! Susan hat sie aufgenommen und mir für Weihnachten vier vergrößern lassen, die sehr gelungen sind. Auf dem einen machen Frieda und ich ein Dezember-Picknick in St. Ives in Cornwall.

In meinem ganzen Leben war ich noch nicht so glücklich. Wie durch ein Wunder haben *alle* geliefert, und es wurde alles für mich vor Weihnachten gemacht; ihre üblichen »Nach-Weihnachten«-Ausreden schwanden wunderbarerweise dahin. Ich habe im Wohnzimmer frischgestrichene weiße Wände, Kiefern-Bücherschränke und Binsenmatten, was zusammen mit meinen Korbstühlen aus Hongkong und dem kleinen Glastisch sehr schön aussieht; dazu einen Blumenständer aus Stroh und schwarzem Eisen, in den ich Blumentöpfe stellen kann – zur Zeit eine lila Hyazinthe. Ich habe ein ganz phantastisches Geschäft – Dickens und Jones – entdeckt, gegen das Harrod's ein alter Kramladen ist. Gab den Rest von Mrs. Prouty's Kleidergeld aus und fühle mich toll und sehe auch so aus. Kaufte ein blauweißes Samtblouson aus Florenz/Italien, eine tiefbraune italienische Samtbluse, schwarze Torero-Hosen aus Webpelz, einen engen, schwarzen Samtrock und ein metallisch blauschwarzes französisches Oberteil. Ein paar andere Sachen haben mich ganz närrisch gemacht, vor allem einige Hemden aus Irisch-Leinen – ich liebe alles Irische, wie Du Dir denken kannst. Es blieb aber dann bei einem schwarzen Lederspenzer aus Wien. Seit über sieben Jahren habe ich nichts Neues mehr zum Anziehen gehabt, und hinsichtlich meiner Stimmung hat das Wunder gewirkt. Du solltest mal sehen, wie ich im Auto in London herumflitze! Im Grunde bin ich ein echter Londoner; ich liebe die Fitzroy Road und dieses Haus über alles.

. . . Habe meine gute alte Doris geholt, die die Kinder so gern hat, und konnte mir deshalb einen wunderbaren neuen Bergman-Film anschauen . . . Werde am Weihnachtsabend mit diesem reizenden portugiesischen Paar essen, das mich bei meinen Besuchen in London beherbergt hat . . . Gerade hat die *Atlantic* zwei lange Bienen-Gedichte angenommen, außerdem bin ich aufgefordert worden, dieses Jahr wieder als Jurorin bei dem Cheltenham-Lyrikwettbewerb tätig zu sein. Ich bin im siebenten Himmel . . . Alle erzählen mir ihr Leben und gewinnen mich und die Kinder gleich lieb. Das Leben macht solchen Spaß.

Katherine erkundigt sich wegen einer kleinen Kinderkrippe hier gleich um die Ecke, wo ich Frieda morgens hinschicken könnte. Das Wetter ist blau und frühlingshaft, und ich gehe täglich mit den Kindern raus. Muß noch die Kinderzimmer-, die »au-pair«- und die Flurfußböden anstreichen und drei nichtgestrichene Holzkommoden. *Blau* ist meine neue Farbe, Königsblau, Mitternachtsblau (nicht Grünblau!). Ted hat Blau nie gemocht, ich dagegen bin jetzt ein richtiger Blaue-Periode-Mensch. Mit lila und apfelgrünen Akzenten.

Wenn Du je noch etwas Tolles machen willst, dann schick uns noch mehr Kätzchenballons! Ich lese mit Frieda jeden Abend ein Bilderbuch. In meinem Schlafzimmer sind gelbweiße Tapeten, Strohmatten, schwarze Bodenleisten und ein goldener Lampenschirm – Bienenfarben –, und die Sonne geht auf einem Stich aus

dem 18. Jahrhundert auf . . . Am liebsten würde ich für immer in
dieser Wohnung leben . . . Viele liebe Grüße an Dich, Warren und
Maggie. Erzähl allen von meinem Umzug; aus diesem Grund keine
Karten dieses Jahr. Ich hatte nicht eine Sekunde Zeit . . .

Sivvy

MITTWOCH, 26. DEZEMBER 1962

Liebe Mutter,

. . . es ist verblüffend, welchen Einfluß meine neue Frisur und die
neuen Kleider auf meine ziemlich zerrüttete seelische Verfassung
gehabt haben. Ich hatte eine reizende Tee-Einladung bei den Frankforts, den beiden schönen blonden Secker-Walker-Kindern und
ihren Eltern (sie wohnen zwei Häuser von unserer Chalcot-Square-
Wohnung entfernt) . . . und ein paar anderen Leuten . . . Ich will
mich diese Woche ins Zeug legen und die übrigen Fußböden oben
anstreichen, damit ich es mir im neuen Jahr als erstes erlauben
kann, mich um ein Au-pair-Mädchen zu bewerben. Ich habe mich
ein bißchen ausgeruht in den letzten paar Tagen. Am Weihnachtsabend gingen wir zu einem sehr netten portugiesischen Paar in
Hampstead essen. Es gab Gans, mit Cognac flambiert, und sie
schenkten Frieda ein winziges Spielzeugklavier, das einfache Lieder
spielt, und Nick einen Kautschukhasen. Ich fand die Anziehsachen,
die Warren und Maggie für Nick und Frieda geschickt hatten,
einfach entzückend; bedank Dich bei ihnen für mich. Ich war so
beschäftigt, daß ich kaum Zeit zum Kochen hatte. Die kleine
Kinderkrippe hier gleich um die Ecke nimmt Kinder von 9 Uhr 30
bis 12 Uhr 30, ich schicke Frieda nächste Woche versuchsweise
hin. Sie scheint aufzublühen, wenn sie draußen mit anderen Kindern etwas erlebt; ich glaube, sie braucht das . . .

Ich hoffe, die BBC akzeptiert meine 20-Minuten-Sendung mit
neuen Gedichten – der Sendeleiter findet sie herrlich, aber der
Programmbeirat muß noch ja sagen. Außerdem habe ich den
Auftrag, eine Sendung über die Landschaft – oder in meinem Fall
Meereslandschaft – meiner Kindheit zu schreiben. Habe ich Dir
geschrieben, daß Mrs. Prouty mir $ 100 geschickt hat? Und Du
sei gepriesen für Deine $ 50. Zur Zeit habe ich doppelte Aus-
gaben – die Schließungskosten [in Devon] und die ziemlich hohen
Einzugskosten hier –, aber wenn ich erstmal hier etabliert bin,

bedeutet das fünf Jahre himmlische Sicherheit und Frieden und *kein Bödenanstreichen mehr!* Auf das alles freue ich mich sehr, und ich werde in dieser Zeit wohl eine Menge produzieren.

Wie bin ich glücklich, daß ich zwei schöne Kinder und meine Arbeit habe! Sie sind beide erkältet, weshalb sie quengelig sind, aber ich ziehe sie immer schön warm an, und sie machen lange Schläfchen. Hat Maggie diesen hinreißenden blauen Pullover für Frieda gestrickt? Die bunten Bilder von ihnen sind reizend – Frieda hat sie beschlagnahmt. Von jedem Pullover sagt sie, »Grammy hat das gemacht«. Frieda liebt die kleine Maus, die in Warren's Päckchen war. Sie kam zu mir, hielt einen Zwieback in den Händen, so wie die Maus das Maiskorn hält, und sagte: »Wie Maus.« Sie ist einzigartig im Erkennen von Ähnlichkeiten. Gerade eben hatte ich sie hochgehoben, um ihr den herrlichen Schnee zu zeigen, der fiel, da sagte sie: »Wie Tomten Buch« – ein Buch, das von einem kleinen skandinavischen Zwerg auf einem Bauernhof im Schnee handelt. Ich habe die Lieblings-Bilderbücher mit nach London genommen, und wir »lesen« jeden Tag eines. Ich genieße es, einfach so mit den Kindern herumzusitzen und Tee zu machen und ein bißchen Atem zu holen. Ich fühle mich, als hätte ich seit Jahren keine Ferien gehabt!

Nick ist herrlich zufrieden und kräftig . . .

Ich habe vor, ein bißchen später heute abend zu den Frankforts zu einem »Boxing Day«-Abendessen rüberzugehen . . . Ich habe natürlich ein bißchen Heimweh nach meinen Verwandten und war daher dankbar, daß mich Freunde zum Weihnachtsessen eingeladen hatten. Frieda hat mit großer Begeisterung ihre Geschenke aufgemacht, aber sie ist viel zu jung, um mehr zu kapieren als »Nikolaus hat das für Frieda gebracht!« Sie feuert mich an, wenn's ums Bödenstreichen geht, steht auf und lobt mich täglich mit ihrem Sopranstimmchen: »Gute Mami, streicht Böden ganz frisch für Frieda.« Sie macht mir solche Freude . . .

Es schneit jetzt sehr hübsch, frischer, trockener Schnee, wie ein Stich aus einem Dickens-Roman.

Viele liebe Grüße an alle,

Sylvia

2. JANUAR 1963

Liebe Mutter,

... vermutlich wirst Du schon gehört haben, daß wir phantastischen Schnee hier hatten – der erste in all den Jahren, die ich in England bin. Ich hörte, daß Devon völlig abgeschnitten war durch 6 Meter hohe Schneewehen und daß von Helikoptern Brot und Milch abgeworfen wurde! Ich bin gerade noch rechtzeitig entkommen. Die Engländer haben natürlich keine Schneepflüge, weil das nur alle fünf oder zehn Jahre einmal vorkommt. So sind die Straßen gewaltige Hügel aus Schneematsch, der friert und taut und friert. Man könnte, übermütig, einen Hundeschlitten nehmen, und ich wünschte, ich hätte einen Schlitten für Frieda, da sie auf Primrose Hill Schlitten fahren; es sieht so hübsch aus! Ich schicke sie versuchsweise in die kleine Kinderkrippe gleich um die Ecke, wo Katherine Frankfort ihre Buben hat, und zwar fünf Tage in der Woche morgens drei Stunden für etwas mehr als $ 4. Dort wird Kakao getrunken und gespielt. An manchen Vormittagen weint sie häufiger als sonst, aber sie hat es dringend nötig, eine Zeitlang frei von Mami zu sein, und ich brauche unbedingt Zeit zum Schreiben. Ich stecke Nick zum Schlafen ins Bett, wofür er dann reif ist, da er ab sechs auf ist und spielt und an seinem Bettchen rüttelt.

Ich muß bei der BBC kommenden Donnerstagabend eine Live-Aufnahme machen und für eine wöchentliche Sendung namens »New Comment« einen Band mit amerikanischen Gedichten besprechen, meine Rückkehr hat sich also schon herumgesprochen.

Es dauert Monate, bis man hier ein Telefon bekommt, aber wenn diese Dinge erst einmal alle erledigt sind, bin ich ausgerüstet für fünf Jahre, und in der Zeit kann man eine Menge machen ... Das Auto ist richtig eingeschneit. Ich möchte es nicht benutzen, bevor nicht ein bißchen von dieser Arktis wieder weggetaut ist.

Das herrliche Päckchen von Dot und Dir kam am Tag nach Boxing Day, das ist der Feiertag am Tag nach Weihnachten. Ging mir gleich *viel* besser! So viel Spielzeug und so schöne Kleider – ich war ganz erschlagen! Nick *liebt* die Babypuppe, die er offenbar für seinesgleichen hält, und er kaut die kleine Maus, die Warren geschickt hat, wie eine Katze ... Ich bin so froh, daß Grampy den Weihnachtstag bei Euch verbringen konnte [*er kam aus einem Pflegeheim*]. Grüß bitte Onkel Frank und Louise von mir – ich glaube, ich habe ihnen schon geschrieben und mich für den $ 25-

531

Scheck bedankt, aber bedanke Dich auf alle Fälle nochmal für mich.

Ich bin so erleichtert, daß ich wieder bei meinem wunderbaren und verständnisvollen Doktor Horder bin. Er hat mir ein sehr gutes appetitanregendes Tonikum gegeben, kontrolliert mein Gewicht – ich habe diesen Sommer etwa 20 Pfund verloren – und hat mich, nachdem er von meinen 39,5 Grad Fieber gehört hatte, zum Durchleuchten der Brust geschickt, ich bin also in den besten Händen . . .

. . . Grüße an Warren, Maggie und Dot und Joe.

x x x Sivvy

MITTWOCH, 16. JANUAR 1963

Liebe Mutter,

vielen Dank für Deinen Brief und den Scheck. Ich kämpfe mich so langsam aus meiner Grippe heraus, aber die nachfolgende Schwäche und Müdigkeit machen mich gereizt. Ich hatte für eine Woche, als ich am schlimmsten dran war und die Kinder hohes Fieber hatten (Klein Frieda bekam einen scheußlichen Hautausschlag, der eine allergische Reaktion auf Penizillin war, das sie nicht verträgt), tagsüber eine Kinderschwester, aber dann bekam die Schwester eine Erkältung und blieb zu Hause, auch recht, denn der $ 50-Scheck war aufgebraucht; sie sind sehr teuer. Die Kinder sind wiederhergestellt, Gott sei Dank . . .

Das Wetter ist abscheulich, überall Schneehaufen, die gefrieren und die Straßen zu schmalen Fahrrinnen machen, und ich bin düsterster Stimmung wegen des langen Wartens auf ein Telefon, das ich *hoffentlich* Ende des Monats, nach zwei Monaten Wartezeit, bekommen werde. Ich fühle mich so abgeschnitten, wo ich schon kein »au pair« habe. Ich hatte mich mit einem netten achtzehnjährigen deutschen Mädchen aus Berlin unterhalten, die ich gern gehabt und engagiert hätte, aber ihr Arbeitgeber macht ihr Schwierigkeiten, wenn sie geht . . . Ich hoffe zu Gott, ich höre diese Woche, daß sie kommt. Ich würde mich dann ermuntert fühlen, ein bißchen mehr zu kochen; ich bin so geschwächt, daß ich bloß gekochte Eier und Hühnerbrühe haben wollte.

Ich war neulich abends weg wegen einer kleinen Sache für die BBC, sehr angenehm, habe einen Band amerikanischer Lyrik besprochen und wurde mit Drinks und Sandwiches bewirtet; außerdem habe ich den Auftrag, etwas Lustiges zu schreiben, hatte bisher aber weder Zeit noch Kraft, darüber nachzudenken.

Ich muß noch die Schlafzimmer-Vorhänge nähen, habe bereits welche für die großen Fenster im Vorderzimmer gemacht und kaufe einen Treppenläufer und Restposten. Das Einkaufengehen ist so schwierig wegen der Kinder, ich habe mich aber jetzt entschlossen, Babysitter von der Agentur zu nehmen, die sehr gut, wenn auch teuer sind, damit ich diese Woche ein paar Abende weg kann. Ein ganz reizendes Paar hat mich für morgen abend zum Essen eingeladen und mich und die Kinder am Sonntagabend, und ich denke, ich gehe vielleicht mit diesem portugiesischen Mädchen ins Theater.

Ich hatte das Gefühl, überhaupt keine *Identität* mehr zu haben unter der Dampfwalze der Entscheidungen und Verantwortlichkeiten dieses letzten halben Jahres, wo mich die Kinder ständig in Anspruch nahmen. Habe ich erst ein »au pair«, die Wohnung fertig – schließlich bedeutet das eine Einrichtung für mindestens fünf Jahre, und sie sollte immer meine »Londoner Einrichtung« sein, ist also eine Investition –, ein Telefon und geregelte Arbeit, müßte es mir, glaube ich, bessergehen.

... Es gibt mir aber Kraft, wenn ich höre, daß andere Leute ähnliche Probleme haben, und ich hoffe, daß ich durchs Schreiben so viel verdiene, daß ich etwa die Hälfte der Kosten davon bezahlen kann. Mit *nichts* anzufangen, das ist es, was so hart ist – in diesem ersten Jahr. Und dann, denke ich immer wieder, wenn ich dann unverhofftes Glück hätte, zum Beispiel einen wirklich erfolgreichen Roman schriebe und dieses Haus *kaufen* könnte, dann würde diese gräßliche Vision, Jahr für Jahr für Miete bluten zu müssen, verschwinden, und ich könnte nahezu autark sein durch das Vermieten der beiden anderen Wohnungen – das ist mein Traum. Wie *gerne* wäre ich autark aufgrund meines Schreibens! Aber ich brauche *Zeit* dafür.

Ich glaube, ich brauche einfach jemanden, der mich aufmuntert, indem er sagt, bis jetzt hätte ich alles richtig gemacht.

Dummerweise hat es Elektrizitätsstreiks gegeben, und hin und wieder gehen alle Lichter und Heizkörper für Stunden aus; Kinder frieren; Abendessen hören auf zu kochen; es besteht eine wilde Nachfrage nach Kerzen.

Sue und ihr süßer Freund Corin nahmen mich neulich abends ins Kino mit, und da merkte ich, daß das, was mir, abgesehen von der Ruhe zum Schreiben, am meisten fehlt, Gesellschaft ist – gemeinsam mit anderen etwas tun.

Gott sei Dank bin ich rechtzeitig aus Devon herausgekommen. Ich wäre für immer unter diesem 6 Meter hohen Rekord-Schneefall begraben gewesen, ohne Möglichkeit, mich selbst auszugraben. Nancy füttert die Katzen; ich habe ihr einen Scheck über $ 15 geschickt.

... Ich hatte großes Glück, als ich den Haushaltshilfe-Dienst anrief, der Putzfrauen zu kranken und alten Leuten schickt; ich bekam eine großartige, robuste Frau namens Mrs. Vigors (!) (im Englischen Wortspiel, vigor = Stärke, Robustheit. A. d. Ü.), die die Wohnung in etwa zwei Stunden blitzblank hatte. Das hat mir einen tollen Auftrieb gegeben, und ich hoffe, ich kann sie überreden, samstags auf eigene Faust zu mir zu kommen, wenn ich nicht länger als Mensch in Not gelte. Es ist sehr schwierig hier, gute Putzfrauen zu bekommen, und sie hat zwei kleine Mädchen und kann sehr gut mit den Kindern umgehen.

Bitte grüße Dot und Joe und Warren und Margaret sehr herzlich von mir. Ich hoffe, daß ich in etwa einer Woche melden kann, daß ich dieses au pair bekommen habe – sie hat ein paar Sachen dagelassen und schien mir ein sehr nettes, fröhliches Mädchen zu sein, das die Kinder gern hatten.

Grüße an alle

Sivvy

Brief, geschrieben von Patty Goodall an meine Freundin Mrs. William Norton. Sie wußte, daß er mich beruhigen würde.

19. JANUAR 1963

Liebe Tante Mildred,

da ich mir recht gut vorstellen konnte, wie besorgt Du und Mrs. Plath Sylvia's wegen sein müßt (ich weiß, daß meine Mutter in meinem Falle genauso reagieren würde!), schrieb ich ihr [Sylvia] in aller Eile einen kurzen Brief, in dem ich ihr vorschlug, sie am Samstag, dem 19. Januar, zu besuchen. Ich erwähnte, daß ich von Dir gehört hätte ... darüber hinaus kaschierte ich meine Mission, indem ich behauptete, John ginge mit Susie in den Zoo im nahe gelegenen Regent's Park, während ich sie besuchte, und daß ich das dringende Bedürfnis hätte, mich mit jemandem zu unterhalten, der nicht nur auch Amerikanerin war, sondern auch meine Familie kannte.

Es war ein bitter kalter Tag, aber das strahlende Lächeln und der offene amerikanische Ausdruck auf Sylvia's Gesicht, als sie die Tür öffnete, machte den Besuch bereits lohnenswert. John hatte die ernsthafte Absicht, weiter zum Park zu gehen, aber Sylvia bat ihn inständig zu bleiben, und so blieben wir etwa eine Stunde und tranken Tee und UNTERHIELTEN UNS PAUSENLOS! Es schien ihr gut zu gehen, desgleichen den Kindern, aber offensichtlich hatte sie einen schweren Grippeanfall gehabt. Zur Zeit grassiert hier die Grippe, und sie ist mit hohem Fieber verbunden. Einmal lagen alle drei gleichzeitig auf der Nase, aber ihr Arzt – ein wahrer Heiliger, wie Sylvia sagt – kümmerte sich aufopferungsvoll um sie. Sie fühlt sich sehr angebunden mit zwei Kindern und ohne einen Menschen, der auf sie aufpaßt, wenn sie ausgehen muß, doch sie ist auf der Suche nach einem ausländischen Mädchen, das bei ihr wohnen soll . . .

Frieda ist ein herziges kleines Mädchen mit den größten blauen Augen, die ich je gesehen habe. Nicholas stand in seinem Laufställchen und trug ab und zu mit einem tiefen Glucksen zur Unterhaltung bei. Sylvia sagt, er hätte eine herrlich glückliche Natur, und er schien tatsächlich ganz zufrieden und gluckste vor sich hin, als unsere Susie ihm auf den Kopf patschte und seinen Keks stahl.

Samstag war der düsterste der Wintertage, aber innerhalb ihrer Wohnung schien das Leben warm und heiter . . . Natürlich sind wir nicht dazu gekommen, unser Gespräch zu beenden, aber ich hoffe, sie bald öfter zu sehen. John fährt in ungefähr einer Woche in die Staaten, macht eine kurze Geschäftsreise, und ich hoffe, Sylvia kommt eines Abends zum Essen und leistet mir Gesellschaft. Sie hofft, daß ihr Telefon bald installiert wird, aber ob das der Fall sein wird oder nicht, bleibt dahingestellt. In England geht alles langsam! Es bleibt ja immer noch die Post, und ich würde mich wirklich freuen, sie öfter zu sehen.

Mir wäre es lieber, Sylvia würde nichts davon erfahren, daß ich Dir über unseren Besuch berichtet habe. Ich fände es schön, sie dächte, ich wäre einfach gekommen, weil ich sie brauchte und den

Wunsch hatte, sie zu treffen – in Zukunft werden wir uns jedenfalls sehen, weil sie interessant, amüsant und voller Charme ist.

Sylvia schreibt immer noch und scheint vor kurzem einigen Erfolg mit der Veröffentlichung eines Buches gehabt zu haben. Ich weiß nicht, ob das weitergegeben werden darf, ich überlasse es Dir, ob Du Mrs. Plath davon berichten willst. Vielleicht weiß sie es schon. Sylvia schien dieses Thema meiden zu wollen, sie sagte, das Buch sei unter einem falschen Namen veröffentlicht worden – ich habe sie nicht weiter befragt . . .

Ich muß laufen, damit Du gleich erfährst, was los ist. Ich habe mich so gefreut, daß Du mir geschrieben hast, und finde es übrigens sehr schön, daß ich noch eine Tante und einen Onkel dazugebracht habe.

Grüße

Patty

4. FEBRUAR 1963

Liebe Mutter,

hab vielen Dank für Deine Briefe. Ich bekam einen süßen Brief von Dotty und eine entzückende Kapuze und Fausthandschuhe für Nick von Warren und Margaret. Ich habe keinem geschrieben, weil ich mich ziemlich grauenvoll gefühlt habe – jetzt, wo der ganze Aufruhr vorbei ist, sehe ich die Unwiderruflichkeit des Ganzen, und aus dem kuhhaften Glück der Mutterschaft in Einsamkeit und gräßliche Probleme katapultiert zu werden, ist wirklich kein Vergnügen. Ich bekam einen reizenden Brief von den Nortons und einen absolut herrlichen, verständnisvollen von Betty Aldrich. Marty Plumer kommt Ende März herüber, was mich sicher aufheitern wird . . .

Ich habe nicht das geringste Verlangen, jemals wieder nach Amerika zurückzukehren. Nicht jetzt jedenfalls. Ich habe mein schönes Haus auf dem Land, den Wagen, und London mit seinen hervorragenden Ärzten, netten Nachbarn, Parks, Theatern und der BBC ist die einzige Stadt auf der Welt, in der ich leben möchte. In Amerika gibt es nichts, was der BBC gleichkäme – da drüben veröffentlichen sie meine Sachen nicht, wie sie es mit meinen Gedichten und meinem Roman hier tun. Ich habe einen Artikel über meine Schulzeit für *Punch* geschrieben, eine Auftragsarbeit, und habe die Chance, im Mai drei Wochen lang bei der BBC-Kritikersendung mitzuwirken, für etwa $ 150 die Woche, eine phantastische Chance, aus der ich hoffentlich etwas machen kann. Jeder Kritiker führt sich jede Woche das gleiche Theaterstück, die gleiche Ausstellung, das gleiche Buch, die gleiche Radiosendung zu Gemüte und spricht darüber. Ich hoffe, daß ich mit dem Geld diese Wohnung fertig einrichten und direkt danach nach [*Devon*] fahren kann. Bitte Marty um eine Kopie der detaillierten Angaben zu den beiden Wohnungen und der Miete, vielleicht könntest Du sie auch unter Deinen Professorenfreunden herumgehen lassen.

Ich habe Verständnis für Deinen Wunsch, Frieda zu sehen, aber wenn Du Dir vorstellen kannst, in welch einen Gefühlsaufruhr der Verlust ihres Vaters und der Umzug sie gestürzt haben, dann wirst Du einsehen, was für eine unglaubliche Idee es ist, sie per Jet nach Amerika wegzuholen. Ich bin ihr einziger Halt, und sie hier herauszureißen, wäre gedankenlos und grausam, wie lieb auch immer Du zu ihr wärest am anderen Ende. Ich könnte es mir nie leisten, in Amerika zu leben – ich bekomme hier vollkommen umsonst die beste ärztliche Pflege, und mit Kindern ist das ein großer Segen. Außerdem sieht Ted die Kinder einmal die Woche, und das macht ihn verantwortungsbewußter, was unsere Unterstützung betrifft ... Ich werde es einfach alleine hier drüben ausfechten müssen. Vielleicht schaffe ich es eines Tages, mit den Kindern Ferien in Europa zu machen ... Gerade jetzt brauchen mich die Kinder am meisten, deshalb werde ich versuchen, in den nächsten paar Jahren auch weiterhin morgens zu schreiben, nachmittags mit ihnen zusammenzusein und abends Freunde zu treffen oder zu lernen und zu lesen.

Mein deutsches »au pair« ist mäklig beim Essen und verrückt nach Jungens, aber ich tue mein Bestes, sie zu disziplinieren. Sie verhilft mir morgens zu etwas Ruhe und auch zu ein paar freien Abenden, aber ich werde mir fürs Land etwas Neues einfallen lassen müssen, da diese Mädchen nicht so weit weg von London wollen.

Ich werde demnächst auf Kosten des Nationalen Gesundheitsdienstes zu einer Ärztin gehen, zu der mich mein ausgezeichneter hiesiger Arzt überwiesen hat. Ich hoffe, daß mir das hilft, diese schwierige Zeit zu überstehen. Grüße alle herzlich von mir.

Sivvy

Am 12. Februar 1963 erhielt meine Schwester ein Telegramm von Ted, in dem er uns mitteilte, »Sylvia gestern gestorben«, und nähere Angaben über Zeit und Ort der Trauerfeier machte.

Ihre physischen Kräfte waren durch Krankheit, Sorge und Überarbeitung erschöpft, und wenn sie es auch lange Zeit geschafft hatte, der Erfahrung des Lebens gegenüber tapfer und besonnen zu sein, ein Tag, düsterer als gewöhnlich, ließ es vorübergehend unmöglich erscheinen, weiterzumachen.

Nachwort

Selbstverständlich liest man diese überaus umfangreiche Post nicht beschaulich, nicht bloß literarisch interessiert am autobiographischen Kontext zum Gedichtband ›Ariel‹ und dem Roman ›Die Glasglocke‹. Man vergißt nämlich Sylvia Plaths Selbstmord nicht. Ich ertappe mich, lesend betrübt, gegen meine Widerstandsversuche doch beim immer wieder reflexhaften, dem Angebot an Kausalitäten erliegenden Interpretieren.

Schon der Umstand, daß Aurelia Schober Plath, die Mutter und Adressatin, hier 96 Briefe, die meistens auch noch sehr ausführlich sind, zwölf Jahre nach Sylvia Plaths Tod herauszugeben sich gedrängt fühlte, wirkt wie ein Hinweis auf mich. Ich komme bei der Lektüre von zwei Fragen nicht los: Warum schrieb denn Sylvia dermaßen viel und oft und lang, während nie ihr Leben müßiggängerisch war, sondern im Gegenteil dauernd überfüllt mit Lernplänen und Schreiben? Hätten denn nicht, in den Zeiten der räumlichen Trennung von zu Haus, knapp berichtende Lebenszeichen genügt?

Die Mutter der Romanheldin Esther Greenwood aus der ›Glasglocke‹ wirkt penetrant und leistungsorientiert, puritanisch unsensibel, und wird von der Tochter gehaßt. Daß die Mutter Plath nicht streng autobiographisch die Mutter Greenwood ist, vielleicht hat sie das, so nachzüglerhaft, dokumentieren wollen. Denn diese Brieftexte, die unter den zärtlichsten Anreden stehen, richten sich an eine absolut verehrte, geliebte, geradezu als Instanz behandelte Person, die häufig vermißt wird, nach der ein gutes verwandtschaftliches Heimweh verlangt, wenn auch ziemlich theoretisch, ziemlich zurechtgemacht, wie um auf der Anhänglichkeitstradition zu bestehen. Eine große und anhaltende Liebesarbeit. Sie bleibt, streng autobiographisch, die Wahrheit.

Und vermag doch kaum etwas gegen die besondere Wahrheit von Literatur. Ein Widerstand gegen das offiziell geführte Ego mit seinen ganzen zu ihm gehörenden Richtigkeiten war Sylvia Plath im zornigen ironischen sezierenden Roman gelungen. Neben der Briefprosa, die für die Mutter eher jubiliert und sämtliche Schrecken der einzelnen Existenzstationen nur vorsichtig und auch nur dann benennt, wenn sie gerade überstanden werden, erscheint der

Roman wie ein Wutanfall, wie eine Erlösung aus der Krampfstarre von allem ängstlichen Unterdrücken.

Was die Tochter der Mutter gegenüber als das schlimme Destruktive schmäht, ist der Schriftstellerin Schreibmaterial. Das Auseinanderfallen von persönlicher Erfahrung und entpersönlichter Verwendung gleicht nicht einem Stückchen Algebra, und *Aha so war das also in Wirklichkeit: Oh ungerechte Tochter!* braucht daher kein Lesender, mit den authentischen Briefen als Beweis, zu stöhnen. Man liest, als Kenner des Romans, die Briefe mit einem stetigen Verdacht, Sylvia Plath verstelle sich hier und imitiere die glückliche Person, die eine Mutter glücklich macht – dabei geht es ja nur auch wieder um diesen alten unauflösbaren Widerspruch von Dichtung und Wahrheit.

Die Tüchtigkeit der alleinlebenden Mutter kommt in deren betulichem ausführlichen Vorwort vor. Ihre familiengeschichtliche Rückblende wirkt wie eine dilettantische Herleitungsanstrengung. Die eigene Lebensenttäuschung dringt durch. Der viel ältere Ehemann, Sylvia Plaths früh gestorbener Vater, steht fast wie ein Hauptverantwortlicher da. Er war zu alt, er bekämpfte seine Krankheit nicht, aus Trotz, und sorgte nicht richtig vor; hat dann als Familienoberhaupt gefehlt und der Mutter, einer Lebensschuld gleich, die Fron der Verantwortung für die Kinder Sylvia und Warren und den ewigwährenden Kampf gegen finanzielle Not aufgeladen.

Wie gut ist ein Sozialstaat, habe ich manchmal gedacht und mir Sylvia Plaths dann gewiß anderen Lebenslauf ausgemalt; wie anstrengend ist Amerika. Schon eine Kindheit muß dort anpasserisch verlaufen und gekrönt sein von den vielen kleinen verordneten Sonderleistungen, Mitgliedschaften, Munterkeiten.

Wenn ich aus dem Bericht der Mutter darüber belehrt werde, wie erfolgreich also Sylvia ein gutes USA-Kind war, wie wenig vorbotenhaft, sondern vernünftig mit dem gerade angebrachten Kummer sie z. B. auf den Tod des Vaters reagierte, so prüfe ich doch wieder exegetisch diese frühen Spuren, und wohl auch besserwisserisch, weil ich mich den von der Mutter nachträglich in diese Biographie eingepflanzten Wegweisern nicht anvertrauen kann. Sie deuten alle so beflissen in die Richtung *positive Einstellung, Gutartigkeit, Lebenserfolg.* Und weiterhin weiß ich, daß nur ein unzulässig, auch der

Mutter gegenüber unfair simplifizierendes Denken aus dem Selbstmordversuch der Tochter und dem vollendeten Selbstmord einen
direkten Zusammenhang mit Erziehungsmaßnahmen und gesellschaftlichen Mechanismen konstruieren könnte.

Es stammt wohl ab vom spröden Rechtfertigungstonfall des
Vorworts, daß ich dauernd doch in Versuchung gerate, mir Sylvia
Plaths bessere Überlebenschancen auszudenken mit dem Rückhalt
einer etwas milderen, etwas weniger ›Reader's Digest‹-haften, auf
die Pflicht zum Durchhalten/Weiterkommen gepolten Ausgabe
von einer Mutter.

Doch gab Sylvia sich von den ersten Selbstzeugnissen an auch
sehr abhängig-gefügig dem amerikanischen *Be Successful*-Prinzip.
Der berufliche Aufstieg ist ihr ein Ziel, von keinem Zweifel
angenagt. Sie wirkt fast ein bißchen mitläuferhaft und teilt das *Keep
Smiling*-Lebenspflichtgefühl aller anderen guten amerikanischen
Mädchen. Das zermürbende Absolvieren, raufkletternd Stufe für
Stufe, auf der anödenden Leiter durch dieses elende Bildungssystem
zwischen High School, College, Universität. Im Land der sozialen
Privilegien, welche die Plath-Familie nicht besaß, mußte Sylvia sich
an der unwürdigen Stipendienjagd beteiligen, von ganz früh an,
und sie tat es merkwürdig kritiklos – sofern ich mich auf die ›Letters
Home‹ verlasse.

Alle Verneinungen dieser Wettbewerbszumutungen wurden
viele Jahre später im Roman erledigt. Er erscheint wie das Gegen-
bild, das Negativ der Briefpost. Die Tochter erlaubt sich keinen
sprachlichen Widerstand, wahrscheinlich schon aus Rücksicht
gegenüber der Mutter. (Deren eigene Post, Fragen, Antworten, ich
das ganze Buch hindurch vermisse; überhaupt fehlen mir die
Einwirkungen derjenigen Außenwelt, auf die Sylvia Plath reagieren
mußte.)

Die fiktionalisierte Außenwelt der Studienzeiten im elitären
Smith-College in Massachusetts und ihr gesamtes Personal der
Kommilitonen, der Lehrer, ihrer Denkschablonen: Das alles wird
von der Romanfigur Esther, dem verneinenden Double Sylvias,
mit aufsässigem Spott böse beobachtet.

Die Sylvia der Briefe verhält sich affirmativ vergnügt zu den
Gesetzen des streberhaften vorakademischen Bildungsgangs und
macht in der geistlosen, seelenlosen Systematik der *Dates* eifrig mit,

wenigstens für die Mutter, der sie stolz erzählt, wie nett jeweils ihr Gelegenheits-*Date* – ein Bursche von Amherst oder Yale – am Vorabend war oder wie entsetzlich verlassen sie da saß, als sie selber dann zufällig eines Wochenendes kein Date für irgend so einen wie angemieteten Burschen werden konnte. Wenn es aber wider Erwarten beim gesellschaftlichen Mithaltenkönnen zu einem Zwischenerfolg kam (schon 1950 lernte Sylvia ständig den jeweils interessantesten Jungen kennen), frohlockte sie schriftlich über das »Unerwartete«, mit dem stets zu rechnen sei und um dessentwillen sie »nie Selbstmord begehen« werde.

Stellen wie diese liest man betrübt. Eher wohltuend wirken die kurzen Empörungsanfälle – als gäbe es, nachträglich, noch etwas für Sylvia Plath zu hoffen –, wenn sie, zwischendurch, ihre College-Überanstrengungen durchschaut und die „schwarze unbezwingbare Mauer des Wettbewerbs" beim Namen nennt. Solchen strengen Diagnosen folgen aber auf der Stelle, entweder noch in einem PS oder erst am nächsten Tag, wieder die Glücksbeteuerungen für die Mutter, Selbstbeschwichtigungen ähnlich.

Daß damals schon, 1950, Sylvia Plath eine Schriftstellerin werden wollte, wenn auch vielleicht bloß nebenberuflich, verhalf ihr zu keiner Stabilität, war kein Beistand. Eher im Gegenteil, denn die ständigen Ehrgeizstrapazen haben sie zermürbt, töricht abhängig gemacht von Kompliment oder Kritik dieser sicher nicht besonders einfallsreichen Collegeleute, die über ihr *creative writing* zu urteilen hatten.

Fast ohne Selbstvertrauen, ganz ohne Trotz und inneren Widerstand fiel Sylvia auf jede wohlgemeinte Phrase (von der Sorte »in Ihnen steckt was«) rein und ebenso dann selbstverständlich auf Abschätziges von ähnlichem Aussagewert. Immer bedrängen Zukunftsprojekte und Karrierehoffnungen den gegenwärtigen Moment, und immer fehlt einer, der endlich mal *Nur Ruhe* sagt. Sylvia studiert und studiert (Englisch im Hauptfach) und schreibt und schreibt, während die Bewerbungen laufen: für Stipendien, für Kurzgeschichtenpreise. Sie scheint alle College-Konkurrenz-Chancen zu nutzen, beantwortet erste Veröffentlichungen in Illustrierten mit Euphorien.

Ins ganze Vertrauen zieht eine so sensible und phantasievolle Tochter ihre Mutter natürlich nicht. Man kann einer Mutter wohl von trüben Jobs erzählen, doch müssen Selbstmordgefühle, die z. B. der Leistungsdruck im Fach Physik stimuliert, eher spielerisch, literarisch exaltiert, fast vielleicht humoristisch auf die Adressatin gewirkt haben. Sylvia macht nicht im Sinn von Bekenntnissen ganz unausgeschmückt Ernst mit der Mutter als Gesprächspartnerin, sogar dann nicht, wenn sie einen Gang um die Irrenanstalt von Northampton als wichtigsten, einschneidenden Eindruck beschreibt und resümiert: »Ich muß unbedingt *herausfinden, wie und warum* Menschen die Grenzlinie zwischen geistiger Gesundheit und Wahnsinn überschreiten.« Erst heute und hinterher liest sich diese Wißbegier vorbotenähnlich.

Die Studienjahre blieben so hart und emsig erfüllt von Plänen für später: Sylvia schildert der Mutter, welche Art von Ehefrau sie werden möchte und wie sie gedenkt, für beides Zeit zu haben, für ziemlich viele Kinder und für »Kreativität«. Sie studiert Zeitschriften von der Art des ›Harper's Bazaar‹ und des ›Ladies' Home Journal‹, um sich den Schreibtrends anzupassen, und die ganze Zeit erscheint als Hetzjagd, alles Tun wirkt übereifrig und ist zuviel bei zuviel Erlebnisfähigkeit.

Keiner war da in diesem College-Klima, der Sylvia zu selbständigem Denken riet. Sie revoltierte nicht gegen den allgemeinen Begriff von einer gewissen Kurshaftigkeit der Literatur. Das machte sie elend abhängig über diese Lernjahre hinaus, und sie hat noch später in England, als sie sich mit Recht doch schon für eine professionelle Schriftstellerin halten konnte, dem etwas naiv antiquierten, feierlich gespreizten Ton der angloamerikanischen Kritik vertraut.

Ihr amerikanisches Anfangsbewußtsein vom »kreativen Schreiben« und seinen Mitläuferartigkeiten ist sie nicht mehr ganz losgeworden. Sie behielt etwas Schülerinnenhaftes und löste sich nicht vom Konkurrenzdenken der Preiswürdigkeiten, Gewinnchancen, verkleinerte so selber ihre eigene Begabung, integrierte sich brav in die herrschende Zensurenstimmung: Das tut weh, denn ihr Talent war wild und unabhängig, und sie machte einen entscheidenden Fehler, indem sie so rührend gutartig über sich selber befand.

Ganz identisch ist der Selbstmordversuch des Roman-Ich mit dem wirklichen Selbstmordversuch in den Semesterferien 1953. In ihren Vorbemerkungen zum zweiten Teil der Briefe erläutert Mrs.

Schober Plath die äußeren Umstände, durch die sie selber diese erste Katastrophe, von ihr und Sylvia vorsichtig stets »Zusammenbruch« genannt, besser verstehen kann.

Das Leitmotiv *Erschöpfung* ist wirklich gut erkennbar. Angst vorm Versagen im Herbstsemester kam zur schweren Depression hinzu, denn Sylvia war für einen Sommerkurs in *creative writing* nicht angenommen worden. Ein Leeregefühl in ihr muß daraufhin all die gutgepflegte und trainierte Mithalte-Vitalität als künstlich demaskiert haben. Immer wieder entsetzt mich eben diese Sylvia Plath umzingelnde Mediokrität der Kreativitätsdilettanten, der sie, so irrtümlich, sich als Angriffsfläche bot und an deren Kriterien sie bis zur Selbstaufgabe glaubte.

Ich denke, der harmlosere, aber doch professionelle »Literaturbetrieb«, so wie wir ihn bei uns kennen und nicht erst zu lieben versuchen, er müßte auch ihr besser bekommen sein. Traurig muß ich von der psychotherapierten und mit Elektroschocks erschreckten, gutwillig Genesenden unter einem Aprildatum 1954 lesen: »... da ich erkannt habe, daß ich prinzipiell eine im Innersten extrem glückliche und gutangepaßte, lebensfrohe Person bin – auf gleichbleibende Weise stets glücklich, nicht schwankend zwischen Höhen und Tiefen ...« Das ist mit Sicherheit eine Fehldiagnose gewesen und wirkt heute als bittere, zynische Ironie.

Sylvia Plath jedoch verhielt sich wie neu bezähmt und froh zurückgewonnen. Wohin? In die alten, anstrengenden, überaus »schwankenden« Existenzzumutungen an eine hochbegabte Person ohne Geld. Sie kehrt, der Mutter gegenüber, in den früheren Beteuerungsstil zurück: nun als Fulbright-Stipendiatin in Cambridge, England. Dauernd werden nun auch hier »zum ersten Mal« die nun aber wirklich nettesten, gescheitesten Leute kennengelernt. »Himmelhochjauchzend – zu Tode betrübt« ist Sylvia in permanentem Wechsel und zu ihrem Pech fast ganz ohne Verliebtheit. Sie kommt zwischen Ideal und Wirklichkeit nicht zur Ruhe. Sie ist zugleich Europa-euphorisch und heimwehkrank. In Briefen an ihre Gönnerin, eine amerikanische Romanautorin, entwirft sie pflichtschuldig kühn-ordentliche Lebensperspektiven.

Und diese sehr gute Hausfrau, Ehefrau, Mutter, die soll sie, kaum zu ihrem eigenen Nutzen, dann schließlich auch werden: Schwärmerisch-jung-unerfahren-selbstlos ist jeder Satz, der Ted Hughes, den Ehemann, für die Familie und die Bekannten verherrlicht. Süchtig nach Idolisierung wie von jeher, stürzt Sylvia sich in ihrem ersten englischen Sommer mit unverbrauchtem Elan auf den Schriftsteller Hughes, der sich sofort von ihr verwöhnen und als Genie anbeten läßt: sechs Jahre lang und während der Mutter weiterhin geduldig und ausführlich geschrieben wird.

Auch dieser Mann hat keineswegs für Ruhe gesorgt und im Gegenteil Sylvias labiles Selbstvertrauen sich zum Vorteil gedeihen lassen: Als seine Agentin sah sie sich in den ersten und zumindest der Mutter gegenüber hektisch glücklichen Zeiten des Zusammenlebens, vom Juni 1956 an. Der doppelt – ach: vielfachbelasteten Tochter riet immer noch nicht die Mutter beispielsweise *Dann schreib doch wenigstens seltener, gutes Kind!*

Die Ehe hat von zu viel Glückswut etwas Berstendes, und weiterhin ist alles Pensum, Fleiß und Vorsatz für später, für *bald, demnächst.* Und wie so oft liegt »das Land der Verheißung« ganz in der Nähe, während Sylvia, vor lauter Aufblicken zu Ted fast erblindet, und dann auch, nachdem die zwei furchtbar ersehnten Kinder Frieda und Nicholas auf der Welt und zusätzliche Aufgabe für das überschwengliche Gefühl sind, nicht darauf gefaßt sein konnte, daß dieser Ehemann in schockierender Normalität untreu würde und davonginge.

In ihrer Tochterversion der Briefe gibt Sylvia keinen tiefgreifenden Schmerz zu. Sie wirkt fast nüchtern beim Trennungsprozeß, bleibt Ted als Genie neidlos gewogen, doch zwischendurch fallen kurze seufzerhafte Sätze in dieser schon heroischen Gefaßtheit auf. Wozu die ganze »kuhhafte« Mutterambition, fragt sie sich ab und zu selber, wird aber noch mal »die glücklichste aller Frauen«, nach dem wiederum überanstrengenden Umzug vom Land nach London, wo sie ihr ausgehungertes Gehirn schreibend befriedigen und, in strenger Zeitaufteilung, die geliebten Kinder genießen kann.

Hören sich die Hymnen auf diese Londoner Lebensphase nur für den Bescheidwissenden so simuliert an? Sylvia Plath bleibt bis zuletzt diese freundliche Briefschreiberin mit Geduld für die Schilderungen der wichtigen Kleinigkeiten. Und weil wir mit der Zeit so genau wissen, was sie kocht, einrichtet, den Kindern anzieht, vorliest, wie liebevoll inmitten aller Unruhpanik ihrer Außenweltbedingungen sie sich um den einzelnen Augenblick kümmert, um

545

sein Gelingen, und auch weil Harmonie wirklich in solchen bewußt erschaffenen Augenblicken möglich wurde – die Szenen aus dem Leben mit den Kindern kommen wie aus einem langsamen englischen Roman –, weil also gelebt werden konnte, mit Inständigkeit, deprimiert das Verstummen von Sylvias Stimme für zu Haus dann, im Februar '63, besonder. Wohl mehr, als wenn verzweifelte Briefe auf den Tod vorbereitet hätten.

Die Mutter war als Empfängerin dieser in eine Kunstform gebrachten Postwirklichkeit nötig, und vielleicht versuchte die Tochter, sich selber und die Lage zu therapieren. Die Mutter in der Ferne von Boston: ein Fixpunkt. Die Mutter als Praxis war eher problematisch und zu fürchten. Die private Mutter, die das mit dieser Publikation ja wollte, ist wohl rehabilitiert. Auch gibt es für den Selbstmord niemals eine völlig ableitbare, unmittelbare Verantwortung. (Man würde dann ja übrigens eher an den Ehemann denken müssen.) Überhaupt keine Zwangsläufigkeiten erklären einen Selbstmord jeweils ganz.

Heutige Feministinnen abonnieren gern und etwas oberflächlich Sylvia Plaths gesellschaftliche Lage einer Frau, die bei der Kombination von Familie und Beruf kein Glück hatte, für ihre Art der Interpretation von Motiven zum Scheitern. Nur wäre durch keinerlei Gesetzgebung bei Sylvia Plath die Vehemenz gemindert worden, mit der sie einen Mann anbeten und Kinder bekommen wollte, *gleichzeitig* wild und naiv sich hinaufschreibend in einen Ruhm, der ihr zukam, als sie noch demütig-zweiflerisch für jeden dummen kleinen BBC-Auftrag vor Dank in die Knie ging.

Also: Gerade als alles wieder mal sehr gut zu gehen schien im Schneewinter '63, als die amerikanische Familie an diese aufregende Tochter wirklich etwas sorgloser denken konnte – vielleicht bis zum nächsten Brief in zwei, drei Tagen –, da mußte doch nur ein Nachmittag etwas »düsterer« sein als die vorigen: Die Beziehung zum Leben ging verloren.

Aber die hochgeschätzten kleinen Kinder müssen ganz in der Nähe gewesen sein! Ich habe diese Lektüre ungern, bedrückt, ratlos beendet, sie als etwas willkürlich Abgebrochenes empfunden, und ich war bestürzt über diese paar letzten Sätze aus einem scheinbar guten Lebenszusammenhang, fast töricht von mir, da ich doch wußte, daß mit keinem *happy ending* zu rechnen wäre. Die kleinen geliebten Kinder wirken durch diesen Schluß wie Spielzeug, dem das nur etwas größere Kind in einem sehr verlassenen Moment überhaupt nichts mehr abgewann. Er wirkt, aus dem Aspekt dieses etwas größeren Kindes, so vorübergehend, dieser Moment! In dem nichts Verwandtschaftliches mehr zählte, nicht einmal für diese so familiensinnige Frau. Der Augenblick muß unvorstellbar dunkel und fremd sein, schlafwandlerisch dem Ende zugewandt.

Wie bei allen Selbstzeugnissen von Schriftstellern denke ich, daß sie eigentlich nur die Eingeweihten, die Verehrer etwas angehen. Bei diesem Briefbuch aber hoffe ich darauf, daß es das Interesse für Sylvia Plath neu stimuliert, und mir selber wünsche ich, jemand würde ihre Kurzgeschichten gesammelt herausbringen.

Sylvia Plath war nie seßhaft auf der Erde, vielleicht vor lauter Bemühung, sie schön genug für Seßhaftigkeit zu finden. Sie bestand auf Vollendetem, Definitivem, also auch Tödlichem: So könnte ich vor mich hin träumen, wenn mir das nicht zu sentimental-literarisch wäre und kein Trost. Wenn ich das mysteriöse Geschehen Selbstmord nicht doch vor allem medizinisch sähe und insofern eben von keinen feierlichen Metaphern sanft beleuchtet, schattig aufgeklärt.

Den Autobiographie-Schnüfflern unter den Lesern kann diese Lektüre, parallel zu Roman und Gedichten, nicht schaden, da sie erkennen müßten, daß sich das sogenannte Leben nie mit seiner Darstellung deckt.

Natürlich untersucht man auch die vielen Photographien mit dem Vorwissen des Unglücks in dieser kleinen, eng aneinandergeschmiedeten Familie und ist wiederum besonders von den Glücksmaßnahmen der konventionellen Posen, des Lächelns betroffen. Die Mutter sieht immer so tüchtig aus und nach ›Christian Science Monitor‹-Abonnement, wie sie es ist. Der verordnete Optimismus wirkt auch auf die Tochter dieser Bilder glättend.

Aber dem Gesichtsausdruck auf einem Photo aus Sylvia Plaths letztem Sommer fehlt dann plötzlich doch die Kraft zur Imitation. Eher unberaten, ungeschickt sitzt sie hinter ihren beiden winzigen Kindern, das zärtliche, liebevolle Gesicht so empfänglich, so abwartend. Und daß sich ihr Abwarten zwischen solchen Erdbewohnern wie zum Beispiel ihrem Ted und Literaturkritikern und schließlich ja auch der Mutter nicht mehr länger lohne, das muß sie wohl – wie von jeher sehnsüchtig nach dem Absoluten – immer stärker empfunden haben.

Gabriele Wohmann (1979)

Bitte beachten Sie
die folgenden Seiten

HANSER
HANSER
HANSER
HANSER
HANSER

Was bei der Begegnung mit Kunerts genauem Wort aufleuchtet, erlischt nicht mehr.

»Erfährt man, was ein Archäologe aus einer Handvoll Scherben zu ergründen vermag, der Paläontologe aus dem schwachen Abdruck eines Blattes, dann wird klar, was wir den Dingen antun, indem wir sie schweigen lassen. Es sei denn, wir fürchten das, was sie uns zu sagen hätten.«
Kunert fürchtet die Berührung nicht mit dem, was die Dinge sagen. So behutsam er sich ihnen nähert, so scharf, analytisch und unbarmherzig wendet er den Blick nicht von ihnen, bis er sie durchdrungen hat. Alltägliche Begebenheiten sind es oft, in denen er dem Leser eine ganze Welt erschließt.

Günter Kunert
Verspätete Monologe
208 Seiten Gebunden mit Schutzumschlag DM 25,–

Carl Hanser Verlag

__Bisher unbekannte Selbstzeugnisse__

Virginia Woolf
Augenblicke
Skizzierte Erinnerungen
Aus dem Englischen übertragen von Elizabeth Gilbert
Mit einem Essay von Hilde Spiel
264 Seiten, Gebunden mit Schutzumschlag